Michael Kirn
Hegels Phänomenologie des Geistes
und die
Sinneslehre Rudolf Steiners

Michael Kirn

# Hegels
# Phänomenologie des Geistes
# und die
# Sinneslehre Rudolf Steiners

## Zur Neubegründung der Wissenschaft
## aus dem Wesen des Menschen

Urachhaus

*Dem Andenken*
*an Gerhard Kienle*
*gewidmet*

»Denn hinsichtlich der übrigen Sinne steht der Mensch hinter vielen Tieren zurück; an Schärfe des Tastsinns aber übertrifft er diese weit, weshalb er auch das klügste unter den lebenden Wesen ist ...«

Aristoteles, Über die Seele, 421 a

CIP-Titelaufnahme der Deutschen Bibliothek

*Kirn, Michael:*

Hegels Phänomenologie des Geistes
und die Sinneslehre Rudolf Steiners:
zur Neubegründung der Wissenschaft aus dem Wesen des Menschen /
Michael Kirn. – Stuttgart : Urachhaus, 1989
ISBN 3-87838-595-1

ISBN 3 87838 595 1

# Inhalt

# Vorwort

Seit meiner Studentenzeit arbeite ich, angeregt durch Ernst Bloch, an Hegels »Phänomenologie des Geistes«. Dieses Werk, das seinen Inhalt in einer verwirrenden Fülle schwer verständlicher Gedankenbilder verbirgt, fesselte mich stets durch seinen Aufbau, in welchem ich die Entwicklung des menschlichen Wesens und diejenige des philosophischen Systems unmittelbar ineinander übergehen sah. Aber wie das begreifen, wie es ausdrücken? Eine Antwort ergab sich erst, als ich nach langem Suchen die Anthroposophie Rudolf Steiners kennenlernte. Deren Menschenkunde und Sinneslehre ermöglichte die radikale Umformulierung der philosophischen Fragestellungen, welche ich meiner Interpretation zugrundelege. Ob die theoretischen Konsequenzen dieses Neuansatzes auch in der Wirklichkeit, als Neubegründung der Wissenschaft im sozialen Leben, durchschlagen, wird die Zukunft zeigen.

Viele Menschen haben durch ihre Arbeit, ihre Opferbereitschaft und ihre Anregungen zum Entstehen dieses Buches beigetragen. Einen besonderen Ansporn verdanke ich Gerhard Kienle, dem Gründer des Gemeinschaftskrankenhauses in Herdecke und der Universität Witten/Herdecke, der einem großen Menschenkreis die Idee des freien Geisteslebens tätig vorlebte. Ihm ist dieses Buch gewidmet. Herzlich danken möchte ich Frau Ulrike Hofmann und Frau Petra Pomorin, die das Manuskript mit all seinen Varianten und immer neuen Korrekturen geschrieben haben. Auch das entschlossene Entgegenkommen des Verlags Urachhaus und seiner Mitarbeiter bei der Gestaltung und Herstellung des Buches hat mir sehr geholfen.

Ostern 1989
Michael Kirn

# Einleitung

Die vorliegende Abhandlung will zwischen der Philosophie des Deutschen Idealismus und der von *Rudolf Steiner* begründeten Anthroposophie eine Brücke schlagen. Dieser Brückenschlag betrifft zunächst nur einen bestimmten Sachbereich, nämlich denjenigen, welcher sich ergibt, wenn man die Sinneslehre Steiners durch die in ihr enthaltenen geisteswissenschaftlichen Implikationen mit *Hegels* »Phänomenologie des Geistes« verbindet. Die erstere ist nicht die ganze Anthroposophie, aber eines ihrer wesentlichen Teilgebiete. Die letztere ist nicht die ganze Philosophie des Deutschen Idealismus, aber ein Werk, das alle charakteristischen Züge dieser Philosophenschule in höchster Verdichtung enthält. Und was das vermittelnde Glied zwischen beiden betrifft, so haben wir es hier mit einem Werdenden zu tun, das sich erst im Verlauf der Abhandlung nach und nach konkretisiert. Denn die in der Sinneslehre Steiners enthaltene und die von Hegel philosophisch entfaltete Geisteswissenschaft streben aufeinander zu, weil in beiden der wirkliche Mensch als sinnlich wahrnehmender und als denkender lebt. Also besteht das vermittelnde Glied des Schlusses (das »und« im Titel unserer Abhandlung) darin, das geisteswissenschaftliche Moment überhaupt aus den Formen der Selbstdarstellung der Wissenschaft schrittweise in das wirkliche Sein des Menschen als eines geistigen und sinnlichen Wesens zu übersetzen.

Wie man sieht, ist damit die Aufgabe so gestellt, daß sie die ganze Bandbreite der erkenntnistheoretischen und methaphysischen Fragen umfaßt, in welchen sich seit Descartes die Philosophie der Neuzeit immer wieder festgefahren hat. Aber dieser Fragenkreis ist nun einmal in Hegels »Phänomenologie« in vollem Umfang enthalten. Und ebenso, wenn auch auf andere Weise, lebt er in dem enzyklopädischen, mit

»Anthroposophie« nur zusammenfassend benannten Werk Steiners. Also muß es auch möglich sein, die Beziehung zwischen beiden herzustellen. Hierfür genügt es durchaus nicht, vom Standpunkt der Anthroposophie als der vermeintlich fortgeschritteneren Weltanschauung aus nur »*über*« die Philosophie zu sprechen und etwa die vielfältigen und in ganz verschiedenen Zusammenhängen stehenden Äußerungen Steiners über Hegels System zur Grundlage einer Beurteilung des letzteren zu machen. Ein solches Sprechen würde unvermeidlich zum oberflächlichen Räsonnement, in welchem sich jeder geistige Fortschritt der Anthroposophie gegenüber der Philosophie wieder verlöre. Ein haltbares Ergebnis ist nur mit dem umgekehrten Ansatz zu erwarten: Wir müssen von der Philosophie zur Anthroposophie vordringen, und zwar *auf philosophische Weise*, indem wir uns dabei so weit wie möglich philosophischer Mittel bedienen.

Was heißt nun aber »soweit wie möglich«? Damit deuten wir an, daß Hegels »Phänomenologie« kein rein philosophisches Werk ist, sondern vielmehr in sich einen Zug zur Metaphilosophie trägt. Um diesen zu erkennen, reichen die herkömmlichen philosophischen Begriffe nicht aus, hier bedarf es des Rückgriffs auf die geisteswissenschaftliche *Menschenkunde* der Anthroposophie. Daß Hegel selbst jenen metaphilosophischen Zug seiner »Phänomenologie« später zu revidieren und zu verschleiern trachtete, darf uns von einer solchen Interpretation nicht abhalten. Entscheidend ist allein, daß es vom Standpunkt der Anthroposophie aus gelingt, die geistige Reichweite der idealistischen Philosophie in der richtigen Weise zu begrenzen, d. h. die Wahrheit der letzteren als einen *Wahrheitsgehalt* zu bestimmen, welcher bis zu der bestimmten Grenze gültig bleibt, der aber jenseits ihrer von einer anderen Bestimmungsweise abgelöst wird. Für unsere Darstellung ergibt sich daraus folgendes. Soweit die »Phänomenologie« als Philosophie interpretiert werden kann, also innerhalb der geistigen Reichweite der letzteren, sind die Gesichtspunkte der anthroposophischen Menschenkunde nur als Hilfsmittel zum besseren Verständnis heranzuziehen. Dort aber, wo das philosophische Systemdenken zur Fessel, wo es das Moment der geistigen Individualität unterdrücken würde, muß es eine dienende Rolle annehmen und jener zuliebe seinen ganzen Reichtum wieder aufgeben. Daß dies alles nicht strikt voneinander abgrenzbar ist, daß es im wesentlichen sogar gleichzeitig geschieht, macht die Sache erst recht schwierig.

Eine vorläufige Klärung dieser komplexen Ausgangsposition soll nun unsere Einleitung erbringen. Hier skizzieren wir zunächst mit wenigen einfachen Strichen, wie sich das Verhältnis der Philosophie des Deutschen Idealismus zur anthroposophischen Geisteswissenschaft und Erkenntnistheorie in systematischer Hinsicht darstellt (I.). Sodann geben wir eine Übersicht über Hegels Werk in seiner spezifischen Systemgestalt (II.). Hieran werden wir eine relativ ausführliche Skizze der metaphilosophischen Voraussetzungen unserer Interpretation, d. h. des anthroposophischen Menschen- und Weltbildes anschließen und dabei auch den inneren Ort der menschlichen Sinnestätigkeiten näher bestimmen (III.). Darauf folgt noch eine Analyse der Hegel'schen Dialektik (IV.), die auf jenen Voraussetzungen aufbaut und zugleich einen ersten Begriff davon gibt, wie hier das Zusammenspiel von Philosophie und Metaphilosophie überhaupt gemeint ist.


# I. Grundsätzliches zum Verhältnis der Philosophie des Deutschen Idealismus und der Anthroposophie

Um langwierigen Abgrenzungen aus dem Wege zu gehen, sei hier einfach festgestellt, daß wir unter ›Philosophie des Deutschen Idealismus‹ die Systeme von Kant, Fichte, Schelling und Hegel verstehen. Diese haben, abgesehen von ihrer zeitlichen Zusammengehörigkeit mit der allgemeinen Kulturblüte von 1770 bis 1832, die in der Weimarer Klassik ihren Höhepunkt fand, eine gemeinsame Grundlage in der Bewußtseinstheorie von *Kants* »Kritik der reinen Vernunft«. Die dort vertretene Lehre von der transzendentalen Einheit oder Einung des Bewußtseins-Objekts ist für Kant selbst und für *Fichte* der sachliche Ausgangspunkt, welcher auch die weiteren Inhalte ihrer Philosophie bestimmt. Daher tendiert diese »Transzendentalphilosophie« inhaltlich eher zu den Naturwissenschaften (Kant) bzw. zu den Fragestellungen der Ethik und des Rechts (Fichte). Auf der gleichen methodisch-theoretischen Grundlage, aber in der Entwicklung der Inhalte mehr von außen nach innen gehend, bauen Schelling und Hegel ihre Systeme auf. Dabei sieht *Schelling* in der Natur den ursprünglich-geistigen Kosmos, der in der Weise einer künstlerischen Selbstgestaltung die Vielfalt der Lebensformen und -wesen hervorbringt, während *Hegel* entsprechend bei der Logik als einem absolut-objektiven Gedankengewebe ansetzt, das in einer kultähnlichen Bewegung des Begriffs, also in einer religiös tingierten Atmosphäre die Welt und ihre Entwicklung trägt.

Den Philosophen des Deutschen Idealismus ist gemeinsam, daß sie ihre Aussagesätze nicht als einzelne stehenlassen, sondern vielmehr stets in den übergeordneten Zusammenhang einfügen, in welchem sie sich mit der Idee des *systematischen Ganzen* berühren. Der Sinn des einzelnen Satzes wird hier sozusagen durch den sich aus seiner Stellung im philosophischen System ergebenden Tiefsinn ergänzt. Das tritt am deutlichsten bei Hegel hervor, am wenigsten ausgeprägt ist es bei Kant. Aber auch dessen Grund- und Ausgangsfrage: ›Wie ist Erkenntnis möglich?‹ hat einen Zug zur philosophischen Systembildung, denn auch von ihr gehen zwei auf verschiedenen Ebenen liegende, aber innerlich verbundene Gedankengänge aus, einerseits derjenige der transzendentalen Begründung der Erkenntnismöglichkeit überhaupt, andererseits der einer praktischen Handhabung des Erkennens als Wissenschaftstheorie. Selbst wenn man daraus nur die banale Rollenverteilung zwischen theoretischem Philosophen und empirischem Forscher ableiten würde, so lägen darin noch immer zwei Annäherungsweisen an dieselbe Sache, von denen die eine die andere systematisch übergreift.

Aus diesem Ansatz hat Fichte seine radikal subjektivistische Weltanschauung des handelnden Gewissens abgeleitet, die mehr als jede andere Philosophie den Namen eines »*Idealismus*« verdient. Aber was hier einseitig betont wird, ist doch zugleich gemeinsame Grundlage der ganzen Schule, insofern es dieser nicht auf eine voraussetzungslose Erkenntnis des Weltinhalts, sondern auf die im Erkennen liegende Verbesserung der Welt ankommt. Wie schon Plato, so fragen auch die deutschen Idealisten nicht primär: Was ist der Fall?, sondern: Wie kann der gefallene Geist wieder erhoben werden?, und sie benutzen diese Frage als Spiegel, in dem sich das »ist«-Sein der Welt reflektiert. Nicht das Interesse an der Erkenntnis selbst, sondern das religiöse Gefühl, in die Bewegung zwischen dem Sündenfall des Menschen und der Auferstehung im Geiste eingespannt zu sein, ist hier der Motor des philosophischen Fragens. Aber dieser Motor hat höchste geistige Leistungen hervorgebracht, bis hin zum Gipfelpunkt der systematischen Philosophie überhaupt, Hegels »Wissenschaft der Logik«, die im philosophischen System als solchem, als logisch verknüpftem Netzwerk der Begriffe den Geist aus seinem sinnlichen Gebundensein erhebt.

Von hier aus gehen wir nun unmittelbar über zu *Rudolf Steiner* (1861–1925) als demjenigen Philosophen, der den bei Hegel steckengebliebenen Impuls aufgegriffen und systematisch weitergebildet hat. Dabei sind *zwei Phasen* des Steiner'schen Werks zu unterscheiden: Die frühere Phase der erkenntnistheoretisch-philosophischen Schriften (»Einleitungen zu Goethes Naturwissenschaftlichen Schriften«, 1883/ 97; »Grundlinien einer Erkenntnistheorie der Goetheschen Weltanschauung«, 1886; »Wahrheit und Wissenschaft«, 1892; »Philosophie der Freiheit«, 1894) und die nach der Jahrhundertwende liegende des Ausbaus der anthroposophischen Geisteswissenschaft in die künstlerische, menschenkundlich-medizinische, theologisch-kosmologische, sozialwissenschaftliche und lebenspraktische Dimension hinein. Diese spätere Schaffensperiode Steiners hat ihren Niederschlag in Büchern und Aufsätzen, aber auch in einem umfangreichen Vortragswerk gefunden.[1]

In den beiden Phasen seines Schaffens bezieht sich R. Steiner in *verschiedener* Weise auf die Philosophie des Deutschen Idealismus. Grob gesprochen macht er in den erkenntnistheoretischen Schriften seine eigene, an Goethe anknüpfende Methode gegen die systemphilosophische Denkweise der Idealisten und den in sie eingebauten Aufhebungsdrang geltend. Er kritisiert diesen als den Falschheitsgehalt ihrer Philosophie. In der späteren anthroposophischen Geisteswissenschaft dagegen geht er mehr vom Wahrheitsgehalt jener Philosophie aus, greift er den zukunftsträchtigen Impuls in dem auf, was Kant, Fichte, Schelling und Hegel wollten, aber letztlich nicht zustandebrachten. Hier er-

scheinen diese Philosophen als echte Esoteriker, die nach einer Erneuerung des alten Mysterienwesens suchen, aber den richtigen Weg
zu ihrem Ziel nicht finden.[2] Für unsere Darstellung ist nun die erste,
erkenntnistheoretische Fragestellung die wichtigere, denn aus ihr ergibt sich letztlich der oben (vor I.) anvisierte Standpunkt, von dem aus
wir auch in der Hegel'schen »Phänomenologie« deren Wahrheits- von
ihrem Falschheitsgehalt unterscheiden können.

Steiner begründet seine *Erkenntnistheorie* zunächst in der Auseinandersetzung mit Kant. Dieser wiederum baut seine ganze Philosophie
auf die Frage auf: Wie ist Erkenntnis möglich? und er antwortet: In der
Begründung des Selbstbewußtseins beim Durchdenken der transzendentalen Einung des Bewußtseins als Objekt. Aber, so wendet nun Steiner ein, ist hier nicht schon in der Fragestellung ein Begriff des Erkennens oder ein spezifisches Erkenntnisinteresse vorausgesetzt? Eine voraussetzungslose Erkenntnistheorie muß stattdessen mit der Frage: Was
ist das Erkennen? beginnen, oder, in Beziehung auf Kants Position:
Wie ist ein voraussetzungsloses Aufbauen des Erkenntnisinhalts in der
Selbsttätigkeit des Bewußtseins möglich? Während Kant mit seiner
Frage den Blick nach innen, auf die transzendentale Einung des Bewußtseins-Objekts wendet, beantwortet Steiner die seine mit einer aus-
sengerichteten Bewegung, die wir entsprechend als *transzendentale Reduktion des Bewußtseins-Subjekts* bezeichnen können. Das Erkennen,
so sagt er im Anschluß an Goethe, muß mit einem Abstraktionsvorgang
beginnen, indem wir die Schicht von Denkgewohnheiten, Begriffsmu-
stern und Vorurteilen, welche sich uns als je schon fertige Inhalte auf-
drängen, beiseite schieben und mit der Erkenntnisfrage auf das zurückgehen, was die reine Wahrnehmung, insbesondere die Sinneswahrnehmung ihrer eigentlichen Qualität nach darbietet.[3] Im Prozeß
der Wahrnehmungsreinigung wird dann auch bewußt, daß es einer eigenen Tätigkeit des denkenden Bewußtseins bedarf, um den jeweils
dazugehörenden Begriff zu finden und festzuhalten. Erst wenn uns die
Wahrnehmung selbst in der richtigen Weise zur Frage wird, finden wir
auch die richtige Antwort in Gestalt des ihr entsprechenden Begriffs
und im denkenden Verbinden von Wahrnehmung und Begriff als dem
Inhalt unserer Erkenntnis.

Von dieser Grundposition aus kommt Steiner zu zwei bedeutsamen wissenschaftstheoretischen Folgerungen, die wir als Erkenntniserweiterung durch Zurückfragen und Individualisierung des menschlichen Begriffssystems bezeichnen. Mit der ersten Folgerung stellt er sich in Gegensatz zu Kants These, daß das menschliche Erkenntnisvermögen im Hinblick auf den materiellen Weltinhalt beschränkt sei, daß es nur dann zu sicheren Resultaten gelange, wenn es sich darauf beschränke, sich von den sinnlichen Erscheinungen der Welt Vorstellungen zu bilden und diese untereinander in Beziehung zu setzen. Dabei bleibt die Frage nach einem hinter den Erscheinungen stehenden › Ding an sich ‹ bestehen: Kant erklärt das letztere zwar für unerkennbar, hält aber in seiner Fragestellung die emotionale Bindung an eine solche Seinsweise aufrecht. Für Steiner dagegen handelt es sich darum, schon die Frage nach dem › Ding an sich ‹ aufzuheben, bzw. sie durch methodisches Zurückfragen nach der sie veranlassenden Wahrnehmung zu radikalisieren. Wo Kant unüberwindliche Erkenntnisgrenzen annimmt, gibt es nach Steiner vielmehr nur › Unfragen ‹, nämlich solche, die abstrakt in ein leeres Absolutes hineingestellt und gegen die Rückfrage nach der sie veranlassenden Wahrnehmung immunisiert werden.

Steiners Erkenntnistheorie erstrebt also eine ähnliche Öffnung des Bezugsfeldes, wie sie später in *E. Husserls* phänomenologischen Untersuchungen beschrieben wurde, nämlich als das Aufdecken des Wahrnehmungsinhalts unserer Sinnes- und Seelentätigkeit sowohl im Alltagsleben wie in der Intentionalität besonderer Situationen. Aber auch hier besteht noch ein methodischer Unterschied. Husserl geht nicht von der reinen Wahrnehmung, sondern vielmehr von der »*Anschauung*« aus, d. h. er setzt »Anschauung und Begriff« als Momente der primären Synthese und nimmt damit in Kauf, daß in jenen sinnlichen Ausgangspunkt unbewußte (spontane) gestaltbildende Momente einfließen, die an sich gedanklicher Natur sind, aber nicht gedacht werden. Demgegenüber verfolgt Steiners methodischer Rückgang zur reinen, punktualisierenden Wahrnehmung den Zweck, alle gestaltbildenden Momente der Erkenntnis auf der Seite des Begriffs, also bewußt hervorzubringen und so die mit der Gewohnheitsnatur des Denkens verbundene Bewußtlosigkeit zu überwinden.[4] Für eine ihrer jeweiligen Wahrnehmungssituation bewußte Fragestellung gibt es immer (früher oder später) auch eine Antwort, also keine prinzipiellen Erkenntnisgrenzen. Umgekehrt bedeutet ein solches phänomenologisches Anknüpfen, daß die Reichweite der Antworten jeweils eine beschränkte ist, d. h. daß mit ihnen sogleich wieder neue Fragen entstehen werden, die aber auch wiederum auf dem gleichen Wege lösbar sind.

Das führt zu der zweiten wissenschaftstheoretischen Folgerung, zu der These von der *Individualisierung des menschlichen Begriffssystems*.[5] In welche Richtung und mit welcher Energie der Mensch sich ein Netz von Erkenntnisbegriffen aufbaut, ist seine je individuelle Angelegenheit. Und auch jeder für die Wissenschaft objektiv gegebene Begriffszusammenhang kann im Menschen nur so leben, daß er von diesem zum Bestandteil seiner individuellen Gedankenorganisation gemacht, daß er durch die Subjektivität verobjektiviert, d. h. als subjektive Erinnerung, Erfahrung, Fähigkeit, Geschicklichkeit usw. begrifflich verfügbar wird. Auf diese Weise trägt die Gedankenwelt des Botanikers, Physikers, Juristen usw. in aller wissenschaftlichen Ausbildung immer auch einen individuellen Zug. Andererseits liegt gerade darin für die Systemphilosophie des Deutschen Idealismus ein Stein des Anstoßes. Denn das philosophische System greift auf den Aufbau des individuellen menschlichen Begriffssystems über und macht in ihm eine wissenschaftlich-objektive Struktur geltend. Für Hegel besteht deshalb das individuelle Moment im Denken letztlich nur darin, wie energisch und wie weit der einzelne auf dem Wege der philosophischen Selbstaufklärung über sein geistig-seelisches Wesen vordringt. Gelangt er weit genug, nämlich bis in das logische Bewegungszentrum des philosophischen Systems, dann erkennt er jene individuelle Seite als die spezifische Problematik eines esoterischen Schulungsweges, die als solche wegfällt, wenn man nicht mehr Schüler, sondern Meister, Eingeweihter des Mysterienwissens ist. In Hegels »Wissenschaft der Logik« ist auch die letzte Spur der Individualität des Denkens getilgt, hier denkt der Mensch zwar die tiefste philosophische Weisheit überhaupt, aber er denkt sie nur im Dienste der Philosophie.

Der Gegensatz zwischen Steiners Erkenntnistheorie und Hegels Systemphilosophie kommt auch darin zum Ausdruck, daß sich beide letztlich verschiedener *logischer Operationsformen* bedienen. Die vom erkenntnistheoretischen Standpunkt aus gesuchte Verbindung von Wahrnehmung und Begriff hat logisch die Form eines einfachen Urteils mit der Copula »ist«, also des Satzes »x ist A«. Alle neuen Erkenntnisse, gleichgültig in welchem Verzweigungsstadium des individuellen Begriffsnetzes, müssen jeweils in dieser Urteilsform festgehalten werden. In Hegels Logik dagegen ist das »Urteilen« eine untergeordnete Operation, gewissermaßen zur Vorbereitung der wahren philosophischen Aussage, welche die Form des »Schlusses« hat. Damit ist nicht die gewöhnliche Schlußfolgerung aus dem Dreisatz gemeint, sondern die Einordnung der jeweiligen Einzelaussagen in das philosophische System als ganzes, die eben nicht mit dem einfachen »ist«, sondern nur mit einem dynamischen Satzgefüge ausgedrückt werden kann. Wie dieses aussieht und wie weit es trägt, werden wir unten noch näher untersuchen.[6]

Mit diesen kurzen Bemerkungen ist eine erste Verständigung über den Gegensatz versucht, auf welchem unsere Darstellung aufbaut. Dabei ist die Sonderstellung der »Phänomenologie« innerhalb der Philosophie des Deutschen Idealismus noch nicht berücksichtigt. Wir werden sehen, daß der junge Hegel hier so etwas wie einen Ausbruchsversuch unternimmt, um die Grenzen der idealistischen »Schule« zu sprengen. Dabei bringt er seine Philosophie in die unmittelbare Nähe zu einer geisteswissenschaftlichen Sinneslehre, aber eben nicht auf dem goetheanistischen, bei der Wahrnehmung beginnenden, sondern auf dem transzendental-spekulativen Wege, auf welchem letztlich doch wieder die Autonomie der philosophischen Wissenschaft über die geistige Individualität des Menschen triumphiert. Um das einzusehen, bedarf es aber zunächst noch weiterer Vorüberlegungen.

# II. Die Entwicklung der Philosophie Hegels und die Geschichte ihrer Rezeption

*Georg Wilhelm Friedrich Hegel* wurde am 27.8.1770 in Stuttgart geboren.[7] Er wuchs auf im Umkreis des schwäbischen Protestantismus und
der durch ihn vermittelten künstlerisch-klassischen Bildung. 1790 ging
er zum Studium der Theologie nach Tübingen, wo er zusammen mit
Hölderlin und dem vier Jahre älteren Schelling im Seminar der württembergischen Landeskirche, dem berühmten »Stift«, lebte. Er ging
dann als Hauslehrer zunächst 1793 nach Bern und 1797 nach Frankfurt,
in die Nähe Hölderlins, mit dem er in den folgenden Jahren eine inten-
sive philosophisch-künstlerische Zusammenarbeit pflegte. Um die
Jahreswende 1800/1801 kam er durch Schellings Vermittlung an die
Universität Jena, wo er bald Privatdozent der Philosophie wurde. Nach
dem Zusammenbruch des Reiches im Jahre 1806 verließ Hegel Jena
und ging für zwei Jahre als Redakteur einer Tageszeitung nach Bamberg.
Danach war er acht Jahre lang (1808–1816) Lehrer und Rektor am
Nürnberger Gymnasium. 1816 ging er als Professor der Philosophie
nach Heidelberg, von wo er jedoch kurz darauf an die neugegründete
Berliner Universität berufen wurde. Dort entfaltete er von 1818 bis zu
seinem Tode am 14.11.1831 eine reiche und fruchtbare Lehrtätigkeit.

## 1. Hegels Werke[8] im Überblick

Nicht alles, was uns heute als philosophische Schriften Hegels vorliegt,
ist von gleicher Authentizität. Er selbst hat nur einen Teil seines Werkes
ganz ausgearbeitet und drucken lassen, während ein anderer Teil aus
seinen nachgelassenen Manuskripten und aus umfangreichen Vorle-
sungsnachschriften seiner Hörer stammt. Unter den von ihm selbst publizierten Schriften sind wiederum die wichtigsten diejenigen, welche
auch der äußeren Form nach eine systematische Fassung tragen, weil in
ihnen das eigentliche Ziel des Hegel'schen Denkens, die spirituelle Architektonik der Gedanken, am besten zum Ausdruck kommt.

a. In der *Frankfurter Zeit*, von 1797 bis 1800 (also von seinem 27. bis zum 30. Lebensjahr) hatte Hegel zwar schon viel geschrieben, aber so gut wie nichts publiziert. Er ließ sich (im Gegensatz zu Schelling) Zeit mit seiner inneren Entwicklung, bevor er mit irgendwelchen Resultaten hervortrat. Seine von *H. Nohl* 1907 unter dem Titel »Hegels theologische Jugendschriften« zusammengefaßten Manuskripte aus den Jahren 1793 bis 1800[9] spiegeln das langsame Reifen eines Geistes, der hier noch mehr idealistischer Künstler als Philosoph ist, und in der Idee einer *»Volksreligion«* und der sie lebendig haltenden griechischen polis das Heilmittel für die Krankheiten der Gegenwart sucht. Inhaltlich ist der erste Teil dieser Schriften verwandt mit demjenigen, was *Schiller* in seinen Briefen »Über die ästhetische Erziehung des Menschen« (1796) ausdrückt und freilich in eine klarere begriffliche Form bringt. Für Hegel war es mehr das subjektive Leiden an der politischen Perspektivlosigkeit seiner Zeit, an der Erstarrung der Gesellschaft und des Geisteslebens, das in ihm den Protest wachrief: Mit Leidenschaft, aber ganz einseitig verteidigte er die menschliche Identität vermittelnde Kraft des griechischen *Staatskunstwerks* und der heidnischen Religiosität als »subjektive Religion« gegen die »objektive« oder »positive Religion«, die er im Christentum der Amtskirche und im spätabsolutistischen Bürokratismus der deutschen Gesellschaft verkörpert sah.

Im Lauf der Zeit geriet Hegel mit dieser Lebenshaltung jedoch in eine tiefe *Krise*, worin ihm die geistig-seelische Grundlage seiner eigenen Existenz ebenso fragwürdig wurde, wie es objektiv die gesellschaftlich-politische Verfassung des Deutschen Reiches nach der Französischen Revolution geworden war. Aus dem Bewußtsein dieses Zusammenhanges von individueller und sozialer Krise entsteht ein zweiter Komplex von Jugendmanuskripten, deren philosophische Relevanz jetzt auch deutlicher hervortritt. Mit der Idee der schönen »Volksreligion« und ihrer sozialbildenden Kraft konnten die Konflikte des anbrechenden Jahrhunderts nicht mehr gelöst werden. Hegel mußte sich in der Auseinandersetzung mit den in der Realwelt der Neuzeit zur Herrschaft gekommenen Mächten einen neuen Standpunkt erobern, und er fand ihn, indem er dort, wo es möglich war, die »tote Positivität«, die er vorher in Recht und Religion seiner Zeit nur kritisiert hatte, im Sinne einer vernünftigen »*Objektivität*« interpretierte und in sein sich hiermit vertiefendes und vergrößerndes Bild der modernen Welt einfügte.[10]

Dieser Prozeß wurde mühsam und vollzog sich nur schrittweise, in der Lebensstimmung, für welche *Hölderlin* den Satz prägte: »Schwer verläßt, was nahe dem Ursprung wohnet, den Ort«. Hegel empfand den Widerspruch des *Erwachsenwerdens*, das Eingespanntsein zwischen dem subjektiv-menschlichen Fühlen und Wollen des Guten und den objektiven Zwängen des organisierten Egoismus im politischen und wirtschaftlichen Leben in seiner ganzen Härte.[11] Aber er sagte sich: Nur beides zusammen ist die Wirklichkeit, der irdische Boden, von welchem ich auszugehen habe; wenn es mir also Schwierigkeiten macht, mein subjektives Bild des Ursprünglich-Guten mit den egoistischen Strukturen der rationalen Welt zu vereinigen, dann muß ich jenes innere Bild so lange erweitern, bis ich erkenne, inwiefern auch diese Kanten und Ecken der modernen Welt im Ganzen der Entwicklungsgeschichte des Menschen ihr Gutes haben. Er weist also gewissermaßen das Angebot zurück, welches der Zeitgeist ihm macht, nämlich die metaphysische Fragestellung fallenzulassen und stattdessen zur politischen Philosophie der Weltverbesserung überzugehen. Aber das ist nicht gleichbedeutend mit einer Anpassung an die politischen Verhältnisse. Vielmehr gelobt er in dem »An Hölderlin« gewidmeten Gedicht »*Eleusis*« vom August 1796, welches in mancher Hinsicht Aufschluß über die Hintergründe seiner Philosophie gibt, ausdrücklich: »Der freien Wahrheit nur zu leben, Frieden mit der Satzung,/ Die Meinung und Empfindung regelt, nie, nie einzugehn.«[12] Diesen Eid hat er auch später, als er angeblich zum »preußischen Staatsphilosophen« avanciert war, nicht gebrochen.

b. Hegels *Jenaer Zeit* (1800–1806, 30. bis 36. Lebensjahr) ist eine Phase fruchtbarer didaktischer und schriftstellerischer Tätigkeit. Hier entsteht seine erste philosophische Publikation, die »*Differenz des Fichte'schen und Schelling'schen Systems der Philosophie*« (1801),[13] in welcher er die Problemstellung der späteren Jugendmanuskripte in verwandelter Form wieder aufleben läßt. So wie dort das subjektive Fühlen und Wollen des Guten und die egoistischen Strukturen der modernen gesellschaftlichen Welt einander zugeordnet sind, werden nun

auch hier das Schelling'sche Absolute als das System der Naturphilosophie in künstlerischer Gestalt und die Fichte'sche Transzendentalphilosophie als das Absolute des die rationale Dingstruktur überwindenden Bewußtseins gegeneinandergestellt und als konstitutive Elemente
des philosophischen Systemdenkens überhaupt gedeutet. Hegels eigenes Interesse ist also dasjenige des *Architekten*, welcher erkennt, daß
aus Fichtes und Schellings Denken nicht einfach nur verschiedene Philosophien hervorgehen, sondern daß sich in deren jeweiliger Denkart
eine polare Gegensätzlichkeit ausdrückt, welche prinzipiell nicht weiter reduzierbar ist und daher nur in einer räumlichen Gestalt aufgehoben werden kann. Die methodisch-philosophischen Grundfiguren im
Denken Fichtes und Schellings werden zum »Bauzeug«, aus welchem
Hegel ein übergreifendes Ganzes, sein eigenes System der Philosophie,
zu errichten beginnt.

Andererseits beruht die Möglichkeit einer solchen Konstruktion
auch darauf, daß sowohl Fichte wie Schelling auf dem durch Kants Bewußtseinstheorie erneuerten Boden der Philosophie stehen. Beide haben in diesem Sinne ihre Methoden jeweils mit dem Begriff der »*intellektuellen Anschauung*« charakterisiert. Nach Hegel[14] würde diese
Charakterisierung allerdings etwas besser zu Fichte passen und die
»Differenz« zu Schelling gerade darin zum Ausdruck kommen, daß
man die Methode des letzteren als »anschauende Intelligenz« bezeichnete. Aber es kommt hier nicht auf die Worte, sondern darauf an, daß
Hegel mit der »Differenz« in Wahrheit eine Polarität, einen Gegensatz
innerhalb eines vorausgesetzten und damit zugleich gesetzten Ganzen
meint. Obwohl subjektiv auf der Seite Schellings und gegen Fichte eingestellt, arbeitet er objektiv darauf hin, den »Indifferenzpunkt« zwischen beiden Systemen zu finden und diesen, den geistigen *Gleichge-
wichtsprozeß* als solchen, zum Inhalt zu machen.

Wahrscheinlich bemerkte Hegel gar nicht, daß er mit seiner These in
ein Gebiet eingriff, das auch schon von *Goethe* und *Schiller*, sozusagen
unter wissenschaftsplanerischen Gesichtspunkten vermessen und von
diesen in anderer Weise eingeteilt wurde. Schon seit 1796 hatte Schellings bis in die Einzelheiten der Naturwissenschaft und Medizin aus-
greifende naturphilosophische Spekulation die Frage aufgeworfen, wie

sich im Erkennen überhaupt Idee und Erfahrung zusammenfügen. Goethe und Schiller waren darüber einig, daß es zu einer wirklichen Lösung dieser Frage noch nicht gekommen sei. Aber hätte nicht vielleicht aus Schellings künstlerisch-spekulativer Naturphilosophie ein weiteres Aufschließen der Sinneswahrnehmung für das Geistige in der Natur hervorgehen können, also eine methodische Erneuerung der Naturwissenschaft, wie sie von Goethe in der »Metamorphose der Pflanze«, in seinen zoologischen Forschungen und in der Farbenlehre erstrebt wurde? Enthielt nicht andererseits Fichtes Wissenschaftslehre Ansätze, welche über die Transzendentalphilosophie hinaus zu derjenigen modernen Erkenntnistheorie hätten fortgebildet werden können, die Goethe zwar praktizierte, aber nicht in theoretischer Form darstellen wollte? Jedenfalls handelte es sich hier um zwei Projekte, die getrennt zu verfolgen waren, wie insbesondere Schiller bemerkte. In diesem Sinne verfaßte er die beiden folgenden Distichen für die 1797 erschienene Sammlung der Goethe-Schiller'schen »Xenien«:

> »*Naturforscher und Transzendentalphilosophen*
> Feindschaft sei zwischen euch, noch kommt das Bündnis zu frühe;
> Wenn ihr im Suchen euch trennt, wird erst die Wahrheit erkannt.«

> »*An die voreiligen Verbindungsstifter*
> Jeder wandle für sich und wisse nichts von dem andern,
> Wandeln nur beide gerad', finden sich beide gewiß.«[15]

Hegel dagegen hielt daran fest, den hier aufgetretenen Gegensatz zu polarisieren, um auf der Grundlage dieser polarisierten »Differenz« seine architektonische Idee der Philosophie zu realisieren. Daran arbeitete er zunächst weiter in mehreren Aufsätzen, welche er in dem von ihm selbst zusammen mit Schelling herausgegebenen »*Kritischen Journal der Philosophie*« publizierte.[16] Hier griff er auch den rechts- und sozialphilosophischen Themenkreis auf, aber stets mehr unter wissenschaftstheoretisch-systematischen Gesichtspunkten, weniger im Sinne von konkreten institutionellen oder positivrechtlichen Reformvorschlägen. Des weiteren zeigt sich in seinen Vorlesungen, von denen viele

Manuskripte und Entwürfe erhalten sind (und heute in den drei Bänden der »Jenaer Systementwürfe«[17] sehr gut ediert vorliegen), wie er nun Schritt für Schritt in alle Wissensgebiete seiner Zeit, vor allem auch in den mathematisch-naturwissenschaftlichen Bereich eindringt, um daraus den reinen Gedankengehalt zu destillieren und seinem spekulativen System einzufügen. Auch mit der alchimistischen und theosophischen Literatur beschäftigte er sich nach eigenem Zeugnis[18] in den Jenaer Jahren intensiv, um auch aus diesen Quellen so viel wie begrifflich faßbar an Material für die Philosophie zu gewinnen.

c. In der 1807 veröffentlichten »*Phänomenologie des Geistes*«[19] hat Hegel den philosophischen Ertrag seiner Jenaer Tätigkeit zusammengefaßt und in systematische Form gebracht. Dieses umfangreiche und zunächst ganz unübersichtliche Werk soll in der vorliegenden Arbeit gründlich durchleuchtet werden. Um was handelt es sich dabei? Es ist nicht möglich, diese Fragen überblickweise und ohne ein näheres Eingehen auf die Sache selbst zu beantworten. Allenfalls zum Zwecke einer ersten Orientierung kann man folgendes sagen. Die »Phänomenologie« läßt sich keiner der schulmäßigen philosophischen Disziplinen richtig einordnen, sie gehört weder zur Logik noch zur Metaphysik, noch zur philosophischen Anthropologie und Psychologie, noch zur Philosophiegeschichte, noch zur Kunst- oder Religionsphilosophie, obwohl sie aus Elementen aller dieser Gegenstände zusammengesetzt ist. Sie verkörpert einen *eigenen literarischen Typus*, der aber seinerseits in der philosophischen Literatur nicht schulbildend gewirkt hat und ohne Nachfolge geblieben ist. Am einfachsten läßt sich die »Phänomenologie« noch mit der Idee des Entwicklungsromans oder des Entwicklungsdramas, wie *Goethes* »*Faust*« oder *Ibsens* »*Peer Gynt*«, vergleichen. In der Tat haben wir es hier mit einem philosophischen »Bühnenstück« zu tun, in welchem die geistig-seelischen Kräfte des Menschen als Träger jeweils objektivierter Bildgestalten der Geistesgeschichte auftreten und sich im Fortgang der letzteren entwickeln.

Es handelt sich also nicht um eine Entwicklung, die (wie sonst in der philosophischen Literatur) von der begrifflichen Arbeit an einem vorgegebenen Gegenstand ausgeht, sondern der Ausgangspunkt ist hier ein Miterleben geistiger Handlungen, oder besser: Handlungsweisen,

worin dann der diese inspirierende Geist sich jeweils selbst vorstellt, um
seine Reichweite in der Wirklichkeit der Welt zu offenbaren. Aber der
Leser der »Phänomenologie« kann sich nicht, wie der Zuschauer im
Theater, auf das seelische Miterleben des Geschehens im Bühnenraum
beschränken, er muß vielmehr auch das Bewußtsein davon haben, daß
er selbst in diesem Geschehen aktiv mitwirkt. Denn zu einer »Vorstellung« der einzelnen Gestalten und ihrer Entwicklungen kommt hier
nur derjenige, welcher sie in seinem eigenen Denken begrifflich vollzieht. Er muß also selbst die geistige Arbeit leisten, dasjenige hervorzubringen, dem er sich dann wiederum anschauend gegenüberstellt. Gibt
es im Geistesleben eine gattungsmäßige Bezeichnung für diesen Vorgang? Es gibt sie in dem Zusammenhang, welchen Hegel in dem schon
erwähnten Gedicht »Eleusis« beschreibt, im *Mysterienwesen* der klein-
asiatisch-griechischen Antike. Der Schüler der alten Mysterien befand
sich in der gleichen Lage wie heute der Leser der »Phänomenologie«,
nämlich am Anfang seines Schulungs-, bzw. Denkweges nicht zu wissen, was ihn am Ende erwartet, oder nur ganz abstrakt sagen zu können, daß es sich um die schrittweise Ausbildung neuer Gegenstandsarten handeln muß, von denen noch kein Bewußtsein vorhanden sein
kann, solange sie nicht wirklich ausgebildet sind.

d. Hegels nächstes Werk, die »*Wissenschaft der Logik*« (1812/
1816),[20] verhält sich zur »Phänomenologie« so wie sich in den alten
Mysterien das Wissen des Eingeweihten zum Schulungsweg des Mysterienschülers verhielt. Für viele Interpreten und auch für den Autor
des Werkes selbst ist in der »Logik« ein Konzentrationspunkt der
abendländischen Geistesgeschichte erreicht, dessen philosophischer
Gehalt schlechterdings nicht mehr überboten werden kann. Seit jeher
macht ja die Philosophie die Voraussetzung, daß unserer real existierenden Welt, daß allem Seienden überhaupt ein Geistiges zugrunde
liege, welches bei genügender methodischer Bemühung dem denkenden Menschengeist als das wahre Sein erkennbar wird. Nur von dort
aus kann die Totalität der Seinszusammenhänge in der richtigen Weise
rekonstruiert werden, also auch das Verhältnis zwischen geistiger und
real existierender Welt überhaupt, sowie die Bedeutung des menschlichen Handelns und Erkennens für die Vollendung der (ohne solches

Handeln und Erkennen unvollendet bleibenden) Wirklichkeit. »Wissenschaft der Logik« ist für Hegel die abstrakt-begriffliche Bestimmung und systematische Ordnung aller dieser Zusammenhänge und damit selbst wiederum ein erstrangiger Beitrag zur Konstituierung des ersten und wichtigsten Gegenstandes der Philosophie. Erst durch die Logik, so sagt er, geht die existierende Realität auch auf ihrer höchsten (geistig-wissenschaftlichen) Ebene in die *verfaßte Wirklichkeit* als die Welt des Menschen über.

Hegels »Logik« ist also nicht etwa nur »Organon« i. S. der aristotelischen Lehre von den Formen des Urteilens und Schließens, sondern vielmehr im umfassenden Sinne *Ontologie*. Sie fragt nach dem Sein des Seienden und sie radikalisiert diese Frage so lange, bis der geistige Grund bloßgelegt ist, in welchem die Wirklichkeit unserer Welt urständet, d. h. nicht mehr auf andere Ursachen und Gründe zurückgeführt werden kann, sondern vielmehr aus sich heraus anfängt und sich selbst trägt. *Plato* beschreibt in seiner Ideenlehre eine Sphäre solcher Anfänge, die bei ihm allerdings ein Jenseits der irdischen Welt und des auf sie gerichteten Bewußtseins bleibt. Anders ist es bei *Aristoteles*, der die Urgestalt des Seienden in zehn »Kategorien« ausdrückt, die zugleich Urgesten des begrifflichen Erkennens des irdischen Bewußtseins sind.[21] Hieran versucht nun *Kant* anzuknüpfen, indem er in der »Kritik der reinen Vernunft« aus der transzendentalen Einheit des Bewußtseins eine »Tafel« von 12 Kategorien als Grundformen des Erkennens deduziert, die sich allerdings mit der Realität der Welt nur im mathematischen Modell berühren.[22] Und Hegels Logik wiederum ist der Versuch, die Enge dieses Realbezuges zu sprengen und zu inhaltsreicheren Kategorien zu kommen, bis zu der Grenze, wo das logisch-kategoriale System als ganzes sich zum Modell bildet, in welchem die Individualität des menschlichen Denkens verschwindet.

Trotz dieses inhaltlichen Reichtums ist Hegels Darstellung der logischen Kategorien eine ganz abstrakte begriffliche Arbeit. Wie sollte es auch anders sein? Wo das Seiende anfängt, ist es noch nicht existent, und also auch nicht anschaubar. Die logischen Kategorien, sagt Hegel, sind gewissermaßen die *Gedanken Gottes vor der Erschaffung der Welt*,[23] die folglich nichts von der natürlichen Wärme und Freundlich-

keit des Lebens an sich haben, sondern ein rein abstraktes Schatten-
reich darstellen. Nur eine »absolute Bildung und Zucht des Bewußtseins«, also eine esoterische Schulung des Denkens ermöglicht es dem
Menschen, in dieses Reich einzudringen.[24] Die Bedingungen dafür waren für den griechischen Menschen noch leichter, weil dieser die Gedanken als in den Dingen wirkende Wesen noch quasi-sinnlich wahrnehmen konnte. Deshalb hat Aristoteles seine Kategorien auch nur beschrieben, aber nicht aus einem übergeordneten Prinzip abgeleitet, was
ihm von Kant zum Vorwurf gemacht wird. Der Mensch der Neuzeit
muß sein Denken so aus dem Bewußtsein heraus entwickeln, daß er
selbst die Gedankenverknüpfungen hervorbringt, mit denen er sich in
die Beziehung zur Welt hineinstellt. Dieser Ausgangspunkt im Selbstbewußtsein ist es, der den neuzeitlichen Philosophen zwingt, die Kategorien des wahren Seins aus einem einheitlichen, logisch rekonstru-
ierbaren Methodenprinzip abzuleiten. Hegel nennt das letztere den
»*Begriff*« und baut darauf seine gesamte »Wissenschaft der Logik« auf.
»Als *Wissenschaft*«, so sagt er in der Einleitung seines Werkes, »ist die
Wahrheit das reine sich entwickelnde Selbstbewußtsein und hat die
Gestalt des Selbsts, daß *das an und für sich Seiende gewußter Begriff, der
Begriff als solcher aber das an und für sich Seiende ist.*«[25]

e. Hegels »philosophischer Begriff« begnügt sich aber nicht damit,
die »Wissenschaft der Logik« zu durchdringen, er ergreift vielmehr alle
Wissensgebiete überhaupt, indem er sie thematisch ordnet und in einem einzigen methodisch streng durchkomponierten System der Philosophie zusammenfaßt. Das geschieht in der »*Enzyklopädie der philosophischen Wissenschaften*«, welche erstmals 1817 in der Gestalt eines
äußerst abstrakten Gedankensystems publiziert wurde, während sie
dann in der 2. und 3. Auflage (1827 bzw. 1830, hier zitiert als »Enz.
1830«)[26] eine kräftige stofflich-inhaltliche Aufpolsterung erfuhr, die
sie etwa auf den doppelten Umfang der Erstauflage anwachsen ließ. In
diesem Werk sind die »Logik« von 1812/16 und die spätere »Rechtsphilosophie« (1821), sowie die anderen philosophischen Disziplinen
als Subsysteme eines integrierten Gesamtsystems enthalten, und zwar
jeweils an dem Ort, der ihnen nach der Reichweite bzw. Wirkungsweise
der in ihnen bewegten Gedanken zukommt. Der Bauplan des ganzen

Systems, also die *Makrostruktur* der philosophischen Wirklichkeitsverfassung entspricht dabei demjenigen der Systemteile in sich, bis hinein in die methodische *Mikrostruktur* der Gedankengänge. Diese systematische Geschlossenheit des Denkens, welche in der Hegel'schen Enzyklopädie erreicht ist, hat wesentlich dazu beigetragen, den für den Deutschen Idealismus charakteristischen Herrschaftsanspruch der Philosophie im Geistesleben und des Geistes im gesellschaftlichen Leben des neuzeitlichen Menschen überhaupt zu begründen.

Wie das Inhaltsverzeichnis der »Enzyklopädie« unmißverständlich zeigt, legt Hegel seinem System durchweg eine *begriffliche Dreierbewegung* zugrunde. Diese tritt auch in der Methode des dialektischen Denkens auf und wird dort herkömmlicherweise mit den Begriffen »These«, »Antithese« und »Synthese« bezeichnet. Richtiger ist es, stattdessen von einer Gedankenbewegung in den drei Momenten der *»ursprünglichen Einheit«*, der *»Entzweiung«* und der *»absoluten Einheit«* (Einheit von ursprünglicher Einheit und Entzweiung) zu sprechen und so den metaphysischen Hintergrund des philosophischen Systemgedankens (den heilsgeschichtlichen Zusammenhang zwischen Paradieseszustand, Sündenfall und Reintegration des gefallenen Geistes) zum Ausdruck zu bringen. Was es mit dieser Bewegung als subjektiver, als dialektischer Methode auf sich hat, werden wir unten näher darstellen. Hier ist zunächst festzuhalten, daß Hegels Dialektik auch eine objektive Seite hat: Die Momente des heilsgeschichtlichen Zusammenhangs der Welt durchdringen unsere gegenwärtige Wirklichkeit so, daß sie in ihr als fürsichseiende zum Ausdruck kommen, und zwar in allen Bereichen des Seins und des Lebens. Diesen Ausdruck nennt Hegel den *»philosophischen Begriff«*, und er bestimmt seine inhaltgebenden Momente im Anschluß an die aristotelische Wissenschaftstheorie als »Allgemeinheit«, »Besonderheit« und »Einzelnheit« (entsprechend z. B. in der Biologie: Gattungen / Arten / Einzelwesen, oder in der Jurisprudenz: Gesetz / Vertrag bzw. Verwaltungsakt / Richterspruch usw.).[27] Methode und Begriff der dialektischen Philosophie verhalten sich also zueinander wie Form und Inhalt: Während die dialektische Methode das dritte Moment, die »absolute Einheit«, nur als *Spannungsverhältnis* zwischen den beiden ersten festhält, kommt die-

ses Moment im »Begriff« zu einem eigenen Inhalt, so daß die dialektische Bewegung hier (insbesondere eben in der »Enzyklopädie«) in
eine *ruhige Dreigliederung* auseinandertritt.

In diesem Sinne erscheint die »Wissenschaft der Logik« in der »Enzyklopädie« als deren erster Teil auf der Begriffsstufe der »*Allgemeinheit*« oder als »Wissenschaft der Idee an und für sich« (§ 18 Enz. 1830).
Weil nun, so schließt Hegel, das Leben aus dieser existenzlosen Sphäre
(der Gedanken Gottes vor der Erschaffung der Welt) herausdrängt und
real werden will, weil aber eine Realisierung nur als Besonderung möglich ist, entsteht die Natur als Sphäre der »*Besonderheit*«, bzw. im Verhältnis zu jener ersten Sphäre ausgedrückt: Die »Naturphilosophie als
die Wissenschaft der Idee in ihrem Anderssein«. Auch dort kann aber
das Leben nicht stehenbleiben, es muß aus der Entfremdung wieder
herauskommen, woraus der dritte Systemteil der »Enzyklopädie« entsteht, die »Philosophie des Geistes als der Idee, die aus ihrem Anderssein in sich zurückkehrt«. Hier finden wir eine systematische Bestands-
aufnahme des Rückweges der Menschheit von der natürlichen zur geistigen Existenz durch die sozialen und künstlerisch-religiösen Kultur-
leistungen, die letztlich deshalb da sind, weil sie von einzelnen Menschen gewollt und getragen werden. Insofern steht die »Philosophie des
Geistes« mit recht auf der Begriffsstufe der »*Einzelnheit*«, obwohl Hegel selbst dabei einen anderen Aspekt, nicht denjenigen des individuellen Menschen, sondern den der geistigen Wesen, welche in Kunst, Religion und Wissenschaft inspirierend wirken, betont. Für ihn ist die
höchste realisierbare Gestalt zu der die Geistesphilosophie vordringt
das Wesen Philosophie selbst, welches schließlich, in § 577 Enz. 1830,
sein eigenes Dasein erschließt.

Diese drei Teile der »Enzyklopädie« sind vielfach, wiederum dem
Dreierrhythmus folgend, untergliedert, wobei im dritten Teil die weiteren bekannten Werke der Hegel'schen Philosophie untergebracht sind,
nämlich im »objektiven Geist« die 1821 als gesonderte Ausarbeitung
erschienene »*Rechtsphilosophie*«[28] und die nur als Vorlesungsmanu-
skript bzw. -nachschrift erhaltene »Philosophie der *Weltgeschichte*« sowie (im Rahmen des »absoluten Geistes«) die ebenso überlieferten
Vorlesungen »Philosophie der *Kunst*«, »Philosophie der *Religion*« und

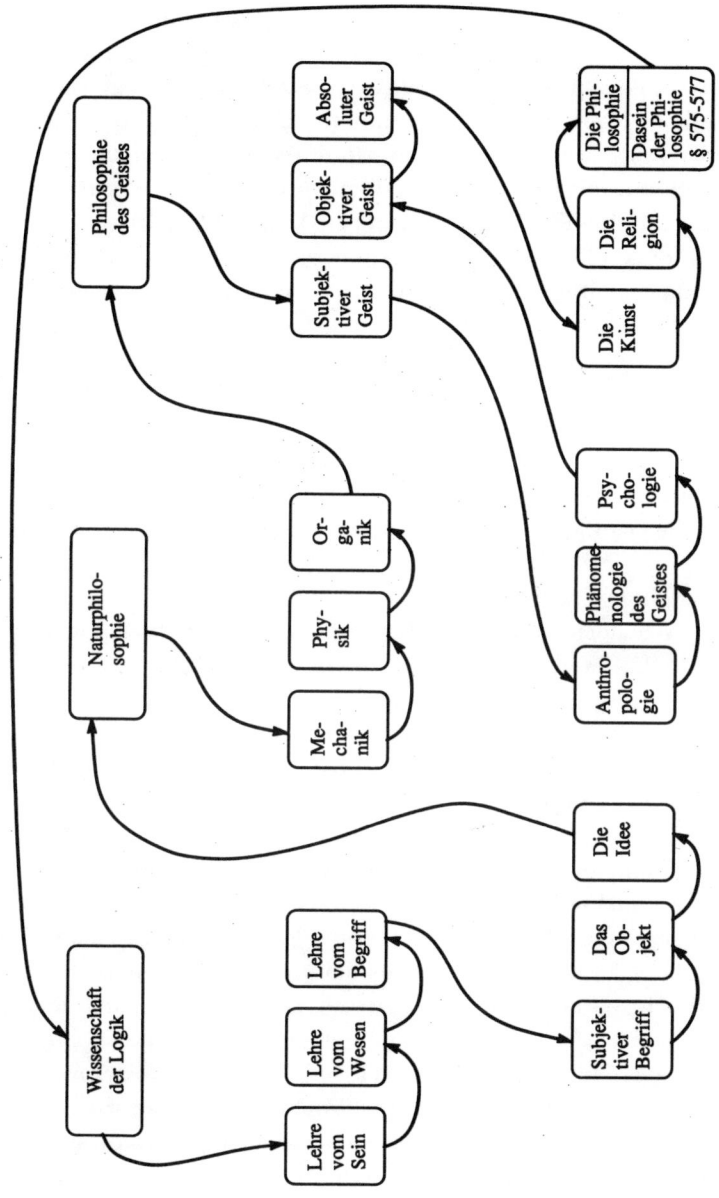

*»Geschichte der Philosophie«.* Schließlich taucht hier auch die »Phänomenologie« wieder auf, nämlich im mittleren Abschnitt des »subjektiven Geistes« (§§ 413 bis 439 Enz. 1830). Aber im Gegensatz zu allen
anderen Werken hat Hegel bei deren Umsetzung in die »Enzyklopädie« eine Amputation, ja Verstümmelung vorgenommen, die den
Reichtum des Buches von 1807 nicht mehr im Entferntesten ahnen
läßt. Für den Wissenden verliert der Weg, auf welchem er zum Wissen
gekommen ist, an Bedeutung, und wer die Wahrheit kennt, kann die
Irrtümer, mit denen er sich vorher herumgeschlagen hat, vergessen.

## 2. Der Hegelianismus in der Geschichte des 19. und 20. Jhs.

In jener beißend-kritischen Chronik der laufenden Ereignisse, die uns
als die Goethe-Schiller'schen »Xenien« bekannt ist, heißt es über

> *»Kant und seine Ausleger*
> Wie doch ein einziger Reicher so viele Bettler in Nahrung
> Setzt! Wenn die Könige baun, haben die Kärrner zu tun.«[29]

Das gilt auch für unseren Zusammenhang. Die umfassend angelegte
Hegel-Bibliographie von K. Steinhauer (1980),[30] weist bis zum Jahr
1975 nicht weniger als 1801 Fundstellen für die Originaltexte und
10231 Quellen der Sekundärliteratur nach, darunter viele speziell zur
»Phänomenologie«. Es gibt seit 1961 eine eigene Zeitschrift als Organ
der Hegel-Forschung (»Hegel-Studien«). Drei internationale Vereini-
gungen haben die Pflege der Hegel'schen Philosophie zu ihrem Tätig-
keitszweck erhoben. 1977 erschien ein fast 400 Seiten starkes Buch
über Hegel und seine Ausleger.[31] Ständig werden neue Interpretationen publiziert, wobei sich gerade auch die »Phänomenologie« eines
weltweiten Interesses erfreut. Wie soll man mit dieser Informationsflut
umgehen? Ist die Gestalt der philosophischen Wissenschaft darin enthalten, oder ist sie darin aufgelöst? Versuchen wir, uns dieser Frage mit
einigen groben Strichen zu nähern.

Eine populäre Vorstellung besagt, daß Hegels Philosophie nach seinem Tod (1831) als »Hegelianismus«, genauer: In der Spaltung zwischen einer »rechtshegelianischen« (*J. E. Erdmann, E. Gans, C. Rössler* u. a.) und einer »linkshegelianischen« Schule (*K. Marx, A. Ruge, L. Feuerbach*) fortgelebt habe.[32] Diese Ansicht ist jedoch etwas weltfremd, wie ein Blick auf die Gesamtsituation Deutschlands und Europas in der Mitte des 19. Jhs. zeigt. Zwar gab es hier durchaus eine Kontinuität der literarisch-philosophischen Diskussion, in welcher der Hegelianismus sich nach Art eines Parlaments in Fraktionen, in einer »Rechten«, einer »Linken« und sogar in einer Hegel'schen »Mitte« (*K. Rosenkranz*) darstellte. Aber diese Diskussion fand nur in den Büchern und Zeitschriften statt, sie hatte kaum noch eine gesellschaftliche Relevanz. Denn die fundamentale *Kulturwirksamkeit*, welche in der Epoche des Deutschen Idealismus auf die gesamten Lebensverhältnisse der Gesellschaft, nicht nur auf die preußische Reformpolitik, sondern bis in die Lebensverfassung des einzelnen Menschen ausgestrahlt hatte, hörte nach dem Tod Hegels und Goethes auf, und damit veränderte sich das spezifische Gewicht des Geisteslebens in der Gesellschaft überhaupt.

Wir gehen also davon aus, daß die Philosophie kein von der Entwicklung der Menschheit abgesondertes Dasein führt, sondern umgekehrt Ausdruck dieser Entwicklung ist, die aber ihren Schwerpunkt jeweils auch in andere Lebensgebiete verlagern kann. Eben das geschah in dem seit 1840 offensichtlichen, alle Wissenschaften, aber auch die *gesellschaftliche und politische Praxis* ergreifenden *Umschwung* zu materialistischen und technokratischen Verhaltensweisen, also in einer Tendenzwende im gesellschaftlichen Ganzen, welche den Stellenwert des geistig-kulturellen Lebens in diesem herabsetzte. Es war vor allem *R. Haym*, der in seiner großen Hegelvorlesung von 1857 klar zum Ausdruck brachte, daß die damalige Wissenschaft, die auf dem Boden der bürgerlichen Gesellschaft stehende Majorität des forschenden Geistes, mit der künstlerisch-philosophischen Weltauffassung Goethes und Hegels nichts mehr anfangen konnte: »Das ist keine Zeit mehr der Systeme, keine Zeit mehr der Dichtung oder der Philosophie. Eine Zeit statt dessen, in welcher, Dank den großen technischen Erfindungen des Jahrhunderts, die Materie lebendig geworden zu sein scheint. Die untersten Grundlagen unseres physischen wie unseres geistigen Lebens werden durch diese Triumphe der Technik umgerissen und neugestaltet.«[33] Weil Haym selbst längst in diesem Lebensstrom darinstand, konnte er zwar ein zutreffendes Urteil über den Geist seiner Zeit fällen, aber er hatte eben von dort aus keinen Zugang mehr zu den eigentlichen Wurzeln der Hegel'schen Philosophie. Über die »Phänomenologie« wußte er schließlich nur noch zu sagen, sie sei »eine durch die Geschichte in Verwirrung und Unordnung gebrachte Psychologie und eine durch die Psychologie in Zerrüttung gebrachte Geschichte.«[34]

Erst mit dem Übergang vom 19. ins 20. Jahrhundert veränderte sich die Zeitenlage wieder: Es traten neue, kräftige Geistimpulse hervor, welche auch das Interesse an der universitären Geisteswissenschaft neu erwachen ließen. *W. Dilthey* gab der letzteren einen hermeneutisch-geschichtlich vertieften Begriff, den er sogleich im Werk des jungen Hegel konkretisierte.[35] Auf dieser (lebensphilosophischen) Grundlage entstand eine Reihe werkimmanenter Interpretationen (*R. Kroner, Th. Häring, H. Glockner* u. a.),[36] in denen auch die »Phänomenologie« mehr oder weniger paraphrasiert, aber das Dilemma nicht aufgelöst wird, daß man hier immer schon Hegelianer sein muß, um Hegel zu verstehen.

Von hier aus gab es auch eine Entwicklungslinie in die Rechtsphilosophie und juristische Methodenlehre der 20er oder 30er Jahre (*J. Binder, K. Larenz, G. Dulckeit*), in welcher sich zeigt, daß die Hegelsche Dialektik nicht gerade dazu führte, die politische Urteilsfähigkeit gegenüber den damals aufgetretenen vitalistisch-regressiven Entgleisungen des gesellschaftlichen Bewußtseins zu stärken. Umgekehrt wurde daraus nun wiederum die Konsequenz gezogen, man müsse Hegel als geistigen Stammvater des Nationalsozialismus betrachten (*K. Popper, E. Topitsch*),[37] was nichts anderes heißt, als daß man die Philosophie insgesamt unter die Kategorien des politischen Lebens stellte, um sich so der Forderung zu entziehen, sie in ihrer philosophischen Bedeutung zu verstehen. Der rationalistische *Antihegelianismus* benutzte sozusagen die Gunst der Stunde des Antinazismus,

um das, was ihm an Hegels Kritik des Rationalismus unverständlich
blieb, auf dem Müllhaufen der Geschichte loszuwerden.

Anders der *Linkshegelianismus.* Diese Richtung versteht sich im
Anschluß an *K. Marx* als eine Theorie, welche die gedankliche Bewegung der Dialektik zum bewegenden Moment des revolutionären
Klassenkampfes machen will. Seinem wissenschaftlichen Standort
nach ist der Linkshegelianismus eine Soziologie, aber mit einem
wechselnden Anteil an philosophischem, wirtschaftstheoretischem
und politischem Gehalt. Daher steht hier auch meist dasjenige Werk
Hegels im Mittelpunkt, welches inhaltlich selbst am revolutionärsten
erscheint, die »Phänomenologie«. Mit ihr beschäftigten sich nach
dem 2. Weltkrieg insbesondere *A. Kojeve, E. Bloch* und *G. Lukacs.*[38]
Kojeve hat die schon von Marx hervorgehobene Dialektik von »Herrschaft und Knechtschaft« (»Phänomenologie«, Kap. IV.) als Grundlage einer allgemeinen Sozialtheorie (des Kampfes um soziale Anerkennung) interpretiert. Bloch dagegen setzt mehr auf der naturphilosophischen Seite an und stützt seine Interpretation hauptsächlich auf
das rebellische Potential im natürlichen Seelenleben des Menschen,
während Lukacs wiederum die Entäußerung dieses Seelenlebens in
der gesellschaftlichen Substanz als den Grundgedanken Hegels hervorhebt. Zu einer systematischen Zusammenfassung aller dieser Momente, wie die »Phänomenologie« sie enthält, sind deren marxistische Interpreten jedoch nicht in der Lage. Ihre starke literarische
Wirksamkeit ergab sich denn auch nicht aus der philosophischen
Qualität ihrer Interpretation, sondern aus ihrem politischen *Engage-
ment* für den Menschen, worin der bleibende Wahrheitsgehalt dieser
Werke liegt.

In unserer Gegenwart, also in der Zeit nach dem Abtreten der Garde
der in der Dialektik engagierten Hegelianer, nimmt die *Universitäts-
philosophie* gegenüber Hegel die Haltung einer distanzierten Wissenschaftlichkeit ein. »Das Bewußtsein des Bruchs in unserer gegenwärtigen philosophischen Bildung wird jeden, der sich mit Hegel beschäftigt, nüchtern stimmen«, so lautet die Parole,[39] mit welcher zugleich
eine Standortbestimmung des Wesens Philosophie selbst vorgenommen wird. Das letztere verabschiedet sich hiermit stillschweigend aus

der Sphäre seiner Wirksamkeit im Geistesleben der Gesellschaft und
zieht sich auf den nur noch soziologisch genauer zu bestimmenden
Umkreis einer akademischen Fachwissenschaft zurück. Als solche hat
es in den vergangenen Jahren viele Einzelprobleme auch hinsichtlich
der Entstehungsgeschichte und Systematik der »Phänomenologie«
klären können, ohne aber in der Grundfrage über diejenige Position
hinauszukommen, welche *D. Henrich* zuletzt 1975 mit rücksichtslosem
Blick auf die Realität des philosophisch-literarischen Lebens folgendermaßen charakterisiert hat: »Wer Hegel verstehen will, ist noch immer mit sich allein. Er wird keinen Kommentar finden, der beim Lesen
hilft, statt es nur ersetzen zu wollen. Die Produktion von Büchern über
›den Denker und das Werk‹ ist schon lange abgebrochen. Wir wissen,
daß wir noch immer nicht sagen können, was eigentlich vorgeht in Hegels Denken, – dem letzten, das es vermochte, Theorie der Wissenschaft, der Gesellschaft, des Bewußtseins und der Welt in einem zu
sein. An seiner Bedeutung zweifelt niemand. Seine Diagnose steht
aus.«[40]

Dieser *Stillstand* ist nur zu überwinden, wenn die inhaltliche Aufar-
beitung der Gedanken Hegels mit der Frage nach dem Wissenschafts-
charakter der Philosophie überhaupt verbunden wird. Die heutige philosophische Wissenschaft stellt ihren Stoff am liebsten nur noch der
Form nach dar, d. h. sie bemüht sich, nicht anders zu sein, als die übrigen Wissenschaften, und das spezifisch Andersartige ihrer Gegenstände, nämlich die ideelle Dimension der Subjekt-Objekt-Beziehung,
wiederum auf die Ebene subjektiv-rationaler Vorstellungen zurückzu-
bringen. Der Bruch in unserer philosophischen Bildung besteht gerade
darin, daß es an Mut fehlt, beim Hinausgehen über die großen Philosophen wirklich von ihnen, d. h. von ihrer je konkreten Denkart auszugehen. Zwar ist es heute nicht mehr möglich, wie die Hegelianer der
alten Garde »gleichsam mit dem Atem Hegels zu philosophieren«,[41]
aber wir müssen dennoch einen Weg ins Innere dieses Denkens suchen,
nämlich um Hegels Atemrhythmus zu verbessern und so das von Henrich geschilderte Dilemma zu beheben. Das erfordert allerdings einen
völlig neuen Ansatz im metaphilosophischen Bereich und den Mut zu
der Einsicht, daß dieser Schritt über die Philosophie hinaus nicht wie-

derum in eine Theorie führt, sondern in dasjenige, was die große Philosophie stets sein wollte, aber nie sein konnte, nämlich das Wesen des Menschen selbst.

# III. Metaphilosophische Voraussetzungen der Interpretation

Wenn man die beiden obigen Skizzen (der geistigen Biographie Hegels und der Rezeptionsgeschichte seines Werkes) nebeneinander hält, wird sogleich in aller Schärfe die Diskrepanz spürbar, in der wir stehen. Hier geht es offenbar nicht nur um einen »Bruch in unserer philosophischen Bildung« sondern um einen Bruch im geistigen Sein selbst, also auch im Dasein des Menschen, insofern dieser ein geistiges Wesen ist. In Hegels Philosophie steckt eine ungeheure *Zumutung*, d.h. sie spricht uns den Mut zu, Gedanken zu fassen, wie den folgenden: Die »Phänomenologie« verhält sich zum System der »Enzyklopädie« wie in der Antike der Schulungsweg des Mysterienschülers zum Wissen des in die Mysterien Eingeweihten. Aber mit Mut allein läßt sich ein solcher Gedanke nicht festhalten, dazu bedarf es vielmehr eines tieferen Eindringens in die *substantielle Sphäre*, in welcher die mit den Worten »Bildung«, »Schulung« usw. ausgedrückten Bewegungen ablaufen, und in welcher dasjenige zum Dasein kommt, was wir hier zunächst als »geistiges Sein« und »Wissen« bezeichneten.

Nun ist freilich jene substantielle Sphäre, in welche wir eindringen wollen, nicht nur an sich ungegenständlich, so daß sie sich ihrer eigenen Seinsweise nach unserem Bewußtsein entzieht, sondern sie wird auch vom modernen *Wissenschaftsbetrieb* fortwährend in dieser Ungegenständlichkeit gehalten, d.h. in eine immer weitergehende Zerstreuung und Atomisierung versetzt. Was wir zum Gegenstand unserer Erkenntnis machen wollen, müssen wir zunächst dem Geist des »feuilletonistischen Zeitalters« (*H. Hesse*) entreißen, der die moderne Schriftkultur mit der spezifischen Intellektualität durchdringt, welche alle Kraft des Wortes durch die unendliche Reflexion auf seine Ausdrucksform zerstört. Dieser Prozeß hat mit dem Aufschreiben des Wortes überhaupt und seiner Veröffentlichung als Grundelement der Wissenschaft begonnen, und er hat sich durch die Fortentwicklung der Medien, den Buchdruck, den maschinellen Satz usw., sowie durch den entsprechenden Wandel der Mentalität, die Gewöhnung an das elektrische Licht, das Zeitungswesen und die damit verbundene Politisierung des Lebens, fortwährend beschleunigt. Das ist hier nicht zu kritisieren, sondern zu konstatieren, als ein Störfaktor, den wir überwinden müssen, um zu unserem eigentlichen Gegenstand zu gelangen.

Interessanterweise hat auch Hegel in seinem Hymnus »Eleusis« eben diesen Gesichtspunkt besonders hervorgehoben. Das alte Mysterienwissen ist uns ja hauptsächlich deshalb unbekannt geblieben, weil es nicht aufgeschrieben und schriftlich überliefert wurde: »Dem Sohn der Weihe war der hohen Lehren Fülle, / Des unaussprechlichen Gefühles Tiefe viel zu heilig, / Als daß er trockne Zeichen ihrer würdigte«. Auch eine Veröffentlichung dieser Inhalte kam nicht in Frage, Mysterienverrat galt in Griechenland sogar als todeswürdiges Verbrechen. Was damit verhindert werden sollte, schildert Hegel in breit angelegten Bildern: Die *Intellektualisierung* und *Politisierung* alles dessen, was mit dem höheren Geistesstreben des Menschen zusammenhängt, weil das letztere damit zur kleinen Münze sophistischer Diskussionen und pubertärer Besserwisserei (»... zur Rute schon des frohen Knaben ...«) herabsänke.[42] Also, das ist die Botschaft von Hegels Gedicht, müssen auch in der Neuzeit wieder Wege gefunden werden, um das, was seiner Natur nach esoterisch ist, den ernsthaft danach Strebenden zugänglig zu machen und es zugleich vor dem Gerede des feuilletonistischen Zeitalters zu schützen. Das eben leistete die Philosophie des Deutschen Idealismus: Ihre Texte können zwar als Ware im nächsten Taschenbuchladen für wenig Geld erworben werden, aber ihre Inhalte sind nur demjenigen zugänglich, welcher die »*Anstrengung des Begriffs*« auf sich nimmt, durch sie die geistig-seelischen Wahrnehmungsorgane in sich selbst zu bilden, ohne deren Vorhandensein alles Gelesene und Gehörte nur »hohler Wörterkram« bliebe.

Damit ist wieder der Ausgangspunkt des Problems erreicht: Wie können wir in diejenige substantielle Sphäre eindringen, in welcher sich die Bildung der inneren Wahrnehmungsorgane vollzieht, mit denen der esoterische Inhalt der Philosophie verständlich wird? So lautet in der Tat die Grundfrage der »Phänomenologie«, auf welche Hegel auch eine grundsätzliche Antwort gibt, nämlich mit dem Satz: ›*Die Substanz muß Subjekt werden*‹,[43] als dem Programm, welches sich im Laufe seiner Abhandlung philosophisch erfüllen soll. Nun haben wir jenem Programm noch etwas hinzuzufügen, sozusagen als Fortsetzung des von Hegel eingeschlagenen Weges, mit der Zielbestimmung: ›Die Substanz muß zur Grundlage des *freien Denkens* werden‹. Und auf diesem Teil des Weges, der über die Philosophie hinaus in die Metaphilosophie führt, reicht es nicht mehr aus, zu sagen: Was die Substanz ist, erkennen wir in demjenigen, was aus ihr wird; hier müssen wir vielmehr die Frage nach der Substanz unmittelbar stellen, womit die Grundthese unserer ganzen Abhandlung ins Blickfeld tritt.

Diese *These*[44] lautet: Der Gedankeninhalt, den wir mit unserem Alltagsverstand bewegen, der in den Wissenschaften, in den traditionellen Religionen und Weltanschauungen sowie in den klassischen Systemen der Philosophie lebt, ist nicht in einer freien geistigen Tätigkeit gedacht, sondern er ist aus der Hülle der menschlichen Selbstheit abgelesen, abgetastet; und zwar insbesondere aus demjenigen, was in dieser Hülle als Grundlage der äußeren Sinneswahrnehmung wirkt, was in unserer geistig-physiologischen Natur der außengerichteten Sinnestätigkeit subsistiert. Wir nennen das die *physiologischen Funktionsbilder* unserer Sinne. Für die gewöhnliche Bewußtseinsorganisation sind diese Funktionsbilder durch die in die Sinneswahrnehmung einschlagende Reflexion verstellt: Das Bewußtsein wird zum *Spiegel*, der uns das Bild der Außenwelt als äußeres zurückwirft und zugleich den Blick auf die Innenseite des Vorgangs hemmt. Aber der menschliche *Erkenntnistrieb* hat sich damit nicht zufrieden gegeben. Er hat das religiöse Leben zur Mystik gesteigert, um in jenen verborgenen Bezirk einzudringen, und er hat in der Philosophie Kants eine verstandesmäßig-begrifflich geleitete Expedition dorthin unternommen, freilich ohne den dabei vermessenen Landstrich in die Topographie des Menschenwesens richtig einordnen zu können. Ähnlich steht es mit Fichtes »Die Bestimmung des Menschen« und mit Hegels »Phänomenologie«, in der die Expedition am weitesten vorangetrieben und zugleich ins Innere der Menschennatur gewendet ist. Um das zu begreifen, müssen wir aber jetzt noch weiter ausholen und einige Grundbegriffe entwikkeln, welche für die idealistischen Philosophen so noch nicht faßbar waren.

## 1. Die menschliche Wesensgliederung in anthroposophischer Sicht

Wenn man unbefangen auf die Natur hinschaut, wenn man diese nicht in ein platonisch übergreifendes System »spekulativer« Begriffe einschließt, sondern sie nach dem unterscheidet, was sich in ihr selbst und damit auch im Menschen als Naturwesen zeigt, dann erkennt man die prinzipielle Bedeutung der Wesensarten, welche *Aristoteles* in seiner Schrift »Über die Seele« herausgearbeitet hat.[45] Die Natur an sich, so heißt es dort, gliedert sich in *vier Wesensarten* oder Gebiete mit je spezifischer Eigengesetzlichkeit: In ein Gebiet des toten Erdenstoffes (mineralisches Reich), in ein Gebiet der vegetativen Funktionen und ihrer Gestaltung (pflanzliches Reich), in ein Gebiet der seelischen Aktualität und deren Gestaltungen (Tierreich) sowie in ein Gebiet des vernünftigen Geistes und seiner Gestalt (Menschenreich). Allerdings erscheint diese Gliederung bei Aristoteles zunächst als *psychologische*, denn es ist dort von der pflanzlichen, der tierischen und der menschlich-vernünftigen »Seele« die Rede, deren jeweils naturgegebene Merkmale beschrieben werden. Der Sache nach aber handelt es sich um eine Ontologie, die wegen ihres realistischen Zuges von der Scholastik (Thomas v. Aquin, Albertus Magnus) energisch aufgenommen und weitergebildet wurde, bis sie schließlich in der Neuzeit durch Kants Kritik der Metaphysik in einen Dornröschenschlaf verfiel.

Aus diesem Schlaf erwachte sie erst wieder, seit *R. Steiner* sie dem geisteswissenschaftlichen Menschen- und Naturbild der Anthroposophie zugrunde legte. Insbesondere wird hier nun dasjenige, was bei Aristoteles und den Scholastikern mehr in logisch-abstrakter Form ausgesprochen ist, nämlich der Zusammenhang der verschiedenen Wesensarten in den einzelnen Lebewesen, als konkretes Zusammenspiel in der *Selbstproduktion des Organismus* begriffen. Und in diesem Zusammenspiel erscheinen die verschiedenen Wesensarten als *Wesensglieder* des jeweiligen Lebewesens, welches seine Qualitätsstufe als Pflanze, Tier oder Mensch in ihnen geltend macht.[46] Die Pflanze, nach Aristoteles eine sich selbst integrierende Einheit von »vegetativer« Seele und physischem Stoff, besteht nach anthroposophischer Auffassung aus einem *»Bildekräfteleib«* (»Lebensleib«) und einem *»physischen Leib«*. Das Tier, nach Aristoteles eine sich selbst integrierende Einheit von temperamentvoll strebender Seele und vegetativem Organismus, besteht nach anthroposophischer Auffassung aus einem *»Seelenleib«* (in welchem sich die eigentlichen Seelentätigkeiten entfalten, und der insoweit »Astralleib« genannt wird), dem »Bildekräfteleib« und dem »physischen Leib«, welche letzteren hier ganz vom Tierorganismus ergriffen sind, so daß ihre ursprüngliche Pflanzenverwandtschaft und mineralische Sprödigkeit dadurch metamorphosiert erscheint.

Der eigentliche Unterschied zwischen der aristotelisch-thomistisch-anthroposophischen Naturanschauung und der platonischen Systemphilosophie des Deutschen Idealismus besteht nun darin, daß nach jener auch der *Mensch* in die Naturreiche eingeordnet, daß sein von Natur zur Vernunft veranlagter Geist als Konstitutionsmerkmal eines eigenen Naturreiches, eben des menschlichen im Gegensatz zum tierischen und pflanzlichen, angesehen wird. In der Anthroposophie spricht man demgemäß vom *»Ich«* als dem *vierten Wesensglied des Menschen*, womit freilich noch weitere Differenzierungen verbunden werden. Denn das Ich, welches in der Selbstproduktion des Organismus (im Zusammenspiel mit Seele, Bildekräfte- und physischem Leib) wirkt, ist ein anderes als das seine Denktätigkeit innerhalb der Seele entfaltende, und noch ein anderes ist es in seiner eigentlichen geistigen Natur, durch die es Anteil am ewigen Geist hat. Auch das letztere ist nicht etwa nur als transzendent zu betrachten, sondern es hat konkrete irdische Erscheinungsformen, die in der Anthroposophie als die »höheren Wesensglieder« des Menschen charakterisiert werden. Aber selbst wenn wir davon zunächst absehen, erscheint das Bild des viergliedrigen, aus physischem Leib, Bildekräfteleib, Seele und Ich bestehenden Menschen für die neuzeitliche Philosophie als unannehmbar, da mit metaphysischen Elementen durchsetzt. Wiederum zeigt sich hier die absolute Scheidelinie zwischen Philosophie und Metaphilosophie.

Vom metaphilosophischen Standpunkt aus gesehen liegt der Grund der Ablehnung der viergliedrigen Menschennatur durch die Philosophie darin, daß die letztere nur von demjenigen *Ich* weiß, welches sich selbst in seiner *Denktätigkeit* innerhalb der Seele erlebt.[47] Dort kann es allerdings verschiedene Stufen der Objektivität erreichen und sich auf diesen mit der Welt verbinden: Es kann die seelische Vorstellungskraft als solche verobjektivieren (empirischer Verstand), es kann die innere Gesetzmäßigkeit, der diese Verobjektivierung folgt, zu einem Gedanken-Modellraum abstrahieren (Kants ›reiner Verstand‹) und es kann (wie Hegel) das willentliche Ergreifen der Ideen im Denken zum Ausgangspunkt eines logischen Systems machen, welches nur noch in seiner Architektur zum Ausdruck bringt, daß es innerhalb des Seelenleibes steht und damit in die Leiblichkeit des Menschen eingebunden ist. Im Schritt zur Metaphilosophie befreien wir uns von dieser Begrenzung insofern, als wir jetzt das Ich überhaupt nicht nur als denkendes (innerhalb der Seele), sondern als in der Selbstproduktion des ganzen Menschen wirkendes ansehen.

Die Haltbarkeit dieser Betrachtungsweise hängt davon ab, ob es gelingt, den physischen Leib, den Bildekräfteleib und den Seelenleib des Menschen als je eigene Momente der Selbstproduktion des Organismus oder als menschliche Wesensglieder zu erkennen und dadurch das Ich als das erkennende Subjekt von dem Erkannten zu unterscheiden. Ein solches Vorgehen ist durchaus schwierig, da wir durch die neuzeitliche Philosophie und Wissenschaft zutiefst daran gewöhnt sind, bestimmte Erscheinungen der Wirklichkeit nicht mehr wahrzunehmen und folglich auch keine ihnen entsprechende Begriffe zu bilden. Das betrifft vor allem das Verhältnis von physischem und Bildekräfteleib, welches in der Architektur der philosophischen Systeme verschwindet, so daß man geradezu sagen muß: Die Philosophie des Deutschen Idealismus kennt keinen Begriff des physischen Leibes als eines eigenständigen Wesensgliedes der natürlichen Lebewesen, sie kennt nur den Prozeß der Belebung des mineralischen Stoffes durch den Bildekräfteleib und macht diesen zum Ausgangspunkt der Naturphilosophie.

## a. Der Begriff des physischen Leibes

Auch Aristoteles hat sich nicht bemüht, einen haltbaren Begriff des physischen Leibes zu bilden. Für die Griechen war es ihrer ganzen Veranlagung nach unmöglich, sich innerlich mit einem Gegenstand zu verbinden, der so intensiv von den *Todesprozessen* der Natur durchsetzt ist. Als Philosophen kamen sie nicht weiter als bis zu der Erkenntnis: Die menschliche Hand, welche vom lebenden Körper abgetrennt wird, bleibt nicht, was sie ist, sondern zerfällt früher oder später in ihre stofflich-elementaren Bestandteile. Darin liegt aber noch keine Aussage über den physischen Leib als solchen, sondern nur eine über das Leben und Sterben des Bildekräfteleibs: Der elementare Naturstoff verliert seine mineralische Starre, solang er vom Organismus des Lebewesens durchdrungen wird; aber er gibt diese Starre nicht ganz auf, sondern er bringt sie innerhalb des Organismus als Todesprozeß, als Erstarrung der vitalen Funktionen zur Geltung.

Wenn wir demgegenüber den Begriff des physischen Leibes bilden wollen, dürfen wir nicht vom Lebensprozeß ausgehen, sondern müssen die *Potenzen der Physis* als solche unterscheiden. Die eine Potenz ist die *Starrheit* des mineralischen Stoffes. Die andere ist, daß dieser Stoff sich vom Leben ergreifen und *gestalten läßt*, daß er sich gegen das letztere nicht absolut abweisend verhält. Wenn nun der physische Leib eine Realität sein soll, dann müssen diese beiden Potenzen, die Starrheit und die Gestaltbarkeit des mineralischen Stoffes sich in der physischen Welt selbst zur Einheit verbinden. Dieses Fürsichsein des physischen Leibes ist der *Kristall*, die gesetzmäßige, in ihrer Gesetzmäßigkeit reine und durchsichtige Gestaltung der starren Elemente. Indem die verschiedenen Stoffe verschiedene Kristalle bilden, zeigen sie ihr stoffliches Eigenwesen innerhalb des begrifflichen Kristallschemas, ebenso wie die verschiedenen Pflanzen ihr Eigenwesen innerhalb des Typus der »Urpflanze« (Goethe) zeigen. Wir können daher auch sagen: Das

Kristallschema ist die physische Stufe des physischen Leibes, welches im Pflanzenreich zum Organschema der Pflanze, im Tierreich zum Organschema des Tieres und im Menschenreich zum Organschema als dem das Ich tragenden physischen Leib des Menschen metamorphosiert ist.

Dieser Begriff des physischen Leibes weist deutlich auf die *an sich geistige Natur* des letzteren hin. Aber das »Geistige« hat hier nichts mit einer wesenlosen Abstraktion zu tun, sondern es wird für jeden, der unbefangen wahrzunehmen vermag, konkret sichtbar. Es gibt ein *Organschema der Pflanze*, das im Wachstum jedes einzelnen Pflanzenwesens als eine rhythmische Folge von Ausdehnung und Zusammenziehen der Gestalt, verbunden mit einer Verfeinerung des Stoffes von unten (Wurzel) nach oben (Blüte) erscheint. Goethe[48] hat diesen Prozeß als Metamorphose eines zugrundeliegenden Organs, des Blattes, beschrieben. Damit hat er auch schon den wesentlichen Unterschied zum Tier erfaßt. Im Blatt öffnet die Pflanze sich dem Licht, in der Blüte wird sie selbst lichtverwandt, in der unbestimmten Vielfalt der Blätter, Blüten, Triebe, Samen folgt sie der diesem Element eigenen Ausbreitungstendenz. Ganz anders das *Tier*: In ihm erscheint die Vielfalt der organischen Möglichkeiten zu einer bestimmten Anzahl von Organen umgebildet, die nicht nachwachsen, deren Wachstumskräfte sich vielmehr der höheren, die Gestaltbildung verinnerlichenden und insofern individualisierenden Qualität der Tierseele untergeordnet haben.[49] Das Tier lebt wesentlich aus seiner *seelischen Aktivität* heraus, mit der es die vegetative Natur ergreift. Es folgt dem Trieb, sich fortzubewegen, sein Selbstgefühl zu verlautbaren, seinen Charakter auszuleben. Und der physische Leib des Tieres ist wiederum nichts anderes als das Gefäß, das geistige Schema der Organe, welches diese Lebensweise möglich macht.

In diesem Sinne ist auch der physische *Leib des Menschen* als eine geistige Realität zu betrachten, d. h. als vom Ich ausgehende Metamorphosierung der unteren Wesensglieder (des leblosen Kristalls, des pflanzenverwandten Bildekräfteleibs, des tierverwandten Seelenleibs). So zeigt das menschliche Organschema sich als die vollendete Gestalt, welche zu der höchsten Aufgabe geschaffen ist: Träger eines *individuel-*

*len Geistes* zu sein, sich als freies Ich ins Leben zu stellen. Im physischen Leib des Menschen stehen die Organe, welche bei den Tieren vielfach leistungsfähiger, aber jeweils auch einseitiger ausgebildet sind, in einem Verhältnis harmonischer Ausgeglichenheit zueinander, das auf ein höheres Sein hinweist. Dieses finden wir auch im menschlichen Gang, in der Aufrichtung des Knochengerüsts und der Wirbelsäule, durch die sich wiederum das Gewölbe des menschlichen Schädels und das von ihm umschlossene Zentralorgan unseres Nerven-Sinnes-Systems der Erdenschwerkraft entgegenstellen.

## b. Der Begriff des Bildekräfteleibes

Mit dem obigen Begriff des physischen Leibes haben wir dessen Seinsweise als solche von dem Zusammenspiel der Wesensglieder im Lebewesen (d. h. den Lebens- und Sterbeprozessen) getrennt. Das gleiche soll nun für das zweite Wesensglied, den Bildekräfte- oder Lebensleib versucht werden. Es handelt sich hier also um dasjenige, was Aristoteles die *»vegetative Seele«* nennt, welche zwar in allen Lebewesen als Kraft vorhanden ist, die aber ihrer eigenen Seinsart nach der Entwicklungsstufe der Pflanze entspricht. Darum kommt diese Seinsart im Pflanzenreich am unmittelbarsten zur Erscheinung, während sie im Tier und im Menschen als Wesensglied jeweils höheren Wesensgliedern untergeordnet ist.

Für die neuzeitliche Philosophie ist die Annahme eines solchen Bildekräfteleibes als Glied des natürlichen Lebewesens ein metaphysisches Postulat, welches weder empirisch bewiesen noch begrifflich erhärtet werden kann. Der vermeintliche Gegenstand, so wird gesagt, könne nur die Seinsqualität eines »Ding an sich« haben und sei deshalb aus dem Bereich unserer Erkenntnisfragen auszuschalten. Das ist selbstverständlich richtig, wenn man als Gegensatz zum »Ding an sich« das »empirisch beweisbare Ding« so versteht wie Kant, nämlich als Berechnung des sinnlich Erscheinenden im Modell quantitativer Beziehungen. Denn die letzteren entstehen erst dadurch, daß der Bildekräfteleib sich mit dem physischen Leib verbindet, dabei mit mineralischem Stoff ausgefüllt wird und in die Bestimmbarkeit nach Maß,

Zahl und Gewicht eintritt. Wenn wir also das Eigenwesen des Bildekräfteleibs begreifen wollen, dann müssen wir es auf eine andere Weise
suchen als mit jenem empirisch berechenden Verstand. Wir müssen
von der Hypothese ausgehen, daß es sich hier um eine *substantiell-natürliche, gestaltbildende bzw. -konkretisierende Kräftekonstellation* handelt, die aber als solche kein sinnlich wahrnehmbares Dasein hat, insofern also *übersinnlicher* Natur ist.

Läßt sich die Seinsweise des Bildekräfteleibes, wenn sie schon nicht
empirisch beweisbar ist, vielleicht mit der über Kants Wissenschaftstheorie qualitativ hinausreichenden Methode des »*spekulativen Begriffs*« erhärten? Wir werden sehen, daß Hegel in der »Phänomenologie« einige sehr energische Ansätze in dieser Richtung macht, aber
letztlich auch nicht über ein ›Postulat der Vernunft‹ hinauskommt.[50] Er
hat wohl eine gedankliche Imagination des Bildekräfteleibs, aber er
kann sie nicht nach seinen eigenen methodischen Grundsätzen begrifflich festhalten. Der Grund für diese Unfähigkeit ist bei Hegel ein anderer als bei Kant, d. h. die gesuchte Seinsweise entzieht sich dem philosophischen Zugriff hier noch auf eine andere Weise. Von einem Eigenwesen des Bildekräfteleibs können wir nämlich nur insofern sprechen, als
dieser einer ihn umgebenden Sphäre nicht individualisierter Lebenskraft, einer allgemeinen »Bildekräftesphäre« angehören muß, mit
der er in kontinuierlichem Austausch steht. Das Verhältnis der räumlichen Ausschließung, in welchem die stofferfüllten physischen Leiber
einander wie tote Gegenstände *gegenübertreten*, ist hier aufgehoben:
Bildekräfteleib und Bildekräftesphäre verhalten sich zueinander wie
der Wirbel zu einem Wasserlauf, in welchem er als Gestalt stehenbleibt
und doch immer wieder als Wasser mit anderem Wasser zusammenfließt. Aber als organische Realität, als Selbstsein des Lebewesens betrachtet, bleibt dies für den philosophischen Begriff *unbegreiflich* und
ist auch für jede andere herkömmliche wissenschaftliche Erkenntnisart
unerkennbar.

Umgekehrt ausgedrückt: Der Wirbel im Wasserlauf ist deshalb nur
ein Bild des Bildekräfteleibs, weil sich in ihm die organische und die
mechanische Wirkung (des Hindernisses gegen die Strömung) auf
unorganische Weise verbindet. Hält man die Strömung an, so ver

schwindet der Wirbel, läßt man das Wasser wieder strömen, so entsteht er von neuem. Auch der chemische und thermodynamische Prozeß erhält sich nicht aus sich selbst, sondern nur durch das Spannungsverhältnis der jeweils gesetzten Differenz (der Stofftendenzen bzw. der Temperaturen) mit deren Abbau er sich in der Kontinuität des wasser-, gas- und wärmeförmigen Elements (»Entropie«) verläuft. Das geschieht in der Bildekräftesphäre nicht: Hier ist der Fall gegeben, daß in einem *Kontinuum* trotz des Ineinanderfließens der Gestalten die Entropie nicht zunimmt, sondern die *Gestaltungskraft* sich gegenüber der allgemeinen Zerstreuungstendenz dieser Sphäre erhält und sogar wächst. Aus der Natur der Bildekräfte heraus ist dies nicht zu erklären. Wir müssen es also auf die *Entelechie des Lebewesen* zurückführen, welche in jene Sphäre eingreift und in ihr die relative Selbständigkeit der Bildekräfteleiber erhält.

Obwohl die Philosophie diese Frage nicht so differenziert zu stellen vermag, hat sie sich seit jeher um ihre Beantwortung bemüht. Einer der wichtigsten philosophischen Begriffe, nämlich derjenige der »Substanz«, dient zu nichts anderem, als die Bewegungen auszudrücken,[51] welche eine Antwort auf die obige Frage enthalten könnten. Dabei wird die Fragestellung in der Neuzeit mehr und mehr metaphysisch verhüllt. »Substanz«, so sagt man, ist der Thron Gottes in der Welt, der dem direkten Zugriff der menschlichen Erkenntnis zwar verschlossen, dessen Seinsweise aber durch das philosophische Denken indirekt zu erschließen sei. Das tritt besonders plastisch in der Metaphysik *Spinozas* hervor. Für den letzteren ist »Substanz« einerseits der göttlich-ewige Weltengrund, der aber nicht als solcher, sondern nur in seinen zeitlichen »Attributen« der Rationalität des (menschlichen) Denkens und der quantitativen Ausdehnung des (natürlichen) Seins in Erscheinung tritt. Andererseits ist die spinozistische Substanz aber auch »*natura naturans*«, die Sphäre der Lebenskräfte, in unserer Terminologie: Die allgemeine Bildekräftesphäre, im Gegensatz zu »*natura naturata*«, den von der Natur gestalteten Wesen. Hier liegt die Unklarheit des herkömmlichen »Substanz«-Begriffs verborgen, die sich sogleich zeigt, wenn wir vom metaphilosophischen Standpunkt aus die Frage stellen: Was ist mit »natura naturata« gemeint, die physischen Leiber oder die diesen vorangehenden, die physische Materie zusammenhaltenden Bildekräfteleiber der Lebewesen? Sind die letzteren auch einfache Naturprodukte, oder müssen sie nicht differenzierter, als von der Entelechie des ganzen Lebewesens durchdrungener Stoff, aufgefaßt werden?

Von hier aus wird uns die Tragweite des Satzes deutlich, unter welchen Hegel das Projekt »Phänomenologie« stellt: Die Substanz muß Subjekt werden. Metaphilosophisch ausgedrückt heißt das: In den Bewegungen des Bildekräfteleibs liegen alle Potenzen, alle Möglichkeiten der geistig-seelischen Entwicklung des menschlichen Wesens, welche durch die Philosophie in den entsprechenden gedanklichen Schritten zu realisieren sind. Wir werden sehen, wie weit die Philosophie auf diesem Wege kommt, wie weit sie dem Menschen eine Hilfe in der geistigen Entwicklung seiner natürlichen Substanz sein kann und wo sie zu deren Fessel wird. Wir werden insbesondere sehen, daß Hegel in der »Phänomenologie« jene verborgenen Bewegungen des Bildekräfteleibs ins Auge faßt, die wir oben als physiologische Funktionsbilder der menschlichen Sinne bezeichnet haben; er entreißt diese ihrer Verborgenheit auf idealistische Weise, indem er sie philosophisch-begrifflich entwickelt und damit zugleich den Menschen in einen realen Gang der geistig-seelischen Entwicklung seiner sinnlichen Substanz hineinstellt. Ohne eine solche Perspektive, ohne dasjenige, was daraus durch die geistige Arbeit des Menschen wird, kann die Philosophie über die Seinsweise der Substanz schlechterdings nicht sprechen.

Mit dieser Perspektive aber läßt sich folgendes sagen: Der Bildekräfteleib entsteht, indem er innerhalb der Kontinuität der Bildekräftesphäre durch die Entelechie des Lebewesens als *Kraftgestalt* zusammengezogen wird. Aufgrund dieser Gestaltqualität kann er das allgemeine Organschema des Lebewesens mit Gattungs- und Artmerkmalen durchdringen. Aus der Entelechie des einzelnen Wesens aber kommt die Kraft, den toten Stoff wirklich zu beleben und damit jene Potenz wesensgemäß zu aktualisieren. Daraus folgt: Der Bildekräfteleib des Menschen ist etwas anderes als derjenige des Tieres, weil die menschliche Entelechie eine andere ist als die tierische. Zum Menschen gehört das denkende Ich und daher zum *menschlichen* Bildekräfteleib, daß dieser eine *Gedankenorganisation* trägt und als Grundlage eines individuellen Denkens verfügbar macht. Da haben wir es nun freilich mit einer Paradoxie zu tun. So wie Individualität überhaupt in einem Spannungsverhältnis zur Allgemeinheit steht, muß auch das individuelle Denken aus einer Negation der Allgemeinheitsqualität des physischen Stoffes (aus einer wirklichen Zerstörung von Nervensubstanz im Gehirn) hervorgehen. Die wesensgemäße Lebendigkeit des Bildekräfteleibs besteht gerade darin, daß dieser dem denkenden Ich Raum gibt, indem er die Zerstörung des physischen Stoffes und seiner selbst als einer natürlichen Kraft zuläßt. Wer das nicht beachtet, wer seine Gedanken nur in einer von Emotionen und Instinkt vorgegebenen Richtung bewegt, hält seinen Bildekräfteleib auf der Tierstufe fest (»Er nennt's Vernunft und braucht's allein,/Nur tierischer als jedes Tier zu sein...«).[52] Wo jemand überhaupt nur in stereotypen Vorurteilen und einmal angenommenen Denkgewohnheiten verharrt, sinkt er mit seinem Bildekräfteleib sogar bis auf die Pflanzenstufe herunter. Hier wird deutlich, warum die Philosophie des Deutschen Idealismus immer mit einem idealistischen Überschuß denkt: Sie kämpft darum, daß der Mensch seine Gedankenorganisation als diejenige eines freien Ich erhält und sie nicht, der Natur der *»vegetativen Seele«* folgend, zur bloßen Gedankenvegetation werden läßt.

## c. Der Begriff der Seele

Auch das dritte Wesensglied des Menschen, die Seele, kann unter mehreren Aspekten betrachtet werden: Als Teil der Selbstproduktion des Organismus *(Seelenleib)*, als Konstellation von *Tätigkeitsformen*, die je für sich begrifflich faßbar und geistig ausbaufähig sind (vorstellendes Denken, Fühlen, Wollen) und als *Instrument* des menschlichen Denkens, insofern dieses von einem Ich ausgeht, welches sich über das bloße Vorstellen erhebt.

Der Mensch hat mit den Tieren, insbesondere mit den höheren Tieren das Prinzip des Seelenleibes gemeinsam. Wie diese entwickelt er in der physisch-lebendigen Abgeschlossenheit des Leibes ein qualitativ eigenständiges *Innenleben*, das vermöge seiner höheren Qualität auf

die Selbstproduktion des Organismus, also unmittelbar auf den Bildekräfteleib und durch diesen auf den physischen Leib, zurückwirkt. Was
wir innerlich erleben, empfinden, fühlen, der ganze Bereich unserer
Gefühlsbeziehungen in Syn- und Antipathie und der daraus entsprin-
genden Urteile, ist von seelischer Natur und geht im Lauf des Lebens
mehr und mehr in die Form von Charaktereigenschaften als *Prägungen*
des Bildekräfteleibs über, was aber nicht möglich wäre, wenn nicht
auch der Seelentätigkeit als solcher eine in sich geschlossene Gestalt,
eben als Seelenleib, zukäme. Wie nun diese Gestalt konstituiert ist, wie
sie durch die Tätigkeit des Ich verändert wird, können wir uns unmittelbar nicht zum Bewußtsein bringen, da unser subjektives Bewußtsein
gerade daraus entsteht, daß das Ich durch sie und die weiteren Wesensglieder mit den diesen entsprechenden Bereichen der Außenwelt zu-
sammenstößt. Für die kritische Philosophie und Wissenschaftstheorie
gilt daher die Frage nach dem Wesen der Seele als rein metaphysisch.
Wenn wir sie hier trotzdem stellen und vom metaphilosophischen Boden her beantworten, so deshalb, weil in Hegels »Phänomenologie«
auf diese Sphäre sehr konkret Bezug genommen wird. Woher sollte die
Philosophie auch ihren Inhalt nehmen, wenn nicht aus den tieferen
Schichten der Mensch-Welt-Beziehungen bzw. der Erkenntnis, daß
dieser Beziehung im Menschen selbst ein wesensmäßiges Seiendes, in
Gestalt von übersinnlichen Wesensgliedern, entspricht?

Wenn man nun einmal davon absieht, daß sich die Seelentätigkeiten
in der Selbstproduktion des Organismus zur Gestalt des Seelenleibes
zusammenfügen, wenn man also dieses Wesensglied für sich nimmt,
dann besteht es in drei *Tätigkeitsformen*, auf welche sich alle anderen
seelischen Erscheinungen zurückführen lassen, als *vorstellendes Denken, Fühlen und Wollen.* Diese Unterscheidung ist im Prinzip möglich,
aber sie läßt sich nur schwer konkretisieren, weil alle konkretere Entwicklung von Gedanken innerhalb der Seele des einzelnen stattfindet,
wo das vorstellende, fühlende und wollende Moment je schon zur Einheit des Seelenleibes zusammengeschlossen sind. Es kommt also hier
darauf an, eine Konkretisierung der drei Tätigkeitsformen der Seele in
ihrem Getrenntsein zu finden, was Hegel in der »Phänomenologie«
verschiedentlich versucht.[53] Metaphilosophisch kann man diese Versu-

che folgendermaßen verstehen. Während die Inhalte unseres Seelenlebens von der Tätigkeit des Ich mitbestimmt werden, sind uns die *Formen*, in denen sich die Seelentätigkeit ausdrückt, *von Natur* gegeben. Das heißt aber, daß dem Auftreten der Seeleninhalte in den Formen des vorstellenden Denkens, Fühlens und Wollens jeweils ein geistiges Prinzip entspricht, das diese Formen hervorbringt und trägt. Philosophisches Denken kann nun gerade darin bestehen, daß der Zugang zu jenen geistigen Prinzipien als solchen hergestellt und in begrifflicher Form ausgedrückt wird. Und was das Problem des Auseinanderhaltens der drei Momente betrifft, so läßt sich feststellen, daß ja gerade die Dialektik eine Methode ist, um mit einer im inneren Spannungsverhältnis stehenden Dreiheit umzugehen. Die drei Momente der Dialektik, ursprüngliche Einheit, Entzweiung und absolute Einheit, verhalten sich ähnlich zueinander wie das Wollen, Vorstellen und Fühlen als Formen der Seelentätigkeit, so daß die Frage entsteht, ob dem Auftreten der drei Momente in dieser Reihenfolge eine seelische Realität entspricht.

Eine andere Reihenfolge ergibt sich nämlich, wenn man die Seelentätigkeiten auf ihren *physiologischen Zusammenhang* im Aufbau des menschlichen und des Säugetierorganismus bezieht. Daß überhaupt eine solche Schwerpunktbildung möglich ist, d. h. der medizinisch-physiologische Befund (ohne Beziehung auf das Seelenleben), wurde schon 1793 von dem Anatomen *C. F. Kielmeyer* entdeckt: Er unterschied die drei sich innerhalb des einen Organismus wechselseitig durchdringenden *Organsysteme*, welche wir heute als »Nerven-Sinnes-system«, als »Herz-Kreislaufsystem« und »Stoffwechsel-Gliedmaßen-Reproduktionssystem« kennen. Diese Unterscheidung wurde von Schelling aufgegriffen, von dem Hegel sie übernahm (§§ 353 ff. Enz. 1830).[54] Mit der entscheidenden Frage, in welcher Weise das Zusammenwirken dieser drei Systeme zur Einheit zu denken sei, beschäftigte sich in unserem Jahrhundert wieder R. Steiner, der hier zu einer anderen Lösung kam (1917), indem er die Beziehung zwischen den physiologischen und den seelischen Momenten in den Vordergrund rückte und dafür die Kategorie des *Sich-Abstützens* einführte.[55] Das vorstellende Denken, so sagt er, hat eine physiologische Grundlage darin, daß es sich auf die im Kopf zentrierte Nerven-Sinnes-Organisation stützt, das seelische Fühlen stützt sich entsprechend auf die im mittleren Menschen zentrierte rhythmische Herz-Kreislauf-Organisation, und das seelische Wollen hat seinen physiologischen Stützbereich im unteren Menschen, im Gliedmaßen-, Stoffwechsel- und Reproduktionsorganismus. Diese Verbindung der drei physiologischen Organismen (des Bildekräfteleibs) mit den drei ihnen jeweils entsprechenden Seelentätigkeiten erhebt den Formunterschied zwischen den letzteren in den Rang einer *Naturtatsache*. Darin erhält der Begriff der Seele seine Objektivität.

## d. Die Tätigkeit des Ich

Aus dem obigen Begriff der Seele ergibt sich, daß in dieser eine Kraft vorhanden sein muß, welche die Einheit der Seelentätigkeit herstellt und dabei zugleich deren Inhalte mitbestimmt. Hier wirkt das geistige Wesen des Menschen, *das Ich*. Es ist als viertes Wesensglied in der *Selbstproduktion* des Organismus tätig, indem es die Seelentätigkeit zum Seelenleib gestaltet, der dann wiederum auf den Bildekräfteleib und auf den physischen Leib übergreifen kann. In dieser natürlich-bewußtlosen Beziehung ist das Ich seinerseits von der Aufgabe eines höchsten Koordinators des Zusammenspiels der Wesensglieder und von der im Organschema des physischen Leibes liegenden Freiheitsmöglichkeit wesentlich geprägt, so daß wir hier auch von der »Ichorganisation« sprechen können.

Weitere Aspekte des Ich sind: Die Intentionalität in der *Sinneswahrnehmung* (unten 2 a.), die Ausbildung der *höheren Wesensglieder* (unten, 2 b.) und die Entwicklung des *Selbstbewußtseins*, genauer gesagt: Die Entwicklung des Selbst im denkenden Bewußtsein. Diese Entwicklung, welche den Gegenstand der Kap. I., II. und III. der »Phänomenologie« bildet und die sich auch später darin ständig wiederholt, haben wir hier kurz zu skizzieren. Mit Kants Begriffen gesagt handelt es sich dabei um die transzendentale Einung des Bewußtseins-Objekts auf den drei Stufen des alltäglich-prinzipienlosen, des empirisch-wissenschaftlichen und des philosophischen Denkens. Im anthroposophischen Menschenbild werden diese drei Denkarten gewissermaßen auf ihren Ursprungsort zurückgeführt, nämlich auf drei, allerdings jeweils unvollständige Seelenorgane, die wir als »*Empfindungsseele*«, »*Verstandesseele*« und »*Bewußtseinsseele*«[56] bezeichnen.

Darin liegt nicht nur eine Aussage über die geistig-seelische Konstitution des heutigen Menschen, sondern vielmehr auch eine Theorie der Entwicklung der Menschheit in der entsprechenden Stufenfolge. In diesem Sinn schildert R. Steiner die chaldäisch-ägyptische Kulturepoche[57] bis ins frühe Griechenland hinein als das *Empfindungsseelenzeitalter*, d. h. als diejenige Epoche, in welcher ein historisches Zeitbewußtsein überhaupt erst entsteht, weil in ihr der Mensch sich als Selbst gegenüber einer objektiv erscheinenden Außenwelt zu finden beginnt. Allerdings lebt die Empfindungsseele noch in der Anschauung, daß beides, die geistig-ideelle Wahrnehmung im Innern und die sinnliche Wahrnehmung der Außenwelt, zwei Ausdrucksformen eines einzigen göttlichen Geistes sind, der seine ursprüngliche Einheit noch nicht wirklich verlassen, der das Selbst noch nicht in die volle Selbständigkeit entlassen hat. Diese unmittelbare »sinnliche Gewißheit« des Geistigen, die, wie Hegel in Kap. I. zeigt, für den heutigen Menschen nurmehr der naivste Anfang des Erkenntnisprozesses sein kann, war für die welthistorischen Völker des vorderen Orients der Horizont ihrer geistig-seelischen Aktivität überhaupt, weil eben der Mensch damals nicht mehr bedurfte, um die Offenbarungen des Geistes zu empfangen.

In der historischen Entwicklung wird das Zeitalter der Empfindungsseele durch dasjenige der *Verstandesseele* abgelöst, das in Griechenland (Mathematik, Philosophie) und Rom (Jurisprudenz) zur Entfaltung kam. Der Mensch erlebte jetzt den Geist nicht mehr einfach als innere Offenbarung, sondern als etwas Widerstrebendes, das nur mit einer methodischen Anstrengung aus der Seele hervorzuholen war. Zwar führte diese Anstrengung noch nicht zu einem Bewußtsein von der konstruktiven Kraft des eigenen Denkens, aber doch zur Rationalität der gedachten Gedanken und entsprechend zu einer Ausprägung des *rationalen Ego* als Bewußtseins-Objekt. Die Empfindungsseelentätigkeit wurde dadurch zwar ins Unbewußte gedrängt, aber nicht etwa beseitigt. Das heißt: Was in historischer Hinsicht als eine Aufeinanderfolge von Epochen erscheint, hat sich in der Konstitution der menschlichen Seele überlagert und ist als deren Mehrdimensionalität zu begreifen. Auch für den Menschen des Verstandesseelenzeitalters ist die von der Empfindungsseele ausgehende »sinnliche Gewißheit« noch vorhanden, nur nicht mehr als tragfähige Grundlage der Orientierung in der Welt, sondern als die elementare, aus dem ganzen Organismus aufsteigende geistige Impulsivität, die jetzt in ein fortwährendes Spannungsverhältnis zu den nur im Kopf zu fassenden Gedanken der Verstandesseele tritt.

Mit Beginn der Neuzeit, vom 14./15. Jahrhundert an, wird die Verstandesseelentätigkeit im Bewußtsein der Menschheit abermals überlagert, nämlich durch das Erwachen des Selbstbewußtseins oder der *Bewußtseinsseele*, die seitdem den maßgebenden Ausgangspunkt aller Weltdeutung bildet. Die ersten Keime dieses Seelenorgans sind freilich schon im Monotheismus des alten Judentums angelegt, und sie haben sich durch die Christianisierung der Welt allmählich verstärkt. Aber zur vollen Entfaltung kommen sie erst in der Neuzeit, wo der Mensch fähig wird, sich selbst in seiner Beziehung zur Welt zu betrachten, wie z. B. in *Descartes'* Satz »cogito ergo sum«. Hier findet sich das Bewußtsein in das Kopfsein (cogito) und das Selbstsein des ganzen Organismus (sum) gespalten, d. h. es *ist* nicht mehr nur in diese beiden Momente gespalten, sondern es beginnt sie gedanklich zu verbinden. Der Standpunkt, von welchem aus dies geschieht, ist selbst wiederum eine Realität, also ein Seelenorgan, dessen *Formgesetzlichkeit* Kant in seiner Transzendentalphilosophie darstellt. Hegel geht hier noch einen Schritt weiter, indem er aus der dialektischen Anordnung des Zusammenspiels der Momente der Empfindungs-, Verstandes- und Bewußtseinsseele auch die Inhalte der letzteren erschließt und so das Werden und die Wirklichkeit der Welt in einem philosophischen System zusammenfaßt.


## 2. Der »ganze Mensch« im schematischen Überblick

Das Menschenbild der Anthroposophie beschränkt sich nicht auf die skizzierten vier Wesensglieder. Der Mensch entwickelt sich in seinen Weltbeziehungen, und da er auf eine solche Entwicklung hin veranlagt ist, kann auch über deren Möglichkeiten einiges im allgemeinen gesagt werden. Ein wichtiger Bereich dieser Welthaltigkeit des Menschenwesens liegt in der Sinnesorganisation, die wir zunächst genauer zu betrachten haben (a.). Ein weiterer Bereich eröffnet sich dort, wo der Mensch seine geistig-seelischen Kräfte steigert, sich zur Vernunft, zur Moralität usw. erzieht, also dasjenige tut, was die Philosophie des Deutschen Idealismus als Grundlage einer wahrheitsgemäßen Welterkenntnis überhaupt voraussetzt. In der Anthroposophie werden die Stufen dieser Selbsterziehung als Entwicklung der höheren Wesensglieder des Menschen begriffen und mit der von Natur gegebenen Leiblichkeit in Beziehung gesetzt (b.). Meine These ist, daß diese Stufenfolge sich in der Kapitelfolge der Hegel'schen Phänomenologie widerspiegelt, daß darin aber wiederum nur sozusagen der Vordergrund der Sache besteht, in deren Hintergrund sich noch ein Bezug auf das menschliche Sinneswesen ergibt, den Hegel selbst, obwohl er ihm in seinem Gedankengang fast durchweg folgt, nicht voll durchschaut hat.

## a. Skizze der anthroposophischen Sinneslehre

So wie wir in der allgemeinen Menschenkunde das platonisch-philosophische und das aristotelisch-thomistisch-anthroposophische Menschenbild unterscheiden, können wir auch in der Sinneslehre von entsprechend verschiedenen Fragestellungen ausgehen. Für Plato und seine idealistischen Nachfolger handelt es sich primär darum, den Inhalt der Sinnesempfindung auf seinen Entwicklungswert zu prüfen und mit dem zu *vergleichen*, was der Mensch im Denken erkennt. Charakteristisch für diese Richtung ist es einmal, daß sie einen einheitlichen Begriff der »Sinnlichkeit« zugrundelegt und nicht zwischen den Wahrnehmungsqualitäten der verschiedenen Sinnesorgane unterscheidet. Zum andern wird bei den Platonikern, weil sie eben nur von der *Sinnesempfindung* als dem *seelischen Erleben der Sinneswahrnehmung* sprechen, das Problem der egoistischen Seelenhaltung zum Thema der Sinneslehre. Kants Idee der praktischen Philosophie besteht darin, daß der Mensch den Ausgangspunkt seiner natürlich-egoistischen Sinnlichkeit überwinden, und sich durch seinen freien Willen zum moralischen und rechtlichen Standpunkt erheben müsse. Nach Schiller bedarf es der »ästhetischen Erziehung des Menschen« durch die Kunst, um die Voraussetzungen eines menschenwürdigen Lebens in der Welt zu schaffen.

Hat aber die Sinnesorganisation des Menschen nicht auch eine eigenständige geistige Bedeutung? Müßte diese nicht deutlicher hervortreten, wenn man die physiologischen Unterschiede zwischen den einzelnen Sinnesorganen stärker berücksichtigte? Darauf zielte *Goethes* Forderung an die Philosophen seiner Zeit, sie sollten die Kant'sche Erkenntniskritik durch eine philosophisch ebenso weitgreifende »*Kritik der Sinne*« ergänzen.[58] Das geschah aber nicht. Man begnügte sich im allgemeinen mit dem, was Aristoteles bei seiner phänomenologischen und physiologischen Untersuchung der »fünf Sinne« (Tast-, Seh-, Hör-, Geschmacks- und Geruchssinn) herausgearbeitet hatte, und hielt die Sinnesfrage nur im Medizinischen weiterer Detailuntersuchungen für bedürftig.

Auch *Hegel* bleibt in der »Enzyklopädie« im Bereich allgemeiner Andeutungen und Postulate. Zunächst reduziert er die aristotelische Fünfheit auf der Ebene der »Verleiblichung der Sinnesorgane« gemäß dem philosophischen Begriff zu einer Dreiheit (§ 401 Anm. Enz. 1830). Hiernach stehen die Sinne des »Lichts« und des »Klangs« (Seh- und Hörsinn) auf der Begriffsstufe der Allgemeinheit, diejenigen des »Geruchs« und »Geschmacks« auf der Stufe der Besonderheit, während die Stufe der Einzelnheit, des konkreten Überganges zwischen Mensch und Welt, durch das Prinzip der »Wärme« und der »Gestalt« bezeichnet ist, was Hegel in den Vorlesungen näher ausführt, indem er den Tastsinn mit dem Wärmesinn zu einem »Sinn des Gefühls« verbindet.[59] Mit diesem konstruktiven Resultat ist er aber nicht ganz zufrieden, wie der weitere Text zeigt: »Das *System* des inneren Empfindens in seiner sich verleiblichenden *Besonderung* wäre würdig, in einer eigentümlichen Wissenschaft, einer *psychischen Physiologie* ausgeführt und abgehandelt zu werden…«. Ansatzpunkte dazu könnten sein: Die sinnliche Symbolik der Umgangssprache, die spezifische Verleiblichung seelischer Affekte, der Zusammenhang von Mut und Brustorganisation, von Lachen, Weinen, Stimmbildung mit den jeweiligen physiologischen und physiognomischen Besonderheiten, von menschlichem Denken und dem Sinnes-Nerven-System überhaupt. »Die Eingeweide und Organe werden in der Physiologie als Momente nur des animalischen Organismus betrachtet, aber sie bilden zugleich ein System der Verleiblichung des Geistigen und erhalten hierdurch noch eine ganz andere Deutung« (§ 401, Anm.).

Daß Hegel dieses Programm nicht ausführte, ist kein Zufall. So wenig sein System einen Zugang zum physischen Leib als solchem offenläßt, so wenig ist unter der Herrschaft des philosophischen Begriffs Platz für eine psychisch-physiologische, also nicht-spekulative Sinneslehre. Die Ansätze dafür wurden erst lange nach dem Zusammenbruch des Deutschen Idealismus gefunden, nämlich einerseits in der Philosophie Nietzsches, Husserls und Schelers, andererseits in der Sinneslehre Steiners. Wir gehen hier von der letzteren aus, weil sie den Vorzug hat, aus dem Ganzen des anthroposophischen Menschenbildes heraus entstanden und durch dieses wiederum mit Hegels »Phänomenologie« verbunden zu sein, wie wir anhand des Textes im einzelnen zeigen werden.

*aa. Einordnung der Sinne in die menschliche Wesensgliederung*

Die Sinneslehre gehört zu den *schwierigsten* Kapiteln der anthroposophischen Menschenkunde. Auch R. Steiner selbst ist hier mit genaueren Darstellungen erst relativ spät hervorgetreten, die wiederum untereinander nicht in allen Einzelheiten übereinstimmen.[60] Das Problem liegt einerseits darin, daß es keinen einheitlichen Begriff des Sinnesorgans gibt, so daß man auch nicht von vornherein sicher sagen kann, wieviele Sinne der Mensch überhaupt besitzt. Ist, wie Hegel meint, neben dem Tastsinn noch ein Wärmesinn anzuerkennen? Muß man darüber hinaus auch die Gleichgewichts- und Bewegungswahrnehmung als sinnliche begreifen? Das andere große Problem liegt darin, daß die Sinnestätigkeit auf eine zunächst unbewußte Weise im menschlichen Denken mitwirkt, wodurch man schnell in erkenntnistheoretische Paradoxien geraten kann. Und wenn Goethe sogar von einer »sinnlich-

sittlichen Wirkung der Farben« spricht, dann setzt er damit voraus,
daß im Sehsinn als solchem eine geistige Qualität liegt, was erst recht
nach einer geisteswissenschaftliche Präzisierung verlangt.

Nach Steiner stehen die menschlichen Sinnestätigkeiten bzw. -or-
gane in einem geordneten Zusammenhang, so daß man von einem eigenen *Sinnesorganismus* des Menschen sprechen kann. Das erste
Kennzeichen dieses Organismus ist seine *Welthaltigkeit.* Die Sinne gehören nicht in der gleichen Weise dem menschlichen Leib an wie die
anderen Organe, die in Wechselwirkung miteinander, in Stoffwechsel,
Aufbau, Wärmung usw., die Selbstproduktion des Organismus vollbringen. Sie sind vielmehr Durchgangsstationen, welche verschiedene
Weltelemente in je spezifischer Weise, als das Gesehene, Gehörte, Geschmeckte, zum Bewußtsein bringen. Diese Sonderstellung der Sinnesorgane zeigt sich auch daran, daß die physiologischen Funktionen
des Auges, Ohrs, Geschmacks und Geruchs jeweils auf einem physischen Stoff von extremer Verfeinerung und Durchlässigkeit (Linse,
Netzhaut, Innenohrhärchen, Riechepithel usw.) aufbauen, sozusagen
auf einer Abstraktion einzelner Stoffeigenschaften, die sich hier gegenüber der Symbiose des lebendigen Organismus verselbständigen.
Darin liegt zugleich auch die Schwierigkeit, in der Vielfalt der Fein-
heiten des Nervensystems diejenigen weiteren Strukturen zu erkennen, welchen wir die Qualität von Sinnesorganen zuschreiben müssen.

Der Durchlässigkeit des physischen Stoffes der Sinnesorgane entspricht eine freie Beweglichkeit der Bildekräfte in diesem Bereich, in
denen sich wiederum das Ich selbst frei bewegen kann. Alle Sinneswahrnehmung beruht auf einer solchen *unmittelbaren Verbindung* des
Ich mit der Welt, oder auf einer sich objektiv stellenden *Intentionalität
des Ich.*[61] Weil dessen Intention hier durch das physische Sinnesorgan
geht, kann sie nicht eine reine geistige Wesensbegegnung sein, sondern wird unmittelbar zum sinnlichen Bild derselben reflektiert. Aber
die Formen dieser Reflexion sind in den verschiedenen Sinnen verschieden und können phänomenologisch unterschieden werden.

Dabei gehen wir von folgendem Zusammenhang mit der menschlichen Wesensgliederung im ganzen aus. Jede Sinnestätigkeit beruht

auf einem *Organ*, das als Teil des *physischen Leibes* aufgrund seiner stofflichen Verfeinerung bestimmte spezialisierte Funktionen auszuführen vermag. Dieses Sinnesorgan wird wie jedes andere Körperorgan vom Bildekräfteleib geschaffen, ernährt und regeneriert. Außerdem gehört dem Bildekräfteleib auch das *physiologische Funktionsbild* des Sinnes an, welches mit dem Beginn des Lebens im Gebrauch des Sinnesorgans die Koordination der verschiedenen Prozesse der neurologischen Transmission und Vernetzung lenkt. Hier liegt nun ein entscheidendes Moment. Wenn in der je aktuellen Sinneswahrnehmung das Ich sich in seiner Intention objektiv, wenn es sich auf die Brücke der freien, die Welt durchdringenden Bildekräfte stellt, dann erfährt es zugleich aus dem physiologischen Funktionsbild des jeweiligen Sinnes, in welcher Weise es diese Intention zu realisieren hat. Das Ich erhält hier also einen *Anstoß für sein Darinsein in der Wahrnehmung der Welt* aus dem physiologischen Bereich der Sinnestätigkeit, aus dem Bildekräfteleib selbst. Aber dieser Anstoß ist nur ein potentieller, er liegt nur in der Form der Sinnestätigkeit und darf nicht mit deren *Aktualität*, mit dem *intentionalen Ich* selbst verwechselt werden.

Der ganze Zusammenhang kompliziert sich dadurch noch weiter, daß die Sinnestätigkeit des Menschen auch von der Seele, und zwar von der je individuellen Gestalt des Seelenleibs mitbestimmt wird. Man spricht in dieser Hinsicht (des seelischen Gestaltetseins der sinnlichen Wahrnehmungsmöglichkeit) vom »Empfindungsleib«.[62] Für das gewöhnliche Bewußtsein versinkt der letztere in seiner Gewohnheitsnatur und legt sich damit über die Sinneswahrnehmung. Hegel versucht nun, ihn dort wieder herauszureißen und mit denkender Erkenntnis zu durchdringen. Was in der »Phänomenologie« unter den Namen »sinnliche Gewißheit«, »Wahrnehmung«, »Kraft und Verstand« usw. auftritt, ist die Reihe der Sinnes-Funktionsbilder, die hier begrifflich durchdacht, d. h. auf ihre wirklichkeitsbildende Kraft geprüft wird. Aber dieses Prüfen ist keine Sinneslehre im Goethe-Steiner'schen Verständnis, sondern vielmehr eine Philosophie; Hegel weist den Menschen nicht auf den Geistgehalt in der sinnlichen Wahrnehmung der Welt hin, sondern er sucht den Geist im Selbst des Bildekräfteleibs, in den physiologischen Funktionsbildern der Sinne, die bei konsequenter methodischer Bearbeitung ihren je eigenen Gedankengehalt als Begriff erkennen lassen.

## bb. *Die zwölf Sinne des Menschen*

Wenn wir oben von einer Organisation der menschlichen Sinne und von einem geistigen Prinzip hinter dem physiologischen Funktionsbild der einzelnen Sinnestätigkeiten sprachen, so bedarf dies nun einer Konkretisierung. Selbst die einfache Frage: ›Wieviel Sinne hat der Mensch?‹ kann nicht beantwortet werden, ohne einen Begriff davon, wie das Menschenwesen in die Naturreiche eingebunden, und wie es in diesem Gebundensein mit dem Geist verbunden ist. Wenn wir also, wie Hegel fordert, die physiologischen Gegebenheiten als »System der Verleiblichung des Geistigen« interpretieren wollen, müssen wir dabei von einem systematischen Ansatz ausgehen, der nicht aus Messungen und Experimenten, sondern aus einem geisteswissenschaftlich vertieften Menschenbild abzuleiten ist. Von daher kommt nun R. Steiner zu der Aussage: *Der Mensch hat 12 Sinne*, weil sich aus der Welthaltigkeit des Sinneswesens überhaupt ergibt, daß die die irdische Realität prägenden und formenden geistigen Kräfte, welche ihrerseits eine Zwölfheit bilden, als Wahrnehmungsweisen des Menschen in diesen hineinorganisiert sind.[63] Warum man in der esoterischen Tradition jene Kräfte den Tierkreiszeichen des Sternenhimmels zuschreibt, braucht uns hier nicht weiter zu interessieren, außer hinsichtlich des Bildwertes dieser Zuschreibung: So unverrückbar jene Sternbilder am Himmel unseres Sonnensystems stehenbleiben, so unverrückbar gehen die ihnen entsprechenden geistigen Prägeformen durch unsere reale Welt hindurch, entfalten sich in der Natur, werden als wissenschaftliche Gesetze erkannt, benutzt und in ihrer *geistigen Urbildlichkeit* philosophisch rekonstruiert. Daß diese Kräfte in den menschlichen Sinnesorganen einen unmittelbaren Ausdruck finden sollen, bleibt für uns jedoch eine Hypothese, die sich erst im Lauf der Darstellung des Hegel'schen Textes erhärten kann.

Die folgende Skizze des Sinnesorganismus' des Menschen folgt den Darstellungen R. Steiners seit etwa 1916. Nähere Angaben zu den einzelnen Sinnen machen wir unten, in den Vorbemerkungen zu den einzelnen Kapiteln.

In einem Vortrag vom 22. 7. 1921[64] stellt R. Steiner die 12 Sinne des Menschen in drei Vierergruppen zusammen, die er nach ihrer seelischen Tingierung unterscheidet. Danach sind

»*vorstellungsverwandt*« der
Ichsinn
Gedanken- oder Begriffssinn
Lautsinn
Hörsinn

»*gefühlsverwandt*« der
Wärmesinn
Sehsinn
Geschmackssinn
Geruchssinn

und »*willensverwandt*« der
Gleichgewichtssinn
Eigenbewegungssinn
Lebenssinn
Tastsinn.

Wir beginnen mit der Gruppe der »*gefühlsverwandten*« Sinne. Steiner wählt diesen Namen, weil bei den darunter zusammengefaßten Sinnestätigkeiten die Wahrnehmungsintention des Ich und der Anlaß, den das Objekt zum Wahrgenommenwerden gibt, mehr oder weniger auf der Grenze zwischen Innen- und Außenwelt zusammentreffen, wodurch sich der Wahrnehmungsvorgang gewissermaßen neutralisiert. Gerade dadurch entsteht das Bewußtsein von den Gegenständen außer uns als einer objektiv daseienden Natur. »Es« ist warm –, etwas ist da, dessen *Wärme* in mich überfließt. »Dieses da« –, ich *sehe* Helles, Dunkles, Farbiges –, »es« *schmeckt* salzig –, »es« *riecht* nach Äpfeln –, im praktisch-alltäglichen Leben orientiere ich mich in dem auf diese Wahrnehmungen aufgebauten Dingbewußtsein. Etwas anders verläuft der Wahrnehmungsvorgang bei den »*vorstellungsverwandten*« Sinnen. Das *Hören* findet eigentlich außer mir statt, indem ich mein Ohr sozusagen ausspanne, im Hinhören eine Brücke bis zu dem sich verlautbarenden Wesen bilde, von dem ich das Geräusch abhole. Im »*Lautsinn*«[65] liegt eine qualitative Steigerung des Hörens, indem ich damit noch weiter in die innere Natur des sich äußernden Wesens eindringe und z. B. feinste Geräuschnuancen einer menschlichen Stimme, eines Musikinstruments, eines mir vertrauten Motorengeräuschs usw. unterscheide. Ich höre gewissermaßen im Hören noch genauer hin, konzentriere mich auf die Obertöne des Geräuschs, um sie zu einer Figuration des inneren Wesens der Geräuschquelle zusammenzustellen. Ähnlich ist es mit dem »*Gedanken-*« oder »*Begriffssinn*«, durch welchen wir den spezifischen Gedankengehalt in der Äußerung eines anderen Wesens, die logische Intensität einer Rede, aber auch z. B. eines Kunstwerks, wahrnehmen. Und schließlich arbeitet in uns der »*Ichsinn*«, der uns meldet, mit welcher Intensität in einem uns gegenübertretenden Menschen jeweils sein Ich anwesend ist.

Die dritte, *willensverwandte* Gruppe der Sinnestätigkeiten besteht aus dem »Gleichgewichts-«, dem »Eigenbewegungs-«, dem »Lebens-« und dem »Tastsinn«. Hierbei handelt es sich um Wahrnehmungsarten, die entscheidend damit zu tun haben, wie der Mensch sich überhaupt in das Leben hineinstellen will, welches im Tiefsten seine Einstellung zur Welt ist. Der *Gleichgewichtssinn* dient von Natur dazu, die Aufrichtekraft des eigenen Körpers wahrzunehmen, er ist die wirkende Kraft, mit welcher sich zunächst das kleine Kind aufrichten lernt, die aber auch im späteren Leben als solche hervortritt, in der »Haltung« des einzelnen, nicht nur im Körperlichen, sondern in der ganzen Lebensauffassung und in seinem geistigen Streben. Was ist hier Sinnlichkeit und was ist Geist? Könnte es nicht sein, daß geistige Entwicklung gerade aus dieser sinnlichen Wurzel hervorgeht? Die gleiche Frage kann man auch beim *Eigenbewegungssinn* stellen, der uns nicht nur die Wahrnehmung als solche von unseren Bewegungen gibt, sondern der auch der Ort ist, wo sich diese Bewegungen harmonisieren lassen, wenn wir eben einen Sinn für harmonische Verläufe überhaupt in der Sprache, in Kunst und Kultus und in der Lebensführung entwickeln.

Noch schwerer lassen sich Subjektivität und Objektivität im *Lebenssinn* trennen. In ihm haben wir eine sinnliche Wahrnehmung unserer organischen Grundbefindlichkeit, des Zusammenklanges der Substanzprozesse in unserem Organismus sowie der Stimmigkeit der Wirklichkeitsverfassung unseres jeweiligen Lebensbereichs. Indem wir eine solche Trennung denkend vollziehen, indem wir sie logisch denken, kann uns die Wahrnehmung des Lebenssinnes objektiv werden.

Warum der *Tastsinn* hier am Ende der Skala steht, ist schwer einzusehen, solange man davon ausgeht, daß auch mit ihm ein äußeres Objekt wahrgenommen werde. Richtigerweise müssen wir hier jedoch unterscheiden zwischen demjenigen, was als Modalität des Tastens mit den *anderen Sinneswahrnehmungen verbunden* ist, um diese zur räumlichen Anschauung zu bringen, und demjenigen, was wir im eigentlichen Tasten mit der Körperoberfläche wahrnehmen. Das letztere ist nämlich eine reine Eigenwahrnehmung. Nicht unsere Annäherung an den Gegenstand, sondern dessen Widerstand, die Weise, wie dieser unseren Körper in sich zurückdrängt, wird wahrgenommen. Dadurch kommen wir zu einem Urteil über die Oberflächenqualität des Gegenstandes als weich, hart, rauh usw. In den unendlich vielen Tastvorgängen während seines ganzen Tageslaufs vollzieht der Mensch andauernd die *Ur-Teilung* zwischen Ich und Welt, worin jeweils auch die Frage impliziert ist, wieviel an Selbstbestätigung und wieviel an Wesensverbindung er in seine Urteile hineinnimmt, wieweit er über das bloße Tasten hinausgeht und so urteilt, daß er seine Wahrnehmungen denkend mit Begriffen verbindet. Umgekehrt kann man den Tastsinn auch als »*Eigen-Ichsinn*« bezeichnen, womit seine Stellung am unteren Ende der Skala der zwölf Sinne, als Gegenpol zum eigentlichen »Ichsinn« plausibel wird.[66]

Daß die Aussage: »Es gibt im Menschen diese zwölf Sinne« philosophisch relevant ist, kann nicht zweifelhaft sein. Schon der theoretische Anknüpfungspunkt der Steiner'schen Sinneslehre (nicht an den physisch ausgestalteten Sinnesorganen, sondern an den Wahrnehmungsarten, denen dann ihre organische Grundlage zugeordnet wird) wirft begriffliche Probleme auf, die bis zu der Frage nach der Natur des Begreifens überhaupt zurückschlagen. Hinzu kommt, daß die Trennung der verschiedenen Sinneswahrnehmungen voneinander, welche bei den klassischen 5 oder 6 Sinnen unproblematisch scheint, bei 12 Wahrnehmungsarten viel schwieriger wird, weil einige von diesen dazu tendieren, sich mit anderen zu verbinden und nur in dieser Verbindung, also mit-wahrgenommen zu werden. Man nennt eine solche Verbindung in der Sinneslehre eine »*Synästhesie*«. Damit wird ein theoretischer Begriff für etwas eingeführt, das wir praktisch, in unserer ganzheitlichen Sinnesempfindung, immer übersehen, das uns im Umschlag von der Sinneswahrnehmung zur -empfindung unbewußt bleibt. Eben deshalb sind einige der menschlichen Sinnesorgane bisher weitgehend unbekannt geblieben bzw. in ihrer Wahrnehmungsart nur indirekt, nämlich innerhalb der Philosophie im Spannungsverhältnis zwischen Ontologie und Phänomenologie aufgegriffen worden.

In der Sinneslehre Steiners wird also dasselbe geistige Wesen, das in der Philosophie in ontologischen und phänomenologischen Begriffen erscheint, von der Seite der Synästhesie her betrachtet. Wie das zu verstehen ist, kann das folgende Zitat aus »Von Seelenrätseln« zeigen, wo es im Anschluß an eine kurze Charakterisierung der 12 menschlichen Sinne heißt: »Nun liegt, wenn der Mensch einem Sinnes-Objekte gegenübersteht die Sache so, daß er niemals bloß durch *einen* Sinn einen Eindruck erhält, sondern außerdem immer noch durch wenigstens einen *anderen* aus der Reihe der oben angeführten. Die Beziehung zu *einem* Sinne tritt mit besonderer Schärfe in das gewöhnliche Bewußtsein; die andere bleibt *dumpfer*. Es besteht aber zwischen den Sinnen der Unterschied, daß eine Anzahl derselben die Beziehung zur Außenwelt mehr als eine äußerliche erleben läßt; die andere mehr als etwas, was mit dem Eigen-Sein in engster Verknüpfung ist. Sinne, die mit dem Eigensein in engster Verknüpfung sich befinden, sind zum Beispiel der Gleichgewichtssinn, der Lebenssinn, ja auch der Tastsinn. In den Wahrnehmungen solcher Sinne gegenüber der Außenwelt wird stets das eigene Sein dumpf mitempfunden. Ja, man kann sagen, es tritt eine Dumpfheit des bewußten Wahrnehmens eben deshalb ein, weil die Beziehung nach außen von dem Erleben des Eigen-Seins übertönt wird. Ereignet sich zum Beispiel, daß ein Gegenstand *gesehen* wird, und zugleich der Gleichgewichtssinn einen Eindruck vermittelt, so wird scharf wahrgenommen, das Gesehene. Dieses Gesehene führt zu der Vorstellung des Gegenstandes. Das Erlebnis durch den Gleichgewichtssinn bleibt als Wahrnehmung dumpf; jedoch es lebt auf in dem Urteile: ›das Gesehene ist‹ oder ›es ist das Gesehene‹.«[67]

Auch Hegel ist sich bewußt, daß in unserem gewöhnlichen Satzbau eine Verbindung von verschiedenen Wahrnehmungsarten versteckt ist, deren ontologische Relevanz er jedoch mit seiner dialektischen Methode zu erfassen versucht. Die ganze »Phänomenologie« (vgl. die Ausführungen in der »Vorrede« über den »spekulativen Satz«)[68] beruht auf der Absicht, mit dieser Methode den wahren geistigen Gehalt des Sinneswesens von dem falschen weltanschaulich-ideologischen Mantel, in welchem es für das gewöhnliche Bewußtsein erscheint, zu trennen. Nach unserer Interpretation gelingt dies weitgehend, aber nicht ganz. Hegels Wesen des absoluten Wissens, die philosophische »Wissenschaft« ist nicht sinnlichkeitsfrei gedacht, sondern stammt aus einem Denken, das selbst noch einer solchen Bindung unterliegt, wie es sie an den anderen Gestalten des Geistes aufdeckt. Wo diese Bindung zu suchen ist, ergibt sich, wenn man bedenkt, daß Hegels Wissenschaft als Gestalt des europäischen Geisteslebens in einem gesamtmenschlichen Zusammenhang steht, von welchem sie nur einen Teil, eben den europäisch-westlichen ergreifen kann, während ihr die östliche Spiritualität mit ihrer andersartigen sinnlich-seelischen Konstitution des Geistes mehr oder weniger entgeht.

Anders gesagt: Eine vollgültige Metatheorie der philosophischen Denkart Hegels ist nur dort möglich, wo man von derjenigen Sphäre ausgeht, die im Deutschen Idealismus vernachlässigt wurde, nämlich vom physischen Leib und der ihm angehörenden Sinnesorganisation. Deshalb kann Steiner über Hegel hinausgehen und den letzteren in eine Menschheitsentwicklung einordnen, welche geistesgeschichtlich vom Osten nach dem Westen verläuft, ohne in diesem Weltteil stecken zu bleiben, die vielmehr auf das weitere Ziel zustrebt, den Geist aus dem Sinneswesen überhaupt zu befreien. Die spirituelle Kultur früherer Zeit, der älteren orientalischen Welt, sagt Steiner in einem Vortrag vom 23. 7. 1921,[69] war nicht etwa sinnlichkeitsfrei, sondern sie beruhte auf einer bestimmten sinnlichen Konfiguration, welche sich im Lauf

der Zeit änderte, womit eben die Verlagerung des Entwicklungs-
schwerpunkts in den Westen verbunden war. Jene *orientalische* Kultur
(der »Empfindungsseele«) stützte sich hauptsächlich auf die *Sinne des*
*»oberen Menschen«* (Ich-, Gedanken-, Laut-, Hör-, Wärme- und Sehsinn), die früher einen reicheren Seeleninhalt vermittelten, und dem
Menschen lebendigere Bilder der Wesen der Welt gaben. Der Weg in
die *westliche* Zivilisation war nun zugleich ein solcher, auf dem innerhalb des Menschen das Zentrum seines geistigen Wahrnehmens von
dem oberen in den *unteren Sinnesbereich* (Geschmacks-, Geruchs-,
Gleichgewichts-, Bewegungs-, Lebens- und Tastsinn) rückte. Hier ist
die Wahrnehmungsintentionalität des Ich stärker an die objektiv-leibli-
chen Prozesse als solche gebunden, hier muß jeweils zugleich auch
wirklich hergestellt werden, was Objekt der Wahrnehmung ist. Eben
darauf beruht die Bedeutung der »unteren Sinne« für die philosophische Ontologie. Wie sich dies für die einzelnen Sinnestätigkeiten
darstellt, werden wir jeweils im Vorblick auf die entsprechenden Kapitel der »Phänomenologie« zeigen.

## b. Die Entwicklung des »ganzen Menschen«

Das anthroposophische Menschenbild ist nicht einfach eine Naturlehre, sondern ebenso eine *Entwicklungslehre* des Menschen. Das letztere gilt auch von Hegels »Phänomenologie«. Auf dieser inneren Verwandtschaft beruht unsere Interpretation. Allerdings liegt der hier bestehende Zusammenhang nicht unmittelbar zutage, sondern er muß
herausgearbeitet werden. Dazu bedarf es nun eines letzten Schrittes,
der die oben entwickelte Wesensgliederlehre abschließt.
   Wir sahen, daß der Mensch in der aristotelisch-thomistisch-anthroposophischen Perspektive zunächst als *vierfach gegliedertes Wesen* dasteht, daß er vier von Natur gegebene Wesensglieder hat, nämlich den
physischen Leib, den Bildekräfteleib, die Seele und das Ich. Jedes dieser Glieder hat seine Eigendynamik (erfährt eine Gestaltung in sich),
und sie stehen untereinander in dynamischen Beziehungen (das jeweils
obere übergreift das untere), deren Totalität als die Selbstproduktion
des Organismus bezeichnet werden kann. Wir sahen, daß die Seelentä-

tigkeit durch das Ich zum Seelenleib zusammengeschlossen wird und daß wiederum das Ich seine eigene Gestalt zunächst als Modell aus der Ich-Organisation des physischen Leibes erhält. Wie unbewußt auch die einzelnen Schritte dieser Selbstproduktion bleiben mögen, der gesunde Menschenverstand weiß doch etwas davon: Er hat das Bewußtsein, daß dasjenige, was in der Seele des Menschen als Sittlichkeit lebt und vom Ich belebt wird, sich auf die Dauer auch auf Haltung und Lebensentfaltung des natürliche Organismus auswirken muß.

Wir sahen weiter, daß neben dieser Wesensgliederung des Menschen, als dem »Ansich« der Selbstproduktion, ein anderer Ansatz darin besteht, vom Selbst des Bewußtseins auszugehen und dessen Entwicklung als Stufenfolge von *Empfindungs-, Verstandes-* und *Bewußtseinsseele* zu betrachten, wobei auch hier die vierte Stufe, das Subjekt der Bewußtseinsseele, einfach *»Ich«* genannt werden kann. Für beide Entwicklungsreihen stellt sich nun die Frage, ob es hier weitere Entwicklungsschritte gibt, die Gegenstand einer menschenkundlichen bzw. philosophischen Aussage sein können. Das ist problematisch, weil über das Ich hinaus dem Menschen nichts mehr »von Natur aus« gegeben ist, weil alles darüber Hinausgehende aus der *eigenen Kraft* der Individualität getan werden muß. Aber damit ist noch nicht gesagt, daß dies zu Tuende nicht doch unter einem allgemeingültigen Aspekt zu begreifen wäre. Denn was möglich ist, hat schon in dieser Potentialität als solcher Realitätscharakter. Das wird in der anthroposophischen Menschenkunde zu einer ganz konkreten Aussage: Das Ich als der seiende Geist des Menschen muß sich durch die Umarbeitung der unteren Wesensglieder für sich zum geistigen Wesen machen. Dieses Übersichhinausgehen des Ich kann nichts anderes sein als ein wirkliches *Umarbeiten* dessen, was in den unteren Wesensgliedern äußerer Stoff und damit der geistigen Natur des Ich nicht gemäß ist. Auch der Weg, den diese Umarbeitung nimmt, ist damit vorgegeben: Er kann, da die Entwicklung von unten nach oben eine zunehmende Verfeinerung des Stoffes darstellt, jetzt nur stufenweise *von oben nach unten* weitergehen und so zur Hervorbringung einer Reihe höherer Wesensglieder führen.

Es entsteht[70] also ein fünftes Wesensglied des Menschen daraus, daß das Ich die Seelentätigkeiten umarbeitet, sie von den dahinterstehenden geistigen Impulsen her begreift und dadurch zugleich von den Resten ihrer natürlichen Substanz reinigt. R. Steiner nennt das so Hervorzubringende das »Geistselbst«, in der östlichen Theosophie, die insoweit als Wurzel der Anthroposophie betrachtet werden kann, heißt es »Manas«. Entsprechend entsteht im Menschen ein sechstes Wesensglied, wenn das Ich den Bildekräfteleib spiritualisiert, d. h. den darin wirkenden Geist in seiner wahren Natur begreift. Diese Arbeit, deren Resultat in der Anthroposophie »Lebensgeist«, in der theosophischen Tradition »Budhi« genannt wird, ist um eine Stufe schwieriger zu vollbringen als diejenige am »Geistselbst«, weil eben dasjenige, was in der Natur das relativ Dichtere, tiefer ins Irdische Gefallene ist, als Wirkung entsprechend höherstehender, dem Menschen verborgener geistiger Wesen betrachtet werden muß. Deshalb ist das siebente Wesensglied, welches entsteht, wenn das Ich den physischen Leib als solchen vergeistigt, für den Menschen der Gegenwart gänzlich unerreichbar. Unser hierfür bei weitem nicht genügend geschultes und gekräftigtes Bewußtsein kann nur eine Vorstellung von der zukünftigen Entwicklung dessen bilden, was die Anthroposophie und Theosophie den »Geistesmenschen« bzw. »Atman« nennen und was in der Gegenwart nur erst in den Akten des reinen Denkens anwesend ist. – Bevor wir nun prüfen, wie diese Entwicklungsstufen des ganzen Menschen sich zum Aufbau der »Phänomenologie« verhalten könnten, sind einige weitere Erörterungen notwendig, so daß wir uns hier zunächst damit begnügen, das Schema der Wesensglieder noch einmal im Zusammenhang wiederzugeben.

## Wesensglieder des Menschen

|  |  |  | Empfin-dungs-seele | Ver-standes-seele | Bewußt-seins-seele |  |  |  |
|---|---|---|---|---|---|---|---|---|
| physi-scher Leib | Bilde-kräfte-leib | Seelen-tätig-keit |  | Ich |  | Geist-selbst (Manas) | Lebens-geist (Budhi) | Geistes-mensch (Atman) |

# IV. Was geht in Hegels dialektischem Denken vor?

Auf diese Frage kann es nur eine *metaphilosophische* Antwort geben. Wir müssen also versuchen, im Menschenbild der Anthroposophie diejenigen Elemente aufzufinden, welche in ihrer Beziehung zueinander der Bewegungsweise der Dialektik entsprechen. Dabei ist Hegels dialektisches Denken selbst nicht als einheitliche Methode, sondern in zwei verschiedenen Erscheinungsformen zu betrachten, die wir hier als »großräumige« (unten, 2.) und als die »logisch konzentrierte Form der Dialektik« (unten, 3.) bezeichnen. Im philosophischen System gehört die erstere Methode mehr zur »Philosophie des Geistes«, die letztere mehr zur »Wissenschaft der Logik«, während beide durch die Naturphilosophie miteinander verbunden sind. Wenn man nun aber von dieser systematischen Einordnung und ihrem Anspruch, sich selbst zu tragen, absieht, dann stellt sich die weitergehende Frage, wie die beiden Hegel'schen Denkformen dem Wesen des Menschen in seiner metaphilosophischen Natur angehören.

Ein Zugang zu diesem schwierigen Problem ergibt sich, wenn wir die Entwicklung der höheren Wesensglieder als geistig-seelischer Organe in Betracht ziehen, in denen sich jeweils neue Erfahrungs-, Wahrnehmungs- und Denkbereiche erschließen. Diese Bereiche sind als Stufen des höheren Bewußtseins zu unterscheiden, wobei sich folgende Zuordnung ergibt. Im ersten höheren Wesensglied, dem »Geistselbst«, erwacht typischerweise ein Bewußtsein, dessen Inhalte Steiner als »Imagination« oder »*imaginative* Erkenntnis« bezeichnet. Zum »Lebensgeist« als zweitem höheren Wesensglied gehört entsprechend die zweite Stufe der höheren Erkenntnis, die »Inspiration« oder das »*inspirative* Erkennen«. Und der höchsten menschlichen Entwicklungsstufe, dem »Geistesmenschen«, entspricht die Bewußtseinsform der »*Intuition*« als Erkenntnis des rein geistigen Inhalts des Gedankens. Dabei handelt es sich jeweils nicht um fertige Gestalten, sondern um Qualitäten, die sich im wirklichen Geistesleben vermischen und die darin auch als bloße Spurenelemente auftreten können.[71] Die gleichen Entwicklungsstufen treten nun auch in der Hegel'schen Methodologie auf, aber nur insoweit, wie sie als fertige Gestalten dem System begrifflich einverleibt werden können. Das erweist sich als möglich bei der großräumigen Form der Dialektik, welche der Ebene der Imagination, und bei der logisch konzentrierten Form, welche der Ebene der Inspiration im Steiner'schen Sinne entspricht. Dagegen findet sich weder bei Hegel noch sonst in der Systemphilosophie des Deutschen Idealismus ein zureichender Begriff der Intuition und der ihr entsprechenden methodischen Ebene des Denkens.

## 1. Die höheren Erkenntnisarten als Elemente unseres Geisteslebens

Was in der metaphilosophischen Perspektive als »Imagination«, »Inspiration« und »Intuition« bezeichnet wird, lebt seit jeher auch im künstlerischen und religiösen Streben des Menschen sowie in allem wahrhaft philosophischen Denken. Aber es wird hier nicht in seiner vollen Bedeutung zum Gegenstand der Anschauung und der theoretischen Begriffsbildung, sondern es verbirgt sich in den Ideen des herkömmlichen Geisteslebens in der unselbständigen Form *geistiger Qualitäten.* In dieser Form ist es nun zunächst (bevor wir den systematischen Bezug zur Dialektik herstellen) kurz zu betrachten.

### a. Die imaginative Ebene des Denkens

Die Imagination oder das imaginative Erkennen beruht auf einer Steigerung der Wahrnehmungsfähigkeit für das *Produktiv-Lebendige* in der Natur- und Menschenwelt, also für dasjenige, was in der Bildekräftesphäre und in den Bildekräfteleibern der Lebewesen an wirklichen, schaffenden Gestaltbildern lebt.[72] Die Schulung des Menschen in der Kunst und im religiösen Leben führt ebenso wie die methodische Übung in Wissenschaft und Philosophie zu einer solchen Wahrnehmungssteigerung, von welcher das Denken dann meist einen platonischen Zug erhält. Die »Imagination« ist die Wahrnehmung der lebendigen Idee in der Wirklichkeit oder als Wirksamkeit, wobei nach unserem erkenntnistheoretischen Ausgangspunkt das Hinzufügen des Begriffs zu dieser Wahrnehmung (der begriffliche Ausdruck der Imagination) als ein eigener, vom Denken geleiteter Akt verstanden werden muß. Wo beides zusammentrifft, sprechen wir vom »imaginativen Denken«.

Man kann aber auch mit anderen methodischen Ausgangspunkten zu einem imaginativ verlebendigten Denken kommen. Besonders aufschlußreich ist die Lösung *Kants*, der in der »Kritik der reinen Vernunft« die Reichweite der sicheren Verstandeserkenntnis festlegt und sich dabei derjenigen Denkart bedient, welche wir als »inspirativ« bezeichnen. Von dort aus läßt Kant dann aber auch das imaginative Moment wieder zu, nämlich in den regulativen »Ideen der Vernunft«, die zwar vor der rationalen Erkenntniskritik nicht bestehen können, die aber das Gedachte erst mit Leben erfüllen.[73] Deshalb werden diese Ideen in der »Kritik der Urteilskraft« als Hypothesen eingeführt: Wir vermögen zwar nicht wissenschaftlich zu beweisen, daß die lebendigen Kräfte in der Natur wirklich sind, aber wir können diese dennoch begreifen, wenn wir von der Idee der Zweckmäßigkeit als dem wirkenden Funktionsbild im *Organismus* der Lebewesen ausgehen und von daher die Gedankenverknüpfungen herstellen, vermöge deren sich die Erscheinungen der Natur auf naturgemäße Weise erklären lassen.

Wiederum anders ist der Zugang, den *Hegel* zum imaginativen Denken sucht. Dieses Suchen verlief insbesondere in seinen jüngeren Jahren sozusagen auf zwei Ebenen. Auf der exoterischen Ebene arbeitete er schon in der »Differenz«-Schrift (1801) dasjenige aus, was wir die großräumige Form der Dialektik nennen; in seinen erst viel später publizierten Manuskripten der Jenaer Zeit jedoch zeigt sich ein esoterischer Hegel, der danach strebt, unmittelbar auf der imaginativen Ebene des Geistes zu erwachen und der sich zu diesem Zweck tief in die naturphilosophische Spekulation Schellings und J. Böhmes vorarbeitet. Als Beispiel ziehen wir das »Fragment 10« (1803/4) aus Bd. 6 der Ges. Werke heran, in welchem ganz direkt die Frage gestellt wird, was das Wesenselement des Lebens an sich sei. Hegel fragt hier also nach der »*Substanz*«, man möchte sagen im spinozistischen Sinne, aber er

fragt eben in seinem eigenen Sinne danach, er sucht sie dort zu erfassen, wo sie noch nicht in ihre Attribute, in res cogitans und res extensa
auseinandergefallen ist. Dieses Ursprünglich-Eine ist dann das Bele-
bende sowohl des philosophischen Denkens als auch der Lebewesen
der Natur, es ist die »absolute Lebenskraft« als »ein absolut Allgemeines, was um seiner Einheit und Einfachheit willen nicht aus einem
Andern begriffen werden kann; es ist *unbegreiflich* (sc.: es sei denn) als
dieses Einfache, es ist der *absolute Äther*; als dies sich Selbstgleiche hat
es *alle Entgegensetzung in sich*; und es ist ihm nichts entgegengesetzt,
d. h. es wird nicht aus einem Andern begriffen; es ist Allgemeines als
der absolute Begriff selbst.«[74]

Ausdrücklich vergleicht Hegel hier die Entelechie des Lebewesens,
als das Sich-selbst-Ergreifen des Lebens, mit dem denkenden Erkennen, welches sich ebenso durch sich selbst erkennt. Das Organische,
so sagt er geradezu, *ist* »das existierende Erkennen«[75] und der Organismus der existierende Begriff. Und aus dieser methodischen Spannung taucht zugleich die ihr entsprechende Imagination auf, in welcher die Lebenskraft des Organismus (des Bildekräfteleibs) den physischen Stoff durchdringt und belebt, was, wie Hegel mit Recht sagt,
»aus mechanischen und chemischen Gründen« allein nicht zu verstehen ist: »Die organischen Funktionen können nur innerhalb ihrer
selbst, innerhalb ihrer Einheit begriffen werden, sie haben kein äußerliches Verhältnis, sie scheiden sich nur von einander. In sich sind
sie in der organischen Einfachheit geschlossen; was mit Unorga-
nischem vorgeht, indem es vom Organischen in seinen Kreis gerissen
wird, ist nicht ein Teilen desselben, so daß es sich einiges davon her-
ausnähme, anderes abschiede; und daß wie es im Organischen wird,
schon im Unorganischen selbst zu erkennen wäre; die Wirkung des
Organischen ist eine absolute Infektion.«[76] Die gewöhnliche Naturwissenschaft versteht das Geheimnis dieser »*organischen Infektion*«
nicht, denn sie meint, sie könne z. B. den Kohlensäure-Sauerstoff-
Kreislauf der Pflanze ebensogut auch aus den toten Stoffen des Labo-
ratoriums rekonstruieren. Aber »alle diese Vorstellungen enthalten
nur eine äußerliche mechanische oder chemische Wirkung, in deren
Produkten nichts anderes sei, was nicht schon vorher als solches in

dem Unorganischen, das in die Atmosphäre des Organischen kommt, vorhanden gewesen sei. Die organische Infektion ist für das Unorganische eine dasselbe wesentlich ändernde Wirkung, die im Animalischen z. B. als tierische Wärme überhaupt, nicht als eine bestimmte chemische Wirkung tätig ist.«[77]

Wir sehen an diesem Text, daß das imaginative Denken sich im Bereich des Lebendigen bewegt, daß es den Lebensprozeß als solchen, die *Belebung* des toten Stoffes im Organismus, wirklichkeitsgemäß erfaßt. Es hat von daher einen Zug zur Naturphilosophie, ja es verleiht in Hegels späterem System den Inhalten der Geistesphilosophie, insofern diese derselben Methode folgen, ein quasi natürliches Leben, es verwandelt insbesondere Kunst, Religion und Philosophie in Lebewesen höherer Art. Zugleich trägt diese naturphilosophische Tendenz des imaginativen Denkens aber eine Begrenzung in die ganze Philosophie hinein; denn mit ihr kann zwar noch der Begriff des Organismus in seinen Modifikationen durch die Gattungen der Lebewesen gedacht werden, nicht aber der Begriff des *physischen Leibes* als des sich jenseits des natürlichen Todes erhaltenden Organschemas von Pflanze, Tier und Mensch. Entsprechend fehlt hier der Gegenpol des physischen Leibes des Menschen, das sich auf diesen beziehende Ich. In den Imaginationen der Hegel'schen Geistesphilosophie ist nicht von einem freien geistigen Ich die Rede, sondern einerseits von der subjektiven Entwicklung des einzelnen zum Geist, andererseits von den »absoluten« Wesen der Kunst, Religion und Philosophie, die diese Entwicklung tragen.

## b. Die inspirative Ebene des Denkens

Da das imaginative Denken, wie dargelegt, auf eine absolute Grenze stößt, ergibt sich auch für Hegel die Notwendigkeit, über diese Stufe und die ihr entsprechende Form der Dialektik hinauszugehen und nach einem noch dichteren Geistbereich zu suchen. Metaphilosophisch finden wir diesen in der »Inspiration« oder im »inspirierten Denken«.[78] Im theologischen Sinne bezeichnet dieser Begriff die Einhauchung des Lebens durch den Schöpfer in die von ihm aufgebaute

Welt und den Menschen. Hier kann auch die erkenntnistheoretische
Deutung anknüpfen. Die in der Bildekräftesphäre schaffenden Lebenskräfte, welche wir imaginativ wahrnehmen, sind ihrerseits Wirkungen einer geistigen Welt, welche hinter der Natur steht und die
deshalb auch nicht in der Natur angeschaut, sondern nur als das
schöpferische Weltenwort erlauscht werden kann. Ganz konkret gibt
R. Steiner an, wie in der esoterischen Schulung der dafür notwendige
Raum gebildet wird: Wenn man zum imaginativen Erkennen gekommen ist, wenn man den Reichtum und die Tiefe der Ideenwirkungen
in der Welt innerlich erleben kann, dann soll man den *Bildegehalt* des
Erlebten wieder *unterdrücken*, um dasjenige wahrzunehmen, was hier
zur bildhaften Anschauung drängt, aber an sich selbst geistiger Natur
ist. Nicht das innere Bild der Ideenwirkung, sondern deren geistiger
Nachklang ist es, was zur »inspirativen Erkenntnis« höherer geistiger
Kräfte führt.

Die philosophische Parallele dazu liegt in den Verfahren der logischen Abstraktion, der Zurückführung der Vielfalt der Erscheinungen
des Lebens auf die ihnen zugrundeliegenden reinen Kategorien als Gedanken Gottes vor der Erschaffung der Welt, welche eben deshalb ganz
leer sind.[79] Kants »transzendentale Deduktion der Kategorien« ist ein
solcher Weg, der als Weg zur inspirativen Öffnung des Denkens eine
viel größere Bedeutung hat, als die daraus deduzierten Kategorien
selbst. Und wiederum hat Hegel hier gelernt, worauf es ankommt.
Seine in der »Einleitung« der »Phänomenologie« entwickelte Theorie
der »bestimmten Negation« ist eine methodische Selbstreflexion des
Denkens auf der philosophischen Ebene, mit welcher eben jener von
Steiner metaphilosophisch beschriebene Nachklang erzeugt wird.
Wenn wir, sagt Hegel, eine Aussage negiert haben, dürfen wir nicht so
fortfahren, als sei damit nichts geschehen; wir haben es vielmehr mit
einem Nichts von Etwas zu tun, einem Nichts, das aus einer Negation
herkommt und ohne diese nicht gedacht werden kann; das bestimmte
Nichts enthält den geistigen Nachklang des Negierten, welcher ein eigener Inhalt ist.[80]

Auch dieser Inhalt ist jedoch letztlich ein allgemeiner; er ist zwar, wie
Hegel sagt, ein »absolut-allgemeiner«, mit dem wir in die Tiefen des

Logos-Geistes eindringen, aber wir finden darin nicht das individuelle Ich, sondern vielmehr nur die Formen, durch welche dieses Ich sich mit dem Logos verbindet. In Hegels »Wissenschaft der Logik« sind diese Formen in absolut gültiger Weise begriffen, so daß hier dasjenige, was die geistige Konstitution der modernen westlichen Menschheit überhaupt ist, zu seinem höchst wissenschaftlichen Ausdruck kommt. Aber darin besteht noch nicht der ganze Mensch.

## c. Die intuitive Ebene des Denkens

Wir müssen auf dem Wege der Menschwerdung des Menschen vielmehr eine noch höhere Erkenntnisart einbeziehen, die aber auch, wie die beiden anderen, wiederum ihre ganz trivialen Erscheinungsformen hat. Bei der »Intuition« oder dem »intuitiven« Moment im Denken fallen die praktische und theoretische Seite sogar besonders weit auseinander. Jedes Erfassen eines Gedankens, und sei es die einfachste mathematische Operation, beruht auf einer Intuition, in welcher der denkende Mensch den objektiven Geistgehalt des Gedankens in sich aufnimmt. Was dabei vorgeht, also die theoretische Begründung und Einordnung dieser Intuition in unsere Denkpraxis, ist schwierig, und nur in dem ausführlichen Gedankengang zu begreifen, welchen R. Steiner in »Philosophie der Freiheit« aufgebaut hat.[81] Dort wird gezeigt, daß das denkende Ich sich immer auch unmittelbar mit dem geistigen Gehalt des Gedankens verbindet und daß es in dieser Unmittelbarkeit (wenn es sie, wie Steiner sagt, als »moralische Intuition« erfaßt) seine geistige Individualität zum Ausdruck und zum Dasein bringt. Hieraus folgt andererseits, daß mit Hegels primärer Beziehung auf die begriffliche Form des Gedankens[82] unmittelbar eine Fesselung jenes geistigen Gehalts und damit der Individualität des Ich einhergeht.

Zwischen Hegels »Wissenschaft der Logik« und Steiners »Philosophie der Freiheit« verläuft also eine Grenzlinie von entscheidender Bedeutung. Während Hegel als Repräsentant des westlichen Kulturmenschen (der »Moderne«) den Formgehalt des logischen Denkens ausschöpft, öffnet Steiner den Weg zu einem Denken, in welchem das

individuelle Ich sich als Geist von allen konstitutionellen Bedingungen
befreit, d. h. zu einem menschheitlich-zukunftsbezogenen Denken
kommt. In diesem verbindet sich unmittelbar das Individuellste mit
dem Allgemeinsten, das Ich mit dem physischen Leib, welcher dadurch
(nämlich in der Durchdringung mit der »moralischen Intuition« des
Gedankens) die Seinsweise des »Geistesmenschen« anzunehmen beginnt. Wir werden sehen, daß auch Hegel diese Ebene der Fragestellung kennt und daß er sie bis in das Zentrum der ihr entsprechenden
theologischen Begrifflichkeit hinein verfolgt, aber nur um die entscheidende Aussage als mit dem Formgesetz des »philosophischen Begriffs«
unvereinbar abzulehnen.[83]

## 2. Die großräumige Form der Dialektik
### (Ebene der Imagination)

Hegel trat in dem Moment an die Öffentlichkeit, wo er fähig geworden
war, seine Idee der Philosophie in der Architektur der dialektischen
Dreierbewegung von ursprünglicher Einheit, Entzweiung und absoluter Einheit auszudrücken. Das geschah, wie wir oben sahen, in der
»Differenz«-Schrift von 1801, deren eigener Systemcharakter geradezu prototypisch in der großräumigen Form der Dialektik angelegt ist.
Außerdem läßt er in dieser Schrift durchblicken, daß er mit seiner Methode eigentlich an demjenigen anknüpft, was er auch in dem Gedicht
»Eleusis« beschreibt, nämlich am Demeter-Kult der eleusinischen
Mysterien. Hierauf werden wir in einem ersten Abschnitt eingehen (a.),
um danach den dialektischen Prozeß noch unter zwei anderen Gesichtspunkten zu charakterisieren, nämlich als psychodynamischen
Verlauf (b.) und als spirituelle Beleuchtung des Naturgeschehens überhaupt (c.).

## a. Der Nachklang des Demeter-Mythos

Demeter, so sagt der in Eleusis kultisch gepflegte Mythos,[84] ist die Göttin des Wachstums und Lebens, d. h. sie ist das Wesen, welches die übersinnliche Natur der Bildekräftesphäre, die Unsterblichkeit der Substanz an sich, verkörpert. Aber ihre Tochter Persephone wird von Hades, dem Herrscher der Unterwelt, geraubt, dessen Gattin sie dann ist. Weil Demeters Trauer über den Verlust der Tochter das Leben auf der Erde zum Erliegen zu bringen droht, schließen die Götter eine Vereinbarung, der gemäß Persephone im jahreszeitlichen Wechsel sich teils bei der Mutter (in der Einheit des Lebens) und teils bei ihrem Mann (im Tode, genauer gesagt: in der Entzweiung von Leben und Tod) aufhält. Dieses *Bild* wurde in der Mysterienschulung schrittweise in seiner geistigen Essenz begreifbar gemacht, und auf die verborgene Natur der menschlichen Wesensglieder übertragen. Es setzt sich aber auch in der exoterischen Dialektik Platos fort: Das im rhythmischen Wechsel zwischen Lebens- und Todesprozessen sich realisierende irdische Leben der Persephone entspricht unmittelbar dem Ablauf, in welchem sich in der *dialektischen Methode* die Momente der ursprünglichen Einheit und der Entzweiung zur absoluten Einheit zusammenschließen.

Für Hegel ist dieses Bild eine *geistige Realität* geblieben, in die er sich unmittelbar hineinstellt. Was einst der eleusinische Kultus war, ist jetzt die Philosophie, und zwar als wirkende geistige Kraft, als Geistesphilosophie. So heißt es schon in der Einleitung der »Differenz«-Schrift programmatisch: »Wenn die Macht der Vereinigung aus dem Leben der Menschen verschwindet und die Gegensätze ihre lebendige Beziehung und Wechselwirkung verloren haben und Selbständigkeit gewinnen, entsteht das Bedürfnis der Philosophie.«[85] Und daß in solchen Krisensituationen dann auch wirklich eine rettende Philosophie auftritt, ist der »Vernunft« des Weltgeistes zuzuschreiben, der jede Entzweiung, weil sie aus der ursprünglichen Einheit herkommt, wiederum in die absolute Einheit zurückführt, d. h. die Entzweiungstendenz als solche negiert. »In der unendlichen Tätigkeit des Werdens und Produzierens hat die Vernunft das, was getrennt war, vereinigt und die absolute Entzweiung zu einer relativen heruntergesetzt, welche durch die ursprüngliche Identität bedingt ist. Wann und wo und in welcher Form solche Selbstreproduktionen der Vernunft als Philosophien auftreten, ist zufällig. Diese Zufälligkeit muß daraus begriffen werden, daß das Absolute als eine objektive Totalität sich setzt.«[86] Damit überträgt Hegel im Grunde eine Naturtatsache als naturphilosophische Erkenntnis in die Geistesphilosophie: Weil in allen natürlichen Lebewesen eine absolute Integrationskraft wirkt, muß das auch in den gesellschaftlichen und geistigen Lebensformen der Menschen so sein. Weil das Verhältnis zwischen ursprünglicher Einheit und Entzweiung (Leben und totem Stoff) überall in der Natur die Form des beruhigten Antagonismus aufweist, hat die Philosophie das Recht, diese Struktur ihrer eigenen Begriffsbildung absolut vorauszusetzen.

Auch in der Vorrede der »Phänomenologie« wird dieser Schritt vom Begriff des natürlichen Organismus zur Methode der Philosophie in seiner grundlegenden Bedeutung dargestellt. Allerdings stützt sich Hegel jetzt (1807) sehr viel stärker auf das Moment der Entzweiung, das Hades-Prinzip des eleusinischen Mythos, d. h. er erkennt die Verselbständigungstendenz dieser Entzweiung als die eigentliche geistigschöpferische Kraft und bezieht sie als solche in den dialektischen Dreischritt ein, womit er bereits den Übergang zum inspirativen Denken beschreibt: »Die Tätigkeit des Scheidens ist die Kraft und Arbeit des *Verstandes*, der verwundersamsten und größten, oder vielmehr der absoluten Macht. Der Kreis, der in sich geschlossen ruht, und als Substanz seine Momente hält, ist das unmittelbare und darum nicht verwundersame Verhältnis. Aber daß das von seinem Umfange getrennte Akzidentelle als solches, das gebundne und nur in seinem Zusammenhange mit anderm Wirkliche ein eigenes Dasein und abgesonderte Freiheit gewinnt, ist die ungeheure Macht des Negativen; es ist die Energie des Denkens, des reinen Ichs. Der Tod, wenn wir jene Unwirklichkeit so nennen wollen, ist das furchtbarste, und das Tote festzuhalten, das, was die größte Kraft erfordert. Die kraftlose Schönheit haßt den Verstand, weil er ihr dies zumutet was sie nicht vermag. Aber nicht das Leben, das sich vor dem Tode scheut und von der Verwüstung rein bewahrt, sondern das ihn erträgt und in ihm sich erhält, ist das Leben des Geistes. Er gewinnt seine Wahrheit nur, indem er in der absoluten Zerrissenheit sich selbst findet. Diese Macht ist er nicht als das Positive, welches von dem Negativen wegsieht, wie wenn wir von etwas sagen, dies ist nichts oder falsch, und nun, damit fertig, davon weg zu irgend etwas anderem übergehen; sondern er ist diese Macht nur, indem er dem Negativen ins Angesicht schaut, bei ihm verweilt. Dieses Verweilen ist die Zauberkraft, die es in das Sein umkehrt« (S. 27).

Man hat aus dieser Stelle geschlossen, daß Hegel im Verlauf seiner Jenaer Entwicklung von Schelling abgerückt sei und sich mehr der Position Fichtes angenähert habe. Dabei handelt es sich aber um eine Entwicklung innerhalb der dialektischen Architektonik, die als solche nicht aufgegeben wird. Nur in der raumbildenden Bewegung der drei Momente der Dialektik, nur im Zusammenspiel von ursprünglicher Einheit, Entzweiung und absoluter Einheit kann Hegels Philosophie das Dilemma überwinden, daß das Leben sich immer in Ganzheiten entfaltet, während unser Bewußtsein immer trennt, Subjekt und Objekt gegenüberstellt. Und umgekehrt: Weil jene Überwindung gelingt, weil die dialektische Bewegung die Spaltungstendenz des Bewußtseins zu übergreifen und die Hologramme des Lebens als solche festzuhalten vermag, muß dem eine Psychodynamik mit ihrerseits ganzheitlicher Verlaufsgestalt entsprechen, die wir nun näher zu betrachten haben.

## b. Dialektik als psychodynamischer Verlauf

Im Grunde drückt schon der Begriff des *Unbewußten* (den auch Hegel gerade in der »Phänomenologie« mehrfach verwendet) das Prinzip des psychodynamischen Hologramms aus. Der je aktuelle Bewußtseinsinhalt entsteht nur teilweise aufgrund eines bewußten Urteils (Verbindung von Wahrnehmung und Begriff), zum Teil entspringt er auch der Gewohnheit (ehemals bewußt vollzogener Begriffsbildung) und dem Vorurteil (angelernter Begriffsbildung) oder aus sonstigen früher eingeprägten Impulsen. Die letzteren Faktoren bilden (als Empfindungsleib) den Horizont des Bewußtseins, der zwar allen in ihm auftretenden Inhalten seine Gestalt aufprägt, aber gewöhnlich selbst nicht als Inhalt erlebt wird. Warum das so ist, versuchen die verschiedenen Wissenschaften vom Unbewußten zu erklären, indem sie das Zusammenwirken der Bewußtseinsinhalte mit den Entstehungsbedingungen des Bewußtseinshorizonts in allgemein-begrifflicher Gestalt erfassen. Hierher gehört auch die anthroposophische Menschenkunde, die von der historischen Aufeinanderfolge eines »Empfindungs-«, eines »Verstandes-« und eines »Bewußtseinsseelenzeitalters« ausgeht und daraus entnimmt, daß im Gegenwartsmenschen diese *drei Schichten* als seelische Organe vorhanden und wirksam sind. Aber sie wirken eben so, daß die Strukturierung des Bewußtseins überhaupt von dem Formbedürfnis der Bewußtseinsseele (des neuzeitlichen Selbstbewußtseins) ausgeht, und daß nur in dessen Horizont erscheinen kann, was die Impulse jener tieferliegenden Seelenschichten sind.

Eben hier knüpft auch die Philosophie des Deutschen Idealismus an, wobei Hegel den Anknüpfungspunkt am klarsten erfaßt. Indem er die Psychodynamik des gewöhnlichen Bewußtseins (die historische Überlagerung der drei Seelenschichten) begrifflich umkehrt, erhält er die dialektische Methode in ihrer großräumigen Form. Das Moment der ursprünglichen Einheit ist also metaphilosophisch gesehen nichts anderes als der Impuls der *Empfindungsseele*, der sich aus der Tiefe des Unbewußten in unser Bewußtsein drängt, weil er eben geschichtlich der erste war, der das Licht der Selbstheit in die Seele geworfen hat und der als solches vom Ich aus aufs Ganze gehendes reines *Anschauenwollen* noch immer fortwirkt. Allerdings kann er sich im Bewußtseins des Gegenwartsmenschen so nicht halten, oder vielmehr jeweils nur solange, bis er von dem geschichtlich mächtigeren Moment der Entzweiung, dem Impuls der *Verstandesseele*, überwältigt ist. Gerade dadurch kann aber das Prozeßhafte dieses Verlaufs, der dynamische Wechsel als solcher der Impulse von Empfindungs- und Verstandesseele zum Inhalt des Bewußtseins werden, welchen nun ihrerseits die *Bewußtseinsseele* als absolute Einheit zu ergreifen und auszudrücken vermag. Ist diese Bewegung einmal in Gang gekommen, dann ist damit eine Öffnung des Bewußtseins für das Unbewußte gefunden, und es kommt nur noch darauf an, durch einen entsprechenden begrifflichen Ausbau der drei Momente die Toröffnung so zu erweitern, daß daraus die Weisheit und der Geist vergangener Zeiten in die Gegenwart strömen können, was in Hegels Philosophie geschieht.

Auf diesem Hintergrund wird verständlich, warum die großräumige Form der Dialektik ihr hauptsächliches Anwendungsgebiet im dritten Teil des Hegel'schen Systems, in der »Philosophie des Geistes« hat. Hier herrscht der *entwicklungsgeschichtliche* Aspekt vor, hier erscheint die Rechtsphilosophie als in die Weltgeschichte übergehend,[87] hier sind die Religion als philosophische Religionsgeschichte, die Kunst als philosophische Kunstgeschichte und die Philosophie selbst als Philosophiegeschichte begriffen, nämlich als die besonderen Pfade auf dem einen großen Weg, auf welchem der in die Entzweiung geratene Geist zur Versöhnung mit sich gelangt. Aber auch diese geschichtliche Dimension ist nur eine Ausdrucksform und noch nicht der eigentliche Grund der der Hegel'schen Geistesphilosophie zugrundeliegenden Versöhnungsidee. Um die letztere zu begreifen, muß man sich wirklich auf sie einlassen, nämlich im Aushalten der psychodynamischen Spannung der Dialektik, durch welche die imaginative Wahrnehmungsfähigkeit für die tieferliegenden *geistigen Prozesse* der Wirklichkeit entsteht. Aus dieser Wahrnehmung heraus kann Hegel Kunst, Religion und Philosophie auch ohne ihren historischen Entwicklungsprozeß, als reine geistige Gestalten für sich, begreifen und dem System einfügen, wie wir es in dem Abschnitt »Der absolute Geist« der §§ 553 bis 577 Enz. 1830 finden.

## c. Der beruhigte Antagonismus als Naturgeschehen

Die eigentliche Schwierigkeit unserer psychodynamischen Deutung der Dialektik besteht nun darin, auf der mit ihr erschlossenen Ebene des Geistes in die Wirklichkeit überzugehen. Die These: Was in der dialektischen Methode ein Spannungsverhältnis ist, wird im »philosophischen Begriff« eine ruhige Dreigliederung von Allgemeinheit, Besonderheit und Einzelheit, muß mit imaginativ wahrnehmbaren und begriffenen Gedanken erfüllt werden. Wir sahen oben (1. a.), wie Hegel in seiner Jenaer Naturphilosophie die Selbstproduktion des Organismus im physischen Stoff dadurch erklärt, daß er zwischen beide als

selbständige übersinnliche Naturtatsache die »organische Infektion«
hineinstellt, und so in der Tat zu einer begrifflichen Dreigliederung
kommt. Wir sahen weiter (2. a.), daß er das gleiche Verfahren der Begriffsbildung auch in der Geistesphilosophie anwendet, wenn er in der
»Differenz«-Schrift das organische System Schellings und das kritizi-
stische Fichtes als »Bauzeug« für seine eigene Systemarchitektur benutzt, indem er also zwischen Schelling und Fichte gewissermaßen
jetzt Hegel als den Schlußstein des Gewölbes (systematisch gesehen an
derselben Stelle, wo in der Naturphilosophie die »organische Infektion« auftritt) einsetzt.

Hegel erstreckt diese Art der Begriffsbildung auf alle Gebiete seiner
Philosophie. Und er sagt darüber in einer Vorlesungsnotiz zu § 7
»Rechtsphilosophie«: »Göttlicher Rhythmus der Welt und Methode
des absoluten Erkennens – ein für allemal bemerkt – man hat damit
eine große Kenntnis vor der Hand gewonnen.«[88] Der imaginativen
Wahrnehmung erschließt sich die hinter der Realwelt wirkende Sphäre
der Bildekräfte, also das *Prinzip der Gestaltbildung* im geschichtlichen
und gesellschaftlichen, im geistigen und natürlichen Leben, und zwar,
wie Hegel sagt, »vor der Hand«, also zunächst ohne eine Berührung mit
der existierenden Realität, durch die reine methodische Entwicklung
des Begriffs. Alle diese Lebensbereiche, so sagen wir metaphilosophisch, sind wirklich von produktiven Gestaltbildern durchdrungen,
von einer Ideenwirksamkeit im platonischen Sinne, die bei entsprechender Übung für das imaginative Bewußtsein wahrnehmbar wird.
Aber welche *geistige Reichweite* kommt diesen Imaginationen für uns
zu, reicht diese Erkenntnisqualität über die Ebene der Bildekräfte als
der übersinnlichen Substanz der Natur hinaus? Könnte es nicht sein,
daß Hegel hier den Geist der lebendig wirksamen Natur mit dem Geist
überhaupt verwechselt? Daß er glaubt, dem göttlichen Rhythmus der
Welt schlechthin zu folgen, wo er in Wahrheit nur den Gestaltbil-
dungsrhythmus der natürlichen Lebewesen begreift, den er dann in die
geistige Welt ausdehnt?

Ein solches Ausdehnen ist eben möglich, weil in der idealistischen
Philosophie kein Begriff des physischen Leibes gebildet, kein konstitutiver Bezug des geistigen Ich auf den Erdenstoff als solchen hergestellt

wird. Nur von den Lebens- und Sterbeprozessen der Substanz, also im metaphilosophischen Sinne von dem Geschehen in der Bildekräftesphäre, ist hier die Rede. Dieser *naturphilosophische* Grundzug der Dialektik, so die paradoxe Folge unserer Interpretation, kommt in den Inhalten der Naturphilosophie nicht rein zur Geltung, weil eben hier die physische Verkörperung des Lebewesen ein eigenständiger Realfaktor ist, welcher die Anschauung der Gestaltbildungsprozesse der Substanz stört. Nur in den nicht verkörperten Gestalten der Gesellschaft, Geschichte, der Kunst, Religion und Philosophie kann sich jenes Anschauungsbedürfnis rein entfalten, aber auf Kosten des Geistes, der hier nicht frei gedacht wird, sondern aus einer Spiritualisierung von natürlichen Lebenskräften, d. h. Gestaltbildern des Bildekräfteleibs hervorgeht.

Das bedeutet andererseits, daß Hegels philosophischer Begriff das geistig-substantielle Prinzip der Gestaltbildung, als der physischen Verkörperung vorangehende Sphäre des Lebens, wirklichkeitsgemäß erfaßt. Die spekulative Philosophie ist von ihrer Methode her Naturphilosophie, indem sie die innere Dynamik der organischen Selbstgestaltung als innere ausdrückt, nämlich in der Struktur des *beruhigten Antagonismus*. Diese Struktur ist die Bewegungsweise des philosophischen Begriffs als die reine geistige Gesetzmäßigkeit der irdischen Lebenswelt. In ihrem Licht zerfallen alle Gestalten des Lebens in zwei primär-antagonistische Kraftwirkungen, die wir begrifflich als Tendenzen erfassen. Die eine tendiert immer zum Wachstum, zu Stoffwechsel, zur Erneuerung und zu *vegetativer Vermehrung*, bis zum Extrem der Überwältigung der Gestaltgrenzen durch das Ausschwärmen der Wachstums- und Wärmeprozesse (Wucherungen, Fieber). Sie wird in der Anthroposophie die »luziferische« Kraft genannt. Die andere, welche man als die »ahrimanische« bezeichnet, wirkt immer im entgegengesetzten Sinne, also in Richtung auf Formung, Verfestigung und *stabilisierende Verhärtung*, im Extrem bis zur Verknöcherung und Erstarrung (Verholzen, Verkalken). Beide Kräfte tendieren jeweils dazu, im Extrem ihrer Wirkungsweise das Leben zu vernichten, beide sind sie eigentlich Todeskräfte. Aber in ihrem Zusammentreffen hebt sich dieser Extremismus auf, und ihre Wirkung besteht vielmehr darin, von beiden Seiten her die notwendigen Elemente zur irdischen Gestaltbildung der Lebewesen beizutragen. Der geistige Antagonismus der Kräfte wird gegenständlich in der ruhigen Gleichgewichtslage, welche wir als daseiende Natur anschauen, und über die wir gewöhnlich erst dort nachzudenken beginnen, wo das Gleichgewicht (z. B. durch Krankheit) gestört ist.

In der Überwindung dieser Gedankenlosigkeit aber entsteht die Frage: Was hindert eigentlich die antagonistischen Kräfte getrennt voneinander anzusetzen, um damit die Natur aus dem Gleichgewicht zu reißen? Wer gibt der Natur ihren integrativen Zweck, wer lenkt ihre Prozesse fortwährend in die Richtung der Synthese? Hier haben wir es mit einer *dritten Kraft* zu tun, welche die spezifischen Wirkungsrichtungen der luziferischen und der ahrimanischen Geistigkeit ergreift und beruhigt und sie in der Form des beruhigten Antagonismus festhält. Sie ist der *Geist der Ordnung*, die eigentliche Form- und Gesetzgebungsmacht des Erdenlebens, die auch das äußere Dasein des Menschen beherrscht, aber diesem zugleich die Aufgabe stellt, sich von ihr innerlich in der richtigen Weise zu distanzieren, damit er selbst denkender Geist werde. Wo diese Distanzierung prinzipiell anzusetzen hat, zeigt uns die goetheanistische Erkenntnistheorie: Indem das Denken an die Wahrnehmung der Sinne anknüpft, indem also der erste Blick auf das äußerlich Gegebene gerichtet und nicht der Ausgangspunkt im inneren Prozeß der spekulativen Selbstbewegung des Begriffs gesucht wird. Denn, so sagt Goethe (allerdings durch den zweideutigen Mund Mephistos), beim Ausgehen von jener spekulativen Bewegung käme das Denken nicht zu einem wahrhaft geistigen Inhalt, d. h. zu einer ihm entsprechenden Nahrung, sondern nur zu der dem physischen Verdorren unterworfenen natürlichen Substanz: »Ich sag' es dir: ein Kerl der spekuliert, / Ist wie ein Tier auf dürrer Heide, / Von einem bösen Geist im Kreis herumgeführt, / Und rings umher liegt schöne grüne Weide.«[89]

## 3. Die logisch konzentrierte Form der Dialektik
## (Ebene der Inspiration)

Auch für Hegel ist klar, daß er methodisch über die großräumige Form der Dialektik noch hinausgehen muß, weil der philosophische Begriff, wenn er sich nur auf dieser Ebene bewegte, sich in Tastbildern der Lebenswelt erschöpfte. Aber als Philosoph geht er auch nicht den von Goethe gewiesenen erkenntnistheoretischen Weg, sondern er dringt im Innern zu einer *Verdichtung des Geistbegriffes* vor, nämlich auf die inspirative Ebene des Erkennens, wo die geistigen Wurzeln der bildhaft schaffenden Lebenskräfte zu finden sind. Diese Beziehung ist im Prinzip nicht anders als bei Kant diejenige zwischen der »Kr. d. r. V.« und der »Kr. d. U.«,[90] nur daß sie bei Hegel sehr viel bewußter hergestellt wird: Die inspirative Ebene des Denkens wird in der »Wissenschaft der Logik«, also in der logisch konzentrierten Form der Dialektik begriffen, während die imaginative Ebene in der großräumigeren Darstellung der »Philosophie des Geistes« als aus jener Logik hervorgehend rekonstruiert ist.

Im metaphilosophischen Prinzip funktioniert die logisch konzentrierte Dialektik nicht anders als die raumbildende. Auch durch jene wird ein unbewußter Prozeß des seelischen Lebens als Spannungsverhältnis erlebbar und so zum Wahrnehmungsorgan für geistig produktive Inhalte gemacht. Aber der subjektive Ausgangspunkt ist jetzt nicht mehr ein innerhalb des Seelenlebens wirkendes Unbewußtes, sondern vielmehr der Akt des Übergreifens der Seele auf den Bildekräfteleib und das Zusammenspiel dieser beiden Wesensglieder in der Selbstproduktion des Organismus. Hier finden wir den für das Bewußtsein tief verborgenen Realprozeß, den Hegel in der logischen Ausformulierung seiner dialektischen Methode beschreibt, welche wir zunächst (a.) in der Fassung der §§ 238–242 Enz. 1830 interpretieren werden. Daran anschließend (b.) haben wir uns mit den Folgerungen zu beschäftigen, welche aus dieser Methodologie für die Darstellung der Philosophie zu ziehen sind, worauf Hegel schon in der »Vorrede« der »Phänomenologie« eingeht.

Was das Verhältnis von dialektischer Methode und philosophischem Begriff (= Gegenstand) auf der inspirativen Ebene betrifft, so kann man auch hier, ebenso wie auf der imaginativen Ebene, von einer partiellen Identität sprechen. Die Methode wird aus dem Zusammenspiel von Seele und Bildekräfteleib gewonnen, welches, als *Spannungsverhältnis* festgehalten, das Bewußtseinslicht in diesem Verborgenen entzündet. Der Gegenstand aber, der so beleuchtet wird, ist das Zusammenspiel der Wesensglieder als beruhigter Antagonismus überhaupt, insbesondere auch dasjenige zwischen Bildekräfte- und physischem Leib, welches Hegel in »Fragment 10«[91] betrachtet. Im Grunde ergibt sich schon aus der Seelenlehre des *Aristoteles*, daß die Selbstproduktion der Lebewesen in ihrer Gliederung dialektisch gedacht werden muß, indem hier die jeweils höhere Qualität die niedrigere übergreift und integriert. So ist bei der Pflanze der physische Leib die »hyle« (stoffliche Hülle) für den Bildekräfteleib, die vegetative »psyche«; aber die letztere ist ihrerseits wiederum »hyle« für die höherstehende tierische »psyche«, und dasselbe gilt noch einmal für das Verhältnis von Menschengeist und Tierseelenwesen. Formal betrachtet, stellt sich hier jeweils die höhere Stufe aufgrund ihrer feineren (entwicklungsgeschichtlich früheren) Stofflichkeit als die »ursprüngliche Einheit« dar, gegenüber welcher die niedrigere, stofflich gröbere, eine »entzweiende« Eigentendenz entwickelt, die aber wiederum dialektisch aufgehoben, zum Bestandteil des organischen Zusammenwirkens gemacht wird. Das Ganze dieser Beziehungen ist das in seiner Entelechie sich selbst tragende Lebewesen, dessen spezifische Tragekraft Hegels Philosophie zu begreifen versucht, indem sie sie methodisch in ihre Momente zerlegt und deren Impulsivität wahrnehmbar macht, nämlich in ihrer Wiederzusammenfügung auf der inspirativen Ebene des Denkens. Damit wird etwas erlauscht, was Hegel als die Gedanken Gottes vor der Erschaffung der Welt charakterisiert, das schaffende Weltenwort, oder die Wirkung des Geistes, welcher die in der Bildekräftesphäre lebendig schaffenden Gestaltbilder hervorbringt. Wir zweifeln nicht, daß in der logisch konzentrierten Form der Dialektik diese geistige Sphäre wirklich berührt wird; eine andere Frage ist jedoch, ob sie im philosophischen Begriff richtig ausgesprochen werden kann.

## a. Hegels Methodenbeschreibung in der »Wissenschaft der Logik« (§§ 238 ff. Enz. 1830)

Als Kernstück des schwierigen Textes der §§ 238 ff. Enz. 1830[92] ist ein dialektischer Dreischritt anzusehen, der hier aber nicht mehr in der großflächigen Form des »Begriffs« als ursprüngliche Einheit, Entzweiung und absolute Einheit auftritt, sondern vielmehr aus den abstrakten Momenten »*erste Unmittelbarkeit*«, »*bestimmte Negation*« und »*Negation der Negation*« besteht. Damit wird, wie dargelegt, ein innerster Prozeß der menschlichen Selbstproduktion, das Zusammenspiel von Seele und Bildekräfteleib, aufgegriffen und bewußt gemacht, was aber zunächst nur auf indirektem Wege zu verstehen ist. Eine solche Verstehensmöglichkeit ergibt sich, wenn man den betrachteten Prozeß in die Kosmologie und die darin verwobene Entwicklungsgeschichte der Menschheit projiziert. So gesehen ist die Umrahmung des menschlichen Bewußtseins durch das Selbstbewußtsein, also dasjenige, was die Bibel im Bild des »Sündenfalles« darstellt, ein aus urfernen Zeiten fortwirkendes Geschehen, welches auch in alles gegenwärtige Tun des Menschen hineinspielt, nämlich als formale Verselbständigung des Geistes im Sinneswesen, die als »erste Unmittelbarkeit« allem Bewußtseinsinhalt vorausgeht. Theologisch ausgedrückt ist dieses Moment die Erbsünde, während die bestimmte Negation der Realisierung dieser Sündhaftigkeit im irdischen Leben, der Aktualsünde als notwendiger Folge der Erbsünde entspricht. Die Negation der Negation entspricht dann einer Sündenvergebung, die ebenso notwendig ist, weil eben die Aktualsünde aus der Erbsünde hervorgeht, also ihre Wurzel in einem Bereich hat, der vor der persönlichen Verantwortlichkeit des einzelnen, jetzt lebenden Menschen liegt. Indem nun Hegel diesen Prozeß logisch abstrahiert, macht er ihn allgemeingültig, d. h. er baut eine Brücke, um ihn auch in anderen Erkenntnisgebieten zur Geltung zu bringen, insbesondere im physiologischen Bereich. Denn was theologisch als Sündenfall des Menschen dargestellt wird, findet seine physiologische Fortsetzung im Zusammenspiel von Seele und Bildekräfteleib, wo es sich als intellektueller Sündenfall, als Einschlag der Selbstheit in den Bildekräfteleib erweist, wodurch dieser in seiner Gedankenorganisation jeweils eine Form der Intellektualität annimmt.

Wir geben im folgenden den Wortlaut des Hegel'schen Textes wieder und schließen daran jeweils eine kurze Interpretation.

§ 238 Enz. 1830: »Die Momente der spekulativen Methode sind a) der *Anfang*, der das *Sein* oder *Unmittelbare* ist; für sich aus dem einfachen Grunde, weil er der Anfang ist. Von der spekulativen Idee aus aber ist es ihr *Selbstbestimmen*, welches als die absolute Negativität oder Bewegung des Begriffs *urteilt* und sich als das Negative seiner selbst setzt. Das *Sein*, das für den Anfang als solchen als abstrakte Affirmation erscheint, ist so viel mehr die *Negation*, *Gesetztsein* Vermitteltsein überhaupt und *Voraus*gesetztsein. Aber als die Negation des *Begriffs*, der in seinem Anderssein schlechthin identisch mit sich und die Gewißheit seiner selbst ist, ist es der noch nicht als Begriff gesetzte Begriff oder der Begriff *an sich.* – Dies *Sein* ist darum als der noch unbestimmte, d. i. nur an sich oder unmittelbar bestimmte Begriff ebensosehr das *Allgemeine.*«

Der ganze Text spricht vom *Sündenfall* als einem vorgeschichtlich-kosmischen Ereignis (1. Mose 2, 16 ff.; 3, 1 ff.), durch welches dem Menschen die »Erkenntnis des Guten und Bösen«, die ihn verselbständigende Urteilskraft, zuteil wurde. Der erste Satz des § 238 geht gewissermaßen hinter die dadurch geschaffene Faktizität zurück in die ursprüngliche Einheit des geistigen Lichts, aus dem ein den Menschen verselbständigendes Erkenntnislicht nur deshalb abgespalten werden konnte, weil die entsprechende Reizwirkung schon von Anfang an unmittelbar in jenem enthalten war. Auch die beiden folgenden Sätze (»Von der ...« und: »Das Sein ...«) drücken diese kosmische Dimension des Sündenfalles aus. Von der Seite des göttlichen Geistes (von der »spekulativen Idee«) her gesehen liegt darin eine Entzweiungstendenz, die wir in allem irdischen Geschehen vorauszusetzen haben. Damit ist zugleich in die menschliche Seele der Impuls der Selbstheit hineingelegt, welcher auf die Aneignung der Lebenssubstanz abzielt und der in der Entwicklungsgeschichte die Verfestigung der Bildekräfte überhaupt zum physischen Erdenstoff bewirkt. Aber dieser Prozeß ist hier erst im Anfang, wie die beiden letzten Sätze (»Aber als ...« und

»Dies Sein …«) klarstellen: Er ist noch nicht die bestimmte Produktion eines Seienden (noch nicht der »als Begriff gesetzte Begriff«), sondern vielmehr die Hervorbringung des irdischen Poduzierens selbst. Deshalb bleibt das erste Sein für uns das »unbestimmte Allgemeine«, welches nur im Prinzip, nämlich dadurch bestimmt ist, daß es die Erblast des Sündenfalles austragen muß.

§ 239 Enz. 1830: »b) Der *Fortgang* ist das gesetzte *Urteil* der Idee. Das unmittelbare Allgemeine ist als der Begriff an sich die Dialektik, an ihm selbst seine Unmittelbarkeit und Allgemeinheit zu einem Momente herabzusetzen. Es ist damit das *Negative* des Anfangs oder das Erste in seiner *Bestimmtheit* gesetzt; es ist *für eines*, die *Beziehung* Unterschiedener, – *Moment der Reflexion.*«

Als »Reflexion« oder »Setzen der Negation« bezeichnet Hegel das, was mit der »Substanz« vorgeht, wenn sie (i. S. Spinozas) in ihre »Attribute«, die Materie und das Verstandesdenken, umschlägt. Während in § 238, weil dort erst die Intention der Selbstheit sich geltendmacht, das zusammenhaltende Moment noch überwiegt, tritt in § 239 die Entzweiung als realisierte hervor, so daß es jetzt überall nur noch eine »Beziehung Unterschiedener« gibt: In den Formen und Bewegungen der materiellen Welt selbst, in den Verstandesbegriffen, mit denen wir die letzteren modellhaft denken, und in der empirischen Anwendung dieses Denkens auf die Materie. Mit § 240 f. Enz. 1830 wird dann bereits die Wiedervereinigung der getrennten Teile eingeleitet, d. h. es wird skizziert, wie sich im Beziehungsgeflecht der »W. d. L.« die Unterschiede der Bezogenen von innen her aufheben. Für unseren metaphilosophischen Ausgangspunkt stellt sich das Problem so dar, daß die Entzweiung einerseits in der Entwicklungsgeschichte der Menschheit tatsächlich geschehen ist und daß sie andererseits im Erkenntnisstreben des gegenwärtigen Menschen gelöst werden muß. Entwicklungsgeschichtlich[93] hat der Einschlag des Selbstseinwollens in die Seele die Verhärtung der lebendigen Bildekräfte im physischen Leib, also den Prozeß der Materialisierung und Intellektualisierung der Substanz bewirkt, aufgrund dessen das an sich Geistige der Materie immer mehr zum bloßen Material wurde, welches dem Menschen erlaubt, seine eigene Welt zu erbauen. Für das Erkenntnisstreben des gegenwärtigen

Menschen aber muß eben diese Reflexion als Tatsache vorausgesetzt,
d. h. es muß von einer physiologisch bedingten Trennung von Subjekt
und Objekt ausgegangen werden, um den richtigen Weg zur Wiedervereinigung des Getrennten im eigenen, seines geistigen Wesens voll
bewußten Denken zu finden.

So weit will Hegel aber nicht gehen. Er sucht vielmehr nach Wegen,
um die radikale Subjekt-Objekt-Spaltung zu unterlaufen, d. h. er sucht
nach einer Ebene der Substanz, auf welcher er eine unreflektierte Kontinuität des Lebens des Geistes herstellen, gewissermaßen einen der
vier Paradiesesströme (1. Mose 2, 10 ff.) vor dem Versiegen retten kann.
In der »Phänomenologie« wird dieses Schon-Überwundensein der
Entzweiung auf die innere Eigendynamik der menschlichen Sinnestätigkeit, auf die geistige Bewegung in den Funktionsbildern der
menschlichen Sinne gestützt. In der »W. d. L.« ist die Lösung eine andere,[94] weil hier aus der Methodik des philosophischen Begriffs die Architektur des Systems aufgebaut wird, die als solche eine Verbindung
zwischen dem vergangenen Paradies und dem zukünftigen Himmlischen Jerusalem (Apk. 21, 1 ff.) aufrechterhalten soll.

§ 242 Enz. 1830: »Die zweite Sphäre entwickelt die Beziehung der
Unterschiedenen zu dem, was sie zunächst ist, zum *Widerspruche* an ihr
selbst – im *unendlichen* Progreß –, der sich c) in das *Ende* auflöst, daß das
Differente als das gesetzt wird, was es im Begriffe ist. Es ist das Negative
des Ersten und als die Identität mit demselben die Negativität seiner
selbst; hiermit die Einheit, in welcher diese beiden Ersten als ideelle und
Momente, als aufgehobene, d. i. zugleich als aufbewahrte sind.«

Hier sehen wir nun, wie Hegel die »Reflexion« des § 239 wieder aufhebt, wie er methodisch von der Tendenz zu immer weiterer Entzweiung, vom »absoluten Widerspruch« zur »absoluten Einheit« zurückkehrt. Das Differente, so sagt er, muß »als das gesetzt ... (werden), was
es im Begriffe ist«. Was ist es »im Begriffe«? Das vom Menschen gesuchte Erkenntnislicht kann nichts anderes sein, als eine Abspaltung
aus dem ursprünglichen Geisteslicht aufgrund einer in diesem von Anfang an vorhandenen Reizwirkung. Also ist im Anfang nur das geistige
Urlicht und der Reiz zur Abspaltung des Erkenntnislichts vorhanden,
d. h. die Entzweiung ist hier nur potentiell, sie ist noch in der Einheit

des Lichtseins zurückgehalten. Dieses Kräfteverhältnis in seiner höchsten und unkorrumpiertesten Form, sagt Hegel, besteht auch als solches fort und begleitet den materiellen Verfestigungsprozeß der Welt als geistige Gegentendenz: Was an sich der Begriff ist, muß auch als Begriff gesetzt, d. h. in der existierenden Realität als deren Versöhnungswirklichkeit geltend gemacht werden. Die philosophische *Heilsgewißheit* entspricht hier der theologischen Rechtfertigungslehre, welche sagt: Der Tod ist nicht nur durch den in der menschlichen Seele aufsteigenden Willen zur Erkenntnismacht in die Welt gekommen, sondern auch dadurch, daß das Leben selbst von allem Anfang an für den Tod affizierbar war, daß der Weltgeist es so geschaffen hat, weil er sich darin dem Menschengeist opfern wollte, um durch diesen zur Erkenntnis aller Sphären seiner selbst zu gelangen. Selbsterkenntnis Gottes, so stellt es sich auch am Schluß der »Phänomenologie« heraus, ist das eigentliche Ziel der Schöpfung und der von allem Anfang an herrschende göttliche Wille. Und die Gnade Gottes besteht nach Hegel darin, daß er dem Menschen die Möglichkeit gibt, zu erkennen, inwiefern das sogenannte Böse an sich nichtig ist, und daß das letztere gerade durch diese menschliche Erkenntnistat auch wirklich vernichtet wird (§ 212, Zus., Enz. 1830).

Aber diese kosmologische Spekulation dringt nicht bis zu der für die Gegenwart entscheidenden Realisierungsebene in der Physiologie des Menschen vor. Hegel entwickelt die Kategorien seiner Logik aus dem Spannungsverhältnis, welches im Bewußtsein entsteht, wenn sich der Mensch auf die Wahrnehmung des inneren Zusammenspiels seiner Wesensglieder konzentriert: Selbsteinwollen der Seele – Reflexion der Bildekräfte – Sichreflektierenlassen der letzteren als inneres Entgegenkommen aus der vorbewußten Natur der Substanz. In diesem Zirkel können sich zwar einige logische Kategorien als wissenschaftlicher Ausdruck kosmischer Gedankeninspiration niederschlagen, aber da die wahre physiologische Natur des hier zugrundeliegenden Prozesses dabei verborgen bleibt, kann sich in andere so gewonnene Kategorien (besonders der »Lehre vom Begriff«) Täuschendes einschleichen.[95]

## b. Der »spekulative Satz« in der »Phänomenologie«[96]

In der »Phänomenologie« von 1807 ist der methodische Zirkel der
Dialektik noch nicht so vollständig gegenüber seiner physiologischen
Grundlage abgedichtet wie in der späteren »Logik«. Jenes frühere
Werk zeigt vielmehr durchgehend die Spuren des Kampfes, den Hegel
im Spannungsfeld zwischen dem Autonomieanspruch der Philosophie
und den Anforderungen einer geisteswissenschaftlichen Menschenkunde auszufechten hatte. Als eine wichtige Einbruchsstelle dieser
Metaphilosophie erwies sich dabei die Sprache, die sich ja dem philosophischen Gedanken nicht einfach als Ausdrucksmedium zur Verfügung stellt, sondern die vielmehr immer auch, nämlich in Grammatik,
Satzbau und Wortbedeutung, ein retardierendes Potential enthält, das
wiederum mit den Widerständen der physiologischen Natur gegen das
Denken des Menschen in Verbindung gebracht werden kann. Einen
dahingehenden Versuch macht Hegel in der »Vorrede« der »Phänomenologie«, d. h. er gibt dort gewissermaßen eine sprachphysiologische Deutung der Dialektik (S. 40–46), die freilich im Gesamtzusammenhang der Werkgeschichte gesehen bereits zu den revisionisti-
schen Schachzügen gehört, mit welchen der ursprünglich radikalere
Ansatz des Denkens in der Sinneslehre zurückgenommen wird. Die
»Vorrede« ist erst nach Abschluß des Haupttextes verfaßt worden und
spiegelt daher schon die Option auf eine *systematische* Überwindung
der Physiologie durch den alle Substanz vergeistigenden philosophischen Begriff.

Dennoch ist Hegels *sprachphysiologische* Deutung der Dialektik
sehr aufschlußreich, da sie nämlich bis zu der Frage vorstößt, inwiefern die Rhythmisierung des Sprechens und Atmens mit der Qualität
des darin ausgedrückten Gedankens zu tun hat. Hier erweist sich die
dialektische Philosophie als verwandt mit einer anderen rückwärts-
gewandten Strömung des Geisteslebens, dem Yoga, wo freilich noch
viel mehr versucht wird, unmittelbar durch die Atemtechnik selbst zu
einer inspirativen Gedankenwahrnehmung zu kommen. Wir wollen
diese Verwandtschaft nicht überbetonen, aber in einem Punkt besteht
sie gewiß: In der Weigerung, den aus Subjekt und Prädikat gebilde-

ten Urteilssatz (»x ist A«) als vollgültige Ausdrucksform des Gedankens zu benutzen. Hegel erkennt, daß in der copula »ist« ein ontologischer Gehalt steckt, welcher sich dem Bewußtsein verbirgt, indem
dieses mit dem Urteil: »Der Baum ist grün« unbewußt auch das gegenständliche Sein des Baums überhaupt bestätigt, ohne den damit
herangezogenen Gedanken der Dingheit zu denken. Das, sagt Hegel,
geschieht insbesondere beim gewöhnlichen »Räsonnieren«, bei welchem sich die Selbstheit damit befriedigt, einem angenommenen
Subjekt nacheinander verschiedene Prädikate beizulegen und wieder
abzunehmen: »Es ist die Reflexion in das leere Ich, die Eitelkeit seines Wissens. – Diese Eitelkeit drückt aber nicht nur dies aus, daß
dieser Inhalt eitel, sondern auch, daß diese Einsicht selbst es ist;
denn sie ist das Negative, das nicht das Positive in sich erblickt«
(S. 42). Der Urteilssatz kann also durch seine Form vom Inhalt der
Aussage ablenken und in das hineinführen, was Heidegger die
»Seinsvergessenheit« nennt.

Aber ist das notwendigerweise so? Wenn der erkenntnistheoretische
Ausgangspunkt stimmt, d. h. wenn wir auf die reine Wahrnehmung zurückgehen, bevor wir sie mit dem Begriff verbinden, brauchen wir die
Urteilsform, in welcher sich diese Verbindung ausdrückt, nicht zu
scheuen. Hegel geht nun jedoch einen anderen Weg, um sich von der
Gefahr der Seinsvergessenheit zu befreien, nämlich den sprachphysio-
logischen. Es muß, so sagt er, der Begriff als ein *Rhythmus* der Substanz
gefunden werden, in welchem sich das Subjekt mitbewegen kann, anstatt sich über die letztere zu setzen. Der Urteilssatz ist also hier immer
nur der Auslöser einer Selbstbewegung des Begriffs, die zur Selbstan-
reicherung der Substanz und damit zum wahren Inhalt führt. Das »vorstellende Denken«, sagt er, welches mit dem Urteilssatz einen ersten
Vorstoß macht, trifft in dem, »was im Satze die Form eines Prädikats
hat, (auf) die Substanz selbst ... (und wird dadurch) in seinem Fortlau-
fen gehemmt. Es erleidet, es so vorzustellen, einen Gegenstoß. Vom
Subjekte anfangend, als ob dieses zum Grunde liegen bliebe, findet es,
indem das Prädikat vielmehr die Substanz ist, das Subjekt zum Prädikat übergegangen und hiemit aufgehoben; und indem so das, was Prädikat zu sein scheint, zur ganzen und selbständigen Masse geworden,

kann das Denken nicht frei herumirren, sondern ist durch diese
Schwere aufgehalten« (S. 43).

Wenn wir z.b. im ersten Satz sagen:»Der Baum ist grün«, so müssen
wir im zweiten sagen:»Das Grüne baumt«, was wesengemäßer ist.
Aber auch dabei kann man nicht stehen bleiben, denn in dieser lebendigen Substantialität fehlt es der Aussage wieder an der begrifflichen Form des Subjekts. Also, sagt Hegel, müssen wir beides zusam-
mennehmen. Die ganze Bewegung: Der Urteilssatz als Vorstoß des
Subjekts zum Prädikat als seinem vermeintlichen Besitz und der Gegenstoß der im Prädikat auftretenden Substanz als des wahren Subjekts
(des»Selbst(s) des Inhalts«) macht zusammen den»spekulativen Satz«
oder die Setzung des»Begriffs« aus.»Formell kann das Gesagte so
ausgedrückt werden, daß die Natur des Urteils oder Satzes überhaupt,
die den Unterschied des Subjekts und des Prädikats in sich schließt,
durch den spekulativen Satz zerstört wird, und der identische Satz, zu
dem der erstere wird, den Gegenstoß zu jenem Verhältnisse enthält.«
Der»Gegenstoß« kommt metaphilosophisch gesehen daher, daß eben
mit der Reflexion des Gedankens im Bildekräfteleib etwas in diesem
geschieht, nämlich (insbesondere wenn es sich um ein wiederholtes
Reflektieren in derselben Richtung handelt) eine Anreicherung und
Gestaltung dieser Substanz als geistige Selbstproduktion des Menschen.

Das gleiche sprachphysiologische Geschehen ist im Bereich der
Kunst wohlbekannt, nämlich in der Versform des Hexameters, deren
künstlerische Qualität unmittelbar aus ihrer dialektischen Natur hervorgeht:»Dieser Konflikt der Form eines Satzes überhaupt und der sie
zerstörenden Einheit des Begriffs ist dem ähnlich, der im Rhythmus
zwischen dem Metrum und dem Akzente stattfindet. Der Rhythmus
resultiert aus der schwebenden Mitte und Vereinigung beider. So soll
auch im philosophischen Satze die Identität des Subjekts und Prädikats
den Unterschied derselben, den die Form des Satzes ausdrückt, nicht
vernichten, sondern ihre Einheit (soll) als eine Harmonie hervorgehen.
Die Form des Satzes ist die Erscheinung des bestimmten Sinnes oder
der Akzent, der seine Erfüllung unterscheidet; daß aber das Prädikat
die Substanz ausdrückt, und das Subjekt selbst ins Allgemeine fällt, ist

die *Einheit*, worin jener Akzent verklingt« (S. 43 f.). Metaphilosophisch ausgedrückt: Die absolute Einheit beider Bewegungen kann nur in einem »Rhythmus«, später sagt Hegel auch: »Kultus«, gefunden werden, welcher das mit der Erbsünde in Gang gekommene dialektische Wechselspiel zwischen Seele und Bildekräftleib aufgreift, harmonisiert und zur Grundlage der inspirativen Gedankenwahrnehmung macht.

ERSTER TEIL
DER GESCHICHTLICH-SYSTEMATISCHE
RAHMEN
UND HEGELS RAHMENTEXTE DER
»PHÄNOMENOLOGIE DES GEISTES«

# Kapitel I.
## Entstehungsgeschichte und inhaltliche Gliederung
## des Werkes[97]

Jeder Versuch, den Inhalt der »Phänomenologie« zusammenfassend zu charakterisieren, stößt auf eine fundamentale Schwierigkeit. Nicht nur, daß die Masse des von Hegel herangezogenen Stoffes sehr unübersichtlich ist, man begreift auch schwer, welche Art von Gegenständen aus diesem Stoff herausgearbeitet werden soll. Welches ist die Idee der Sache, die hier (in der Originalausgabe auf 765 Seiten) abgehandelt wird? Hegel sagt darüber in der »Selbstanzeige« seines Buches vom 28. 10. 1807 in der »Jenaischen Allgemeinen Literaturzeitung«: »Dieser Band stellt das *werdende Wissen* dar. Die Phänomenologie des Geistes soll an die Stelle der psychologischen Erklärungen oder auch der abstraktern Erörterungen über die Begründung des Wissens treten. Sie betrachtet die *Vorbereitung* zur Wissenschaft aus einem Gesichtspunkte, wodurch sie eine neue, interessante, und die erste Wissenschaft der Philosophie ist.«[98] Also einerseits philosophische Propädeutik, andererseits seiende, und sogar »erste Wissenschaft der Philosophie«, prima philosophia? Aus dem Bisherigen dürfte klar geworden sein, daß mit dem propädeutischen Anspruch ein Schulungsweg gemeint ist, der das bloße Verstandesdenken überwinden und zu einem Wissenschaftsbegriff höherer Art führen soll, welcher für das unvorbereitete Bewußtsein zunächst kaum faßbar ist.

Deshalb können die Hinweise Hegels in seiner »Selbstanzeige« nur am Äußerlichen anknüpfen, d. h. dem abstoßenden äußeren Eindruck des Werkes entgegenarbeiten: »Sie (sc. die »Phänomenologie«) faßt die verschiedenen *Gestalten des Geistes* als Stationen des Weges in sich, durch welchen er reines Wissen oder absoluter Geist wird. Es wird daher in den Hauptabteilungen dieser Wissenschaft, die wieder in mehrere zerfallen, das Bewußtsein, das Selbstbewußtsein, die beobachtende und handelnde Vernunft, der Geist selbst, als sittlicher, gebildeter und moralischer Geist, und endlich als religiöser in seinen unterschiedenen Formen betrachtet. Der dem ersten Blick sich als Chaos darbietende Reichtum der Erscheinungen des Geistes, ist in eine wissenschaftliche Ordnung gebracht, welche sie nach ihrer Notwendigkeit darstellt, in der die Unvollkommenen sich auflösen und in Höhere übergehen, welche ihre nächste Wahrheit sind. Die letzte Wahrheit finden sie zunächst in der Religion, und dann in der Wissenschaft, als dem Resultate des Ganzen.«

Die Urteile der Mit- und Nachwelt, ob dieses Unternehmen im Ganzen gelungen oder mißlungen ist, hängen zumeist mit der Haltung der Urteilenden zu Hegels Philosophie überhaupt zusammen. Aber auch die unmittelbar werkbezogenen Stellungnahmen sind kontrovers. Während *Rosenkranz* die »hohe Poesie« und »ästhetische Vollendung« des Werkes preist, beklagen die meisten zeitgenössischen Rezensenten die Härte von dessen Stil und die Unübersichtlichkeit der Darstellung. Hegel selbst war mit der Gestaltqualität des Werkes, das er später seine »philosophische Entdeckungsreise« nannte, auch nicht zufrieden. Er äußerte gegenüber *Niethammer*, daß er beim Korrekturlesen gerne auch vom Stoff einigen Ballast abgeworfen hätte und fuhr fort: »Bei einer *bald* zu erfolgenden 2ten Auflage – si diis placet?! soll alles besser werden, darauf will ich mich und andre vertrösten.« Auch gegenüber *Schelling* machte er Vorbehalte hinsichtlich der Darstellung: »Das Hineinarbeiten in das Detail hat, wie ich fühle, dem Überblick des Ganzen geschadet; dieses aber selbst ist, seiner Natur nach, ein so verschränktes Herüber- und Hinübergehen, daß es selbst, wenn es besser herausgehoben wäre, mich noch viele Zeit kosten würde, bis es klarer und fertiger dastünde«.[99] Aber neben diesen im Stoff selbst liegenden Schwierigkeiten waren es auch eine Reihe äußerer Probleme, die in der Darstellung ihre Spuren hinterließen, und die hier im folgenden zunächst skizziert werden sollen.

# 1. Die äußere Entstehungsgeschichte der »Phänomenologie«

Hegels erstes großes Werk entstand unter einem *dreifachen Zeitdruck*, nämlich von der politisch-geschichtlichen Lage, von Hegels wissenschaftlichem Werdegang und von der verlagsvertraglich-wirtschaftlichen Seite her. Politisch-geschichtlich gesehen war die Entstehungszeit der »Phänomenologie« sogar eine ausgesprochene Katastrophenzeit, was auch zu einer realen Gefahr für das Manuskript führte, dessen Schlußteil bekanntlich erst unmittelbar vor der Schlacht von Jena und Auerstädt (14. 10. 1806) fertig[100] und mit der letzten Postkutsche abgeschickt worden war, die noch durch die feindlichen Reihen kam. Wichtiger erscheint jedoch, was dem voranging. Hegel war ja kein unpolitischer Mensch, er hatte sich in der »Verfassungs«-Schrift eingehend mit dem Schicksal des Deutschen Reiches auseinandergesetzt und von seinem philosophisch-staatstheoretischen Ausgangspunkt her den Zerfall dargestellt, der sich nun auch äußerlich vollzog. Seit Anfang 1806 gehörte der Südteil des Reiches vertraglich zum französischen Hegemonialgebiet, im Sommer 1806 erhielt dieses Verhältnis durch die »Rheinbund«-Gründung eine quasi Staatsqualität, und im Herbst 1806 marschierte Napoleon gegen Preußen, das eine Niederlage nach der anderen erlitt und schließlich kapitulieren mußte. Von der in der Luft liegenden Energie dieses Prozesses, der weltgeschichtlichen Abrechnung mit den bestehenden staatlich-gesellschaftlichen Verhältnissen Europas, lenkte Hegel gewissermaßen einen Strom auf seine Arbeit, um darin eine entsprechende Abrechnung mit der geistesgeschichtlichen Situation der Zeit zu vollziehen. »Der Geist der Menschheit«, sagt *Rosenkranz*, »hielt in diesem Werk einen Augenblick an, sich *Rechenschaft* abzulegen, was er denn bis dahin für seinen Begriff geworden.«[101]

Auch von Hegels wissenschaftlicher *Karriere* her gesehen, war nach 6 Jahren Tätigkeit in Jena nunmehr der Schritt fällig, seine Philosophie in einem eigenständigen Zusammenhang dem Publikum zu präsentieren. Die »Differenz«-Schrift und die Journal-Aufsätze der Jahre 1802/3 hatten in Vielen die Erwartung geweckt, daß der Autor es nicht bei der bloßen Synthese der Fichte'schen und Schelling'schen Denkart belassen, sondern bald auch ein eigenes umfassendes System der Philosophie publizieren würde. Aber der Erwartete ließ zunächst nichts mehr von sich hören. Erst nach einer langen inneren Vorbereitung (die in den Jenaer Systementwürfen und Vorlesungsmanuskripten der Jahre 1803/4 nur teilweise dokumentiert ist) machte er sich im Herbst 1805 an die Ausführung des Projekts. Hiernach ging es jedoch dann Schlag auf Schlag. In unglaublich kurzer Zeit, in nicht viel mehr als einem Jahr, führte Hegel das Gedankengebäude auf, welches uns heute als die »Phänomenologie des Geistes« vorliegt.[102]

Daß Hegel mit der literarischen Gestalt seines Werkes nicht zufrieden war, sagten wir bereits. Daß wir nicht damit zufrieden sein können, zeigt die große Zahl von Interpretationsversuchen und deren weithin negatives Ergebnis. Man kommt um die Erkenntnis nicht herum: Das inhaltliche Grenzgängertum der »Phänomenologie« zwischen Philosophie und Metaphilosophie ist bis heute nicht richtig verstanden worden. Und in dieser Zwiespältigkeit dürfte auch der Grund zu suchen sein, warum die *Entstehungsgeschichte* des Werkes eine solche Geschichte von Irrungen und Wirrungen ist, daß alle Beteiligten durch sie während des Jahres 1806 kräftig in Atem gehalten wurden. Hegel selbst schreibt darüber an Schelling: »Meine Schrift ist endlich fertiggeworden; aber auch bei der Abgabe von Exemplaren an meine Freunde tritt dieselbe unselige Verwirrung ein, die den ganzen buchhändler- und druckerischen Verlauf, sowie zum Teil die Komposition sogar selbst beherrschte.«[103] Im einzelnen sind hier zu erwähnen: Ein verspäteter Eingriff Hegels in die Gliederung des Werks (unten, 2.), eine verspätete Änderung des Titels, sowie eine Verschiebung des Stoffes ins Unübersehbare während der Bearbeitung und die daraus resultierenden verlegerischen Schwierigkeiten.

Was den *Titel* betrifft, so sind heute nicht mehr alle Einzelheiten seiner Entstehung aufzuklären.[104] Offenbar faßte Hegel im Winter 1805/ 6 den Plan, statt seines Gesamtsystems zunächst eine methodische »Einleitung« in dasselbe, kombiniert mit einer »Logik«, herauszubringen. Hierauf bezog sich auch der Verlagsvertrag. Bei der Abfassung der Einleitung wuchs sich diese unter der Hand immer mehr aus, während die die »Logik« betreffenden Pläne in den Hintergrund traten. Ent-

sprechend mußte auch ein neuer Titel gefunden werden; das Werk
sollte jetzt heißen:»System der Wissenschaft. Erster Teil. Wissenschaft
der Erfahrung des Bewußtseins«. Unter diesem Titel wurden die ersten
Teile (ab Frühjahr 1806) gedruckt. Zugleich begann Hegel jedoch die
folgenden Kapitel aufzubauen und mit dem Stoff seiner Jenaer geistesphilosophischen Entwürfe zu füllen, womit er sich von dem gerade neu
bezeichneten Gegenstand abermals entfernte. Erst im Sommer 1806
tauchte der Name »Phänomenologie des Geistes« auf, der nun in den
Titel des Werkes eintrat: »System der Wissenschaft. Erster Teil, die
Phänomenologie des Geistes«. Dem entspricht folgender Aufbauplan:
Die »Vorrede« bezieht sich auf das Ganze des Systems, danach folgt
dann ein Zwischentitel (»I. Wissenschaft der Phänomenologie des Geistes«)[105] und danach die »Einleitung«.

Daß sich für Hegel der Gegenstand seines Werkes während dessen
Abfassung noch tiefgreifend veränderte, geht auch aus der unterschiedlichen Konzentration der Darstellung und der mengenmäßigen
*Gliederung des Stoffes* hervor. Die drei ersten Kapitel sind sprachlich gut
durchgearbeitet und gedanklich konzentriert, weshalb sie auch nur 16
bzw. 21 und 42 Seiten[106] umfassen. Dagegen wächst Kap. IV. auf 61 S.,
Kap. V. auf 214 S., Kap. VI. gar auf weitläufige 249 S., während Kap.
VII. wieder mit 117 S. und Kap. VIII. mit 24 S. auskommt. Dieses offenbare Mißverhältnis der Proportionen zeigt, daß Hegel seinen Stoff
nicht von Anfang an beherrschte, sondern daß er die »Erfahrungen des
Bewußtseins«, von denen er spricht, hier tatsächlich erst selbst zu machen hatte. Dabei kam er auch von der vertraglichen Seite her unter
Zeitdruck, denn er war als unbesoldeter, im wesentlichen nur von Hö-
rergeldern lebender Privatdozent (die Erbschaft von 3 150 Gulden, die
er 1799 gemacht hatte, reichte auch nicht weit), auf das vereinbarte
Honorar[107] angewiesen. Dieses Honorar sollte nun laut Verlagsvertrag
nach dem Ausdruck der Hälfte des Werkes zur Hälfte fällig werden.
Aber wieviel ist die Hälfte, wenn man den Umfang des Ganzen noch
nicht kennt? Der Verleger nützte die logische Unklarheit der Vertrags-
klausel aus, um die (im Sommer 1806 von Hegel geforderte) Zahlung
zu verweigern und seine eigene Vertragsverletzung (Verschleppung des
Drucks) zu tarnen. Andererseits scheint Hegel den Wechsel seiner

Pläne dem Verleger nicht klargemacht zu haben, so daß dieser noch von einem anderen Buch ausging als der Autor. Wie dem auch sei, ein den Fortgang der Sache lähmender Rechtsstreit konnte durch die Intervention Niethammers vermieden werden, der seinerseits eine Garantie (mit Abnahmepflicht bezüglich der gedruckten Bogen auf eigene Rechnung) für den Fall übernahm, daß Hegel nicht das gesamte Manuskript bis zum 18.10.1806 abliefern würde.

## 2. Das doppelte Inhaltsverzeichnis

Auch das Inhaltsverzeichnis der »Phänomenologie« ist verwirrt, auch hier hängt die Verwirrung mit dem philosophischen Status des Werkes selbst zusammen. Aus der Entstehungsgeschichte ergibt sich, daß Hegel sich relativ früh auf die Einteilung des Textes in acht Abschnitte festgelegt hat, deren Überschriften er mit *römischen Ziffern* bezeichnete. Woher kommt diese Achtheit? Aus dem Stoff der Geistesphilosophie, wie Hegel ihn bisher (z. B. in der »Differenz«-Schrift) erarbeitet hatte, ergibt sich bestenfalls eine Vierstufigkeit, nämlich in den drei Stufen des »philosophischen Begriffs« und, auf der vierten Stufe, im tatsächlichen Begriffensein des Begriffs, dem wesenhaften Dasein der Philosophie. Rätselhaft erscheint es nun, wie Hegel darauf verfällt, hier aus dem ersten Begriffsmoment der Geistesphilosophie, dem »Bewußtsein«, drei Unterabschnitte zu machen, und diese als I. »Sinnliche Gewißheit«, II. »Wahrnehmung«, III. »Kraft und Verstand« in eine fortlaufende Reihe mit IV. »Selbstbewußtsein«, V. »Vernunft«, VI. »Geist«, VII. »Religion« und VIII. »Das absolute Wissen« zu stellen.

Bleiben wir zunächst bei den Tatsachen. Nachdem er etwa die Hälfte des Textes der »Phänomenologie« geschrieben hatte, ging Hegel im Sommer 1806 daran, die *Achtgliedrigkeit* des Inhalts durch eine dialektische *Dreigliederung* zu ersetzen, oder vielmehr zu überlagern. Doch er konnte, da sein Text mit der entsprechenden Numerierung der Überschriften schon ausgedruckt war, jene Einteilung nicht mehr einfach fallenlassen. Wer A. sagt, muß auch B. sagen; wer schon I., II., III., IV.

gedruckt hat, muß auch V., VI. usw. drucken. Also faßte Hegel das geplante Gesamtwerk in einer zweiten Gliederung neu zusammen, die er aber nach Lage der Dinge nicht mehr im Text selbst, sondern nur noch im Inhaltsverzeichnis zur Darstellung bringen konnte. Daher stimmt das mit »Inhalt« überschriebene Verzeichnis in der Originalausgabe der »Phänomenologie«[108] mit der Gliederung des gedruckten Textes insofern nicht überein, als der letztere nur in 8 fortlaufende Abschnitte eingeteilt ist, während das Inhaltsverzeichnis diese Achtstufigkeit mit dem Dreierschema des philosophischen Begriffs übergreift.

*Analytische Darstellung des Inhaltsverzeichnisses*

| (1. GLIEDERUNG) | (2. GLIEDERUNG) |
|---|---|
| Vorrede: Vom wissenschaftlichen Erkennen | |
| Einleitung | Einleitung |
| I. Die sinnliche Gewißheit oder das Diese und das Meinen | |
| II. Die Wahrnehmung oder das Ding und die Täuschung | A. Bewußtsein |
| III. Kraft und Verstand, Erscheinung und übersinnliche Welt | |
| IV. Die Wahrheit der Gewißheit seiner selbst | B. Selbstbewußtsein |
| V. Gewißheit und Wahrheit der Vernunft | C. (AA) Vernunft |
| VI. Der Geist | (BB) Der Geist |
| VII. Die Religion | (CC) Die Religion |
| VIII. Das absolute Wissen | (DD) Das absolute Wissen |

Es ist unschwer zu erkennen, daß die zweite Gliederung nicht mehr dem Achter-, sondern dem Dreierschema folgt. Sie zerfällt sozusagen von selbst in die zwei je in sich dreigegliederten Teile A – B – C(AA) und C(BB) – C(CC) – C(DD). Was dies inhaltlich bedeutet, werden wir unten (3.) zeigen. Hier sei zunächst nur erwähnt, daß die akademische

Philosophie, da sie die Frage nach der Bedeutung der ursprünglichen Einteilung des Stoffes der »Phänomenologie« nicht zu beantworten weiß, es mit Wohlwollen betrachtet, daß Hegel selbst jene Achtgliedrigkeit durch die Umstellung der Gliederung zu erledigen versuchte. War es denn nötig, den Stoff in die gefährlichen Bereiche der Eigendynamik der Seelen- und Lebenskräfte hinein auszuweiten, wo seit eh und je eine der wissenschaftlichen Klarheit entbehrende Esoterik wuchert? Hätte Hegel nicht besser daran getan, von Anfang an in den bewährten platonisch-dialektischen Gliederungsbahnen zu bleiben, anstatt später mit viel Mühe in diese wieder zurückzukehren? Nicht ausdrücklich wird so gefragt, aber es ist doch vielfach eine solche Stimmung gegenüber der »Phänomenologie« zu spüren.[109] Methodisch wird dabei vorausgesetzt, daß wissenschaftliche Forschung und Interpretation überhaupt darin bestehe, das jeweils Neue und Unbekannte auf Bekanntes zu reduzieren. Diese Voraussetzung teilen wir nicht, sondern wir nehmen im Gegenteil die Häufung von Verwirrungen und Ungereimtheiten in der Entstehungsgeschichte der »Phänomenologie« zum Anlaß, danach zu fragen, ob sich hier nicht ein neuer geistiger Impuls gemeldet hat, der Anlaß gibt, einige überkommene, scheinbar feststehende Grenzmauern zu überwinden.

## 3. Hegels »Phänomenologie« von 1807 und ihre Interpreten

Das Fortleben der Hegel'schen Philosophie in der allgemeinen Geistesgeschichte des 19. und 20. Jahrhunderts haben wir schon oben skizziert. Was nun die Interpretation der »Phänomenologie« insbesondere betrifft, so stößt man hier auf ein schwer überschaubares Geflecht von systematischen und begrifflichen Fragestellungen, die nicht zuletzt durch die Weiterentwicklung Hegels zum Systematiker der »Enzyklopädie« entstanden sind. Da wir jedoch das Werk von 1807 als eigenständiges, aus seinem spezifischen Geistimpuls heraus interpretieren, sind diese übergreifenden Systemfragen für uns nicht von erstrangiger Bedeutung und können ebenfalls kursorisch behandelt werden.

## a. Die Einordnung der »Phänomenologie« in das System der Philosophie

Hegel selbst hat 1817 den Stoff der »Phänomenologie« in zwei Teile zerbrochen, um ihn dem größeren System der »*Enzyklopädie*«, nämlich deren drittem Teil, der »Philosophie des Geistes«, einzuordnen. Wir finden dort im Abschnitt »Der subjektive Geist« die Bewußtseinstheorie der »Phänomenologie« von 1807, also den Stoff der Kap. I. bis IV., mit den entsprechenden Überschriften (§§ 413–439 Enz. 1830) wieder. Die andere, die alten Kap. VI., VII. und VIII. umfassende Stoffmasse erscheint in der »Enzyklopädie« im Abschnitt »Der absolute Geist« (§§ 553–577 Enz. 1830) unter den Überschriften »A. Die Kunst«, »B. Die geoffenbarte Religion« und »C. Die Philosophie«, während der Stoff des alten Kap. V. im späteren System keinen eigenen Standort mehr erhält. In § 25 Anm. Enz. 1830 blickt Hegel zugleich auch auf das Werk von 1807 als ganzes zurück und sagt, die »Phänomenologie« sei damals »als der erste Teil des Systems der Wissenschaft bezeichnet worden« weil er dort »... von der ersten einfachsten Erscheinung des Geistes, dem *unmittelbaren Bewußtsein*« angefangen »und die Dialektik desselben bis zum Standpunkte der philosophischen Wissenschaft« entwickelt habe. Aber kann es sich dabei wirklich nur um eine Entwicklung von Bewußtseinsformen handeln? Nein, es sind jeweils auch ganz bestimmte Inhalte (eben diejenigen, welche dann später im »absoluten Geist« als selbständige Wesen der Kunst, Religion und Philosophie auftreten) zu entwickeln, die sich in je spezifischer Weise mit den Stufen des Bewußtseins verbinden, »hinter dessen Rücken jene Entwicklung sozusagen vorgehen muß, insofern sich der Inhalt als das *Ansich* zum Bewußtsein verhält« (§ 25, Anm. Enz. 1830).

Damit greift Hegel eine Wendung aus der »Einleitung« des Werks von 1807 auf, mit welcher er dort die Doppelbödigkeit des transzendentalphilosophischen Ansatzes und damit des esoterischen Schulungsweges überhaupt charakterisiert.[110] Wir können auch sagen: Bewußtseinsentwicklung geschieht immer *indirekt*, sie muß den dieses Geschehen vermittelnden Gegenstand zunächst als fertigen (als Ansich des Bewußtseins) einführen, um ihn dann in seiner inhaltlichen Erfüllung, im analytischen und synthetischen Durchdenken, zur subjektiven Erfahrung der Bewußtseinsbildung werden zu lassen. Die Frage ist nur, ob dieser Ansatz in der »Enzyklopädie« noch dieselbe geistige Reichweite hat, wie in der »Phänomenologie« von 1807, oder ob er nicht unter dem Druck des universalistischen Anspruchs des philosophischen Systems seine ursprüngliche Kraft verliert. Vielleicht gäbe es eine authentische Antwort auf diese Frage, wenn Hegel die Neuausgabe der »Phänomenologie«, die er kurz vor seinem Tode im Herbst 1831 in Angriff nahm, noch hätte abschließen können. So aber wissen wir nur, daß er am Beginn jener Arbeit mit einer gewissen Skepsis auf sein Jugendwerk blickte, indem er notierte:

> »... a.) Voraus der Wissenschaft
>      das Bewußtsein auf diesen Standpunkt zu bringen
>      ...
>      c.) Eigentümliche frühere Arbeit, nicht umarbeiten,
>      – auf die damalige Zeit der Abfassung bezüglich ...«[111]

War es wirklich nur die Änderung der Zeitenlage, oder waren es die im Ansatz der »Phänomenologie« gemachten Voraussetzungen, welche Hegel jetzt »eigentümlich« und mit dem Standpunkt des Systems der vernünftigen Wirklichkeitsverfassung unvereinbar vorkamen?

*K. Marx*, und ihm folgend der gesamte Linkshegelianismus, hat die These aufgestellt, daß Hegels Entwicklung von den Jugendschriften und der »Phänomenologie« bis zum System als der Weg von einem revolutionären zu einem restaurativen und reaktionären Denken zu interpretieren sei.[112] Obwohl diese These nie philosophisch stichhaltig begründet worden ist, scheint sie etwas Wahres zu enthalten. Wir müssen sie nur aus ihrem politisch-soziologischen Begründungszusammenhang in jenen anderen hineinstellen, der als Grenzgebiet von Philosophie und Physiologie entsteht, wenn man von dem hier entwickelten metaphilosophischen Menschenbild ausgeht. So gesehen tendiert die »Phänomenologie« sehr viel mehr zur Metaphilosophie als das spätere System. Sie prüft die äußersten Möglichkeiten einer Auflösung der Philosophie in sinnlich strukturierte Gedankengänge und des damit verbundenen Aufbaus einer esoterischen Anthropologie. Diese Tendenz, die im »System« ganz verschwindet, ist auch schon in der »Phänomenologie« nicht durchgehalten. Schon in deren Schlußkapitel und in der nachgeschobenen »Vorrede« beginnt Hegel die Spuren des Kampfes zu verwischen, der allein durch die Tatsache, daß er stattgefunden hat, den Souveränitätsanspruch der Philosophie beeinträchtigt. Wir haben es also durchaus mit einer »Restauration« zu tun, aber nicht mit einer politischen, oder jedenfalls nicht mit einer solchen, wie Marx sie meinte.

Die Fragen, welche die akademische Philosophie in dieser Hinsicht zu stellen hat, sind meist an Hegels späterer Systemidee orientiert, mit deren Intentionen – man kann es drehen und wenden wie man will – die »Phänomenologie« nicht bruchlos zusammenpaßt. Hat das System hier noch einen zweiten, subjektiven Anfang, neben dem objektiven in der Logik des »Seins«? Ist die »Phänomenologie« ein Vorentwurf oder eine propädeutische Vorstufe des Systems oder als selbständige Einleitung ein »Voraus der Wissenschaft«, wie Hegel es 1831 ausdrückte? *H. F. Fulda* hat dargelegt, daß schon sieben verschiedene Antworten gegeben worden sind,[113] um eine Beziehung zu klären, die nicht zuletzt deshalb problematisch bleibt, weil Hegel sie 1807 im Vorblick auf das künftige System anders gesehen hat als 1817–1830, wo er vom Standpunkt des Systems aus auf die »Phänomenologie« zurückblickt. Ein Gegenstand der Kontroversen ist dabei die Aussage im Werk von 1807, daß jede der hier entwickelten Bewußtseinsgestalten einem der abstrakten Momente der »Wissenschaft«, also wohl der wissenschaftlichen Logik, entspreche (S. 432). Aber worauf ist das zu beziehen? Soll man in der »Phänomenologie« Querverbindungen zu einzelnen logischen Kategorien suchen (*J. Purpus*)? Soll man an den von Hegel vorher ausgearbeiteten Entwürfen der »Jenenser Logik« (1804/5) anknüpfen (*J. Heinrichs*)? Oder soll man sich auf die der »Phänomenologie« zeitlich folgende Entwicklungsstufe, die für den nürnberger Gymnasialunterricht verfaßte »Logik« beziehen (*H. F. Fulda*)? Oder sollte hier gar nicht eine Beziehung auf die Logik, sondern auf den geisteswissenschaftlichen Teil des Systems gemeint sein (*O. Pöggeler*)? Wir lassen diese Fragen dahingestellt, denn Hegel selbst hat seine Parallelisierungsthese des Jahres 1807 gewissermaßen dadurch entwertet, daß er später, auf dem Boden des Systems, seine neue, große »Wissenschaft der Logik« vielmehr mit der Geschichte der Philosophie parallelisierte. Jeder Kategorie der »Logik«, so lautet die spätere These, entspricht eine der Trägergestalten der Philosophiegeschichte, bis hin zum Verfasser der »Enzyklopädie«, der den Schlußstein dieser Geschichte gesetzt und die höchstmögliche Verkörperung des Wesens Philosophie hervorgebracht hat.[114]

## b. Die »Phänomenologie« als logisches Bilderrätsel

Unabhängig von allen weiterreichenden Einordnungsproblemen ist die »Phänomenologie« als ein System für sich konzipiert. Hegel greift alles, was er denkt, mit einem systematischen Ansatz auf, um es so auf die Ebene der Wissenschaftlichkeit zu heben. In diesem Sinne heißt es schon in der »Vorrede«: »Die wahre Gestalt, in welcher die Wahrheit existiert, kann allein das wissenschaftliche System derselben sein. Daran mitzuarbeiten, daß die Philosophie der Form der Wissenschaft näher komme – dem Ziele, ihren Namen der *Liebe* zum *Wissen* ablegen zu können und *wirkliches Wissen* zu sein –, ist es, was ich mir vorgesetzt« (S. 11). So sehr ist Hegel von der vergeistigenden Kraft seiner Systematik überzeugt, daß er die einzelnen Denker, aber auch Dichter, Naturwissenschaftler und Personen der Zeit- und Weltgeschichte, mit denen er sich auseinandersetzt, gar nicht beim Namen nennt. Er betrachtet sie vielmehr nur als Träger der von ihnen entwickelten bzw. praktizierten Gedanken, die wiederum ihren eigentlichen Wahrheitsgehalt nicht durch jene Individuen, sondern dadurch erhalten, daß sie in der philosophischen Entwicklung des Gedankenganges notwendigerweise vorkommen müssen.

   Hier kann nun die literarisch-geschichtliche Interpretation der »Phänomenologie« der philosophischen zu Hilfe kommen. Ein solcher Hilfestellung gebender Kommentar ist *J. Hyppolite's* »Génèse et Structure de la Phénomenologie de l'Esprit de Hegel« (2. Bd., 1946), der viele Bezüge gerade zum französischen Geistesleben der Aufklärung und Revolution, aber auch zur Deutschen Klassik und zur Philosophiegeschichte überhaupt aufdeckt. Auch vielen anderen Autoren (*E. Hirsch, A. Kojève, H. G. Gadamer, M. Westphal*)[115] sind hier Dechiffrierungen gelungen, mit denen die von Hegel begrifflich verhüllten Zusammenhänge und Gestalten wiederum enthüllt und in ihren geschichtlichen Zusammenhang zurückgestellt wurden. Das erleichtert manche Darstellung, manche Schwierigkeit des Hegel'schen Textes, indem es eine Anschauung zu dem abstrakten Begriff hinzufügt. Das Problem liegt freilich jeweils darin, daß Hegel selbst aus den von ihm zitierten Gestalten ganz radikal das Prinzipielle herausgehoben hat, um es im Sinne seines systematischen Gedankenganges zu deuten. Ohne Rückgriff auf diesen kommt man nicht zu einem Verständnis der »Phänomenologie«. Das ist auch ein Manko bei Hyppolite's Kommentar, der im Grunde doch mehr eine Komposition von literarischen Einzelskizzen gibt und sich so dem mit einer Gesamtdarstellung verbundenen philosophischen Anspruch entzieht.

An Gesamtinterpretationen mit systematisch-philosophischem Anspruch nennen wir, ohne näher auf den Inhalt eingehen zu können, noch folgende Werke:

*R. Valls Plana*, Del yo al nostros (Vom Ich zum Wir. Lektüre von Hegels Ph. d. G.), Barcelona 1971/1979 (432 S.);

*J. Heinrichs*, Die Logik der »Phänomenologie des Geistes«, Bonn 1974/1983 (558 S.);

*E. Fink*, Hegel. Phänomenologische Interpretation der »Phänomenologie des Geistes«, Frankfurt 1977 (362 S.);

*C. A. Scheier*, Analytischer Kommentar zu Hegels »Phänomenologie des Geistes«. Die Architektonik des erscheinenden Wissens, München 1980/1986 (766 S.);

*J. R. Seibold*, Pueblo y Saber en la fenomenología del espíritu de Hegel (Volk und Wissen in der Ph. d. G.), Buenos Aires 1983 (654 S.).

# Kapitel II.
## Aufbau und Idee des Werkes
### – principia interpretationis –

Etwas Interpretieren heißt, es als ein Gegebenes, als Gegenstand in einen Bezugsrahmen hineinzustellen und darin nach seinen Sinnbezügen zu durchleuchten. Aber dies ist sozusagen nur die Vorderansicht der Sache. Die Rückseite der Interpretation besteht immer darin, in der Bekräftigung des Gegenstandes den angenommenen Bezugsrahmen selbst zu bekräftigen oder sogar erst schrittweise aufzubauen. Das tut Hegel, indem er in der »Phänomenologie« die Geistesgeschichte interpretiert, und das werden wir tun, indem wir in dieser Entwicklung Stufe für Stufe mitgehen. Das große Problem ist die *Metatheorie*, die wir dabei zur Anwendung bringen und mit deren Hilfe wir jeweils innerhalb der »Phänomenologie« auch ein Stück über Hegel hinausgehen. Hierfür bedarf es eines klaren theoretischen Ausgangspunktes, den wir aus der anthroposophischen Menschenkunde und insbesondere Sinneslehre zu entwickeln haben, und den wir als unseren »metaphilosophischen Standpunkt« bezeichnen.

## 1. Mysteriengeschichtliche Erinnerung an die Achtgliedrigkeit

Bevor wir zu einer präzisen Formulierung unserer Interpretationshypothesen kommen, soll hier zunächst noch einmal die oben gestellte, aber nicht beantwortete Frage nach dem ursprünglichen Sinn der Einteilung der »Phänomenologie« in acht Kapitel aufgeworfen werden. Wir sahen, daß Hegel diese Achtgliedrigkeit während der Abfassung des Werkes durch eine Dreigliederung zu revidieren versucht, die in der platonischen Dialektik wurzelt und von daher innerlich mit den Mysterien von Eleusis zusammenhängt, wo in den Beziehungen von Demeter, Persephone und Hades sowie im jahreszeitlichen Abwechseln von deren Trennung und Zusammensein die Momente der ursprünglichen Einheit, Entzweiung und absoluten Einheit dialektisch gegeneinander bewegt wurden. Könnte nun nicht auch jene von Hegel zunächst intendierte Achtgliedrigkeit einen mysteriengeschichtlichen Hintergrund haben? Gab es auch eine Mysterienschule, die von acht Stufen ausging, und war diese Anfang des 19. Jahrhundert bekannt? Die erste Frage ist klar zu bejahen. Dem *Mysterienkult der »Kabiren«*, der in der frühantiken Zeit in Griechenland, Kleinasien und vor allem auf den Inseln Lemnos und Samothrake blühte,[116] lag in der Tat eine Achtheit von Entwicklungsstufen zugrunde; und es ist auch die Annahme nicht abwegig, Hegel habe etwas von diesen Kulten gewußt, die schon im Altertum Gegenstand einer literarischen Diskussion gewesen waren und die dann wieder in der »Symbolik und Mythologie der alten Völker« (1810/12) des von Hegel hochgeschätzten *G. F. Creuzer* ausführlich behandelt wurden.

Daß dieses Thema damals gerade die tiefsten Geister beschäftigte, zeigt auch Schellings Abhandlung »Die Gottheiten von Samothrake« (1815). Und von Schelling wiederum hat *Goethe* sich zu der herrlichen Szene beim Meeresfest in Faust II inspirieren lassen, wo die Nereiden und Tritonen mit drei Kabirenfiguren aus Samothrake ankommen. Dort heißt es:


»Nereiden und
Tritonen:      Drei haben wir mitgenommen,
                Der Vierte wollte nicht kommen;
                Er sagte, er sei der Rechte,
                Der für sie alle dächte.
Sirenen:       Ein Gott den andern Gott
                Macht wohl zu Spott.
                Ehrt ihr alle Gnaden,
                Fürchtet jeden Schaden.
Nereiden und
Tritonen:      Sind eigentlich ihrer Sieben.
Sirenen:       Wo sind die Drei geblieben?

Nereiden und
Tritonen:
　　　　　Wir wüßten's nicht zu sagen,
　　　　　Sind im Olymp zu erfragen;
　　　　　Dort wes't auch wohl der Achte,
　　　　　An den noch niemand dachte.
　　　　　In Gnaden uns gewärtig,
　　　　　Doch alle noch nicht fertig.
　　　　　Diese Unvergleichlichen
　　　　　Wollen immer weiter,
　　　　　Sehnsuchtsvolle Hungerleider
　　　　　Nach dem Unerreichlichen.«[117]

Schon im Altertum war die Frage der Anzahl und der geistigen Natur der Kabiren umstritten. Einige Autoren vermuten, es seien vier Gestalten gewesen, und zwar die drei auch in den eleusischen Mysterien bekannten und ein vierter, der als Kind (»pais«) charakterisiert wird.[118] Man kann annehmen, daß die Weiterentwicklung von der Drei- bzw. Vier- zur Achtheit einer höheren Einweihungsstufe entsprach, die deshalb eben auch stärker geheimgehalten wurde. Was nun die Natur der Kabiren betrifft, so treten in den Quellen und Funden hauptsächlich zwei Charakteristika hervor. Einmal, daß es sich um Wesenheiten handelt, die immer wieder als Kobolde oder Zwerge dargestellt wurden, wobei bis in den Ausdruck der Gestalten und Gesichter hinein (z. B. auch bei den von R. Steiner gefertigten Entwürfen für die Faust-Aufführung) ein Schmerz des Gebundenseins im elementarischen Bereich deutlich wird. Das andere ist, daß sie oft als Gefäße bzw. kleine Behälter modelliert sind, die wahrscheinlich auch zum Verbrennen von Harzen und Kräutern dienten.

　　Betrachtet man diese mysteriengeschichtlichen Tatsachen vom anthroposophischen Menschenbild her, dann liegt es nahe, das Wesen der Kabiren in Zusammenhang mit der oben skizzierten Siebenheit der menschlichen Wesensglieder und deren Entwicklung in einem individuellen Menschen zu bringen. Allerdings dürfen wir uns dabei nicht einfach auf die statische Form dieses Menschenbildes (mit den »unteren Wesensgliedern« physischer Leib – Bildekräfteleib – Seele) bezie-

hen, sondern müssen berücksichtigen, daß es sich hier um einen Schulungsweg handelt, der eine seelische Aktivität erfordert, die wiederum
nur durch die Anschauung einer entsprechend aktiven Menschenorga-
nisation angeregt werden kann. Eine solche besitzen wir in den seelischen Organen, die seit jeher als Horizonte des Selbstbewußtseins in
uns wirken, in der »Empfindungs-«, »Verstandes-« und »Bewußtseinsseele«. Von diesen dreien ist also auszugehen; nach ihnen kommt
dann als viertes das Ich, welches die drei höheren Wesensglieder in der
Umarbeitung der Natur der Seele, des Bildekräfteleibs und des physischen Leibes hervorbringt. Diese Siebenheit aber kann nur so entwik-
kelt werden, daß ein wirklicher Mensch sie realisiert. Ohne solche Realisierung sind die höheren Wesensglieder zwar typisierte Potenzen, also
Realien in dem substantiellen Kräftefeld des Lebens, aber nur als leere
Gefäße, die noch der Erfüllung durch die geistig-seelische Anstrengung des Einzelnen bedürfen. Dieser ist bei der Realisierung der typologisch vorgesehenen Siebenheit hinzuzuzählen, denn es muß jedes-
mal ein bestimmtes Individuum, ein je Achter dabei sein. Wenn Goethe
sagt, dieser sei »der Achte, an den noch niemand dachte«, so meint er
damit, daß es auch noch keinen Siebenten im Sinne der Kabirenschu-
lung gibt, eben weil noch kein Mensch die geistige Anstrengung so weit
zu treiben vermochte, daß er die Natur seines physischen Leibes wirklich vergeistigt hätte.

Wenn wir nun Hegels »Phänomenologie« auf diesem Hintergrund
interpretieren, so müssen wir zunächst die Fragestellung noch weiter
präzisieren. Wir müssen nicht nur die mysteriengeschichtliche Erinnerung an die Achtgliedrigkeit in ihre moderne menschenkundliche Gestalt bringen, sondern auch in der letzteren die sinnesphysiologischen
Wurzeln aufzeigen, die in ihr eine spezifische Formkraft entfalten. Daraus ergeben sich die zwei in den beiden folgenden Abschnitten zu betrachtenden Interpretationshypothesen.

## 2. Erste metaphilosophische Interpretationshypothese

Da die 7 bzw. 8-Gliedrigkeit des anthroposophischen Menschenbildes
einen Schulungsweg darstellt, liegt in ihr ein Wendungspunkt, an welchem die ganze Entwicklung aus dem von Natur aus (für jedermann)
Gegebenen in das nur durch besondere innere Anstrengung zu Erarbei-
tende übergeht. Ebenso ist es auch in dem Stufengang der Hegelschen
»Phänomenologie«: Die drei Stufen des »Bewußtseins« und die vierte,
das »Selbstbewußtsein«, sind in der natürlich-sozialen Grundausstat-
tung des Menschen vorhanden, und es kann sich hier nur darum handeln, die verborgenen Gesetzmäßigkeiten dieser Organe (denn es sind
auch für Hegel Organe) zu erkennen. Anders ist es dagegen mit den
»Vernunft«, »Geist« und »Religion« genannten Potenzen. Diese hat
nicht jedermann, sondern nur derjenige, welcher sie sich erarbeitet, der
die Allgemeinheit ihrer Potenzen für sich zu Organen bildet, womit er
dann allerdings in bestimmte Gesetzmäßigkeiten gerät, die Hegel genau
beschreibt. Und dieser ganze Prozeß spielt sich nun wie auf einer Bühne
ab, wo ein faustisch strebendes Subjekt (das den Hegel'schen Denkwil-
len verkörpernde »Bewußtsein«) alle Stufen nacheinander durchmacht, d. h. die Rollen spielt, die es aus der Geschichte jeweils von dort
übernimmt, wo ein literarisch-philosophisches, naturwissenschaftli-
ches oder auch politisches Werk als Ausdruck der entsprechenden geistigen Entwicklungsstufe hervorgetreten ist.

Hieraus ergibt sich unsere erste (platonisch orientierte) Interpretationshypothese: Im Aufbau der »Phänomenologie« entsprechen die
Inhalte der *8 Kapitel* der Tätigkeit der *8 Wesensglieder* des Menschen,
wie sie schon im Schulungsweg der alten Mysterien erfahrbar wurden,
und wie sie im Menschenbild der Anthroposophie wieder aufgearbei-
tet sind, nämlich als siebenfältiger Typus,[119] der sich durch die Individualität des einzelnen (als des Achten) erfüllt. Jedes dieser Wesensglieder liefert mit seiner Tätigkeit den Inhalt für ein Kapitel der »Phänomenologie«, und zwar in Gestalt einer ihm entsprechenden Weltanschauung, die jeweils zunächst aufgebaut und dann in der Konfrontation mit der Wirklichkeit der Welt ihres Totalitätsanspruchs wieder
entkleidet wird.

Dabei ist, wie oben (1.) dargelegt, nicht von der statischen Form des Menschenbildes auszugehen, in welcher es nur um die objektive Erkenntnis der sieben Wesensgliedertypen geht. In dieser Erkenntnishaltung würden wir damit beginnen, Begriffe des physischen Leibes, des Bildekräfteleibes, der Seele, des Ich usw. zu bilden. Aber die »Phänomenologie« stellt uns nicht in eine solche reine Erkenntnishaltung, sondern sie bezieht uns in einen Schulungsweg ein. Sie spricht damit nur deutlicher aus, was im Grunde die gesamte Philosophie des Deutschen Idealismus tut, in der nie einfach gefragt wird, was der Fall ist, sondern vielmehr immer: Wie der gefallene Geist wieder erhoben werden kann. Wegen dieser Zielsetzung muß die Konstitution des Menschenwesens hier in einer Sphäre beginnen, in der schon eine seelische Reaktionsfähigkeit vorhanden ist, die jenem Ziel entspricht.

Daraus ergibt sich auch, daß die »Phänomenologie« nicht im Sinne einer realbiographischen Entwicklung verstanden werden kann. Zunächst erscheint es ja ganz plausibel, die ersten Entwicklungsstufen des *menschlichen Lebens* als seelisch-geistige Typen mit den Anfangskapiteln der »Phänomenologie« zu vergleichen. Könnte nicht mit der »sinnlichen Gewißheit« des Kap. I. der Bewußtseinshorizont des kleinen Kindes, mit der verstandesmäßigen »Wahrnehmung« des Kap. II. die Reflexion des Geistes in der Schulbildung und mit »Kraft und Verstand« des Kap. III. das Erwachen der selbständigen Denkfähigkeit in der Seele des Heranwachsenden gemeint sein? Eine nähere Betrachtung der Hegel'schen Gedankengänge zeigt jedoch, daß diese Analogie zu äußerlich bleibt, abgesehen davon, daß sie sich auf den weiteren Entwicklungsstufen ganz verliert. Die »Phänomenologie« setzt vielmehr von vornherein philosophisch-prinzipiell, und nicht im Sinne einer realwissenschaftlichen Biographik, nur bei der Beschreibung der Phänomene an.

Was den Anfangskapiteln wirklich zugrundeliegt, ist der ungegenständliche Gegenstand der Transzendentalphilosophie, zerlegt in die drei seelischen Organe, deren Zusammenwirken das menschliche *Bewußtsein konstituiert*. Ich behaupte, daß die »sinnliche Gewißheit« des Kap. I. nichts anderes ist als die Weltanschauung der Empfindungsseele, bzw. daß die letztere dadurch als Seelenorgan bewußt wird, daß sie in Kap. I. eine ihr entsprechende Weltanschauung philosophisch ausarbeitet. Dasselbe Verhältnis besteht zwischen der »Wahrnehmung« des Kap. II. und der Verstandesseele, bzw. zwischen »Kraft und Verstand« des Kap. III. und der Bewußtseinsseele als inneren Organen des Menschen. Und so weiter. Was in Kap. IV. als Weltanschauung des »Selbstbewußtseins« dargestellt ist, geht inhaltlich aus dem Ich, dem irdischen Ego als dem vierten Wesensglied des Menschen hervor. Die »Vernunft« des Kap. V. stellt die Weltanschauung des ersten höheren Wesensgliedes dar, das metaphilosophisch als »Lebensgeist« oder »Manas« bezeichnet wird und das aus der Arbeit des geistigen Ich an der Naturseite der Seele hervorgeht. Als »Geist« wird in Kap VI. der Weltanschauungskreis des zweiten höheren Wesensgliedes (metaphilosophisch: »Lebensgeist« oder »Budhi«) entfaltet, der aus der Vergeistigung des Bildekräfteleibs hervorgeht. Mit der »Religion« des Kap. VII. versucht Hegel die Weltanschauung des dritten höheren Wesensgliedes (metaphilosophisch: »Geistesmensch« oder »Atman«) zu entwerfen, womit er aber nicht ganz durchkommt. Und schließlich wird in Kap. VIII., »Das absolute Wissen«, der Versuch gemacht, die Individualität des Geistes, der die Stufen I. bis VII. durchlaufen hat, als solche hervortreten zu lassen. Hier soll also auf dem Wege des Denkens derjenige erscheinen, von dem Goethe in Faust II meinte, er sei noch nicht erschienen, »der Achte, an den noch niemand dachte«. Hegel hat an ihn gedacht, aber es fragt sich, ob in der richtigen Weise.

## 3. Zweite metaphilosophische Interpretationshypothese

Hegel kommt in Kap. VIII. zu dem Resultat, das »absolute Wissen« bestehe darin, daß es den Wahrheitsgehalt der auf den Stufen I. bis VII. aufgebauten Weltanschauungen in sich vereinige. Aus sich heraus tendieren diese aber jeweils dazu, sich absolut zu setzen und keine Begrenzung ihrer Wahrheit zuzulassen. Genauer gesagt: Auf jeder Stufe der »Phänomenologie« nimmt der gedankliche Inhalt eine ihm entsprechende Form an, erhält er den Charakter einer *Wissenschaft*, die ihre spezifische Weise der Gegenstandsformung als ihren Geist gegen jede

Relativierung zu verteidigen versucht. Das beruht nicht nur auf einer Uneinsichtigkeit der betreffenden Wissenschaftler, sondern ist auch eine objektive Tendenz, die Hegel zu begreifen versucht. Hierzu muß er die Unterscheidung zwischen den verschiedenen Methoden der Wissenschaften bis auf den wirklichen Grund von deren Verselbständigungstendenz vorantreiben. Er muß also fragen: Worin unterscheidet sich die Verselbständigungs*tendenz* der einen Wissenschaft von derselben Tendenz bei der anderen?

Die Paradoxie dieser Frage wird auflösbar, wenn wir metaphilosophisch von der Natur unseres Bildekräfteleibes ausgehen. Diese bildet sich zum »Empfindungsleib«, insofern sich in ihr niederschlägt und verfestigt, was von unserer selbstbezogenen Seele als »Reflexion« des Geistes immer wieder aktuell vollzogen wird. So entstehen unsere Gewohnheiten und Einstellungen; und auch dasjenige, was wir im unbefangenen Alltagsverkehr für einen »Gegenstand« halten, ist nichts anderes, als ein in unserer Gewohnheitsnatur festgehaltenes Reflektiertsein des Geistes. Muß nun aber nicht die Wissenschaft, da sie doch zu objektiv haltbaren Ergebnissen kommt, von solchen subjektiven Zwängen frei sein? Nein, sagt Hegel, die gewöhnliche Wissenschaft ist subjektivistisch, und es muß gezeigt werden, worin sich die Zwänge oder Selbstheitsbindungen ihrer jeweiligen Erscheinungsformen unterscheiden. Wenn wir diese Darlegungen metaphilosophisch radikalisieren, kommen wir darauf, daß der Grund der hier festgehaltenen Unterschiede ein physiologischer ist.

Die »Reflexion« des Geistes, so verstehen wir Hegel, geht nicht nur von der selbstbezogenen Seele aus, um sich allgemein im Bildekräfteleib als Verdinglichung (Denkgewohnheit) niederzuschlagen, sondern es greift in diesen Prozeß jeweils ein spezifischer Formmodus ein, der dem physiologischen *Funktionsbild eines der menschlichen Sinne* entspricht.[120] Auf diese Bilder stößt zunächst der Erkenntnisdrang des Menschen, wenn er nach geistigen Hilfsmitteln sucht, um die Rätsel der ihn umgebenden Welt zu begreifen. Und eben daraus entstehen in der methodischen und systematischen Arbeit der Wissenschaft die Modelle, welche die letztere ihrer Welterklärung und ihrer empirischen Forschung zugrundelegt. »Die Wissenschaft denkt nicht, – jedenfalls nicht nach der Weise der Denker«,[121] sagt Heidegger. Aber was tut sie dann? Sie baut Gedankenmodelle auf, indem sie die physiologischen Funktionsbilder der Sinne innerlich abtastet und das Ertastete in Begriffsformen bringt. Das ist die Spur, die Hegel aufnimmt und die er über die Wissenschaftsgeschichte in die Philosophie hinein bis an die Grenze der Metaphilosophie verfolgt.

Daraus ergibt sich nun unsere zweite (aristotelische) Interpretationshypothese: In jedem Kapitel der »Phänomenologie« bezieht sich der gegenständliche Inhalt auf eine Form, die das Reflexionsprodukt einer der menschlichen Sinnestätigkeiten ist, und die in der logisch-begrifflichen Durchdringung des ihr zugrundeliegenden physiologischen Funktionsbildes als das erkannt wird, was sie ist. Oder, als Dialog des Bewußtseins mit sich selbst ausgedrückt: Was das Alltagsbewußtsein (bzw. die gewöhnliche Wissenschaft) durch die Reflexion (Gewöhnung an die tastende Anschauung) des jeweiligen Sinnes-Funktionsbildes als Gegenstand hervorgebracht hat, wird vom philosophischen Bewußtsein in die zwei Seiten des Selbst- und des Weltseins zerlegt, um zu klären, wieviel von dem Selbst der Welt angehört. Dabei tritt aus dem Selbst, also dem im Bildekräfteleib liegenden Funktionsbild der jeweiligen Sinnestätigkeit, einerseits der reine ontologische Gedanke, als Wahrheitsgehalt der jeweiligen Gegenstandsart, hervor, der in seiner logisch begriffenen Form der Welt angehört. Und für die reine Selbstbezogenheit bleibt hier jeweils nur das übrig, was als Falschheitsgehalt aus jener Ontologie hervorgeht, wenn ihr Wahrheitsgehalt nicht in der Form der logischen Begriffsentwicklung, d. h. in Begriffen von gegeneinander abgegrenzter geistiger Reichweite, festgehalten wird: Die reine Weltanschauung als solche, oder als ideologische Fixierung.

Was Schiller in dem Begriff der »ästhetischen Erziehung« plastisch zusammenfaßt, wird also in Hegels »Phänomenologie« in einzelne Schritte zerlegt, wobei sich ein konkreter Zusammenhang zwischen den geistig-seelischen Entwicklungsstufen (i. S. unserer ersten Hypothese) und den sinnlichen Grundlagen des Geistes ergibt. Jedes der sich entwickelnden Wesensglieder hat seine spezifische Sinnlichkeit, durch die es an die Selbstheit des Menschen gebunden und in Gefahr ist, sich als Weltanschauung von der wahren geistigen Welt abzuschließen.

Diese These ist für das, was wir die »höheren Wesensglieder« nennen, zunächst leichter nachzuvollziehen, wenn man bedenkt, wie z. B. jede nähere Beschreibung eines Persönlichkeitsideals schon sprachlich sogleich auf harmonistische und equilibristische Vorstellungen zurückführt, hinter denen man durchaus sinnliche Momente als Strukturbildner (Wärmesinn, Gleichgewichtssinn) vermuten darf. Schwieriger ist es dagegen bei den »unteren Wesensgliedern« bzw. bei deren philosophischen Stellvertretern, in welchen das Bewußtsein selbst erst seinen Halt bekommt: Der Empfindungs-, der Verstandes- und der Bewußtseinsseele. Hier werden wir sehen, wie das physiologische Funktionsbild der entsprechenden Sinnestätigkeit des Menschen in demjenigen wiederkehrt, was durch komplizierte ontologische Erörterungen hindurch freigelegt werden muß, bis sich zeigt, daß die grundlegenden Funktionen unseres Bewußtseins, wie das räumliche Anschauungsvermögen überhaupt, die Verdinglichung und die Vergesetzlichung der Objekte, sich in den Kapiteln I. bis III. auf der Reflexion je bestimmter Sinnestätigkeiten aufbauen, nämlich – so abenteuerlich es zunächst klingen mag – des tastenden Sehsinns, des Geschmacks- und des Geruchssinnes.

Mit unserer These fällt ein neues Licht auf die Frage, was *sinnlichkeitsfreies Denken* für den Menschen eigentlich bedeutet. Hegel ist uns hier zwar die letzte Antwort schuldig geblieben, denn mit seiner dialektischen Methode erhebt sich das Denken nicht in sein freies geistiges Wesen (Intuition), sondern verdünnt sich vielmehr zum spirituellen Abtasten (Inspiration) der Reflexionsmöglichkeiten der Substanz, wobei ein letzter Sinnesbezirk unüberwindbar bleibt, eben der des Tastsinnes. Aber alles, was in der »Phänomenologie« vor diesem Bezirk liegt, die begriffliche Umsetzung der je spezifischen Sinnesstrukturen in erfahrbare Gegenstände des Bewußtseins, ist von höchstem Erkenntniswert. Dabei wird, wie gesagt, in Kap. I., II. und III. unter dem Titel »Bewußtsein« der ontologische Gehalt des tastenden Seh-, des Geschmacks- und des Geruchssinnes herausgearbeitet. Im Kapitel IV. (»Selbstbewußtsein«) sehen wir den Ichsinn und in Kap. V. (»Vernunft«) den Wärmesinn sich ausdrücken. Die Gedankengänge des Kap. VI. (»Der Geist«) beruhen auf dem Gleichgewichtssinn und diejenigen des Kap. VII. (»Die Religion«) auf dem Eigenbewegungssinn. In VIII. (»Das absolute Wissen«) dagegen finden wir eine Synthese dreier Sinnestätigkeiten, nämlich des Lebenssinnes, des Begriffssinnes und als Krönung des ganzen, des Tastsinnes. Damit bleiben noch zwei der zwölf Sinne übrig, der Hör- und der Lautsinn. Gibt es auch für diese einen Standort im System der »Phänomenologie«?

Wenn die These richtig ist, daß durch die dialektische Methode die erkenntnistheoretisch notwendige Trennung von Wahrnehmung und Begriff verhindert wird, dann dürfte in dieser Methode selbst, insofern sie in der Hegel'schen Philosophie eine Gestalt der Wissenschaft geworden ist, eine versteckte sinnliche Bindung liegen. In der Tat, was wir die großräumige Form der Dialektik nennen, die wechselseitige Durchkreuzung von Empfindungs-, Verstandes- und Bewußtseinsseele ist eine begriffliche *Imagination* unseres Hörsinnes.[122] Wenn unser Ohr etwa *hört*, versetzt es uns in ein Inneres, d. h. das Ich baut jeweils einen »Hörraum« auf, in welchem das Innere des wahrgenommenen Wesens zum Ausdruck kommt. Das entspricht dem Verfahren der Hegel'schen Dialektik, die insofern als ein begrifflicher Hörapparat, als ein Instrument zum Wiederhörbarmachen des Zusammenklanges der in den irdischen Dingen vereinzelten und abgestorbenen Lebenskräfte bezeichnet werden kann.

Noch tiefer dringen wir in diesen Innenraum ein, wenn wir die logisch konzentrierte Form der Hegel'schen Dialektik betrachten. In ihr hat sich die spirituelle Substanz des *Lautsinns* zur wissenschaftlichen Methode gesteigert. Auch als Sinneswahrnehmung hat der letztere einen esoterischen Zug, denn wir betätigen ihn ja so, daß wir innerhalb der gehörten Geräusche die Obertöne zusammensetzen, um darin die innere Gestalt des sich verlautbarenden Wesens zu erleben. In dieser sind die Gestaltungskräfte des Weltenwortes selbst enthalten, aber eben in ihrer sinnlichen Offenbarung, als geistig verstummte. In dem rhythmisierenden Verfahren des »spekulativen Begriffs« werden sie jedoch wieder vernehmbar: Weil hier der Reflexionsvorgang selbst, die Umwandlung des Geistigen in Sinnliches, methodisch begriffen ist, kann er im Erkennen rückgängig gemacht, können also die den jeweiligen Sinnestätigkeiten entsprechenden Gegenstandsarten wieder in die sie tragenden Gedanken zurückverwandelt werden. Hegel kommt, gerade auch in der »Phänomenologie«, zu einer Wahrnehmung der geistigen Natur des Seienden als deren *Inspiriertsein*, aber er kommt nicht zu einem freien Urteil über das so Wahrgenommene, er denkt vielmehr letztlich nur im Dienst der Philosophie und schließt alles Geistige in deren Wesenskreis ein.

In der nachfolgenden Übersicht ist unsere Zuordnung der Kapitel der »Phänomenologie« zu den Wesensgliedern und den Sinnestätigkeiten des Menschen, sowie zu den Momenten der dialektischen Methode in ihren beiden Formen, zusammengefaßt.

## Skizze des Aufbaus der »Phänomenologie des Geistes«

| | I »sinnliche Gewißheit« | II »Wahrnehmung« | III »Kraft und Verstand« | IV »Selbstbewußtsein« | V »Vernunft« | VI »Geist« | VII »Religion« | VIII »Das absolute Wissen« |
|---|---|---|---|---|---|---|---|---|
| Inhaltsverzeichnis 1 | »sinnliche Gewißheit« | »Wahrnehmung« | »Kraft und Verstand« | »Selbstbewußtsein« | »Vernunft« | »Geist« | »Religion« | »Das absolute Wissen« |
| Inhaltsverzeichnis 2 | (A.) »Bewußtsein« | | | (B.) »Selbstbewußtsein« | (C.) (AA.) »Vernunft« | (BB.) »Der Geist« | (CC.) »Die Religion« | (DD.) »Das absolute Wissen« |
| großräumige Dialektik (Hörsinn) | ursprüngliche Einheit | Entzweiung | absolute Einheit | übergreifende Subjektivität | …(geistige Gestalten)… | | | philosophisches System |
| logisch-konzentrierte Dialektik (Lautsinn) | Erste Unmittelbarkeit | Reflexion | Negation der Negation | übergreifende Subjektivität | …(logische Kategorien)… | | | Wissenschaft der Logik |
| Wesensglieder des Menschen | Empfindungsseele (physischer Leib) | Verstandesseele (Bildekräfteleib) | Bewußtseinsseele (Seelenleib) | Ich | Geistselbst (Manas) | Lebensgeist (Budhi) | Geistesmensch (Atman) | Selbstdarstellung der Philosophie |
| Sinne des Menschen | Sehsinn | Geschmackssinn | Geruchssinn | Ichsinn | Wärmesinn | Gleichgewichtssinn | Eigenbewegungssinn | (A.) Lebenssinn (B.) Begriffssinn (C.) Tastsinn |
| Kategoriale Grundsätze | ›Dieses leuchtet‹ | ›Es ist ein realer Weltinhalt für ein realistisch wahrnehmendes Bewußtsein‹ | ›Die Wirklichkeit erscheint durch ihre Gesetzmäßigkeit konstituiert‹ | ›Ich behaupte mich gegen die Selbstbehauptung der Welt‹ | ›Ich erlebe mich selbst in der Werdelust des Lebens‹ | ›Mein Streben richtet sich nach dem Geist der wohleingerichteten Gemeinschaft‹ | ›Mein Leben verwandelt im einzelnen, was im Allgemeinen schon verwandelt ist‹ | (A.) ›Der Geist bringt sein Leben in der Zeit hervor‹ (B.) ›Der Geist begreift diese Hervorbringung in seiner logischen Selbstgestaltung‹ (C.) ›Im Wissen dieses lebendigen Begriffs liegt der Grund des Seins‹ |

# Kapitel III.
# Hegels »Vorrede«
# – dialectica triumphans –

Die »Phänomenologie« beginnt mit einer »Vorrede« (S. 9 – 49), welche Hegel nach dem Abschluß des Kerntextes verfaßt und als Einführung in das geplante Gesamtwerk konzipiert hat. Hier triumphiert der zuletzt ins Rampenlicht getretene Geist, dessen Natur mit einer zusammenfassenden Bezeichnung, wie der des »absoluten Wissens«, kaum angedeutet werden kann. Es ist der Geist des *Platonismus*, in welchem der Philosoph sich mit dem Leben der Welt eins weiß, in welchem er die sich selbst ergreifende Kraft dieses Lebens in ein Begriffssystem bringt, worin alle engeren methodischen Ansätze der Fachwissenschaften aufgehoben und alle darüber hinausgehenden, die Verführungen zum Metaphilosophischen, überwunden sind. Im Gegensatz zu der methodischen Spannung und Erwartungshaltung der »Einleitung« (unten, Kap. IV.), klingt auch die Sprache der »Vorrede« seinsmächtiger und selbstgewisser; und die berühmten Sätze: »Das Wahre ist das Ganze. Das Ganze aber ist nur das durch seine Entwicklung sich vollendende Wesen« (S. 19), besagen eben nicht weniger, als daß man jetzt das ganze Wesen in seiner entwickelten Wahrheit weiß.

Die »Vorrede« trägt die Überschrift: »Vom wissenschaftlichen Erkennen« (S. 5). Damit ist ihr primäres Ziel als *wissenschaftstheoretisches* und ihr Adressatenkreis als derjenige der aus der fachwissenschaftlichen Bildung herkommenden Leser bestimmt, denen eine Brücke zur esoterischen Philosophie des Deutschen Idealismus gebaut werden soll. Was Hegel hier sagt, haben wir teils schon in der obigen Skizze der Dialektik, teils in unseren metaphilosophischen Interpretationshypothesen aufgegriffen. Wir brauchen daher die »Vorrede« nicht noch einmal zusammenhängend darzustellen, zumal Hegels Text aus sich selbst heraus relativ leicht verständlich ist. Dennoch erscheint es sinnvoll, dem Gedanken zu folgen, daß der fachwissenschaftlich gebil-

dete und deshalb objektgläubige Leser einer Einführung in die philosophische Denkart der Durchdringung von Subjektivität und Objektivität bedarf. Und zwar bedarf der heutige Leser dieser Einführung von
einem Standpunkt aus, der der heutigen Zeitenlage entspricht, was im
folgenden skizzenhaft versucht werden soll.

Wir gehen also davon aus, daß der Kulturimpuls des Deutschen Idealismus nach dem Tod Goethes und Hegels seine wirklichkeitsbildende
Kraft verloren hat, daß er um die Mitte des 19. Jahrhunderts zusam-
mengebrochen ist. Er wurde, wie R. Haym richtig gesehen hat, von den
Mächten des modernen *gesellschaftlichen Betriebs* überwältigt.[123] Dieser Betrieb entfaltete sich einerseits auf dem ökonomisch-technischen
Sektor, in der Liberalisierung und Expansion des Wirtschaftslebens,
andererseits im politischen Leben, wo seit der Französischen Revolution von 1789 die Idee des demokratischen Nationalstaats alle Zu-
kunftsperspektiven besetzt hielt. Wirtschaftsliberalismus und national-
demokratisches Staatsbürgertum verbünden sich auch in Deutschland
und bilden in ihrem Zusammenwirken die primäre Ebene des gesellschaftlichen Selbstverständnisses. Das Geistesleben der Gesellschaft
dagegen gilt dem 19. Jahrhundert nicht als strukturbildende Kraft,
sondern es verläuft sich in den Nischen, welche von der politischen und
ökonomischen Hermeneutik freigelassen werden.

Eine andere Perspektive ergibt sich jedoch, wenn man die Frage
nach der gesellschaftlichen Wirklichkeit vom geistigen Boden der Goethezeit aus betrachtet. Goethe selbst war bekanntlich skeptisch gegenüber der Vorstellung, es müsse nach dem französischen nun auch ein
deutscher Nationalstaat errichtet werden; und so heißt es in den Xenien
unter der Überschrift:

*»Deutscher Nationalcharakter*
    Zur Nation euch zu bilden, ihr hoffet es, Deutsche, vergebens;
    Bildet, ihr könnt es, dafür freier zu Menschen euch aus.«[124]

Genauso stellt Hegel das Verhältnis von deutschem und französischem
Geist in Kap. VI. der »Phänomenologie« dar.[125] Die ganze Richtung
des Deutschen Idealismus geht dahin, daß der Mensch als Mensch sich

gegen den Menschen als Staatsbürger (citoyen) und als Wirtschafts-
bürger (bourgeois) behaupten, daß das Geistesleben der Gesellschaft
eine eigene strukturbildende Kraft bleiben muß und nicht auf die Nischen beschränkt werden darf, welche vom politisch-wirtschaftlichen
Leben freigelassen werden. Oder, mit Schillers Worten: »Wenn die
Wahrheit im Streit mit Kräften den Sieg erhalten soll, so muß sie selbst
erst zur *Kraft* werden, und zu ihrem Sachführer im Reich der Erscheinungen einen *Trieb* aufstellen; denn Triebe sind die einzigen bewegenden Kräfte in der empfindenden Welt.«[126]

Ist dieser Standpunkt durch die historische Realität des 19. und
20. Jahrhunderts überholt? Das gesellschaftliche Selbstbewußtsein der
modernen Menschheit erscheint uns vielmehr ähnlich wie bei einem
umgeschlagenen Ruderboot, dessen Insassen sich zunächst darauf ein-
gerichtet haben, auf dem Kiel zu sitzen und sich treiben zu lassen. Eben
diese Lage hat auch Hegel vor Augen, auch er sieht schon, daß in der
Realität der modernen Gesellschaft der citoyen und der bourgeois
obenauf schwimmen und die geistige Entwicklungsmöglichkeit des
Menschen zum Problem wird. Daher seine scharfe Analyse dieser Realität, die an demjenigen ansetzt, was Schiller einen »Trieb« nennt und
was im Hegel'schen Sinne als *»Betrieb«* verstanden werden kann. Weil
der Mensch als Mensch keinen ihn tragenden Betrieb hat, hat er zunächst keinen Begriff von sich. Umgekehrt beruht die praktische Überlegenheit des citoyen und bourgeois darauf, daß die letzteren ihr begriffliches Selbstverständnis einfach aus der Verlaufsgestalt des natio-
nalpolitischen und des ökonomisch-technischen Lebens entnehmen.
Diese Betriebe haben eine *begriffsbildende Kraft,* sie treten in ihrer
Funktionalität bzw. Synergie so in das menschliche Bewußtsein ein,
daß sich, sei es aufgrund von Gewöhnung oder in selbstbewußteren
Formen, die Regelmäßigkeit dieses Zusammenwirkens zum Begriff
verdichtet. Von hier aus ist also die Frage zu stellen: Wie kommt der
Mensch als Mensch zu einem Begriff seiner selbst, wo findet er den
Betrieb, der ihm die begriffsbildende Kraft verleiht, mit welcher er sich
gegen die Betriebsamkeit des citoyen und des bourgeois halten kann?

Hegel wendet nun die ganze Frage auch ins Psychologische. Er
nennt die naive Betriebsamkeit, das Sich-Hingeben an die begriffsbil-

dende Kraft des Betriebs das *»natürliche Bewußtsein«*, und er stellt diesem die philosophische *»Wissenschaft«* als den Betrieb entgegen, in welchem sich der Mensch als Mensch findet. »Natürliches Bewußtsein«
und »Wissenschaft« sind es, die in unserer »Vorrede« als Pole einer zu
entfaltenden Beziehung auftreten, welche in noch unentfaltetem Zustand als wechselseitige Verkehrung erscheint. Deshalb gilt der Standpunkt des natürlichen, objektgläubigen und seine Subjektivität von den
Objekten trennenden Bewußtseins für die »Wissenschaft als das *Andre*,
... als der Verlust des Geistes« (S. 23). Und umgekehrt ist für das natürliche Bewußtsein »das Element der Wissenschaft eine jenseitige Ferne,
worin es nicht mehr sich selbst besitzt. Jeder von diesen beiden Teilen
scheint für den andern das Verkehrte der Wahrheit zu sein. Daß das
natürliche Bewußtsein sich der Wissenschaft unmittelbar anvertraut,
ist ein Versuch, den es, es weiß nicht von was angezogen, macht, auch
einmal auf dem Kopfe zu gehen ...«. Diese beiden Bewußtseinsformen
verhalten sich also zueinander so, wie das Rechnen zur Mathematik:
Jenes ist anwendungsbezogen, es besteht aus lernbaren Regeln, die sich
verdinglichen, nicht nur im Rechenschieber und Taschenrechner, sondern auch im Bewußtsein, dem die gelernte Regel einfach gilt. Anders
die mathematische Wissenschaft: Sie läßt nicht die einfache Rechenre-
gel als solche gelten, sondern vielmehr nur als bewiesene, sie geht von
dieser als Objekt aus und sucht nach dem Beweis, durch den sie zum
gesicherten Wissen wird.

In diesem Verfahren des mathematischen Beweises liegt freilich zunächst nur das Prinzip des Erkennens als Umkehrung des natürlichen
Bewußtseins, noch nicht dagegen der ganze Umfang des »philosophischen Begriffs« (S. 31 ff.). Der letztere setzt schon vorher, also
schon bei der Entstehung des natürlichen Bewußtseins an, aber nicht
im Sinne einer psychologischen Beschreibung, sondern mit der Zielsetzung der Transzendentalphilosophie: Der seelisch-leibliche Verlauf der
Bewußtseinsbildung wird in seiner Notwendigkeit, nämlich als ein sich
im seelisch-geistigen Verlauf des Erkennens umkehrender, begriffen.
Schematisch vereinfacht erscheint das natürliche Bewußtsein bei Hegel als ein Prozeß, der in drei Momenten, von der Form über die Gewöhnung zum Ding verläuft. Die *Form* (oder Norm bzw. Vereinbarung)

ist die Einrichtung des jeweiligen Betriebes (als Verwaltung, Arbeits-
platz, Haushalt, Partnerbeziehung usw.), die *Gewöhnung* ist dasjenige,
was beim Betreiben eintritt, nämlich als *Verdinglichung* des Bewußtseins. Und als Resultat erhalten wir das, was Heidegger die »Seinsvergessenheit« nennt, was man aber auch als »Prozeßvergessenheit im
Ding« bezeichnen kann. Für das natürliche Bewußtsein ist die Haupt-
sache, daß »es« funktioniert. Dem stellt Hegel nun den Prozeß der
Wissenschaft gegenüber, der ebenfalls wieder in drei Momenten verläuft, die wir als *Kritik, Denken* und *Wissen* bezeichnen können. Das
Sich-selbst-Begreifen des Menschen verläuft demnach also in einer
sich in der Mitte umkehrenden und in sich selbst zurücklaufenden Bewegung von 6 Schritten:

|              | (1)    | (2)        | (3)    |                |
|--------------|--------|------------|--------|----------------|
|              | Form   | Gewöhnung  | Ding   |                |
| Wissen-      |        |            |        | natürliches    |
| schaft       |        |            |        | Bewußtsein     |
|              | Wissen | Denken     | Kritik |                |
|              | (6)    | (5)        | (4)    |                |

In diese Bewegung (die der Mensch im Leben vollzieht) greift nun der
philosophische Begriff ein, um sie bewußt zu machen und zu radikalisieren. Dabei treten die in unseren beiden Interpretationshypothesen
genannten Grundlagen als Träger der Bewegung hervor, woraus folgt,
daß in jedem Kapitel der »Phänomenologie« ein solcher Kreislauf als
ganzer durchgemacht wird, nur eben nicht in der Reihenfolge von (1)
bis (6), sondern vielmehr so, daß zunächst der Gegensatz von (3) und
(4), sodann der zwischen (2) und (5) und schließlich der zwischen (1)
und (6) auftritt. Aber damit sind wir bereits bei demjenigen, was Hegel
in der »Einleitung« darstellt.

136

# Kapitel IV.
## Hegels »Einleitung«
## – scepsis laborans –

Zwischen »Vorrede« und Kerntext der »Phänomenologie« steht die
zeitlich vor diesen beiden entstandene »Einleitung«. Sie ist ein kurzer
(S. 53–62) und klarer Essay, in welchem die ursprüngliche Zielsetzung
des Werkes, nämlich die möglichste Annäherung der philosophischen
Wissenschaft oder Wissensart an den verborgenen Wesensbau des
Menschen, prinzipiell dargelegt wird. Dabei läßt sich in Anknüpfung
an das obige Schema folgende Einteilung feststellen. Zunächst
(S. 53–58, Z. 9) untersucht Hegel die verschiedenen Formen des Negativen im Durchlaufen der Bewegung zwischen natürlichem Bewußtsein und Wissenschaft. Sodann (S. 58–62) legt er das Ganze dieser Bewegung zugrunde, um sie von ihren Wirkungen her, als Selbsterfahrung des Bewußtseins, zu betrachten.

## 1. Die produktive Wirkung der Negation

Die »Einleitung« beginnt mit einer radikalen Wendung gegen die herkömmliche *Wissenschaftstheorie*, welche die Methode des Erkennens
vom Objekt der Erkenntnis trennt. Kants Forderung, daß vor jeder wissenschaftlichen Sacherörterung zunächst das methodische Instrumen-
tarium der sicheren Erkenntnis zu klären sei, ist ein logisches Paradox.
Denn auch das Werkzeug des Erkennens kann nicht anders, als durch
eine Sacherörterung erkannt werden, es setzt sich selbst schon voraus
(S. 53 f.). Daß die Kantianer dennoch an diesem Paradox festhalten
und sich mit ihm in endlose Methodendiskussionen zu verstricken pfle-
gen, ist eine irrationale Abwehrreaktion des Bewußtseins (S. 54), welches sich wenigstens theoretisch gegen dasjenige zu sichern versucht,
was es im Leben ohnehin nicht vermeiden kann, nämlich die Inhalte als

Begegnung mit den Wirkungen des eigenen Tuns, d. h. als Selbstbegegnung zu begreifen.

Dem stellt Hegel nun seine These gegenüber, daß alles Erkennen je schon dem Umkreis einer bestimmten Wissensart angehöre, die wiederum aus sich heraus die Tendenz zur begrifflichen Selbstdarstellung als »Wissenschaft« entwickle. Im Sinne unseres obigen Schemas gesagt: Das Bewußtsein kann zwar bei den einzelnen Momenten der Bewegung zwischen (1) und (6) jeweils eine Zeitlang verharren, aber es hat immer die Tendenz, die damit ergriffene Wissensart zur Wissenschaft zu steigern. Das gleiche gilt auch für die Menschheit im ganzen, die mehr Zeit hat als der Einzelne, indem sie in der Geschichte die einzelnen Entwicklungsstufen in sich zur Vollendung bringt und ebenso die ganze Stufenfolge nach einem Gesamtplan, dessen Enthüllung das eigentliche Ziel der »Phänomenologie« ist. Weil nun diese Entwicklung in der Realität noch andauert, kann sie auch nicht einfach in der Vorstellung vorweggenommen, sondern muß vielmehr erst philosophisch erarbeitet werden. Dabei ist wiederum zu unterscheiden zwischen der Darstellung dieses Erarbeitungsprozesses als solchen (der Wissenschaft des *»erscheinenden Wissens«*, also der »Phänomenologie«) und derjenigen philosophischen Wissenschaft, die sich auf dem Gipfelpunkt der Entwicklung entfaltet (also dem späteren Hegel'schen System). Beide verhalten sich zueinander wie der Schulungsweg des Schülers der alten Mysterien und das Wissen des in diese Mysterien Eingeweihten.

Daß Hegel hier wirklich auf einem solchen Hintergrund aufbaut, kommt im fünften Abschnitt der »Einleitung« deutlich zum Ausdruck: »Weil nun diese Darstellung nur das erscheinende Wissen zum Gegenstand hat (sc.: nur den Mysterien-Schulungsweg darstellt), so scheint sie selbst nicht die freie, in ihrer eigentümlichen Gestalt sich bewegende Wissenschaft (sc.: das voll entfaltete Mysterienwissen) zu sein, sondern sie kann von diesem Standpunkte aus als der Weg des natürlichen Bewußtseins, das zum wahren Wissen dringt, genommen werden; oder als der Weg der Seele, welche die Reihe ihrer Gestaltungen, als durch ihre Natur ihr vorgesteckter Stationen durchwandert, daß sie sich zum Geiste läutere, indem sie durch die vollständige Erfahrung

ihrer selbst zur Kenntnis desjenigen gelangt, was sie an sich selbst ist«
(S. 55). Was wir oben das philosophische Erarbeiten des geschichtlichen Entwicklungsplans der Menschheit nannten, wird hier als ein realer Prozeß im einzelnen Menschen angeschaut: Die Gesetzmäßigkeiten, welche in der Stufenfolge der Menschheitsgeschichte wirken, treten ebenso auch dort hervor, wo der einzelne auf dem Wege der esoterischen Schulung seine Seele zum Geiste läutert. Und zu dieser Perspektive, der wir unsere erste Interpretationshypothese entnehmen, fügt
Hegel selbst dasjenige hinzu, worauf unsere zweite Hypothese aufbaut:
Die Seele durchläuft in der Entwicklung zum Geiste eine Reihe von
Gestaltungen »als durch ihre *Natur* ihr vorgesteckter Stationen«, nämlich entsprechend den Gegebenheiten der inneren Gliederung des
Menschenwesens und in der Herausarbeitung dieser Natur.

Nach diesem Blick hinter den Vorhang werden wir nun sogleich wieder in unseren vorerst noch ganz beschränkten Bewußtseinshorizont
zurückversetzt und mit der philosophischen Methode bekanntgemacht,
die uns hier weiterhelfen soll. Denn das alte Mysterienwesen als solches
ist abgestorben, und es kann in der Systemphilosophie des Deutschen
Idealismus nur so auferstehen, daß diese eine hinreichende begriffliche
Härte entwickelt, um in dem komplexen Kraftfeld des neuzeitlichen
Selbstbewußtseins wissenschaftlich bestehen zu können. Führt das nun
aber nicht doch zu der oben abgelehnten inhaltsfreien Methodendis-
kussion? Nein, Hegel gibt uns eine *Methodenbeschreibung*, welche dem
Umstand Rechnung trägt, daß es in der »Phänomenologie« nicht nur
um das sichere Erkennen von Objekten überhaupt (und das Beweisen
des Erkannten), sondern ebenso auch um das Hervorbringen neuer Erkenntnisorgane geht, so daß sich die Wechselbeziehung von Subjekt
und Objekt hier zugleich als Erkenntnissteigerung und als reale Selbstproduktion darstellt. Da dieser Weg nun aber im natürlichen, also verdinglichten Bewußtsein anfangen muß und da das letztere sein Vorgehen nur negativ, nur als Kritisieren versteht, bedarf es eines vorgreifen-
den Hinweises auf die produktive Kraft der Kritik. Worauf es ankommt
ist, daß die letztere existenziell wird, daß der Mensch seine kritische
Einsicht als wirkliche begreift und sich nicht darauf beschränkt, gegen
etwas zu lamentieren, woran er im Unbewußten doch noch festhält.

Nur im Aufgeben solcher Halbherzigkeit wird Kritik für den einzelnen zur »Bildung«, sei es im gewöhnlichen Lebensgang als Bildung der Persönlichkeit, sei es in der abgekürzten und radikalisierten Form des philosophischen Begriffs als Bildung des Geistes zu dem Ziel, welches zugleich das hier und jetzt erkennbare Ziel der Geistesgeschichte der Menschheit ist, die Selbsterkenntnis in der philosophischen »Wissenschaft« (S. 56).

Hier faßt Hegel nun noch einmal nach, um die Illusion auszuschalten, das Erkennen sei ein kontinuierlich verlaufender Prozeß von trial and error. Diese Ansicht, so sagt er, entspricht einer bestimmten wissenschaftlichen Weltanschauung, nämlich dem einseitigen »Skeptizismus«, der bei jeder Wahrheit nur deren Bestreitbarkeit hervorhebt, um so in einer äußersten intellektuellen Beweglichkeit gegenüber einem Nichts an Inhalt zu bleiben. Der einzelne kann sein Denken freilich so einstellen, seine Gedankenorganisation im Sinne des skeptizistischen Typus aufbauen; deshalb wird dieser Typus in der »Phänomenologie« auch zum Gegenstand gemacht, d. h. es wird sein Wahrheits- von seinem Falschheitsgehalt unterschieden (Kap. IV. B.). Etwas anderes aber ist der *produktive Skeptizismus*, welcher in der Methode der »Phänomenologie« selbst arbeitet, um die Entwicklung des Bewußtseins von Stufe zu Stufe weiterzutreiben. Dabei handelt es sich um diejenige Negation, welche wir oben als Ausgangspunkt der logisch konzentrierten Dialektik und des ihr entsprechenden inspirativen Denkens skizzierten. Wenn etwas gesetzt und dann mit Gründen negiert wird, so ist dies Negative nicht nur, wie beim trial-and-error-Verfahren für den Papierkorb, sondern das jetzt Vorhandene ist bestimmt als »das Nichts dessen ... *woraus es resultiert*. Das Nichts ist aber nur, genommen als das Nichts dessen, woraus es herkommt, in der Tat das wahrhafte Resultat; es ist hiemit selbst ein *bestimmtes* und hat einen *Inhalt*« (S. 57). Diese »bestimmte Negation«, im Gegensatz zur Papierkorb-Nichtung ist das methodische Instrument, mit welchem das phänomenologische Bewußtsein den Prozeß der Ersetzung der natürlichen Lebensbilder durch geistig-begriffliche Inhalte steuert.

## 2. Geistesleben als Selbstproduktion des Menschen

Die »Phänomenologie« stellt die Geistesgeschichte als Bewußtseinsge-
schichte dar, indem sie den Weg der Selbsterfahrung des Bewußtseins
als geschichtlichen beschreibt und zugleich aus seiner inneren Notwendigkeit heraus rekonstruiert. Sie macht uns damit zu Beteiligten an einem Prozeß, den sie wiederum nur protokolliert, dessen Triebkräfte
sich als *selbsttätige* entwickeln müssen. Wie verhält sich das nun aber
zur Freiheit des menschlichen Denkens? Diese Freiheit haben wir
nicht von Natur, wir müssen sie den gegebenen Anlagen unseres Seelenlebens erst abgewinnen. Das ist durchaus unbequem und widerspricht der Tendenz unseres natürlichen Bewußtseins, in den Lebensprozessen einzuschlafen. Andererseits löst jede willentlich-gei-
stige Aktivität des Bewußtseins überhaupt auch eine innere Verstär-
kung, nämlich diejenige synergetische Tätigkeit unserer Seelenorgani-
sation aus, die wir oben als Zusammenspiel von Empfindungs-, Ver-
standes- und Bewußtseinsseele in der Hervorbringung des philosophischen Begriffs beschrieben haben. Eben dies meint Hegel, wenn
er von der inneren Tendenz des Bewußtseins spricht, die Grenzen seiner natürlichen (geistig schlafenden) Leibesgrundlage zu überwinden:
»Das Bewußtsein ... ist für sich selbst sein *Begriff*, dadurch unmittelbar
das Hinausgehen über das Beschränkte, und, da ihm dies Beschränkte
angehört, über sich selbst; mit dem Einzelnen ist ihm zugleich das Jenseits gesetzt, wäre es auch nur, wie im räumlichen Anschauen, *neben*
dem Beschränkten. Das Bewußtsein leidet also diese Gewalt, sich die
beschränkte Befriedigung zu verderben, von ihm selbst.« Ob der
Mensch sich realiter diesem Leiden und der damit verbundenen Bildung hingibt, hängt davon ab, ob er die Selbsterkenntnis will oder ob er
sich der sie verstellenden Abwehrmechanismen bedient, von denen
hier eine ganze Reihe aufgezählt sind (S. 57 f.).

Wer nun nicht bei der Abwehrhaltung als Selbsterhaltung des natürlichen Bewußtseins stehenbleibt, sondern sich vielmehr auf die philosophische Selbsterkenntnis einläßt, der findet in der »Einleitung« noch
ein begriffliches Steigeisen, welches ihn dagegen schützt, auf dem gefährlichen Weg ins Unbewußte den Halt zu verlieren. Ausgangspunkt

ist hier wiederum die Unterscheidung zwischen dem auf dem Wege seiner Selbsterfahrung agierenden Bewußtsein und demjenigen des Betrachters, der jene Aktionen philosophisch protokolliert. Der Gegenstand, um den es jeweils geht, wird nun gewissermaßen auf diese beiden Seiten verteilt. Für das agierende Bewußtsein ist er ein »*Wissen*«, das letztlich im Horizont seiner Vorstellungweise (oder Weltanschauung) wurzelt, er ist also das, was das Bewußtsein »für sich« (im Selbstbezug des Welterlebens) daraus macht. Dieses Wissen sollen wir nun von der »*Wahrheit*«, also von demjenigen unterscheiden, was der Gegenstand »an sich« ist (S. 58). Hier kommt freilich der Einwand des Skeptizismus, daß dieses »Ansichsein« auch wiederum nur eine subjektive Wahrheit sei (S. 59), da sie aus einer (bzw. Hegels) Vorstellungswelt entspringe, und daß es für die menschliche Erkenntnis überhaupt nie etwas anderes als solche für sich seienden Wissenshorizonte geben könne. Aber dieser Einwand geht fehl, denn der Phänomenologe hat gar nicht die Absicht, über eine objektive Wahrheit autoritativ zu entscheiden, d. h. sie dem subjektiven Wissen überzuordnen. Er will vielmehr nur einen Dialog des Bewußtseins mit sich selbst auslösen, indem er diesem das ihm unbewußte »Ansich« des Gegenstandes zeigt (argumentativ entwickelt), um dann wiederum zu protokollieren, wie es sich dazu verhält. Nicht Hegel sagt uns, was die Wahrheit ist, er setzt nur den dialektischen Spaltpilz in das natürliche Bewußtsein, welches dann von sich aus die Wahrheit hervorarbeitet.[126a]

Das Gesagte läßt sich noch näher präzisieren, wenn man es in das oben entwickelte Schema der Bewegung vom natürlichen Bewußtsein zur Wissenschaft hineinstellt. Jenes glaubt an die Dingheit, es »weiß« das Ding unmittelbar als sein Ansich. Durch Kritik und Denken aber kommt es zu einem tieferen Wissen, wodurch sich sein voriger Standpunkt relativiert: »Es wird hiemit dem Bewußtsein, daß dasjenige, was ihm vorher das *Ansich* war, nicht an sich ist, oder daß es nur *für es an sich* war. ... Diese *dialektische* Bewegung, welche das Bewußtsein an ihm selbst, sowohl an seinem Wissen als an seinem Gegenstande ausübt, *insofern ihm der neue wahre Gegenstand* daraus *entspringt*, ist eigentlich dasjenige, was *Erfahrung* genannt wird« (S. 60). Aufgrund dieser Erfahrung hat das Bewußtsein eine andere Stellung zu seinem Ansich erhalten: Es glaubt nicht mehr einfach (bewußtlos) daran, sondern es lernt mit ihm umzugehen. Dadurch verändert sich aber auch wiederum das Ansich. Während es vorher nur der Selbstbeziehung des Bewußtseins diente, seine eigene Seinsweise aber in Bewußtlosigkeit hüllte, wird es jetzt für das Bewußtsein gegenständlich, als »Wesen« begreifbar.

Der gewöhnliche Sprachgebrauch versteht unter »Erfahrung« freilich etwas anderes, nämlich das Erlernen von Fertigkeiten an einem unverändert bleibenden Objekt. Hier dagegen heißt Erfahrung die wechselseitige Bildung von Subjekt und Objekt oder Hervorbringung der inneren Kraft, welche die aus dem nur geglaubten Ansich strömende Bewußtlosigkeit aufhebt und sie als wesenhafte Wirkung wahrnehmbar macht. Dies, sagt Hegel (S. 61), entspricht der oben skizzierten Methode, das Negative nicht als einfaches Papierkorb-Nichts, sondern als das Nichts von Etwas, als bestimmte Negation, zu begreifen. Methodisch betrachtet handelt es sich dabei um dasjenige, was den Falschheitsgehalt der negierten Position aufrechtzuerhalten versucht, also um ein spezifisches Wesen des Nichts. Dessen Wirkungsweise wird aber erst auf der *menschenkundlichen* Ebene richtig begreifbar. Solange das Bewußtsein (als »natürliches«) seinem »ersten Ansich« folgt, erlebt es in seiner Weltbeziehung nur die Selbstbeziehung und übersieht die substanzprägende Seite derselben. Es lebt in seiner Seele, aber es bringt mit deren Selbstbezug fortwährend Wirkungen im Bildekräfteleib hervor, die irgendwann auch für es hervortreten, d. h. verobjektiviert auf es zukommen, so daß es sich darin wiedererkennt. Allerdings in einer weniger schönen Form, denn das Moment der Selbstliebe, welches im »ersten Ansich« steckt, entfällt dort, wo es sich um die objektiven Wirkungen dieser Seelenhaltung handelt. In der Erfahrung, die das Bewußtsein hier macht, tritt an die Stelle jener Selbstliebe das Wissen um ihre Wirkungen in dem jeweiligen Seinsbereich, und eben darin besteht der neue Gegenstand. Er ist gewissermaßen ein auf höherem Niveau erneuertes Ansich, »womit auch eine neue Gestalt des Bewußtseins auftritt, welcher etwas anderes das Wesen ist als der vorhergehenden.« In Goethes Worten aus Faust II: »Ein Gott den andern Gott / Macht wohl zu Spott. / Ehrt ihr alle Gnaden, / Fürchtet jeden Schaden.«[127]

Dieser Umstand, so fährt Hegel hier fort, »ist es, welcher die ganze Folge der Gestalten des Bewußtseins in ihrer Notwendigkeit leitet. Nur diese Notwendigkeit selbst, oder die *Entstehung* des neuen Gegenstandes, der dem Bewußtsein, ohne zu wissen, wie ihm geschieht, sich darbietet, ist es, was für uns gleichsam hinter seinem Rücken vorgeht. Es kommt dadurch in seine Bewegung ein Moment des *Ansich- oder Fürunsseins*, welches nicht für das Bewußtsein, das in der Erfahrung selbst begriffen ist, sich darstellt«. Mit anderen Worten: Der Bauplan der »Phänomenologie« als ganzer, die substantielle Natur, in welcher sich die Entwicklungsschritte von Kap. I bis VIII. unterscheiden, bleibt dem agierenden Bewußtsein verborgen, während er dem philosophischen Leser vorweg verraten wird, bzw. schon verraten ist, indem der letztere sich auf den Boden der Philosophie als des universelle Erkenntnis vermittelnden Wesens stellt.

Weil die Abhandlung der hier herrschenden Notwendigkeit folgt, ist sie »selbst schon *Wissenschaft*, und nach ihrem Inhalte hiemit Wissenschaft der *Erfahrung des Bewußtseins*.«[128] Diese »Erfahrung, welche das Bewußtsein über sich macht«, wird schrittweise »das ganze Reich der Wahrheit des Geistes« durchdringen und dabei nicht nur abstrakte Prinzipien, sondern jeweils lebendige Ganzheiten, sei es als geistige Epochen, politische Taten, künstlerische oder religiöse Entwicklungen, hervorbringen. Auf diesem Wege, so schließt Hegel die »Einleitung«, wird das Bewußtsein »einen Punkt erreichen, auf welchem es seinen Schein ablegt, mit Fremdartigem, das nur für es und als ein anderes ist, behaftet zu sein, oder wo die Erscheinung dem Wesen gleich wird, seine Darstellung hiemit mit eben diesem Punkte der eigentlichen Wissenschaft des Geistes zusammenfällt;[129] und endlich, indem es selbst dies sein Wesen erfaßt, wird es die Natur des absoluten Wissens selbst bezeichnen« (S. 62).

ZWEITER TEIL
DIE ACHT KAPITEL
DER »PHÄNOMENOLOGIE«

Die Einteilung unserer Darstellung in Kapitel entspricht derjenigen des Originaltextes. Der kleine *Ausschnitt aus Hegels Inhaltsverzeichnis*, der zu Anfang von Kapitel I. wiedergegeben ist (eingekasteter Text), soll den Standort des letzteren im Gesamtzusammenhang bzw. (bei den späteren, längeren Kapiteln) seinen inneren Aufbau zeigen. Die Darstellung beginnt dann jeweils mit einem »metaphilosophischen Vorblick« (1.), in welchem der Bezug des Textes auf unsere Interpretationshypothesen konkretisiert wird. Danach (2.) folgt dann die eigentliche Interpretation.

# Kapitel I.
# »Die sinnliche Gewißheit;
# oder das Diese und das Meinen«

## 1. Metaphilosophischer Vorblick auf »A. Bewußtsein« und Kapitel I.

### A. Die Stufen des Bewußtseins in Kapitel I., II. und III.

Mit der nachträglichen Gliederung des Stoffes in der Stufenfolge »A. Bewußtsein«, »B. Selbstbewußtsein«, »C. Vernunft« usw. (2. Inhaltsverzeichnis) und der Einordnung der Kap. I., II. und III. unter »A.«,[130] lehnt Hegel seine Darstellung an die Systematik der *Kantschen Transzendentalphilosophie* an. Das hier Beschriebene entspricht den von Kant analysierten Momenten der Bewußtseinsbildung, die aber bei Hegel nicht als Momente, sondern als ganze Gestalten, als Formen des Selbstbewußtseins, entwickelt sind. Kants Gedankengang in der »Kritik der reinen Vernunft« stellt deshalb eine radikale Wendung in der Philosophiegeschichte dar, weil er erstmals dasjenige zum Gegenstand macht, was wir in allem Erkennen von Objekten je schon voraussetzen, nämlich die Einheit unseres Bewußtseins. Diese Einheit, sagt Kant, ist ein spontaner, unbewußt verlaufender Prozeß, den wir uns jedoch bewußtmachen können, indem wir ihn in der Beziehung auf die Einheit des angeschauten Gegenstandes theoretisch rekonstruieren. Denn es ist eine (durch jene spontane Aktivität unseres Bewußtseins hervorgerufene) Täuschung, wenn wir glauben, die Gegenstände der äußeren

Welt seien »von Natur« das, was sie für uns sind. Die Natur als solche bringt zwar Gestalten hervor, löst diese aber ebenso unmittelbar wieder auf, denn sie ist einem unbegrenzten Werden und Vergehen unterworfen. Abstrakt gesagt: Die Natur enthält keine Gegenstände, sondern nur die »Gegenständlichkeit« als Potenz oder Prozeß, welche erst im menschlichen Bewußtsein zu Gegenständen verdichtet wird. Und zwar geschieht diese Verdichtung unmittelbar in dem Akt, in welchem sich auch das Bewußtsein selbst zur Einheit zusammenschließt, d. h. ein Selbstbewußtsein wird, das die Basis einer stabilen Subjekt-Objekt-Beziehung darstellt.

Die einzelnen Schritte, in denen Kant seinen Gedankengang entwirft, sind hier nicht nachzuzeichnen. Die erkenntnistheoretische Grundfigur erscheint ähnlich derjenigen, die Steiner in der Verbindung von Wahrnehmung und Begriff zugrundelegt,[131] nur daß Kant nicht von einer reinen Wahrnehmung, sondern vielmehr von der in der räumlich-zeitlichen Bewußtseinsform verarbeiteten Wahrnehmung, der »Anschauung« ausgeht. »Raum und Zeit«, so sagt er, sind die »leeren Formen der Anschauung«, durch die das äußerlich oder innerlich Wahrgenommene gestaltbar, aber noch nicht gestaltet wird. Letzteres geschieht erst durch den Verstand, und zwar insbesondere den »empirischen Verstand« des alltäglichen Denkens und gewöhnlichen wissenschaftlichen Forschens, der die Gewohnheitsbezüge unseres Denkens immer wiederholt und so unser Bewußtsein selbst, ebenso wie das in Raum und Zeit Angeschaute, verdinglicht. Kants Philosophie rekonstruiert diesen Vorgang theoretisch, indem sie aus den Gewohnheitsbezügen des empirischen Verstandes deren logischen Kern herausdestilliert, nämlich in den »Kategorien« und »Schemata des reinen Verstandes«, deren Deduktion das Herzstück der »Kr. d. r. V.« darstellt.[132] Das Ganze ist also eigentlich eine Wissenschaftstheorie, die als solche auf dem Boden des reinen Verstandes steht, und die von dort aus die Verfahrensweisen der wissenschaftlichen Forschung, des empirischen Verstandes legitimiert, aber auch auf die Grenzen der geistigen Reichweite ihrer Erkenntnisse hinweist.

Aus diesen drei Momenten, »Anschauung«, »empirischer Verstand« und »reiner Verstand«, läßt Hegel nun die ersten drei Kapitel der »Phänomenologie« hervorgehen. Indem er sie unter »A. Bewußtsein« zusammenfaßt sagt er, daß sie als Momente der Bewußtseinsbildung innerlich zusammenhängen, nämlich für denjenigen, welcher über das bloße Gewohnheitsdenken hinausgeht und die innere Struktur seiner Bewußtseinsbildung erkennt. Dieser Standpunkt ist in Kants »Kr. d. r. V.«, in deren wissenschaftstheoretischer Hermeneutik der Ausgangspunkt, welcher die Darstellung des Gedankenganges leitet. In Hegels »Phänomenologie« dagegen ist der Ausgangspunkt die esoterische Entwicklung des Menschen bzw. der Philosophie, also ein geistesphilosophischer, weshalb hier die Darstellung mehr geschichtlich angeordnet ist. Daraus folgt, daß die Momente der Bewußtseinsbildung, welche bei Kant nur in dem einen gegenwärtigen, wissenschaftstheoretisch legitimierten Erkenntnisakt zusammenfallen, in Hegels geschichtlicher Perspektive eine relative Selbständigkeit erhalten. Sie müssen hier gewissermaßen als solche *Organe der Bewußtseinsbildung* aufgefaßt werden, wie Steiner sie in der Empfindungs-, Verstandes- und Bewußtseinsseelentätigkeit des Menschen beschrieben hat. Und in der Tat sind es diese, von welchen Hegel spricht. Wir behaupten also, daß Kants »Anschauung« bei Hegel in der »sinnlichen Gewißheit« des Kap. I. als selbständige Bewußtseinsgestalt auftritt,[133] und zwar als diejenige der Empfindungsseele i. S. Steiners, daß ferner Kants »empirischer Verstand« und Hegels »Wahrnehmung« (Kap. II.) die Bewußtseinsform der Verstandesseele, und daß Kants »reiner Verstand« bzw. Hegels »Kraft und Verstand« (Kap. III.) die spezifische Formkraft der Bewußtseinsseele im Steiner'schen Sinne darstellt.

Von hier aus erklärt sich auch die schon in Hegels »Einleitung« betrachtete Eigenart der phänomenologischen Darstellungsweise. Wir haben nicht nur Anschauung, sondern wir haben auch ein Organ der Anschauung, das mehr ist als eine leere Funktion von Raum und Zeit. Dieses Organ, das metaphilosophisch als *Empfindungsseele* bezeichnet wird, folgt einer Eigentendenz: Es suggeriert uns, wir hätten in der sinnlichen Gewißheit schon die ganze Wirklichkeit begriffen; und weil es diese Suggestivkraft entfaltet, ist es real, wird es von Hegel in Kap. I. auch grammatikalisch als Subjekt einer notwendigen und zielgerichteten Tätigkeit dargestellt, die sich ihrem Selbstverständnis nach als

Weltanschauung der »sinnlichen Gewißheit« aufbaut. Ebenso ist es mit dem empirischen Verstand, also der *Verstandesseele:* Auch sie ist Organ der bewußtseinsbildenden Tätigkeit, und Subjekt einer entsprechenden Weltanschauung, die Hegel in Kap. II. als »Wahrnehmung« bezeichnet. Wie die sinnliche Gewißheit ist auch die Wahrnehmung nur unvollständiges Seelenorgan oder unselbständiges Moment des Bewußtseins, d. h. sie ist Bewußtsein nur im Zusammenwirken mit jener. Diese Verbindung wird nun in Kants Vernunftskritik, also auf der Ebene des reinen Verstandes, rekonstruiert und als notwendiges Moment der bewußtseinsbildenden Tätigkeit ausgewiesen. Metaphilosophisch sprechen wir von der *Bewußtseinsseele;* und auch Hegel geht hier wiederum von einem entsprechenden Seelenorgan aus, welches er in Kap. III. die als »Kraft und Verstand« bezeichnete Weltanschauung hervorbringen läßt.

## B. Die »sinnliche Gewißheit« als Wissenschaft

Hegels Darstellung in Kap. I. der »Phänomenologie« kann als eine Modernisierung und Differenzierung dessen betrachtet werden, was *Plato* in seinem Dialog »Theaitetos«[134] erörtert. Dort gehen die Gesprächsteilnehmer von der Frage: »Was ist Wissen?« aus. Und es wird vor allem die Antwort durchgeprüft: »Wissen liegt in der sinnlichen Gewißheit, in der aisthesis«. Plato zeigt zunächst den instrumentalen Charakter der Sinnesorgane auf, um dann nach der durch die Sinnestätigkeit vermittelten seelischen Aktivität zu fragen. Diese nennt er »aisthesis«, was man mit »Sinnesempfindung« oder mit »Anschauung« übersetzen kann. Oder eben auch mit »Empfindungsseele«, um das zugrundeliegende Seelenorgan oder den archaischen Daseinsmodus des Ich zu bezeichnen, der auch schon für den griechischen Menschen nur noch rudimentär vorhanden, nämlich von demjenigen Selbstbewußtsein überlagert ist, welches durch die Verstandesseele entsteht. Sobald man über diese Frage nachdenkt, muß man eine solche Überlagerung anerkennen, was wir eben im »Theaitetos« erfahren. Plato fragt dort weiter: Ist das aus der Anschauung heraus zu gewinnende Wissen haltbar, kann der Mensch darauf seine Orientierung im Leben aufbauen? Und er gibt die Antwort: Nein, es muß jeweils etwas dazukommen, nämlich ein verstandesmäßig begründetes Urteil über das Wahrgenommene. Entsprechend ist die Ausgangssituation in Kap. I. der »Phänomenologie«. Es geht Hegel dort nicht um Erkenntnistheorie, d. h. er fragt nicht: Wie bilde ich ein richtiges Urteil? Und es geht ihm auch nicht um die Wissenschaftstheorie i. S. Kants, in welcher die »Anschauung« von vornherein in den praktischen Erkenntniszusammenhang des forschenden Denkens einbezogen wird. Hegel fragt vielmehr nach der Bedeutung des Anschauens als solchen, d. h. nach der Weltanschauung des ihm zugrundeliegenden Organs: Welches Bewußtsein von der Objektivität der Welt vermittelt mir die Empfindungsseele als innerer Resonanzboden meiner äußeren Sinneswahrnehmung? Wie ist die Wissensart dieses Organs beschaffen? Ebenso wie Fichtes »Wissenschaftslehre« zielt auch Hegels »Phänomenologie« letztlich auf den ontologischen Gehalt der verschiedenen Wissensarten, aus denen sich das menschliche Bewußtsein aufbaut. Da nun aber die Empfindungsseele selbst heute keine daseinsbegründende Kraft mehr hat, kann es sich in Kap. I. nur darum handeln, die in diesem Seelenorgan noch vorhandenen spirituellen Wirkungen indirekt aufzubauen. Was dem Menschen früherer Zeiten in den Wahrnehmungen seiner Sinne an geistiger Leuchtkraft unmittelbar mitgegeben war, sucht die Philosophie aus dem ontologischen Gehalt der »Anschauung« zu rekonstruieren. Die damit verbundenen physiologischen Vorgänge haben wir nun näher zu betrachten.

## C. Die spezifische Sinnlichkeit der »sinnlichen Gewißheit«

Wenn Hegel in der »Phänomenologie« nach den Erscheinungsweisen des Geistes als des wahrhaft Seienden fragt und mit dieser Frage bei der »sinnlichen Gewißheit« beginnt, dann liegt es nahe, dabei an die Wahrnehmungsart des Sehsinnes zu denken. Jedenfalls stammen die in Kap.I. herangezogenen Beispiele des »hier« und »jetzt« Wahrge-

nommenen zunächst aus der Sichtbarkeit der Welt. Auch der Begriff
der »Anschauung« und die bedeutungsgleiche griechische »theoria« ist
ja aus dieser Sinnestätigkeit abgeleitet. Aber sinnliche Gewißheit ist
nicht dasselbe wie Sinneswahrnehmung, sondern vielmehr die Reflexion der letzteren im Selbstbewußtsein. Und wenn wir annehmen, daß
auch der heutige Mensch in seiner Sinneswahrnehmung noch Reste
der einstigen geistigen Leuchtkraft der Sinne unmittelbar hat, dann
könnten diese gerade durch eine solche Reflexion ins Selbstbewußtsein
ausgeschaltet werden. Wir hätten es dann also mit einem Vorgang zu
tun, der in der alltäglichen Bewußtseinsbildung begründet ist und der
sich in der theoretischen Vertiefung zu einer Ontologie der »Anschauung« nur verstärkt. Die Ausgangssituation wäre dann so zu begreifen,
wie sie in den Evangelien ausgesprochen wird, wo es heißt: »Das Auge
ist des Leibes Licht. Wenn dein Auge einfältig ist, so wird dein ganzer
Leib licht sein; ist aber dein Auge ein Schalk, so wird dein ganzer Leib
finster sein. Wenn nun das Licht, das in dir ist, Finsternis ist, wie groß
wird dann die Finsternis sein« (Matth. 6, 22 f.; Luk, 11, 34 ff.).

Das Licht ist nicht nur Medium der Lebensprozesse der Natur, sondern auch aller Sinnestätigkeit und der seelisch-geistigen Regsamkeit
des Menschen, wie schon die Umgangssprache in mannigfachen Wen-
dungen verrät. Diese lebens- und geisthaltige Substanz tritt nun vor
allem durch das Sehorgan in den Horizont des Selbstbewußtsein ein
und wird dabei in ihre verschiedenen Qualitäten aufgespalten, so daß
die Frage entsteht, was davon jetzt Gegenstand des Bewußtseins und
was einfach übersehen wird. Hier setzt der Übungsweg der Goethe'schen Farbenlehre an, dessen sinnestheoretische Grundlage man
etwa so umschreiben kann: Das Auge als solches nimmt nur Helligkeit,
Dunkelheit und Farben wahr, während die Form- und Gestaltqualitä-
ten des Gesehenen aus anderen Wahrnehmungsquellen hinzukommen; wir haben es also beim gegenständlichen Sehen mit einer Synästhesie zu tun, die im Auge als physiologische Potenz angelegt, die aber
andererseits auch seelischer Natur, nämlich eine urteilende Verbindung ist.[135] Damit nun in diesem Vorgang nicht die geistigen Qualitäten des Lichts verlorengehen, bedarf es der ästhetischen Erziehung des
Menschen durch Kunst, Religion und Wissenschaft. Die letztere hat

insbesondere die Aufgabe, mit der Kraft des Begriffs dasjenige ausein-
anderzuhalten, was aus der seelischen Region heraus spontan zur Verbindung drängt und in diesem Sich-Verbinden zur Sehgewohnheit
wird. Als seelische Akte, als Urteile betrachtet, sind die Sehgewohnhei-
ten eigentlich gedanklicher Natur, sie sind Gewohnheitsgedanken,
oder ungedacht bleibende Gedanken, in denen sich das Licht eben deshalb verfinstert.

Bei genauerer Betrachtung zeigt sich, daß unser Sehorgan durch
seine Bauart eine solche Verfinsterung ebenso ermöglicht, wie die in
den Evangelien angedeutete Erhellung. Wir können ohne nachzudenken einen Begriff der Wirklichkeit bilden, indem wir uns einfach dem
physiologischen Prozeß überlassen, durch welchen sich im Auge die
Synästhesie des Anschauens von selbst herstellt, durch den sich Farb-,
Helligkeits- und Dunkelheitswerte mit den Wahrnehmungen von
Gleichgewicht und Bewegung »auf einen Blick« verbinden. *H. J.
Scheurle* beschreibt dies in seiner Sinnesphysiologie folgendermaßen:
»Die Hohlkugel des Augeninnern ist mit sensiblen Netzhautelemen-
ten, den Zapfen und Stäbchen, ausgekleidet, welche nicht allein für
Sehqualitäten empfindlich sind, sondern sie auch an bestimmte Stellen
unseres Sehorgans lokalisieren. Damit geht unser Erfassen des Sehraums als eines plastisch-körperlichen einher ... Wir isolieren dabei die
einzelnen Gegenstände aus dem Meer der Farbeindrücken, indem wir
sie durch Intensitätsunterschiede und Kontraste heraussondern. ...
Räumliches Tiefensehen, Intensität und Kontrast setzen die vorherge-
hende Tastwahrnehmung von Gestalt und Größe voraus. Auf sie gehen
die plastischen Eigenschaften des hier mitwirkenden Tastsinns zurück.«[136]

Damit ist das Wesen dessen, was philosophisch »Anschauung« bzw.
»sinnliche Gewißheit« genannt wird, physiologisch erfaßt. Da diese
Gewißheit bei Hegel die erste Stufe einer geistigen Entwicklung des
Menschen darstellt, kann sie nicht davon abhängen, daß der einzelne
ein funktionsfähiges Sehorgan besitzt, sie muß vielmehr einem Blinden
ebenso möglich sein. Der Sehsinn hat hier nur deshalb eine herausge-
hobene Stellung, weil er überhaupt derjenige ist, in dessen Funktionsbild die größte Bereitschaft zur Synästhesie mit den unteren geometri-

sierenden Sinnen und letztlich mit dem Tastsinn angelegt ist. Das betont auch Scheurle im Anschluß an die obige Darstellung: »Die räumliche Anordnung von Rezeptoren in Sinnesorganen geht ganz allgemein
vom Tastsinn aus. Das Rezeptorprinzip, die Aufsplitterung von sensiti-
ven Flächen in spezialisierte Mikroorgane ist das Korrelat zur Vergegenständlichung und Lokalisierung der Dinge... Nur weil sich unser
Auge als differenter Körper heraussondert, vermögen wir auch Seh-
Dinge aus der Umwelt herauszusondern. Überall, wo den unterschiedlichen Qualitäten der Sinne spezialisierte Rezeptororgane entsprechen,
lassen sich Qualitäten räumlich kontrastieren, differenzieren und vergegenständlichen.«[137] Hier gehen wir noch einen Schritt weiter: Auch
dort, wo in den physischen Sinnesorganen keine besonders lokalisierten Rezeptoren vorliegen (bzw. beim Gleichgewichts-, Bewegungs-
und Lebenssinn) sucht das Alltagsbewußtsein einen Tastkontakt zu
dem diesen Sinnesbereichen entsprechenden Gegenstandsbereich,
was jeweils durch eine Verfeinerung bzw. Spiritualisierung des inneren
Tastens erreicht werden kann.

Da in allen 8 Kapiteln der »Phänomenologie« die sinnliche Gewißheit als synästhetisches Tasten, als Herstellung des Selbstbezugs zum
Weltinhalt des Sinneswesens eine entscheidende Rolle spielt, haben
wir noch einige Bemerkungen über die physiologische Seite dieses Zusammenhangs zu machen. Der Tastsinn, sagt H. J. Scheurle, ist »insofern geradezu der Inbegriff des Sinnlichen, als er der greifbaren leiblichen Nähe und dem unmittelbaren Fühlen entspricht. Nähe ist Ver-
trautheit, ist Bereich des empfundenen Selbstseins... In der Realisierung der Tasterfahrung wird der Leib durchfühlt und so nach und nach
erst zum selbsterlebten bewußten *eigenen* Leib.«[138] Dazu dienen besondere, über die ganze Körperoberfläche in verschiedener Dichte ver-
teilte sensitive Nerven. Die durch sie vermittelte Empfindung ist keineswegs eine Wahrnehmung des »ertasteten Objekts« selbst, sondern
vielmehr die Wahrnehmung des eigenen physischen Leibes beim Zurückgedrängtwerden in sich durch den Widerstand des Objekts. Man
nennt deshalb den Tastsinn auch den »Eigen-Ichsinn«. Darüber hinaus erstreckt sich eine von der physischen Nerventätigkeit losgelöste
Sphäre des »Empfindungsleibes«[139] in die unmittelbare Umgebung

(Haar, Kleidung, Wohnung) und in die Lebensprozesse des Menschen. Diese Sphäre kann als Produkt eines ins Seelische metamorphosierten Tastens betrachtet werden. Aber der Empfindungsleib erstreckt sich sogar bis ins geistige Gebiet, z. B. in dem »Meinen« und den »Meinungen«, von denen Hegel in Kap. I. spricht, die nichts anderes sind als in dieser Leiblichkeit unmittelbar festgehaltene und in ihrer tastbaren Form gegen jede Kritik immunisierte Gedanken.

## D. Folgerungen aus der »sinnlichen Gewißheit« für den weiteren Gang der »Phänomenologie«

Die Ontologie der Anschauung, welche Hegel in Kap. I. beschreibt, hat ihren Ausgangspunkt in der Physiologie des Auges selbst, aber auch in derjenigen der anderen Sinnestätigkeiten, insofern sie der Synästhesie mit dem Tastsinn unterworfen sind. Das täglich vieltausendfach wiederholte und längst zur unbewußten Gewohnheit gewordende Tasten in der Sinneswahrnehmung drängt die unmittelbare geistige Qualität aus dieser heraus und ersetzt sie durch den Selbstbezug. Es stellt das Gesehene, Geschmeckte, Gerochene usw. in einen Horizont, in dem es für unseren berechnenden Verstand verfügbar wird. Dabei handelt es sich aber noch nicht um den proportionierten Wahrnehmungsraum, von welchem unser empirisches Bewußtsein ausgeht. Das Wesen der Anschauung besteht vielmehr in der reinen Verräumlichung des seelisch-physiologischen Zusammenspiels, der »ersten Unmittelbarkeit« der Reflexion, die von der Empfindungsseele intendiert und im synästhetischen Tasten realisiert wird.[140] Der proportionierte Seh-, Hör-, Tastraum entsteht erst auf der nächsten, von Hegel als »Wahrnehmung« bezeichneten Stufe, auf welcher sich die Tätigkeit der Verstandesseele über diejenige der Empfindungsseele legt. Hier greifen Erziehung und Übung der Sinneswahrnehmung ein, durch die wir unseren Horizont der Dinglichkeit, d. h. ein rational bestimmtes Gegenstandsbewußtsein mit festen Beziehungsverhältnissen zwischen dem Ding und seinen Eigenschaften erwerben. Das geistige Trennungspotential, welches diese Gedanken prägt, ist jedoch keine allgemeine Potenz, sondern vielmehr

die spezifische des Geschmacksinnes, die sich hier mit der Aktivität der
Verstandesseele verbindet, um die Welt der empirischen Rationalität
hervorzubringen.

Hier setzt die Methode der Goethe'schen Naturwissenschaft an, die
zunächst durch Übung der Sinneswahrnehmung selbst jene synästhetische Verfinsterung und Intellektualisierung zurückdrängen will, um
dann die dem Wahrgenommenen entsprechenden Begriffe zu bilden.
Hier setzt ebenso auch Hegels »Phänomenologie« an, die dasselbe Ziel
der geistigen Belebung unserer sinnlich bedingten Alltagsontologie auf
einem anderen Weg, auf demjenigen des philosophischen Denkens zu
erreichen sucht. Die metaphilosophischen Voraussetzungen dafür sind
in unseren Interpretationshypothesen enthalten, welche aber jetzt auf
dem Boden der spezifischen Sinnlichkeit der »sinnlichen Gewißheit«
noch konkreter gefaßt werden müssen. Das gilt insbesondere für die
zweite Hypothese. Die in den einzelnen Kapiteln der »Phänomenologie« erörterten Gedankengänge kommen nicht so zustande, daß sie
durch eine philosophische Urzeugung aus den physiologischen Funktionsbildern unserer Sinne abgeleitet würden, sondern sie sind an diesen Orten als Gewohnheitsgedanken des Alltagsbewußtseins je schon
vorhanden und werden durch das philosophische Denken begriffen,
d. h. auf ihre wahre geistige Reichweite zurückgeführt. Auch ohne philosophisch zu denken, »hat« der Mensch die Gedanken der praktischen
und theoretischen Gesetzmäßigkeit, der Vernunft, der Moralität, der.
Religion usw., wie sie in Kap. II., III., V., VI. und VII. erörtert sind. Wie
aber kommt er zu diesen Gedanken, wenn er sie nicht begrifflich
denkt? Er ertastet sie aus der Selbsttätigkeit der physiologischen Sin-
nesprozesse und gibt ihnen die Form der Intellektualität. In dieser un-
gedachten Form aber sind die Gedanken finster: Das Bewußtsein hat
sie zwar, kann aber nicht verhindern, daß sich das Selbstbewußtsein
mit ihnen metaphysisch ausdehnt, daß es sie zu Weltanschauungen
macht, in denen die Begrenztheit der jeweiligen sinnlichen Natur übersehen und die spezifische Reichweite der in dieser wirkenden geistigen
Qualität unbegreiflich bleibt.

Während also Goethe den Geist aus der Aktualität der Sinneswahrnehmung zurückgewinnen will, sucht Hegel ihn aus deren Potentialität

abzuleiten. In den Funktionsbildern unserer Sinne ist die synästhetische Tastbarkeit der jeweiligen Sinneswahrnehmung als eigenständiges Moment enthalten, wodurch zugleich auch ein tastender Zugang
des Selbstbewußtseins zum Ganzen dieses physiologischen Prozesses,
d. h. eine Verwandlung von dessen geistiger Potenz in Gewohnheitsgedanken ermöglicht wird. Gegen die letzteren geht Hegel nun phänomenologisch vor: Er läßt die geistige Potenz des jeweiligen Sinnes als
Gestalt (der Philosophie-, Literatur-, oder Weltgeschichte) auftreten
und haucht ihr Leben ein, er läßt sie gewissermaßen denkend handeln,
so daß sie selbst aus den Folgen ihres Tuns in der Welt die Haltbarkeit
und Reichweite ihres geistigen Prinzips erfährt. Metaphilosophisch gesehen handelt es sich dabei um die Trennung zwischen dem geistigen
Gehalt des jeweiligen Sinnes und den aus diesem entstehenden Gewohnheitsgedanken. Als Resultat ist am Ende jedes Kapitels der wahre
Inhalt des zugrundliegenden geistigen Prinzips in begrifflicher Form
und damit zugleich die Einsicht in dessen Reichweite, d. h. die Natur
der hier auftretenden Grenze, gewonnen. Es ist die Einsicht in die Doppelnatur des Sinneswesens überhaupt als geistig-physiologischer Potentialität und selbstbezogener Aktualität des Bewußtseins, eine Einsicht, in deren begrifflich festgehaltenem Widerspruch (coincidentia
oppositorum)[141] sich dann der Übergang zu dem Strukturprinzip des
nächsten Kapitels eröffnet.

## 2. Interpretation des Hegel'schen Textes

Am Beginn des Kap. I. (S. 63–70) steht eine klassische Formulierung
der phänomenologischen Grundposition: »Das Wissen, welches zuerst
oder unmittelbar unser Gegenstand ist, kann kein anderes sein, als dasjenige, welches selbst unmittelbares Wissen, *Wissen des Unmittelbaren*
oder *Seienden* ist. Wir haben uns ebenso *unmittelbar* oder *aufnehmend*
zu verhalten, also nichts an ihm, wie es sich darbietet, zu verändern,
und von dem Auffassen das Begreifen abzuhalten« (S. 63). Darin, fährt
Hegel fort, ist Ich ein Selbst, welches Bewußtsein von sich hat, nämlich
eben als »sinnliche Gewißheit«. Und nun wird die Frage aus Platos

»Theaitetos«, ob diese Wissensform haltbar ist, in drei Gedankengängen durchkonjugiert, deren Thematik sich aus unserem metaphilosophischen Vorblick (1.) ergibt. Hegel fragt also jetzt zunächst nach der
Objektqualität dessen, was sich im Anschauungsraum zeigt (A.), sodann nach der Tätigkeit der Empfindungsseele bei der Bildung des An-
schauungsraums (B.) und schließlich nach dem Organcharakter der
Empfindungsseele selbst (C.).

## A. Das »Diese« im Anschauungsraum

Ergibt sich uns durch die »sinnliche Gewißheit« ein objektiver Inhalt
(S. 63–65, Z. 14)? Oder, metaphilosophisch: Wie wird die Sinneswahrnehmung durch die Tätigkeit der Empfindungsseele für uns zum
Gegenstand? Das Ich empfindet sich hier zunächst als reich, es hat in
seinem raum-zeitlichen Dasein eine Fülle von Empfindungen, die zu-
dem alle den Vorzug haben, unmittelbar und damit frei von Unwahrheit zu sein. Denn die Sinne täuschen uns nicht, das Sinnesorgan als
solches, seine Funktionsfähigkeit vorausgesetzt, zeigt uns, was es aufnimmt. Es fehlt ihm nur die Verbindung der Sinneseindrücke zu Gegenständen. Das Ich entdeckt, daß es vielmehr ganz arm ist, weil sich
auf dieser Ebene nichts festhalten läßt, weil sich jeder Sinneseindruck
in den nächsten hinein auflöst und so der ganze Weltinhalt dem Bewußtsein wegfließt (S. 63).

Versucht man dennoch, den Inhalt der sinnlichen Gewißheit auszusprechen, so ergreift man nur die leere Form des Urteilens selbst, denn
die vorausgesetzte Unmittelbarkeit duldet ja, wie gesagt, keine begriffliche Konkretisierung: »Die Sache *ist*; und sie *ist*, nur weil sie *ist*; sie *ist*,
dies ist dem sinnlichen Wissen das Wesentliche, und dieses reine
*Sein*[142] oder diese einfache Unmittelbarkeit macht ihre *Wahrheit* aus.
Eben so ist die Gewißheit als *Beziehung unmittelbare* reine Beziehung;
das Bewußtsein ist *Ich*, weiter nichts, ein reiner *Dieser*; der *Einzelne*
weiß reines Dieses, oder das *Einzelne*.« Jeder sich zeigende Inhalt wird
uns zum Beispiel für diesen Vorgang, aber darin liegt gerade der schwache Punkt. Der Inhalt, sagt Hegel, »spielt« hier nur »beiher«, er findet

in der sinnlichen Gewißheit immer nur Beispiele, aber keinen Halt. Auch dies ist freilich ein Inhalt: nämlich daß immerfort »aus dem reinen Sein die beiden ... *Diesen*, ein *Dieser* als *Ich* und ein *Dieses* als *Gegenstand* herausfallen« (S. 64).

Die sinnliche Gewißheit baut, indem sie ohne jede Aktivität des denkenden Bewußtseins auszukommen versucht, die Weltanschauung des Tastens oder des tastenden Sehens auf. Darin droht aber ein Kurzschluß: Wenn »der Diese« kein anderes Objekt fände, als »das Diese«, dann würden beide ineinander und im Nichts verschwinden. Bedenken wir, daß auch beim physischen Tasten nicht das äußere Objekt als solches, sondern dessen Widerstand, das Zurückgedrängtwerden unserer Leiblichkeit in sich, wahrgenommen wird. Dies hat Hegel als Bild vor Augen, wenn er nun sagt: Ich muß den Kurzschluß der bloßen Eigenwahrnehmung dadurch überwinden, daß ich meiner sinnlichen Gewißheit Ausdruck verleihe und sie in ausgedrückter Form in die Bewährungsprobe der Wirklichkeit schicke. Wie könnte dieser Ausdruck geschehen, wenn er nicht geistiger Akt der begrifflichen Erkenntnis, sondern bloße Übersetzung des inneren Tastvorgangs ins Äußere sein soll? Ganz einfach: Ich schreibe auf, was ich sinnlich wahrgenommen habe und vergleich es mit dem, was ich dann wahrnehme. Die dabei gemachte Voraussetzung (»eine Wahrheit kann durch Aufschreiben nicht verlieren, eben so wenig dadurch, daß wir sie aufbewahren«) ist zwar nicht unproblematisch, aber sie erfüllt ihren Zweck. Die aufgeschriebenen Wahrheiten: »Jetzt ist Nacht«, »Hier ist ein Baum« erweisen sich am nächsten Mittag und aus einem anderen Blickwinkel gesehen als »schal«, obwohl andererseits das »Jetzt« und »Hier« (nur eben als Tag und Haus) sich erhalten haben. (S. 65).

## B. Das »Meinen« als Empfindungsseelentätigkeit

Was im Anschauungsraum als solchem entsteht, hat keine wirkliche Objektqualität. Es ist zwar nicht bloße Sinneswahrnehmung, sondern eine seelische Verarbeitung derselben, aber zunächst nur in der Form der Reflexion, ohne die Stabilität des Gedankens. Die sinnliche Gewißheit kann sich jedoch nur darin als Weltanschauung finden, daß sie gedanklich haltbar wird. Also haben wir zu fragen, ob der Gedankengehalt, den wir im angeschauten »Diesen« vermissen, nicht vielmehr im Anschauen als seelischer Tätigkeit steckt (S. 65–66, Z. 36).

Das gedankliche Element des Anschauens ist das »Meinen«. Dieses geht nun allerdings von der Meinung aus, es handle sich gar nicht um ein Denken, sondern um das Festhalten eines sinnlichen Seins als des unmittelbar Gegebenen. Aber das ist nur eine gedankenlose Vorstellung, die wir selbst aufheben, indem wir das Gegebene aussprechen. Wir stellen uns das Angeschaute als ein einzelnes Sein vor, aber wir können es nur als allgemeinen Gedanken aussprechen: »*Dieses*, das heißt das *allgemeine Diese*; oder: *es ist*; das heißt das *Sein überhaupt*« (S. 65). Wenn wir die sinnliche Gewißheit ausdrücken, sagen wir immer etwas anderes, als wir meinen. »Die Sprache ist . . ., wie wir sehen, das Wahrhaftere; in ihr widerlegen wir selbst unmittelbar unsere *Meinung*, und da das Allgemeine das Wahre der sinnlichen Gewißheit ist, und die Sprache nur dieses Wahre ausdrückt, so ist es gar nicht möglich, daß wir ein sinnliches Sein, das wir *meinen*, je sagen können.«

Entsprechend steht es mit dem Inhalt der »Meinung«, die als solche nicht zu begründen ist und deshalb auch keinen Anspruch auf Objektivität erhebt. Sie ist unmittelbar »die meinige«, der jeder andere mit gleichem Recht »die seinige« gegenüberstellen kann. Im Meinen lebt der Mensch, wie es in der »Rechtsphilosophie« heißt, in »einem weichen Elemente, dem sich alles Beliebige einbilden läßt«,[143] in welchem er nur nach seiner innerlich gefühlten und gewollten Geistesrichtung tastet, ohne seiner Subjektivität eine gedankliche Form zu geben. So bleibt nur das subjektive Vermeinigen als Inhalt der »sinnlichen Gewißheit« übrig: »Ihre Wahrheit ist in dem Gegenstande als *meinem* Gegenstande, oder im *Meinen*; er ist, weil *Ich* von ihm weiß« (S. 66). Aber gerade diese Radikalisierung der Subjektivität führt nun wiederum in ihr Gegenteil, nämlich durch ihren sprachlichen Ausdruck. Wir meinen zwar das einzelne Ich als Träger seiner individuellen Meinung, aber wir können diese Vereinzelung nur in einer allgemeinen Form, ebenso wie beim »Hier« und »Jetzt«, aussprechen. »Indem ich sage, *dieses Hier, Jetzt* oder ein *Einzelnes*, sage ich a l l e *Diese, alle Hier,*

*Jetzt, Einzelne*; ebenso, indem ich sage, *Ich, dieser einzelne Ich*, sage ich überhaupt, *alle Ich*; jeder ist das, was ich sage; *Ich, dieser, einzelne, Ich.*« Wir sind also mit der Meinung und mit dem Ich als Meinungsträger noch im unmittelbaren Umschlagen der sinnlichen Reflexion befangen, die durch die Einmischung des Tastsinnes in ihrer formellen Allgemeinheit fest- und von der Konkretisierung zur Besonderheit und Einzelheit eines wirklichen Gegenstandes ferngehalten wird.

## C. Die Empfindungsseele als selbständiges Organ

Die beiden ersten Gedankengänge von Kap. I. haben keine haltbare Gegenständlichkeit erbracht. Weder die Entstehung des Anschauungsraumes allein, noch die ihr zugrundeliegende seelische Tätigkeit ließ sich als Objekt des Bewußtseins festhalten. Jetzt fragt es sich, ob uns nicht das Organ dieser Tätigkeit, die Empfindungsseele als solche, gegenständlich werden kann (S. 66–70). In Hegels Worten geht es also nunmehr darum, »das *Ganze* der sinnlichen Gewißheit selbst als ihr *Wesen* zu setzen, nicht mehr nur ein Moment derselben, wie in den beiden Fällen geschehen ist, worin zuerst der dem Ich entgegengesetzte Gegenstand, dann Ich ihre Realität sein sollte. Es ist also nur die *ganze* sinnliche Gewißheit selbst, welche an ihr als *Unmittelbarkeit* festhält, und hiedurch alle Entgegensetzung, die im vorherigen stattfand, aus sich ausschließt« (S. 67).

Die Empfindungsseele, so sagen wir metaphilosophisch, ist ein archaisches Seelenorgan, welches im Unbewußten des heutigen Menschen lebt und wirkt. Deshalb ist ihre Wirkungsweise zunächst nur indirekt begreifbar, nämlich in der transzendentalphilosophischen Analyse als primäre Einung des Bewußtseins (Aufbau des Anschauungsraumes überhaupt). Was aber ist ihr Wesen? Wie könnte ich mir dieses unmittelbar zum Bewußtsein bringen? Ich müßte dasjenige beiseiteschieben, was mein Alltagsbewußtsein besetzt, nämlich die Inhalte der Verstandesseele. Ich müßte dazu, wie es ja in vielen Meditationsanweisungen gesagt wird, den ganzen Meinungswirrwarr, alle sinnlichen Eindrücke und Differenzen, sowie alles Differenzieren überhaupt aus dem Bewußtsein ausschalten, um die reine Seelenwachheit als solche zu erleben: »Ich dieses behaupte also, das Hier als Baum, und wende mich nicht um, so daß mir das Hier zu einem Nichtbaume würde; ich nehme auch keine Notiz davon, daß ein anderer Ich das Hier als Nichtbaum sieht, oder daß Ich selbst ein anderesmal das Hier als Nichtbaum, das Jetzt als Nichttag nehme, sondern Ich bin reines Anschauen; Ich ... halte an *Einer* unmittelbaren Beziehung fest: das Jetzt ist Tag.«

Hegel bestreitet nicht, daß das Ich im meditierenden Rückgang in die Empfindungsseele eine Erleuchtung haben kann. Er fragt nur, woher dieses Licht kommt, und seine Antwort lautet: Prüfen wir es, indem wir das erleuchtete Ich mit seiner reinen Empfindung auf ein Du zugehen lassen. »*Zeigen* müssen wir es uns lassen, denn die Wahrheit dieser unmittelbaren Beziehung ist die Wahrheit *dieses* Ich, der sich auf ein *Jetzt* oder ein *Hier* einschränkt.« Aber damit ist die vorausgesetzte Differenzlosigkeit auch schon zerstört. »Es wird das *Jetzt* gezeigt, *dieses Jetzt*. Jetzt; es hat schon aufgehört zu sein, indem es gezeigt wird; das *Jetzt*, das *ist*, ist ein anderes als das gezeigte, und wir sehen, daß das Jetzt eben dieses ist, indem es ist, schon nicht mehr zu sein.« Wenn es gezeigt wird, ist es immer schon gewesen. »Aber was *gewesen* ist, ist in der Tat *kein Wesen, es i s t nicht*, und um das Sein war es zu tun.«

Wo bleibt also die Wahrheit der sinnlichen Gewißheit? Gibt es ein die Sinnesempfindung ausdrückendes »Hier« und »Jetzt« gar nicht? Doch, sagt Hegel, aber nur als mit seiner Allgemeinheit vermittelte Einzelheit. Das Hier muß die subjektive Standortbestimmung innerhalb der subjektiv-objektiven Topographie der Wirklichkeitsverfassung sein, das Jetzt als intentionales Moment des Handelns innerhalb des gleichmäßigen Flusses der Stunden und Tage (›kairos‹ in Beziehung zu ›chronos‹). Die ganze Analyse hat nur dasjenige zum Resultat, was das »natürliche Bewußtsein« schon längst weiß, nämlich daß es auf die Bewegung ankommt, in welcher die Einzelheit ihr Dasein als Einzelheit in der Allgemeinheit findet, d. h. als »*ein in sich Reflektiertes* oder *Einfaches*, welches im Anderssein bleibt, was es ist; ein Jetzt, welches absolut viele Jetzt ist« (S. 68). Oder, metaphilosophisch: Empfindungsseele, welche den Anstoß der Bewußtseinsbildung gibt, die aber, wenn sie allein den Horizont der Welterfahrung bilden wollte, in einen Autismus der Empfindungsleiblichkeit geraten müßte. Nicht die Erfahrung der Wirklichkeit, nur eine Abstraktionstendenz im Denken könnte das Bewußtsein in diese Sackgasse führen. Und das, sagt Hegel, gelte auch schon für den griechischen Menschen, der bereits durch die Grundschule der eleusinischen Mysterienweisheit in die Lebensphilosophie eingeführt worden sei, um eine allfällige Fixierung auf das Ansichsein der sinnlichen Dinge zu überwinden. Weil der Mensch denke, müsse er in das »Geheimnis des Essens des Brotes und des Trinkens des Weines« erst wieder eingeweiht werden; die Tiere haben das nicht nötig, »denn sie bleiben nicht vor den sinnlichen Dingen als an sich seienden stehen, sondern, verzweifelnd an dieser Realität und in der völligen Gewißheit ihrer Nichtigkeit langen sie ohne weiteres zu, und zehren sie auf; und die ganze Natur feiert, wie sie, diese offenbare Mysterien, welche es lehren, was die Wahrheit der sinnlichen Dinge ist« (S. 69).

Was bleibt also von der sinnlichen Gewißheit übrig? Dies, daß ich etwas ausdrücken will, ohne mein Ich dabei zu objektivieren, daß ich aber in eben diesem Versuch die Erfahrung mache, daß ich darin mein Ich schon objektiviert habe. Ich muß es aussprechen, was das Diese ist, ich muß meine subjektive Empfindung der Sprache anvertrauen, welche »die göttliche Natur hat, die Meinung unmittelbar zu verkehren, zu etwas anderem zu machen, und so sie gar nicht *zum Worte kommen* zu lassen« (S. 70). Diese Erfahrung aber ist der Ausgangspunkt der nächsten Entwicklungsstufe des Bewußtseins. Durch sie habe ich etwas gelernt: Ich nehme jetzt das mir Begegnende so auf, »wie es in Wahrheit ist, und statt ein Unmittelbares zu wissen, *nehme ich wahr.*«

# Kapitel II.
# »Die Wahrnehmung; oder das Ding
# und die Täuschung«

## 1. Metaphilosophischer Vorblick

Wir stehen hier mitten im Abschnitt »A.«, also mitten in dem Prozeß der Konstituierung des Bewußtseins überhaupt, dessen metaphilosophische Grundlage wir oben, im Vorblick auf Kap. I., näher erörterten. Danach handelt es sich jetzt darum, die Wirkungsweise der Verstandesseele als des die archaische Empfindungsseelentätigkeit überlagernden Organs philosophisch zu rekonstruieren. Mit »Wahrnehmung« meint Hegel also nicht die Sinneswahrnehmung in der üblichen Bedeutung, sondern dasjenige, was auf der seelischen Seite, in der Sinnesempfindung, den allgemeinen Anschauungsraum zum proportionierten Seh-, Hör- usw. Raum macht. Dies aber ist ein Denken, Geltendmachen der Verallgemeinerungskraft des Gedankens gegenüber der kraftlosen Allgemeinheit des »Diesen« als des je einzeln ertasteten Inhalts, wie Hegel z. B. in § 420, Enz. 1830 sagt: »Das Bewußtsein, das über die Sinnlichkeit hinausgegangen, will den Gegenstand in seiner *Wahrheit nehmen*, nicht als bloß unmittelbaren, sondern als vermittelten, in sich reflektierten und allgemeinen.«

## A. Die Verstandesseele
## und die Reihe ihrer philosophischen Gestalten

Metaphilosophisch sagen wir, daß die Verstandesseele in der griechisch-römischen Kulturepoche erwachte, d. h. daß sie das Selbstbewußtsein der damaligen Menschheit erfüllte, während der Mensch der Neuzeit seine Weltanschauung auf die Ebene der Bewußtseinsseele hebt. Daraus entsteht ein das ganze moderne Geistesleben durchziehendes Spannungsverhältnis. Zwar gibt es am Wahrheitsgehalt des kategorialen Grund-Satzes des Kap. II. ›Es ist ein realer Weltinhalt für ein realistisch wahrnehmendes Bewußtsein‹ nichts zu deuteln. Aber der Verstand muß sich auf die praktische Rationalität dieses Satzes beschränken, er darf nicht beanspruchen, daraus eine vollgültige Weltanschauung zu machen. Insofern entspricht die von Kant vorgenommene Grenzziehung zwischen dem praktisch-empirischen Forscher und dem aus der Bewußtseinsseele heraus denkenden Transzendentalphilosophen der Realität der modernen Bewußtseinsverfassung. Andererseits ist die Verstandesseele mit dieser ihrer Rolle nicht einverstanden, sondern erhebt Anspruch auf eine ihrem Inhalt entsprechende Weltanschauung. Eben dadurch erweist sie sich als Subjekt, als Seelenorgan, wie Hegel schon in der »Differenz«-Schrift feststellt, wo es kurz und bündig heißt: »Der Verstand ahmt die Vernunft im absoluten Setzen nach und gibt sich durch diese Form selbst den Schein der Vernunft, wenngleich die Gesetzten an sich Entgegengesetzte, also Endliche sind.«[144]

Wer auch im Zeitalter der Bewußtseinsseele noch die Inhalte der Verstandeserkenntnis als unbegrenzt gültig behandelt, der überschreitet den Wahrheitsgehalt dieser ratio und befestigt die Weltanschauung des empirischen Rationalismus. Das geschieht einerseits in der materialistischen Orientierung des Alltagsdenkens, andererseits in derjenigen Philosophie, welche die Beziehung zwischen Mensch und Materie auf die Sinnesempfindung, auf das Prinzip des Sensualismus zurückführt. Die diesem Prinzip entsprechende Weltanschauung baut auf einer komplexeren Subjekt-Objekt-Beziehung auf, als sie sich in der »sinnlichen Gewißheit« ergab. In der Welt der Verstandesseele stehen sich auf der Seite des Subjekts der Mensch mit seinen verschiedenen Sinnen, und auf der Seite des Objekts das Ding mit seinen vielen Eigenschaften so gegenüber, daß sich daraus ein geschlossener Beziehungskreis ergibt. Und als Vertreter dieser Weltanschauung läßt Hegel nun in Kap. II. nacheinander Descartes, Locke, Berkeley, Hume und Kant auf der »phänomenologischen« Bühne auftreten. Deren jeweilige »Wahrnehmungs«-Philosophie haben wir zunächst kurz zu charakterisieren.

Hegels Abhandlung ist in der Tat zunächst eine Rekapitulation und Kritik der Position *R. Descartes'* (1596–1650). Der letztere hat in einer

seiner »Meditationen«[145] am Beispiel eines Stückes Wachs die gleichen
Fragen gestellt, die wir Hegel in Kap. II. bezüglich des Salzes stellen
hören, wobei der Unterschied dieser beiden Gegenstände dem verschiedenen Härtegrad der Gedankengänge durchaus entspricht. Descartes läßt das Wachs nämlich schmelzen und entdeckt: Eigenschaften,
die er dem vorher harten Gegenstand beilegte, sind im weichgeworde-
nen nicht mehr vorhanden, obwohl es sich doch nach wie vor um Wachs
handelt. Daraus folgert er: Weil die Dinge der realen Erscheinungswelt
sich verändern, kann ich über ihre sinnlich wahrnehmbaren Eigenschaften nicht sicher urteilen; wohl aber kann ich über die Tätigkeit
meines Geistes urteilen, nämlich darüber, ob dieser aus dem sinnlich
Beobachteten jeweils die richtigen Schlußfolgerungen zieht. In dieser
rationalen Beziehung zur Welt weiß ich mich als ein Ich, oder umgekehrt: Das methodisch denkende (klar unterscheidende) Ich rekonstruiert den Weltinhalt als rationalen.

An Descartes knüpft *J. Locke* (1632–1704) an, auf den sich Hegel in
Kap. II. ebenfalls bezieht.[146] Für Locke ist der Inhalt der menschlichen
Seele das Produkt ihrer sinnlichen Erfahrungen und der rationalen
Verknüpfung solcher Erfahrungen. Eine eigene geistige Aktivität des
Ich als des Subjekts einer inneren Selbstgestaltung des Menschen gibt
es hier nicht. Dementsprechend sieht Locke auch das Verhältnis des
Menschen zur Welt als eine einfache Dualität. Einige Eigenschaften
der Dinge kommen diesen selbst zu (»primäre Qualitäten«: Ausdehnung, Masse, Bewegung, Gestalt, Oberflächenform). Andere Eigenschaften (die »sekundären Qualitäten«) sind nur von den Dingen veranlaßte Sinnesempfindungen (Farbe, Wärme, Geräusch), die aber nur
solange vorhanden sind, wie sie wahrgenommen werden, die also
nichts mit dem Ansichsein der Dinge zu tun haben. Man kann in dieser
Dualität so etwas wie eine Vorwegnahme der Steiner'schen Einteilung
des menschlichen Sinneswesens in einen oberen (= Lockes »sekundäre Qualitäten«) und einen unteren Bereich sehen. Steiners These,
daß die unteren (willensverwandten) Sinne für die Wissenschaft des
modernen Menschen besonders ins Gewicht fallen, entspricht Lockes
Verbindung der aus diesem Bereich stammenden Wahrnehmungen mit
dem Sein des Dinges selbst als dessen »primärer Qualitäten«.[147]

Auf Locke folgt *G. Berkeley* (1685–1753) mit seiner Sinnes-
Ideenlehre,[148] die jedoch nicht von der Unterscheidung primärer und
sekundärer Dingqualitäten, sondern von einem prinzipielleren Dualismus zwischen Sinnlichkeit und Geist ausgeht. Der Mensch ist für Berkeley ein geistiges Wesen, das den Inhalt der Welt durch seine Sinne
wahrnimmt, nämlich als Eigenschaften der Dinge, die wiederum Offenbarungen schöpferischer Geister oder der göttlichen Ideen sind. Das
Sein der Dinge ist ihr Wahrgenommenwerden, »esse est percipi«. Ein
Ansichsein der Körper, und entsprechend: Ein realer Raum, in welchem sich diese befänden, kommt für Berkeley nicht in Betracht. Es
gibt vielmehr nur eine Mehrzahl von Wahrnehmungsräumen (Seh-,
Hör-, Tast- usw. Raum), die das Subjekt aufgrund seiner Erfahrung
mehr oder weniger gewohnheitsmäßig verbindet. Diese Form der Einung des subjektiven Bewußtseins (zusammengefaßt in dem Satz »esse
est percipere«) liegt Berkeleys Geistbegriff letztlich zugrunde.

Ersetzt man in dieser Philosophie die metaphysische Dimension
durch eine logische, bei Aufrechterhaltung des Sensualismus im übrigen, kommt man zu *D. Hume* (1711–1776).[149] Dieser stellt sich auf den
Boden der Logik, indem er davon ausgeht, daß alle möglichen Aussagesätze entweder »analytischer«, apriorisch aus dem Satz der Widerspruchsfreiheit deduzierter oder »empirischer« Art sind, also auf Erfahrung beruhen. Hume gilt als Skeptiker, weil er von den möglichen
Formen der Erkenntnissynthese nur die rational-empirische als wissenschaftlich haltbar anerkannte. Auch die Geltung des Kausalgesetzes
soll keinen anderen Grund haben, als unsere Gewöhnung an das, was
im Leben erfahrungsgemäß als Ursache-Wirkungsgeschehen auftritt.
Das Wichtige an dieser Theorie ist, daß in ihr die Gewohnheitsbildung
als eine geistige Realität erkannt ist. Hume ist aus seiner antimetaphy-
sischen Haltung heraus geradezu zum Metaphysiker der Verstandesseele und ihrer den Bildkräfteleib prägenden Kraft geworden.

Eben damit bildet er die Brücke zu *I. Kant* (1724–1804). Der letztere
tritt in der »Phänomenologie« mehrmals auf, vor allem als Transzen-
dentalphilosoph in Kap. III. und als Ethiker in Kap. VI. Aber wir treffen
ihn auch am Ende von Kap. II., nämlich als Vertreter der empiristischen
Wissenschaftstheorie, die er selbst aus seiner philosophischen Ver-

nunftkritik ableitet. Hierüber sagt Hegel in einer Parallelstelle zu unserem Kap. II., in § 420 Anm. Enz. 1830: »Die nähere Stufe des Bewußtseins, auf welcher die *Kantische Philosophie* den Geist auffaßt, ist das *Wahrnehmen*, welches überhaupt der Standpunkt unseres *gewöhnlichen Bewußtseins* und mehr oder weniger der *Wissenschaften* ist. Es wird von sinnlichen Gewißheiten einzelner Apperzeptionen oder Beobachtungen ausgegangen, die dadurch zur Wahrheit erhoben werden sollen, daß sie in ihrer Beziehung betrachtet, über sie reflektiert (wird), überhaupt daß sie nach bestimmten Kategorien zugleich zu etwas Notwendigem und Allgemeinem, zu *Erfahrungen*, werden.« Kant, so lautet hier der Vorwurf, verzichtet darauf, aus dem transzendentalphilosophischen Ansatz eine zusammenhängende Geistesphilosophie abzuleiten, und bewegt sich stattdessen in die Richtung der offenen Erkenntnistheorie, in welcher das spekulative Schließen aufhört und vielmehr das einfache rationale Urteil in der Form »x ist A« gilt, in dem die Subjektivität des denkenden Menschen sich ausdrückt.

## B. Die spezifische Sinnlichkeit der rationalisierenden »Wahrnehmung«

Die Frage lautet also jetzt: Können wir die sensualistischen Verstandesphilosophien und ihre Weltanschauung derart hintergehen, daß wir sie auf eine bestimmte sinnliche Wurzel als das bestimmende *Strukturelement* ihrer Vorstellungsart zurückführen? Gibt es eine spezifische Sinnlichkeit der Verstandesseelentätigkeit, entsprechend derjenigen, welche wir oben in der Empfindungsseele als Wirkung des tastenden Sehsinns feststellten? Aus dieser Fragestellung folgt in Kap. II. eine viel härtere Bewährungsprobe für unsere zweite Interpretationshypothese als in Kap. I. Denn der dort entworfene Bewußtseinshorizont, der reine Anschauungsraum der Empfindungsseele als solcher, ist ja nur die theoretische Rekonstruktion von etwas, das als menschliche Erlebensform einer längst vergangenen Welt angehört. Die »Wahrnehmungs«-Theorien der westeuropäischen Sensualisten dagegen entsprechen einer zeitgenössischen Weltanschauung, die, wenngleich ihrem geistigen

Inhalt nach zurückgeblieben, doch von vielen praktischen Wissen-
schaftlern und vom gewöhnlichen materialistischen Alltagsbewußtsein, vertreten wird. Ist es möglich, über einen so vielfältigen Aus-
drucksbereich des real wirkenden Zeitgeistes eine so einfache sinnestheoretische Aussage zu machen, wie sie in unserer zweiten Interpretationshypothese angekündigt wird? Hegels Gedankengänge in Kap. II.
der »Phänomenologie« gehören zu den schwierigsten seiner Philosophie überhaupt. Aber das kann auch daran liegen, daß der an sich
einfache sinnesphysiologische Tatbestand hier besonders tief verborgen und daher nur mit einer großen gedanklichen Anstrengung einsichtig zu machen ist.

Aristoteles unterscheidet in »De Anima« die von ihm betrachteten
drei Bewußtseinssinne so, daß er sagt: Der Tastsinn ist beim Menschen
am schärfsten ausgebildet, der Geschmackssinn ist (wegen seiner tastenden Wahrnehmungsart) ebenfalls scharf, der Geruchssinn dagegen ist eher unscharf und entsprechend begriffsfern.[150] Diese Reihenfolge tritt auch in unserer Interpretation des Kap. I. bis III. der »Phänomenologie« auf. In Kap. I. deuten wir die sinnliche Gewißheit als Anschauung der Empfindungsseele, als tastendes Sehen, in welchem die
Trennung des menschlichen Denkens vom Geist überhaupt und die
Intellektualisierung des letzteren beginnt. In Kap. II. sehen wir entsprechend die Weltanschauung der Verstandesseele auf den Geschmackssinn, und in Kap. III. diejenige der Bewußtseinsseele auf den Geruchssinn aufgebaut. In diesem Zusammenhang erhält die von Aristoteles
vorgenommene Reihung einen klaren Sinn: Der Tastsinn ist deshalb
unser am schärfsten ausgebildeter Sinn, weil sein physiologisches
Funktionsbild unser Bewußtsein am unmittelbarsten prägt, weil in ihm
die Subjekt-Objekt-Spaltung überhaupt festgehalten wird, so daß es
auch keinerlei geistiger Anstrengung bedarf, um aus ihm die Weltanschauung der sinnlichen Gewißheit aufzubauen. Demgegenüber ist
das physiologische Funktionsbild des Geschmackssinnes etwas verborgener, aber dennoch so bewußtseinsnah, daß sich auf seiner Grundlage
der *Aufbau* der Weltanschauung der Verstandesseele (im Gegensatz zu
ihrem transzendentalphilosophischen *Abbau* in Kap. II.) ohne größere
Mühe vollziehen läßt. Noch verborgener und unschärfer ist das Funk-

tionsbild des Geruchssinnes, weshalb auch der Aufbau der ihm entsprechenden Weltanschauung (vgl. Kap. III.) schon viel schwieriger ist. Ebenso wie das Tasterlebnis gehört auch das Geschmacks- und Geruchserlebnis zu denjenigen Sinneseindrücken, die den Menschen vom Beginn seines Lebens an begleiten. Mit jeder Nahrungsaufnahme ist ein Tasten, Schmecken und Riechen verbunden, so daß sich hier schon auf ganz elementarem Wege für das Kind zwei Ebenen voneinander trennen, die wir logisch als »Was?« (Nahrung überhaupt zur Befriedigung des Hungers) und »Wie?« (breiig? warm? süß? salzig? usw.) unterscheiden. Könnte darin nicht eine Prägewirkung für das gewohnheitsmäßige Denken überhaupt verankert sein, die es uns als ganz selbstverständlich erscheinen läßt, das ansichseiende Ding und seine Eigenschaften als zweierlei zu betrachten? Im Alltag orientieren wir uns an der Brauchbarkeit der Dinge für je situationsgegebene Zwecke (ein Buch kann dem Zornigen auch als Wurfgeschoß dienen, dann kommt es nicht mehr auf Inhalt an, sondern nur noch auf Härte des Einbands und Gewicht), also an »Eigenschaften«, die wir spontan aus unseren Sinnesempfindungen ableiten. Erst wenn wir darüber nachdenken, kommen wir zu dem Gedanken, daß hier einzelne Eigenschaften voneinander und wiederum das Ding selbst von seinen Eigenschaften zu unterscheiden sind. Hier können wir nicht mehr von sinnlichkeitsgebundenem Denken im allgemeinen reden, sondern wir müssen den Grund der Sinnlichkeit bestimmen, d. h. ihn von verwandten Formprinzipien abgrenzen. Daraus ergibt sich für die ersten drei Kapitel der »Phänomenologie« unsere metaphilosophische Fragestellung: Lassen sich die Funktionsbilder von Tast-, Geschmacks- und Geruchssinn als konkrete Imaginationen logisch-begrifflich unterscheiden? Läßt sich diese Unterscheidung im Kreis der philosophiegeschichtlich aufgetretenen Ontologien festmachen? Läßt sich zeigen, daß die oben (A.) skizzierten Philosophien eine gemeinsame Wurzel im physiologischen Funktionsbild des Geschmackssinnes haben?

Die Eigenart dieser Sinnestätigkeit liegt darin, wie hier die verschiedenen Wahrnehmungsmodalitäten in dem einen Geschmacksorgan zusammengefaßt sind. Wir unterscheiden die Geschmäcker im wäßrigen Element des Stoffes, und unserer Mundhöhle, als *süß, salzig, bitter* und *sauer* (während wir die mehr aromatischen Eindrücke über das Luftelement im Naseninnenraum aufnehmen, d. h. riechen). In der Morphologie des Geschmacksorgans ist kein Unterschied hinsichtlich jener Wahrnehmungsqualitäten zu bemerken: Geschmacksknospen, -nerven und die ins Gehirn laufende Geschmacksbahn lassen nicht erkennen, was hier jeweils geschmeckt wird. Dennoch sind die vier genannten Modalitäten im Munde lokalisiert, also räumlich gegeneinander abgegrenzt, und zwar so, daß das Süße hauptsächlich an der Zungenspitze, das Bittere an der Zungenwurzel und im Gaumen, das Saure besonders an den Zungenrändern und das Salzige auf der ganzen Zungenfläche geschmeckt wird. Der Geschmackssinn selbst verhält sich zu dieser Vierheit seiner Modalitäten wie das gewöhnliche Ding zu der Vielheit seiner Eigenschaften, nämlich sie trennend und sie als Getrennte koordinierend. Er hat, wie H. J. Scheurle sagt, die Besonderheit, »daß seine Qualitäten funktionell voneinander isoliert erscheinen, so daß man sie fast verschiedenen Sinnen zuordnen könnte. Die Eigenständigkeit der Qualitäten zeigt sich am *Mischgeschmack*. Bei ihm verschmelzen die Komponenten nicht miteinander, sondern bleiben wie durch einen Hiatus getrennt.«[151] Während bei anderen Sinnen die Mischung der Wahrnehmungsmodalitäten jeweils eine neue Qualität ergibt (für den Sehsinn z. B. aus gelb und blau grün wird) entsteht aus der Mischung von sauer und süß nicht eine neue Qualität, »sondern der süß-säuerliche Mischgeschmack. ... Wie für Mischgeschmäcker, gilt auch für Nachgeschmäcker und Geschmackstäuschungen, daß die Einzelkomponenten weitgehend für sich getrennt erlebt werden.«

Dieses Verhältnis, daß in einem Sinnesorgan die verschiedenen Modalitäten der durch es vermittelten Wahrnehmung räumlich auseinandergelegt sind und bleiben, ist von logischem Interesse. Es entspricht nämlich genau einer Denkfigur, die von Descartes erfunden wurde, der Kurvendarstellung im Koordinatensystem der analytischen Geometrie. Auch hier ist jede Kurve ein Wesen (sie hat eine Gleichung, z. B. die Parabel: $y^2 = x$) und sie kann in einer Vielheit räumlich getrennter Punkte dargestellt werden, die aber in dieser Trennung gesetzmäßig aufeinander bezogen sind. Genauso stellt sich, wie Hegel in Kap. II. zeigt, die Einheit des Dings und die Vielheit seiner Eigenschaften dar.

Beide Beziehungen sind schlechthin nicht voneinander zu trennen, sie
fallen als verschiedene in unmittelbarer Einheit zusammen, worin eben
die Endlichkeit des eigenschaftsbehafteten Dings (und der Denkform
der analytischen Geometrie) zutagetritt.

## 2. Interpretation des Hegel'schen Textes

Kapitel II. (S. 71–81) beginnt mit einer Anknüpfung an das Resultat
von I.: »Die unmittelbare Gewißheit nimmt sich nicht das Wahre, denn
ihre Wahrheit ist das Allgemeine; sie aber will das *Diese* nehmen. Die
Wahrnehmung nimmt hingegen das, was ihr das Seiende ist, als Allgemeines« (S. 71). Beide Erkenntnisarten sind hier Subjekte einer Tätigkeit, sie »nehmen« sich ihre jeweilige Wahrheit, und wir schauen ihnen
dabei zu. Allerdings auch wiederum nicht passiv, denn wir sind ja in der
Entwicklung von I. zu II. denkend mitgegangen. Und dabei hat die Unterscheidung zwischen Subjekt und Objekt, die in Kap. I. aus der Erscheinung nur »heraus(ge)fallen« ist, eine Vertiefung erfahren. Sie ist
uns eigentlich erst in der Negation der sinnlichen Gewißheit richtig
»entstanden«, nämlich als rationale Beziehung auf die Welt.

Ausgangspunkt ist also jetzt »das Seiende als Allgemeines« oder die
Allgemeingültigkeit des Wahrnehmens, metaphilosophisch gesehen:
Die Verstandesseelentätigkeit. Diese gehört freilich nicht nur dem Subjekt an, sie hat auch eine objektive Seite, sie ist gespalten in ihre »unmittelbar sich unterscheidenden Momente, Ich ein allgemeines und
der Gegenstand ein allgemeiner.« Können wir hier nicht einfach von
der Verstandesseele als Organ, als einem Subjekt und Objekt vereinigenden Wesen sprechen? Nein, sagt Hegel, zunächst müssen wir die
diesem Organ entsprechende Gegenständlichkeit entwickeln. Zwar ist
»für uns oder an sich ... das Allgemeine als Prinzip das *Wesen* der
Wahrnehmung; und gegen diese Abstraktion (sind) die beiden Unterschiednen, das Wahrnehmende und das Wahrgenommene, das *Unwesentliche*. Aber in der Tat, weil beide selbst das Allgemeine oder das
Wesen sind, sind sie beide wesentlich; indem sie aber sich als Entgegengesetzte aufeinander beziehen, so kann in der Beziehung nur das

eine das Wesentliche sein, und der Unterschied des Wesentlichen und Unwesentlichen muß sich an sie verteilen.«

Auch die Verstandesseele ist ein unvollständiges Seelenorgan, auch sie existiert als solche nicht, auch ihr kommt keine Daseinsform zu. Was existiert, sind ihre Erscheinungsformen, an denen nun die Validität des dahinterstehenden Organs geprüft wird. Die Erscheinungsform der Verstandesseele ist das Ding in der Beziehung zwischen seinen wesentlichen und seinen unwesentlichen Elementen, wozu auch die Wesentlichkeit oder Unwesentlichkeit des Wahrgenommenwerdens gehört. In der »Wissenschaft der Logik« behandelt Hegel diese Beziehungen in der »*Lehre vom Wesen*«, wo er sagt: »Dieser (der schwerste) Teil der Logik enthält vornehmlich die Kategorien der Metaphysik und der Wissenschaften überhaupt; – als Erzeugnisse des reflektierenden Verstandes, der zugleich die Unterschiede als *selbständig* annimmt und zugleich *auch* ihre Relativität setzt, beides aber nur neben- oder nacheinander durch ein *Auch* verbindet und diese Gedanken nicht zusammenbringt, sie nicht zum Begriffe vereint« (§ 114 Anm. Enz. 1830). Genau dieselbe Problematik treffen wir in Kap. II. an, wo sie in einer Reihe von systematisch aufeinander aufgebauten philosophiegeschichtlichen Skizzen entfaltet wird.

Bevor Hegel nun in die Reihe dieser geschichtlichen »Wesenslogiken« eintritt, entwickelt er den ontologischen Grundbegriff des empirischen Verstandes, »*das Ding von vielen Eigenschaften*« (S. 71–73, Z. 34). Descartes hatte in der zweiten seiner »Meditationen« ein Stück Wachs als ein solches Ding beschrieben und diese Beschreibung auf ihre logische Haltbarkeit überprüft. Hegel wiederholt diesen Ansatz, logisch schärfer zugreifend, am Beispiel des Salzkristalls. An diesem Ding nehmen wir die Eigenschaften »weiß«, »kubisch«, »scharfwürzig« und »von bestimmter Schwere« wahr. Aber was ist eine »Eigenschaft«? Hier treffen wir sogleich auf die inspirative Kraft der logischen Abstraktion, welche die sich aufdrängenden Bilder verdrängt, um stattdessen den reinen Begriff des Verdrängten festzuhalten. Dieser ist das wahre Resultat des Kap. I. Die Nichtigkeit des bloß gemeinten »Diesen« oder des nur getasteten Inhalts ist nicht nur eine theoretische Widerlegung, sondern sie erhält als solche Seinscharakter, sie ist eine ei-

gene Weise der Gedankenprägung im Bildekräfteleib: »Das Dieses ist
also gesetzt als *nicht dieses* oder als *aufgehoben*; und damit nicht Nichts,
sondern ein bestimmtes Nichts oder ein *Nichts von einem Inhalte*, nämlich *dem Diesen*. Das Sinnliche ist hiedurch selbst noch vorhanden, aber
nicht, wie es in der unmittelbaren Gewißheit sein sollte, als das gemeinte Einzelne, sondern als Allgemeines …; das Nichts, als *Nichts des
Diesen*, bewahrt die Unmittelbarkeit auf und ist selbst sinnlich, aber
eine allgemeine Unmittelbarkeit« (S. 72).

Die Sinnlichkeit, von der Hegel hier spricht, ist das metaphiloso-
phisch-physiologische Funktionsbild des Geschmackssinnes als Struk-
turvorbilder der Gedankengänge des empirischen Verstandes. Philosophisch kann sie uns nur indirekt, in der Ontologie des Dings und
seiner Eigenschaften, bewußt werden. Diese zerfällt in drei verschiedene Beziehungen. Zum ersten sind die Eigenschaften des Salzes so an
diesem, daß es weiß und »auch« kubisch und »auch« scharfwürzig
usw. ist (S. 72), d. h. daß sie sich zwar vollständig durchdringen, aber
dennoch nicht berühren oder beeinträchtigen; sie sind vielmehr ganz
gleichgültig gegeneinander, »ein *einfaches Zusammen* von vielen, aber
die vielen sind in *ihrer Bestimmtheit* selbst *einfach Allgemeine*.« Das
Salz ist so gesehen nur das »Auch« der Eigenschaften, »das reine Allgemeine selbst, oder das Medium, die sie so zusammenfassende *Dingheit*.« – Andererseits sind es aber jeweils auch ganz bestimmte Eigenschaften, die dem Ding seine Identität geben, die an ihm notwendig
vorhanden sein müssen. Die Besonderheit des Salzes liegt so gesehen
darin, nicht-grün, nicht-süß, nicht-rund usw., sondern weiß, scharf,
kubisch zu sein. Damit wird eine Unterscheidung als Ausschließung
und Negation vollzogen, die außer dem »einfachen Medium« der
Dingheit liegt; und die letztere ist daher »nicht nur ein *Auch*, gleichgültige Einheit, sondern auch *Eins, ausschließende Einheit*« (S. 73).

Damit, sagt Hegel, ist »die *Dingheit* als *Ding* bestimmt«. Das heißt:
Die Dingheit besteht in ihren drei ontologischen Beziehungen und unserem begrifflichen Festhalten dieses Beziehungsverhältnisses. Die
drei Beziehungen sind: »a) die gleichgültige passive Allgemeinheit, das
*Auch* der vielen Eigenschaften, oder vielmehr *Materien*, b) die Negation
ebenso als einfach; oder das *Eins*, das Ausschließen entgegengesetzter

Eigenschaften, und c) die vielen *Eigenschaften* selbst ...«, oder die
Kontinuität des Dings in seinem Eigenschaftsprozeß (z. B. der Wasser-
löslichkeit des Salzes und dessen Kristallisierung als Wiederherstellung der kubischen Form). Das Ding ist hiernach »der Punkt der Einzelheit in dem Medium des Bestehens in die Vielheit ausstrahlend.«
Was aber unser Begreifen dieser Beziehungen betrifft, so wird es nun
von Hegel gewissermaßen aufgelöst in die Gestalten der Philosophiegeschichte, welche uns darin vorausgegangen sind.

## A. Analyse des Dings und seiner Eigenschaften nach Descartes

»So«, heißt es im Rückblick auf die wesenslogische Einleitung des Kap.
II., »ist nun das Ding der Wahrnehmung beschaffen; und das Bewußtsein ist als Wahrnehmendes bestimmt, insofern dies Ding sein Gegenstand ist; es hat ihn *nur zu nehmen*, und sich als reines Auffassen zu
verhalten; was sich ihm dadurch ergibt, ist das Wahre« (S. 73). Es fragt
sich aber, ob das Ich der Wahrnehmung die in den drei oben genannten
Beziehungen enthaltenen Gedanken so aufnehmen kann, daß es sich
dabei nicht verändert (S. 73–75, Z. 6). Das ist es, was die cartesianische
ratio will: Es soll nur die Richtigkeit der subjektiven Urteile über das
Objekt, nicht die Haltbarkeit der Eigenschaften des letzteren, festgestellt werden. Aber ist diese Zielsetzung wirklich so bescheiden, wie
sie scheint? Die Verstandesseele läßt hier den Dingbegriff im Allgemeinen stehen, um sich bequemer darin niederlassen und ihre Erkenntnisart darin verabsolutieren zu können. Hegel aber scheucht sie aus ihrer
Bastion auf. Auch wenn es nur um die Richtigkeit des subjektiven Urteils über das Wahrgenommene geht, so muß sich doch das Wahrnehmen auf einen ontologisch haltbaren Dingbegriff beziehen. Umgekehrt: Ergänzt man die Descartes'schen Wahrnehmungen jeweils um
die ontologische Dimension der Dingheit, dann erweisen sie sich als ein
situationsgebundenes Denken, als Produkt des empirischen Verstandes.

So wie für Descartes das Wachs, bietet sich für das wahrnehmende
Bewußtsein überhaupt zunächst »der Gegenstand ... als *rein Einer* dar«

(S. 74). An ihm nehmen wir die Eigenschaften als allgemeine wahr:
Dieses »Weiß« gehört dem Weißsein im Allgemeinen, d. h. der Farben-
welt an, dieses »Kubisch« ist eine Allgemeinbestimmung der Geometrie usw. Also ist der Gegenstand nicht rein Einer, sondern er geht in
eine »Gemeinschaft« vieler allgemeiner Eigenschaften über. Aber auch
dabei kann nicht stehengeblieben werden, denn die Eigenschaften sind
»bestimmte, anderem *entgegengesetzte* und es ausschließende«, so daß
ich vielmehr ihr gesetzmäßiges Zusammengehören in dem Gegenstand und diesen als »ausschließendes Eins« setzen muß. Auch damit
gerate ich in einen Widerspruch, denn das Ding besteht nicht nur aus
dieser gesetzmäßigen Bestimmtheit seiner Eigenschaften, sondern
auch aus dem gleichgültigen Neben- und Ineinander der letzteren, aus
dem »auch« weiß, »auch« kubisch usw. Wir müssen also das Ding als
Träger dieser beiden Seiten, als »gemeinschaftliches Medium« des gesetzmäßigen Soseins und des gleichgültigen Auchseins begreifen. Aber
das übersteigt die Möglichkeiten der Wahrnehmungslogik bei weitem.[152] Versuchen wir es dennoch, so lösen wir die Dingeinheit auf und
greifen die »einzelne Eigenschaft für sich« heraus, nämlich ohne verstandesmäßigen Zusammenhang, als »sinnliche Gewißheit«, womit
wir in die schon aufgehobene Erkenntnisart des Kap. I. zurückfallen.

## B. Die Eigenschaften als primäre und sekundäre Qualitäten
nach Locke

Die Absicht der Descartes'schen Verstandesseele, eine Weltanschauung aufzubauen, in welcher sie als empirisch wahrnehmendes Subjekt
von dem Wechsel der Objektbeziehungen, und damit von dem Problem
der Ontologie überhaupt unberührt bleibt, ist gescheitert. Das Bewußtsein, sagt Hegel, macht die Erfahrung, »wie sein Wahrnehmen wesentlich beschaffen ist, nämlich nicht als einfaches reines Auffassen, sondern *in seinem Auffassen* zugleich aus dem Wahren *heraus in sich reflektiert* zu sein. Diese Rückkehr des Bewußtseins in sich selbst, die sich in
das reine Auffassen unmittelbar ... *einmischt*, verändert das Wahre«
(S. 75). Also muß versucht werden, diese Veränderung des Gegenstan-

des aus dem Wahrnehmungsvorgang wieder herauszuziehen (S. 75–76,
Z. 23). »Das Bewußtsein erkennt diese Seite ... als die seinige und
nimmt sie auf sich, wodurch es also den wahren Gegenstand rein erhalten wird.«

Damit wird Lockes Philosophie zur Prüfung gestellt, die mit ihrer
Unterscheidung von primären und sekundären Dingqualitäten in
Wahrheit einen ontologischen mit einem erkenntnistheoretischen Ansatz vermischt. Das Ding ist als Träger seiner primären Qualitäten eine
Einheit, während seine sekundären Qualitäten in die Vielheit der Sinnesorganisation des Wahrnehmenden fallen sollen. Hegel durchschaut
diesen Kunstgriff und widerlegt die ganze These, indem er sie radikalisiert. Alle Eigenschaften des Dings sind nämlich »sekundäre Qualitäten« i. S. Lockes, indem sie durch unsere Sinne wahrgenommen werden: »Dies Ding ist also in der Tat nur weiß, an *unser* Auge gebracht,
scharf *auch*, an *unsre* Zunge, *auch* kubisch, an *unser* Gefühl (sc.: Tastsinn) usf. Die gänzliche Verschiedenheit dieser Seiten nehmen wir
nicht aus dem Dinge, sondern aus uns; sie fallen an unserem von der
Zunge ganz unterschiedenen Auge usf. so auseinander. Wir sind somit
das *allgemeine Medium*, worin solche Momente sich absondern, und
für sich sind« (S. 75 f.). So versucht Locke die Komplexität der ontologischen Beziehungen einfach zwischen Subjekt und Objekt zu verteilen. Indem das Subjekt die Vielheit der Eigenschaften seinem differen-
zierten Sinnesorganismus zuschreibt, läßt es auf der anderen Seite eine
unspezifische Einheit des Objekts übrig, ohne diesem Ding an sich
noch weitere Aufmerksamkeit zu widmen.

Hier setzt nun wiederum Hegel an. Warum, so fragt er, sehen wir das
Salz als weiß und nicht als schwarz? Warum schmeckt es scharf und
nicht süß? Weil dies die bestimmten Eigenschaften des Salzes sind.
»Die Dinge selbst also sind *an und für sich bestimmte*; sie haben Eigenschaften, wodurch sie sich von andern unterscheiden. Indem die *Eigenschaft* die *eigene* Eigenschaft des Dinges, oder eine Bestimmtheit an
ihm selbst ist, hat es *mehrere* Eigenschaften« (S. 76), – denn ohne eine
solche Mehrheit wäre das Ding keine Einheit, als Bezugspunkt seiner
Eigenschaften. Als Mehrheit der Eigenschaften des Dinges aber müssen diese in derselben Beziehung stehen, wie Locke sie dem wahrneh-

menden Subjekt vorbehalten will, als »Auch«-Sein des Weißen, Scharfen, Kubischen usw. Das Ding selbst ist beides, die bestimmte Einheit
der Eigenschaften und das allgemeine Medium ihres Beieinander-
seins.

Damit ist der Sensualismus Lockes widerlegt, und zugleich als
Grenzüberschreitung der Verstandessele erkannt. Wenn die letztere
bliebe, was sie ist, praktische ratio, dann würde sie sich auf die Dinglichkeit als ein objektiv-reales, aber begrenzt gültiges Strukturprinzip
unserer Welt beziehen, so wie in der Mathematik die Möglichkeiten der
analytischen Geometrie als objektiver Vereinigung von rechenbarer
Kurvenformel und linearer Kurvendarstellung eben dort gebraucht
werden, wo sie funktionieren. Indem die Verstandesseele aber mehr
will, nämlich sich zur Weltanschauung erheben, versenkt sie sich in das
physiologische Funktionsbild des Geschmackssinnes, aus welchem
sich in der Tat eine Weltanschauung der Dinglichkeit machen läßt, weil
hier das »Was?« und das »Wie?« (die einheitliche Sinnestätigkeit und
die verschiedenen Geschmacksmodalitäten) an sich schon getrennt
sind. Das Trennungspotential, welches dieser unserer Sinnestätigkeit
zugrundeliegt, läßt sich geistig bis zum Glauben an ein Ding an sich
steigern, an welchem die sensualistischen Philosophen festhalten,
während Hegel die sinnliche Wurzel des Dinggedankens aufdeckt.

## C. Die Eigenschaften als geistige Wesenheiten nach Berkeley

Die Erfahrung der Verstandesseele besteht darin, daß sie den Produkten ihrer Denkart als den Objekten ihrer Welt wiederbegegnet und sich
durch diese in ihrer Souveränität eingeschränkt findet. Diese Einschränkung möchte sie aufheben, aber ohne dabei ihre Denkart zu ändern. Also ersinnt sie eine neue Konstruktion, um die Beziehung von
Ding und Eigenschaften als absolute aufrechtzuerhalten (S. 76–77,
Z. 12). Dabei handelt es sich um ein Gegenbild zu Lockes Theorie, wo
das Ding die bestimmte Einheit verkörperte, der Wahrnehmende aber
die Vielheit der Eigenschaften auf sich nahm. Jetzt ist es so, daß am
Ding selbst die Eigenschaften in beziehungsloser Vielheit bestehen sol-

len, während der Wahrnehmende ihre bestimmte Einheit darstellt, indem er sie (wie der Beleuchter im Theater, der Bildelemente hervorhebt und verdunkelt) mittels des »Auch« und des »Insofern« hinzu- oder wegnimmt. »Es wird also von dem Dinge gesagt: *es ist* weiß, *auch* kubisch und auch scharf usf. Aber *insofern* es weiß ist, ist es nicht kubisch, und *insofern* es kubisch und auch weiß ist, ist es nicht scharf usf. Das *Ineinssetzen* dieser Eigenschaften kommt nur dem Bewußtsein zu, welches sie daher an dem Ding nicht in Eins fallen zu lassen hat. Zu dem Ende bringt es das *Insofern* herbei, wodurch es sie auseinander, und das Ding als das Auch erhält« (S. 76).

Damit erfaßt Hegel die Berkeley'sche Spielart des Sensualismus, in welcher das Sein des Dings grundsätzlich auf eine Wahrnehmbarkeit seiner als Idee zurückgeführt wird. »Esse est percipi«, wobei der Grad der Vermittlung der Idee durch die Physiologie der Wahrnehmung (der Sinne, der Gefühle, der Erinnerung usw.) offenbleibt. Weil Berkeley auf deren metaphysischen Charakter, nämlich als Mitteilung geistiger Wesen, pocht, kann er sich die begriffliche Arbeit des Inbeziehungsetzens der Ideen zueinander sparen. Die eine Wahrnehmung unterscheidet sich von der anderen, weil in der einen dieser Geist, in der anderen jener Geist seine Idee offenbart. Erst in diesem Streben nach Geistesgegenwart, sagt Hegel, sei das »*Einssein*« an sich richtig »von dem Bewußtsein ... auf sich genommen, daß dasjenige, was Eigenschaft genannt wurde, als *freie Materie* vorgestellt wird. Das Ding ist auf diese Weise zum wahrhaften *Auch* erhoben, indem es eine Sammlung von Materien, und, statt Eins zu sein, zu einer bloß umschließenden Oberfläche wird.«

Berkeleys Standpunkt ist so zwar ein geistiger, aber er ist pluralistisch begrifflos, er begreift nicht die Einheit des Geistigen und Sinnlichen. Deshalb muß er auch den Locke'schen Standpunkt gelten lassen, daß das Ding an sich eine Einheit sei und die Vielheit seiner Eigenschaften nur in unsere Sinnesorganisation falle. Das Bewußtsein, sagt Hegel, erfährt hier (im englischen Sensualismus), »daß es abwechslungsweise ebensowohl sich selbst als auch das Ding zu beidem macht, zum reinen vielheitslosen *Eins*, wie zu einem in selbständige Materien aufgelösten *Auch*« (S. 77). Auf das Funktionsbild des Geschmackssinnes be-

zogen, als eine organische Einheit, welche die Vielheit ihrer Modalitäten räumlich auseinanderlegt, könnte man sagen: Locke betont hier
mehr die Einheit der Funktion des Geschmacksorgans, Berkeley dagegen mehr die darin gesonderten Wahrnehmungsmodalitäten.

Nimmt man aber beide Standpunkte zusammen, dann zeigt sich, daß
das Trennen hier nicht nur in der Reflexion des subjektiven Bewußtseins (in der Trennungstätigkeit der Verstandesseele) liegt, sondern
daß es eine objektive Grundlage hat, »daß vielmehr das (sc. wahrgenommene) Wahre selbst, das Ding, sich auf diese gedoppelte Weise
zeigt. Es ist hiemit die Erfahrung vorhanden, daß das Ding sich *für das
auffassende Bewußtsein* auf eine bestimmte Weise *darstellt*, aber *zugleich* aus der Weise, in der es sich darbietet, *heraus* und *in sich reflektiert ist*, oder an ihm selbst eine entgegengesetzte Wahrheit hat.«

## D. Die Denkgewohnheit als Grundlage des empirischen Geistes nach Hume

Welches ist der Ort, an dem der oben aufgezeigte Widerspruch der
Dingheit sich auflöst? Wenn die Weltanschauung der verstandesmäßigen Wahrnehmung die Spaltung zwischen Subjekt und Objekt immer
wieder, sei es auf der einen oder auf der anderen Seite, neu erzeugt,
dann muß jetzt »diese ganze Bewegung, welche vorher an den Gegenstand und an das Bewußtsein verteilt war«, zum Gegenstand der Erkenntnis werden (S. 77–79, Z. 2). Metaphilosophisch gesagt: Wir haben hier die Tätigkeit der Verstandesseele als solche, nicht mehr nur ihr
Produkt, das im Trennungspotential des Geschmackssinnes reflektierte Ding, zu betrachten.

Damit kommen wir zur Betrachtungsweise Humes. Dessen bekann-
teste These ist die Erklärung der Logik des Kausalitätsgesetzes aus der
sinnlichen Erfahrung, daß die Anstöße der Materie jeweils auch materielle Folgen haben, und aus der subjektiven Gewöhnung an diese Erfahrung. So naiv diese These klingt, so hat sie doch gerade wegen ihrer
Einfachheit Kant tief getroffen und zu seiner »kopernikanischen Wendung«, zur transzendentalphilosophischen Absage an die Weltan-

schauung des Sensualismus überhaupt, herausgefordert. Sie enthält in der Tat einen starken anthropologischen Einschlag, der sofort sichtbar wird, wenn man sie als Schluß formuliert: Die Vielheit der sinnlichen Folge-Erfahrungen wird durch die entsprechende Gewohnheit als Gedanke des Kausalitätsgesetzes in der Seele festgehalten. Hume, sagt Hegel in seinen philosophiegeschichtlichen Vorlesungen, erkennt, daß die begriffliche Notwendigkeit überhaupt darin besteht, das Entgegengesetzte (hier: Sinnliche Wahrnehmung und Gedanken) zur Einheit zu bringen. Aber er findet diesen Begriff nur »ganz subjektiv in der Gewohnheit; tiefer kann man im Denken nicht herunterkommen«.[153] Das heißt nicht, daß der physiologische Grundgedanke, mit welchem das Denken hier »erklärt« wird, falsch sei. Er ist nur insofern falsch, als Hume darauf verzichtet, diese physiologische Eigendynamik mit der Kraft der philosophischen Gedanken zu durchdringen.

Hier setzt Hegels Analyse an, die nur zu verstehen ist, wenn man sie zunächst von der metaphilosophischen Seite her beleuchtet. Wenn wir sagen, daß der Mensch seine Gedankenorganisation im Bildekräfteleib trage, so heißt das, daß ihm die Gedanken, welche er in seiner Seele denkt, in jener substantiellen Sphäre begreiflich und verfügbar werden. Nun kann aber diese Gedankenbildung auch ganz gewohnheitsmäßig ablaufen, indem das Ich das Denken der Verstandesseele überläßt, die wiederum in dem Trennungspotential des Geschmackssinnes ein Strukturbild hat, in welches sie jeden neuen Gedanken hineinfallen läßt. Damit schließt sich ein Regelkreis, der nicht mehr zum Bewußtsein kommt, weil er selbst das Bewußtsein (der »Wahrnehmung«) ist. Aber Hegels Philosophie kann auch diesen Regelkreis wieder aufbrechen und die Weltanschauung Humes, welche ihn absolut setzt, widerlegen. Der Ansatzpunkt dafür ist die Ontologie des Dings, welches auch als Gewohnheitsbildung im Bildekräfteleib keine einheitliche, sondern eine in sich widersprüchliche Natur hat. Das zeigt sich, wenn wir denken, also einen neuen Gedanken in der Seele fassen und unserem Bildekräfteleib einprägen wollen; die Schwierigkeit dieses Vorgangs besteht darin, daß der neue Gedanke auf die schon vorhandenen Denkgewohnheiten stößt, die gegen ihre Veränderung Widerstand leisten, obwohl sie selbst auf keine andere Weise entstanden sind, als der neue

Gedanke entstehen will. Kurz gesagt: Hegel widerlegt Hume mit dem
Hinweis darauf, daß man einmal angenommene Gewohnheiten sich
auch wieder abgewöhnen kann, während die dingliche Struktur der
Welt in ihrem Bereich etwas Bleibendes ist.

Dieser Bruch in Hume's Weltanschauung wird nun in Kap. II. mit
einer komplizierten begrifflichen Operation aufgezeigt. Hegel wiederholt zunächst noch einmal das bisherige Resultat, d. h. die Momente
des Dings, welche sich ergeben, wenn man das Ganze des sensualistischen Gedankenganges (sowohl Lockes wie Berkeleys Ontologie) als
gegenständliche Einheit setzt: »Das Ding ist *Eins*, in sich reflektiert;
es ist *für sich*, aber es ist auch *für ein anderes*; und zwar ist es (ebenso)
ein *anderes* für sich, *als es* für anderes ist. Das Ding ist hienach für sich
und *auch* für ein anderes, ein *gedoppeltes* verschiedenes Sein, aber es
ist *auch Eins*; das Einssein aber widerspricht dieser seiner Verschiedenheit« (S. 77). Das heißt: Es ist eine Denkgewohnheit im Bildekräfteleib vorhanden; diese ist dem Subjekt selbstverständlich geworden,
und gehört insofern zu den bewußtseinsbildenden Faktoren, d. h. sie
ist ein Ding für sich, aber bleibt als solches unbewußt. Sie ist aber andererseits auch veränderbar, in welchem Falle sie bewußt und das Bewußtsein selbst sich verändern würde. Dieser innere Widerspruch ist
die Grenze, an welcher der Gedanke der Dingheit überhaupt seine
Geltung verliert.

Was bedeutet das für die äußeren Dinge? Sind sie nur unsere Einbildung und an sich ohne reale Existenz? Nein, sagt Hegel, das Ding
äußert seine Widersprüchlichkeit darin, daß sich die unvereinbaren
Momente auf verschiedene Dinge verteilen, so daß ihm die Endlichkeit seines Wesens als ein anderes Ding von außen entgegenkommt:
»Das Ding ist also wohl an und für sich, sich selbst gleich; aber diese
Einheit mit sich selbst wird durch andere Dinge gestört; so ist die Einheit des Dings erhalten, und zugleich das Anderssein außer ihm, so
wie außer dem Bewußtsein.« Was in der Psychologie die »Projektion«
ist, die Darstellung der komplexen Charakterstruktur in verteilten
Rollen, das ist in der Welt der Dinge ebenso vorhanden, indem jede
Eigenschaft des Dings in ihrer Beziehung auf ein anderes wiederum
zum Ding, bzw. jede Funktion der Ware (Werbung, Verpackung, Ver-

sand, Konsum, Abfallbeseitigung etc.) wiederum zur Ware wird, und sich so der Widerspruch der Dingheit als deren Vervielfältigung darstellt. Was ergibt sich nun aber, wenn wir umgekehrt das Ding als Einzelnes setzen, welches seine Eigenschaften als identitätsbestimmende Merkmale an sich hat, sie also nicht in anderen Dingen vervielfältigt? Dann ist die Beziehung auf Anderes eine polemische, in welcher bestimmte (rüstende) Eigenschaften *wesentlich* werden, während andere *unwesentlich* bleiben. Also zeigt sich auch hier der innere Widerspruch: Insofern das Ding für sich bleibt, sind alle seine Eigenschaften gleichermaßen konstitutiv und identitätsbegründend, insofern es dagegen in den Wirklichkeitsprozeß tritt, ist es polemisch verfaßt. Zwischen diesen beiden »Insofern« besteht ein Unterschied, der als theoretischer »absolut« bleibt, der also nur praktisch aufgehoben werden kann, indem das Ding sich gegenüber dem anderen dieser Bestimmung gemäß verhält; »das Verhältnis aber ist die Negation seiner Selbständigkeit, und das Ding geht vielmehr durch seine wesentliche Eigenschaft zugrunde« (S. 78, z. B. Salz *ist* würzig = es wird beim Würzen verbraucht; es *ist* wasserlöslich = es verliert seine Form usw.).

» Sunt lacrimae rerum « – so weist uns der Dichter darauf hin, daß in der Dingheit ein objektiver Widerspruch waltet, daß das Leben in der Welt des Menschen nicht so anwesend sein kann, wie es eigentlich will. Der Philosoph aber weiß die Tränen der verdinglichten Natur zu trocknen, indem er ihren Widerspruch begreift. Dieser Punkt ist Hegel so wichtig, daß er hier in der phänomenologischen Entwicklung des Gegenstandes innehält, um den ontologischen Begriff des Dings auf die Ebene der Wissenschaft der Logik zu heben: »Das Ding ist gesetzt als *Fürsich*sein, oder als absolute Negation alles Andersseins; daher absolute, nur sich auf sich beziehende Negation; aber diese sich auf sich beziehende Negation ist Aufheben *seiner selbst*, oder sein Wesen in einem Andern zu haben.« In der Gewohnheit, noch stärker in der Sucht, wird der Bildekräfteleib des Menschen verdinglicht, weshalb wir im gewohnheitsmäßigen Denken an der Dingheit aller Inhalte festhalten. Im philosophischen Denken aber setzen wir unsere geistige Aktivität dort ein, wo sonst physiologische Prozesse ihr Eigenwesen entfalten. So entsteht der Begriff des Dings als eines absolut realen, aber endlichen, weil aus der Verschmelzung von Selbst- und Anderssein bestehenden Weltinhalts.

## E. Die Inkonsequenz der von Kant vollzogenen Wendung

Mit der zuletzt erreichten Fassung des Dingbegriffs ist dessen phänomenologische Entwicklung abgeschlossen (S. 79, Z. 2–Z. 23). Das letzte »Insofern«, welches das Fürsichsein des Dings von seinem Sein für anderes trennte, ist weggefallen, woraus sich ergibt: »Der Gegenstand ist ... *in einer und derselben Rücksicht das Gegenteil seiner selbst: für sich, insofern er für anderes, und für anderes, insofern er für sich ist.* Er ist *für sich,* in sich reflektiert, Eins; aber dies *für sich,* in sich reflektiert, Eins-Sein ist mit seinem Gegenteile, dem *Sein für ein Anderes* in einer Einheit, und darum nur als aufgehobenes gesetzt« (S. 79). Wir müssen uns radikal von dem entfernen, was Locke als die Einheit des Dings angesehen hat, nämlich dessen »primäre Qualitäten« der Form, der Schwere, der Bewegung. Diese Momente sind wohl auch an dem Gegenstand, aber als synästhetische Wahrnehmungen unseres Tast-, Gleichgewichts- und Eigenbewegungssinnes. Die Dingheit dagegen ist ein *Gedanke,* und zwar derjenige, welchen die Verstandesseele faßt und aus ihrer gewohnheitsmäßigen Verbindung mit dem physiologischen Funktionsbild des Geschmackssinnes heraus geistig verstärkt; als solcher in sich widersprüchlicher (weil physiologisch bedingter) wird der Gedanke dem Bildekräfteleib eingeprägt, d. h. in Hegels Worten: Das Eins der Dingheit ist »nur als aufgehobenes gesetzt«.

Damit nähern wir uns der ontologischen Grundeinsicht Kants: Es gibt keinen Gegenstand an sich, sondern nur bestimmte Weisen der Vergegenständlichung,[154] die eigentlich Gedanken sind, aber für gewöhnlich ungedacht bleiben, d. h. aus dem dumpfen Zusammenspiel der menschlichen Wesensglieder zu Erscheinungen des Bewußtseins aufsteigen. Eine solche Vergegenständlichung liegt im tastenden Anschauen als der »sinnlichen Gewißheit« des Kap. I.; eine weitere liegt in der »Wahrnehmung« des Kap. II., die sich durch das Zusammenwirken von Verstandesseele und Geschmackssinn im Bildekräfteleib als Denkgewohnheit verfestigt. Man kann sagen, daß sich »der Gegenstand« selbst hier entwickelt habe: »Aus dem sinnlichen Sein wird er ein Allgemeines; aber dies Allgemeine ist, da es *aus dem Sinnlichen herkommt*, wesentlich durch dasselbe *bedingt* und daher überhaupt nicht wahrhaft sich selbst gleiche, sondern *mit einem Gegensatze affizierte* Allgemeinheit, welche sich darum in die Extreme der Einzelnheit und Allgemeinheit, des Eins der Eigenschaften und des Auchs der freien Materien trennt. Diese reinen Bestimmtheiten scheinen die *Wesenheit* selbst auszudrücken, aber sie sind nur ein *Fürsichsein*, welches mit dem *Sein für ein Anderes* behaftet ist; indem aber beide wesentlich *in einer Einheit* sind, so ist jetzt die unbedingte absolute Allgemeinheit vorhanden, und das Bewußtsein tritt hier erst wahrhaft in das Reich des Verstandes ein.« Was heißt nun das? Der Gebrauch des Verstandes kann nicht gemeint sein, denn dieser muß ohnehin die philosophische Argumentation immer tragen. Das »Reich des Verstandes« ist vielmehr diejenige Gedankenwelt, welche aus dem Funktionsbild einer anderen Sinnestätigkeit geschöpft wird, wozu das Subjekt sich fähig macht, indem es den Absolutheitsanspruch des Dings (das Sich-Vertiefen im Trennungspotential des Geschmackssinnes) aufgibt. Im Aushalten der *coincidentia oppositorum* des Gedankens des Dings öffnet sich das Tor zu einer neuen Weise der Vergegenständlichung.

Hegels Darstellung bewegt sich hier also in der entgegengesetzten Richtung wie Kants »Kritik der reinen Vernunft«, welche die Anschauung durch den reinen Verstand mit dem empirischen Verstand verbindet, die also aus dem »Reich des Verstandes« in das »Reich der Wahrnehmung« zurückgeht. Ganz deutlich wird das bei Kant in dem Abschnitt »Widerlegung des Idealismus«, welcher das Kapitel »Grundsätze des reinen Verstandes« abschließt.[155] Hier versucht Kant, gegen Descartes und Berkeley, zu beweisen, daß die transzendentale Einung des Bewußtseins von der realen Existenz äußerer Dinge abhänge. Denn, so sagt er, jene Einung muß durch die innere Anschauung von etwas in der Zeit Beharrendem induziert sein, das mehr ist als eine bloße Vorstellung, sondern das wiederum als sinnliche Wahrnehmung von etwas außer mir Seiendem ausgeht. »Folglich ist die Bestimmung meines Daseins in der Zeit nur durch die Existenz wirklicher Dinge, die ich außer mir wahrnehme, möglich«. Hegel sagt demgegenüber: Das in der Zeit Beharrende sind unsere Denkgewohnheiten, die allerdings aus dem Sinnlichen herkommen, aber nicht ein Sein der äußeren Dinge schlechthin beweisen, sondern vielmehr nur das Wirksamsein der Sinneswelt in unserem Innern. Und dort sind die verschiedenen Sinnesbezirke aus ihren Funktionsbildern heraus philosophisch zu unterscheiden, woraus auch folgt, daß diesen Bildern sektoral berechtigte Wissenschaftstheorien entsprechen. Eine solche ist diejenige Kants, nach welcher der empirische Verstand die Dingheit in ihre funktionalen und meßbaren Aspekte auflöst, um die Welt berechenbar zu machen. Dies ist das Verfahren welches unmittelbar aus der Transzendentalphilosophie hervorgeht und durch sie legitimiert wird, nämlich als endliches Erkennen der Endlichkeit der Welt.

## F. Die Zerstörung des Dingbewußtseins in der Praxis

Was tritt ein, wenn die Aufgabe der »ästhetischen Erziehung« der natürlichen Grundlagen unseres Denkens nicht gelöst wird (S. 79–81)? Dann müssen die Mißstände in der Welt, und zwar als spezifische Mißbräuche des im menschlichen Sinneswesen arbeitenden Geistes, zunehmen. Konkreter: Weil unser wissenschaftliches Denken sich in begrifflos-bequemer Weise der Verstandesseelentätigkeit überläßt, kann diese in ihrem gewohnheitsmäßigen Zusammenspiel mit dem Trennungspotential des Geschmackssinnes den Geist der Verdinglichung ausbreiten, welcher zum Warenfetischismus der modernen Welt wird. Das Überrolltwerden von der Ware macht das menschliche Leben selbst zu demjenigen, was die Endstation jedes Warendings ist, zu einer Mülldeponie. Das ist eine Weiterentwicklung dessen, was Hegel – noch im kleineren Format des damaligen sozialen Lebens – als die Haltung des »gesunden Menschenverstandes« gegenüber dem philosophischen Denken schildert. Dieser Opponent gegen den Geist projiziert sein eigenes Unvermögen zu denken auf die Philosophie als diejenige Instanz, welche es ihn lehren will. Er »meint ... von der Philosophie, sie habe es nur mit *Gedankendingen* zu tun. Sie hat in der Tat auch damit zu tun, und erkennt sie für die reinen Wesen, für die absoluten Elemente und Mächte; aber damit erkennt sie dieselben zugleich *in ihrer Bestimmtheit*, und ist darum Meister über sie, während jener wahrnehmende Verstand sie für das Wahre nimmt, und von ihnen aus einer Irre in die andere geschickt wird« (S. 80).

Worum es sich bei diesen »Irren« handelt, ist klar: Es sind die Kategorien der Wesenslogik (Identität, Kausalität, Funktionalität usw.), denen die Verstandesseele in der Praxis unterliegt, so lange sie sie nicht logisch denkt, so lange sie sich nicht als Wissenschaft der Logik deren Inhalt und Reichweite bestimmt und dadurch »Meister über sie« wird. Muß es nun aber bei diesem Zweiklassenbewußtsein bleiben? Nein, sagt Hegel, auch der »wahrnehmende« Verstand wird als solcher die Stufe der Bewußtseinsseele erreichen, freilich auf dem viel mühsameren und schmerzvolleren Wege, den das Sprichwort »Wer nicht hören will, muß fühlen« andeutet. In der Tat: Wer auf die Wahrheit der Logik nicht hören, wer sich nicht im denkenden Vernehmen des Logos die nötige Beweglichkeit seines Gedankenorganismus erarbeiten will, der ist dazu verurteilt, die Erfahrung der geistigen Einheit seines Lebens dadurch zu machen, daß die Einseitigkeit seiner Handlungen immer wieder durch das Leben selbst korrigiert werden. »Dieser Verlauf, ein beständig abwechselndes Bestimmen des Wahren und Aufheben dieses Bestimmens, macht eigentlich das tägliche und beständige Leben und Treiben des wahrnehmenden und in der Wahrheit sich zu bewegen meinenden Bewußtseins aus. Es geht darin unaufhaltsam zu dem Resultate des gleichen Aufhebens aller dieser wesentlichen Wesenheiten oder Bestimmungen fort, ist aber in jedem einzelnen Momente nur dieser *Einen Bestimmtheit* als des Wahren sich bewußt, und dann wieder der entgegengesetzten« (S. 80). Der wahrnehmende Verstand ist ein logischer Pluralist der das sich Widersprechende einfach nebeneinander liegen läßt. Das kann man zwar im physischen Bereich (z. B. mit Apfel und Obstmesser, als »Stilleben«) machen, aber nicht im geistigen. Was dem wahrnehmenden Verstand zugemutet wird, die »Gedanken von diesem Unwesen *zusammenzubringen* und sie dadurch aufzuheben, dagegen sträubt er sich durch die Stützen des *Insofern* und der verschiedenen *Rücksichten* ... Aber die Natur dieser Abstraktionen bringt sie an und für sich zusammen, der gesunde Verstand ist der Raub derselben, die ihn in ihrem wirbelnden Kreise umhertreiben« (S. 81).

# Kapitel III.
# »Kraft und Verstand, Erscheinung und übersinnliche Welt«

## 1. Metaphilosophischer Vorblick und Hegels Einleitung

In Kap. III. (S. 82−102) schließt Hegel die transzendentale Konstitution des Bewußtseins ab, deren metaphilosophische Grundlagen wir oben näher dargelegt haben. Danach handelt es sich darum, daß in Kap. I. die Empfindungsseele und in Kap. II. die Verstandesseele als Formen des Selbstbewußtseins an die Stelle des Denkens ein sinnliches Bewußtsein setzen, welches jedoch vor der Kraft des philosophischen Begriffs zurückweichen und seine weltanschaulichen Absolutheitsansprüche aufgeben muß. Was dabei jeweils übrig bleibt, ist eine sektorale Berechtigung der so bestimmten Geister, als Weisen der Vergegenständlichung unserer Welt und als Reichweite der ihnen entsprechenden logischen Kategorien. Indem wir nun diesen Inhalt in seiner Beschränktheit vor uns hinstellen, machen wir das Beschränken selbst zum Gegenstand unseres Bewußtseins. Das heißt: Wir betrachten jetzt den Standpunkt *zwischen* Kap. I. und Kap. II. als den eigentlichen Inhalt. Und weil unsere Operationen darin bestanden, die Beziehung zwischen Welt und Mensch als Beziehung zwischen dem äußeren Sein und dem inneren Wesen des letzteren zu begreifen, kann der neue Inhalt nichts anderes sein, als das Organ dieses Begreifens. Metaphilosophisch sprechen wir von der *Bewußtseinsseele*, durch deren Arbeit sich die übertriebene Innerlichkeit der Empfindungsseele und die Veräußerlichungstendenz der Verstandesseele gegeneinander ausgleichen. Dies ist dem heutigen Menschen noch nicht im vollen Umfange möglich, weshalb auch die Bewußtseinsseele als unvollständiges Seelenorgan und ihre Tätigkeit, wie sie in Kap. III. erscheint, nur als Beitrag zur Bewußtseinsbildung überhaupt zu betrachten ist.

In philosophischer Form wird der Schritt zur Bestimmung der Bewußtseinsseele als Organ in *Kants* »Kritik der reinen Vernunft« vollzogen. Den Anstoß dazu empfing Kant von Humes Logik der Dingheit, hinter der wiederum die Verstandesseele als Organ erscheint. Wo Hume nur das Funktionieren eines physiologischen Prozesses im Bildekräfteleib wahrnehmend rationalisiert, denkt Kant diese Funktionsweise begreifend, in ihrer logischen Notwendigkeit, und erhebt unser Denken damit auf einen Metastandpunkt des Verstandes. Er begründet den an sich auch physiologisch zu verstehenden Satz: ›Das Selbst entwirft das Bewußtsein so, daß es verstandesmäßig funktioniert‹ logisch. Damit greift er in den gewohnheitsmäßig-natürlichen Verlauf dieses Setzungsvorgangs ein, indem er ihm einen neuen Ausgangspunkt gibt. Dasjenige, was vorher nur als selbständiger Weltinhalt erschien, geht jetzt aus dem im menschlichen Denken begründeten Selbstbewußtsein hervor, womit die »kopernikanische Wendung« vom geozentrischen zum heliozentrischen Weltbild ihre philosophische Entsprechung findet.[156]

Aber der ganze Vorgang hat auch eine naturwissenschaftliche Seite, auf die es in unserem Kap. III. vor allem ankommt. Schon 1687 war mit *I. Newtons* »Philosophiae Naturalis Principia Mathematica« ein Werk erschienen, welches wesentliche Elemente von Kants Transzendentalphilosophie praktisch vorwegnimmt. Das hat Kant selbst in seiner 1786 erschienenen Schrift »Metaphysische Anfangsgründe der Naturwissenschaft« deutlich gemacht. Auch Hegel mißt der physikalischen Denkart Newtons eine philosophische Bedeutung zu, denn er sagt von ihm in den philosophiegeschichtlichen Vorlesungen, er habe »vorzüglich dazu beigetragen, die Reflexionsbestimmungen von Kräften … einzuführen; er hat die Wissenschaft auf den Standpunkt der Reflexion gehoben, statt der Gesetze der Phänomene die Gesetze der Kräfte aufgestellt«.[157] Newton und Kant, die Protagonisten der Wissenschaftstheorie von »Kraft und Verstand«, gehen von dem kategorialen Grundsatz aus: ›Die Wirklichkeit erscheint durch ihre Gesetzmäßigkeit konstituiert‹. Daraus entwickelt sich eine Denkart, in welcher bewußt wird, daß das Selbstbewußtsein des Menschen Organqualität hat, aus der Bewußtseinsseele als einem werdenden seelischen Organ[158] hervorgeht.

# A. Der Begriff der Kraft und seine rationalistisch-wissenschaftliche Ausprägung bei Newton und Kant

*I. Newton* (1643–1727) gilt in der Wissenschaftsgeschichte als Begründer der klassischen Theorie der Mechanik. Dabei heißt »klassisch« hier dasselbe, was wir auch sonst von den »Klassikern« sagen, und was Hegel von allen Trägergestalten der Philosophiegeschichte sagt, nämlich daß sie zeitlos gültige Wahrheiten ausgesprochen haben, welche aber in ihrem Geltungsbereich zu relativieren, die also trotz ihrer absoluten Gültigkeit nur von regionaler Reichweite sind. Genau so wird heute die »mechanistische« Physik Newtons in das physikalische Weltbild überhaupt hineingestellt. Ihre Gesetzmäßigkeiten sind dort gültig, wo es sich um den vom Menschen sinnlich erlebbaren Bereich der Welt, den »Mesokosmos« handelt, während sie im »Mikrokosmos« (in der atomaren und subatomaren Sphäre) und im »Makrokosmos« (in der physikalischen Kosmologie) nicht gelten. Von Hegels Standpunkt aus gehen wir hier noch einen Schritt weiter und sagen: Der Grund für diese Regionalisierung der Newton'schen Wahrheit darf nicht nur im Auftreten anderer physikalischer Theorien, d. h. aus einem physikalischen *Weltbild* heraus gesucht werden, er liegt vielmehr in der Begrenztheit der mechanistischen *Denkart* als solcher, insofern diese auf einen im Menschenwesen regionalisierten geistigen Substanzbereich gestützt ist.

Damit kommen wir auf die Zentralbegriffe unseres Kap. III., »Kraft und Verstand«. Oder, in Frageform: Was macht der Verstand mit der Kraft? Newton fragt nicht, was Kraft ist, er bildet keinen Begriff der Kraft, er will nur die Kraftwirkungen berechenbar machen. Für Kant wiederum kommt es darauf an, zu beweisen, daß ein darüber hinausgehender Kraftbegriff ein unerkennbares Ding an sich wäre. Und Hegel? Ihm kommt es in unserem Kap. III. darauf an, die sinnliche Wurzel als Falschheitsgehalt in der Denkart Newtons und Kants aufzudecken. Der eigene Kraftbegriff Hegels ist derjenige, welchen er später in seiner Logik, nämlich in der »Lehre vom Wesen«, als das reine innere Spannungsverhältnis von Wesen und Erscheinung (§§ 136 f. Enz. 1830) entwickelte, das aber auf dieser Ebene der Philosophie keine weitere, als seine abstrakt-begriffliche Ausgestaltung erfährt. Vom Standpunkt der goetheanistischen Wissenschaft aus müßte man dagegen sagen: Kraft ist ein »Urphänomen«, sie darf nicht von Anfang an in ein Spannungs-verhältnis der Begriffe (Hegel: ›Wesen und Erscheinung‹, Kant: ›At-traktion und Repulsion‹ usw.) gelegt, sondern sie muß als ein Spannen-des an sich selbst angeschaut werden. Dabei zeigen sich dann mehrere Kraftarten, so daß der obige Satz korrekturbedürftig wird: »Kraft« be-zeichnet verschiedene Urphänomene als Ideen der verschiedenen Wis-senschaften. Das Urphänomen der physikalischen Mechanik ist die Zentralkraft, das Spannende im wörtlichen Sinne, z. B. das Aufge-hängtsein eines Steines an einer Schnur. Das Urphänomen der Elektri-zität heißt auch Spannung, es ist als solches berechenbar und auch phy-sisch spürbar.[159] Das Urphänomen der Botanik, die Pflanzenbildung gemäß der Entelechie der Art und dem Bildegesetz der Gattung (Goe-thes »Urpflanze«) ist nicht berechenbar, noch tastbar, wohl aber für ein offenes Auge wahrnehmbar. Auch im sozialen und geistigen Leben gibt es Kraft als Urphänomen, um dessen Erforschung sich die Wissen-schaften mit wechselndem Erfolg bemühen. Schließlich hat die Philo-sophie selbst ihr Urphänomen, nämlich im Begreifen der Unterschei-dungskraft des Verstandes, wie Hegel es sehr prägnant ausgesprochen hat (S. 27).[160]

In unserem Kap. III. aber wird im Hinblick auf Newton und Kant die Frage gestellt: Was macht der Verstand mit der Kraft? Und die Antwort lautet: Er baut einen Raum aus sinnlicher Substanz, in welchem die Kraft *berechenbar* wird. Hier finden wir den Anschluß an die englischen Sensualisten, welche die Denkgewohnheit nur als fixierten Ablauf, punktuelle Verknüpfung im Bildekräfteleib deuten. Bringt man nun die Gesetzmäßigkeit dieses Vorgangs zur Anschauung (im Sinne von Kap. I.), dann bildet man einen Raum, der vor allem die Qualität hat, das Kräftespiel berechenbar zu machen. Newton empfand noch sehr deutlich, daß damit eine Veräußerlichung vollzogen wird, und er drückte diese Empfindung aus, indem er den berechenbaren Raum als »relativen« definierte und auf den ihn umgebenden »absoluten« Raum bezog, der wiederum gegenüber dem ihn umgebenden Bezugssystem als relativ gesetzt werden kann usw. Indem Newton diese Beziehungsfolge in einen unendlichen Regreß versetzte, kam er über die Frage: Was ist Kraft?, und über die These: Kraft ist das im relativen Raum Berechenbare, zu der weiteren Frage: Was ist der Raum an sich? Und er gab zur Antwort: Es gibt einen »absoluten Raum«, der »seiner Natur nach ohne Beziehung auf einen beliebigen äußeren Gegenstand stets gleich und unbeweglich bleibt«. Hier ruht die Theorie der Mechanik auf einem metaphysischen Fundament, welches ihr Autor zwar philosophisch anspruchslos, aber treffend bezeichnet, indem er den absoluten Raum das »Sensorium Gottes« nennt.[161]

*Kant* setzt nun Newton entgegen,[162] man dürfe vom absoluten Raum nicht sagen, »es gibt« ihn oder »er ist« (i. S. eines Dings mit Eigenschaften nach Art der Sensualisten). Vielmehr müsse der absolute Raum als transzendentale Voraussetzung, als ideale Bedingungen der Gültigkeit und Erkennbarkeit der mechanischen Gesetze überhaupt gedacht werden. Aber der hier auftretende Unterschied zwischen Physiker und Philosoph verliert sich, wenn man ihn auf die gemeinsamen Wurzeln ihres Denkens zurückführt, was Kant in den »Metaphysischen Anfangsgründen der Naturwissenschaft« tut. Die Naturwissenschaft, so heißt es dort, müsse auch als Wissenschaft auf reinen Verstandesbegriffen a priori beruhen. Damit diese eine empirische Anschauung ordnen können, müssen sie selbst anschaubar sein, was sie als mathematische Prinzipien werden. Hieraus ergibt sich die berühmte These, »daß in jeder besonderen Naturlehre nur soviel *eigentliche* Wissenschaft angetroffen werden könne, als darin *Mathematik* anzutreffen ist«.[163] Dabei versteht Kant Mathematik als Berechnung von Raumverhältnissen (Geometrie), weshalb er die in sich gerichteten Prozesse der Chemie (als nicht raum-, sondern nur zeitbestimmte Abläufe), und erst recht die Gegenstände der Psychologie, aus dem Bereich echter Wissenschaftlichkeit ausnimmt. Nur vier Bewegungsebenen, die als gesetzmäßige Verlaufsgestalten festgehalten werden können,[164] bilden letztlich den kategorialen Apparat, welcher für Kant die Gegenstände der echten Naturwissenschaft konstituiert.

## B. Die spezifische Sinnlichkeit der »übersinnlichen Welt«

Hegel radikalisiert in seinem Kap. III. den transzendentalphilosophischen Standpunkt zu einem metaphilosophischen, aus dem er sowohl die Physik Newtons wie die Wissenschaftstheorie Kants hervorgehen läßt. Dabei stellt er uns aber mit dem Aufbau des Kapitels vor ein großes Rätsel. Denn hier ist nicht nur von *einem* transzendental rekonstruierten Raum die Rede, sondern noch von einem *zweiten*, der sich als »zweite übersinnliche Welt« über der »ersten« aufbaut und sich zu dieser spiegelverkehrt verhält. Die erste übersinnliche Welt erhält ihr Dasein aus dem Postulat der Gesetzmäßigkeit alles Naturgeschehens, d. h. sie ist das ruhige »Reich der Gesetze«, welches von innen her unseren unruhigen Weltbetrieb beherrscht. Der physiologischen Substanz dieses Reiches kommen wir näher, wenn wir Newtons Wort vom Raum als dem »Sensorium Gottes« ernstnehmen. Es ist die Fühlenstätigkeit der Seele, die in ihrer Tätigkeitsform, in der Wechselbeziehung von syn- und antipathischem Pulsieren, an sich eine Raumstruktur hat, die wir zur Vorstellung eines Gesetzesreichs erheben, in welchem wiederum die einzelnen Gesetze sich entsprechend beziehen. Aber damit allein hat unsere Raumvorstellung noch keinen genügenden Halt, sie muß vielmehr noch weiter verdichtet werden, wenn sie als Grundlage der Wissenschaft des Mechanismus dienen und in unserer Welt wirken soll. Diese Verdichtung, die bei Hegel als »zweite übersinnliche Welt« hinter der ersten erscheint, ist der intellektuelle Grund der wissenschaftlichen Bewußtseinsseele, der sich metaphilosophisch aus der physiologischen Formwirkung unseres Geruchssinnes ergibt.

Auf die Verwandtschaft zwischen dem Fühlen der Seele und dem Riechen hat schon Aristoteles hingewiesen.[165] Wir riechen etwas, indem wir einatmen, also etwas in uns einziehen, was aus dem anderen Wesen in dessen Luftumkreis übergegangen ist. Wenn Menschen zusammen sind, tauschen sie ihre Atemluft aus, in der Seelisches als Syn- oder Antipathie mitschwingt, was bis in die Geruchssphäre hinein durchschlägt, weshalb wir z. B. sagen, daß wir jemanden »nicht riechen« können. Die Tiere dagegen betätigen ihren Geruchssinn mehr in der Weise des »Schnüffelns«, also wie tastend, was auch wir Menschen tun, wenn wir Gerüche nach ihrer Herkunft identifizieren wollen. Das ist nicht so einfach, weil es für die Geruchsqualitäten (im Gegensatz zu den Geschmacksqualitäten »salzig«, »bitter« usw.) keine Allgemeinbegriffe gibt. Gerüche sind, wie Scheurle sagt, »entschieden individuell-substantieller Natur«, d. h. wir beziehen uns in ihnen unmittelbar auf das Wesen, dessen seelische Ausstrahlungen wir meinen, auch wenn wir sie nur äußerlich mit dem Namen (»es riecht süß, wie Krokus«) bezeichnen können. Im Riechen haben wir also eine ganz punktualisierte Sinneswahrnehmung, die sich aus sich heraus gegen jede Verallgemeinerung sperrt: »Wenn die Individualität auf einen bestimmten Substanzcharakter trifft, entsteht ein unmittelbares Verhältnis, das aus dem Sosein beider hervorgeht und an dem durch Überlegungen zunächst nichts zu ändern ist«.[166]

Selbst die Bauart unseres Geruchsorgans weist auf die hier bestehende Besonderheit hin: Die Rezeptorzellen des etwa pfenniggroßen »Riechepithels« in der Nasenhöhlenwand gehen in kurze Nervenbündel über, die unmittelbar in einen sich rüsselartig vorschiebenden Auswuchs des Großhirns (bulbus olfactorius) einmünden. Hier besteht die einzige Synapse (Nerven-Übersprung) in der Geruchsübertragung, im Gegensatz zum Verlauf der Augennerven, der über viele Synapsen geht, wodurch die hochgradige Bildbarkeit und Proportionierbarkeit unseres Sehraumes überhaupt entsteht. Die Geschmacksübertragung ist demgegenüber schon wesentlich starrer, was wir als das Trennungspotential im physiologischen Funktionsbild dieses Sinnes bezeichnet haben. Im Geruchssinn aber ist der Übergang von der sinnlichen Wahrnehmung in die seelische Empfindung gänzlich punktualisiert. Das heißt: Wenn die Geruchsempfindung zur »Anschauung« i. S. des Kap. I. erhoben werden soll, dann ist dafür im physiologischen Funktionsbild des Geruchssinnes keinerlei Unterstützung zu finden. »Riechbares ist nicht tastbar, nicht nur in quantitativer Hinsicht, sondern prinzipiell nicht«.[167] Diese Punktualisierung des Wahrnehmungsaktes wird nun als solche von der tastenden Empfindungsseele ergriffen und zur inneren Anschauung (als Verlauf in der Zeit) gebracht, woraus folgt, daß der Verstand hier genötigt ist, einen Raum für die Gedankenbewegung selbst zu entwerfen und auch diesen Schritt der Formung des Formalen wiederum zu formalisieren.

Wie weit der einzelne dabei geht, hängt von der Energie seiner Bewußtseinsseele ab. Wer einen »guten Riecher« hat, der kann das räumliche Moment in der Fühlensbewegung der Seele, das wechselseitige Abwechseln von Syn- und Antipathie als Formkraft in sein Denken einbringen. Und wer einen noch besseren »Riecher« hat, der ist auch noch in der Lage, mit dem Gedanken der inneren Bewegung beim Ausdehnen des Geruchspunktes ins Räumliche zu folgen, d.h. den Aufbau des Anschauungsraumes selbst zu denken. Hier ist Fichte noch über Kant hinausgegangen. Am weitesten aber hat Hegel die transzendentale Analyse getrieben, indem er die beiden hier entstehenden Räumlichkeiten als »erste« und »zweite übersinnliche Welt« unterschied.

## C. Hegels Einleitung in Kapitel III.

Der Text des Kap. III. beginnt (S. 82–83, Z. 19) mit den Worten: »Dem Bewußtsein ist in der Dialektik der sinnlichen Gewißheit das Hören und Sehen usw. vergangen, und als Wahrnehmen ist es zu Gedanken gekommen, welche es aber erst im unbedingt Allgemeinen zusammenbringt« (S. 82). So richtig dies nach unserer zweiten Interpretationshypothese ist, Hegel selbst meint es nicht so ernst mit der Anknüpfung an der Sinneswahrnehmung. Er meint es mehr methodisch, indem er das »unbedingt Allgemeine« im Rhythmus der Dialektik, der auch hier im Hintergrund mitschwingt, zwischen ursprüngliche Einheit und Entzweiung hineinstellt. »Dies unbedingte Allgemeine, das nunmehr der wahre Gegenstand des Bewußtseins ist, ist noch als *Gegenstand* desselben; es hat seinen *Begriff* als *Begriff* noch nicht erfaßt.« Das heißt: Es ist zunächst noch die reine Form der Bewußtseinsseelentätigkeit, oder die ihr entsprechende Funktion im Bildekräfteleib, es ist noch nicht Bewußtsein von seiner eigenen Tätigkeit als Herstellung dieser Form, es ist »noch nicht für sich selbst der Begriff, und deswegen erkennt es in jenem reflektierten Gegenstande nicht sich.«

Wir, nämlich die Leser der »Phänomenologie«, wissen schon aus Hegels »Einleitung«, daß diese Erkenntnisgrenze überwunden werden kann. Aber wir dürfen unser Wissen noch nicht geltendmachen, sondern müssen den inneren Entwicklungsweg des Bewußtseins schrittweise mitvollziehen und die Durststrecke bis zu dessen Selbständigwerden, d. h. bis zur endgültigen Überwindung der Dinglichkeitsschranke, aushalten. Die in Kap. II. entfaltete verstandesmäßige Denkart hat zwar an sich die Begrenztheit des Dings aufgehoben, aber noch nicht die Begrenztheit des diese Aufhebung denkenden Subjekts, nämlich der Verstandesseele. Deren Impulsivität ist ein »*an sich* seiendes Wahres, das noch nicht Begriff ist, oder das des *Fürsichseins* des Bewußtseins entbehrt, und das der Verstand, ohne sich darin zu wissen, gewähren läßt. Dieses treibt sein Wesen für sich selbst; so daß das Bewußtsein keinen Anteil an seiner freien Realisierung hat, sondern ihr nur zusieht, und sie rein auffaßt. *Wir* haben hiemit noch vors erste an seine Stelle zu treten, und der Begriff zu sein, welcher das ausbildet, was in dem Resultate enthalten ist; an diesem ausgebildeten Gegenstande, der dem Bewußtsein als ein Seiendes sich darbietet, wird es sich erst zum begreifenden Bewußtsein« (S. 82 f.).

Hegels Sprache ist hart, aber klar: *Wir* haben vorläufig noch »der Begriff zu sein«, also treuhänderisch und selbstlos zu ergreifen, was sich selbst begreifen will, aber noch nicht kann. Wir müssen uns verhalten wie Eltern, die bei der Erziehung ihres Kindes auf der methodischen Ebene ein Ganzes voraussetzen und dadurch ermöglichen, daß es sich in Wirklichkeit selbst bildet. Das in Kap. III. zu Bildende ist das »unbedingte Allgemeine«, welches als Form schon aus Kap. II. hervorgegangen ist, aber jetzt inhaltlich erfüllt werden muß, so »daß darin die Einheit des *Fürsichseins* und des *für ein Anderes Seins*, oder der absolute Gegensatz unmittelbar als dasselbe Wesen gesetzt ist« (S. 83). Das ist gar nicht anders möglich, als durch ein Hineingehen in die dritte Dimension: Wir haben ein Raumgebilde, wie etwa eine Theaterbühne zu imaginieren, worin sich jede Reflexion in ein polares Verhältnis auflöst und das Bewußtsein wach wird, daß sowohl der Impuls zu dieser Reflexion wie auch derjenige zum Aufbau des Raumes, innerhalb dessen sie geschieht, von der Seelentätigkeit ausgeht.

## 2. Interpretation des Haupttextes

### *A. Die Kraft und das Spiel der Kräfte*

Kants Weg in die Newton'sche Gedankenwelt geht von der Bewußt-
seins- und Wissenschaftstheorie der »Kritik der reinen Vernunft« aus.
Auf die dort entwickelten apriorischen »Kategorien« ist auch die Gliederung der »Metaphysischen Anfangsgründe der Naturwissenschaft«
unmittelbar aufgebaut.[168] Hegel setzt anders an (S. 83–88, Z. 9). Er
gräbt sich auf der gedanklich-imaginativen Ebene durch die geistigen
Bezirke der menschlichen Sinnestätigkeiten hindurch und stellt diesen
Weg als eine kontinuierliche Begriffsentwicklung, die zugleich eine
reale Entwicklung der daran beteiligten menschlichen Wesensglieder
ist, dar. Was für Kant eine apriorische Setzung bleibt (der Raum als
transzendentale Voraussetzung der naturwissenschaftlichen Erkenntnis überhaupt), erscheint bei Hegel als ein erneutes Fündigwerden, gewissermaßen die Entdeckung einer neuen Höhle im Rahmen einer
Grabungskampagne, die sich unterirdisch von Station zu Station fortbewegt und, da sie richtig angelegt ist, immer wieder erfolgreich sein
muß.

In Kap. II. hat sich erwiesen, daß die Beziehung zwischen dem Ding
und seinen Eigenschaften, in der verstandesmäßigen »Wahrnehmung« festgehalten, zwar ein konstitutiver Faktor unserer Bewußtseinsbildung, aber dennoch ein Gedanke von nur begrenzter Reichweite ist. Diese Begrenztheit haben wir nun zu überwinden, indem wir
die Beziehung weiter ins Innere verlagern. Die Momente der Beziehung sind also immer noch dieselben, sie erhalten aber jetzt neue Namen: Das »allgemeine Medium vieler bestehender Materien« (Eigenschaften) heißt »Inhalt« und das »in sich reflektierte Eins, worin ihre
Selbständigkeit vertilgt ist« (die Dingeinheit) heißt »Form« (S. 83).
Form und Inhalt sind noch mehr als Ding und Eigenschaften innerlich
(wesenslogisch) aufeinander bezogen: Sie treten nicht mehr, wie im
koordinierten Raum des Geschmackssinnes auseinander; sie haben
vielmehr das wäßrige Element verlassen und sind in das luftartige

übergegangen, sie »sind, jede wo die andere ist; sie durchdringen sich gegenseitig, ohne aber sich zu berühren, weil umgekehrt das viele Unterschiedene eben so selbständig ist. Damit ist zugleich auch ihre reine Porosität oder ihr Aufgehobensein gesetzt« (S. 83 f.). Hierbei ist nicht an die äußere Form des Luftgases zu denken, sondern an dasjenige, was sich geistig darin abspielt und was mit dem seelischen Fühlen und dem sinnlichen Riechen unmittelbar in die Aktualität des Menschenlebens übergeht. Aus dem gleichen geistigen Bereich kann es jedoch auch begrifflich abgeleitet und als Wissenschaftstheorie zum Gegenstand des Bewußtseins gemacht werden.

Das tut Hegel jetzt mit folgendem, zu Newton und Kant hinführendem Gedanken. Wenn die »Materien« (die Eigenschaften) an ein und demselben Ding sowohl bestehen wie aufgehoben sind, müssen sie als zwischen beidem abwechselnd, d. h. in fortdauernder Wechselbewegung gedacht werden. Die Ruhelage eines Körpers im Raum ist in Wahrheit der beruhigte Antagonismus zweier Kräfte, die in Kants »Anfangsgründen« (2. Teil: »Dynamik«) als eine den Körper zu anderen Körpern hinziehende und eine ihn von diesen abstoßende Kraft, als »Attraktion« und »Repulsion« dargestellt werden. Hier knüpft Hegel an: Der Selbständigkeit der Eigenschaften entspricht die »Äußerung« der Kraft während die diese Selbständigkeit aufhebende gesetzmäßige Bestimmtheit des Dings »die in sich aus ihrer Äußerung *zurückgedrängte* oder die *eigentliche* Kraft« (S. 84) ist. Aber bei dieser abstrakt-ontologischen Vorstellung kann man nicht stehenbleiben, wie ja auch Kant nicht bei ihr stehengeblieben ist (sondern sie im 3. Teil der »Anfangsgründe« zur »Mechanik« weiterentwickelt hat). Entsprechend sagt nun Hegel: »Aber erstens die in sich zurückgedrängte Kraft *muß* sich äußern; und zweitens in der Äußerung ist sie ebenso *in sich* selbst seiende Kraft, als sie in diesem Insichselbstsein Äußerung ist. – Indem wir so beide Momente in ihrer unmittelbaren Einheit erhalten, so ist eigentlich der Verstand, dem der Begriff der Kraft angehört, *der Begriff*, welcher die unterschiedenen Momente als unterschiedene trägt«. Im Bilde ausgedrückt: An einer Schnur hängt ein Stein, actio = reactio (Spannung der Schnur = die in sich zurückgedrängte Kraft); wenn wir jetzt die Schnur durch eine Federwaage ersetzen, so zieht sich diese ein

Stück aus, und wir können das Gewicht des Steins auf ihrer Skala able-
sen; aber in der ausgezogenen Waage ist auch noch das gleiche Spannungsverhältnis vorhanden, wie vorher in der Schnur. Wir sehen die
Äußerung der Kraft, indem die Intensität des Drängens und in sich
Zurückgedrängtwerdens an der Meßskala als extensive Größe erscheint. Die Meßskala ist gewissermaßen der Verstand, an welchem die
Momente der Kraft in ihrer Äußerung auseinandertreten.

Auch wenn, wie wir oben bemerkten, Hegel den Begriff der Kraft
statt aus der Wahrnehmung des mechanischen Urphänomens vielmehr
aus der Spannkraft des wesenslogischen Begreifens selbst bildet, so
weiß er doch sehr wohl, daß es noch eines weiteren Schrittes bedarf, um
von diesem Gedanken zur Realität der Kraft zu kommen. Hier sagt er
als Philosoph (und geht damit am Kern der goetheanistischen Methode
vorbei): Wenn ich die Momente des Kraftbegriffs in urphänomenaler
Klarheit herausgearbeitet und in ihrem absoluten Antagonismus begrifflich festgehalten habe, dann kann ich von da aus auf die reale Einheit dieser Momente, die Realität der Kraft als eines inneren Span-
nungsverhältnisses des Seienden schließen, also das Urphänomen im
philosophischen »Schluß« festhalten. Deshalb, heißt es in unserem
Text, muß jetzt die Kraft »als die Substanz dieser Unterschiede gesetzt
werden, d. h. *einmal, sie* als diese ganze Kraft wesentlich *an und für sich*
bleibend, und *dann* ihre *Unterschiede* als *substantiell*, oder als für sich
bestehende Momente.« Die (als Unterschiede meßbaren) Äußerungen
der Kraft hätten keine Beständigkeit, wenn nicht die Kraft selbst Dasein
hätte;»oder die Kraft wäre nicht, wenn sie nicht auf diese entgegengesetzte Weise *existierte*«. Es handelt sich um den gleichen Prozeß, der in
der Dialektik der Wahrnehmung zur Verteilung der Momente des Eins
und des Auch auf Subjekt und Objekt führte:»Die Bewegung, welche
sich ... (dort) als das sich selbst Vernichten widersprechender Begriffe
darstellte, hat also hier die *gegenständliche* Form, und ist Bewegung der
Kraft, als deren Resultat das unbedingt Allgemeine als *Ungegenständli-*
*ches* oder als *Innres* der Dinge hervorgeht« (S. 85). Was die lastende
Kraft in sich birgt, wird durch den Verstandesmechanismus der Waage
als Quantität zur Erscheinung gebracht; für den philosophischen Begriff aber ist es ein Qualitativ-Inneres, das uns nunmehr, im Festhalten

des absoluten Widerspruchs des Kraftbegriffs, als Inneres gegenständlich wird.

Wir können uns diesen abstrakten Gedankengang etwas anschaulicher machen, wenn wir uns dabei den Mechanismus der Balkenwaage vor Augen führen. Hegel reverbalisiert gewissermaßen Newtons mathematisierende Formel ›actio ist gleich reactio‹ und liest sie so: Actio ist und reactio, obwohl an sich nur die Gegenbeziehung zu jener, ist auch. Jede der beiden Kräfte ist für die andere »das Sollizitierende«, sie ist aber überhaupt nur jeweils dadurch, daß sie auch von ihr »sollizitiert« wird: »Das Spiel der beiden Kräfte besteht hiemit in diesem entgegensetzten Bestimmtsein beider, ihrem Füreinandersein in dieser Bestimmung, und der absoluten unmittelbaren Verwechslung der Bestimmungen« (S. 86). Spielt sich nicht auch die Fühlenstätigkeit der Seele in dieser Form ab? Ist es nicht auch auf der seelischen Ebene unmöglich, das Gefühl als solches vom wechselseitigen Sollizitieren und Sollizitiertwerden im Innern zu lösen? Für die Mechanik zieht Hegel diese Konsequenz, d. h. er kommt dazu, trotz der mathematisch notwendigen Annahme einer Existenz der beiden Kräfte, jedes äußerlich-substantielle Dasein derselben aufzuheben: Die »zwei Kräfte existieren als für sich seiende Wesen; aber ihre Existenz ist eine solche Bewegung gegeneinander, daß ihr Sein vielmehr ein reines *Gesetzsein durch ein anderes* ist, d. h. daß ihr Sein vielmehr die reine Bedeutung des *Verschwindens* hat. Sie sind nicht als Extreme, die etwas Festes für sich behielten, und nur eine äußere Eigenschaft gegeneinander in die Mitte und in ihre Berührung schickten; sondern was sie sind, sind sie nur in dieser Mitte und Berührung« (S. 87).

In der Mitte, also im Aufhängungspunkt (»hypomochlion«) der Balkenwaage, kommt die Kraft zur Erscheinung, und zwar dadurch, daß Kraft und Gegenkraft (Gewicht und Gegengewicht) sich aufheben, der Zeiger also auf »null« steht. Wenn man wissen will, wie die Kraft bestimmt ist, muß man erst das Umrechnungssystem kennen und sie in ihm umrechnen: »Die Wahrheit der Kraft bleibt also nur der *Gedanke* derselben; und haltungslos stürzen die Momente ihrer Wirklichkeit, ihre Substanzen und ihre Bewegung in eine ununterschiedene Einheit zusammen, welche nicht die in sich zurückgedrängte Kraft ist (denn diese ist selbst nur ein solches Moment), sondern diese Einheit ist *ihr Begriff als Begriff.*«

## B. Das Spiel der Kräfte und das Gesetz der Kraft

Das bisherige Ergebnis lautet: Kraft ist ein quantitativ bestimmtes, in Wechselbezüglichkeit mit einer Gegenkraft Seiendes, das aber nicht zum selbständigen Dasein (Fürsichsein) kommt. Der Grund seiner Existenz ist vielmehr »das *Innere* der Dinge, als *Inneres*, welches mit dem Begriffe als Begriff dasselbe ist« (S. 88). Damit erreicht die Naturerkenntnis überhaupt den Boden der Wissenschaftlichkeit (S. 88–91, Z. 30), denn jenes »Innere« ist die wissenschaftliche Methode, die sich jetzt zwischen das Subjekt und seinen Gegenstand stellt. Das wissenschaftliche Bewußtsein weiß, daß es nicht ein unmittelbar Gegebenes vor sich, daß es vielmehr ein »mittelbares Verhältnis zu dem Innern hat, und als Verstand durch *diese Mitte des Spiels der Kräfte in den wahren Hintergrund der Dinge blickt*« (S. 88). Wissenschaftliche Aussagen werden nicht unmittelbar über die Realität, sondern sie werden über ein Modell derselben gemacht, d. h. es schaltet sich zwischen Subjekt und Objekt ein Modellierungsprozeß ein, der den Rahmen erst erzeugt, in welchem das Objekt dann zur Erscheinung kommt. Dieses Objekt »heißt darum *Erscheinung*; denn Schein nennen wir das *Sein*, das unmittelbar an ihm selbst ein *Nichtsein* ist. Es ist aber nicht nur ein Schein, sondern Erscheinung, ein *Ganzes* des Scheins. Dies *Ganze* als Ganzes oder *Allgemeines* ist es, was das *Innere* ausmacht, das *Spiel der Kräfte*, als *Reflexion* desselben in sich selbst.«

Was in Kap. II. noch ein fester Gegenstand war, z. B. ein Salzblock, ist jetzt durchsichtig, für die innere Anschauung geöffnet. Und die festen Eigenschaften, mit deren Widersprüchlichkeit sich das Bewußtsein in II. um den Gegenstand herumgetrieben hatte, sind jetzt bewegliche Elemente innerhalb desselben geworden. Es sind, sagt Hegel, »für das Bewußtsein auf gegenständliche Weise die Wesen der Wahrnehmung so *gesetzt*, wie sie an sich sind, nämlich als unmittelbar in das Gegenteil ohne Ruhe und Sein sich verwandelnde Momente, das Eins unmittelbar in das Allgemeine, das Wesentliche unmittelbar in das Unwesentliche und umgekehrt.« Das heißt: Das Übergehen vom einen zum andern geschieht nicht diskursiv, sondern permanent, es ist als im Übergang seiend »gesetzt«, woraus sich ergibt, daß wir zwischen dem Setzen des Modells und dem Erkennen des Gegenstandes durch das gesetzte Modell zu unterscheiden haben. Aber auch das forschende Bewußtsein selbst vollzieht diese Unterscheidung, freilich ohne sie sich bewußt zu machen. In Aufbau und Praktizierung seiner Erkenntnismodelle identifiziert sich der Wissenschaftler mit dem Geist seiner Wissenschaft, d. h. er produziert durch die verschwindende Gegenständlichkeit der einzelnen Erscheinung (Experiment) hindurch eine gesetzmäßig bestimmte Form seines Ich; »aber diese ist dem Bewußtsein noch die *gegenständliche* verschwindende Erscheinung, noch nicht sein *eignes* Fürsichsein; das Innre ist ihm daher wohl Begriff, aber es kennt die Natur des Begriffs noch nicht« (S. 88 f.).

Damit sind wir über die empirische Wissenschaft der Sensualisten (und entsprechend den praktischen Positivismus der Rechtswissenschaft)[169] hinausgekommen. Indem die Wissenschaft des »reinen Verstandes« die Allgemeinheit des Verstandesbegriffs und die Einzelheit der Wahrnehmung durch das Modell der permanenten Wechselbeziehung der Kräfte verbindet, schließt sie »über der *sinnlichen* als der *erscheinenden Welt*, nunmehr eine *übersinnliche* als die *wahre* Welt auf, über dem verschwindenden *Diesseits* das bleibende *Jenseits*; ein Ansich, welches die erste und darum selbst unvollkommene Erscheinung der Vernunft, oder nur das reine Element ist, worin die Wahrheit ihr *Wesen* hat« (S. 89). Dieses Innere ist freilich zunächst noch leer, es ist ein »*reines Jenseits* für das Bewußtsein, denn es findet sich selbst in ihm noch nicht; es ist *leer*, denn es ist nur das Nichts der Erscheinung und positiv das einfache Allgemeine.« Ein wissenschaftlicher Ausdruck dieser Leerheit ist z. B., daß die transzendentalen Bedingungen des Erkennens überhaupt, oder auch eines besonderen Erkenntnisgebietes, als *Hypothesen* (z. B. die Freiheitshypothese in Kants praktischer Philosophie) gesetzt werden, wodurch eine »Philosophie (und Wissenschaftlichkeit) des Als Ob«[170] entsteht. Aber Hegel geht hier noch weiter. Er nimmt die Leerheit des Jenseits als eine von etwas, nämlich von der Bindung an die empirische Sinnlichkeit entleerte und hält dieses spezifische Leerwerden in seiner strukturbildenden Kraft als eigenen geistigen Inhalt fest. Wer nicht fähig sei abzuwarten, bis sich die Leere in der Selbstbewegung des Begriffes inhaltlich erfülle, könne nur wieder auf die gerade überwundene Stufe der Verwechslung von Real- und Erscheinungswelt zurückfallen. Oder er erfülle das Leere, »welches auch das *Heilige* genannt wird«, mit selbsterzeugten mystischen Träumereien und Erscheinungen (S. 90).

Hier greift Hegel nicht nur die Mystik als geistesgeschichtliche Strömung, sondern auch die mystischen Implikationen der vielberufenen Trennung von »Glauben« und »Wissen« an. Insbesondere Kant hat ja die Einschränkung der Wissenschaft auf den mechanistisch berechenbaren Teil der Welterfahrung damit gerechtfertigt, daß nur durch eine derartige Regionalisierung des Wissens der innere Raum für die ganz andersartige Bewegung des Glaubens frei werde.[171] Hegel dagegen sieht im Glauben eine andere Art des Wissens, was freilich nur von einer philosophischen Wissenschaft, welche sich als transzendentale Konstitutionslehre des Menschen versteht, begriffen werden kann. Da er seinen metaphilosophischen Standpunkt selbst auch nicht ganz aufzudecken vermag, läßt er die innere Konstitution des Menschen aus der unterirdischen Arbeit des »philosophischen Begriffs« hervorgehen. Der letztere hat die Kraft, das Negative als Negatives festzuhalten, und dabei aus dem jeweiligen Haltepunkt den positiven Inhalt zu gewinnen, in welchem das vorher nur subjektiv Geglaubte in die Form des objektiv Gewußten übergeht. Weil die verstandesmäßige Wahrnehmung des Kap. II. sich als sinnlicher Vorgang erwiesen hat, führt das Darüberhinausgehen nicht ins Nichts, sondern in eine spezifische Entsinnlichung, die selbst wiederum in einem anderen Sinnesbereich zur wesenhaftinneren Anschauung kommt.

Philosophisch ausgedrückt: »Das Innere oder das übersinnliche Jenseits ist (sc. aus dem Vorhergehenden) ... *entstanden, es kommt* aus der Erscheinung her und ist seine Vermittlung; oder *die Erscheinung ist sein Wesen* und in der Tat seine Erfüllung. Das Übersinnliche ist das Sinnliche und Wahrgenommene gesetzt, wie es in *Wahrheit* ist; die *Wahrheit* des *Sinnlichen* und Wahrgenommenen aber ist, *Erscheinung* zu sein.

Das Übersinnliche ist also die *Erscheinung*, als *Erscheinung*.« Es handelt sich hier noch nicht um die Inhalte der Erscheinung, metaphilosophisch gesagt: Um die Wirkungsweise der Bewußtseinsseele im Bildekräfteleib, denn wir wissen noch nicht, welches der spezifische Substanzbereich ist, in dem diese Wirkung eintreten kann. Aber wir wissen, daß die Erscheinung aus der Sinnlichkeit hervorgeht, daß die übersinnliche Welt aus der Entdinglichung und Spiritualisierung von sinnlicher Substanz entsteht, daß sie gegenüber der Dingwelt »als *aufgehobene* oder in Wahrheit *als Innere* gesetzt« ist.

Wie wird nun dieses Aufheben ins Übersinnliche beschrieben? Das »Spiel der Kräfte« hat mit anderen Spielen gemeinsam, daß in ihm zwar Zug und Gegenzug (das »Sollizitieren« und das »Sollizitiertwerden«) real sind, daß aber dadurch kein haltbares Produkt entsteht. Realiter ist immer nur das Spielen selbst, »nur der unmittelbare Wechsel oder das absolute Austauschen der *Bestimmtheit* vorhanden, welche den einzigen *Inhalt* des auftretenden ausmacht.« Für den Übergang der einen Kraft in die andere gibt es kein eigentliches Medium, so daß jede der Kräfte »*für sich* die absolute Verkehrung und Verwechslung« ist, ihren Inhalt aus dem verwechselnden Wesen der anderen aufzunehmen (S. 91). Die hier beschriebene Tätigkeitsform entspricht genau demjenigen, was die Seele als fühlende mit einem fühlend-gefühlten Gegenüber tut. Sie (oder vielmehr das Ich) strebt im Gefühl einem ihr (ihm) eigenen Inhalt zu, kann diesen aber nur in der Bewegung zwischen Syn- und Antipathie, zwischen Einheit-Wollen und Entzweiung-Vorstellen festhalten. Eine Substanz, die diesen Ausgleich tragen könnte, ist hier noch nicht zu finden, vielmehr stehen sich die Momente unmittelbar (naturhaft) gegenüber: Einerseits der Gegensatz zwischen Syn- und Antipathie, andererseits derjenige zwischen diesem Antagonismus als aktuellem und seiner Beruhigung; »was in diesem absoluten Wechsel ist, ist nur der *Unterschied als allgemeiner* oder als ein solcher, in welchen sich die vielen Gegensätze reduziert haben. Dieser *Unterschied als allgemeiner* ist daher *das Einfache an dem Spiele der Kraft selbst*, und das Wahre desselben; er ist das *Gesetz der Kraft*.«

Indem die Seele in ihrer Fühlenstätigkeit immer wieder auf den absoluten Widerspruch stößt, bildet sie den Gedanken des Gesetzes aus,

der unmittelbar dieselbe Struktur aufweist. Das Gesetz schreibt etwas
vor, womit es der physischen Welt ihren wesentlichen Inhalt gibt, ohne
jedoch als solcher in ihr zu erscheinen. Das gilt sowohl für das Rechts-
gesetz (die Antinomie von »Sein« und »Sollen«), wie auch für das Na-
turgesetz, wo der Widerspuch freilich etwas tiefer verborgen und daher
nur durch entsprechende begriffliche Arbeit sichtbar zu machen ist.
Newtons »Gesetz der Kraft«, philosophisch dargestellt im Abschnitt
»Phoronomie« der Kantschen »Anfangsgründe«, ist eine Weise, die
Bewegung der Körper zu berechnen, während andere Bewegungswei-
sen durch andere Rechenweisen erfaßt werden (nämlich in den Abschnitten »Dynamik« und »Mechanik« bei Kant), aber doch wiederum
so, daß jede Rechnung gesetzmäßig erfolgt. »Das Gesetz« ist also der
Boden, auf welchem der absolute Widerspruch (des sich mit dem Gegenstand Einsfühlenwollens der Seele) zunächst zum Stillstand
kommt. Der »*allgemeine Unterschied*«, sagt Hegel, »ist *im Gesetze* ausgedrückt als dem *beständigen* Bilde der unsteten Erscheinung. Die
*übersinnliche* Welt ist hiemit ein *ruhiges Reich von Gesetzen*, zwar jenseits der wahrgenommenen Welt, denn diese stellt das Gesetz nur
durch beständige Veränderung dar, aber in ihr eben so *gegenwärtig*,
und ihr unmittelbares stilles Abbild.«

## C. Der Widerspruch im »Reich der Gesetze«

»Dies Reich der Gesetze ist zwar die Wahrheit des Verstandes, welche
an dem Unterschiede, der in dem Gesetze ist, den *Inhalt* hat; es ist aber
zugleich nur seine *erste Wahrheit*, und füllt die Erscheinung nicht aus«
(S. 91–95, Z. 39). Ändert sich die Erscheinung, so ändert sich auch die
Gesetzesanwendung. »Es bleibt dadurch der Erscheinung *für sich* eine
Seite, welche nicht im Innern ist; oder sie ist in Wahrheit noch nicht *als
Erscheinung*, als *aufgehobenes* Fürsichsein gesetzt« (S. 91). Das letztere
soll also jetzt geschehen, es soll die Bühne der inneren Oszillation als
Objekt für das Bewußtsein aufgebaut werden. Solche Bühnen finden
wir in den Fachwissenschaften in der Form, daß die transzendentale
Bedingung der in ihnen herrschenden Gesetzmäßigkeit wiederum in

der Form eines (strukturgebenden) Gesetzes ausgedrückt wird. So kann z. B., wie Hegel im Naturrechts-Aufsatz zeigt,[172] die Methode der Rechtswissenschaft unmöglich beim empirischen Verstand des Kap. II., beim praktischen Rechtspositivismus, der die vielen Gesetze als verschiedene Faktoren der Rechtsgeltung nebeneinander gelten läßt, stehenbleiben, da eine solche Vielheit als Mangel empfunden werden muß; »sie widerspricht nämlich dem Prinzip des Verstandes, welchem als Bewußtsein des einfachen Innern die an sich allgemeine *Einheit* das Wahre ist« (S. 92). In diesem Sinne pflegt die Rechtstheorie auch noch in unserem Jahrhundert den Geltungsgrund aller positiven Gesetze in einer übergeordneten Normenebene (der Verfassung) zu suchen, um schließlich noch darüber hinaus, nämlich zu einer die reine Gesetzesform ausdrückenden metapositiven »Grundnorm« zu gelangen.[173] Die gleiche Frage ist auch gegenüber Newtons Gesetzesbegriff und gegenüber demjenigen, was Kant in den »Metaphysischen Anfangsgründen« daraus macht, zu stellen.

Newtons Antwort auf diese Frage ist das allgemeine »Gravitations«- oder »Attraktionsgesetz«, wonach die Kraft, mit der sich zwei Körper anziehen, direkt proportional zum Produkt ihrer Massen und umgekehrt proportional zum Quadrat ihres Abstandes ist. Kant hat dieses Gesetz nicht als zentral angesehen, sondern als eines von vielen behandelt, nämlich im Abschnitt »Dynamik«, wo er es zur Beruhigung des Antagonismus von »Attraktion« und »Repulsion« einsetzt.[174] Hegel dagegen sieht darin den unmittelbarsten Ausdruck des Gesetzesbegriffs selbst und zugleich dessen Aufhebung ins Inhaltsleere. Wenn ein und dasselbe Gesetz das Herabfallen eines Apfels vom Baum und die Bewegung der Planeten am Himmel ausdrücken soll, dann drückt es in der Tat keines von beiden aus, denn es spricht weder vom Apfel noch vom Himmel (von der Wirkung der Himmelkräfte im Apfel ganz zu schweigen): »Die Vereinigung aller Gesetze in der *allgemeinen Attraktion* drückt keinen Inhalt weiter aus, als eben den *bloßen Begriff des Gesetzes selbst*, der darin als *seiend* gesetzt ist. Die allgemeine Attraktion sagt nur dies, daß *Alles einen beständigen Unterschied zu anderem hat*«; oder, noch einfacher: »*alle* Wirklichkeit ist *an ihr selbst* gesetzmäßig.«

Newtons allgemeines Gravitationsgesetz hat also weniger eine physikalische, als vielmehr eine philosophische Bedeutung, indem es den
tranzendentalen Standpunkt der mechanistischen Gesetzmäßigkeit
überhaupt bezeichnet: Der »reine Begriff des Gesetzes, als allgemeine
Attraktion muß in seiner wahren Bedeutung so aufgefaßt werden, daß
in ihm als absolut *einfachem* die *Unterschiede*, die an dem Gesetze als
solchem vorhanden sind, selbst wieder *in das Innre als einfache Einheit
zurückgehen*; sie ist die innre *Notwendigkeit* des Gesetzes« (S. 93). Das
heißt nicht, daß wir mit Newtons Gesetz nicht rechnen und eine techni-
sche Welt konstruieren könnten. Das können wir wohl, aber was wir
damit wirklich tun, wird uns durch diese Verfahrensweise nicht erklärt.
Wenn wir in den Naturgesetzen »Erklärungen« unseres Tuns suchen,
erhalten wir vielmehr nur tautologische Antworten. Was bedeutet es
denn, wenn man eine »Schwerkraft« postuliert, welche dann im »Fall-
gesetz« in ihre Faktoren zerlegt wird, oder wenn man von der Elektrizi-
tät als »Kraft« spricht, welche sich in der gesetzmäßigen Beziehung von
positiven und negativen Ladungen äußert? Der Begriff der Kraft drückt
das Zurückgehen in die Einheit, die innre Notwendigkeit des Gesetzes
aus, während dieses selbst die Unterschiede an sich trägt. So auch bei
der Kraft der »Bewegung«, welche ganz unberührt davon ist, daß sie als
»Beschleunigung« in verschiedene Geschwindigkeiten zerlegt und damit berechenbar gemacht werden kann. Mit dem Wesen der Bewegung
(Beschleunigung) hat die berechnete Geschwindigkeit nichts zu tun,
vielmehr sind in die Berechnungsformel $v = \frac{s}{t}$ die Faktoren von vornherein so hineingelegt, daß sie sich nur äußerlich aufeinander (als
Wegraum auf einen Zeitraum) beziehen. »Der Unterschied ist also in
beiden Fällen kein *Unterschied an sich selbst*; entweder ist das Allgemeine, die Kraft, gleichgültig gegen die Teilung, welche im Gesetze ist,
oder die Unterschiede, Teile des Gesetzes (sc. Wegraum und Zeitraum)
sind es gegen einander« (S. 94). Der Verstand, sagt Hegel, betätigt sich
im »*Erklären*« der Phänomene, indem er ihre physische Außenseite
berechnet; dabei muß er aber vorher vom Wesen der Sache abstrahieren, d. h. die letztere einseitig in der physischen Außenwelt fixieren.
Dieses Fixieren ermöglicht erst jenes Erklären: Der ganze Prozeß ist
nur eine »tautologische Bewegung« (S. 95).

Was wir nicht wissen, erklären wir uns. Aber daß wir dies tun, ist auch etwas, eine Bewegung, die es zu begreifen gilt. Hegel sagt nicht: Weil die Tautologie einen logischen Fehler enthält, hat sie keinen Erkenntniswert, sondern er sagt: Daß der Verstand seine tautologischen Erklärungsversuche nach seiner eigenen inneren Notwendigkeit immer weiter fortsetzt heißt, daß in ihm eine objektive geistige Kraft arbeitet, deren Sein an einer Wirkung außer ihr erkennbar werden muß. Wo aber kann diese Wirkung eintreten? An der Erscheinung des Gegenstandes wird durch das Erklären nichts verändert. Es wird lediglich die Struktur, welche vorher an dieser Erscheinung war, nämlich das Spiel der Kräfte, in die Tätigkeit des Verstandes hineinverlegt: »Es ist nicht nur die bloße Einheit vorhanden, so daß *kein Unterschied gesetzt* wäre, sondern es ist diese *B e w e g u n g*, daß *allerdings ein Unterschied gemacht, aber*, weil er keiner ist, *wieder aufgehoben wird.*«

Subjekt ist also jetzt die Bewegung des fortwährenden Setzens und Aufhebens, die wir oben als Fühlenstätigkeit der Seele beschrieben haben. Aber so aus ihrer natürlichen Funktionalität heraus und ins Begriffliche erhoben, ist sie etwas anderes geworden, nämlich Bewußtsein von der Struktur der Seelentätigkeit überhaupt, oder von sich als Seelenorgan. Im Durchdringen der Welt mit rational konstruierten und konstruierenden Gedanken erlangt der Mensch der Neuzeit schrittweise das Selbstbewußtsein; dazu bedarf er aber eines Zwischenschrittes, in welchem er sich bewußtmacht, daß er ein Organ des Selbstbewußtseins in sich trägt. Hegel drückt das so aus: »Mit dem Erklären also ist der Wandel und Wechsel, der vorhin außer dem Innern nur an der Erscheinung war, in das Übersinnliche selbst eingedrungen; unser Bewußtsein ist aber aus dem Innern als Gegenstande auf die andere Seite in den *Verstand* herübergegangen und hat in ihm den Wechsel.« Damit ist das Fühlen der Seele in die Form der Bewußtseinsseelentätigkeit übergegangen und als Prinzip der Selbstsetzung (noch nicht als *selbstgesetzter* Inhalt, denn dieser wäre das Ich, welches aber erst in Kap. IV. selbständig wird), zum Gegenstand des Bewußtseins geworden.

## D. Die zweite übersinnliche Welt

Wenn die Form der Bewußtseinsseele Gegenstand des Bewußtseins werden kann, dann muß sie auch als solche Bestand haben, d. h. es muß eine sie tragende Substanz geben (S. 96–99, Z. 8). Hier stehen wir vor einer Kluft, die nur mit einer harten Gedankenklammer überwunden werden kann. Metaphilosophisch gesehen liegt das Problem darin, ohne eine Stütze in der äußeren (begriffsfernen) Wahrnehmungsart des Geruchssinnes dessen physiologisches Funktionsbild zur inneren Anschauung zu bringen. Da wir unmittelbar mit dem Riechnerv des Gehirns riechen, muß die Reflexion des Geistigen ins Sinnliche hier darin bestehen, daß dieser Nerv seine Wirkung in die auf das Riechepithel auftreffende Luft, den beim Einatmen innerhalb der Nase bewegten Luftstrom, ausstrahlt. Und so, wie die Geruchswahrnehmung selbst nur in der Gegenbewegung des Einziehens der Luft und des Ausstrahlens der Reflexion des Riechnervs »besteht«, durchdringen sich auch in den in diesem Substanzbereich festgehaltenen Gedanken die Gegensätze unmittelbar. Eine coincidentia oppositorum fand sich zwar auch beim »Ding« und seinen »Eigenschaften« in Kap. II., sie wurde aber dort in einem vorausgesetzten relativen Raum (im Koordinatensystem der Geschmacksempfindungen) aufgefangen. In Kap. III. dagegen müssen wir den Raum erst aufbauen, in welchem der absolute Widerspruch festgehalten werden kann, d. h. wir dringen mit dieser Operation tiefer in den geistigen Untergrund des Sinneswesens überhaupt vor, nämlich bis in die inspirative Seinsweise des Gedankens, wo die geistige Idee als die umgekehrte Form der physischen Realität erscheint.

Metaphilosophisch formuliert lautet der Grundgedanke des Kap. III. also folgendermaßen: Die Form der Bewußtseinsseele als Seelenorgan wird sich gegenständlich im Prinzip der Formenumkehr zwischen übersinnlicher und sinnlicher Welt. In diesen Gedanken haben wir uns zunächst gewissermaßen tastend-riechend hineingedacht, er hat aber, wie Hegel zeigt, eine ganz allgemeine Bedeutung: »Indem … der *Begriff* als Begriff des Verstandes dasselbe ist, was das *Innre* der Dinge, so wird *dieser Wechsel als Gesetz des Innern* für ihn. Er *erfährt* also, daß es

*Gesetz* der *Erscheinung* selbst ist, daß Unterschiede werden, die keine Unterschiede sind, oder daß das *Gleichnamige* sich von sich selbst *abstößt*; und eben so daß die Unterschiede nur solche sind, die in Wahrheit keine sind, und sich aufheben; oder daß das *Ungleichnamige* sich *anzieht*« (S. 96). Es entsteht ein »*zweites Gesetz*«, welches dem ersten – auf der Unterscheidung der Unterschiede aufbauenden – widerspricht, indem es die Aufhebung dieses Unterscheidens ausdrückt. »Der Begriff mutet der Gedankenlosigkeit zu, beide Gesetze zusammenzubringen und ihrer Entgegensetzung bewußt zu werden.«

Rekapitulieren wir den Gedankengang an einem der jetzt von Hegel herangezogenen Beispiele: »Die Kraft« sei der Magnetismus; im Spiel der Kräfte zersetzt sich dieser und erscheint als selbständiger, gesetzmäßiger Unterschied, nämlich als Nord- und Südpol des Magnets; dieser Unterschied hebt sich jedoch wieder auf, indem das Gleichnamige sich von sich abstößt, das Ungleichnamige dagegen sich anzieht (z. B. wenn man einen Magneten in der Längsrichtung durchsägt als Verhalten der beiden Nord- und Südpole zueinander). Andere Beispiele sind: Das vom Auge erzeugte komplementärfarbige »Nachbild« einer Farbe, der durch intensiven Salzgeschmack zu erzeugende süße »Nachgeschmack« usw. Hier erscheinen an dem Ding selbst die Spuren davon, daß es innerlich (geistig-ideell) einer gegenüber der Realwelt umgekehrten Form entspringt, und diese Gesetzmäßigkeit gehört zu seinem Erscheinungsbild dazu. Es entsteht eine »zweite übersinnliche Welt (die) ... auf diese Weise die *verkehrte* Welt (ist), und zwar, indem eine Seite schon an der ersten übersinnlichen Welt vorhanden ist, die *verkehrte* dieser ersten.[175] Das Innere ist damit als Erscheinung vollendet.«

Auch im Gebiet des Rechtswesens tritt dieser Zusammenhang hervor, wenn man bedenkt, daß hinter der modernen Gesetzesform das archaische Recht der Rache steht. An sich gilt z. B. das Gebot: ›Du sollst nicht töten‹, welches in archaischen Zeiten den Ruchlosen, der dagegen verstieß, der Vernichtung durch die Rachegeister auslieferte. Indem nun das Strafrecht in die Gesetzesform übergegangen ist (»Wenn jemand rechtswidrig und schuldhaft einen Menschen getötet hat, soll er so und so bestraft werden«), bauen sich zwei gegeneinander verkehrte

Welten auf. In der Welt des irdischen Gesetzes wird die Strafe als ein moralisches und existentielles Verdammungsurteil gegenüber dem Täter ausgesprochen; dadurch erfährt dieser jedoch in der übersinnlichen Welt eine Gegenbewegung, nämlich die Entsühnung als die sein menschliches »Wesen erhaltende und ihn zu Ehren bringende Begnadigung« (S. 97). Der gleiche Gegensatz ist auch am Recht selbst vorhanden, indem dieses durch die Tat gebrochen, durch die Strafe aber restituiert wird. Die wirkliche (verwirkte) Strafe, sagt Hegel, hebt die Handlung auf, welche das Recht veranlaßte, sich zum normativ-operationalen Strafgesetz zu entzweien und die »Normalität« des Rechtsbruchs vorauszusetzen; hierdurch hebt aber auch diese Normalität sich selbst auf, womit das Recht »aus tätigem wieder *ruhiges* und geltendes Gesetz wird, und die Bewegung der Individualität gegen es, und seiner gegen sie erloschen ist« (S. 98).[176]

Das sind keine leeren Sophismen, sondern die Gedankenbewegungen der Bewußtseinseele, die dem Menschen den Horizont des Selbstbewußtseins erschließen. Der Widerspruch der Verstandesseele in Kap. II. hatte sich nur als fortwährendes Abwechseln zwischen Dingeinheit und Eigenschaftsvielfalt gezeigt, aus dem gerade wegen der Plausibilität jeder dieser beiden Objektseiten kein haltbares Subjekt hervorgehen konnte. In Kap. III. aber wird eine übersinnliche Welt als für Subjekt und Objekt gemeinsamer Spielraum des absoluten Widerspruchs aufgebaut, und zwar so, daß kein fixierbarer Unterschied zwischen dieser übersinnlichen und der sinnlichen Welt entsteht: »Es ist der reine Wechsel, oder *die Entgegensetzung in sich selbst, der Widerspruch zu denken.* Denn in dem Unterschiede, der ein innerer ist, ist das Entgegengesetzte nicht nur *Eines von Zweien*; – sonst wäre es ein *Seiendes* und nicht ein Entgegengesetztes; – sondern es ist das Entgegengesetzte eines Entgegengesetzten, oder das Andere ist in ihm unmittelbar selbst vorhanden.« Die Bewußtseinseele ist der Ort, an welchem der Gegensatz zwischen Selbst- und Weltbeziehung des Menschen sich aufhebt, nämlich dann, wenn wir die in der Tätigkeitsform dieses Seelenorgans liegende Kraft der Verinnerlichung erkennen. Hegel überwindet also Platos Dualismus, wonach die geistige Welt der Ideen die wahre Wirklichkeit ist, gegenüber der die irdische Welt als die verkehrte erscheint.

Vielmehr ist die übersinnliche Welt selbst die verkehrte, welche ihre Wirklichkeit nur dadurch findet, daß sie über die irdische »zugleich übergegriffen, und sie an sich selbst« hat (S. 99). Die übersinnliche Welt ist also »die verkehrte ihrer selbst; sie ist sie selbst, und ihre entgegengesetzte in Einer Einheit. Nur so ist sie der Unterschied als *innerer*, oder der Unterschied *an sich selbst*, oder ist als *Unendlichkeit*.«

## E. Das Selbstbewußtsein als Motiv der bisherigen Entwicklung

Der Gedankengang des Kap. III. begann mit dem Begriff der Kraft und dem Spiel der Kräfte, führte dann weiter zum Gesetz der Kraft als der Bewegung im relativen Raum bis zur Verinnerlichung des Raumbegriffs in der Form der Bewußtseinsseelentätigkeit, die sich geistig in der Reflexionswirkung des Geruchssinnes spiegelt. Erst von diesem Standpunkt aus kann allgemeingültig gesagt werden (S. 99–102): Die irdische Existenz der Dinge ist ihr Reflektiertsein aus der geistigen Substanz, es gibt überhaupt nur Existenz und Substanz als durch die Reflexion miteinander Verbundene. »Es bestehen beide Unterschiedne, sie sind *an sich*, sie sind *an sich als Entgegengesetzte*, d. h. das Entgegengesetzte ihrer selbst, sie haben ihr Anderes an ihnen und sind nur Eine Einheit« (S. 99). Anders gesagt: Der Geist der Reflexion muß uns, da wir seine Wirkung als durch das Strukturprinzip des Geruchssinnes begrenzte erkannt haben, den Blick auf die unreflektierte Substanz (Bildekräftesphäre) freigeben: »Diese einfache Unendlichkeit, oder der absolute Begriff ist das einfache Wesen des Lebens, die Seele der Welt, das allgemeine Blut zu nennen, welches allgegenwärtig durch keinen Unterschied getrübt noch unterbrochen wird, das vielmehr selbst alle Unterschiede ist, so wie ihr Aufgehobensein, also in sich pulsiert, ohne sich zu bewegen, in sich erzittert, ohne unruhig zu sein.«

Von diesem Standpunkt aus müssen sich die herkömmlichen Dimensionen der theologischen und moralphilosophischen Fragestellung gründlich verändern. Hegel stellt fest, die Philosophie könne nun das »Gequäle« mit der Frage, wie aus der ursprünglichen Einheit die Entzweiung, oder wie aus Gott das Böse hervorgegangen sei, einstellen

(S. 100). Das sind nur Nachhutgefechte an der falschen Front, welche uns davon ablenken, daß der Sündenfall eine spirituelle Tatsache ist, die alle Wesensglieder des Menschen betrifft, daß mit dem Menschen auch die Natur selbst gefallen ist. Wir können die ursprüngliche Einheit des Weltengrundes als solche nicht einmal mehr denken, denn »es ist schon die Entzweiung geschehen, der Unterschied ist aus dem Sichselbstgleichen ausgeschlossen, und ihm zur Seite gestellt worden; was *das Sichselbstgleiche* sein sollte, ist also schon eins der Entzweiten vielmehr, als daß es das absolute Wesen wäre.« Oder, ins Subjektive gewendet: Wenn wir unsere Gedanken auf die Restitution der ursprünglichen Einheit als solcher richten, dann negieren wir damit das Herausgegangensein Gottes in die Entzweiung, und in dieser Negation entzweit sich unser Denken von der conditio humana: »Was sich *selbst gleich* wird, tritt damit der Entzweiung gegenüber; das heißt, es stellt selbst sich damit *auf die Seite*, oder es *wird* vielmehr ein *Entzweites*.«[177]

So wie Hegel in Kap. II. den praktischen Weg zur Auflösung des Dingbewußtseins im Hin- und Her-»Irren« zwischen Einheit und Entzweiung aufzeigte, greift er jetzt auf das »Erklären« zurück, worin auch der Nichtphilosoph das Ziel des Selbstbewußtseins erreiche. Im Erklären nach Gesetzen, so sagt er, »ist eben darum so viele Selbstbefriedigung, weil das Bewußtsein dabei, es so auszudrücken, in unmittelbarem Selbstgespräche mit sich, nur sich selbst genießt, dabei zwar etwas anderes zu treiben scheint, aber in der Tat sich nur mit sich selbst herumtreibt« (S. 101). Der Nichtphilosoph muß abwarten, bis sich dieser Irrtum in seiner organisch-sozialen Selbstproduktion konkretisiert, so daß er in der Begegnung mit ihm die Einheit des sich Widersprechenden erfährt. Das philosophische Bewußtsein aber kürzt diesen Vorgang radikal ab, indem es im Denken der absoluten Einheit der Widersprüche sich den »Begriff der Unendlichkeit« gegenständlich macht und dadurch selbst »Bewußtsein des Unterschieds als eines *unmittelbar* ebenso sehr aufgehobenen (wird); es ist *für sich selbst*, es ist *Unterscheiden des Ununterschiedenen*, oder *Selbstbewußtsein. Ich unterscheide mich von mir selbst*, und *es ist darin unmittelbar für mich, daß dies Unterschiedene nicht unterschieden ist.*«

Aus den Gedankengängen der Bewußtseinsseele ist also jetzt diese selbst als Seelenorgan hervorgegangen. Sie ist freilich noch unreif und kennt ihre Stellung in der Welt bzw. die diese Stellung erobernde Subjektivität noch nicht. »Das Selbstbewußtsein ... ist erst *für sich* geworden, noch nicht als *Einheit* mit dem Bewußtsein überhaupt« (S. 102). Es weiß nur, daß es seine Subjektivität unmittelbarer einsetzen muß, als es beim Herstellen der wissenschaftlichen Modelle der Fall ist. »Die beiden Extreme, das eine des reinen Innern, das andere des in dies reine Innre schauenden Innern, sind nun zusammengefallen, und wie sie als Extreme, so ist auch die Mitte als etwas anders als sie, verschwunden. Dieser Vorhang ist also vor dem Innern weggezogen, und das Schauen des Innern in das Innere vorhanden ...«. Hegel gebraucht solche Bilder der Religion (man denke an das Zerreißen des Vorhangs im Tempel nach der Kreuzigung, Matth. 27, 51) häufig, um ihnen seine eigene Wendung ins Philosophische zu geben, d. h. um darin einen Gegenwartsbezug zum Menschen herzustellen; so auch hier: »Es zeigt sich, daß hinter dem sogenannten Vorhange, welcher das Innre verdekken soll, nichts zu sehen ist, wenn *wir* nicht selbst dahintergehen, ebensosehr damit gesehen werde, als daß etwas dahinter sei, das gesehen werden kann.«

# Kapitel IV.
## »Die Wahrheit der Gewißheit
## seiner selbst«

---

(B.) Selbstbewußtsein.
IV. Die Wahrheit der Gewißheit seiner selbst
    A. Selbständigkeit und Unselbständigkeit des Selbstbewußtseins; Herrschaft und Knechtschaft
    B. Freiheit des Selbstbewußtseins; Stoizismus, Skeptizismus und das unglückliche Bewußtsein

---

## 1. Metaphilosophischer Vorblick und Hegels Einleitung

### A. Der Aufbau des »Selbstbewußtsein«-Kapitels

In der begrifflichen Entwicklung der Kap. I. bis III. haben wir nun den Punkt erreicht, an dem auch in der (vergleichsweise heranzuziehenden) biographischen Entwicklung des Menschen das geistige Element stärker hervorzutreten beginnt. Auf den bisherigen Stufen handelte es sich um das Bewußtsein, welches in jedermann von Natur entsteht und sich auf mehr oder weniger natürliche Weise durch den »wahrnehmenden« und »erklärenden« Verstand, bekräftigt. Dahinter steht jeweils noch die natürlich-soziale Selbstproduktion, deren Spiegel das Bewußtsein ist. Mit dem Übergang zum Selbstbewußtsein, mit dem Erwachsenwerden, entschließt sich der einzelne, das natürliche Geschehen in seinem Wesen geistig zu übergreifen. Er beginnt in selbstbewußter Weise etwas aus sich, aus seiner Vergangenheit, seinen Fähigkeiten, Beziehungen usw. zu machen. Damit tritt eine andere Subjektivität hervor, als wir sie in Kap. I. bis III. arbeiten sahen, es zeigt sich jetzt das Ich selbst.

Während die Kap. I., II. und III. keine Untergliederung aufweisen, finden wir eine solche in Kap. IV., V., VI. und VII. Darin drückt sich aus, daß die dem Stoff zugrundeliegenden Bilder im Lauf der Entwicklung mehrdimensionaler werden. Es herrscht hier nicht mehr die einfache Zwangsbeziehung des Bewußtseins, in der unsere Wahrnehmungen von den Funktionsbildern des Tast-, Geschmacks- und Geruchssinnes überfallartig strukturiert werden, sondern es tritt zunächst eine Erweiterung der Beziehung auf, die innerlich zum Bewußtsein von der Funktionsweise des Bewußtseins überhaupt, und nach außen zur *Wechselbeziehung* zweier solcher Bewußtseine wird. Die ganze Entwicklung folgt dem kategorialen Grund-Satz ›Ich behaupte mich gegen die Selbstbehauptung der Welt‹.

Deshalb erscheint der Aufbau des Kap. IV. zweigliedrig. Das »Selbstbewußtsein« ist von der Zwangsstruktur des Bewußtseins noch nicht frei, es verlegt diese nur in die Anschauung eines anderen Bewußtseins, mit dem es sich dann sogleich in *soziale Konflikte* verstrickt, die Hegel in IV. A. darstellt. In IV. B. treten danach, scheinbar unvermittelt, noch drei historische Gestalten mit dem Namen »Stoizismus«, »Skeptizismus« und »Das unglückliche Bewußtsein« auf. Was werden diese uns sagen? Hier erkennt das Bewußtsein seine Funktionsweise als seinen Gegenstand. Was in Kap. I., II. und III. zunächst nur tätig war, indem es als Empfindungs-, Verstandes- und Bewußtseinsseele je bestimmte Bewußtseinsstrukturen hervorbrachte, taucht jetzt als *geistig-seelisches Organ* in der Form seines historischen Gewordenseins auf und wird in dieser Form angeschaut.

## B. Gibt es eine Wissenschaft des »Selbstbewußtseins«?

Das Neuartige des Kap. IV. zeigt sich auch darin, daß die »Phänomenologie« hier den bisher benutzten Materialfundus der philosophiegeschichtlich bekannten Gestalten verläßt, um stattdessen anonyme Soldaten und Bürger, Arbeiter und Unternehmer auftreten zu lassen. Diese spielen die Rolle von Ichmenschen, welche im gesellschaftlichen Leben auf andere Ichmenschen treffen, mit denen sie zu kämpfen be-

ginnen, und zwar um das Recht, die zwischen ihnen liegende soziale
Substanz zu prägen, d. h. zu ihrer je eigenen Wirklichkeit zu machen.
Darum geht es zunächst in der abstrakten Form des Duells, und dann
in der konkreten Situation des modernen Arbeitsprozesses. Es entsteht
die berühmte Dialektik von »Herrschaft und Knechtschaft«, welche
durch Marx' und Kojèves *klassenkämpferische Interpretation* zum be-
kanntesten Teil der »Phänomenologie« überhaupt wurde. Man hat gegen diese Interpretation eingewandt, daß sie den philosophischen Gehalt des Kap. IV. verkürze.[178] Aber für Marx kam es nicht primär auf
richtige philosophische Interpretationen, sondern vielmehr darauf an,
die Welt zu verändern.[179] In diese Perspektive stellte er den Antagonismus von Herrschaft und Knechtschaft hinein, d. h. er begriff das von
Hegel hervorgehobene Interesse an der Prägung der sozialen Substanz
überhaupt vielmehr als das Interesse, über den hierbei erzeugten
Mehrwert verfügen zu können, weil er darin einen Ansatzpunkt zur
Parteibildung und klassenkämpferischen Aktivität sah. Nun verband
aber Marx seine politische Wendung der Sache wiederum mit Hegels
geschichtsphilosophischer Dialektik zu einem in sich geschlossenen
System, d. h. er schuf die »marxistische Weltanschauung«. Die letztere
ist von ihrem politischen Ziel zu unterscheiden. Sie ist eine Philosophie, welche wir in die Reihe der von Hegel betrachteten geistigen
Gestalten aufnehmen können, eben als nachgeborene Vertreterin des
in Kap. IV. entwickelten und umgrenzten Geistimpulses.

Auch Hegel selbst hatte sich zeitweise an einer weltanschaulichen
Verabsolutierung dieses Impulses versucht, nämlich in seiner Frankfurter *Identitätskrise*. Dort legte er das Problem noch nicht in die be-
stimmteren Formen des ökonomischen Prozesses, sondern er fixierte es
als Unmöglichkeit eines aktiven gesellschaftlichen Handelns überhaupt, oder als Unmöglichkeit des Erwachsenwerdens. Wie soll, so
fragte er sich unter Berufung auf Hölderlins »Hyperion«, der Mensch
es ertragen, daß er mit seinen Handlungen an der Produktion einer
gesellschaftlichen Wirklichkeit teilnimmt, deren Prinzipien er nur als
seinem innersten Wesen widersprechend empfinden kann?[180] Auf diesem Standpunkt wird jeder Gedanke an Versöhnung mit der Wirklichkeit durch einen polemischen Gegenzug beantwortet, und es bedarf

(wie Kap. IV. zeigt) eines energischen Dazwischenschiebens der Substanz, damit die polemische Energie zur Bearbeitung eines Objekts werde und sich darin als das manifestiere, was sie an sich ist. Ohne einen solchen Entschluß ist der Mensch von einer Auflösungstendenz bedroht, die Hegel in einem Brief an Windischmann vom 27.5.1810 folgendermaßen beschreibt: »Ich kenne aus eigner Erfahrung diese Stimmung des Gemüts ..., wenn sie sich einmal mit Interesse und ihren Ahndungen in ein Chaos der Erscheinungen hineingemacht hat und wenn (sie), des Ziels innerlich gewiß, noch nicht hindurch, noch nicht zur Klarheit und Detaillierung des Ganzen gekommen ist. Ich habe an dieser Hypochondrie ein paar Jahre bis zur Entkräftung gelitten; jeder Mensch hat wohl überhaupt einen solchen Wendungspunkt im Leben, den nächtlichen Punkt der Kontraktion seines Wesens, durch dessen Enge er hindurchgezwängt und zur Sicherheit seiner selbst befestigt und vergewissert wird ...«.[181]

## C. Die spezifische Sinnlichkeit des »Selbstbewußtseins«

Nach unserer ersten Interpretationshypothese ist Subjekt des Kap. IV. das irdische Ich als viertes Wesensglied des Menschen. Dabei handelt es sich aber nicht um die Tätigkeit dieses Ich in der Selbstproduktion des Organismus und auch nicht um seine ideelle Arbeit in der Seele, sondern vielmehr um die reine Egoität als solche, das Selbsteinwollen. In dieser Form ist das Ich aus den drei vorher betrachteten Wesensgliedern hervorgegangen, d. h. es ist dasjenige Selbstbewußtsein, welches schon den Horizont der Empfindungs-, Verstandes- und Bewußtseinsseele abgeschlossen hat und das sich nun als dieses Abschließende selbst geltend macht.

Nach unserer zweiten Interpretationshypothese steht hinter jedem der menschlichen Wesensglieder, als geistige Grundstruktur einer auf es aufbauenden Weltanschauung, das Funktionsbild eines der menschlichen Sinne. Wer also die Lebensfragen prinzipieller stellt und seine Antworten im Denken sucht, der kann bis zu jenen unserer aktuellen Sinnestätigkeit zugrundeliegenden, im Bildekräfteleib subsistierenden Bildern vordringen und sie sich zur intellektuellen Anschauung bringen. Für das Wesensglied unseres Kap. IV., das rationale Ego, ist die entsprechende physiologische Grundierung im Ichsinn angelegt, den wir oben als die Fähigkeit bezeichneten, das Anwesendsein des Ich in einem anderen Menschen unmittelbar wahrzunehmen. Was das heißt, ist nicht leicht zu begreifen, zumal nicht in einer Zeit wie der unseren, wo das kreatürlich empfundene »du« eine allgemeine Anredeform darstellt. Damit wird ein sich-je-schon-Verstandenhaben suggeriert, welches weitere Anstrengungen zum Verstehen des Wesens des Anderen überflüssig erscheinen läßt. In Wahrheit aber steckt in »dem Anderen« dessen *Anderssein* als das Sich-entfremdet-Sein des Menschenwesens selbst, welches nicht allein gefühlsmäßig (in der Beruhigung der seelischen Ambivalenz von Syn- und Antipathie) überwunden werden kann.

Vielmehr haben wir in unserem Ichsinn ein geistig-sinnliches Organ, welches die Kommunikation zwischen Ich und Ich noch stärker abstrahiert als in der Ambivalenz des Gefühls und sie auf eine reine Interaktionsform, ein intermittierendes Sich-Anziehen und Sich-Abstoßen, zurückführt. R. Steiner hat diese Tätigkeit des Ichsinns beim Sich-Gegenüberstehen von Menschen folgendermaßen beschrieben: »Sie nehmen einen Menschen wahr eine kurze Zeit; da macht er auf Sie einen Eindruck. Dieser Eindruck stört sie im Innern; Sie fühlen, daß der Mensch, der eigentlich ein gleiches Wesen ist wie Sie, auf Sie einen Eindruck macht wie eine Attacke. Die Folge davon ist, daß Sie sich innerlich wehren, daß sie sich dieser Attacke widersetzen, daß sie gegen ihn innerlich aggressiv werden. Sie erlahmen im Aggressiven, das Aggressive hört wieder auf; daher kann er nun wieder einen Eindruck auf Sie machen. Dadurch haben Sie Zeit, ihre Aggressivkraft wieder zu erhöhen und Sie führen wieder eine Aggression aus.«[182] Dieses Funktionsbild tritt natürlich nicht als solches (in seinen einzelnen Momenten) in unser Bewußtsein, sondern nur in der Moderation durch die jeweilige seelisch-soziale Situation, in welcher die Begegnung stattfindet. Aber der philosophische Gedanke dringt in jenen Hintergrund ein, d. h. er räumt die Friedfertigkeit der Seelen als je persönliche Disposition beiseite und legt die geistig-sinnliche Struktur als solche bloß.

Wie diese Struktur im Menschen entsteht, und wo sie als Sinnesorgan ihren physischen Ort hat, ist schwer zu sagen. Nach *R. Steiner*[183] handelt es sich dabei um eine vom Kopf ausgehende substantielle Wirkung, sozusagen um ein kopfzentriertes, über den ganzen Leib ausgebreitetes Wahrnehmungsorgan für die Organisationskraft des je gegenüberstehenden Ich. *K. König*[184] charakterisiert die Entstehung des Ichsinnes als einen inneren Bildeprozeß in der Lebensphase zwischen der ersten Trotzreaktion des Kindes und dem vollen Bewußtwerden des Bruches der eigenen Subjektivität mit allen anderen Wesen der Welt, der um das 9. Lebensjahr eintritt. Von da an bis zur Pubertät erscheint die menschliche Leibesgestalt äußerlich in ihrer größten Harmonie, was auch mit einem in dieser Zeit bestehenden Gleichgewicht in der Tätigkeit der innersekretorischen Drüsen des Gehirns (Epiphyse und Hypophyse) zusammenhänge. Entsprechend liegt im Verlust dieses Gleichgewichts ein Aggressionspotential, welches die moderne Neurologie einem selbständigen Gehirnbereich, dem (früher als zum Riechhirn gehörend betrachteten, zwischen Kortex und Zwischenhirn lokalisierten) »limbischen System« zuschreibt.[185] Dieses darf aber nicht nur als eine vermittelnde, Streß und Emotion des Organismus mit anderen Sinneswahrnehmungen verbindende Instanz, es muß als ein eigener Inhalt aufgefaßt werden, als das Organ des Ichsinns mit seiner besonderen Anfälligkeit dafür, in der Beziehung von »Ich und Du« das »und« durch ein »oder« zu ersetzen.

## D. Hegels Einleitung in Kap. IV.

»In den bisherigen Weisen der Gewißheit ist dem Bewußtsein das Wahre etwas anderes als es selbst. Der Begriff dieses Wahren verschwindet aber in der Erfahrung von ihm«, so beginnt Kap. IV. (S. 103–109, Z. 3). Das Bewußtsein hat durch seine eigene Aktivität erfahren, daß der Vorhang im Tempel der Selbstproduktion zerrissen und es sich selbst der wahre Gegenstand, oder daß die »Gewißheit … ihrer Wahrheit gleich« geworden ist (S. 103). Es ist »Selbstbewußtsein«, insofern zwar noch abhängig von der Form der Bewußtseinssee-

lentätigkeit, aber mit einem selbstgesetzten Inhalt, aus dem sich seine
Stabilität ergibt:»Ich ist der Inhalt der Beziehung, und das Beziehen
selbst; es ist es selbst gegen ein anderes, und greift zugleich über dies
andre über, das für es ebenso nur es selbst ist.«

Damit, sagt Hegel, sind wir»in das einheimische Reich der Wahrheit
eingetreten«. Aber wir sind in einer bestimmten Gestalt in dieses Reich
eingetreten, die dort ihr bestimmtes Schicksal erfährt. Welches Schicksal das ist, läßt sich in der religionsgeschichtlichen Parallele verdeutli-
chen, auf welche Hegel hier mit dem Satz»Ich bin Ich« (der zunächst
von Fichte in die Philosophie eingeführt wurde)[186] anspielt. Dies ist der
Gottesname:»Ich bin der Ich-Bin«, mit welchem sich Jahwe dem Mo-
ses auf dem Berg Sinai offenbart (2. Mose 3, 13 ff.), und der im Verlauf
der Geschichte Israels immer mehr zu dem Ausschließlichkeitsan-
spruch des»... du sollst keine anderen Götter neben mir haben«
(5. Mos. 5, 7) gesteigert wird. Die elementarisch-lebendige Geistigkeit
der Natur, die Vielgötterei des Heidentums, wurde den Israeliten verschlossen, damit sie sich aus aller Bindung an die Sinneswelt lösten und
Gott stattdessen im Innern der Seele suchten. Damit mußte der Ichsinn
zum Brenn- und Krisenpunkt dieser religionsgeschichtlichen Entwicklung werden. Die ständigen Auflehnungen des Volkes Israel gegen die
Zumutung des Monotheismus und das darauf regelmäßig folgende
reumütige Sich-Unterwerfen unter die göttliche Strafe erscheinen in
der Tat als eine historische Parallele zum Gedankengang des Kap. IV.

Philosophisch gesehen besteht das Problem des Selbstbewußtseins
hier darin, daß es aus der Bindung an das sinnliche Bewußtsein hervorgegangen ist und dieses überwunden, dabei aber den Boden unter den
Füßen verloren hat. Es erzeugt sich, indem es sich in den Dingen von
sich (indem es seine»sinnliche Gewißheit« von seiner»Wahrnehmung« und diese wiederum von seinem»Verstandesgesetz«) unterscheidet, aber es weiß nicht, wie es sich jetzt zu der realen Existenz der
Dinge einstellen soll;»der Unterschied *ist* nicht, und *es* nur die bewe-
gungslose Tautologie des: Ich bin Ich; indem ihm der Unterschied nicht
auch die Gestalt des *Seins* hat, ist es nicht Selbstbewußtsein« (S. 104).
Die »ganze Ausbreitung der sinnlichen Welt« ist für das Bewußtsein
nach wie vor vorhanden; das Subjekt muß sich als Bewußtsein auf die

materielle Welt beziehen und sich zugleich geistig als Selbstbewußtsein aus ihr herausdestillieren, aber es bringt diese beiden Seiten seiner selbst nicht zusammen. Es muß sie jedoch zusammenbringen, um die Welt als seine Welt (und nicht als diejenige eines fremden Götterwirkens) zu begreifen, in ihr als Selbstbewußtsein *Anerkennung* zu finden.

Was sich dem Selbstbewußtsein in der Sinneswelt letztlich entzieht, ist deren lebendige Substanz, der elementarische Prozeß der Bildekräfte, oder einfach »das Leben«. Daher wird das Streben des Selbstbewußtseins, sich mit den Gegenständen seines Bewußtseins zu vereinigen, zu einer »Begierde« nach Leben, nicht im Sinne des ungehemmten Lebensgenusses, sondern um die Selbständigkeit des Lebensprozesses als einer ichfremden Macht aufzuheben. Jahwe selbst wird ja der »lebendige Gott« genannt und man kann auch sagen, daß er es ist, der die Begierde nach Leben im Selbstbewußtsein erzeugt, um dieses zu einem höheren Begreifen seiner selbst herauszufordern. Weil der Mensch das Leben als solches nicht mehr sinnlich wahrnehmen kann, muß er es gedanklich erfassen, aber auch in sein Denken ist die Reflexion der ratio eingedrungen und entzweit ihn von dem, was er in seiner Leibesnatur unmittelbar an sich hat, oder mit Hegels Worten: Der »Begriff *entzweit* sich in den Gegensatz des Selbstbewußtseins und des Lebens« (S. 105). Je weiter das Selbstbewußtsein seine Begierde treibt, um dieses ihm gegenüber Negative zu überwinden, desto mehr wird es »vielmehr die Erfahrung der Selbständigkeit desselben machen.«

Dies wird nun vorgeführt, und zwar mit einer dialektischen Entfaltung des Begriffs des organischen Lebens (S. 105−107), die wir nicht in extenso darstellen. Hegel umkreist hier, metaphilosophisch gesagt, das Problem, wie sich der Bildekräfteleib der Lebewesen zu der ihn umgebenden Bildekräftesphäre verhält, d. h. er erörtert nacheinander die Seinsweise der Bildekräfteleiber und die dieser entgegenlaufenden Absterbeprozesse im physischen Leib, sowie das Abrollen des Naturprozesses überhaupt als subjektlose »natura naturans«.[187] Weil jeder dieser Vorstellungen wiederum eine andere entgegengesetzt werden kann, weil Spinozas Gegenüberstellung von »natura naturans« und »natura naturata« nicht mehr ist, als ein ewiges Hin und Her, muß der Begriff des Lebens auf einer höheren Ebene gesucht werden: Der »ganze

Kreislauf macht das Leben aus, weder das, was zuerst ausgesprochen wird, die unmittelbare Kontinuität und Gediegenheit seines Wesens, noch die bestehende Gestalt und das für sich seiende Diskrete, noch der reine Prozeß derselben, noch auch das einfache Zusammenfassen dieser Momente, sondern das sich entwickelnde und seine Entwicklung auflösende und in dieser Bewegung sich einfach erhaltende Ganze« (S. 107). Der Begriff des Lebens kann nicht erfaßt werden, wenn er nicht ebenso beweglich gedacht wird, wie das Leben selbst ist, aber zu einer solchen Denkfähigkeit muß das Bewußtsein erst kommen, d. h. es muß sich entsprechend entwickeln.

Das geschieht nun mit einer Anknüpfung an die Biologie, an die Ordnung der Fülle der Naturerscheinungen nach »Gattungen« und »Arten«, woran Hegel einen komplizierten philosophischen Gedankengang anschließt. Was sich in dem scheinbar chaotischen Prozeß »natura naturans« im Wechsel von Wachstum und Absterben tatsächlich erhält, sind die Gestaltbilder der Lebewesen, welche in der Abstammungsreihe immer wieder neu zum Vorschein kommen. Die »Einheit« des Lebens liegt also nicht in jener einfachen Substanz, sondern sie wird durch die Gestaltbilder hergestellt, sie ist »reflektierte Einheit«: »Sie ist die *einfache Gattung*, welche in der Bewegung des Lebens selbst nicht *für sich a l s dies Einfache* existiert; sondern in diesem *Resultate* verweist das Leben auf ein anderes, als es ist, nämlich auf das Bewußtsein, für welches es als diese Einheit, oder als Gattung ist.« Das Subjekt kann jetzt beim Genuß der Natur für sich selbst folgende Unterscheidung machen. Es bezieht sich als Bewußtsein auf das einzelne existierende Ding (es vertilgt die Frucht) und zugleich als Selbstbewußtsein auf das dahinterstehende Gestaltbild, das es gewissermaßen für sich arbeiten (die Früchte hervorbringen) läßt. Aber eine wahre Befriedigung des Selbstbewußtseins kann darin nicht liegen, die Souveränität des Menschen gegenüber der Natur läßt sich so nicht durchhalten. Er ist ja selbst ein Naturwesen und als solches Zwängen und Trieben (die sich im Bewußtsein geltendmachen) unterworfen, er ist gezwungen, sich durch Naturprodukte zu ernähren. Und auch auf der anderen Seite, mit der These des Selbstbewußtseins, daß er die Natur für sich arbeiten lasse, unterliegt er einer Illusion. Die Natur ist verschwenderisch, und zwar so sehr, daß sie sich sogar den Anschein gibt, sie lasse sich zwingen, wo sie in Wahrheit nur ihren eigenen Gesetzen folgt.

Es reicht also nicht aus, daß das Selbstbewußtsein sich auf die »Gattungen« der natürlichen Lebewesen als Gestaltbilder bezieht, vielmehr muß diese Vorstellung ontologisch vertieft werden. Schon im Universalienstreit der mittelalterlichen Scholastik ging es um diese Frage: Während die »Nominalisten« in der gattungsmäßigen Bezeichnung der Lebewesen eine bloße Namengebung sahen (und bis heute sehen), nehmen die »Realisten« an, daß es die Gattungen als reale Wesen (metaphilosophisch sprechen wir von den in den Tieren und Pflanzen gestaltbildend schaffenden »Gruppenseelen«) wirklich gibt.[188] Für Hegel hat dieses »es gibt« nun eine sehr prägnante Bedeutung, es nimmt eine Wendung, die sich zur äußersten Zuspitzung, zur coincidentia oppositorum als der Erfüllung einer spezifischen Sinnesreflexion steigert.

Das Selbstbewußtsein, so sagt er, ist nur zu befriedigen, wenn es sich der im Gegenstand auftretenden Selbständigkeit bemächtigt. Wie geht es dabei vor? Es verlegt den in ihm selbst bestehenden Widerspruch zwischen Selbstbewußtsein und Bewußtsein in den Gegenstand und bestimmt dessen Selbständigkeit als Selbsterhaltung in einer Sphäre der Selbstzerstörung, indem es sein Einzelwesen- mit seinem Gattung-Sein vergleicht. Als Einzelwesen hat er ein selbständiges Dasein solange er lebt, indem er sich gegen die Absterbeprozesse seiner unorganischen Natur am Leben erhält bzw. sich der Begierde anderer Lebewesen, die ihn zu ihrer Beute machen wollen, zu entziehen versucht. Diese von ihm selbst vollzogene Negation entspricht der dinglichen Struktur des Bewußtseins. Andererseits ist das einzelne Wesen das Mittel der Gattung, sich durch es zur Erscheinung zu bringen und zu reproduzieren, wobei es auf ein Exemplar mehr oder weniger, also auf dessen Selbständigkeit überhaupt nicht ankommt. Die Gattung negiert das Einzelwesen, welches seinerseits als gattungsmäßig bestimmtes diese Negation seiner Selbständigkeit, d. h. seines Lebens an sich trägt. Das lebendige Wesen verwirklicht also in seiner gattungsmäßigen Bestimmtheit die Negation der Negation, die Struktur des Selbstbewußtseins. Daher, so kehren wir jetzt zum Ausgangspunkt des Gedanken-

ganges zurück, verhält sich das Selbstbewußtsein so zum Gegenstand
seiner Begierde wie dieser sich zu sich selbst verhält: »Das *Selbstbewußtsein erreicht seine Befriedigung nur in einem andern Selbstbewußtsein*« (S. 108).

Dieser Gedankengang Hegels zeigt uns, daß es eine Brücke zwischen
dem mittelalterlichen Universalienstreit und der marxistischen Wissenschaft des Klassenkampfes gibt. In beiden Problemkomplexen geht
es um die Frage des Selbstbewußtseins, wobei im Mittelalter die Stellung des Menschen zu den Wesen der Natur (und deren Selbständigkeit) im Vordergrund stand, während die Neuzeit von der Stellung des
Menschen im sozialen Kraftfeld und dessen Antagonismen ausgeht.
Dahinter aber wirkt der Ichsinn mit seiner antagonistischen Struktur,
die – solange sie nicht als sinnliche erkannt ist – mehr und mehr in die
Gedankengänge des Selbstbewußtseins hineindrängen muß. Das weiß
auch Hegel, aber er drückt es philosophisch aus: »Indem ein Selbstbewußtsein der Gegenstand ist, ist er ebensowohl Ich wie Gegenstand. –
Hiemit ist schon der Begriff *des Geistes* für uns vorhanden.« Wir müssen jetzt nur noch die Erfahrung machen, was in diesem Geist steckt, in
»diese(r) absolute(n) Substanz, welche in der vollkommenen Freiheit
und Selbständigkeit ihres Gegensatzes, nämlich verschiedener für sich
seiender Selbstbewußtsein(e), die Einheit derselben ist: *Ich*, das *Wir*,
und *Wir*, das *Ich* ist.«

## 2. Interpretation des Haupttextes

### A. »*Selbständigkeit und Unselbständigkeit des Selbstbewußtseins;
Herrschaft und Knechtschaft*«

In dem nicht weiter untergliederten Abschnitt IV. A. (S. 109–116, Z. 5)
haben wir drei Gedankengänge zu unterscheiden. Zunächst entwickelt
Hegel a. den Begriff des Selbstbewußtseins oder den Prozeß des Ichsinnes als solchen, sodann stellt er b. den Kampf um die Selbständigkeit
des Selbstbewußtseins dar, um schließlich c. diese Antinomien im Begriff der Arbeit zusammenzufassen.

## a. Der Begriff des Selbstbewußtseins oder der Prozeß des Ichsinnes als solcher

Das Selbstbewußtsein, sagt Hegel, lebt nur in der Beziehung auf ein anderes Selbstbewußtsein, in welchem es sich erkennt und anerkannt wird (S. 109–110, Z. 29). Sein einheitliches Sein besteht also in einer wechselseitigen Beziehung oder in seiner »Doppelsinnigkeit«. Darum kann man auch sagen: »Es ist *außer sich* gekommen. Dies hat die gedoppelte Bedeutung; *erstlich*, es hat sich selbst verloren, denn es findet sich als ein *anderes* Wesen; *zweitens*, es hat damit das Andere aufgehoben, denn es sieht auch nicht das andere als Wesen, sondern *sich selbst* im andern« (S. 109). Dieses sein Anderssein muß das Selbstbewußtsein nun aufheben, wobei es in die gleichen Verwicklungen gerät, wie die »Begierde«, die das Leben vertilgen will und das nur kann, weil sie selbst lebendig ist. Die Aufhebung des anderen Wesens beseitigt zwar das Anderssein des Selbstbewußtseins, aber ebenso auch dessen Anerkanntsein. Zugleich wird damit jedoch die Ausgangslage wiederhergestellt; das Selbstbewußtsein erhält »*erstlich* ... durch das Aufheben sich selbst zurück, denn es wird sich wieder gleich durch das Aufheben *seines* Andersseins; *zweitens* aber gibt es das andere Selbstbewußtsein ihm wieder ebenso zurück, denn es war sich im andern, es hebt dieses *sein* Sein im andern auf, entläßt also das andere wieder frei.«

Diese ganze Bewegung ist nun nicht nur einseitig, sondern sie wird von beiden Selbstbewußtsein ausgeführt: »Jedes sieht *das andre* dasselbe tun, was es tut; jedes tut selbst, was es an das andre fordert, und tut darum was es tut, auch *nur* insofern als das andre dasselbe tut ... Das Tun ist also nicht nur insofern doppelsinnig, als es ein Tun ebensowohl *gegen sich* als gegen das *Andre*, sondern auch insofern, als es ungetrennt ebensowohl das *Tun des Einen* als des Andern ist« (S. 110). Diese Oszillationsbewegung von Ich zu Ich ist im Funktionsbild unseres Ichsinnes angelegt und von der ähnlichen Struktur auf der seelischen Ebene, der syn- und antipathisch verlaufenden Wechselwirkung des Fühlens (deren geistige Bedeutung wir in Kap. III. kennenlernten), zu unterscheiden.

Genau dasselbe sagt nun Hegel hinsichtlich der Wechselbeziehung Selbstbewußtseine: »In dieser Bewegung sehen wir sich den Prozeß

wiederholen, der sich als Spiel der Kräfte darstellte, aber im Bewußtsein.« Was wir in Kap. III. als bewußtseinsbildendes Prinzip des Gesetzes
entdeckten (das wechselseitige Fühlen bzw. Sich-Riechen), das agiert
hier für sich selbst, nämlich der Ichsinn als Produzent des Selbstbewußtseins. Das letztere weiß selbst, daß es außer sich ist und sich daraus in sich
reflektieren muß. Und es weiß, daß bei seinem Gegenüber der gleiche
Prozeß abläuft:»Jedes ist dem andern die Mitte, durch welche jedes sich
mit sich selbst vermittelt und zusammenschließt, und jedes sich und dem
andern unmittelbares für sich seindes Wesen, welches zugleich nur
durch diese Vermittlung so für sich ist. Sie *anerkennen* sich, als *gegenseitig sich anerkennend.*«

## b. Der Kampf um die Selbständigkeit

In diesem Abschnitt (S. 110–114, Z. 14) werden zwei sozial anerkannte Erscheinungsformen des Ichsinnes, gewissermaßen als ge-
zähmte Formen des Auslebens antisozialer Instinkte dargestellt, nämlich das Duell, hinter welchem sich die biographische Seite des Kampfes um das Selbstbewußtsein verbirgt, und die sozio-strukturelle Seite
dieses Kampfes, der Antagonismus innerhalb des Wirtschaftslebens
zwischen Unternehmer und, wie B. Brecht sagt, »Unternommenen«.
In beiden Beziehungen drückt sich aus, daß das physiologische Funktionsbild des Ichsinnes zwar das Selbstbewußtsein des einzelnen ausfüllen kann, aber nur solange, bis er auf ein anderes Selbstbewußtsein
stößt, das innerlich die gleiche Bewegung macht und darin seinerseits
selbständig zu sein beansprucht. Hier geht der innere Prozeß in einen
äußeren über, das Funktionsbild des Ichsinnes wird Realität. Es treten
also jetzt zwei selbständige Gestalten auf, welche zwar beide das volle
Leben (oder: die volle Männlichkeit, denn beim Manne tritt die Tätigkeit des Ichsinnes stärker hervor als bei der Frau) verkörpern, »welche
(aber) *für einander* die Bewegung der absoluten Abstraktion, alles unmittelbare Sein zu vertilgen, und nur das rein negative Sein des sichselbstgleichen Bewußtseins zu sein, noch nicht vollbracht, oder sich
einander noch nicht als reines *Fürsichsein*, d.h. als *Selbst*bewußtsein
dargestellt haben« (S. 111).

Schon in den archaischen Formen der Konfliktregelung spielt das
Streben nach Befreiung vom Zwang des Ichsinnes eine Rolle, so z. B.
wenn im »Gottesurteil« der Mensch ein Spiel mit todbringenden Kräften veranstaltet, um den Göttern Gelegenheit zur Verwirklichung ihres
Willens zu geben. Daß die neuzeitliche Ausgestaltung dieser Praxis,
der mit tödlichen Waffen ausgetragene »Ehrenhändel« unter Adeligen
und Offizieren, seine religiöse Wurzel nicht mehr erkennen läßt, sondern sich ganz auf das Satisfaktionsbedürfnis der Subjektivität stützt,
macht den sinnlichen Gehalt der Sache um so deutlicher.[189] Es geht um
die »Darstellung« des einen Selbstbewußtseins gegenüber dem anderen, also darum, »sich als reine Negation seiner gegenständlichen
Weise zu zeigen, oder es zu zeigen, an kein bestimmtes *Dasein* geknüpft, an die allgemeine Einzelheit des Daseins überhaupt nicht,
nicht an das Leben geknüpft zu sein. Diese Darstellung ist, das *gedoppelte* Tun; Tun des andern, und Tun durch sich selbst.« Tun des Andern: Indem er behauptet, nicht an sein Leben gebunden zu sein, fordert er dazu heraus, ihn zu töten; Tun durch sich selbst: Wer die Herausforderung annimmt, muß dabei sein eigenes Leben einsetzen. »Das
Verhältnis beider Selbstbewußtseine ist also so bestimmt, daß sie sich
selbst und einander durch den Kampf auf Leben und Tod *bewähren*.«

Aus der traditionellen Darstellung dieses Konflikts als einer waffen-
klirrenden Männersache schält Hegel nun die Menschensache heraus,
welche eben darin besteht, einen bestimmten biographischen Schritt
mit einer bestimmten sozialen Interaktion zu verbinden. Biographisch
handelt es sich um eine erste Stufe des Erwachsenwerdens, nämlich
um die Erkenntnis, daß die dem Menschen zugewachsene Natur seiner
unteren Wesensglieder unter dem Prinzipat eines Ich gewachsen ist.
Das letztere kann hiervon aber nur Bewußtsein erlangen, indem es sich
seinem Produkt negierend gegenüberstellt; es muß also geltendmachen, daß ihm »nicht das *Sein*, nicht die *unmittelbare* Weise, wie es
auftritt, nicht sein Versenktsein in die Ausbreitung des Lebens, – das
Wesen, sondern daß an ihm nichts vorhanden, was für es nicht ver-
schwindendes Moment wäre, daß es nur reines *Fürsichsein* ist.« Da das
Ich nun aber mit seiner Natur auch in die bestehenden sozialen Verhältnisse verwoben ist, erscheint dieser Akt, je tiefer er gegriffen wird,

um so antisozialer, und das Austragen der Identitätskrise erfordert auch von daher viel Mut. Wer diesen nicht hat, wählt die bourgeoise Lösung, den Kampf auf Leben und Tod in seinem Investitionskapital darzustellen, welches zwar auch untergeht, aber nur, um an der Leine einer rationalen Kalkulation als Gewinn wieder aufzuerstehen. Dieses Bewußtsein »kann wohl als *Person*[190] anerkannt werden; aber es hat die Wahrheit dieses Anerkanntseins als eines selbständigen Selbstbewußtseins nicht erreicht.« Es wird im nächsten Akt des Dramas der Knecht, welcher für den Herrn arbeitet.

Daß der waffenklirrende Kampf auf Leben und Tod nur die traditionelle Darstellungsform des Konflikts des Selbstbewußtseins, daß dieser Gedankengang also nur von begrenzter Reichweite ist, ergibt sich aus ihm selbst. Denn was kommt beim Duell heraus? Für beide Kämpfer hat sich durch ihre Todesverachtung zwar ihr Selbstbewußtsein bewährt, aber weder der Sieger noch der Besiegte können diese Währung festhalten: Der Besiegte nicht, weil er tot ist, und der Sieger nicht, weil mit dem Tod des Gegners das ganze Kräftespiel zusammengefallen ist: »Ihre Tat ist die abstrakte Negation, nicht die Negation des Bewußtseins, welches so *aufhebt*, daß es das Aufgehobene *aufbewahrt* und *erhält*, und hiemit sein Aufgehobenwerden überlebt« (S. 112). Das gleiche gilt für die kollektive Form des Duells, den Krieg. Darauf geht Hegel hier nicht näher ein, und er läßt auch unerörtert, inwiefern sich aus der Kriegsbereitschaft der Staaten Folgerungen für die innere Struktur der Staatsverfassung (Herrschaft des militärisch-politischen Standes über den der Gewerbetreibenden)[191] ergeben. Damit würde er zu weit auf den Themenkreis des Kap. VI., die objektive Equilibristik des gesellschaftlichen Wesens vorgreifen, während es in Kap. IV. zunächst noch darum geht, dem einzelnen einen Zugang zu diesem Wesen zu öffnen.

Es bedarf deshalb der Institutionalisierung der befreienden Kraft des Duells auf einem dauerhafteren Boden, als demjenigen der ritterlich-militärischen Szene. Dieser Boden ist das Wirtschaftsleben der modernen Gesellschaft. Hier ist die kämpferische Beziehung der Selbstbewußtseine aufeinander in der Bearbeitung der Substanz aufgefangen, und der Ichsinn, der das aggressive Moment in jene Beziehung hineinbringt, wird zur materiellen Produktivkraft. Ausgangspunkt dafür ist die Erfahrung des ersten Kampfes, in welchem sich zwei Formen des Selbstbewußtseins ergeben haben, ein »reines Selbstbewußtsein, und ein Bewußtsein ..., welches nicht rein für sich, sondern für ein anderes, d. h. als *seiendes* Bewußtsein oder Bewußtsein in der Gestalt der *Dingheit* ist.« Diese beiden stellen sich für einander als Herr und Knecht dar. Der Herr ist gewissermaßen der ehemalige Soldat, der sein Selbstbewußtsein im tödlichen Kampf bewährt hat und jetzt als selbständiger Unternehmer im Wirtschaftsleben tätig ist; zum Knecht ist derjenige geworden, der sich von der Naturgrundlage seines Bewußtseins nicht ganz befreien konnte, so daß ihm jetzt die Aufgabe der Bearbeitung des Dings für den Herrn zufällt.

Dieser Arbeitsprozeß hat eine äußere und eine innere Seite (S. 113), er ist die Bearbeitung des äußeren Materials und Konkretisierung des Bildekräfteleibs des Arbeiters. Auf der äußeren Seite sind die Verhältnisse zunächst klar: Der Herr läßt das Material durch den Knecht bearbeiten. In der Widerständigkeit dieses Materials tritt dem Knecht das Gebundensein seines Bewußtseins an seine leibliche Natur von außen her entgegen, woraus sich wiederum im Sozialen die »Furcht des Herrn« aufbaut. Der letztere erhält, weil er sich im Kampf von jener Kette der Dingheit befreit hat, eben daraus seine Herrschaftsbefugnis; er »bezieht sich *auf den Knecht mittelbar durch das selbständige Sein* ... Ebenso bezieht sich der Herr *mittelbar durch den Knecht auf das Ding*; der Knecht bezieht sich als Selbstbewußtsein überhaupt, auf das Ding auch negativ und hebt es auf; aber es ist zugleich selbständig für ihn, und er kann darum durch sein Negieren nicht bis zur Vernichtung mit ihm fertig werden, oder er *bearbeitet* es nur.« Umgekehrt wird dem Herrn durch die Arbeit des Knechts möglich, was im unmittelbaren Zugriff der »Begierde« auf das Leben nicht möglich war, nämlich die reine Negation der Dingheit, als Aneignung und Genuß des im Arbeitsprozeß erzeugten Mehrwerts.

Indem der Knecht sich an dem Ding abarbeitet, sich dessen Sachgesetzlichkeit unterwirft, knechtet er ebenso sich selbst wie der Herr ihn knechtet, d. h. er erkennt die Herrschaft an. Aber die Substanz der Beziehung bleibt einseitig, denn der Herr kann den Knecht nicht in der gleichen Weise anerkennen, wie dieser ihn. Er kann die Anerkennung des Knechts nicht im Arbeitsprozeß objektivieren, da er an dem letzteren nicht unmittelbar beteiligt ist. Als Herr bezieht er sich nur auf das unwesentliche Bewußtsein, dasjenige, welches ihn durch Arbeitsdisziplin und Ablieferung des Mehrwerts anerkennt, nicht dagegen auf das durch die Selbstunterwerfung unter die Sachgesetzlichkeit des Materials zum wesentlichen Bewußtsein werdende. Das herrschaftliche Selbstbewußtsein verfehlt also hier sein Ziel, das Wesen des anderen Bewußtseins zu vertilgen. Die mit der Dingproduktion verbundene Selbstproduktion des Knechts ist ein Mehrwert, den der Herr nicht abschöpfen kann, weil er langsam und im Verborgenen wächst, während die aus dem Ichsinn hervorgehende Herr-Knecht-Konstellation (ebenso wie diejenige des Duells) sich im Formalen, in den Verhaltensregeln für die je unmittelbare Situation des sinnlich-antagonistischen Erlebnisses erschöpft.

## c. Die Arbeit als Bildung der Substanz

Der Sklave bzw. Knecht als gesellschaftlicher Typus früherer Epochen der Menschheit wird in der Neuzeit zum Arbeiter. Hegels Deutung dieser Entwicklung (S. 114–116) geht weit über die gesellschaftliche Klassenkampfperspektive hinaus, in welcher Marx und Kojève sie sehen.[192] Sie dringt von der Gesellschaftstheorie überhaupt in logischen Schritten zu den physiologischen Bedingungen der Selbstproduktion des Menschen vor, also in ein Gebiet, wo sich der Antagonismus von Herrschaft und Knechtschaft zwar vorübergehend als produktiv erweist, sich aber langfristig selbst aufhebt. Wir sahen, daß die Rolle des Herrn, obwohl im Sozialen überlegen, allmählich leerzulaufen beginnt, weil ihr Zugriff bei der äußeren Arbeitsdisziplin endet, während der Arbeiter in der inneren Einstellung zu seinem Tun eine freie Materialdisziplin übt, die wiederum das herrschaftliche Bewußtsein nicht nur beim anderen übersieht, sondern auch selbst entbehrt. »Die *Wahrheit* des selbständigen Bewußtseins ist demnach das *knechtische Bewußtsein*«, welches »als in sich *zurückgedrängtes* ... in sich gehen und zur wahren Selbständigkeit sich umkehren« muß (S. 114).

Hegel charakterisiert diesen Schritt folgendermaßen. »Für die Knechtschaft (ist) der Herr das Wesen; also das *selbständige für sich seiende Bewußtsein* ist ihr *die Wahrheit*, die jedoch *für sie* (sc. die Knechtschaft) noch nicht *an ihr* ist.« Was hier im sozialen Rollenspiel getrennt erscheint, ist aber in der Selbstproduktion an sich schon verbunden, denn das knechtische Bewußtsein hat sowohl die Selbständigkeit der Materie wie »die Furcht des Todes, des absoluten Herrn« wirklich erfahren und ausgehalten. »Es ist darin innerlich aufgelöst worden, hat durchaus in sich selbst erzittert, und alles Fixe hat in ihm gebebt. Diese reine allgemeine Bewegung, das absolute Flüssigwerden alles Bestehens ist aber das einfache Wesen des Selbstbewußtseins, die absolute Negativität, *das reine Fürsichsein*, das hiemit *an* diesem Bewußtsein ist.« In seiner Arbeit wird es Meister über den Stoff, »es hebt darin in allen einzelnen Momenten seine Anhänglichkeit an natürliches Dasein auf; und arbeitet dasselbe hinweg.« Wenn, wie Hegel in Anspielung auf das Buch Hiob des Alten Testaments sagt, »die Furcht des Herrn der Anfang der Weisheit ist«,[193] so geht das Bewußtsein doch jetzt, im Aushalten dieser Furcht, über sich hinaus: »Durch die Arbeit kommt es ... zu sich selbst.«

Aber nicht nur wegen dieser wachsenden Fachkompetenz des Arbeiters verblaßt die soziale Rolle des Herrn, auch dessen eigenes Verhalten gegenüber dem Arbeitsprodukt hat die gleiche Folge. Sein Genießen der Herrschaft bzw. des ihm zufließenden Mehrwerts macht ihn unfruchtbar: »Die Begierde hat sich das reine Negieren des Gegenstandes, und dadurch das unvermischte Selbstgefühl vorbehalten. Diese Befriedigung ist aber deswegen selbst nur ein Verschwinden, denn es fehlt ihr die *gegenständliche* Seite oder das *Bestehen*. Die Arbeit hingegen ist *gehemmte* Begierde, *aufgehaltenes* Verschwinden, oder sie *bildet*. Die negative Beziehung auf den Gegenstand wird zur *Form* desselben und zu einem *Bleibenden*, weil eben dem Arbeitenden der Gegenstand Selbständigkeit hat« (S. 114 f.). Indem der Tischler die Bewegungsweise des Holzes, der Ingenieur die des Mechanismus und des Chemismus der Stoffe, der Bauer diejenige der Wachstumskräfte von Erde und Sonne, der Geiger diejenige seines Instruments in sich einarbeitet, macht er durch die Besonderheit seines Berufs seinen Bildekräfteleib

zur gegenständlichen Einzelheit: »Das arbeitende Bewußtsein kommt
... hiedurch zur Anschauung des selbständigen Seins, *als seiner selbst*«
(S. 115), es erfährt in der Praxis sein Dasein auf dieser für die Theorie
unzugänglichen Ebene seines Selbstseins, die wir metaphilosophisch
als das zweite Wesensglied des Menschen auffassen.

Hieraus wird klar, warum Hegel das produktive Mitarbeitenkönnen
im gesellschaftlichen Arbeitsprozeß überhaupt als ein fundamentales
Recht des neuzeitlichen Menschen betrachtet.[194] Es folgt daraus aber
auch, daß in der Arbeitsorganisation selbst das Erlebnis des stofflichen
Widerstandes bewußt bleiben muß. Damit der letztere sich aus dem
äußeren Material in den Bildekräfteleib des Menschen übertragen
kann, muß er objektiv erhalten bleiben, auch wenn betriebswirtschaft-
liche Gründe dafür sprechen, ihn soweit wie möglich wegzurationali-
sieren. Modern gesagt: Je mehr wir die Widerstandslinie des Stoffes in
Automatisierungs- und elektronische Rechenverfahren hineinverle-
gen, um so mehr verliert die Arbeit ihre Bedeutung für die menschliche
Selbstproduktion. Die Auflösung unserer Welt in eine software-gesteu-
erte Informationsgesellschaft nimmt dem Menschen die Reifungs-
chance, welche er in der Bearbeitung der Materie hat, d. h. sie fördert
den infantilen Charakter. Darauf weist im Grunde auch schon Hegel
hin: »Ohne die Zucht des Dienstes und Gehorsams bleibt die Furcht
beim Formellen stehen und verbreitet sich nicht über die bewußte
Wirklichkeit des Daseins. Ohne das Bilden bleibt die Furcht innerlich
und stumm, und das Bewußtsein wird nicht für es selbst. Formiert das
Bewußtsein ohne die erste absolute Furcht, so ist es nur ein eitler eigner
Sinn.«

## B. »Freiheit des Selbstbewußtseins; Stoizismus, Skeptizismus und das unglückliche Bewußtsein«

Nachdem in IV. A. die Barriere des Ichsinns durchstoßen, nachdem
diese Sinnlichkeit als Antrieb des neuzeitlichen Menschen zur Begründung seines Selbstbewußtseins in der Arbeit erkannt ist, blickt Hegel in
IV. B. (S. 116–131) von hier aus auf die geschichtliche Entwicklung zu-

rück. Läßt sich auch in der Geschichte des Geistes eine Spur des darin arbeitenden Selbstbewußtseins entdecken? Müßte nicht diese Spur auch in unserer bisher durchlaufenen phänomenologischen Entwicklung des Bewußtseins in Kap. I. bis III. auftreten? In der Tat: »Stoizismus«, »Skeptizismus« und das »unglückliche Bewußtsein« beziehen sich auf die Bewußtseinsstufen der Empfindungs-, Verstandes- und Bewußtseinsseele, die jetzt erst als wirkliche Seelenorgane erscheinen. In Kap. I., II. und III. wurden sie nur in ihrer Tätigkeit (als unvollständige Seelenorgane oder Momente der dialektischen Bewegung) behandelt, während sie nunmehr als Horizonte des Selbstbewußtseins oder als Weltanschauungen (»-ismen«) gegenständlichen Charakter erhalten.

Eben hiervon handelt die kurze Einleitung zu IV. B. (S. 116–117, Z. 18). Um sie zu verstehen, müssen wir nur den Begriff der »Substanz« auf den Bildckräfteleib des Menschen beziehen und berücksichtigen, daß das »Begreifen« überhaupt in der geistigen Prägewirkung liegt, welche sich im Menschenwesen aus dem Zusammenspiel von Seele und Bildekräfteleib ergibt. Für uns, sagt Hegel nämlich jetzt, war es im Prinzip immer klar, daß der Formtätigkeit des Bewußtseins auch ein diese bewirkendes seelisches Organ entsprechen muß; aber die Wirkungsweise dieses Organs war verborgen und ist erst im Begriff der »Arbeit« hervorgetreten. Im Gedankengang des Kap. IV. A. haben wir erfahren, daß die »Dingheit, welche die Form in der Arbeit erhielt, keine andere Substanz (ist), als das Bewußtsein, und es ist uns eine neue Gestalt des Selbstbewußtseins geworden; ein Bewußtsein, welches sich als die Unendlichkeit, oder (als) reine Bewegung des Bewußtseins das Wesen ist; welches *denkt* oder freies Selbstbewußtsein ist« (S. 116).

Und die hieran angeschlossene methodische Grundsatzbemerkung Hegels unterstreicht noch einmal, was wir schon oben als wegscheidende Differenz zwischen der Erkenntnistheorie R. Steiners und der spekulativen Philosophie des Deutschen Idealismus umrissen haben.[195] Die letztere will nicht primär im subjektiven Bewußtsein zur Klarheit über die Verbindung von Wahrnehmung und Begriff kommen, also den Erkenntnisakt in die Form des Urteils »x ist A« einmünden lassen; sondern sie will das denkende Begreifen zur Selbstbegegnung

des Ich mit seiner (seelisch vermittelten) Prägewirkung im Bildekräfteleib steigern: »Denn nicht als *abstraktes Ich,* sondern als Ich, welches
zugleich die Bedeutung des *Ansichseins* hat, sich Gegenstand sein, oder
zum gegenständlichen Wesen sich so verhalten, daß es die Bedeutung
des *Fürsichseins* des Bewußtseins hat, für welches es ist, heißt *denken.* –
Dem *Denken* bewegt sich der Gegenstand nicht in Vorstellungen, oder
Gestalten, sondern in *Begriffen,* d. h. in einem unterschiednen Ansichsein, welches unmittelbar für das Bewußtsein kein unterschiednes von
ihm ist« (S. 116 f.).

Auch Hegel betont, daß das »Vorgestellte, *Gestaltete, Seiende* als solches ... die Form (hat), etwas anderes zu sein, als das Bewußtsein«,
d. h. daß wir beim Urteilen eine Ur-Teilung zwischen Selbstsein und
Bewußtsein vollziehen. Aber er bewertet diesen Umstand gerade umgekehrt wie Steiner, nicht als Voraussetzung der Selbstlosigkeit (Objektivität) des Erkennes, sondern als subjektivistische Abstraktion, welche
der Konkretisierung im philosophischen Begreifen bedürfe; denn »der
Begriff ist mir unmittelbar *mein* Begriff. Im Denken *bin* Ich *frei,* weil ich
nicht in einem Andern bin, sondern schlechthin bei mir selbst bleibe,
und der Gegenstand, der mir das Wesen ist, in ungetrennter Einheit
mein Fürmichsein ist; und meine Bewegung in Begriffen ist eine Bewegung in mir selbst« (S. 117).

## a. Der Stoizismus

Was in Kap. I. »sinnliche Gewißheit« genannt wird, ist die Aktualität
der Empfindungsseele, die als »Anschauung« unser Bewußtsein räumlich grundiert. Im »Stoizismus« (S. 117–119, Z. 2) erhält nun dieses
Schauen, griechisch: »theoria«, eine eigene Gestalt als Weltanschauung. In Anknüpfung an IV. A. gesagt: Der Stoizismus macht uns die
geschichtliche Arbeit der *Empfindungsseele* gegenständlich, indem er
das Denken in die ruhige Form des Raumes zurücknimmt. Dieses Vergegenständlichen zum »-ismus«, zur Weltanschauung gehört als solches freilich erst unserer Zeit an. Die Philosophen der griechisch-römischen Epoche hatten davon noch kein Bewußtsein, sie führten ihre Gedanken auf das Selbstbewußtsein der Empfindungsseele zurück, um

das darin arbeitende Ich, bzw. das aggressive Potential des Ichsinnes, in der einfachen Anschauung der Einheit von Sein und Denken zu beruhigen.

Die stoizistische Denkweise besteht darin, »daß sie *denkendes* Bewußtsein *überhaupt* oder ihr Gegenstand, *unmittelbare* Einheit des *Ansichseins* und des *Fürsichseins* ist« (S. 117). Das Verweilen in der Ruhe des einfachen, reinen Gedankens wird für den Stoiker zu dem unerschütterbaren Boden, auf welchem sich alles Entstehen und Vergehen, die Unruhe und Erschütterung des Lebens, vollzieht. In dieser Denkart liegt in der Tat eine sinnliche Selbstvergewisserung des Geistes, die aber nicht zum Eigensinn, sondern durch die »*reine Allgemeinheit* des Gedankens« (S. 118) wieder aufgehoben wird. Ob auf dem Kaiserthron oder in Sklavenketten, der Stoiker hält sich an das, was er durch Gedankenberuhigung in seiner eigenen Substanz an geistigem Grund gelegt hat.[196] Dabei kommt er allerdings nicht zu einer Objektivierung seiner selbst im Zusammenhang der Welt. Aber er nimmt dies ebenfalls mit stoischer Ruhe hin, er leidet nicht daran, wie die ähnlich disponierte »schöne Seele« der Romantik.[197] Der Falschheitsgehalt seiner Philosophie äußert sich nur darin, daß deren Aussagen im Allgemeinen bleiben, daß sie nicht »falsifizierbar« sind; der Stoiker, sagt Hegel, hat kein »Kriterium der Wahrheit« und gerät deshalb in innere Stagnation: »Die allgemeinen Worte von dem Wahren und Guten, der Weisheit und der Tugend, bei welchen er stehenbleiben muß, sind daher wohl im allgemeinen erhebend, aber weil sie in der Tat zu keiner Ausbreitung des Inhalts kommen können, fangen sie bald an, Langeweile zu machen.«

## b. Der Skeptizismus

Hier macht sich nun, als Wahrheitsgehalt der Entzweiung gegenüber dem stoischen Rückzug in die ursprüngliche Einheit, der »Skeptizismus« (S. 119–121, Z. 22) geltend. Es handelt sich jetzt nicht um Humes' Skeptizismus, um die im »Wahrnehmungs«-Kapitel gezeigte Ableitung des Denkens aus der Physiologie, sondern um die antike Philosophie gleichen Namens, deren Vertreter uns heute kaum noch bekannt

sind. Aber Hegel führt diese Bewußtseinsgestalt nicht wegen ihrer phi-
losophiegeschichtlichen, sondern wegen ihrer menschenkundlichen
Bedeutung ein. In ihr hat sich der Ichsinn mit der Bewegungsweise der
*Verstandesseele* als des Seelenorgans des rationalen Ego verbunden
und, schon in der griechisch-römischen Epoche der Menschheit, dem
Bildekräfteleib eingeprägt und zur Weltanschauung gemacht.

Die skeptizistische Denkart entsteht als Reaktion darauf, daß der
Stoizismus das Denken aus seiner Verantwortung für die Wirklichkeit
entläßt.[198] Mit dem in der äußeren Realität verbleibenden Rest kann
der Verstand dann sein Spiel treiben. Das tut er auch, indem er eine
logisch-philosophisch zusammenhängende Begriffsentwicklung ablehnt, um stattdessen die einzelnen vorgebrachten Gedanken ohne
Rücksicht auf ihren Wahrheitsgehalt ins Negative zu wenden, d. h. sie
durch Fixierung in der äußeren Zeit und der mit dieser einhergehen-
den Veränderung zu vernichten. In Kap. II., dem »Ding und seinen Eigenschaften« bzw. im fortwährenden Geltendmachen von dessen
»Auch« und »Insofern« haben wir schon die diesem Standpunkt entsprechende Ontologie kennengelernt. In der griechisch-römischen
Epoche wurde sie aus dem unbefangenen Selbstbewußtsein heraus geboren, welches seine Freiheit darin fand, sich in der Gedankenorganisation, die es mit seinen Negationsgedanken im eigenen Bildekräfteleib geschaffen hatte, selbst zu begegnen. Wenn dagegen in der heutigen Zeit der Skeptizismus als Weltanschauung auftritt, dann liegt darin
eine rationalistische Einseitigkeit, die sich manchmal sogar bis zum
Suchtcharakter der negierenden Verstandesseelentätigkeit steigern
kann.

Auch Hegels Darstellung zielt hier deutlich in diese Richtung. Der
Skeptiker bringt alles so vor, daß er nicht den Wahrheitsgehalt, sondern
den Falschheitsgehalt des vorgebrachten Gedankens zu beweisen
sucht, d. h. er bestreitet stets auch sein eigenes Vorbringen. Auch damit,
sagt Hegel, ist jedoch eine Selbstproduktion des skeptischen Bewußtseins verbunden: Es »spricht das absolute *Verschwinden* aus, aber das
*Aussprechen i s t*, und dies Bewußtsein ist das ausgesprochne Verschwinden; es spricht die Nichtigkeit des Sehens, Hörens usf. aus, und es *sieht*,
*hört* usf. *selbst*; es spricht die Nichtigkeit der sittlichen Wesenheiten aus

und macht sie selbst zu den Mächten seines Handelns« (S. 121). Im
ganzen ist jedoch der Aktivitätsgrad hier höher als im Stoizismus, so
daß aus dem Skeptizismus eine in der gesellschaftlichen Praxis funk-
tionsfähige Gestalt hervorgeht. Diese bleibt allerdings an ihr methodisches Prinzip gebunden, von allem, was ihr gezeigt wird, das Gegenteil
auszusagen; der Skeptizismus als Weltanschauung trägt einen pubertä-
ren Zug, »sein Gerede ist in der Tat ein Gezänke eigensinniger Jungen,
deren einer A sagt, wenn der andere B, und wieder B, wenn der andere
A, und die sich durch den Widerspruch *mit sich selbst* die Freude erkau-
fen, *miteinander* im Widerspruche zu bleiben.« Aber das in Permanenz
gesetzte Sich-Widersprechen hat eine objektive, ihrerseits nicht weg-
diskutierbare Wirkung in der Selbstproduktion des Menschen, welche
auf die Dauer auch als Gedanke ins Bewußtsein tritt: »Die Gedankenlosigkeit des Skeptizismus über sich selbst muß verschwinden, weil es
in der Tat *Ein* Bewußtsein ist, welches diese beiden Weisen an ihm
hat.«

## c. Das unglückliche Bewußtsein

Mit dem »unglückliche Bewußtsein« (S. 121–131) bezeichnet Hegel
dasjenige Seelenorgan, dessen Gedankenform wir schon in Kap. III.
kennenlernten. In Newtons und Kants Denkart, so sagten wir, wirkt die
*Bewußtseinsseele* als formende Kraft, gewissermaßen als geistiger Rahmen der Gedankengänge, ohne dabei aber in ihrem eigenen Wesen, als
selbstgesetzter Inhalt, hervorzutreten. Einen solchen ermöglicht erst
der aus dem Ichsinn heraus gewonnene Begriff, welcher uns unmittelbar bewußtmacht, daß in der Arbeit der Weltgeschichte der gleiche Inhalt schon längst angelegt, wenn auch nicht voll ausgearbeitet ist, nämlich seit der Wendung des althebräischen Volkes zum Monotheismus.
Diese Wendung, welche Hegel seit seinen Jugendschriften immer wieder beschäftigte,[199] wird in Kap. IV. A. nicht nur durch den relativ großen Umfang des dritten Unterabschnitts, sondern auch dadurch betont,
daß die Tätigkeit der Bewußtseinsseele hier noch deutlicher als bei den
vorhergehenden Seelenorganen innerhalb des Menschenwesens lokalisiert ist. Man kann sagen, daß der ganze Gedankengang eng mit dem

Fühlen zusammenhängt, daß er gewissermaßen aus dem Ich heraus gedacht ist, welches sich im Fühlen der Seele seiner selbst bewußt wird. Zunächst vollzieht Hegel jedoch den Übergang vom »Skeptizismus« zum »unglücklichen Bewußtsein« ganz philosophisch, indem er darauf hinweist, daß der erstere eben an seinem eigenen Widerspruchsprinzip nicht konsequent festhält, daß er nur den Widerspruch innerhalb seiner Argumentation, nicht aber denjenigen zwischen Widersprechen und Nichtwidersprechen (also den absoluten Widerspruch zwischen Entzweiung und ursprünglicher Einheit, oder zwischen Skeptizismus und Stoizismus, S. 121), zu denken vermag. Noch anschaulicher wird der hier fällige Schritt in der Philosophie der Weltgeschichte gezeigt, wo Hegel im Zerfall der römischen Welt den Raum für das neue welthistorische Prinzip des Christentums entstehen läßt. Als geistiger Hintergrund dieses Übergangs erscheint hier auf Seiten der Römer die Flucht aus der Realwelt in den Stoizismus, während das neue welthistorische Prinzip sich im Gegensatz dazu im Geist des jüdischen Volkes vorbereitet: »Der Stoizismus lehrte nur: das Negative ist nicht, und es gibt keinen Schmerz; aber die jüdische Empfindung beharrt vielmehr in der Realität und verlangt darin die Versöhnung; denn sie ruht auf der orientalischen Einheit der Natur, d. i. der Realität, der Subjektivität und der Substanz des Einen. Durch den Verlust der bloß äußerlichen Realität wird der Geist in sich zurückgetrieben; die Seite der Realität wird so gereinigt zum Allgemeinen durch die Beziehung auf den Einen.«[200]

Damit ist die Thematik unseres Textes klar. Es handelt sich darum, die geschichtliche Wendung des hebräischen Volkes zum Monotheismus als »weltgeschichtliche«, d. h. als einen konstitutiven Schritt in der Selbstproduktion des Menschen zu deuten. Dieser Schritt ist die Realisierung eines zum Selbstbewußtsein fähigen Ich, theologisch gesprochen: Die in der jüdischen Religiosität liegende geistig-seelische Vorbereitung für das Eintreten des Christus in die Menschheit. Das »unglückliche Bewußtsein« des Kap. IV. kann die Frage, was Gott ist, noch nicht inhaltlich stellen (das wird erst in Kap. VII., »Die Religion«, möglich sein), aber es findet das Prinzip der Annäherung an Gott in der Negation des Nichtgöttlichen, also im Opfer. Genauer gesagt: In demjenigen Opferkult, welcher nicht nur der Allgemeinheit des Göttlichen dient, also die heidnische Göttervielfalt bestehenläßt, sondern der auch die letztere opfert, der ihre Lebendigkeit und Anschaulichkeit einzieht, um sich auf den Einen Gott zu beschränken und durch ihn das Prinzip der eigenen Seelentätigkeit zu erfahren. In diesem Sinne entwickelt Hegel zunächst den Begriff des Monotheismus, um dann drei Gestalten des Opferkultes als Formen der Realisierung des menschlichen Ich zu betrachten.

### aa. Der Begriff des Monotheismus

Das Verhältnis von Herrschaft und Knechtschaft wird nicht nur in der modernen Arbeitsverfassung aufgehoben (IV. A.), sondern es ist in der Geschichte schon viel an dieser Aufhebung gearbeitet worden. Seit sich Gott dem Volk Israel als der Herr der Schöpfung offenbarte, mußte der Mensch lernen, in der Rolle des irdischen Gottesknechts zu leben und den sich daraus ergebenden Zwiespalt zu ertragen (S. 121–124, Z. 37). Worin besteht dieser Zwiespalt? Im Buch Hiob des Alten Testaments wird er uns gewissermaßen in einem Modellfall gezeigt. Hiob, der Gottesknecht, muß ohne erkennbare Schuld ein Unglück über das andere erdulden; er weiß, daß sein Schicksal von Gott kommt, aber er weiß nicht, warum Gott ihn straft. Um diese Diskrepanz geht es: Der Mensch hadert mit Gott darum, ob er, weil er das Wesen seines Lebens in Gott legt, nicht auch das Recht hat, das innere Schicksalsgefüge dieses Lebens zu durchschauen. Hegel formuliert das hier auftretende Defizit abstrakt und sehr genau: Das Selbstbewußtsein ist an sich »Ein ungeteiltes Bewußtsein«, welches aber diese Einheit für sich noch nicht realisiert hat: »Es selbst *ist* das Schauen eines Selbstbewußtseins in ein anderes, und es selbst *ist* beide, und die Einheit beider ist ihm auch das Wesen; aber es *für sich* ist sich noch nicht dieses Wesen selbst, noch nicht die Einheit beider« (S. 122).

Die Überwindung dieser Kluft geschieht durch die innere Bewegung, mit der das Subjekt auf das Gotteswesen zugeht, um die Abstraktheit seiner Beziehung zu ihm aufzuheben und in eine konkrete Selbstproduktion zu verwandeln. Das kann man »Glauben« nennen, man kann die Bewegung aber auch, wie Hegel, zunächst nach ihren abstrakten

Begriffsmomenten durchkonjugieren, und sie so im Mitdenken des philosophischen Begriffs wirklich mitvollziehen. Der Glaube an den Einen Gott ist demnach die innere Beziehung auf ein unwandelbares Wesen, demgegenüber mein natürliches Eigenwesen als das Unwesentliche und Aufhebungsbedürftige erscheint. Damit ist bereits der Knoten des absoluten Widerspruchs geschürzt; denn mein gläubiges Tun, die Unterwerfung meines Selbst unter die Gottesbeziehung geht ja aus meinem natürlichen Eigenwesen hervor, so daß mit dem Aufheben des letzteren als des wandelbaren Wesens auch das Sich-Beziehen auf das Unwandelbare verlorgengeht. Umgekehrt ausgedrückt: »Das Unwandelbare, das in das Bewußtsein tritt, ist ebendadurch zugleich von der Einzelheit berührt, und nur mit dieser gegenwärtig; statt diese im Bewußtsein des Unwandelbaren vertilgt zu haben, geht sie darin immer nur hervor« (S. 123). Das Bewußtsein, welches im Menschen nur die unwesentliche, in Gott nur die wesentliche Seite der Beziehung sehen will, wird auf sein Selbstsein zurückverwiesen. Ihm wird klargemacht, daß es aus seiner falschen Bescheidenheit herauskommen und ein Partner Gottes werden soll.

Metaphilosophisch ist der mit dem Monotheismus vollzogene Entwicklungsschritt der Menschheit so zu bestimmen, daß das Ich sich jetzt seiner Subjektstellung bei der Gestaltung der Seelentätigkeit zum Seelenleib bewußt wird. Dieses Bewußtsein bleibt allerdings zunächst instabil, es kann nach zwei Seiten hin verlorengehen. Nach innen droht es von der Fühlenstätigkeit der Seele zugedeckt zu werden, mit der Folge, daß das Ich sich im bloßen Selbstgefühl verliert. Nach außen hin droht es der aggressiven Tätigkeitsform des Ichsinnes zu verfallen und in der Negation des anderen Ich hängenzubleiben. Es muß also zwischen diesen beiden Gefahren, zwischen Skylla und Charybdis hindurchgesteuert, das Fühlen vom bloßen Selbstgefühl getrennt, und es seiner positiven Form nach (gegen die Negationstendenz des Ichsinnes) gesetzt werden. Hieraus entsteht der Glaubensbegriff der monotheistischen Religion, welcher die Grundstimmung der Psalmen und Prophetenschriften des Alten Testaments ausmacht. Will man ihn in einem Satz zusammenfassen, dann muß man sagen: ›Ich fühle, daß Gott mich fühlt‹. Wird das Sein Gottes so in die rein seelische Beziehung zwischen

Gott und Mensch gesetzt, dann geht aus der religiösen Gestaltung dieser Beziehung der Geistgehalt des menschlichen Ich hervor. Objektiv
betrachtet enthält der geoffenbarte Gottesname »Ich bin der Ich-Bin«
(2. Mose 3,13 ff.) selbst unmittelbar die Bewegung, in welcher das Bewußtsein »eben dieses *Hervortreten der Einzelheit a m Unwandelbaren*
und des *Unwandelbaren a n der Einzelheit* (erfährt). Es wird *für es* die
Einzelheit *überhaupt am* unwandelbaren Wesen, und zugleich die *seinige* an ihm. Denn die Wahrheit dieser Bewegung ist eben das *Einssein*
dieses gedoppelten Bewußtseins« (S. 123).

Was hier phänomenologisch rekonstruiert wird, lautet in der Sprache
der alttestamentarischen Offenbarung: »Höre Israel! Jahwe unser Gott
ist der einzige Gott!« (5. Mose 6, 4). Dieses »ist«, die ontologische Seite
des Gottesbegriffs, läßt Hegel zögern. Philosophisch gesehen müßte
jetzt die monotheistisch aufgebaute gott-menschliche Beziehung weiterentwickelt und nach der Methode des dialektischen Begriffs in drei-
facher Gestalt ausgearbeitet werden. Aber wird das dem Sein des Einen
Gottes gerecht? Würden wir damit nicht etwas von der weiteren Religionsgeschichte vorwegnehmen, in welcher auf die Abstraktionskraft
der mosaischen die Konkretisierungskraft der christlichen Religion mit
ihrem trinitarischen Gottesbegriff folgt? Der Wahrheitsgehalt des Monotheismus könnte auf diese Weise verlorengehen. Also, sagt Hegel,
müssen wir hier unbefangen auf die geschichtliche Entwicklung hinblicken, uns in die Situation desjenigen Bewußtseins zurückversetzen,
welches dem Unwandelbaren gegenübersteht, es als mit dem Gegensatz behaftet erkennt, aber noch nicht weiß, wie sich in der Entwicklung
dieses Gegensatzes die Beziehung zu ihm gestalten wird.

Der Ausgangspunkt der Entwicklung ist also zunächst geprägt durch
die schroffe Form, in welcher die göttliche Offenbarung hier dem ir-
disch-gebundenen Menschengeist *gegenübertritt:* Der Gott offenbart
sich als die jenseitige und im Jenseits bleibende Macht, welcher der
Mensch »als ein undurchsichtiges sinnliches *Eins*, mit der ganzen
Sprödigkeit eines *Wirklichen*, gegenüber«-tritt (S. 124). Eine Versöhnung zwischen Jenseits und Diesseits ist in diesem Gottesbegriff nicht
vorausgesetzt, aber in seinem Widerspruch liegt die Herausforderung
des menschlichen Denkens, selbst zur Setzung der absoluten Einheit

vorzustoßen und sie zu realisieren. Das geschieht, indem der Mensch die ihn von Gott trennenden Momente kultisch darstellt, indem er sich seinerseits von ihnen trennt, also opfert.

### bb. *Das monotheistische Element im religiösen Kultus*

Unter den hier dargestellten kultischen Gestalten des Selbstbewußtseins (S. 124–126, Z. 23) ist die erste nicht als historisch abgrenzbare Form, sondern als Strukturelement des religiösen Handelns überhaupt zu verstehen. Dieses Element kann sich zur Einseitigkeit auswachsen, wenn der Gottbegriff vom Versinken des Ich im Selbstgefühl geprägt wird: Das »reine Bewußtsein« will dann den »gestalteten Unwandelbaren« nur so anbeten, »wie er an und für sich selbst ist« (S. 124 f.). Aber als solcher ist er noch gar nicht entstanden. Vielmehr ist nur eine diffuse Vorstellung des ursprünglich Einen vorhanden, die sich mit dem Wunsch verbindet, dessen Sein möge mehr als bloße Vorstellung sein, der Eine Gott möge »existieren«. Die Vorstellung wird also hier bis zu einem gewissen Grade mit einem willenhaften Moment durchdrungen, bleibt aber im übrigen in das dem Wünschen zugrundeliegende Fühlen aufgelöst. Anders gesagt: Die Vorstellungskraft des Bewußtseins ist nicht stark genug, um den Akt dieses Durchdringens selbst zum Gegenstand und Bestandteil seines Gottesbegriffs zu machen: Es »ist nicht *für es,* daß dieser sein Gegenstand, das Unwandelbare, welches ihm wesentlich die Gestalt der Einzelheit hat, *es selbst* ist, es selbst, das Einzelheit des Bewußtseins ist« (S. 125).

Das Bewußtsein denkt hier die absolute Einheit der gottmenschlichen Beziehung nicht durch, sondern es denkt sie nur an, es »geht ... sozusagen, nur *an* das Denken *hin,* und ist *Andacht.*« Wir dürfen uns durch Hegels Illustration dieser Form der Andacht (»gestaltloses Sausen des Glockengeläutes«, »warme Nebelerfüllung«, »musikalisches Denken«), welche auf Goethes Faust (die berühmte Antwort auf die »Gretchenfrage« nach der Religion), aber auch auf Schleiermachers Theologie anspielt,[201] nicht schon voll und ganz in die Neuzeit versetzt sehen. Vielmehr geht es um eine bestimmte Glaubensstruktur, die von den älteren vorderasiatischen Mysterienkulten bis zu den modernen

Erweckungsbewegungen und charismatischen Gemeinden überall dort auftreten kann, wo der Glaubensgrund-Satz ›Ich fühle, daß Gott mich fühlt‹, nicht objektiviert, sondern in der Subjektivität festgehalten wird. Hieraus entsteht »die innerliche Bewegung des *reinen* Gemüts …, welches sich selbst, aber als die Entzweiung schmerzhaft *fühlt*«, und aus diesem Schmerz heraus seinen Gottesbegriff formt. In ihm drückt es zwar sich selbst aus, aber »als *das dem Unwandelbaren entgegengesetzte*; statt das Wesen zu ergreifen, *fühlt* es nur, und ist in sich zurückgefallen; indem es im Erreichen sich als dies entgegengesetzte nicht abhalten kann, hat es, statt das Wesen ergriffen zu haben, nur die Unwesentlichkeit ergriffen« (S. 126).

Im Monotheismus wird also die Bewußtseinsseele in der gott-menschlichen Beziehung ausgebildet, aber in der Dingheit der Selbstproduktion, ohne Bewußtsein des Produzierens. Wenn das Ich nun die Begegnung mit seinem Gott sucht, kann es in die Begegnung mit dieser Dingheit als der reflektierten Form seines Gottsuchens, d. h. in eine bloße Begegnung mit sich selbst abgelenkt werden. Es sucht dann auch im religiösen Leben Gott nicht als »Begriff« des Allgemeinen im Einzelnen, sondern vielmehr als »Gegenstand der unmittelbaren sinnlichen Gewißheit«. Eine solche Dingfrömmigkeit ist nicht auf das Altertum beschränkt, sie zieht sich vielmehr durch die Epochen als die in immer neuen Formen wiederkehrende Verwechslung von Sinneswahrnehmung und Geist oder als das Nichtwahrhabenwollen, daß die sinnliche Reflexion das Grab des Geistes ist. So werden dann z. B. auch die Kreuzzüge zu einer weltumspannenden Darstellung dieses Irrtums: Als das Heilige Grab erobert ist, begreifen die Eroberer, daß der Gesuchte nicht darin, sondern vielmehr auferstanden ist. Die Bedeutung dieses Auferstandenseins, sagt Hegel, kommt im Leersein des Grabes nicht zum Ausdruck, ebenso wie »die *verschwundene Einzelnheit* als verschwundne nicht die wahre Einzelnheit ist«, unbeschadet daß diese Erfahrung einmal gemacht werden muß.[202]

Damit stehen wir vor dem Kern von Kap. IV. B. (S. 126–128, Z. 34) und vor dem historischen Kontrapunkt zu Kap. IV. A. Metaphilosophisch gesehen handelt es sich darum, daß das Streben nach der Objektivierung der Religion im gott-menschlichen Fühlen jetzt von der ande-

ren Seite, von der antagonistischen Struktur des Ichsinnes her bedroht
wird. Welthistorisch gesehen ist diese Gefahr in der Form der hebräischen Religion überwunden worden, deren Wahrheitsgehalt es zunächst
festzuhalten gilt. »Für uns«, die Hegel in seinen das Geschehen über-
blickenden Standpunkt einbezieht, erscheint die Tat des Abraham, der
auf Gottes Gebot hin seinen leiblichen Sohn opfert, bzw. die Haltung der
Frommen im Volk Israel, die sich an das mosaische Gesetz, das Verbot
der Göttervielfalt, des Bilderdienstes, die Speise- und Reinigungsvor-
schriften, die Sabbatruhe usw. halten,[203] und damit eine von der sinnlichen Außenwelt freie Innenwelt aufbauen, als ein notwendiger Schritt
der geistig-seelischen Entwicklung der Menschheit: »Es ist das *reine
Gemüt*, welches *für uns* oder *an sich*, sich gefunden (hat) und in sich
ersättigt ist, denn ob *für es* in seinem Gefühle sich wohl das Wesen von
ihm trennt, so ist an sich dies Gefühl *Selbst*gefühl, es hat den Gegenstand
seines reinen Fühlens gefühlt, und dieser ist es selbst; es tritt also hieraus
als Selbstgefühl, oder für sich seiendes Wirkliches auf« (S. 126).

Das historische »unglückliche Bewußtsein«, sagt Hegel, kann nicht
wissen, daß sein Leiden vielmehr die Vorarbeit der Geburt der Bewußtseinsseele ist, »es ist für es nicht vorhanden, daß sich so zu finden, die
innre Gewißheit seiner selbst zum Grunde liegt, und sein Gefühl des
Wesens dies Selbstgefühl ist. Indem es sie *für sich selbst* nicht hat, bleibt
sein Innres vielmehr noch die gebrochne Gewißheit seiner selbst«
(S. 126 f.). Es erfährt nicht, wie der Mensch der Neuzeit in der familiären
und schulischen Entwicklung, auf der Theaterbühne und in der Organisation der Arbeitswelt, die Überwindung des Antagonismus des Ichsinns
als Bestandteil eines gesellschaftlichen Grundkonsenses.[204] Es bleibt
vielmehr zunächst ohne solche Perspektive zwischen die »Begierde«
(auf das Leben) und die »Arbeit« (das Sich-Aufopfern in der materiellen
Welt) eingespannt und erschafft darin dasjenige Selbstbewußtsein, welches erst schrittweise für es zum Bewußtsein kommt.

Was bedeutet denn »Begierde« und »Arbeit« gegenüber einer Welt,
welche als die von Jahwe-Gott durchwaltete Natur gewußt wird? Es zeigt
sich darin, »eine *entzwei gebrochene Wirklichkeit*, welche nur einerseits
an sich nichtig (sc. der Begierde ausgeliefert), andererseits aber auch
eine geheiligte Welt ist; sie ist Gestalt des Unwandelbaren« (S. 127). Die

Natur, das hat uns Spinoza wieder gezeigt, ist als »natura naturans« unwandelbar, nicht im Sinne einer formalen Tautologie, sondern wirklich: Sie antwortet auf alle Eingriffe in ihr Leben nach spezifischen Naturgesetzen, sie bleibt auf ihrer Ebene was sie immer schon war, ein gesetzmäßiges Spiel des Lebens mit sich selbst. Das Bewußtsein findet in dieser Unmittelbarkeit des Produzierens und Produziertwerdens keinen Ansatzpunkt seines Selbstseins, denn »indem es zwar zur Vernichtung der Wirklichkeit und zum Genusse gelangt, so geschieht für es dies wesentlich dadurch, daß das Unwandelbare selbst seine Gestalt *preisgibt,* und ihm zum Genusse *überläßt.*« Das gilt auch für die eigenen »Fähigkeiten und Kräfte« des Menschen, mit denen er in die Welt eingreift; auch sie erscheinen, wenn man sie ihrer organischen und physiologischen Natur nach betrachtet, als »eine fremde Gabe, welche das Unwandelbare ebenso dem Bewußtsein überläßt, um sie zu gebrauchen«.

Unter diesem Gesichtspunkt erhält der Dogmatismus, die Gesetzesgläubigkeit und das Bilderverbot der jüdischen Religion einen spezifischen welthistorischen Sinn. Das Bewußtsein muß sich aus dem imaginativen Naturerleben (dem Bilderdienst der heidnischen Religion) durch einen Akt herausziehen, von dem es sicher weiß, daß er nicht wiederum auf einer natürlichen Veranlagung beruht, sondern der seine ureigenste Leistung ist. Woher kann ein solcher Akt der bewußten Selbstsetzung kommen? Liegt er in der von Aristoteles eroberten Erkenntnis der teleologischen Struktur des Handelns überhaupt? Wenn wir ein Ziel erreichen wollen, bewegen wir uns in der Tat immer auf zwei Ebenen, nämlich zugleich zweckmäßig und zwecksetzend (wir »bedienen« den Apparat, damit er uns dient, wir unterwerfen uns seiner Zweckmäßigkeit, um durch diese unsere Zwecke zu realisieren). Aber die hier auftretende Differenz macht das Bewußtsein nicht wirklich selbständig, weil die logische Kategorie des Zwecks nur die Form des Eingreifens in die Wirklichkeit und nichts vom Inhalt, als Endzweck des Ich, enthält. In der teleologischen Weltanschauung, sagt Hegel, lösen sich immer nur von beiden Seiten her (von der Tatkraft des Ich und der Naturkraft der Welt) die Oberflächen ab, um miteinander das unendliche Spiel der Reflexion auf die causa finalis zu spielen.

Die Durchbrechung dieses Zirkels kann nur aus einem Bewußt-
seinsakt kommen, der auf einer Kraft beruht, die als solche in der Natur
überhaupt nicht vorhanden ist, sondern die erst in ihrer bewußten Aktualisierung entsteht. Dies ist die moralische Kraft des Menschen, welcher einsieht, daß sein Leben in der Welt ein Geschenk Gottes ist, und
der für dieses Geschenk *»dankt«* (S. 128). Es entsteht der Kult des
Dankopfers, des Herauslösens von Gegenständen aus dem Zweckzu-
sammenhang des Alltagsbetriebes, deren Vernichtung in der Dingwelt
ihnen und dem Opfernden das Sein in der ursprünglichen Einheit zu-
rückgeben soll. Aber, sagt Hegel, auch darin kann das Ich sein Selbstsein nicht wirklich verobjektivieren, denn es weiß ja, daß auch die Trennung zwischen Genießen und Opfern sein Tun ist. Ob es sich nun im
Modus der Begierde, der Arbeit, des Genießens oder des Opferns dem
Unwandelbaren nähert, immer kommt das letztere ihm nur mit seiner
Oberfläche, nicht dagegen mit seinem wahren Wesen entgegen: »Das
Bewußtsein fühlt sich darin als dieses einzelne, und läßt sich durch den
Schein seines Verzichtleistens nicht täuschen, denn die Wahrheit des-
selben ist, daß es sich nicht aufgegeben hat«. Der Mensch kann vor
Gott nicht Werke tun, denn alle Wirklichkeit ist Gottes; das subjektive
Bewußtsein erreicht in seinen Bemühungen gegenüber dem Unwan-
delbaren nur, daß es sich selbst dadurch festigt, daß es sich in seinem
Gefühl der ursprünglichen Gotteseinheit zur *»fürsichseienden Einzeln-
heit* überhaupt« macht.

### cc. Gestalten der Vermittlung zwischen Gott und Mensch

Hegel stellt also die jüdische Religion in ein Dilemma, das für sich unlösbar bleibt, dem er jedoch eine produktive Funktion im Ganzen der
Menschheitsentwicklung zuerkennt (S. 128–131). Metaphilosophisch
gesehen besteht das Dilemma darin, daß der Keim der Bewußtseinsseele nur in einer rigiden Konzentration der seelischen Kraft
(nämlich zur Überwindung des Ichsinnes als Sinnestätigkeit) errungen
werden kann, durch welche jeder Sinn für die Freundlichkeit und den
Reichtum der Welt verlorenzugehen droht. Alles, was imaginativ im
Bildekräfteweben der Natur und in den schaffenden Kräften des Kos-

mos wahrgenommen werden kann, gehört für dieses Bewußtsein zur überwundenen Welt des Heidentums, und es ist nur konsequent, daß von hierher auch alle durch das religiöse Üben herbeigeführten spirituellen Wirkungen im eigenen Organismus des Menschen verleugnet werden müssen. Weil aber diese Wirkungen Tatsachen sind, lassen sie sich nicht verleugnen: »Darin ist ... nun der Feind in seiner eigensten Gestalt aufgefunden« (S. 129), sagt Hegel. Im kultischen Opfer realisiert der Mensch seinen Willen, das Physisch-Sinnliche seines Organismus zurückzudrängen, um dadurch Raum für die Entwicklung des Seelisch-Geistigen in ihm zu schaffen, welches sich dann im Bildekräfteleib niederschlägt. »Dieses Niederschlagen ist aber in Wahrheit eine Rückkehr des Bewußtseins in sich selbst, und zwar in sich als die ihm wahrhafte Wirklichkeit.«

So, wie sich in Kap. IV. A. aus der Arbeit die Bildung des Gedankens ergeben hat, ergibt sie sich nun aus der Opferkraft der jüdischen Religion. Was dem Volk Israel als ganzem aufgegeben ist, tritt zunächst im einzelnen Menschen in Erscheinung, der infolge seiner Enthaltsamkeit im Sinnlichen an geistig-seelischer Kraft wächst und die letztere als Potenz in sich trägt. Hegel denkt hier einerseits an die zahlreichen frühchristlichen Asketen, die als Wüsten- und Säulenheilige z. T. extreme Formen der Herrschaft des Geistes über das Leibliche unter Beweis stellten. Andererseits hat er die pietistische Manier der leibfeindlichen Sündengrübelei im Auge, die hier als modernes Negativbeispiel der asketischen Seelenübung herhalten muß. Aber dieser Falschheitsgehalt des Opfergedanken ändert nichts am Wahrheitsgehalt des letzteren, der freilich nicht in äußeren Speisevorschriften und Reinigungspraktiken liegen kann, sondern im Denken, also in der Gedankenorganisation des Bildekräfteleibes gesucht werden muß: »Denn die versuchte unmittelbare Vernichtung seines wirklichen Seins ist *vermittelt* durch den Gedanken des Unwandelbaren, und geschieht in dieser *Beziehung*. Die *mittelbare* Beziehung macht das Wesen der negativen Bewegung aus, in welcher es sich *gegen* seine Einzelheit richtet, welche aber ebenso als *Beziehung an sich* positiv ist, und für es selbst diese seine *Einheit* hervorbringen wird.«

Vor der coincidentia oppositorum, dem begrifflichen Zusammenfallen der Gegensätze, steht bei Hegel die mediatio oppositorum, die lebendige Vermittlung der Gegensätze, die sich logisch in der Form des
»Schlusses« ausdrückt. Metaphilosophisch gesehen tritt in dieser »Vermittlung« jeweils das geistige Urbild eines der menschlichen Sinne als
Substanzverdichtung im Bildekräfteleib hervor. In Kap. IV. wird die
Mittelstellung des letzteren besonders deutlich, denn hier konkretisiert
sich in der Auseinandersetzung zwischen Askese und Sinnlichkeit, zwischen dem Ich und seiner Natur der substantielle Boden des Ichsinns
als selbstgeschaffenes Spiegelbild des Ichseins. Das unwesentliche Bewußtsein, sagt Hegel, bezieht sich jetzt auf das Unwandelbare durch
eine Mitte, »die beide Extreme einander vorstellt, und der gegenseitige
Diener eines jeden bei dem andern ist. Diese Mitte ist selbst ein bewußtes Wesen, denn sie ist ein das Bewußtsein als solches vermittelndes
Tun; der Inhalt dieses Tuns ist die Vertilgung, welche das Bewußtsein
mit seiner Einzelnheit vornimmt« (S. 130).

Hegel spricht hier nicht von der Religion bzw. von dem dieser zugrundeliegenden Geist (vgl. Kap. VII.), sondern er spricht von den Formen der Vermittlung zwischen göttlichem und menschlichem Ich. Als
solche erscheinen nun allerdings das christliche Meßopfer, welches
durch die Vermittlung Christi dem Vatergott dargebracht wird, sowie
die Beichte, durch die der Mensch seine Verfehlungen in die Erlöser-
macht des Christus legt. Hierbei kommt es nicht so sehr auf die theologische Qualität, als vielmehr auf die philosophische Bedeutung der
Aussagen an, auf den inneren Entwicklungsschritt des Menschen zur
Überwindung der Einseitigkeiten des Ichsinns. Dieser Schritt ist nicht
ohne Opfer der unmittelbaren Selbstheit möglich, um deretwillen die
Kirche auf der Einhaltung von Fastenzeiten und regelmäßiger Teil-
nahme am Kultus bestehen, aber zugleich das rituelle Geschehen dem
unmittelbaren Bewußtsein (lateinische Sprache der Messe!) der Gläubigen entziehen mußte, um es vielmehr durch Dogmatisierung und
ständige Wiederholung zum Bestandteil der inneren Organisation des
einzelnen zu machen. Das Ich verliert dadurch nicht nur, sondern es
nimmt sich geradezu selbst »das Bewußtsein der innern und äußern
Freiheit, der Wirklichkeit als seines *Fürsichseins*; es hat die Gewißheit,

in Wahrheit seines *Ich* sich entäußert und sein unmittelbares Selbstbewußtsein zu einem *Dinge*, zu einem gegenständlichen Sein gemacht zu
haben.«

Das religiöse Gefühl wird durch die entsprechende Übung zum religiösen Charakter. Was in dem Satz ›Ich fühle, daß Gott mich fühlt‹
noch gespalten war und das Bewußtsein unglücklich machte, ist nun,
da es ihm in der eigenen Physiologie eine zuverlässige Grundlage
schuf, objektiv geheilt. Das Unglück hat, wie Hegel sagt, durch diese
Vermittlung an sich vom Bewußtsein abgelassen. Hiob hat die ihm von
Gott gestellte Probe bestanden, er ist nicht abgefallen, weshalb sein
Schicksal sich wieder zum Guten wendet. Aber sein eigentliches Anliegen, das Durchschauen des inneren Schicksalsgefüges seines Lebens,
hat sich nicht erfüllt: »Für dies Bewußtsein ist diese positive Bedeutung
des negativ gesetzten einzelnen Willens der Willen des andern Ex-
trems, der ihm, weil er eben ein anderes für es ist, nicht durch sich,
sondern durch das Dritte, den Vermittler als Rat, wird. Es wird daher *für
es* sein Willen wohl zum allgemeinen und *an sich* seienden Willen, aber
*es selbst* ist *sich nicht* dies *Ansich*; das Aufgeben des seinigen als *einzelnen*, ist ihm nicht dem Begriffe nach das Positive des allgemeinen Willens« (S. 131). Oder kürzer: Wenn Hiob sagen kann: »Ich weiß, daß
mein Erlöser lebt« (19, 25), dann ist damit sein Unglück an sich beho-
ben, aber die Erlösung selbst ist eben noch nicht verwirklicht, sondern
nur verheißen.

# Kapitel V.
## »Gewißheit und Wahrheit der Vernunft«

(C.) (AA.) Vernunft

V. Gewißheit und Wahrheit der Vernunft

   A. Beobachtende Vernunft

      a. Beobachtung der Natur

      b. Beobachtung des Selbstbewußtseins in seiner Reinheit und in seiner Beziehung auf äußere Wirklichkeit; logische und psychologische Gesetze

      c. (Beobachtung des Selbstbewußtseins) In seiner Beziehung auf seine unmittelbare Wirklichkeit; Physiognomik und Schädellehre

   B. Die Verwirklichung des vernünftigen Selbstbewußtseins durch sich selbst

      a. Die Lust und die Notwendigkeit

      b. Das Gesetz des Herzens und der Wahnsinn des Eigendünkels

      c. Die Tugend und der Weltlauf

   C. Die Individualität, welche sich an und für sich reell ist

      a. Das geistige Tierreich und der Betrug oder die Sache selbst

      b. Die gesetzgebende Vernunft

      c. Die gesetzesprüfende Vernunft

# 1. Metaphilosophischer Vorblick und Hegels Einleitung

## A. Der Aufbau des »Vernunft«-Kapitels

In dem überlangen (S. 132–237) Kapitel V. gerät die Konzeption der »Phänomenologie« in die Krise. Da Hegel offenläßt, was eigentlich sein Gegenstand ist, nämlich die Entwicklung des Menschen oder der Philosophie, kann er auch die Darstellung der einzelnen Entwicklungsstufen in ihren geistigen Erscheinungsformen nicht abstrahieren, sondern muß sich auf die herangezogenen prototypischen Gestalten der Geistesgeschichte jeweils als ganze einlassen. Dadurch entsteht der Eindruck eines wüsten Durcheinanders von Logik und Pädagogik, Entwicklungsroman und Evolutionstheorie, Biologie, Psychologie und Ethik. Vom metaphilosophischen Standpunkt zeigt sich jedoch, daß auch hier ein geordneter Gedankengang zugrundeliegt.

Mit der Überschrift des Kap. V. tritt ein Begriff auf, der später zu einer Art Markenzeichen für die Hegel'sche Auffassung von Wirklichkeit überhaupt geworden ist, nämlich als innerer Valutierung der realen Existenz. »*Was vernünftig ist, das ist wirklich; und was wirklich ist, das ist vernünftig*«, heißt es in der bekannten Stelle der »Vorrede« der »Rechtsphilosophie«,[205] die bei den politologischen Auslegern gewöhnlich Anstoß erregt, weil diese eben die »Rechtsphilosophie« nicht philosophisch, sondern politisch interpretieren. Für Hegel sind jedoch alle Inhaltsbegriffe zugleich methodisch durchdrungen, d. h. er spricht von der Vernunftstruktur als einem dem Leben zugewandten Erkenntnisprinzip, welchem notwendig eine entsprechende Inhaltsbestimmung folgt. In der Geschichtsphilosophie hat er dies später einmal so ausgedrückt: »Wer die Welt vernünftig ansieht, den sieht sie auch vernünftig an; beides ist in Wechselbestimmung«.[206] Es handelt sich also um die wechselseitige Zuwendung von Subjekt und Objekt als Grundlage der Weltdeutung überhaupt, oder, in der phänomenologischen Entwicklung: Um die Gestalt des Bewußtseins, in welcher diese Zuwendung Wirklichkeit wird.

Daraus ergibt sich eine dreigliedrige Struktur des zugrundeliegenden
Bildes: Ich und Welt, Subjekt und Objekt, stehen sich nicht mehr, wie in
Kap. IV. negativ gegenüber (nämlich mit dem Satz: ›Ich behaupte mich
gegen die Selbstbehauptung der Welt‹), sondern sie wollen jetzt gemeinsam dazu beitragen, daß in der Mitte etwas entsteht, worauf sie sich
beziehen können. Das Bewußtsein des Kap. V. folgt dem kategorialen
Grund-Satz: ›Ich erlebe mich selbst in der Werdelust des Lebens‹. Dementsprechend ist der Aufbau des Kap. V. ein dreigliedriger. Zunächst will
das Ich in einem ersten Gedankengang (V. A.) die ganze Vernunftsbezie-
hung noch mit seinem Eigenwesen umfassen, es denkt also nur aus der
*Empfindungsseele* heraus, die, ihrer sinnlich rezeptiven (tastenden) Natur gemäß, ihre Gedanken unmittelbar als Kategorien der Vernunft ausspricht, und zwar aufgrund der Beobachtung eines sich zu sich selbst
harmonisch verhaltenden (= vernünftigen) Weltinhalts. In Kap. V. B. ist
Subjekt die *Verstandesseele*, welche die Vernunftidee als Menschheitsbe-
glückung begreift; hier treffen wir auf Individuen, die in sich eine harmonische Seelenverfassung erarbeitet haben, und die nun meinen, dieselbe Harmonie auch in der übrigen Welt herstellen zu müssen. In
Kap. V. C. schließlich sehen wir die *Bewußtseinsseele*, die hier auf ihrem
angestammten Felde (der reinen Theorie) tätig ist: Sie arbeitet am Aufbau der Ontologie einer sich selbst zur Vernunft bringenden Welt.

Außerdem sind die Abschnitte V. A., B. und C. jeweils noch mit a., b.
und c. untergliedert. Gibt es auch dafür eine Erklärung? Während wir
mit der Empfindungs-, Verstandes- und Bewußtseinsseele als den Formen des Selbstbewußtseins gewissermaßen die Böden unterscheiden,
auf denen die Gedankengänge ablaufen, sehen wir in der Untergliederung nach a., b. und c. eine Verschiedenheit der dabei eingeschlagenen
Gedankenrichtungen ausgedrückt. Alles Denken findet in der menschlichen Seele statt, wo es zunächst von der *wollenden, vorstellenden und
fühlenden* Seelentätigkeit ergriffen wird. Es erhält hier einen subjektiven Anstoß, der sich durch die Formprinzipien des Wollens, Vorstellens
und Fühlens als Gedankeninhalt objektiviert. Und in dieser Reihenfolge,[207] treten auf dem Boden der drei Seelenorgane (V. A., B. und C.)
die dort hervorgebrachten Gedankeninhalte auf: Sie entspringen jeweils unter a. mehr dem Wollen, unter b. mehr dem Vorstellen und

unter c. mehr dem Fühlen der Seele bzw. tendieren zu einer entsprechenden Weltanschauung.

Daraus ergibt sich das folgende Aufbauschema des Kap. V.:

| Subjekt der Vernunft | Vernunftstrukturen in der Objektebene |
|---|---|
| A. Empfindungsseele | Organische Gestaltungen der Substanz |
| B. Verstandesseele | a. willensbetontes Menschenbild (Hedonismus)<br>b. vorstellungsbetontes Menschenbild (Pädagogismus)<br>c. fühlensbetontes Menschenbild (Don-Quixoterie) |
| C. Bewußtseinsseele | a. willensbetonte Weltanschauung (die Sache-selbst-Ideologie)<br>b. vorstellungsbetonte Weltanschauung (gesetzgebende Vernunft)<br>c. fühlensbetonte Weltanschauung (gesetzesprüfende Vernunft) |

## B. Die »Vernunft« als Wissenschaft

Unter diesem Stichwort betrachten wir die innere Entwicklungsstufe, deren Bild gemäß unserer ersten Interpretationshypothese dem Kap. V. zugrundeliegt. Danach muß die esoterische Entwicklung, nach dem in Kap. IV. gemachten Übergang von der spontanen zur bewußten und damit geistigeren Selbsterfassung des Bewußtseins, jetzt aus eigener Kraft weitergehen: Das Ich beginnt die von Natur gegebenen »unteren Wesensglieder«, und zwar in der Reihenfolge Seele – Bildekräfteleib – physischer Leib, von ihrer natürlichen Grundlage zu befreien und in spirituelle Organe umzuwandeln. Somit stehen wir in Kap. V. vor einem Erkenntnisbereich, der im vollen Umfang nur demjenigen zugänglich ist, welcher sich in seiner Denkart auf diese Ebene der Selbsterfassung wirklich einläßt. Das Bewußtsein der kritisch-rationalen und der philosophischen Wissenschaft trennen sich hier, und vom metaphilosophischen Standpunkt aus erkennen wir, warum das so sein muß.

Die höheren Wesensglieder erhalten nur in der Weise Dasein als Erkenntnisorgane, daß der Mensch sie entstehen läßt, sie durch geistigseelische Arbeit in sich hervorbringt. Als erste Stufe dieser Entwicklung haben wir die Vergeistigung der Naturelemente der Seelentätigkeit zu betrachten, woraus ein Organ entsteht, welches in der theosophischen Literatur »Geistselbst« (»Manas«) genannt und der Menschheit künftiger Zeiten als Teil ihrer Natur zugeschrieben wird, das aber auch schon seit jeher in hervorragenden Einzelpersönlichkeiten und Gruppen, bzw. in deren Lebenswerk heranreift. Man kann dasjenige, was die Philosophie mit dem Prinzip der Vernunft in allgemein-logischer Form ausdrückt, anthropologisch als eine erste Stufe der Heiligkeit des Menschenwesens bezeichnen. Hegel stellt also hier die Frage: In welchen natürlichen, literarischen, wissenschaftlichen oder gesellschaftlichen Gestaltbildern tritt diese Heiligkeit als Vernunftstruktur, d. h. so auf, daß sie zum Kern einer haltbaren Wirklichkeitsverfassung wird? Wir erleben, daß diese Suche letztlich negativ endet, daß alle hier aufgebauten Gestaltungen scheitern, weil sie sich nicht damit begnügen, vernünftige Individualität zu sein, sondern vielmehr allgemeingültig werden wollen. In diesem weltanschaulichen Ehrgeiz ihrer Philosophie verschwindet ein Geistimpuls, der unserem heutigen Menschwerdungsbedürfnis besonders nahesteht.

## C. Die spezifische Sinnlichkeit der »Vernunft«

Nach unserer zweiten Interpretationshypothese liegt in der Abgrenzung des Wahrheits- vom Falschheitsgehalt der »Vernunft« die Enthüllung einer sinnlichen Struktur, des physiologischen Funktionsbildes eines der menschlichen Sinne, der hier zum Träger der Anschaubarkeit der Gedankengänge wird. Welcher Sinn dies ist, ergibt sich aus der bisherigen Entwicklung. Das vernünftige Selbstbewußtsein, so können wir vorläufig sagen, legt das in seiner eigenen Seelentätigkeit errungene Gleichgewicht seiner Welterklärung zugrunde und sucht es in der

Deutung der realen Welt nach seinem Harmonieempfinden zu bekräftigen. Diese *vergleichende Beziehung*, die Suche nach der Bestätigung eines inneren Gleichgewichts im Bild der äußeren Welt, entspricht genau der Funktionsweise des Wärmesinns.

Die Wärmewahrnehmung ist, wie jede andere Sinneswahrnehmung, äußerlich an eine physische Grundlage gebunden. Es gibt besondere Sinneszellen (»Thermorezeptoren«) in und unterhalb der Haut, durch welche wir Wärme und Kälte, entweder als in der Berührung übergeleitete oder als Strahlung, empfinden. Der dieser Empfindung zugrundeliegende Vorgang ist aber wesentlich komplexer als er zunächst scheint. Er beschränkt sich nämlich nicht auf eine äußere Objektwahrnehmung, und er ist auch nicht eine reine Innenwahrnehmung. Er spiegelt vielmehr, wie H. J. Scheurle sagt, »immer sowohl den Zustand des Körperinneren als auch den Umgebungszustand wider. Die Zieldynamik der Wärme ist eine Totalität, die Selbst und Umwelt als Einheit umfaßt. Der Wärmesinn ist daher von Schelling auch ›Totalitätssinn‹, Sinn für die Wahrnehmung eines Ganzen, genannt worden.«[208]

Physiologisch verläuft der Prozeß der Wärme- oder Kältewahrnehmung so, daß wir dabei von unserer eigenen Körperwärme als dem Indifferenzpunkt ausgehen. »Unsere eigene Lebenswärme stellt … gleichsam das Maß für die spezifische Wahrnehmung der Umwelttemperatur dar.«[209] Es laufen also in Wahrheit zwei Prozesse ab, nämlich einerseits derjenige der Produktion unseres inneren Wärmegleichgewichts (von ca. 37°C) und andererseits derjenige der Vergleichung dieser Konstante mit der äußeren Wärme bzw. Wärmegleichgewichtsfähigkeit des uns gegenübertretenden Wesens. Dabei kann man nun einen qualitativen und einen quantitativen Aspekt unterscheiden. Qualitativ ist unsere Eigenwärme als der Selbstproduktion des Organismus angehörende ein auf das Selbst zugeordneter, also überhaupt ein *geordneter* Prozeß. In der Außenwelt dagegen verlaufen Wärmeentwicklungen entweder geordnet (als Lebensprozesse) oder (bei der Erwärmung bzw. Abkühlung des Stoffes als solchen) *chaotisch*.[210] Dieses chaotische Moment dringt nun bei der Wärmewahrnehmung (als Erwärmung bzw. Abkühlung des von unserer Haut umschlossenen Stoffes) zwar in uns ein, wird aber nicht als solches wahrgenommen. Das physiologi-

sche Funktionsbild des Wärmesinnes lenkt die Intentionalität des Ich
auf den Wärmevergleich als *quantitativen*, als Vergleich intensiver Grö-
ßen, d. h. es unterdrückt den *Qualitätsunterschied* von Innen- und Außenwärme.

Der Wärmesinn hat also, wie dieses Funktionsbild zeigt, als Sinnestätigkeit die Kraft, qualitativ Verschiedenes in einer Einheit zusammenzufassen. Er verhält sich sozusagen aus sich selbst vernünftig, indem er das chaotische Moment der Wärme in deren Wahrnehmung als
intensiver Größe aufhebt. Er tut, was sonst nur der »philosophische
Begriff« vermag, und gibt uns damit Anlaß zu der Frage, ob nicht vielleicht umgekehrt dasjenige, was Hegel aus der Begriffsbewegung heraus methodisch konsequent zum philosophischen System weiterentwickelt, hier einer sinnlichen Wurzel entspringt. Könnte es nicht sein,
daß der Impuls zur inhaltlichen Ausfüllung der Leere, die bei Hegel
den Übergang von einem Begriff zum andern bewirkt, selbst wiederum
aus unserer physiologischen Natur, eben des Wärmesinnes, hervorgeht?

## D. Wissenschaftliche Systembildung und Wärmesinn

Wenn in der sinnlichen Wärmewahrnehmung das chaotische Moment
der Wärme verschwindet, dann ist dieses Verschwinden Bestandteil des
physiologischen Funktionsbildes des Wärmesinnes. Nun liegt aber im
Chaotischen zugleich das Unmittelbar-Individuelle, das nicht in Allge-
meinbegriffen Erfaßbare. Dessen Verschwinden in der Sinneswahrnehmung bedeutet für die innere Anschauung des Wesens des Wärmesinnes, daß das Moment der Individualität in ihm als aufgehobenes
gesetzt ist. In den entsprechenden Gedankengängen betätigt sich die
Individualität des Menschen als solche, ohne aber mit dieser Seite ihrer
Tätigkeit in Erscheinung zu treten. Wenn wir sagen, daß die Wechselwirkung der Vernunft darin besteht, in der Ausstrahlung seelischer
Wärme auch wiederum solche Wärme in der Welt zu erzeugen, dann
haben wir ja zunächst nur eine *Form* der Liebe bestimmt; und wenn wir
sagen, daß das »Geistselbst« im Menschen durch eine Umarbeitung

der Naturgrundlage der Seelentätigkeit zustandekommt, dann ist damit nur die *Form* dieser Heiligkeit ausgedrückt. In Wirklichkeit ist es immer eine konkrete *Individualität*, die sich so verhält, die die Unmittelbarkeit, welche ihr Ich im Wollen und Fühlen hat, in die Allgemeinheit ihrer Weltbeziehungen hineinlegt, also objektiviert und damit als Unmittelbarkeit aufhebt.

Der Wärmesinn kann somit als das physiologische Instrument betrachtet werden, dessen sich der Mensch bei seiner höheren Entwicklung bedient. R. Steiner ordnet ihn, ebenso wie den Ichsinn (die Grundlage unseres Kap. IV.) den »oberen«, bildhafteren Sinnen zu, aus deren Betätigung die Kultur der Zukunft ihre geistigen Kräfte zu schöpfen habe.[211] Und zwar sind es Bilder der geistigen Individualität selbst, Intuitionen, die nur gerade auf dieser und keiner anderen sinnlichen Grundlage erscheinen können, weil nur hier das chaotische Moment frei (zwischen der inneren und der äußeren Seite des Wärmevergleichs) hervortritt, um solche Bilder zu tragen. Das entspricht auch der Stellung des »Vernunft«-Kapitels im Aufbau der »Phänomenologie«: Was vorher geschieht (Kap. I. bis IV.) ist vom Zwang des Bewußtseins beherrscht und deshalb nicht frei; was danach kommt, die Gestalten des »absoluten Geistes« (der Kap. VI., VII. und VIII. = der Wesen des Gleichgewichts-, Eigenbewegungs- und Lebens- bzw. Begriffssinnes), atmet den Geist der Freiheit objektiv metaphysischer Räume, es wirkt geistig raumbildend aber entindividualisierend wie eine gotische Kathedrale, die auch nicht für die Individualität als solche gebaut ist. Daher Hegels Bemerkung im Rückblick von Kap. VII. auf Kap. V.: »Das unmittelbare Dasein der *Vernunft*, ... und ihre eigentümlichen Gestalten haben keine Religion, weil das Selbstbewußtsein derselben *sich* in der *unmittelbaren* Gegenwart weiß oder sucht« (S. 363).

Die modernen Philosophen, welche versucht haben, das im Funktionsbild des Wärmesinns aufgehobene chaotische Moment zur Grundlage einer geisteswissenschaftlichen Intuitionslehre zu machen, sind *M. Stirner* (1806–1856) und *F. Nietzsche* (1830–1897).[212] Aber auch Hegel hat dieses Moment nicht etwa übersehen. Er betrachtet es vielmehr in Kap. V. so, wie er in der »Phänomenologie« das Geistige überhaupt betrachtet, nämlich im Prozeß der philosophischen System-

bildung. Das heißt, daß die Gestalten der »Vernunft« in Kap. V. daran
scheitern, daß sie in ihrer aus dem Funktionsbild des Wärmesinnes
abgeleiteten Weltanschauung jeweils von dem chaotischen Moment
überwältigt werden, da sie dieses nicht als aufgehobenes zu setzen vermögen. Hegel »heilt« diese Schwäche einerseits durch die Fortentwicklung des Begriffs von Kap. V. zu Kap. VI. Andererseits *ist er selbst*
aber auch eine der Gestalten des wärmesinnlich grundierten Denkens,
indem er die darin verborgene geistige Intuitionskraft zur philosophischen Systembildung gebraucht, und in der bisherigen Entwicklung je schon gebraucht hat, wo es sich darum handelt, von einem Kapitel der »Phänomenologie« zum nächsten überzugehen. Ein solcher
Übergang wird dann fällig, wenn der Gehalt des gerade zugrundeliegenden Sinnes-Funktionsbildes begrifflich ausgeschöpft ist, wenn also
das inspirative Denken seinen jeweiligen Inhaltsbereich restlos aufgehoben und damit auch sich selbst die Existenzgrundlage entzogen hat.
In diese coincidentia oppositorum schlägt die geistige Intuition ein,
welche den nächsten Inhaltsbereich herbeibringt, den inneren Blick
auf das nächste Sinnes-Funktionsbild öffnet.

In diesem Sinne einer Impulsierung der wissenschaftlichen Begriffsentwicklung wirkt das intuitive Moment des Geistes auch in Hegels
späterem System. Es geht also hier die höchste, freieste Kraft des Ich in
das Wesen Philosophie über und konstituiert dessen »Subjektivität«
auf Kosten der geistigen Individualität des Menschen.[213] Und dieser
Mißbrauch der Intuitionskraft als eines operativen Elements der wissenschaftlichen Systembildung blieb nicht etwa auf Hegel beschränkt,
sondern wurde in der modernen Mathematik und Naturwissenschaft
fortgesetzt, nämlich überall dort, wo die Theorie ihr Selbständigsein
auf die Gedankenform eines »Prozessors« gründet, also in der
Quantenmechanik, der Mikrobiologie und Gentechnologie, in der Systemtheorie, der Chaos- und Synergetik-Forschung mittels der »künstlichen Intelligenz« der Computer.[214] Im Rechnen auf der Grundlage
des binären Zahlensystems ist es gelungen, die Prozeßkraft der Zahl
selbst als Intuitionsform zu verselbständigen und diesen Raubbau am
menschlichen Geist zu automatisieren.

## E. Hegels Einleitung in Kap. V.

Im Einleitungstext des Kap. V. (S. 132–137) zieht Hegel die Grundlinie, auf der sich die Idee der Vernunft phänomenologisch verwirklichen soll. Auf der einen Seite dieser Linie setzt sich hier gewissermaßen eine biographische Entwicklung fort, auf der anderen wird der begriffliche Zusammenhang mit dem vorhergehenden Kapitel hergestellt.

Um mit dem ersteren zu beginnen, so darf der biographische Schritt zur Vernunft nicht als eine Naturgesetzlichkeit verstanden werden. Er ist vielmehr eine Leistung, die das Ich aus sich heraus zu erbringen hat, indem es die Identitätskrise (des Kap. IV.) überwindet und seine Existenz im Erwachsenenleben neu gründet. Damit ist auch eine methodische Neuorientierung verbunden, insofern für das vernünftige Selbstbewußtsein »sein bisher negatives Verhältnis zu dem Anderssein in ein positives um(schlägt)«. Es geht nicht mehr davon aus, daß die Wahrheit nur auf negativem Wege (durch Kritik des Falschen) zu erlangen sei, sondern es geht den positiven Weg, das im eigenen geistig-seelischen Leben erarbeitete Wissen als Wahrheitsgehalt der äußeren Welt bestätigt zu finden. In jener Haltung, sagt Hegel, versuchte das Bewußtsein seine Selbständigkeit »auf Kosten der *Welt* ... zu retten und zu erhalten. Aber als Vernunft, seiner selbst versichert, hat es die Ruhe gegen sie empfangen, und kann sie ertragen; denn es ist seiner selbst als der Realität gewiß; oder daß alle Wirklichkeit nichts anderes ist, als es; sein Denken ist unmittelbar selbst die Wirklichkeit; es verhält sich also als Idealismus zu ihr« (S. 132). Ja es entsteht dem Bewußtsein erst jetzt, wo es sich nicht mehr negierend und vertilgend auf sie bezieht, »seine neue wirkliche Welt, die in ihrem Bleiben Interesse für es hat, wie vorhin nur in ihrem Verschwinden; denn ihr *Bestehen* wird ihm seine eigne *Wahrheit* und *Gegenwart*; es ist gewiß, nur sich darin zu erfahren« (S. 133).

Dieses Wissen um die Einheit von Ich und Welt ist dem Ich freilich nicht einfach zugefallen, sondern es ist in der harten begrifflichen Arbeit des Kap. IV. errungen worden. Dort waren wir zuletzt auf die Gestalt des Hiob gestoßen, als des Repräsentanten derjenigen Menschheitsentwicklung, in welcher der Ichsinn geopfert wird, um stattdessen der Bewußtseinsseele eine inhaltliche Perspektive (der Verheißung des Messias) zu geben. Damit ist die Bewußtseinsseele über ihre formal-inhaltliche Ambivalenz hinausgewachsen, d. h. es ist aus dieser ein neues Seelenorgan entstanden. Hegel drückt das so aus: Die Bewegung des Bewußtseins (als des Akteurs der »Phänomenologie«) in Kap. IV. habe »dies an ihm vollbracht, ... die Einzelnheit, die *wirkliches Bewußtsein* ist, als das *Negative* seiner selbst, nämlich als das *gegenständliche* Extrem gesetzt oder sein Fürsichsein aus sich hinausgerungen und es zum Sein gemacht zu haben« (S. 132). Der »Mittler« ist nur ein Bild für dieses Sein, dessen Seinsart der genaueren Untersuchung bedarf, weil sie zunächst für jedes Bewußtsein in einer anderen vermittelnden Gestalt entsteht. Eine Verständigung über die Identität der verschiedenen Mittler wäre nur möglich, wenn dem vernünftigen Bewußtsein auch der *Weg*, auf dem es (in Kap. I. bis IV.) vernünftig geworden ist, jederzeit bewußt wäre, so daß es die entsprechenden Schritte im anderen Bewußtsein als Ausdruck einer und derselben conditio humana erkennte. Aber um des *Handelns* willen muß das Bewußtsein diesen seinen Schulungsweg vergessen und seine Vernunftposition als sinnlich-»unmittelbare Gewißheit« aussprechen (S. 133 f.). In dieser Form steht sie dann anderen, ebenso unmittelbaren Vernunftgewißheiten entgegen, woraus sich Unsicherheit und Streit ergibt.

Der Grund des Streits liegt also darin, daß wir das Sein des Anderen nicht tief genug fassen, denn sonst würden wir sein Anderssein als eine Ausprägung unserer eigenen Selbstentfremdung verstehen. Daher suchen wir jetzt diejenige Seinsebene, auf welcher das Anderssein seinen Stachel verliert und die Wesen dem Prinzip nach einander gleich sind. Was wir also suchen ist die Ausdrucksform dieser Gleichheit, die Verständigung über einen allen Wesen gemeinsamen Boden des Seins. Müßte nicht in den einfachen »Kategorien« der Logik ein solches ontologisches Fundament zu finden sein? Auch von einer Mehrzahl der Kategorien, wie Aristoteles diese angegeben hat,[215] dürfen wir hier nicht ohne weiteres sprechen. Denn gesucht wird ja die fundamental-ontologische Ausdrucksform der Vernunft, die »erste Positivität« der vernünftigen Wechselbeziehung von Subjekt und Objekt, welche daher »nur die *reine Wesenheit* des Seienden oder die einfache *Kategorie*« sein kann (S. 134). Aristoteles, sagt Hegel, habe dieses Problem der Einheit, des Kategorischen der Kategorien, nicht gelöst, denn er habe offengelassen, ob die letzteren überhaupt ontologisch (als Urformen des Seins) oder gnoseologisch (als Urgesten des Erkennens) zu verstehen seien. Eine Lösung biete erst der folgende Schluß: Weil die Kategorie die »*einfache* Einheit des Selbstbewußtseins und des Seins« ist, hat sie diesen Unterschied an sich. »Der Unterschied *ist* daher; aber vollkommen durchsichtig, und als ein Unterschied, der zugleich keiner ist. Er erscheint als eine *Vielheit* von Kategorien.«

Wir sehen, wie hier das »ist« des Urteils, in welchem das absolut freie Moment der gedanklichen Intuition leben kann, vom Inhaltlichen in die Begriffsform umgelenkt wird. Es dient dazu, aus der Einheit des Kategorie-Seins die Vielheit der Kategorien als kategoriales System hervorgehen zu lassen, es verweist auf die Wissenschaft der Logik, in welcher diese Frage systematisch zu lösen ist. Dort wird Hegel die Kategorien als geistige Individualitäten auf der Ebene des inspirativen Denkens erfassen, und das intuitive Moment des Ich dazu verwenden, die Übergänge zwischen ihnen in logische Formen zu bringen. Kant, so sagt er (S. 135–137), sei an dieser Frage gescheitert. Denn die »Kategorien«, welche in der »Kr. d. r. V.« deduziert werden, sind nur auf der philosophischen Ebene selbständig, während sie in der Erkenntnispraxis von der empirischen Wahrnehmung als dem ihnen fremden »Ding« ausgefüllt werden.[216] In diesem »unruhige(n) *Hin- und Hergehen*« (S. 136), nämlich zwischen der inneren Gesetzmäßigkeit nach Kap. III. und der äußeren Dinglichkeit nach Kap. II., bleibt Kants Erkenntnis-Ontologie inhaltsleer, und wird auch seine Theorie des Organismus – das eigentliche Thema des Kap. V. A. – unhaltbar.

## 2. Interpretation des Haupttextes

### A. »Beobachtende Vernunft«

Im Abschnitt V. A. (S. 137–192) zieht das Bewußtsein aus, um sein neugewonnenes Prinzip: ›Ich erlebe mich selbst in der Werdelust des Lebens‹, zu bewähren. Nach unserem Aufbauschema agiert es hier als Empfindungsseele, welche die Objektivität ihrer Objekte nicht denkt, sondern vielmehr auf die letzteren tastend hinschaut, sie »beobachtet«. Was es beobachtet, ist eben die Vernunftstruktur, das Sich-ins-Gleichgewicht-Setzen des Naturprozesses, das sich ebenso im einzelnen Ding wiederfinden muß. Das geschieht auch, und zwar zunächst aus einer erinnerungsmächtig-heidnischen Imagination heraus; die Vernunft, sagt Hegel, »schreitet … in diesem Sinne (!) zur allgemeinen Besitznehmung des ihr versicherten Eigentums, und pflanzt auf alle Höhen und in alle Tiefen das Zeichen ihrer Souveränität« (S. 137 f.).[217] Dabei muß sie aber, um ihren Besitz in der Welt halten zu können, zugleich die Vernunftstruktur in sich selbst gedanklich erarbeiten. Auch wenn sie »alle Eingeweide der Dinge durchwühlt, und ihnen alle Adern öffnet, daß sie sich daraus entgegenspringen möge, so wird sie nicht zu diesem Glücke gelangen, sondern muß an ihr selbst vorher sich vollendet haben, um dann ihre Vollendung erfahren zu können« (S. 138).

Hier geht es nun freilich etwas langsamer, denn der für die Beobachtung zuständigen Naturwissenschaft mangelt es an Begriffen. Sie ist zwar an sich der Motor des vernünftigen Fortschritts, aber sie weiß nichts von dieser ihrer philosophischen Bedeutung und läßt sich daher von der Philosophie auch nicht über den richtigen Begriffsgebrauch belehren. Obwohl mit ihrem Erkenntniswillen auf dem Boden des Kap. V. stehend, behandelt sie die Dinge mit den Erkenntnismethoden der Kap. II. und III., als einfache sinnliche Objekte. Aber sie kann das nicht durchhalten, denn sie will die Dinge ja erkennen und dabei »verwandelt (sie) ihre Sinnlichkeit in *Begriffe*, d. h. eben in ein Sein, welches zugleich Ich ist, das Denken somit in ein seiendes Denken, oder das Sein in ein gedachtes Sein«. Das zeigt uns Hegel in den drei Unterabschnitten von V. A., nämlich a. (S. 139–166) Beobachtung der Natur, b. (S. 167–171) Beobachtung des Selbstbewußtseins in seinen gesetzmäßigen Bewegungen und c. (S. 171–192) Beobachtung der Wirkungen des Selbst in der menschlichen Natur. Aus der Fülle des hier ausgebreiteten Materials greifen wir für unsere Darstellung drei Themenbereiche heraus, von denen zwei (Kants Begriff des Organismus; die Begrenztheit der Naturwissenschaft als Wissenschaft) aus Hegels Abschnitt V. A. a. stammen. Als drittes stellen wir dar, was schon als roter Faden durch V. A. a. hindurch-, worauf aber insbesondere der Inhalt von V. A. b. und c. hinausläuft, nämlich die Frage der Beobachtbarkeit der Wirkungen des Ich im Zusammenspiel von Bildekräfteleib und physischem Leib des Menschen.

## a. Kants Begriff des Organismus

Wir übergehen, was Hegel auf S. 139–146, Z. 23 zum Vernunftgehalt der herkömmlichen naturwissenschaftlichen Begriffe (von Plinius bis Linné)[218] sagt. Im Prinzip geht es hier immer darum, zweierlei miteinander zu verbinden: Einerseits die lebentragende synergetische Beziehung, die Vernunftstruktur als solche, andererseits diese in der Form einer der Beobachtung zugänglichen sinnlichen Einzelheit. In dieser Doppelseitigkeit des naturwissenschaftlichen Empirismus verbirgt sich, daß hier in Wahrheit nicht über die äußere Welt allein, sondern auch über Wesensmerkmale des Menschen gesprochen wird. Die Naturwissenschaft sucht die synergetische Beziehung in der sinnlichen Einzelheit als »ursprünglich bestimmte Natur« des einzelnen Wesens zu beobachten und merkt nicht, wie sie damit dem Wesen der Natur unterschiebt, was im menschlichen Denken vorgeht: Ursprüngliche Selbstbestimmung des einzelnen durch die Intuition, durch sein Hineingetanhaben des Gedankeninhalts. Auch Hegel ringt hier erst um diese Erkenntnis, er hat sie noch nicht, sondern sucht sie in der Auseinandersetzung mit der wissenschaftlichen Tradition.

Dabei zeigt sich nun, daß der physikalische Gesetzesbegriff des Kap. III. zu starr ist (S. 142 ff.), um das Prinzip der Synergetik, der wechselseitigen Wärmeverflechtung der Lebewesen zu erfassen. Durchaus fle-

xibler ist die aristotelische Idee des Gesetzes, die »Entelechie«, welche
die im einzelnen Lebewesen angelegte innere Zielbestimmung als Bildeprinzip aller seiner Lebensäußerungen, insbesondere der leiblichen
Gestalt seines Organismus, ansieht. Bei den neuzeitlichen Philosophen
hat vor allem Kant, in der »Kritik der Urteilskraft«, den Entelechiege-
danken aufgegriffen und ihn durch die Kategorie der »Zweckmäßigkeit« ersetzt, um die Entwicklung des Organismus der Lebewesen zu
erklären.[219] Dort knüpft Hegel jetzt an (S. 146–149). Wenn man, so
sagt er, Kants Zweckbegriff nicht utilitaristisch, sondern logisch versteht, dann findet man in ihm den Anschluß an die Grundgedanken des
Aristoteles, vor allem an die Idee der causa finalis, der von Anfang an
wirkenden Endursache, der in sich selbst zurücklaufenden Bewegung
des Lebendigen. Das Organische »ist … in der Tat der reale Zweck
selbst; denn indem es *sich* in der Beziehung auf Anderes *selbst erhält*, ist
es eben dasjenige natürliche Wesen, in welchem die Natur sich in den
Begriff reflektiert, und (ist) die an der Notwendigkeit auseinanderge-
legten Momente einer Ursache und einer Wirkung, eines Tätigen und
eines Leidenden in Eins zusammengenommen« (S. 146).

Genau so hat Hegel den Organismusbegriff einige Jahre zuvor für
seine eigene Vorlesung aufgeschrieben.[220] Ist dagegen jetzt etwas ein-
zuwenden? Nur die zu geringe begriffliche Durchdringung, welche für
das beobachtende Bewußtsein das Paradox schafft, daß »das, was hervorgebracht wird, … ebenso schon vorhanden (ist), als (= wie) es hervorgebracht wird.« Dieses Paradox könnte sich auflösen, wenn man das
Einzelwesen in Beziehung zur Gattung setzt, denn sie ist es, die jenem
sein Gesetz gibt; die Gattung ist als »Notwendigkeit … an dem, was
geschieht, verborgen, und zeigt sich erst *am Ende*, aber so, daß eben
dies Ende zeigt, daß sie auch das Erste gewesen ist. Das Ende aber zeigt
diese Priorität seiner selbst dadurch, daß durch die Veränderung, welche das Tun vorgenommen hat, nichts anderes herauskommt, als was
schon war« (S. 147). In diesen gegenüber dem Leben des Einzelwesens
umgekehrten Zeitverlauf hat insbesondere Goethe seinen Entwick-
lungsgedanken hineingestellt.[221] Für ihn ist jeder Organismus ein Teil
der ganzen Evolution, in welcher die Pflanzen- und Tiergattungen ihre
Entwicklung bei abstrakten Urbildern anfangen und durch Leben und

Tod vieler Einzelwesen hindurch sich selbst immer mehr konkrete Lebensformen geben, bis sie sich in der Realisierung aller in ihrem Prinzip angelegten Möglichkeiten voll zur Erscheinung gebracht haben. Die Verbindung dieser Evolutionstheorie mit der Gesetzmäßigkeit der Entwicklung des Einzelwesens kann freilich nur in einer ausgebildeten Naturwissenschaft dargestellt werden, die den Rahmen der philosophisch-systematischen Untersuchung der »Phänomenologie« sprengen würde. Die letztere geht vielmehr schrittweise voran: In Kap. V. A., im Gedankengang der Empfindungsseele, wird der Ideengehalt des gegenwärtigen organischen Lebens angeschaut, während in V. C. a. im Horizont der Bewußtseinsseele die Evolutionstheorie als solche auftritt.

Das heißt aber nicht, daß Hegel darauf verzichtet, das Zusammenspiel von Gattungsentwicklung und Organismus auch schon hier geltend zu machen. Er macht es nur nicht zum eigentlichen Thema, sondern er braucht es, um Kants »Zweckmäßigkeits«-Gedanken zu widerlegen. Betrachtet man nämlich den sich entwickelnden Organismus von seinem gattungsmäßigen Prinzip aus, so ist jeder Entwicklungsschritt, den er tut, inhaltlich durch dieses Prinzip erfüllt, der ganze Lebensweg also eine Begegnung des Tuns des Einzelwesens mit dem Gattungsein als seinem eigenen höheren Wesen: »Was es … durch die Bewegung seines Tuns erreicht, ist *es selbst*; und daß es nur sich selbst erreicht, ist sein *Selbstgefühl*.« In dieser fortwährenden Begegnung mit sich selbst erzeugen die Lebewesen eine innere Wärme, die im Tierreich seelisch, als Selbstgefühl wahrgenommen wird, während der Mensch die Aufgabe hat, sich ihren geistigen Gehalt, die Vernunft, ins Bewußtsein zu heben. Dafür reicht Kants »Instinkt der Vernunft« allerdings nicht aus, es bedarf vielmehr des philosophischen Begriffs: »Wie der Instinkt des Tieres das Futter sucht, und verzehrt, aber damit nichts anders herausbringt, als sich, so findet auch der Instinkt der Vernunft in seinem Suchen nur sie selbst. Das Tier endigt mit dem Selbstgefühle. Der Vernunftinstinkt hingegen ist zugleich Selbstbewußtsein; aber weil er nur Instinkt ist, ist er gegen das Bewußtsein auf die Seite gestellt, und hat an ihm seinen Gegensatz.«

Dieser Vergleich ist Kant gegenüber nicht gerade freundlich, aber er klärt die Lage. Die instinktive Selbstproduktion des sein Futter suchenden und dabei sich selbst hervorbringenden Tieres entspricht der »Kritik der Urteilskraft«, in der Kant die »Zweckmäßigkeit« als eine (»regulative«) Vernunftidee für das vernünftige Bewußtsein, aber ohne Geltung für den streng wissenschaftlichen (»konstitutiven«) Verstand bestimmt und damit inhaltlich vom Boden der sicheren Erkenntnis abgehoben hat. Andererseits hat er auch den Gegensatz dieser Erkenntnisart zum »Bewußtsein«, nämlich in der »Kr. d. r. V.« festgehalten, indem er die Kategorie der Zweckmäßigkeit vor dem Forum des Verstandes zur wissenschaftlichen Hypothese degradierte.[222] Als solche, als Hypothesen-Ding kann sie auch im Bereich der empiristischen Wissenschaftstheorie des Kap. II. leben (S. 148). Diese Konstruktion kann aber nur dann stimmen, wenn das Wesen Philosophie selbst die Zeche bezahlt, die Spaltung in zwei Wesen auf sich nimmt. Das eine (»Kr. d. U«) beleuchtet dann das Lebewesen als Gattung, das andere (»Kr. d. r. V.«) stellt es als einzelnes Ding zur Beobachtung; »das Beobachten aber sucht die Momente in der Form des *Seins* und *Bleibens* (sc. »des Dings«); und weil das organische Ganze wesentlich dies ist, so die Momente nicht an ihm zu haben und nicht an ihm finden zu lassen, verwandelt das Bewußtsein in seiner Ansicht den Gegensatz in einen solchen, als er ihr gemäß ist« (S. 149).

Damit tritt der metaphilosophische Kernpunkt der Hegel'schen Kritik deutlich hervor. Kants Begriff des »zweckmäßigen« Organismus ist eine Imagination aus dem Funktionsbild des Wärmesinnes. Was in jenem Begriff als Entwicklung der an sich seienden Gattung durch die einzelnen Lebewesen zu sich selbst (als erfüllter Gattung) erscheint, entspricht dem Temperaturkonstantprozeß in unserem eigenen Organismus. Was dagegen das Einzelwesen in seiner Begegnung mit der Wirklichkeit, nämlich als Sichselbstverbrauchen im Dienst der Gattung, erfährt, entspricht dem Vergleichen der Außenwärme mit der konstant gehaltenen Innenwärme. Aber bei Kant fehlt nun das Festhalten dieser beiden Seiten in ihrer unmittelbaren Einheit, die coincidentia oppositorum, in welcher erst die wahre Natur und damit die Abgrenzung des Wahrheits- und Falschheitsgehalts des hier gefaßten Gedankens sichtbar würde. Kant läßt das Moment der Außenbeziehung in die Ebene der Dinglichkeit des Kap. II. hinabfallen, er hält seinen Organismusbegriff nicht konsequent auf dem Niveau des Kap. V. Oder, systematisch ausgedrückt: Die Form der Hypothese, mit welcher Kant die »regulative« Vernunftidee in den Bereich des streng wissenschaftlichen Verstandes einpflanzt, ist keine haltbare Verbindung zwischen demjenigen, was als geistiger Hintergrund des Kap. II. und des Kap. V. verbunden werden muß.

## b. Die Begrenztheit der Naturwissenschaft als Wissenschaft

In Hegels weiterer Darstellung des Abschnitt V. A. (S. 149–166) ist es nicht leicht, den Überblick über die behandelten Gegenstände zu behalten. Vor allem deshalb nicht, weil der Gedankengang sich mehr und mehr auf die Fundamentalontologie der Vernunft zubewegt, d. h. in die Frage nach der Selbstgestaltung der Substanz im Verhältnis von Bildekräfteleib und physischem Leib übergeht. Wenn sich ein synergetisches Prinzip in der Natur überhaupt beobachten ließe, dann müßte es sich hier zeigen. Und wenn Kants philosophische Konstruktion eines solchen Prinzips, nämlich in seinem Begriff des zweckmäßigen Organismus, zunächst gescheitert ist, so sind doch dessen Elemente, die Ding- und die Vernunftstruktur an sich gültig, und es käme darauf an, sie in die richtige Beziehung zu bringen. Diese Beziehung, sagt Hegel, müßte »in der Form des Seins und Bleibens« oder »als eine Beziehung zweier *seiender* und *fester* Momente« bestehen, und dabei »ihrem Inhalte nach den Gegensatz des organischen *Zweckbegriffs* und der *Wirklichkeit* ausdrücken«, oder einfach »... das Gesetz, *daß das Äußere der Ausdruck des Innern ist*« (S. 149).

Hier handelt es sich um eine andere Art von Beziehung als in Kap. III., wo das Gesetz der übersinnlichen Welt angehört und von dort aus die Bewegungen des Dings in der irdischen Welt nur erklärt. Wenn wir vom organischen Wesen als Einheit ausgehen, deren Inneres sich im Äußeren »ausdrückt«, dann können diese beiden Seiten nur verschiedene Formen derselben Substanz sein. Metaphilosophisch gesagt: Der Typus des Bildekräfteleibs ist »das Innere«, der physische, als vom Bildekräfteleib geprägter, »das Äußere«, und das harmonische Zusammenspiel dieser beiden wäre die gesuchte Kategorie der Vernunft. Aber

wo und wie läßt sich dieses Zusammenspiel nun beobachten? Die übersinnliche Natur des Bildekräfteleibs entzieht sich der Beobachtung,
oder die »organische Substanz als *innere* ist ... die *einfache* Seele, der
reine *Zweckbegriff* oder das *Allgemeine*, welches in seiner Teilung
ebenso allgemeine Flüssigkeit bleibt, und daher in seinem *Sein* als das
*Tun* oder die *Bewegung* der *verschwindenden* Wirklichkeit erscheint«
(S. 150). Könnten nun aber nicht in dieser sich verlaufenden Bewegung
Schwerpunkte unterschieden werden, wie sie auch in der physisch
sichtbaren Gestalt des Lebewesens auftreten?

Damit treffen wir auf die schon in der Einleitung erwähnte »physiologische Dreigliederung« des Säugetier- und Menschenorganismus in
die relativ selbständige Organisation eines Nerven-Sinnes-, eines
Herz-Lungen- und eines Stoffwechsel-Reproduktionssystems. Als
*morphologischer* Befund war diese Dreigliederung Ende des 18. Jhs.
von dem Anatomen *C. F. Kielmeyer* entdeckt und mit den Begriffen
»Sensibilität«, »Irritabilität« und »Reproduktion« bezeichnet worden,
die Hegel hier übernimmt.[223] Aber welches ist der dazugehörige Ober-
begriff? Auch Kielmeyer begnügt sich nicht einfach mit der Beschreibung der drei Organsysteme in dem einen Organismus, weil die gesuchte Beziehung zwischen dem Innern und dem Äußeren nur dann
hergestellt werden kann, wenn auch das Innere für sich etwas ist, d. h.
seine drei Momente in einer bestimmten Weise zusammenhängen. Er
dachte sich diesen Zusammenhang als rein quantitativen, nämlich in
dem Gesetz, wonach die Steigerung der »Sensibilität« einer Abnahme
der »Irritabilität« entspreche, und umgekehrt, so daß hier das Moment
der »Reproduktion« gewissermaßen in einem Satz von der Erhaltung
der physiologischen Energie verschwindet, welchen Hegel mit Recht
ablehnt (S. 151 ff.). Wie die morphologische Entdeckung Kielmeyers
richtig zu deuten ist, hat freilich erst *R. Steiner* (1917) dargelegt.[224] Der
Befund der physiologischen Dreigliederung hat seine Bedeutung nämlich nicht in der Wesensgliederbeziehung von Bildekräfte- und physischem Leib, sondern in derjenigen von Seele und Bildekräfteleib, indem die drei Seelentätigkeiten des Denkens, Fühlens und Wollens als
auf die drei genannten leiblichen Organsysteme *abgestützt* betrachtet
werden, und zwar je für sich, so daß hier von der Differenziertheit der

leiblichen Gestalt eine Differenzierungswirkung auf die Seele ausgeht, welcher auf der philosophischen Ebene der Übergang von der Dialektik zur Dreigliederung entspricht.

Hegel tut genau diesen Schritt nicht. Er sieht zwar (und wendet gegen Kielmeyer ein), daß jedes der drei inneren Prinzipien sich für sich auf seine Außenseite bezieht, daß also »z. B. eine bestimmte *Sensibilität* als Moment des *ganzen* Organismus ihren Ausdruck an einem bestimmt gebildeten Nervensystem« findet (S. 151), und daß diese beiden Seiten auch beobachtbar sind, die erstere als »allgemeine Eigenschaft«, die letztere als konkreter morphologischer Befund. Was aber fehlt, ist eine beobachtbare Verbindung zwischen Innerem und Äußerem im Zusammenspiel von Bildekräfte- und physischem Leib als der von Natur vorgegebenen Ganzheitsbeziehung. Wenn der Anatom demgegenüber die drei Organsysteme als Ausdruck einer Dreiheit innerer Prinzipien betrachtet, so betrachtet er doch nicht diese Beziehung, sondern allenfalls die Teile eines aufgeschnittenen »Kadavers«, welcher das Leben, dessen Quelle beobachtet werden soll, gerade nicht mehr enthält (S. 155). Darin zeigt sich der innere Widerspruch der beobachtenden Wissenschaft überhaupt, die, um etwas Lebendiges zu sehen, ihr Objekt fixiert, indem sie es tötet, entweder physisch-real oder durch Herausziehen des lebendigen Gedankens aus ihrer Forschung. Statt eines Gesetzes des Organischen, müßte der Organismus als philosophischer Begriff aufgefaßt werden (S. 156 f.), müßte das Denken sich auf die Ebene der lebendigen Imagination erheben. Aber von dort fällt es immer wieder herunter in den fixierenden Verstandesbegriff, »weil das Aufgefaßte zu Momenten eines *Gesetzes* gebraucht wird; denn hiedurch erhält es die Weise einer festen Bestimmtheit, die Form einer unmittelbaren Eigenschaft oder einer ruhenden Erscheinung, wird ferner in die Bestimmung der Größe aufgenommen, und die Natur des Begriffs ist unterdrückt« (S. 157). Der Gesetzesbegriff der (nicht-goetheanistischen) Naturwissenschaft ist eben nur an der unorganischen Natur der Lebewesen orientiert, er drückt nur die Absterbe-, nicht dagegen die Reproduktionsprozesse des Lebens aus.

Was der Organismus ist, läßt sich daher nur begreifen, wenn zugleich das naturwissenschaftliche »Gesetz« zum philosophischen Begriff erhoben wird, der als logischer »Schluß« der organischen Seinsweise entspricht. Hegel gibt diesem Schluß zunächst die folgende Form: »Das *wirkliche* organische Wesen ist die Mitte, welche das *Fürsichsein* des Lebens mit dem *Äußern* überhaupt oder dem *Ansichsein* zusammenschließt« (S. 159). Metaphilosophisch gesagt: Durch den Bildekräfteleib schließt sich die lebendig schaffende Bildekräftesphäre mit dem physischen Stoff des Leibes zusammen. Weil hier aber die Wirkung des Bildekräfteleibs nur auf dessen substantielle Natur, nicht auf die Entelechie des wirklichen Wesens aufgebaut wird, muß sie vom »Fürsichsein des Lebens«, von der Eigendynamik der Bildekräfte, Spinozas natura naturans, überwuchert werden. Denn die letztere ist »das Innere als unendliches Eins, welches die Momente der Gestalt selbst aus ihrem Bestehen und dem Zusammenhange mit dem Äußern in sich zurücknimmt, das Inhaltslose, das an der Gestalt sich seinen Inhalt gibt, und an ihr als ihr Prozeß erscheint.« Ohne eingreifendes Ordnungsprinzip zeigt sich die Bildekräftesphäre nur in ihrer überschießenden Auflösungstendenz, als dionysisches Lebensgefühl von revolutionärer Kraft: »Dieser Begriff oder reine Freiheit«, sagt Hegel, »ist ein und dasselbe Leben, die Gestalt oder das Sein für anderes mag in noch so mannigfaltigem Spiele umherschweifen; es ist diesem Strome des Lebens gleichgültig, welcher Art die Mühlen sind, die er treibt.«

Hegel drückt sich sehr genau aus: Mit dem »*Schluß des Organismus*« kommt man nur bis zum Prinzip der irdischen Verkörperung des Bildekräfteleibs, aber nicht bis zur wirklichen Gestaltbildung des letzteren. Die Substanzmetaphysik Spinozas unterliegt der dionysischen (oder »luziferischen«) Auflösungstendenz, weil ihr das Moment der realen Erdenschwere fehlt. Also müßte das vernünftige Ordnungsprinzip in Maß, Zahl und Gewicht der Lebenserscheinungen gesucht werden.[225] Sind es Zahlenverhältnisse, welche die Leiblichkeit in den physischen Stoff binden (S. 160)? Finden wir einen Ansatzpunkt im »spezifischen Gewicht« oder in dessen Beziehung zur »Kohäsion« der Stoffe (S. 161 ff.)? Nein, in solchen Korrelationen[226] wechseln nur verschiedene Vorstellungsweisen ab, anstatt als Einheit, als Übergang in die Realität begriffen zu werden.

Im folgenden Abschnitt (S. 163–165, Z. 23) baut Hegel nun polar zum »Schluß des Organismus« den »*Schluß der Gattung*« auf. Dieser endet in der entgegengesetzten Einseitigkeit, weshalb hier die beobachtende Naturerkenntnis überhaupt an ihre Grenze stößt. Metaphilo-sophisch gesehen handelt es sich darum, daß im konkreten Beobachtungsgegenstand, im existierenden Lebewesen, der Bildekräfteleib zwar als allgemein (nach Gattung und Art) bestimmter Typus enthalten ist, der physische Leib aber außerdem vom Zufallselement (Wachstumsbedingungen, Lebensalter, Krankheiten) geprägt erscheint, in welchem sich seine Todesverfallenheit ausdrückt. Aus diesen beiden Wesensgliedern, der Lebenskraft des Typus und dem Todesprozeß des physischen Leibes kann keine sie übergreifende Einheit entstehen, wenn sie nicht von seelisch-geistigen Kräften angeregt wird. Deshalb verliert der Begriff der beobachtenden Naturwissenschaft hier auf der einen Seite (im Schluß des Organismus = Beobachtung vom Bildekräfteleib her) seinen Halt in der dionysischen Ausschweifung des Lebens, während er auf der anderen Seite (im Schluß der Gattung = Beobachtung der irdischen Realisierung des Typus) an der Zertrümmerungstendenz des Stoffes scheitert.

Die begriffliche Ableitung dieses Dilemmas, des Verfangenseins der lebendigen Natur und Naturerkenntnis im physischen Todesprozeß, ist schwierig. In der unorganischen Welt haben wir es einfacher, weil hier die innere Gesetzmäßigkeit »für die Wahrnehmung als *seiende* Eigenschaft sich darbietet« (S. 163). Am Organismus dagegen ist alles organisch, also auch der Todesprozeß selbst, insofern er von der Integrationskraft des Lebens überwunden wird. Diese Einheit, nämlich des Lebendigen als solchen und seiner Integrationskraft,[227] oder der Einheit des Organischen und seiner reinen Negativität, macht das Innere des Organismus aus, sie ist die »*Gattung*«. Am real existierenden Lebewesen tritt nun das negative Moment der Gattung so auf, daß es zahllose Unterschiede hervorbringt, die wiederum ihre letzte Bestimmtheit nur als Zahl finden. Die organische Gattung wäre ein Lebewesen mit Bewußtsein, wenn sie die in den Möglichkeiten ihrer physischen Existenz liegenden Qualitäten als solche ergreifen und verlebendigen könnte (S. 164). So aber gehören auch diese Qualitäten zu ihrem bewußtlosen Inneren, nämlich als die hervortretende Seite dieses Inneren, als Konkretisierung der Gattung zur »*Art*«. Die Gattung ist nicht wahrhaft »allgemeines Individuum«, weil sie sich nicht als einzelnes Lebewesen physisch verkörpern kann, sondern in der Artenvielfalt zugleich der Zerstörungskraft des irdischen Stoffes unterliegt.

»Wir sehen daher einen Schluß, worin das eine Extrem das *allgemeine Leben als Allgemeines*, oder als Gattung, das andre Extrem aber *dasselbe als Einzelnes*, oder als allgemeines Individuum ist; die Mitte aber ist aus beiden zusammengesetzt, das erste scheint in sie sich als *bestimmte* Allgemeinheit oder als *Art*, das andre aber als *eigentliche* oder einzelne *Einzelnheit* zu schicken« (S. 164 f.). In diesem Schluß ist die Mitte in Wahrheit gespalten. Von der einen Seite (der allgemeinen Bildekräftesphäre, in der die Gattungen real anwesend sind) tritt der artgemäße Bildekräfteleib in sie ein, von der anderen Seite her schickt das »allgemeine Individuum«, die Erde, den Existenzzwang im physischen Leib als die entsprechende Potenz in die Mitte. Und dieses Gespaltensein hebt die Substanzmetaphysik Spinozas auf: Nicht die Substanz ist Souverän der Attribute, sondern die letzteren treiben ihr Spiel mit jener. Die Bildekräftesphäre gehorcht nur im allgemeinen, »*als Leben überhaupt*« dem vernünftigen Organismusbegriff, während im einzelnen die Macht des Erdenstoffes das Lebensbedürfnis der Gattung zu einem »ganz eingeschränkten Geschäfte (herabsetzt), das sie nur innerhalb jener mächtigen Elemente treiben darf, und das durch die zügellose Gewalt derselben allenthalben unterbrochen, lückenhaft und verkümmert wird« (S. 165).

Jetzt ist deutlich, wohin die Strategie dieses Gedankenganges führt, nämlich zur Entthronung der Naturwissenschaft durch die Philosophie als der wahren Herrscherin im Geistesreich. Der Übergang, welcher in der »Enzyklopädie« zwischen Natur- und Geistesphilosophie mit dem Tod des natürlichen Wesens gemacht wird (§ 375 f. Enz. 1830), liegt vor uns. In Kap. V. tritt er als Imagination im Funktionsbild des Wärmesinnes hervor, dessen Momente folgendermaßen zugeordnet werden können: Der »Schluß des Organismus« entspricht unserem inneren Temperaturkonstantprozeß, während der »Schluß der Gattung« den äußeren Wärmevergleich ausdrückt; das dabei freigesetzte geistig chaotisierende Moment jedoch, welches der höchsten intuitiven Kraft

des Ich entspricht, trägt hier vielmehr das philosophische System durch
den Tod zu neuem Leben, nämlich als Form der Zerstörung der Absolutheitsansprüche der Naturwissenschaft, welche zugleich die Geltung
des geistesphilosophischen Systems begründet.

Auf die Objektivität der Natur bezogen: Zwischen der gestaltlosen
Substanz und der Zufallsgestalt der physischen Existenz gibt es keine
aus sich selbst heraus begreifbare Mitte, weshalb alles wissenschaftliche Unterscheiden im Leben der Natur »keine vernünftige Reihung
und Gliederung an sich selbst wirklich hat, und nicht ein in sich ge-
gründetes System der Gestalten ist.« Wenn das Mittelglied des
»Schlusses der organischen Gestaltung« die Momente der lebendigen
Substanz und des irdischen Stoffes selbst an sich ziehen würde, wenn
also der Bildekräfteleib der Lebewesen das wahre Subjekt seine irdischen Verkörperung wäre, dann würde »diese Mitte an *der Bewegung*
ihrer Wirklichkeit den Ausdruck und die Natur der Allgemeinheit haben, und die sich selbst systematisierende Entwicklung sein.« Das
heißt: Wenn wir das Bewegungsgesetz der Bildekräftesphäre kennten,
dann kennten wir das Gesamtprogramm des Naturgeschehens, welches dann eben deshalb ein in sich vollendetes sein müßte. Das ist es ja,
was heute in der Systemtheorie, Mikrobiologie, Ökologie- und Chaos-
forschung insbesondere mit Hilfe der binären Rechenweise des Computers gesucht wird.[228] Wir können aber jenes Gesetz nicht kennen,
weil es gar nicht als Gesetz existiert. Erst durch den Menschen, sagt
Hegel, durch den Eingriff des menschlichen Bewußtseins in die Natur
kommt die letztere zu ihrem wahren Dasein, erhält sie eine Geschichte.
»Die organische Natur hat keine Geschichte; sie fällt von ihrem Allgemeinen, dem Leben, unmittelbar in die Einzelnheit des Daseins herunter« (S. 165 f.) und wird dort, an vielen Punkten zugleich, lebendig;
»aber diese Regsamkeit ist *für sich* selbst nur auf ihren Punkt beschränkt, weil das Ganze nicht in ihm vorhanden ist, und dies ist nicht
darin vorhanden, weil es nicht als Ganzes hier *für sich* ist« (S. 166).

Die Ganzheit kann also nicht aus dem Leben allein entstehen. Aber
muß sie deshalb der Philosophie vorbehalten bleiben? Gibt es nicht
doch in dem lebenden Wesen selbst eine ganzheitsbildende Kraft? Lassen wir dahingestellt, woher diese bei den Pflanzen und Tieren kommt,

beim Menschen jedenfalls ist sie ein sein Leben mit Begriffen und Ideen
erfüllendes Ich. Mit der geistigen Intuition des Denkens gestaltet der
Mensch seinen Bildekräfteleib zur Gedankenorganisation aus, die sozusagen als sein individuelles philosophisches System zum integralen Bestandteil seiner Existenz wird.[229] Hegel dagegen kennt nur die Alternative zwischen jenem »Schluß des Organismus«, der ohne den Eingriff
des denkenden Geistes unhaltbar wird, und der philosophischen Syste-
matisierung dieses Geistes, die er nun auch wiederum in der Form eines
Schlusses vor uns hinstellt. Hiernach hat das auf dem Schulungsweg der
»Phänomenologie« befindliche »Bewußtsein, zwischen dem allgemeinen Geiste und zwischen seiner Einzelnheit oder dem sinnlichen Bewußtsein, zur Mitte das System der Gestaltungen des Bewußtseins, als
ein zum Ganzen sich ordnendes Leben des Geistes, – das System, das
hier betrachtet wird, und welches als Weltgeschichte sein gegenständliches Dasein hat« (S. 165). Kürzer gesagt: Der Weltgeist kommt durch
das System der »Phänomenologie« (bzw. den realen Ablauf der Geistesgeschichte) zum individuellen Geist des Menschen.

## c. Geistige Gestaltung im Bildekräfteleib des Menschen

Mit dem obigen »Schluß der Phänomenologie« hat Hegel auf ein weit
vor uns liegendes Ziel hingewiesen. Hier aber bleiben wir zunächst an
die beobachtende Vernunft gebunden, denn deren Beobachtungsmate-
rial ist noch nicht erschöpft. In V. A. a. hat sich nur die naturphilosophische Substanzmetaphysik, oder die allgemeine Theorie der Bildekräfte,
als gegenstandslos erwiesen. Daher ist nun nach zwei Richtungen weiter
zu fragen: Läßt sich vielleicht ein Zusammenhang von Bildekräftewir-
kung und Geist im geistigen Leben, in der Wissenschaft als solcher
beobachten (V. A. b.: »Beobachtung des Selbstbewußtseins in seiner
Reinheit usw.«)? Und: Gibt es eine Beziehung zwischen der Individualität und dem Bildekräfteleib des Menschen, die sich bis in dessen Physis
ausdrückt (V. A. c.: »Beobachtung der Beziehung des Selbstbewußtseins
auf seine unmittelbare Wirklichkeit usw.«)?
      Was Kap. V. A. b. (S. 167–171) betrifft, so können wir uns kurz fassen.
Es wird die Frage erörtert, ob der Geist in der Form seiner logi-

schen und psychologischen Gesetze beobachtbar ist. Zeigt sich in der wissenschaftlichen Darstellung und Ausschöpfung der formalen Logik ein allgemeingültiges Bildegesetz des Geistes? Hegel beharrt gegenüber Aristoteles darauf, daß das denkende Selbstbewußtsein die Sätze der Logik in einem systematischen Zusammenhang, d. h. nach der spekulativen Methode entwickeln müsse, weil sie ohne solche Entwicklung nur als ein formloser Inhalt[230] für sich, also ohne Allgemeingültigkeit dastünden (S. 168). Und wie steht es mit den »psychologischen Gesetzen«, der Verhaltensforschung, der Lerntheorie usw. (S. 169 ff.)? Hier tritt das Dilemma auf, daß der Mensch nur so weit beeinflußt werden kann, wie er sich beeinflussen *läßt*, daß er in keinem Stadium seines Lebens das unbeschriebene Blatt ist, auf welches die Wissenschaft ihre eigenen Gesetze einschreiben könnte. Im menschlichen Individuum fällt, ob bewußt oder unbewußt-intuitiv die Entscheidung, »daß es entweder den Strom der einfließenden Wirklichkeit an ihm *gewähren* läßt, oder daß es ihn abbricht und verkehrt« (S. 171), so daß die Geltung der psychologischen Gesetze der freien Intuition des Ich absolut untergeordnet bleibt.

In Kap. V. A. c. (S. 171–192) werden nun die beiden vorangegangenen Bewegungen (a. die organische Bildung von innen nach außen, b. die prägende Wirkung von außen nach innen) zu einer ganzheitlichen Betrachtung des menschlichen Leibes zusammengefaßt. Die Psychologie als Wissenschaft ist daran gescheitert, daß der Mensch, den sie ihren Gesetzen unterwerfen will, vielmehr sein eigener, teils bewußter, vor allem aber intuitiver Gesetzgeber ist. Er ist schon eine konkrete Individualität, wo die Wissenschaft meint, ihn noch als eine reine bildbare Substanz vor sich zu haben. Und indem dieses Je-schon-individuell-Gewordensein des Menschen sich gleichermaßen auf die bewußte wie die unbewußte Seite der Existenz erstreckt, ist es ein »*ursprüngliches* bestimmtes *Sein*« (S. 171), welches bis in die Produktion des eigenen Leibes hineinreicht. »Dies *Sein*, der *Leib* der bestimmten Individualität, ist die *Ursprünglichkeit* derselben, ihr Nichtgetanhaben. Aber indem das Individuum zugleich nur ist, was es getan hat, so ist sein Leib auch der von ihm *hervorgebrachte* Ausdruck seiner selbst; zugleich ein *Zeichen*, welches nicht unmittelbare Sache geblieben, sondern woran

es nur zu erkennen gibt, was es in dem Sinne *ist*, daß es seine ursprüngliche Natur ins Werk richtet« (S. 172).

Hier entwirft Hegel nun die Grundzüge einer wissenschaftlichen »Ge-
stalttheorie«. Mitten hinein in die allgemeinen Konstitutionsmerkmale
(Rasse, Volk, Geschlecht usw.), so sagt er, stellt das menschliche Individuum »die Gestalt als Ausdruck *seiner* durch es selbst gesetzten Verwirklichung, die Züge und Formen seines selbsttätigen Wesens.« Gegenstand der Beobachtung ist also jetzt nicht mehr nur das als Produkt
der Vergangenheit Gewordene, sondern das in dieser Produktion Werdende. Zu der ganzen Gestalt gehört »nicht nur das *ursprüngliche Sein*,
der angeborne Leib, sondern ebenso die Formation desselben, die der
Tätigkeit des Innern angehört; er ist Einheit des ungebildeten und des
gebildeten Seins, und die von dem Fürsichsein durchdrungne Wirklichkeit des Individuums.« Woran könnte diese gestaltbildende Tätigkeit des Ich besser beobachtet werden, als an den Organen, durch welche sie geschieht? »Der sprechende Mund, die arbeitende Hand, wenn
man will auch noch die Beine dazu, sind die verwirklichenden und voll-
bringenden Organe, welche das Tun *als Tun*, oder das Innre als solches
an ihnen haben« (S. 173). In seiner Sprache und in seiner Arbeit bringt
der Mensch die intuitive Kraft seines Ich zum Ausdruck, aber »*zu sehr*«,
zu unmittelbar, so daß diese wiederum sogleich im Innern der bearbei-
teten Substanz bzw. des ausgesprochenen Wortes verschwindet, also
andererseits »*zu wenig*« ausgedrückt ist.[231] Die Beobachtung jener Organe führt nicht zur Gewißheit, sondern verliert sich in der Zweideutig-
keit, daß das Gestaltete sowohl als Ausdruck (»Zeichen«) des geistigen
Inneren, wie auch von seinen prosaisch-dinglichen Eigenschaften her
aufgefaßt werden kann.

Wollte man nun andererseits die Leibesgestalt, wie sie jeweils geworden ist, »als *ruhendes* Ganzes« gestalttheoretisch deuten, dann müßte
das Individuellwerden dieser Gestalt die Wirkung einer Ursache sein,
auf die es zurückgeht. Hier nimmt Hegel nun die Auseinandersetzung
mit der »Physiognomik« (*J. C. Lavater*, 1741–1801) und der »Schädellehre«, der »Phrenologie« (*F. J. Gall*, 1758–1828) auf.[232] In diesen
Wissenschaften wird behauptet, daß sich aufgrund der Formen des
Antlitzes bzw. Schädels bestimmte Aussagen über Wesen und Charakter

eines Menschen machen ließen. Das ist, zumal Lavater und Gall sich bei ihren Forschungen methodischer Sorgfalt befleißigten, ernster zu nehmen als die Schicksalsverkündung durch das »Handlesen« (S. 174) und die Graphologie (S. 175). Aber Hegel nimmt es doch nicht ganz ernst, sondern zitiert *C. G. Lichtenberg*, um seine eigene Argumentationsrichtung anzugeben: »*Gesetzt, der Physiognom haschte den Menschen einmal, so käme es nur auf einen braven Entschluß an, sich wieder auf Jahrtausende unbegreiflich zu machen*« (S. 176).

Dennoch erweist es sich als schwierig, den in der wissenschaftlichen Hypothese der Physiognomik und Schädellehre liegenden Grundgedanken herauszuarbeiten (S. 176 ff.). Das Problem besteht darin, daß der intuitive erste Eindruck, den mir ein Mensch macht, durchaus eine Realität ist (S. 177), daß ich dieser aber nur als meiner »Meinung« Ausdruck geben kann, also in der unmittelbarsten, unhaltbarsten Form der sinnlichen Gewißheit. Meine Meinung bezieht sich dabei auf eine Seinsebene, von welcher auch der darin Seiende kein sicheres Wissen hat. Also muß ich mich an seine Taten halten (S. 178). Aber hängt nicht die Leibbildung als solche doch mit dem Schicksal des einzelnen, sei es des vergangenen oder zukünftigen, zusammen? Wenn dieses Schicksal ein geistiges Sein des Ich ist, dann müßte es in demjenigen Teil des Leibes beobachtet werden, der am unmittelbarsten Organ der geistigen Tätigkeit des Menschen ist, also im Gehirn und Rückenmark (S. 180 f.).

Nicht deren toter Stoff ist hier gemeint, sondern ihre Stoffbildung als Ausdruck des Inneren, des geistigen Bildungsprinzips. Nun hat sich der Geist im Verlauf der bisherigen Untersuchungen selbst als ein in seiner Flüssigkeit gegliedertes System von Gedanken erwiesen (S. 181); also, sagt Hegel, können wir annehmen, daß auch das natürliche Bildeprinzip des geisttragenden Organs ebenso konstituiert, »daß das flüssige *Sein* seines *Insichseins* ein gegliedertes ist«. Das muß so sein, weil »das in sich reflektierte *Sein* des Geistes im Gehirn selbst wieder nur eine Mitte seines reinen Wesens und seiner körperlichen Gliederung ist, eine Mitte, welche hiemit von der Natur beider und also von der Seite der letztern auch die *seiende* Gliederung wieder an ihr haben muß.« Das reine Wesen des Geistes macht sich dadurch zum gegliederten physischen Gehirn,

daß ein entsprechend gegliedertes übersinnlich-stoffbildendes Organ
des Bildekräfteleibs dazwischentritt. Dies ist aber, philosophisch gesehen, wieder nur die Wahrheit der Substanzmetaphysik, eine Aussage
vom Wahrheitsgehalt des »Schlusses des Organismus«. Ihr muß jene
andere gegenübertreten, die sich oben im »Schluß der Gattung« zeigte,
»die notwendige Seite eines *ruhenden bestehenden* Daseins« in der physischen Verkörperung.

Eben deshalb wird jetzt der Schädel zum Gegenstand der Beobachtung. Zwischen ihm und dem Gehirn besteht die einfache Beziehung
der Gegenbildlichkeit: »Wie das Gehirn der lebendige Kopf, (ist) der
Schädel das *caput mortuum*« (S. 182).[233] Genauer gesagt handelt es
sich um eine organische Einheit, innerhalb derer die »Phrenologie«
noch eine Kausalbezeichnung aufdecken muß, wenn sie ihre Hypothese ›Das Ich drückt sich durch die Gehirnbildung in der Schädelform
aus‹ (S. 183) beweisen will. In der Tat hat diese Form einen zusammen-
ziehenden Charakter, sie ist nicht wegweisend, nicht Zeichen für etwas
anderes, nicht Gebärde, weil eben der Schädel als Knochen überhaupt
sich aus der Wechselwirkung mit den Lebensprozessen zurückzieht,
deren Endstation, »rein *unmittelbares Sein*« (S. 184) ist. Kann er nicht
eben deshalb der Ort sein, an welchem die höchste Seinsweise des Ich,
die geistige Individualität als solche ihren Abdruck hinterläßt (sich hin-
eintut = »intuiert«)? Wieder wendet Hegel hier die Inhaltsfrage in eine
methodische Bewegung um. Philosophisch gesehen ist es zwar eine
Barbarei, das Sein der menschlichen Individualität in der wissenschaftlichen Vermessung des Schädelknochens festhalten zu wollen. Aber
erst in diesem Wollen stößt die beobachtende Naturwissenschaft wirklich auf ihre Grenze, erreicht sie »ihre Spitze …, von welcher sie sich
selbst verlassen und sich überschlagen muß; denn erst das ganz
Schlechte hat die unmittelbare Notwendigkeit an sich, sich zu verkehren« (S. 188). Wenn aber nun das Bewußtsein sich weigert, durch dieses Tor der coincidentia oppositorum über sich hinauszugehen? Dann
»ist die Mitte, worin es steht, die unselige Leere, indem dasjenige, was
sie erfüllen sollte, zum festen Extreme geworden ist. So ist diese letzte
Stufe der beobachtenden Vernunft ihre schlechteste, aber darum ihre
Umkehrung notwendig« (S. 189).

Diese Notwendigkeit ist die methodische Form mit welcher Hegel von dem einen, nunmehr ausgeschöpften Inhaltsbereich in den nächsten überleitet. Der inspirierte Gedankengang muß weitergehen, und er geht weiter, indem die Philosophie den neuen Inhalt in die von ihr hergestellte Leere (und somit als *den ihrigen*) einschlagen läßt. Demgegenüber beharrt die Phrenologie darauf, daß die Intuitionskraft des Ich sich im Schädelknochen abgedrückt habe und dort als individuelles Moment unverallgemeinerbar bleibe. Sie sagt, wenn überhaupt Naturwissenschaft einen Sinn hat, wenn irgendetwas vom Geist in der Natur wissenschaftlich beobachtet werden kann, dann muß vorausgesetzt werden, daß alle Dimensionen des Geistes sich mit der Materie verbunden haben. Das hieße also, so Hegel, »daß *das Sein des Geistes ein Knochen ist*« (S. 190). Aber was ist ein Knochen? Er ist das im Horizont der Reflexion des Kap. II. gesetzte Ding. Weil Dingheit überhaupt, als gesetzte Reflexion, aus unserer Selbsttätigkeit hervorgeht (ebenso wie der wirkliche Knochen in der Selbstproduktion des lebendigen Organismus als dessen ›totfester‹ Bestandteil gesetzt wird), gilt umgekehrt »das *unendliche Urteil*, daß das Selbst ein Ding ist, – ein Urteil, das sich selbst aufhebt« (S. 191).[234] Aber dieses, so schließt der Philosoph, ist nicht mehr das Verstandesding des Kap. II. (an dessen Vorhandensein die beobachtende Vernunft festhält), sondern es ist ein authentisches Vernunftding. Es ist das im Sich-selbst-Hervorbringen der Vernunft verborgene Sein, oder die Hervorbringung als reine Kategorie.

## B. »*Die Verwirklichung des vernünftigen Selbstbewußtseins durch sich selbst*«

Nachdem das Bewußtsein in Kap. V. A. mit dem Versuch gescheitert ist, eine Weltanschauung der beobachtenden Vernunft aufzubauen, muß es nun, in V. B. (S. 193–214), einen anderen Weg einschlagen. Metaphilosophisch gesehen agiert es jetzt nicht mehr als stoizistische Empfindungsseele, die dem Vernunftgehalt der Welt gedanklich nachtastet, sondern vielmehr als Verstandesseele, deren aktive Natur wir schon in Kap. IV. B., im Skeptizismus, kennenlernten. Es will die Welt mit einem

Inhalt beglücken, den es als Vernunftprinzip begriffen, als harmonische
Seelenverfassung in sich wirklich hergestellt hat. Dabei erfährt es, daß
seine Gedanken, weil es sie nur dem Funktionsbild des Wärmesinnes
entnimmt, zu dem wirklichen Wärmeprozeß des Weltgeschehens
nichts beitragen, sondern in diesem vielmehr untergehen.

Tatsächlich beginnt Hegel in der Einleitung von V. B. (S. 193–198)
seine Darstellung mit dem weltgeschichtlichen Paradigma des Aufein-
anderprallens von Stoizismus und Skeptizismus, mit der Krise der griechischen Sittlichkeit durch den Einbruch der sophistischen Philo-
sophenschulen und das Auftreten des Sokrates. Es wird also zunächst
ein ganz anderer Stoff herangezogen, als in Kap. V. A., aber eben nur
um die bisherige Entwicklungslinie auf dem metaphilosophischen Boden um so konsequenter weiterzuverfolgen. Dabei tritt nun allerdings
eine Kollision zwischen der phänomenologisch-begrifflichen und der
weltgeschichtlichen Entwicklung auf. Phänomenologisch betrachtet
gehört die von Hegel als »Sittlichkeit« bezeichnete Sozialverfassung
der griechischen und römischen Welt zu dem Kap. VI., wo sie aus dem
»Geist«, nämlich des Gleichgewichtssinnes, rekonstruiert wird. Nun
hat aber das dem Kap. V. zugrundeliegende Funktionsbild des Wärmesinnes insofern auch etwas mit dem Gleichgewicht zu tun, als in jedem
Wärmevergleich ein Moment des realen Wärmeausgleichs (als Überwindung eines Ungleichgewichts) liegt. Wie verhalten sich also diese
beiden Sinnesbilder zueinander?

Hier ist die welthistorische Entwicklung zu berücksichtigen, für welche Sokrates als Symbolfigur steht. Was vor dessen Auftreten vorhanden war, schildert Hegel in seiner Geschichtsphilosophie mit rousseau-
istischer Begeisterung über das schöne Leben der griechischen Polis als
wahrhaft demokratischen Prozeß, d. h. als eine unreflektierte sinnlich-
sittliche Verflechtung der Bürger,[235] die in ihrem substantiellen Gleich-
gewichtszustand nur nach der künstlerischen Seite hin einer Steigerung fähig gewesen sei. In dieser Substanz habe das Selbstbewußtsein
des Griechen als zoon politikon geistig gelebt. Metaphilosophisch gesehen handelt es sich darum, daß hier das soziale Wärmeempfinden als
sinnliches Gleichgewichtsstreben gewissermaßen eine Hülle bildete,
innerhalb derer der »Geist« des Gleichgewichtssinnes (unseres

Kap. VI.) seine versittlichende Wirkung entfalten konnte, ohne dabei durch die Reflexion des subjektiven Bewußtseins unterbrochen zu werden. Auch in Kap. V. B. wird der gleiche kindliche Zustand des Geistes beschrieben, und er wird hier mit dem aus der Antike überlieferten Wort zusammengefaßt, daß »*die Weisheit und die Tugend darin bestehen, den Sitten seines Volkes gemäß zu leben*« (S. 195).

Die Tat der Sophisten und auch des Sokrates deutet Hegel so, daß durch sie jene alle menschlichen Verhältnisse verschönernde Einheit von sinnlicher Hülle und sittlicher Wirkung des Gleichgewichts zerstört wird.[236] Mit dem Auftreten der Verstandesseele geht das Bewußtsein aus dem naiv erlebten Inhalt in seine eigene Vorstellungstätigkeit zurück, in welcher es sich gegen sein objektives Dasein in der gesellschaftlichen Wirklichkeit isoliert. Jetzt sind plötzlich Gesetze und Sitten für das Individuum nur noch »ein Gedanke ohne absolute Wesenheit, eine abstrakte Theorie ohne Wirklichkeit; es aber ist als dieses Ich sich die lebendige Wahrheit« (S. 196). Und doch weiß das Individuum, daß es innerhalb einer gesellschaftlichen Wirklichkeit steht, die von diesen Gesetzen und Sitten geprägt ist: »Es hat die *Gewißheit* dieser Einheit; es gilt ihm, daß sie *an sich* oder daß diese Übereinstimmung seiner und der Dingheit schon vorhanden ist, nur *ihm* noch durch es zu werden hat, oder daß sein Machen ebenso das *Finden* derselben ist. Indem diese Einheit *Glück* heißt, wird dies Individuum hiemit sein *Glück zu suchen* von seinem Geiste in die Welt hinausgeschickt.«

So wie Sokrates einst über den athenischen Marktplatz zog, um ›Menschen‹ zu suchen, zieht jetzt das Bewußtsein aus, um die Welt zur Vernunft zu bringen. Dabei macht es die Erfahrung, daß es seine eigene Ausgangssituation noch nicht geistig durchgearbeitet hat. Es tritt als subjektiver Idealismus auf, d. h. es gibt seinem Ideal »die Form eines unmittelbaren Wollens, oder *Naturtriebs*, der seine Befriedigung erreicht, welche selbst der Inhalt eines neuen Triebes ist« (S. 197). Genauer gesagt: Das Bewußtsein legt sein Vernunftideal zunächst in seine willenhafte Seelentätigkeit, in der es zur hedonistischen Weltanschauung wird, um von dort in die vorstellende Seelentätigkeit, die pädagogistische Weltanschauung überzugehen und schließlich, aus der fühlenden Seelentätigkeit heraus, eine don-quixoteske Weltanschauung zu

werden. Hier stößt es jeweils auf entsprechende Widerstände von Seiten der Außenwelt, und in dieser Auseinandersetzung geht ihm »die
Unmittelbarkeit oder Roheit der Triebe verloren, und der Inhalt derselben in einen höhern über«. Diese Umarbeitung der natürlichen Wurzeln der Seelentätigkeit ist es, welche metaphilosophisch die Entwicklung zum »Geistselbst« als einem höheren geistig-seelischen Organ
des Menschen genannt wird. Auch Hegel kommt dem terminologisch
ganz nahe, wenn er sagt: »Der Begriff dieser ganzen Sphäre, daß die
Dingheit das *Fürsichsein* des Geistes selbst ist, wird in ihrer Bewegung
für das Selbstbewußtsein« (S. 198).


## a. Die Falle der hedonistischen Weltanschauung

Die geistige Gestalt von V. B. a., »Die Lust und die Notwendigkeit«
(S. 198–201), baut auf demjenigen auf, was der Mensch als harmonische Wechselwirkung der Natur in seiner eigenen Leiblichkeit erleben
kann. In den Organen des Leibes entstehen Triebe, bei deren Befriedigung wir Lust erleben. Wenn ich diesen Vorgang in meinen Willen auf-
nehme, wenn ich also geistig durchdringe, was das Leibesorgan in mir
tut, indem es sich im Kreislauf von Trieb und Befriedigung selbst
durchdringt, habe ich dann nicht das höhere Prinzip des Leiblichen
begriffen? Daß mit der Lust des Leibes nicht Vergewaltigung und Zerstörung verbunden sei muß, daß es auch eine Heilige Lust gibt, erzählt
uns schon das Hohe Lied Salomonis im Alten Testament. Auch im neuzeitlichen Menschen erwacht die Sehnsucht nach einer solchen Befreiung, wenn er lange genug an der Enge der moral- und rechtstheoreti-
schen Diskussionen, am Dogmatismus der Bewußtseinsgestalten der
Kap. II. und III. gelitten hat. Goethes Faust, Nietzsches Zarathustra,
Hesses Steppenwolf lassen in diesem Sinne »das Gesetz der Sitte und
des Daseins, die Kenntnisse der Beobachtung und die Theorie, als einen grauen eben verschwindenden Schatten hinter sich« (S. 198). Sie
streben über das inspirative Moment des Geistes hinaus zu dem intuitiven Willen, der aus ihren Organen und Gliedmaßen spricht, und den
sie nicht als Leib, sondern als Geist der Lust, als hedonistische Weltan-

schauung suchen: »Weh spricht: vergeh'! Doch alle Lust will Ewigkeit – will tiefe, tiefe Ewigkeit«, heißt es in Zarathustras Mitternachtslied.[237]

Aber das Prinzip der Lust ist vom Stachel des Skorpions getroffen, es verliert seine geistige Kraft im einzelnen Akt der Lust: In das Selbstbewußtsein ist »statt des himmlisch scheinenden Geistes der Allgemeinheit des Wissens und Tuns, worin die Empfindung und der Genuß der Einzelnheit schweigt, der Erdgeist gefahren, dem das Sein nur, welches die Wirklichkeit des einzelnen Bewußtseins ist, als die wahre Wirklichkeit gilt.« Es findet zwar auch darin noch die Vernunftstruktur, aber gewissermaßen als auf einen Punkt zusammengeschrumpfte, die es umso unbefangener genießen kann; »es nimmt sich das Leben, wie eine reife Frucht gepflückt wird, welche ebensosehr selbst entgegenkommt, als sie genommen wird« (S. 199). Dieser einfache Vorgang des Lebens wird nun freilich kompliziert, wenn man ihn – gemäß der Überschrift von V. B. – als »Verwirklichung des vernünftigen Selbstbewußtseins durch sich selbst« betrachtet. Was das Selbstbewußtsein an sich ist, haben wir schon in Kap. IV. gesehen: Es ist die »Begierde«, sich durch die Unterjochung eines anderen Selbstbewußtseins zu befriedigen. Insofern sich diese Begierde in Kap. IV. auf das ganze gegenständliche Wesen des anderen Selbstbewußtseins bezog, wurde sie zu einem Kampf um die berufliche Identität und letztlich zu einem produktiven Faktor im Wirtschaftsleben. Die »Lust« des Kap. V. ist nun zwar auch »Begierde«, aber sie ist nicht auf das ganze selbstbewußte Wesen gerichtet, sondern geht nur auf die Vertilgung von dessen selbständigen organischen Regungen. Aber solche gibt es nur dort, wo das andere Wesen sie selbständig sein läßt, d. h. sich ihnen bewußt hingibt. Dieser Schritt des Bewußtseins, »diese Trennung ist nicht an sich für das Selbstbewußtsein, welches als *seine eigne* Selbstheit das andre weiß« (d. h. seinen eigenen Trieb im Andern befriedigt). Daraus folgt: In der Lustbefriedigung findet das Selbstbewußtsein sich zwar »als *dieses einzelne fürsichseiende Wesen*«, aber nicht als produktives, sondern nur in der »Anschauung der Einheit beider selbständigen Selbstbewußtseine, … hiemit als aufgehobnes Einzelnes oder als *Allgemeines.*«

Es entsteht also der Leerlauf, in welchen Faust sich durch die Gaben Mephistos versetzt sieht: »So tauml' ich von Begierde zu Genuß, / Und

im Genuß verschmacht' ich nach Begierde«.[238] Ein solcher Leerlauf
dreht sich nicht etwa um nichts, in ihm äußert sich vielmehr ein Wesen
des Nichts: »Dieses Wesen ist nichts anders als der *Begriff* dessen, was
diese Individualität an sich ist« (S. 200), nämlich etwas aus sich machen zu müssen. Aber was? Weil es darüber schlechthin nichts sagen
kann, ist das Ich des Hedonismus die »ärmste Gestalt des sich verwirklichenden Geistes«. Denn sein Tun hat, indem es in die Momente des
irdischen Lebens eingefügt ist, natürlich auch Folgen für dieses Leben.
Aber es kennt die Folgen nicht, es erfährt sie vielmehr als unaufhaltsa-
men Zufall, oder als leere Notwendigkeit; »die Notwendigkeit, das
*Schicksal* und dgl. ist eben dieses, von dem man nicht zu sagen weiß,
*was* es tue, welches seine bestimmten Gesetze und positiver Inhalt sei,
weil es der absolute als *Sein* angeschaute reine Begriff selbst ist, die
einfache und leere aber unaufhaltsame und unstörbare *Beziehung*, deren Werk nur das Nichts der Einzelnheit ist.«

An die Lustbefriedigung ist unlösbar die Realintuition der menschlichen Schicksalserfüllung gebunden. Das Bewußtsein »erfährt den
Doppelsinn, der in dem liegt, was es tat, nämlich sein *Leben* sich *genommen* zu haben; es nahm das Leben, aber vielmehr ergriff es damit
den Tod« (S. 201). Glücklicherweise muß es diese Erfahrung nicht
immer in der Realität, es kann sie auch im Theater machen, wie z. B.
in Mozarts »Don Giovanni«. Aber aus dem Prinzip des Hedonismus
folgt, daß bei seiner Umsetzung in das wirkliche Leben »die absolute
Sprödigkeit der Einzelnheit an der ebenso harten, aber kontinuier-
lichen Wirklichkeit zerstäubt«. Warum wird dann aber eine solche
Weltanschauung vertreten? Weil es für sie im physiologischen Funktionsbild des Wärmesinnes eine Grundlage gibt, auf der das Ich
glaubt, sich geistig aufbauen zu können. Indem es dabei zu unmittelbar willenhaft (und damit selbstbezogen) vorgeht, übersieht es das
chaotische Moment der Wärme, welches ihm als Subjekt der hedonistischen Weltanschauung einen tragenden Grund seiner Intuitionen
vorspiegelt, in der Realität vielmehr das »Zerstäuben« des Lebens bewirkt.

Wie geht aber nun Hegel mit diesem intuitiven Moment des Geistes
um? Er benutzt es, um von einer philosophischen Gestalt zur nächsten

überzuleiten, d. h. er benutzt es als Baumaterial seines philosophischen Systems. Er pocht also zunächst auf die Wahrheit der inspirativen Logik überhaupt, um sie gegen das hedonistische Bewußtsein ins Feld zu führen. Das letztere müßte angeben können, auf welche Weise sich sein Tun und dessen Folgen im Leben verbinden, um »*sein eigenes Wesen* in dieser *Notwendigkeit* (zu erkennen). Aber diese Einheit ist für dies Bewußtsein eben die Lust selbst, oder das *einfache, einzelne* Gefühl, und der Übergang von dem Momente dieses seines Zwecks in das Moment seines wahren Wesens (ist) für es ein reiner Sprung in das Entgegengesetzte; denn diese Momente sind nicht im Gefühle enthalten und verknüpft, sondern nur im reinen Selbst, das ein Allgemeines oder das Denken ist.« Gerade weil die schicksalerfüllende Realintuition geistig, ein »Denken« des reinen Ich ist, muß sie auch für den Geist des Menschen begreifbar sein. Daraus ergibt sich nun aber für Hegel nicht etwa eine Vertiefung des Ichbegriffs zur Intuition als dem innersten geistigen Impuls des Denkens, sondern es ergibt sich daraus die Notwendigkeit, die Weltanschauung der Vernunft zu einer nächsten Stufe weiterzubilden, auf welcher das intuitive »Hineintun« dogmatischer ergriffen wird, zum Pädagogismus.

## b. Der Pädagogismus als Verrücktheit

Die Überschrift von V. B. b., »Das Gesetz des Herzens und der Wahnsinn des Eigendünkels« (S. 202–207), läßt offen, von welcher literarischen Gestalt Hegel hier spricht. Nach unserem Aufbauschema muß es sich um ein Produkt der Verstandesseele, also wiederum eine Theorie (einen »-ismus«) handeln, in welcher das Vernunftideal so in die Welt hineingetragen wird, daß sich darin insbesondere die *vorstellende* Seelentätigkeit geltendmacht. Deshalb ist jetzt nicht mehr die Einzelheit als solche (willenhafte Lust) der Ausgangspunkt, sondern die Einzelheit in ihrer inneren Notwendigkeit als »Gesetz des Herzens«. Diese zu entdecken und zu verstärken ist die Aufgabe der Erziehung.

Kurz: Wir haben es mit der Erziehungstheorie der Aufklärung, insbesondere mit *Rousseaus* »*Emile*« zu tun.[259] Hegel diskutiert diesen Roman aber nicht unter pädagogischen, sondern unter philosophischen

Gesichtspunkten, d. h. er prüft die Tragweite der darin vertretenen pädagogistischen Weltanschauung. Im Hinblick auf die Erziehungspraxis
ist er sich mit Rousseau darin einig, daß in jedem Kind eine Bereitschaft
zu Entfaltung seiner seelischen Kräfte vorhanden sei, die es durch Erziehung zu verstärken und zu lenken gelte: »Das eigene Streben der
Kinder nach Erziehung ist das immanente Moment aller Erziehung.«[240] Mit einer Pädagogik des Dressierens, Drohens oder Stoffab-
füllens würde man nur einen dogmatisierten, einen i. S. des Kap. II.
verdinglichten Charakter hervorbringen und jenes vernünftige Eigen-
wollen verschütten. Die Frage ist nun, ob in der pädagogischen Vernunft auch der tiefere geistige Impuls, das Streben des Menschen zur
Individualisierung seines Geistes, berücksichtigt wird. Die praktische
Erziehungskunst stellt diese Frage nicht primär theoretisch, sondern
für die je individuelle pädagogische Situation, aber Rousseau will ja
mehr, er will den »Emile« als *Weltanschauung* verstanden wissen. Dieser Anspruch muß sich eine härtere Kritik gefallen lassen, welche wir
zunächst metaphilosophisch formulieren. Rousseaus Idee, daß im natürlichen Wollen und Fühlen des Menschen sein ganzes Wesen angelegt sei und man nur diese Herzenskräfte in einer möglichst gesell-
schaftsfernen Umgebung wachsen lassen müsse, um daraus einen ›guten Menschen‹ zu machen, ist eine Imagination aus dem Geistbereich
des Wärmesinnes. Sie hat ihren Wahrheitsgehalt darin, daß Erziehung
als Kultivierung von Seelenkräften von dem ausgehen muß, was dem
Erzieher aus den Seelen der Kinder je schon entgegenkommt, d. h. daß
sie in einer Atmosphäre der Wärme vor sich gehen muß. Aber in dieser
Vernunftform ist noch nicht das menschliche Ich, die geistige Individualität als solche ausgedrückt. Und es besteht die Gefahr, daß mit dem
Schritt von der praktischen Erziehungskunst zum Pädagogismus, zur
Philosophie und Wissenschaftstheorie des Erziehens, jenes individuelle Moment des Geistes in der wärmesinnlichen Form der Vernunft
verschwindet.

Diese geistige Verkürzung des Menschen wird nun in Kap. V. B. b.
indirekt aufgedeckt, nämlich als Falschheitsgehalt der Rousseau'schen
Weltanschauung. Hegel lehnt die *ökologische* Grundierung des
»Emile« ab, d. h. er greift dessen These an, daß Erziehung nur in einer

natürlichen Umwelt, unter Ausschaltung der Abstraktionen des ökonomischen, politischen und gesellschaftlichen Lebens gelingen könne. Damit, so sagt er, werde das Spektrum des geistigen Daseins des Menschen reduziert und sein Schicksal von demjenigen der Menschheit seiner Zeit abgekoppelt. In der »Phänomenologie« erhält dieser Gedanke eine besondere Wendung. Das reformpädagogische Bewußtsein spaltet sich zwischen in-group und out-group, es baut sich in seiner pädagogischen Nische einen Dogmatismus der Naturherzlichkeit auf, für welchen alles, was den natürlichen Empfindungen der Seele zuwiderläuft, als Gesetz der feindlichen, das wahre Menschenwesen unterdrückenden Welt erscheint (S. 202). Daraus entwickelt sich dann mit innerer Notwendigkeit ein missionarischer Eifer, der von der Erziehung des einzelnen unmittelbar auf die Befreiung der ganzen Menschheit überspringt. Diese Haltung ist letztlich eigene Lustbefriedigung, aber nicht mehr in der einfachen Form des Kap. V. B. a., vielmehr ist sie »die Ernsthaftigkeit eines hohen Zwecks, die ihre Lust in der Darstellung ihres *vortrefflichen* eigenen Wesens und in der Hervorbringung des *Wohls der Menschheit* sucht. Was sie verwirklicht, ist selbst das Gesetz, und ihre Lust daher zugleich die allgemeine aller Herzen« (S. 203). Aber läßt sich diese in der seelischen Wärmeverflechtung gefühlte Einheit von Mensch und Menschheit geistig halten? Ist die in der Reformpädagogik auftretende Vernunftstruktur die richtige Begründung für eine philosophische Weltanschauung der Vernunft?

Im Gegenteil, es besteht die Gefahr, daß im weltanschaulichen Streben des Pädagogismus das eigentliche Ziel der Erziehung verfehlt wird: »Die Individualität ist noch nicht aus ihrer Stelle gerückt, und die Einheit beider nicht durch die vermittelnde Bewegung derselben, noch nicht durch die Zucht zustande gekommen. Die Verwirklichung des unmittelbaren *ungezogenen* Wesens gilt für Darstellung einer Vortrefflichkeit und für Hervorbringung des Wohls der Menschheit.« Der Pädagogismus kann die Frage nicht lösen, inwieweit das Gattungsmäßige des Menschen nach Gattungsgesetzen (äußere »Zucht«) behandelt, inwieweit das Seelische nach der Vernunftstruktur (»Gesetz des Herzens«) begriffen, und inwieweit davon noch die geistige Individualität des Menschen unterschieden und zum Leben gebracht werden muß.

Daher das Ausweichen in eine antiautoritäre Erziehung, in welcher die
Wesensglieder des Menschen alle in einen Topf geworfen werden und
somit jedenfalls keines unterdrückt scheint. Was kommt dabei heraus?
Ein Mensch, der nicht unterscheiden kann, was die intuitiven Impulse
seines Ich, was die Regungen seiner Seele und was diejenigen seines
Leibes sind, der vielmehr jene geistigen Intuitionen, die weittragend-
sten, aber auch gefährlichsten Momente seines Wesens, unmittelbar in
sein soziales Handeln hineinlegt.

Rousseau gilt insofern mit recht als geistiger Vorläufer der Französischen Revolution. Metaphilosophisch gesagt: Er entnimmt seine Gedanken dem Funktionsbild des Wärmesinns, ohne das hierbei auftretende geistig chaotisierende Moment begrifflich festhalten zu können;
dabei geht er nicht, wie der Hedonismus, von der einzelnen Lustbefriedigung aus, sondern er gibt dem pädagogischen Eros die Gestalt einer
rationalen Theorie, die jedoch gerade wegen ihrer Verflechtung ins Gesellschaftliche die Intuitionskraft des Menschen entfesseln und zu revolutionären und terroristischen Taten hinreißen kann. Das führt Hegel
in einem dialektischen Gedankengang aus (S. 203–205, Z. 10), welcher sich als Vorspiel zu Kap. VI. B. III., dem Abschnitt über den Terro-
rismus der Französischen Revolution, darstellt und ganz analog zu diesem verläuft. Wir können uns daher hier kurz fassen. Das in Rousseaus
Sinne erzogene Individuum tritt ins Berufsleben, es beginnt seine We-
sensart ins Soziale umzusetzen, d. h. das Gesetz *seines* Herzens (denn es
kennt kein anderes) zu praktizieren. Dabei erfährt es zweierlei: Einmal
bleibt sein Tun nicht dasjenige, was sein Herz ihm sagte, es wird von
dem Strom der Wirklichkeit mitgenommen und verändert; zum andern: Es trifft mit seinen weltanschaulichen Ansprüchen auf die Weltanschauungen anderer Herzen, die, ihrem Gesetz folgend, sich gegen
das seinige wenden und von ihm eine Vermittlungsfähigkeit fordern,
die es nicht leisten kann, weil es dafür nicht erzogen ist.

Was hier im sozialen Prozeß auseinandergelegt erscheint, ist nichts
anderes, als das inhaltliche Prinzip der pädagogistischen Weltanschauung. Und daraus zieht Hegel nun eine sehr radikale Folgerung: Der
Mensch, so sagt er, welcher an dieser Weltanschauung uneinge-
schränkt festhält, wird »im Innersten verrückt« (S. 206).[241] Damit sind

nicht nur diejenigen Lehrer gemeint, welche in ihrem Unterricht menschheitsbeglückende Theorien verkünden, mit denen sie eine gesellschaftsfeindliche *Separatwirklichkeit* aufbauen, an die sie im Grunde nur selbst glauben. Vielmehr handelt es sich um das allgemeine Problem des Intellektuellen, der seinen Beruf in den gesellschaftlichen Schonräumen des Geisteslebens ausübt und der mit den Objekten, über die er redet, schreibt usw., nicht wirklich in Berührung kommt. Er ist mit einem Teil seines Wesens (nämlich mit seiner Berufstätigkeit als sozialer Praxis) in die gesellschaftliche Wirklichkeit unmittelbar verflochten, aber andererseits der letzteren in seiner Weltanschauung »entfremdet«. Hier setzt dann der Mechanismus einer Projektion ein, mit welchem das gespaltene Bewußtsein seine Verrücktheit zu erhalten versucht, indem es ein Horrorgemälde der Wirklichkeit, von »fanatischen Priestern, schwelgenden Despoten« und einer Kettenreaktion brutaler Unterdrückung entwirft, ohne damit freilich mehr zu erreichen, als daß die öffentlich geltende Ordnung ihren Gesetzen gemäß (z. B. mit einer Geldstrafe wegen Beleidigung) reagiert.

So geht es im idealtypischen Fall, dem des aufgeklärten Intellektuellen in der vorrevolutionären Gesellschaft. Er dringt mit seinem gesellschaftskritischen Anliegen gar nicht bis zum Nerv des wirklichen Geschehens durch. Und das ist für die Gesellschaft selbst wiederum fatal, denn sie erfährt auf diese Weise nicht, was sie dringend zu erfahren nötig hätte: Daß die Verstandesformen, aus denen sie ihre Wirklichkeit aufbaut, von derselben Art sind, wie die Gedanken, welche die pädagogistische Weltanschauung prägen, daß also der Falschheitsgehalt der letzteren auch in jenem scheinbar stabilen Boden der Wirklichkeit enthalten ist. Auch im öffentlichen Leben der neuzeitlichen Gesellschaft gilt das »Gesetz des Herzens«, aber in der *Hobbes*'schen Form des »homo homini lupus«, also das Gesetz des Wolfsherzens, das sein Einzelinteresse rücksichtslos verfolgt und sich nur durch die Rücksicht auf entsprechende Gegenmaßnahmen bzw. die Strukturierung dieses Antagonismus in einem liberalen Rechtssystem im Schach halten läßt (S. 207).[242] Rousseau als Erziehungs- und Hobbes als Gesellschaftstheoretiker sind feindliche Brüder, aber sie sind innerlich verbunden durch die rationalistische Denkart. Diese baut der Vernunftidee schein-

bar ein stabiles Gehäuse, während sie sie in Wahrheit aushöhlt. So ist der
Lauf der Welt, den das Bewußtsein jetzt erkennt, und den es zu verändern sich aufmacht.

## c. Don Quixotes Eingriff in den Weltlauf

In Abschnitt V. B. c., »Die Tugend und der Weltlauf« (S. 208–215), steht
die Vernunft noch immer auf dem Boden der Verstandesseele, d. h. sie ist
»tätige Vernunft«, sie wird als Weltanschauung vom Subjekt in die objektive Welt hineingetragen und mit der dort vorgefundenen Wirklichkeit verglichen. Aber der Inhalt dieser Weltanschauung ist jetzt gereift:
Er geht nicht mehr unmittelbar aus dem willenhaften Geist der Lust
hervor, und er verfällt nicht mehr in die Vorstellungen des Pädagogismus, er entspringt vielmehr der *Fühlenstätigkeit* der Seele, die sich mit
dem gefühlten Objekt bzw. ihrem objektivierten Gefühl je schon in
Wechselwirkung weiß. Dieser Bewegung der fühlenden Seele in sich
entspricht ein Zusichselbstfinden der Welt, und die Arbeit des Subjekts
besteht nun darin, eben dies in der Welt geltend zu machen.

Das Bewußtsein ist also hier »tugendhaft«, indem sein Verbundensein
mit dem Weltlauf als Rückgang ins Wesentliche und Beständige erscheint (S. 208): Abarbeitung der subjektivistischen Einseitigkeit sowohl auf seiner Seite, wie auf der des Weltlaufs. Der letztere soll nicht
eigentlich verändert, sondern vielmehr nur befreit werden von den Ent-
fremdungen, die sich über seinem inneren Vernunftprozeß abgelagert
haben, insbesondere von denjenigen des Hedonismus und Pädagogismus (S. 208 f.). Welche literarische Figur wäre geeigneter zum Protagonisten dieses Gedankenganges als *Cervantes'* Don Quixote?[243] Dessen
Taten sind die Gedankenbilder, die in Kap. V. B. c. die Auseinandersetzung des Tugendritters mit der Wirklichkeit des Weltlaufs vorantreiben.

Zunächst handelt es sich nur um einen Glauben der Tugend, der sich
noch im Kampf gegen die real existierende Untugend bewähren muß
(S. 209). Wie dieser Kampf ausgehen wird, »muß sich aus der Natur der
lebendigen *Waffen* entscheiden, welche die Kämpfer führen. Denn die
Waffen sind nichts anderes, als das *Wesen* der Kämpfer selbst, das nur für
sie beide gegenseitig hervortritt.« Diese Waffen sind einerseits die »*Ga-*

*ben, Fähigkeiten, Kräfte*«, deren sich der Tugendritter dort bedient, wo es zum offenen Kampfe kommt, während er andererseits auch seine *Ideale* als Waffen einsetzt, von denen er weiß, daß sie auf längere Sicht im Herzen des Gegners wirken, daß sich die im Weltlauf befindliche Menschheit dem Wahrheitsgehalt der Vernunftidee nicht entziehen kann. Strategisch gesehen ist dies der »Hinterhalt«, welchen der Tugendritter legt, um eine Reserve zum entscheidenden Eingriff in die offene Feldschlacht zu haben.

Damit beginnt der Kampf, den Hegel durch die Bilder des Don-Quixote-Romans in Gedankenbewegungen verwandelt. Das Ganze ist für den Tugendritter eigentlich eine »Spiegelfechterei«, da er mit seinem Angriff ja nur den Anlaß dafür geben will, daß der Weltlauf sich selbst von seiner Unvernunft befreit. Der Angriff darf also nicht zu ernst geführt werden, weil sonst die Gefahr bestünde, daß jener hintergründig-ideale Zweck vergessen und stattdessen mehr und mehr nur um die Bewährung der Waffen gekämpft würde. Außerdem ist der Tugendritter dadurch behindert, daß er statt seines eigentlichen Gegners, des bösen Elements im Weltlauf, immer nur auf konkrete Verhältnisse als Synthesen von Gutem und Bösem trifft, und er beim Zuschlagen immer beides, also auch sein eigenes Ideal verletzen würde. Der Gegner ist deshalb für ihn »unverwundbar« (S. 211). Der Tugendritter hat überdies den Nachteil, an sein Ideal gebunden zu bleiben, während der weltläufige Gegner sich aus seinem Mantel, wenn man ihn daran festhalten will, »loswickeln« und dieses Hindernis einfach fahrenlassen kann. Im Prozeß der gesellschaftlich-geschichtlichen Selbstproduktion der Wirklichkeitsverfassung, das wollen diese Bilder sagen, gibt es keine Ideale als Ideale, sondern nur als Realfaktoren. Die Moral kommt in der Politik wohl vor, aber nicht als Moral, sondern als politisches Mittel, d. h. dort, wo die moralische Argumentation zweckmäßig erscheint. Deshalb versagt schließlich auch das in den Hinterhalt gelegte Ideal des Tugendritters, denn für den Weltlauf gibt es überhaupt kein Gewissen, er ist eben nur »das wache, seiner selbst gewisse Bewußtsein, das nicht von hinten an sich kommen läßt, sondern allenthalben die Stirne bietet; denn er ist dieses, daß alles *für ihn* ist, daß alles *vor ihm* steht.«

Der Weltlauf trägt also den Sieg davon, denn er realisiert sich selbst
als Menschheitsentwicklung, sowohl durch Tugendritter wie durch Bö-
sewichter. Die Tugend dagegen muß zurückstecken: »Sie wollte darin
bestehen, durch *Aufopferung der Individualität* das Gute zur *Wirklichkeit* zu bringen, aber die Seite der *Wirklichkeit* ist selbst nichts anders
als die Seite der *Individualität*« (S. 212), nämlich des einen, individuellen Erdendaseins, in welchem der Tugendritter für sein Ideal kämpft.
Er lebt in der Welt, er lebt von der Welt, und wenn er es zu seiner Aufgabe macht, in dieser das unwandelbare Tugendideal zur Geltung zu
bringen, dann liegt darin weniger eine Veränderung der Welt als vielmehr eine Erdung jenes Ideals in seinem menschlichen Lebensum-
kreis. Der Weltlauf, sagt Hegel, verkehrt zwar »das Unwandelbare,
aber er verkehrt es in der Tat aus dem *Nichts der Abstraktion in das Sein
der Realität.*«

Damit ist jedoch wiederum nur ein Pyrrhus-Sieg errungen. »Der
Weltlauf siegt ... über das, was die Tugend im Gegensatze gegen ihn
ausmacht; er siegt über sie, der die wesenlose Abstraktion das Wesen
ist. Er siegt aber nicht über etwas Reales, sondern über das Erschaffen
von Unterschieden, welche keine sind, über diese pomphaften Reden
vom Besten der Menschheit, und der Unterdrückung derselben, von
der Aufopferung fürs Gute und dem Mißbrauche der Gaben; – solcher-
lei ideale Wesen und Zwecke sinken als leere Worte zusammen, welche
das Herz erheben und die Vernunft leer lassen, erbauen, aber nichts
aufbauen.« Die antike Tugend, darauf weist Hegel hier nochmals hin,
litt nicht an solcher Eitelkeit, weil dort die sinnlich-sittliche Substanz
im Leben des Volkes noch zusammenhielt. Die moderne Tugend aber
»ist aus der Substanz heraus«, nämlich aus der oben skizzierten Lage
des Eingehülltseins der sittlich-geistigen Idee in die sinnliche Wärmeverflechtung des sozialen Lebens.[244]

Welche Konsequenzen ergeben sich daraus? Für den Fortgang der
»Phänomenologie« ist am wichtigsten, daß jetzt das Moment der Individualität überhaupt nicht mehr in einer subjektiven Vernunftidee gefunden werden kann, sondern vielmehr in der *Wirklichkeit* der Welt
selbst zu suchen ist (V. C.). Dieses Moment war auf dem weltanschaulichen Boden der Verstandesseele zunächst (V. B. a.) durch die willensbe-

tonte Identifizierung des Gedankenganges mit dem Funktionsbild des Wärmesinnes als chaotisierendes freigesetzt, und dann in den Vorstellungen des Pädagogismus (V. B. b.) wieder theoretisch verallgemeinert worden. Die Wärmesinnlichkeit hatte sich schließlich in die Fühlensform der Seele zurückgezogen und als Tugend objektiviert (V. B. c.), mußte aber erfahren, daß im Weltlauf ein übergreifender Wärme-Vernunftprozeß wirkt, der das angestrebte Ziel sicherer erreicht: »Es fällt mit dieser Erfahrung das Mittel, durch *Aufopferung* der Individualität das Gute hervorzubringen, hinweg; denn die Individualität ist gerade die *Verwirklichung* des Ansichseienden« (S. 213). Oder, kürzer gesagt: »Die Bewegung der Individualität ist die Realität des Allgemeinen.« Hieraus ergibt sich der Gedankengang von V. C., die Ontologie der »Sache selbst«, die sich als System individualisieren und zur Integration des chaotischen Moments fähig sein soll.

Zuvor sind hier noch zwei Konsequenzen zu nennen, die Hegel aus der obigen Verbindung von Weltgeschichte und Tugend zieht. Erstens: Wenn die heutige Menschheit aus der antiken (wärmesinnlichen) Form der sittlichen Substanz »heraus« ist, was folgt dann daraus für die Tugendlehre? Ist die Vernunftstruktur als solche für sie bedeutungslos geworden? Nein, sagt Hegel, sie gehört zum Selbstverständlichen der Lebensgesinnung des neuzeitlichen Menschen als Menschen und kann eben deshalb für die Philosophie kein Thema mehr sein. Die Inhalte der Tugend »werden daher *als bekannt vorausgesetzt*« (S. 213). Zweitens: Wo dennoch Menschen der Gegenwart ihre Gesellschaftstheorie darauf aufbauen, den Geist der Vernunft in der alten Weise zu objektivieren, d. h. Imaginationen aus dem Bereich des Wärmesinnes zu verhaltenssteuernden Normen zu verdichten, entsteht statt einer Verdichtung vielmehr eine Inflationierung des Gemeinschaftsgefühls, »eine Aufschwellung, welche sich und andern den Kopf groß macht, aber groß von einer leeren Aufgeblasenheit« (S. 212). Eine solche Haltung traf Hegel in der Realität wieder an, als beim Wartburgfest der Deutschen Burschenschaften (1817) eine irrationale Verbrüderungseuphorie entstand, gegen deren politische und philosophische Propagandisten er dann entsprechend scharfe, teilweise auch mißverständliche Polemiken in der »Vorrede« der »Rechtsphilosophie« richtete.[245]

## C. »Die Individualität, welche sich an und für sich selbst reell ist«

In Kap. V. C. (S. 214–237) tritt der Gedankengang auf den Boden der
Bewußtseinsseele. Hier dringt nicht mehr das sich vernünftig findende
Selbst in eine nur relativ vernünftige Welt ein, sondern es wird die Vernunft als das Selbst der Welt objektiv gesetzt. Die Seele wird sich ihres
Selbstseins auf dem Boden der Vernunft bewußt, indem sie sich aus der
Weltseelentätigkeit als vernünftiger entgegenkommt. Sie trifft auf eine
objektive Weltenwillens-, Weltenvorstellens- und -fühlenskraft (V. C.
a., b. und c.), die sie nun denkend von ihren Naturgrundlagen zu befreien und so zu heiligen versucht. Dabei vertieft sie sich aber erst recht
in die physiologische Grundlage der Vernunft, das Funktionsbild des
Wärmesinnes, das hier als ganzes Objektcharakter annimmt und die
Gedankengänge strukturiert, wobei wiederum das unbegriffene chaotische Moment als Zerstörungsfaktor auftritt.

Das Selbstbewußtsein, sagt Hegel, erreicht seine Befreiung, indem es
alle Realität in den Selbstzweck der Welt setzt. Genauer gesagt:
»Zweck und Wesen ist ihm nunmehr die sich bewegende Durchdringung des Allgemeinen, – der Gaben und Fähigkeiten, – und der Individualität« (S. 214). Das Allgemeine und das Individuelle durchdringen
sich in einem Prozeß, dessen Maßverhältnis sich in allen seinen Bewegungen, ihn zum System verobjektivierend, wiederholt. In diesem Vergleichsgedanken (der Proportion),[246] findet das Subjekt seine Subjektivität als verobjektivierte wieder. Es entsteht also dasjenige, was man in
der heutigen Soziologie als »Systemtheorie« bezeichnet, die reine Vo-
gelperspektive auf System und Subsysteme des gesellschaftlichen Lebens,[247] die auch von Hegel zunächst ganz plastisch charakterisiert
wird: »Das Tun hat ... (hier) das Ansehen der Bewegung eines Kreises,
welcher frei im Leeren sich in sich selbst bewegt, ungehindert bald sich
erweitert, bald verengert, und vollkommen zufrieden nur in und mit
sich selbst spielt. Das Element, worin die Individualität ihre Gestalt
darstellt, hat die Bedeutung eines reinen Aufnehmens dieser Gestalt; es
ist der Tag überhaupt, dem das Bewußtsein sich zeigen will. Das Tun
verändert nichts und geht gegen nichts; es ist die reine Form des Übersetzens aus dem *Nichtgesehenwerden* in das *Gesehenwerden*, und der

Inhalt, der zu Tage ausgebracht wird, und sich darstellt, nichts anderes, als was dieses Tun schon an sich ist« (S. 215).

## a. Der Weltenplan und das Tun des Einzelwesens

Abschnitt V. B. a., »Das geistige Tierreich und der Betrug, oder die Sache selbst« (S. 216–228), zeigt uns wieder die willenhafte Seelentätigkeit als Motor des Gedankenganges. Sie tritt dabei jetzt von außen her auf, als ein Weltenwollen, das sich in der Weltentwicklung realisiert findet oder das als Selbstorganisation der Substanz das Prinzip der Individualität verkörpert. Aber in dieser ontologischen Einseitigkeit muß die Systemtheorie scheitern, wie Hegel uns in drei Unterabschnitten des Kap. V. C. a. zeigt, die folgende Gegenstände betreffen: aa. Die deterministische Evolutionstheorie, bb. Die aristotelische Ergontologie und cc. Die Ideologie des »Sachzwanges«. Dabei ergibt sich das Scheitern des Gedankenganges jeweils aus seinem einseitig-willenhaften Ansatz: Das Bewußtsein hält in seinen Objekten nur die Objektivität des Funktionsbildes des Wärmesinnes fest und beachtet nicht die Grenzen dieser sinnlichen Natur, d. h. es erfindet den *systemtheoretischen Prozessor*, der an die Stelle des intuitiven Geistes des Menschen tritt, der aber in der Realität zu einer Quelle der Zerstörung werden muß.

### aa. Die deterministische Evolutionstheorie

Der erste Unterabschnitt (S. 216–220, Z. 18) beleuchtet zunächst die Metaphysik *Spinozas*, welche auch schon in *Fichtes* »Die Bestimmung des Menschen«[248] als Ausgangspunkt gedient hatte. Könnte nicht, so wird dort wie hier gefragt, das ganze Weltgeschehen als Entfaltung eines einzigen, vom schöpferischen Weltenwillen anfänglich zugrundegelegten Plans angesehen werden? Dann würde jedes Lebewesen als »ursprünglich bestimmte Natur« auftreten und sich entwickeln (S. 216), wobei Gattung, Art und Existenzbedingungen des einzelnen als determinierende Faktoren gelten müßten. Kein Lebewesen würde an eine Grenze seiner selbst stoßen und daran ein über sich hinausge-

hendes Bewußtsein entwickeln, alle würden sich unmittelbar artgemäß
verhalten, die Pflanze würde sich nach ihrem Bildegesetz gliedern, der
Fisch sich in seinem Wasserelement, der Vogel sich in seinem Luftelement nährend bewegen usw. Auch der Mensch könnte so in die Natur
eingeordnet werden: Als Produkt einer menschenbildenden Kraft, die
ihm den aufrechten Gang, den Verstand sowie den sittlichen Impuls zur
Läuterung seiner tierischen Triebe gibt.[249] Eine solche deterministische Evolutionstheorie hat den Vorzug, das ganze unendliche Gewim-
mel der Lebewesen in eine neue Übersichtlichkeit zu bringen, indem
sie es auf zwei Subjektpole reduziert: Einerseits den *Weltenschöpfer*
selbst, der in seinem universellen Plan alles schon veranlagt hat, was
sich dann im Lauf der Entwicklung realisiert, andererseits die *Naturwissenschaft*, welche alle neuen Erscheinungen auf ihre natürlichen
Entstehungsbedingungen und damit ihre Veranlagung in jenem ursprünglichen Plan zurückführt.

Aber ist dieses Bild einer universell determinierten Weltentwicklung
haltbar? Läßt sich insbesondere die verändernde Tätigkeit der Lebewesen in einer solchen Prädestinationslehre einfangen? In aller Tätigkeit, sagt Hegel (*Aristoteles* zitierend), beziehen sich vier Ursachenarten
aufeinander, das materielle Substrat, der Zweck, das Mittel und das zu
Bewirkende, das Werk (S. 217).[250] Alle vier können nun freilich auch
wiederum als Verwirklichung von natürlichen Möglichkeiten, d. h. Ver-
anlagungen in der Substanz, gedeutet werden, deren Realisierung den
Determinationsrahmen ausfüllt, ohne ihn zu überschreiten. Läßt sich
damit nicht auch die menschliche Handlung begreifen? Die letztere
folgt einerseits der ursprünglich bestimmten Natur (d. h. sie muß sach-
gemäß sein) und sie kommt darüberhinaus zum Bewußtsein, d. h. sie
kann von einem vernünftigen Geist gedeutet werden. Aber warum
sollte nicht auch dies eine Wirkung der menschenbildenden Naturkraft
sein? Wenn die letztere das Menschenwesen mit dem aufrechten Gang,
mit Verstand und sittlichen Impulsen ausgestattet hat, warum dann
nicht auch mit der Fähigkeit, an seiner Selbstproduktion zum Selbstbewußtsein zu erwachen? »Nur daß *für es* sei, was es *an sich* ist, muß es
handeln, oder das Handeln ist eben das Werden des Geistes *als Bewußtsein*. Was es *an sich* ist, weiß es also aus seiner Wirklichkeit. Das Indivi-

duum kann daher nicht wissen, was *es ist*, eh es sich durch das Tun zur Wirklichkeit gebracht hat« (S. 218).

Damit scheint der Mensch in einen Kreislauf ohne selbständigen Anfang eingespannt. Er erfährt erst aus seiner Tat, was sein wirkliches Wesen und was der eigentliche Zweck seiner Handlung ist. Müssen wir aber nicht ein Motiv haben, bevor wir handeln, und ist nicht dieses Motiv eine im Bewußtsein frei gesetzte und damit innovative Vorstellung? Die Naturphilosophie behauptet das Gegenteil: Wenn wir in der Fülle der vorgefundenen materiellen Umstände ein Interesse gerade an dem nehmen, worauf sich unser Entschluß zum Handeln richtet, so ist eben mit dem Wort »inter-esse« als »Je-schon-Darinsein« genau ausgedrückt, daß hiermit nichts Neues geschieht, sondern eine vorhandene Potenz sich realisiert. Ebenso wenn das besondere Talent eines Menschen zur Verwirklichung drängt, oder wenn das Talent einer Sache, wenn sie als Mittel zum Zweck angewendet wird. Die Handlung tritt mit keinem ihrer Momente aus der ursprünglich bestimmten Natur des Lebewesens bzw. seiner Lebenssituation heraus (S. 219). Ebensowenig wie eine ontologische Selbständigkeit der Handlung gibt es hiernach eine moralische Beurteilung derselben. Zwar scheint es berechtigt, die Qualität der Werke zu vergleichen, das eine als besser, das andere als schlechter einzustufen. Aber daraus ergibt sich nur, daß das eine Individuum eine willensstärkere, reichere und entsprechend produktivere, das andere eine schwächere und dürftigere Natur ist. Jede Individualität vollbringt nur das, was in ihrer Natur veranlagt ist, und zwar mit derjenigen Intensität, die sich aus ihrer natürlichen Energie ergibt.

Das handelnde Bewußtsein hat demnach keinen Grund zu irgendeinem moralischen Urteil, noch zu Klage oder Reue über seine Taten: »Was es sei, das es tut, und ihm widerfährt, dies hat es getan, und ist es selbst; es kann nur das Bewußtsein des reinen Übersetzens *seiner selbst* aus der Nacht der Möglichkeit in den Tag der Gegenwart, des *abstrakten Ansich* in die Bedeutung des *wirklichen* Seins, und die Gewißheit haben, daß was in diesem ihm vorkommt, nichts anders ist, als was in jener schlief … Das Individuum kann also, da es weiß, daß es … immer seinen Zweck erreicht, *nur Freude an sich erleben*« (S. 220). Dieses Gefühl des Aufgehobenseins in der Wärme des natürlichen Lebens ent-

steht in der Substanzmetaphysik Spinozas als einem Denken, welches
das Funktionsbild des Wärmesinnes als Ganzes imaginiert. In dem
letzteren ist der qualitative Unterschied zwischen Eigenwärme (dem
eigenen Temperaturkonstantprozeß) und Außenwärme (dem chaotischen Moment des Wärme-Stoffprozesses) unterdrückt, um zu einem
rein quantitativen Wärmevergleich zu kommen. Entsprechend versucht die deterministische Evolutionstheorie jedes erneuernde Moment in der Weltentwicklung auf schon vorhandene natürliche Veran-
lagungen zu reduzieren, um so dem Schöpfer des Weltenplans seinen
Rang als ursprüngliche und einzige Individualität zurückzugeben. Sie
müht sich damit ab, die Phänomene der »Anpassung«, »Selektion«,
»Mutation« usw. aus Kräften der Natur selbst zu erklären, anstatt sie
primär als Leistungen des menschlichen Ich zu denken, und sie nur
sekundär, zur Erinnerung des Ich an seine Individualität, der Natur
zuzuschreiben.[251]

### bb. Die aristotelische Ergontologie

Bei einer sachnäheren Betrachtung löst sich die deterministische Evolutionstheorie in viele kleine Evolutionsganzheiten, die »Sachen
selbst«, auf (S. 220–223, Z. 18). Auch deren Objektivität beruht auf
einer Verobjektivierung des Funktionsbildes des Wärmesinnes, aber
jetzt nicht mehr als großräumige Imagination, sondern als logisch kon-
zentrierter und damit inspirierterer Gedankengang. Der imaginative
Gehalt der Evolutionstheorie ist in der »Sache selbst« als aufgehoben
gesetzt, wodurch er sich geistig erfüllt. Das gilt auch für das chaotische
Moment der Wärme, welches in der Funktionalität jenes Bildes unterdrückt ist, und das nunmehr, in der Negation dieser Negation, wesenhaft hervortritt.

Der geistige Vater des »Sache selbst«-Gedankens ist *Aristoteles* mit
seiner Lehre von den vier Ursachenarten bzw. der daraus hervorgehen-
den realen Ursachen eines jeden Werks, nämlich der Materialursache
(causa materialis), der Formursache (causa formalis), der Zweckursa-
che (causa finalis) und der Wirkursache (causa efficiens).[252] Eben hier
setzt nun auch Hegels phänomenologischer Gedankengang an. Das

Werk, welches gemäß der ursprünglich bestimmten Natur der Individualität aus ihren (materiellen) Umständen, (formenden) Mitteln und aus ihren Zwecken entstehen sollte, ist plangemäß entstanden. Es ist aus der Potentialität der vier Ursachen herausgetreten, und ist jetzt aktualisierte Potenz (S. 221). Dabei zeigt sich, daß der harmonische Zusammenhang jener Momente nur für die jeweils sich produzierende Individualität, oder für die Innenansicht (Imagination) dieses Produzierens besteht. Für andere Individualitäten ist nur das Endprodukt als eine ihnen fremde Realität vorhanden, der sie ihr eigenes Werk entgegensetzen. Sie schieben also jenes erste beiseite, benutzen oder bekämpfen es, und eben darin besteht ihr Werk, daß sie die schon vorhandenen Werke als Rohmaterial behandeln. Das eine Werk entsteht, indem es das andere vernichtet, und in diesem Prozeß erscheinen auch die werkenden Individuen nicht als beständige, sondern als verschwindende (S. 222).

Aristoteles hat deshalb zu den vier Ursachenarten noch ein fünftes Prinzip hinzugefügt: »steresis«, die *Vernichtung*, die notwendig ist, um Platz für Neues zu schaffen.[253] Hegel fügt diesen Gedanken nun begrifflich in die Ontologie des Werks ein. Weil in jenen vier Ursachen an sich schon der volle Inhalt der Sachrealität vorhanden ist und als vollständiges Leitbild beim Handeln vorausgesetzt werden muß, geht das wirkliche Handeln über die ursprünglich bestimmte Natur noch hinaus, d. h. es muß ein Moment des Nichtbestimmtseins oder des Zufalls in sich aufnehmen. Dieser »Grundwiderspruch des Werks« kann von jeder Seite seiner Produktion in es einschlagen: Es hängt auch vom Zufall ab, ob wir die richtigen Umstände und Mittel zum Handeln vorfinden, und ebenso, ob wir den richtigen Zweck erfassen, bzw. ob sich damit der verdiente Erfolg einstellt; »das *Glück* entscheidet, ebensowohl *für* einen schlecht bestimmten Zweck und schlecht gewählte Mittel, als gegen sie.« In Goethes Faust tritt das Moment der steresis sozusagen in der Person des *Mephisto* auf, wenn dieser sagt: »Ich bin der Geist, der stets verneint! / Und das mit recht: denn alles, was entsteht, / Ist wert, daß es zu Grunde geht; / Drum besser wär's, daß nichts entstünde ...«.[254] Mit dem letzteren Zusatz versucht das negative Wesen sein Prinzip zu erhalten, und nur mit einer solchen Negation der Le-

bensenergie überhaupt könnte es sich in seiner Negativität halten.[255]
Die Philosophie dagegen zieht aus der obigen Prämisse einen anderen
Schluß: Weil die Vernichtung über das Zufallsmoment in das irdische
Werk einschlägt, ist es auch Zufall, ob und wie sie jeweils einschlägt.
Der innere Zusammenhang der Entstehungsgründe des Werkes ver-
geht überhaupt nicht, sondern ist eine sich immer wieder erneuernde
Bestandskraft in allem menschlichen Tun; »diese Seite greift über jene
über, und die *Erfahrung* von der *Zufälligkeit des Tuns* ist selbst nur eine
*zufällige Erfahrung*. Die *Notwendigkeit* des Tuns besteht darin, daß der
*Zweck* schlechthin auf die *Wirklichkeit* bezogen ist, und diese Einheit
ist der Begriff des Tuns; es wird gehandelt, weil das Tun an und für sich
selbst das Wesen der Wirklichkeit ist.«

Die gleiche dialektische Wendung des Gedankens (als Negation der
Negation) tritt bei Aristoteles darin auf, daß er eben den vier Ursachen
des Werkes jeweils als fünftes das Vernichtungsprinzip der steresis mit-
gibt. Dieses läßt den Wahrheitsgehalt jener Ontologie unberührt, es
bindet nur ihre Realisierung an konkrete Werke, die, wenn sie wieder
verschwinden, jeweils auch ihre konkrete steresis mitnehmen: »Was
sich *erhält* ist nicht das *Verschwinden*, sondern das Verschwinden ist
selbst wirklich und an das Werk geknüpft, und verschwindet mit diesem; das *Negative geht* mit dem *Positiven, dessen Negation* es ist, *selbst
zu Grunde*.« Das Subjekt hängt jetzt nicht mehr an seiner ursprünglich
bestimmten Natur, oder an deren Realisierung, am Werk als dem seinigen, es hat jetzt nur noch Interesse am Werken, am Einbringen seiner
Kräfte und Impulse in den Strom der Wirklichkeit, wo sie zu Objekten
verarbeitet und mit diesen verbraucht werden. Damit geht das einzelne
Tun in die reine Allgemeinheit des Seins über: »Diese Einheit ist das
wahre Werk; es ist die *Sache selbst*, welche sich schlechthin behauptet
und als das Bleibende erfahren wird, unabhängig von der Sache, welche die *Zufälligkeit* des individuellen Tuns als eines solchen, der Umstände, Mittel und der Wirklichkeit ist« (S. 223).

## cc. Die Ideologie des »Sachzwangs«

Auch im letzten Abschnitt des Gedankenganges von V. C. a.
(S. 223–228) geht es darum, die geistige Reichweite der »*Sache selbst*«
zu bestimmen, die ihr entsprechende Weltanschauung der Selbstlosigkeit einzugrenzen und die darauf aufgebaute Heiligkeit als ideologiean-
fällig zu erweisen. Auch hier finden wir eine Verobjektivierung des
Funktionsbildes des Wärmesinnes, und zwar diejenige, in welcher es als
geistiges Wesen der werktätigen Gesellschaft selbst vorgestellt wird. Wir
sehen eine Gesellschaftsverfassung, in der das Prinzip der Betriebsamkeit (der synergetischen Wärmeverflechtung) als Kollektiv-Ich allgemein bewußt ist, während man vergißt, daß es auch einer Selbstbestimmung jedes einzelnen Individuums, nämlich in der Weise seiner Identifizierung mit dem Ganzen, bedarf. Daraus entsteht das »geistige Tierreich«, in dessen scheinbar vernünftigem Betrieb das chaotische Moment der Wärme selbständig wird und zur Auflösung aller Ordnung
führt.

Die Momente, von denen hier auszugehen ist, sind noch immer dieselben wie oben: Das Individuum in seinen Umständen, der Zweck, den es
in der Wirklichkeit verfolgt und die innere Zielsetzung dieser Wirklichkeit als Maßstab seiner Zweckbestimmung. »Die Sache *selbst* drückt
hiemit die *geistige* Wesenheit aus, worin alle diese Momente aufgehoben
sind als für sich geltende, also nur als allgemeine gelten, und worin dem
Bewußtsein seine Gewißheit von sich selbst gegenständliches Wesen,
*eine Sache* ist; der aus dem Selbstbewußtsein als der *seinige* herausge-
borne Gegenstand, ohne aufzuhören freier, eigentlicher Gegenstand zu
sein« (S. 223). Der Unterschied dieser »Sache« zum »Ding« des Kap. II.
besteht darin, daß hier die Subjekt-Objekt-Beziehung nicht mehr einfach sinnlich gegeben, sondern vielmehr zugleich als Synergie (metaphilosophisch: Als Zusammenspiel von innerer Wesensglieder- und äußerer Wirklichkeitsdynamik) bewußt ist. Sie ist eine »geistige Wesenheit«, auf welche sich die Individuen beziehen, aber in je verschiedener
Perspektive der Umstände, der Mittel und des Zwecks. Dies sind an sich
nur Prädikate des einen Subjekts, der »Sache selbst«, aber sie sind für die
Individuen zugleich die handlungsleitenden Interessen, sie gelten ihnen

als die Subjekte, während »die Sache selbst … nur erst das einfach
Allgemeine ist. Sie ist die *Gattung*, welche sich in allen diesen Momenten als ihren *Arten* findet und ebenso frei davon ist« (S. 224).[256] So ist
das Tierreich aufgebaut: Das einzelne Tier hat durch seine Artmerk-
male ein ganz eindimensionales Bewußtsein, der Fuchs ist im Geruch,
der Raubvogel im Erspähen seiner Beute zugleich instinkthaft fixiert,
und doch ergibt sich daraus eine Symbiose, und zwar gerade aus dieser
Selbstlosigkeit des artgemäßen Verhaltens der Einzelwesen, welche das
gemeinsame Gattungsmerkmal des Tierreichs ist.

Der Mensch als soziales Wesen muß sich anders verhalten. Er muß
zwischen verschiedenen Zwecken auswählen, seinen Trieben und Instinkten Grenzen setzen usw. Für das Bewußtsein des »geistigen Tierreichs« jedoch ist eine derartige Selbstbestimmung überflüssig, denn es
kann an jedem Punkt der Wirklichkeitsproduktion (bei den Umständen, den Mitteln und den Zwecken) eingreifen, es muß nur Betriebsamkeit überhaupt entwickeln, dann ist es schon mit dem allgemeinen
Betrieb verbunden: »Es mag gehen, wie es will, so hat es die *Sache selbst*
vollbracht und erreicht, denn sie ist als diese *allgemeine* Gattung jener
Momente Prädikat aller.« Nicht mehr die wirkliche Produktivität des
einzelnen ist entscheidend, sondern sein »ehrliches Bewußtsein«, am
allgemeinen Produzieren beteiligt zu sein; wenn das Werk auch nicht
zustandekommt, so ist es doch versucht worden, man hat es mit Rat und
Tat unterstützt, man hat es politisch gewollt, publizistisch gelobt usw.
Das reine Tätigsein verläuft sich in reinen Tätigkeitsworten, die sich
vom »Tun« zum »Wollen«, »Mögen«, »Billigen« bis zum »tatlosen Interesse« verdünnen (S. 225).

Was Hegel hier schildert, ist die Entwirklichung des Lebens durch
die Sucht nach Betrieb, oder vielmehr, da alle Sucht sich an einem Treibenden fixiert, das soziale Phänomen der Süchtigkeit überhaupt. Das
geistige Tierreich ist diejenige gesellschaftliche Lebensform, welche
subjektiv als ein Schlaraffenland erscheint, während sie objektiv den
Willen lähmt und den Geist vergeßlich macht. Das erfuhren schon die
Gefährten des Odysseus im Reich der »Lotophagen« (Lotosesser), als
sie deren honigsüße Droge kennenlernten und darüber ihr ursprüngliches Ziel, die Rückkehr in ihre Heimat, vergaßen. Sie wollten jetzt nur

noch eins: In Gesellschaft mit jenen freundlichen Wilden sein und
»Lotos pflücken«.[257] Ebenso ergeht es dem »ehrlichen Bewußtsein«
mit der Droge Betriebsamkeit: »Die Sache selbst ist ihm ebensowohl
*seine Sache*, wie gar *kein Werk*, oder das *reine Tun* und der *leere Zweck*,
oder auch eine *tatlose Wirklichkeit*; es macht eine Bedeutung nach der
anderen zum Subjekte dieses Prädikats und vergißt eine nach der andern« (S. 225). Die Ehrlichkeit ist also jeweils situationsgebunden, sie
wird zur Maske, unter der das Bewußtsein verbirgt, daß es ihm nur um
eine Sache zu tun ist, nämlich »um die Sache als die *seinige*«, um seine
Betriebsamkeit. Umgekehrt ergibt sich daraus eine Unehrlichkeit im
gesellschaftlichen Verhalten, indem das Individuum dort andere
Aspekte geltendmacht, als es sie für sich verfolgt. Es kommt nicht zu
einer Synthese dieser beiden Seiten, sondern nur zu einem Hin und
Her zwischen beiden: »Indem in dieser Abwechslung das Bewußtsein
*Ein* Moment für sich und als wesentliches in seiner Reflexion, ein anderes aber nur äußerlich an *ihm* oder für die *Andern* hat, tritt damit ein
Spiel der Individualitäten miteinander ein, worin sie sowohl sich selbst
als sich gegenseitig, sowohl betrügen, als betrogen finden« (S. 226).

In dieser Praxis löst sich die Weltanschauung der »Sache selbst« auf
und die gesellschaftliche Wirklichkeit zeigt sich als bloße Ansammlung
von Egoismen. Wer »eine Sache auftut, macht … die Erfahrung, daß
die Andern, wie die Fliegen zu frisch aufgestellter Milch, herbeieilen
und sich dabei geschäftig wissen wollen; und sie an ihm, daß es ihm
ebenso nicht um die Sache als Gegenstand, sondern als um die *seinige*
zu tun ist« (S. 227). Dies ist nicht als eine prämarxistische Kritik an der
bürgerlichen Gesellschaft zu verstehen, sondern als Kritik an der Idee
der gesellschaftlichen *Selbststeuerung* durch Darstellung ihrer Realisierung: Die Individuen vergessen beim Handeln ihre Selbstbestimmung als Menschen, um stattdessen ihre Maßstäbe aus einer »Vernunft« zu entnehmen, die scheinbar objektiv-ideell begründet ist, in
Wahrheit jedoch aus der Wärmesinnlichkeit stammt. Wo dieses Prinzip
nicht in seiner geistigen Reichweite begrenzt wird, wo man im sozialen
Handeln nur die synergetische Wärmeverflechtung reproduzieren will,
entstehen die verschiedenen Formen der sozialen Süchtigkeit, denen
gemeinsam ist, daß sie blind machen für die objektive Folge dieser

Handlungsweise, die Freisetzung des chaotischen Moments der Wärme als sozialen Zerstörungsfaktor. Hier erreicht Hegels Darstellung des »geistigen Tierreichs« die Situation der Gegenwart: Die Kritik an der »Sache selbst« betrifft auch die gängige politische Praxis, die sich nur an den von Tag zu Tag in je verschiedener Weise aktuellen »Sachzwängen« orientiert und damit über die Jahre hin Zerstörung produziert. Dadurch verliert das soziale Leben allmählich seinen tragfähigen Boden, und es entsteht die Lebensform der *vereinbarten Wirklichkeit*. Damit der Betrieb weitergeht, haben wir vereinbart, daß die Ersetzung der menschlichen Tätigkeit durch die Selbsttätigkeit von Maschinen »Fortschritt« heißt, daß die seelischen Verheerungen der Wegwerf- und Mediengesellschaft die Privatsache jedes einzelnen sind, daß die wachsende Staatsverschuldung nicht mit einem Kollaps enden kann, daß das Subventionswesen in der Wirtschaft keine Fehlsteuerung bewirkt usw.

Der Philosoph geht davon aus, daß solche und andere ruinöse Entwicklungen dazu dienen, die geistigen von den sinnlichen Elementen im menschlichen Denken voneinander zu trennen, sei es durch eigene geistige Anstrengungen, sei es durch geschichtlich-politische Katastrophen, die sich solange wiederholen können, bis die Lektion gelernt ist. In der »Phänomenologie« wird auf die je eigene geistige Anstrengung gesetzt und aus der chaotischen Entwicklungstendenz des »Sacheselbst«-Denkens die Folgerung gezogen, daß in dieser Weltanschauung das Verhältnis von Kollektiv-Ich und individueller Selbstbestimmung des Menschen nicht richtig erfaßt sein kann. Aber mehr noch: Auch der Falschheitsgehalt des Synergiegedankens hat sich gezeigt, nämlich als Prägewirkung der Betriebssucht im Bildekräfteleib, worin begreifbar wird, daß die »Sache selbst« an sich »das *geistige Wesen*« ist: Sie ist »die von der Individualität durchdrungene Substanz« (S. 228). Man kann auch sagen: Sie ist die Ich und Sein als Einheit setzende »*Kategorie*«, wie sie oben im Denken gesucht wurde, nunmehr aber vom wirklichen Selbstbewußtsein erfüllt ist. Das Bewußtsein hat die Erfahrung gemacht, daß sein eigentlicher Inhalt in der Prägewirkung der Kategorie der Vernunft als der Weltanschauung des »kategorischen Imperativs« liegt.

## b. Der kategorische Imperativ als »gesetzgebende Vernunft«

In Kap. V. C. b., »Die gesetzgebende Vernunft« (S. 228–232), haben
wir es mit einem bekannten Stoff zu tun, der jedoch wiederum nur Beispiel für eine bestimmte Denkart ist, deren philosophische Tragweite
überprüft werden soll. Es handelt sich um den »kategorischen Imperativ«, die von Kant formulierte goldene Regel der moralischen Synergetik, [258] die als Gebotstyp aus der phänomenologischen Entwicklung der
Vernunft im Horizont der Bewußtseinsseele (V. C.) hervorgeht: Indem
sich dort die willenhafte Grundlage der »Sache selbst« (V. C. a.) aus der
bloßen Betriebsamkeit in ein allgemeines Chaos aufgelöst hat, hat sie
sich zugleich begrifflich aufgehoben und ist in die vorstellende Seelentätigkeit übergegangen, die nun als sich selbst vorstellende Einheit von
Ich und Sein, als seiende Vorstellungskraft der Vernunft, zur Grundlage
der Wirklichkeitsverfassung wird. In dieser Objektivierung der Seelentätigkeit entsteht die Stabilität des Imperativs, die das zerstörerische
Moment der Individualität, welches im Gedankengang von V. C. a. freigesetzt worden ist, in einer institutionellen Form wieder einfängt.

Der kategorische Imperativ scheint dazu fähig, indem er allen Subjektivismus des Handelns durch Hineinrechnung in ein Gesetz der moralischen Energieerhaltung aufhebt: »Handle so, daß die Maxime dei-
nes Handelns jederzeit zugleich als Prinzip einer allgemeinen Gesetzgebung gelten könne.«[259] Hegel löst das hieraus entstehende Beziehungsverhältnis in die folgenden drei Momente auf: »Die Kategorie ist
*an sich*, als das Allgemeine des *reinen Bewußtseins*; sie ist ebenso *für
sich*, denn das *Selbst* des Bewußtseins ist ebenso ihr Moment. Sie ist
absolutes *Sein*, denn jene Allgemeinheit ist die einfache *Sichselbstgleichheit des Seins*« (S. 228). Diese drei Momente ergeben sich auch
im Funktionsbild des Wärmesinnes, wenn man von der chaotischen
Seite der Wärme und dem mit ihr verbundenen Schritt zur geistigen
Individualität absieht. Sie entsprechen dann (1) dem eigenen Temperaturkonstantprozeß, (2) der Außenwärme als dem bewußtseinserwek-
kenden Vergleichsobjekt und (3) der Vergleichsfunktion als solcher.
Weil das Bewußtsein sich hier trotz der Überformung der Individualität
als subjektiver Geist einbezogen weiß, betrachtet es den kategorischen

Imperativ als die Vergegenständlichung des Wahren schlechthin: »*Es ist* und *gilt* in dem Sinne, *an* und *für sich selbst* zu *sein* und zu *gelten*; es ist die *absolute Sache* ..., deren Dasein die *Wirklichkeit* und das *Tun* des Selbstbewußtseins ist; diese Sache ist daher die *sittliche Substanz*; das Bewußtsein derselben *sittliches* Bewußtsein« (S. 228 f.). Dieses Bewußtsein ist in jener Substanz in seinem eigenen Gegenstand, es kann nicht über ihn hinaus, so wenig der Vogel über die Luft und der Fisch über das Wasser hinauskönnen; es will aber auch nicht über ihn hinaus, und insofern ist es mehr als Vogel und Fisch, »denn er ist das *Selbst* oder der Willen dieses Selbsts. Er ist der *reale* Gegenstand an ihm selbst als Gegenstand, denn er hat den Unterschied des Bewußtseins an ihm« (S. 229).

Was so zum Inhalt des einzelnen Bewußtseins wird, ist zugleich als Allgemeinheit der sittlichen Substanz »unmittelbar anerkannt«. Deshalb sagt man, »daß die *gesunde Vernunft* unmittelbar weiß, was *recht* und *gut* ist. So *unmittelbar* sie es *weiß*, so unmittelbar *gilt* es ihr auch, und sie sagt unmittelbar: dies *ist* recht und gut. Und zwar *dies*; es sind *bestimmte* Gesetze, es ist erfüllte inhaltsvolle Sache selbst.« Die Frage ist nur, ob diese Selbstgewißheit in ihrer seelischen Form des Sichselbst-Vorstellens des Imperativs auch in der Wirklichkeit leistet, was sie im Prinzip verspricht. Metaphilosophisch gefragt: Kann das Ideal der rein pflichtbewußten Seele ohne weitere Individualisierung, ohne ein inhaltgebendes Ich als Realfaktor wirken, in die Sphäre der sozialen Bildekräfte ordnend eingreifen?

Hegel prüft dies an zwei »kategorischen Imperativen« durch, nämlich an dem von Kant aufgestellten Satz: »*Jeder soll die Wahrheit sprechen*«, und an dem aus der Bibel entnommenen: »*Liebe deinen Nächsten als dich selbst*« (S. 230).[260] Beide Sätze sind nicht, wie es ihre kategoriale Stellung verlangt, unmittelbar und allseitig anzuwenden, sie müssen vielmehr im Hinblick auf die konkrete Situation interpretiert und relativiert werden. *Wir* haben ihnen jeweils noch eine Konkretisierung zu geben, und zwar in der folgenden Richtung: Das Gebot ›Jeder soll die Wahrheit sprechen‹ geht über in den Satz: ›Jeder soll sich sachkundig machen, damit er die Wahrheit sprechen kann‹; und das Gebot ›Liebe deinen Nächsten als dich selbst‹, das inhaltlich bestimmt ist »*als ein Verhältnis des Einzelnen* zum *Einzelnen* oder als Verhältnis der Empfindung« (S. 230 f.), vertieft sich in dem Satz: ›Verobjektiviere dein Gefühlsleben, damit du in der Wirklichkeit der Welt vernünftig handeln kannst‹. Der kategorische Imperativ beschreibt also nur die Form des Ideals, die als solche keine genügende Kraft besitzt, um sich im Bildekräfteleib zu realisieren (zu »setzen«) bzw. in der sozialen Welt gestaltend zu wirken: »Solche Gesetze bleiben nur beim *Sollen* stehen, haben aber keine *Wirklichkeit*; sie sind nicht *Gesetze*, sondern nur *Gebote*« (S. 231). Auch rein logisch ist der kategorische Imperativ nicht zu halten, denn er läuft auf die »*Tautologie* des Bewußtseins« hinaus, welche sich nicht wirklich auf den Inhalt einläßt, sondern nur dessen Widerspruchsfreiheit in sich (als formale Pflichtenethik) zum Inhalt macht.

## c. Die Gleichgewichtssuche in der »gesetzesprüfenden Vernunft«

Kap. V. C. c., »Die gesetzesprüfende Vernunft« (S. 232–237), schließt inhaltlich eng an den Stoff des Kap. V. C. b. an. Wiederum haben wir es mit Sätzen der praktischen Vernunft zu tun, die mit demjenigen verglichen werden, was sich als Folge ihrer Anwendung in der Wirklichkeit ergibt. Wiederum treten diese Sätze mit einem selbstverständlichen Geltungsanspruch auf, wobei sie aber jetzt nicht mehr aus der vorstellenden, sondern aus der fühlenden Seelentätigkeit hervorgehen. Die letztere versucht sozusagen ihr formales Prinzip der unmittelbaren Wechselwirkung im synergetischen Prinzip des sozialen Lebens zu objektivieren, indem sie dessen vernünftige Selbsterfüllung zum allgemeinen Gesetz macht. In Kap. V. C. b. war diese Selbsterfüllung nur vorgestellt und der kategorische Imperativ deshalb nur ein »Sollen«, dessen Implementierung sich als nicht selbstverständlich erwies. Die dort angestellte »Vergleichung« von Gebot und Wirklichkeit, von Sein und Sollen »fiel in uns« (S. 232) und blieb in der Eitelkeit unseres Dogmatismus hängen. Daher gehen wir jetzt von dem aus, was sich in der Gesellschaft selbst ins Gleiche setzt, und machen dies zu unserer Sache, zu unserem Gesetz der Vernunft.

Im Rechtsleben entspricht dies dem Übergang vom Strafrecht zum
Zivilrecht, vom »du sollst« des kategorischen Imperativs zum »do ut
des« (ich gebe, damit du gibst) als der rationalen Maxime des Werte-
und Warentauschs. Und in der Philosophie ist es wiederum Kant, der
die Gültigkeit dieser Maxime als Kategorie der Vernunft untersucht
und bejaht, indem er sie als notwendige Voraussetzung eines wider-
spruchsfreien gesellschaftlichen Verhaltens denkt. Alle klassischen Ko-
difikationen des Zivilrechts beruhen auf diesem Grundsatz, d. h. sie
beschränken sich im wesentlichen auf eine normative Konkretisierung
der Prinzipien des Privateigentums und der Vertragsfreiheit für typisch
wiederkehrende Konfliktsituationen, wobei das gleiche Resultat jeweils auch durch eine einfache rationale Ableitung aus jenen Prinzipien erreicht werden kann.[261] Schon daran zeigt sich, daß wir es hier
mit einer Selbsterfüllung der praktischen Vernunft zu tun haben, an
welcher die menschliche Selbstbestimmung gerade nicht beteiligt ist
(das ist sie erst bei sozialpolitisch eingreifenderen Gesetzen, die den
Kündigungs-, Mieter-, Pfändungsschutz, die Sozialhilfe usw. regeln).
Umso mehr ist die sinnliche Grundlage der Vernunft an der philosophischen Rechtfertigung des »do ut des« beteiligt, was nun von Hegel
aufgedeckt wird.

Die »gesetzesprüfende Vernunft« hat das Gesetz nicht erst zu geben,
sie findet es vor (S. 232), nämlich als normativen Niederschlag der
Tauschgesellschaft. Sie (gemeint ist, wie gesagt, die Kant'sche Zivil-
rechtstheorie) prüft nur seine Haltbarkeit als Grundsatz der praktischen Philosophie, d. h. sie prüft seine Widerspruchsfreiheit. Konkret
geht es um Kants Beispiel der Rückgabepflicht des Verwahrers,[262] die,
ebenso wie die entsprechenden Regelungen bei der Miete, Leihe,
Pacht, aber auch der Pflichtkonstellation beim Kaufvertrag, aus dem
Prinzip des Privateigentums abzuleiten ist. Die Verbindlichkeit jener
Pflicht hängt von der Vernünftigkeit dieses Prinzips ab, die Hegel selbst
in der »Rechtsphilosophie« entschieden bejaht,[263] nämlich als konsti-
tutives Element der bürgerlichen Gesellschaft und in den Grenzen von
deren Wirklichkeitsbegriff. Aber ist das Privateigentum als Institution
ein Wert an und für sich? Wäre, wie Kant behauptet, eine sozialistische
oder kommunistische Güterverteilung oder ein allgemeines jederzeiti-

ges Aneignungsrecht ein Widerspruch in sich und deshalb als Gesetz undenkbar? Dafür ist das eine wie das andere zu unkonkret: »Daß etwas Niemand gehört oder dem Nächsten Besten, der sich in Besitz setzt, oder Allen zusammen und Jedem nach seinem Bedürfnisse oder zu gleichen Teilen, ist eine *einfache Bestimmtheit*, ein *formaler Gedanke*, wie sein Gegenteil, das Eigentum« (S. 233).

Umgekehrt erweist sich auch wiederum jedes dieser Gesetze des Nichteigentums als in sich widersprüchlich. Dem allgemeinen Aneignungsrecht müßte eine Grenze des Behaltendürfens gezogen werden; diese könnte nur am Bedarf des einzelnen konkretisiert werden, aber der Bedarf erstreckt sich nicht nur auf das tägliche Essen und Wohnen, sondern auf die »ganze Existenz« des Menschen und muß in dieser Allgemeinheit begriffen werden; die Gütergemeinschaft wäre ein solcher allgemeiner Boden, aber nur deshalb, weil man hier auf die formale Gleichbehandlung zurückkommen kann. – Ebenso wie das Gesetz des Nichteigentums, ist aber auch Kants Eigentumsgesetz in sich widersprüchlich, denn es behandelt das Ding, welches seiner Natur nach endlich und zum Verbrauch bestimmt ist, im Hinblick auf das Besitzverhältnis als unendlich, woraus sich die Weltanschauung des »Besitzindividualismus« entwickelt.[264] Oder, in Hegels Worten: »Was ich besitze, ist ein *Ding*, d. h. ein Sein für Andre überhaupt, ganz allgemein und unbestimmt nur für mich zu sein; daß *Ich* es besitze, widerspricht seiner allgemeinen Dingheit« (S. 234). Damit ist die Kant'sche Theorie der gesetzesprüfenden Vernunft gescheitert. Auch »der Maßstab des Gesetzes, den die Vernunft an ihr selbst hat, paßt … allem gleich gut, und ist hiemit in der Tat kein Maßstab.«

## d. Epilog: Aufhebung des Rechtspositivismus

Was ist bei den obigen Verknüpfungen von Recht und Vernunft nun wirklich gescheitert, und was ist im Gedankengang des Kap. V. bewirkt worden? Diese Frage stellt sich Hegel in einer Art Epilog (S. 234, Z. 17–237), der zugleich zur »sittlichen Welt« des Kap. VI. A. überleitet, und der das, was wir oben als die Tat des Sokrates charakterisierten, noch einmal begrifflich zusammenfaßt. Metaphilosophisch handelt es

sich dabei um die Auflösung der substantiell-sinnlichen Wärmehülle,
die in der antiken Polis den Geist des Gleichgewichtssinnes getragen
hatte, und um die Heraussetzung dieses Geistes in das subjektive Bewußtsein, die Sokrates als Verrat angelastet worden war. Eben dies haben wir nun selbst in Kap. V. vollzogen. Wir haben gesehen, wie das
wärme-synergetische Prinzip der Vernunft in den Gedankengängen der
Empfindungs-, Verstandes- und Bewußtseinsseele jeweils von der willenhaften Seite her (a.) ein individuelles Moment freisetzt, das sich als
zerstörende Kraft erweist und das auch in den geistigen Formen der
vorstellenden (b.) und der fühlenden Seelentätigkeit (c.) nicht wieder
eingefangen werden kann. Damit ist die geistige Reichweite der Ver-
nunftgedanken überhaupt bestimmt. Ihr Inhalt liegt im *Vergleichen* und
in der proportionalen Gleichsetzung, ihre wissenschaftliche Form erhalten sie aus dem Funktionsbild des Wärmesinnes, woraus sich jedoch
nichts anderes ergibt, insbesondere nicht die erstrebte weltanschauliche
Autonomie des Vernunftprinzips gegenüber seiner natürlichen Grundlage. Die letztere hat sich vielmehr durch die philosophische Nachfrage
enthüllt, so daß das Bewußtsein jetzt die sinnliche Natur der Vergleichsgedanken einsehen muß: Es ist gezwungen, da es bei seiner Sinnlichkeit
nicht stehenbleiben kann, sich zu einem anderen Geist zu erheben.

Philosophisch stellt Hegel uns diesen Schritt in einer letzten coincidentia oppositorum der Vernunft dar (S. 234 f.). Einerseits hat sich in
V. C. b. und c. das Gesetzgeben und Gesetzprüfen als nichtig erwiesen,
d. h. es ist nicht gelungen, darin einen absoluten Ausgangspunkt der
Wirklichkeitsverfassung zu finden. Andererseits wurde dabei die Erfahrung gemacht, daß jener Versuch eine substantielle Wirkung hat,
daß im Streben nach der Erkenntnis absoluter Gesetze eine Prägung
der inneren Natur geschieht, und zwar nicht irgendeine, sondern die
spezifische der Momente des Bestimmens und Prüfens der Gesetze.
Deshalb hält das Bewußtsein daran fest, daß überhaupt in der Substanz
Unterschiede bestehen und daß es von diesen weiß; was es aber aufgeben muß, ist das Streben, die letzteren zu »Formen der *Ehrlichkeit*« zu
machen, d. h. »mit einem seinsollenden Inhalt des Guten und Rechten
und einem Prüfen solcher festen Wahrheit« (S. 234) Modelle aufzubauen, in denen sich die Substanz nur spiegelt, in denen sie zum Ver-

gleichsobjekt wird. Denn darin macht sich die Selbstheit der Seele geltend, die ihre Herrschaftsansprüche nicht aufgeben will, und sich deshalb nicht in der richtigen Weise im Bildekräfteleib »setzen« kann, weshalb sie nicht zu einer haltbaren Wirklichkeitsverfassung vordringt.

Anders gesagt: Wir müssen das Moment der Positivität aufheben, um das wahre Wesen des Rechts zu begreifen. Denn in dieser Positivität, im Modellcharakter als solchem des vernunfttheoretischen Setzens, steckt ein unmittelbarer Geltungsanspruch, der in die Wahrheit der substantiellen Prinzipien eingreift und ihren Inhalt ins Zufällige herüberzieht. Der ganze Widerspruch zwischen Naturrecht und positivem Recht, die Möglichkeit, daß »Gesetze (erlassen werden können) die *nur* Gesetze, nicht zugleich *Gebote* sind« geht von diesem Formelement aus; und ebenso die Möglichkeit, mit dem »Prüfen« der Gesetze ihre Geltung in Zweifel zu ziehen, sich von ihrem absoluten Inhalt frei zu räsonnieren (S. 235). Dieses negative Verhältnis zur Substanz, das Festhalten an den Formen, in denen sie vergleichbar (analogia entis) wird, fällt jedoch weg, indem das Bewußtsein erkennt, daß es die Vernunftformalität selbst produziert hat, gewissermaßen als eine Schleusenanlage, um seinen Prozeß der Vereinigung mit der Wahrheit zu moderieren. Innerhalb dieser Anlage hat es nun wiederum selbst das Schleusentor geöffnet und sich damit den Weg freigemacht, um unmittelbar in das geistige Wesen der Substanz einzudringen.

Was das Bewußtsein dort antrifft, ergibt sich aus dem Vorigen: Es findet das Wesen des Rechts ohne die Momente der Positivität. Es findet also ein Naturrecht, welches sich dem positivrechtlichen Vergleichsbedürfnis überhaupt entzieht, das weder der rationalistischen Prüfung auf seine innere Widerspruchslosigkeit noch der Positivierung durch einen staatlichen Gesetzgeber bedarf: »sondern es ist an und für sich, der absolute *reine Willen Aller*, der die Form des unmittelbaren *Seins* hat. Er (sc. der Wille) ist auch nicht ein *Gebot*, das nur sein *soll*, sondern er *ist* und *gilt*« unmittelbar für jedes Ich; und dieses Naturrecht wird auch nicht nur subjektiv *geglaubt*, sondern vielmehr objektiv ge-*wußt*, denn »das sittliche *Selbstbewußtsein* ist durch die *Allgemeinheit* seines *Selbsts unmittelbar* mit dem Wesen eins«. Wenn man aber diese vier Momente der Positivität (das Prüfen, das Setzen, das geoffenbarte

Sollen und das Glauben) wegläßt, was bleibt dann vom Recht noch
übrig? Hegel fragt umgekehrt: Wenn wir die vier Scheuklappen des
Vergleichsdenkens (den Intellektualismus, den Dezisionismus, den
Dogmatismus der Offenbarung und »die Autorität des inneren Gefühls
und Herzens«)²⁶⁵ ablegen, was sehen wir dann? Eine Sphäre von Wesen, welche die Idee des Rechts richtig bewahren und regieren, ohne
sich dabei in die Welt der irdischen Gegensätze zu verstricken, »sich
selbst klare unentzweite Geister, makellose himmlische Gestalten, die
in ihren Unterschieden die unentweihte Unschuld und Einmütigkeit
ihres Wesens erhalten. – Das Selbstbewußtsein ist ebenso einfaches,
klares *Verhältnis* zu ihnen. Sie *sind*, und weiter nichts, – macht das Bewußtsein seines Verhältnisses aus. So gelten sie der Antigone des Sophokles als der Götter *ungeschriebnes* und *untrügliches* Recht:

> nicht etwa jetzt und gestern, sondern immerdar
> lebt es, und keiner weiß, von wannen es erschien« (S. 236).²⁶⁶

Von hierher schrumpft Kants gesetzesprüfende Vernunft auf das Format
eines leeren Sophismus, dem Hegel entgegenhält: »Nicht darum …,
weil ich etwas sich nicht widersprechend finde, ist es Recht; sondern weil
es das Rechte ist, ist es Recht«, und was Recht ist, »ist *an* und *für sich*
bestimmt« (S. 237). Man kann diese These »fundamentalistisch« nennen, wenn man den Ideologieverdacht wegläßt, der sich mit einer solchen Benennung automatisch verbinden will. Denn Hegel denkt hier
ideologiefrei, er befreit den Gedankeninhalt von der Vergleichsform,
durch die wir uns das Recht für unsere Zwecke verfügbar machen. Um
das einzusehen, bedarf es allerdings mehr als der Schau der himmlischen Wesen des Rechts, man muß auch angeben können, worin deren
irdische Tätigkeit, worin die Bedeutung des Rechts für die menschliche
Gesellschaft in Wahrheit liegt. Sie liegt nicht in der positiven Bestimmung der Einzelheit, sondern vielmehr in dem geistigen Prozeß dieses
Bestimmens, der für das gesellschaftliche Ganze eine verfassende, d. h.
aufrichtende Kraft enthält. Das wahre Wesen des Rechts ist seine *Aufrichtekraft*, deren Grundlage wir jedoch nicht in der Weltanschauung der
Vernunft (im Funktionsbild des Wärmesinnes), sondern nur in derjenigen des »Geistes« (des Gleichgewichtssinnes) finden.

# Kapitel VI.
## »Der Geist«

# 1. Metaphilosophischer Vorblick und Hegels Einleitung

## A. Der Aufbau des »Geist«-Kapitels

Noch undurchsichtiger als Kap. V. ist die Stoffmasse, die Hegel in Kap. VI. (S. 238–362) aufhäuft. Hier wird scheinbar die ganze Weltgeschichte nacherzählt, von den archaischen Mythen über das römische Recht, die neuzeitlichen Religionskonflikte, die Aufklärung, die Französische Revolution bis hin zum Pietismus und romantischen Ästhetizismus der Neuzeit. In Wahrheit will Hegel jedoch nicht die Geschichte als ganze, weder als Welt- noch als Geistesgeschichte darstellen, sondern er legt in sie einen Längsschnitt, er verfolgt in ihr das Mysterium des sozialen Zusammenwirkens der Menschen und die Spur, welche das Bemühen um die Erkenntnis dieses Mysteriums in der geistig-esoterischen Entwicklung des einzelnen hinterläßt. Dementsprechend lautet der kategoriale Grund-Satz, welchem das Bewußtsein des Kap. VI. folgt: ›Mein Streben richtet sich nach dem Geist der wohleingerichteten Gemeinschaft‹.

Der Aufbau und die metaphilosophische Bedeutung der Gedankengänge des Kap. VI. wird verständlich, wenn man dazu das an der entsprechenden Stelle zu Kap. V. (1. A.) Gesagt heranzieht. Wie dort bei der »Vernunft« handelt es sich hier beim »Geist« zunächst um eine innere Entwicklungsstufe des geistig strebenden Menschen, und zwar, gemäß unserem metaphilosophischen Menschenbild, um die Verwandlung der natürlichen Elemente des Bildekräfteleibs durch die geistige Arbeit des Ich, woraus sich das zweite höhere Wesensglied des Menschen, oder eine zweite Stufe der Heiligkeit, nämlich der in der esoterischen Tradition sogenannte »Lebensgeist« (»Budhi«) ergeben soll; soweit das geschieht, ist es ein Vorgriff in der allgemeinen Menschheitsentwicklung, welcher eben deshalb noch unter einer spezifischen Sinnlichkeitsbindung steht: Die Gedankengänge des »Lebensgeistes« werden hier aus Imaginationen und Inspirationen des Gleichgewichtssinnes gewonnen und sind deshalb zugleich mit der strukturellen Begrenzung dieser Sinnesfunktion belastet. Das stellt Hegel in Kap. VI. in drei Abschnitten dar, die (ebenso wie die entsprechenden Abschnitte A., B. und C. in Kap. V.) auf den drei Bewußtseinshorizonten der Empfindungs-, Verstandes- und Bewußtseinsseele aufgebaut sind. Jeder der Abschnitte VI. A., B. und C. ist wiederum dreifach untergliedert, wobei aber jetzt die Bezeichnungen wechseln (bei A.: a., b., c.; bei B.: I., II., III.; bei C.: a., b., c.). In der Sache folgt Hegel aber auch hier wieder dem metaphilosophischen Schema, daß innerhalb des Horizonts der Empfindungs-, Verstandes- und Bewußtseinsseele die drei Seelentätigkeiten eingreifen, woraus jeweils ein willenhaft betonter, ein zur Vorstellung seiner selbst drängender und ein im Geist des Fühlens konzipierter Gedankengang entsteht.

Daraus ergibt sich das folgende Aufbauschema des Kap. VI.:

| Subjekt des Geistes | Geistgestalten in der Objektebene |
|---|---|
| A. Empfindungsseele | griech.-röm. Sittlichkeit<br>a. sittliche Welt (willensbetont)<br>b. sittliche Handlung (vorstellungsbetont)<br>c. Rechtszustand (verobjektiviertes Fühlen) |
| B. Verstandesseele | moderne Verstandesbildung<br>  I. Weltanschauungen (willensbetont)<br>    a. diesseitige Welt<br>    b. Welt des Geistes<br>  II. Aufklärung (vorstellungsbetont)<br>    a. polemische Glaubensfeindlichkeit<br>    b. eigener Glaube der Aufklärung<br>  III. Revolution (negativ verabsolutiertes Fühlen) |
| C. Bewußtseinsseele | Deutscher Idealismus<br>a. moralische Weltanschauung (willensbetont)<br>b. Verstellung (vorstellungsbetont)<br>c. Gewissen und Verzeihung (vergeistigtes Fühlen) |

Wir können also sagen: Das Subjekt, welches in VI. A. »Der wahre Geist« genannt wird, ist die stoizistische Empfindungsseele, deren tastende Gedankenwahrnehmung zur Imagination der antiken »Sittlichkeit« als des wahren Ideenkreises des Gleichgewichtssinnes (ge-

schichtlich gesehen *vor* dessen Herauslösung aus der Wärmesubstanz
des unbefangenen sozialen Lebens der Polis)[267] führt. Was in VI. B. als
»Der sich emtfremdete Geist« auftritt ist die skeptizistische Verstandesseele, die ihre reflektierende Tätigkeit vollendet, indem sie dem Bildekräfteleib seine »Bildung« gibt. Die Entzweiung geht hier so weit, daß
dadurch sogar der dialektische Rhythmus des Aufbaus durchbrochen
wird: Wir finden in VI. B. zwar eine Untergliederung in die Abschnitte I., II. und III., aber so, daß sich I. und II. jeweils im Gegensatz der
Positionen a. und b. festfahren, woraus sich dann in Kap. VI. B. III. die
Katastrophe der Französischen Revolution ergibt. Danach geht der
Geist »in ein anderes Land, in das Land des *moralischen Bewußtseins*
über …« (S. 266). Der »seiner selbst gewisse Geist« des Kap. VI. C. ist
derjenige des Deutschen Idealismus, in dessen Philosophie die Bewußtseinsseele erwacht. Hier finden wir Hegels Auseinandersetzung
mit der Essenz der Philosophie Kants und Fichtes sowie einer ganzen
Galerie anderer vom Geist der Goethezeit durchdrungener Gestalten
(allerdings nicht Goethes selbst).

## B. »Der Geist« des Kap. VI. als Wissenschaft

Gibt es eine exoterische Geistes-Wissenschaft, von welcher der Stoff
des Weltgeschehens in der komplexen Subjekt-Objekt-Struktur des
Kap. VI. allgemeingültig dargestellt würde? Es kann sie gar nicht geben, weil jedes solche Unternehmen selbst, in seiner Methodik, esoterische Schulung ist, wie ja auch in der Philosophie Kants, Fichtes usw.
durch den weltlichen Stoff hindurch nur dieses Ziel verfolgt und nicht
irgendeine äußere Tatsachenerkenntnis angestrebt wird. Wie soll man
dann aber zu einer Verständigung innerhalb dieses Strebens kommen?
Wir können Hegels blassen »Geist«-Begriff durch einen kräftigeren
aus dem theologischen Sprachgebrauch ergänzen, der hier allerdings
unter dem Vorbehalt stehen muß, daß es sich in Kap. VI. noch nicht um
den geistigen Kern der Religion handelt (welcher erst in Kap. VII. erreicht wird). Dennoch zeigt sich in Kap. VI. durchgängig ein starker
religiöser Zug, was nicht anders sein kann, wenn das philosophische

Durchdenken dieses Stoffs beim Menschen die Heiligung des Bildekräfteleibs zum ›Lebensgeist‹ (Budhi) bewirken soll. Nach einer solchen Weltanschauung suchten Schelling, Hegel und Hölderlin schon
als Studenten im Tübinger Stift, und sie fanden sie in der *»Reich-Got-
tes*-Theologie« der schwäbischen Theosophen J. A. Bengel (1687–
1752) und F. C. Oetinger (1702–1782), die seit jeher so etwas wie eine
heimliche Unterströmung der Philosophie des Deutschen Idealismus
bildet.

»Das Reich Gottes komme, und unsere Hände seien nicht müßig im
Schoße!«[268] – schrieb Hegel in einem Brief vom Januar 1795 an Schelling und zeigte damit, wie unbefangen die jugendliche Begeisterung
das heilige Objekt mit dem subjektiven Streben nach Heiligung durchdringen kann. Aber ist es nur jugendliche Begeisterung? Im Lukasevangelium wird noch viel konkreter gesprochen: »Das Reich Gottes
kommt nicht so, daß man es berechnen könnte. Auch wird man nicht
sagen: Siehe Hier! oder Dort! Denn siehe, das Reich Gottes ist mitten
unter euch« (Luk. 17, 20 f.). Das können wir sogar unmittelbar auf den
ganzen Stufengang der phänomenologischen Entwicklung beziehen:
Das »Berechnen« war Gegenstand unserer Kap. II. und III., das
»Hier!« und »Dort!« der Erkenntnishorizont unseres Kap. I. und das
»mitten unter euch«[269] bezeichnet die Subjekt-Objekt-Durchdringung
der höheren Wesensglieder: Die Umarbeitung der Naturelemente im
Bildekräfteleib des einzelnen bleibt eben der Wirkung nach nicht in
diesem vereinzelt, sondern beginnt – und zwar noch stärker als bei der
»Vernunft« des Kap. V. – auf seine Umgebung auszustrahlen, auch die
ihn umgebende soziale und natürliche Bildekräftesphäre zu vergeistigen. In diesem Sinne kann die zweite Bitte des Vaterunser: »Dein Reich
komme zu uns« verstanden werden: Wir bitten darum, daß das je schon
gegenwärtige Wachsen des zweiten höheren Wesensgliedes und die
daraus hervorgehende Weltbeziehung des Menschen in der richtigen
Weise geschehen möge.

## C. Die spezifische Sinnlichkeit des »Geistes«

Nach unserer zweiten Interpretationshypothese betreten wir mit dem
»Geist« des Kap. VI. zugleich den Bereich des Gleichgewichtssinnes,
der zur Gruppe der unteren oder willensverwandten Sinne gehört.
Ebenso wie der Eigenbewegungs- und der Lebenssinn dient er der
Wahrnehmung einer inneren Leibesbefindlichkeit, die für uns Objektcharakter nur insoweit erhält, wie wir ihn ihr verleihen. Das gilt
auch für die elementarste Funktion des Gleichgewichtssinnes, die
Aufrichtung und den aufrechten Gang des Menschen. Hierin nehmen
wir wahr, daß wir etwas tun, und wie wir es tun, d. h. es gibt Qualitäts-
stufen dieser Sinnestätigkeit, die offenbar mit unserer Lebensverfassung überhaupt und mit unserem gesellschaftlichen Freiheitsempfin-
den (der metaphorischen Bedeutung des ›aufrechten Ganges‹) zu tun
haben. Bemerkenswert ist, daß der Mensch erst relativ spät gehen
lernt, daß die Wahrnehmung der dem Gleichgewichtssinn zugrundeliegenden Kräfte als sinnlicher hier erst zusammen mit einem gewissen Ichbewußtsein auftritt. Hat das Kind etwa vorher noch keinen
Gleichgewichtssinn? Oder kann man annehmen, daß die Wirkungen
des letzteren im ersten Lebensjahr zunächst noch als rein geistige,
d. h. nicht sinnlich reflektierte auftreten? Weist darauf vielleicht sogar
der Satz des Lukasevangelium hin, welcher sagt: »Wer das Reich Gottes nicht annimmt, wie ein Kind, wird nicht hineingelangen«
(Luk. 18, 17)?[270]
    Der innere Zusammenhang zwischen der Aufrichtekraft des Men-
schen und dessen sittlicher Orientierung, also die unmittelbare Nähe
der Substanz des Gleichgewichtssinnes zur geistigen Sphäre der sittlichen Ideen, tritt in unserem gewöhnlichen Sprachgebrauch ganz unbefangen hervor. »Der moralische, rechtliche und ethische Bezug dieser
Sinnessphäre«, sagt Scheurle, »ist unübersehbar. Aufrichtung und
Aufrichtigkeit, Richtung und Richtigkeit, Gerechtigkeit und Richtbar-
keit sind allesamt Wortbildungen, die von der Richtungsqualität genommen sind und meist die Silbe *recht* oder *richt* enthalten … Hierin
liegt die Metaphorik des Gleichgewichts. Die Raumesrichtungen werden nicht nur als übertragene Bedeutungen gebraucht, sondern quali-

tativ real auch in den übrigen Sinnesbereichen als Synästhesien erlebt.«[271] Wie von selbst ergibt sich hier für Scheurle eine Aufzählung
von Gegenständen, die in wesentlichen Punkten dem Inhaltsverzeichnis von Hegels Kapitel VI. entspricht.

In seinem physiologischen Funktionsbild ist der Gleichgewichtssinn
dagegen schwerer zu erkennen, insbesondere schwer von demjenigen
des Eigenbewegungssinnes abzugrenzen. Auch zur Gleichgewichtssinnlichkeit gehört nämlich ein Bewegungselement, und zwar dasjenige,
welches durch den im Innenohr von Mensch und höheren Tieren vorhandenen »Bogenapparat« wahrgenommen wird. Dabei handelt es
sich um drei in den Raumesrichtungen angeordnete bogenförmige
Gänge, die untereinander verbunden und von Lymphe durchflossen
sind, so daß aufgrund der Trägheit dieser Flüssigkeit bei jeder Kopfbe-
wegung eine innere Gegenbewegung entsteht, die wahrgenommen
und der relativen Raumorientierung zugrundegelegt wird. Außerdem
gibt es beim Menschen und bei nahezu allen Tieren noch ein Organ der
absoluten Raumorientierung, das auf der Schwerkraft aufgebaute
»Statolithenorgan«, welches beim Menschen wiederum im Innenohr
liegt. Hier ist in einer mit Flüssigkeit gefüllten und innen von Nerven-
haaren durchsetzten Blase (»Statozyste«) ein Steinchen eingelagert,
welches zwar durch den Auftrieb der Flüssigkeit leichter wird, aber
dennoch auf den Nervenenden lastet, und so gewissermaßen eine Fo-
kussierung des Gravitationsgeschehens überhaupt darstellt, durch die
sich unser Bewußtsein diesem Geschehen gegenüber selbständig
macht.

Diese beiden Organe, dasjenige der absoluten und dasjenige der relativen Raumorientierung, sind nun im Funktionsbild des Gleichgewichtssinnes auf ähnliche Weise verbunden, wie beim Wärmesinn der
innere Temperaturkonstantprozeß und die äußere Wärmeverglei-
chung. Aber mehr noch als dort muß das Subjekt hier die Verbindung
selbst herstellen, um sie wahrnehmen zu können. Umgekehrt gesagt:
In jeder Gleichgewichtswahrnehmung ist ein subjektives Moment enthalten, nämlich ein moralisches Urteil in Beziehung auf die geistige
Realität der Gleichgewichtsidee. Die physiologische Grundlage dieser
Beziehung sah Hegel beim Menschen der Antike in der Blutswärme als

der eigentlichen Trägersubstanz des sittlichen Gleichgewichts (Kap.
VI. A.). In den späteren Abschnitten des Kap. VI., also mit dem Fortschreiten der moralischen Selbständigkeit des einzelnen, ist es dann die
Sprache, welche die Vermittlungsfunktion übernimmt. Aber könnte
sich nicht in jenem geschichtlichen Fortschreiten auch die unmittelbare physiologische Grundlage unserer Gleichgewichtswahrnehmung
verschoben haben? Einen Ansatz dazu finden wir bei K. König, der im
Zusammenhang mit dem Gleichgewichtssinn auf den morphologi-
schen Befund hinweist, daß unser Bogenapparat als Labyrinth aus dem
knöchernen »Felsenbein« herausgestanzt, aber selbst ein häutiges Ge-
bilde ist, welches zur Flüssigkeitsorganisation des Leibes gehört, indem
darin die Lymphe ständig mit dem Lymphsystem als ganzem zusam-
menströmt. »Der Rhythmus, unter dem diese kontinuierliche Strömung sich vollzieht, entspricht dem Atemrhythmus und wird von diesem dauernd reguliert.«[272]

Hier dürfte das intimste Verbindungsglied zwischen unserer absoluten und relativen Raumorientierung liegen, durch welches wir zugleich
das Ansichsein der Idee des Gleichgewichts, oder der Gerechtigkeit (als
Geist) mit unserer Wahrnehmung derselben (im Funktionsbild des
Gleichgewichtssinnes) verbinden. Es ist kein großer Unterschied, ob
man dabei mit König mehr den Atem oder mit Hegel mehr die Sprache
anschaut, man kann von beiden Seiten her den Zugang zum geistigen
Gehalt der in Kap. VI. dargestellten Sozialgestalten finden. Das Problem besteht im Grunde darin, daß wir der absoluten Wahrheit der
Gleichgewichtsidee (deren Realwirkungen wir in unserem Aufgericht-
tetsein als Erdenmenschen ständig in Anspruch nehmen) in unseren
relativierenden Gleichgewichts-(Gerechtigkeits-)Gedanken nie ganz
entsprechen, weil wir eben unser Denken nicht energisch genug auf
jene Idee, sondern vielmehr bloß auf die Gleichgewichtssinnlichkeit
richten. Die Folgen davon sind ähnlich, wie wir sie schon im Zusammenhang mit dem Wärmesinn kennenlernten. Das ideelle Moment,
welches in der realen Gleichgewichtswahrnehmung vom Subjekt als
moralisches Urteil einzubringen ist, bleibt in den Gedankengängen,
welche nur das Funktionsbild des Gleichgewichtssinnes abtasten, als
Lücke offen; und in den realen Sozialverfassungen, die auf solchen

Gedanken aufgebaut sind, tritt aus dieser Lücke ein chaotisierendes Moment hervor, das jetzt nicht mehr der Wärme-, sondern der elementaren Lebenssubstanz selbst entströmt und entsprechend größere Verheerungen anrichtet.

## D. Hegels Einleitung in Kap. VI.

Die Einleitung in Kap. VI. ist kurz (S. 238–240). Zunächst wird auf Kap. V. zurückgeblickt (S. 238), wo der Grundgedanke der Vernunft, die substantielle Wärmeverflechtung als Kategorie gesucht, aber erst nach der Befreiung von allen formalen Fesseln, d. h. nicht mehr als »Vernunft«, sondern als »Geist« gefunden wurde. Dieser Geist ist mehr als jene »*sittliche Substanz* ... (er ist jetzt) die *sittliche Wirklichkeit*. Er ist das *Selbst* des wirklichen Bewußtseins, dem er, oder vielmehr das sich als gegenständliche wirkliche *Welt* gegenübertritt«. In Kap. V. hatten wir nur mit selbsttätigen Prinzipien zu tun, die als Objekte dem Vernunftsubjekt entgegenkamen. Jetzt dagegen treten wir in eine inhaltliche Sphäre, in die Verfassung der Gesellschaft ein, durch deren Institutionen alles wirtschaftliche, politische, rechtliche Tun der einzelnen mit der sittlichen Substanz des Volkes verbunden ist: »Als die *Substanz* ist der Geist die unwankende gerechte *Sichselbstgleichheit*; aber als *Fürsichsein* ist sie das aufgelöste, das sich aufopfernde gütige Wesen, an dem Jeder sein eignes Werk vollbringt, das allgemeine Sein zerreißt und sich seinen Teil davon nimmt. Diese Auflösung und Vereinzelung des Wesens ist eben das *Moment* des Tuns und Selbsts Aller; es ist die Bewegung und Seele der Substanz, und das bewirkte allgemeine Wesen« (S. 239).

Die Seinsweise dieser Gestalt der Substanz entspricht demjenigen, was der Jurist unter der Rechtsqualität der Verfassung (im Gegensatz zum Verfassungsgesetz) versteht. Im Grundgesetz heißt es: »Die Menschenwürde *ist* unantastbar« (Art. 1), und nicht, wie es sinngemäß im Strafgesetzbuch heißen würde: ›*Wenn* jemand die Menschenwürde eines anderen in bestimmter Weise antastet, *dann* soll er bestraft werden‹. Ebenso sagt Hegel jetzt: »Der Geist ist hiemit das sich selbst tra-

gende absolute reale Wesen«, und er stellt fest, daß darin alle vorhergehenden Seinsweisen (das »Ding« des Kap. II, das »Gesetz« des Kap.
III., das »Selbstbewußtsein« des Kap. IV. usw.) enthalten sind. Sie sind,
wie sich jetzt herausstellt, nur Abstraktionen des »Geistes«, des Kap.
VI., so wie für den Juristen die einfachen Gesetze, Verwaltungsakte
usw. Ausdruck der einen, alles Recht zusammenfassenden Verfassung
sind. Der Inhalt des Kap. VI. ist also die philosophische Darstellung der
Verfassungsprinzipien, in denen sich der sittliche Geist ausgestaltet hat,
um »durch eine Reihe von Gestalten zum Wissen seiner selbst (zu) gelangen. Diese unterscheiden sich aber von den vorhergehenden dadurch, daß sie die realen Geister sind, eigentliche Wirklichkeiten, und
statt Gestalten nur des Bewußtseins, Gestalten einer Welt« (S. 240).

## 2. Interpretation des Haupttextes

### A. »Der wahre Geist. Die Sittlichkeit«

Im Abschnitt VI. A. (S. 240–264) führt uns Hegel wiederum in die Welt
der Antike, in deren Frühzeit (vor der sokratischen Reflexion des
Kap. V. B.) die Gleichgewichtsidee ihre Einhüllung in die Wärmessub-
stanz noch nicht verlassen hat, worin sie als sittlicher Geist erlebt wird.
Daher bewegt sich diese Bewußtseinsgestalt der Sittlichkeit noch auf
dem Boden der Empfindungsseele und drückt deren Weltanschauung
aus. Die Verstandesseele, obwohl in der griechisch-römischen Epoche
der Menschheitsentwicklung schon erwacht und tätig, tritt erst später
als Weltanschauung auf, nämlich in der neuzeitlichen Welt der »Bildung« und ihren am gesellschaftlichen Leben und Gleichgewicht
orientierten Konflikten (VI. B.). Die in der Antike durchgearbeiteten
Konflikte der Sittlichkeit sind mit jenen zwar im Prinzip verwandt, aber
sie sind hier noch nicht so weit entfaltet, sie sind noch tiefer im geistig-
physischen Wesen des Menschen verborgen.

»Der Geist ist in seiner einfachen Wahrheit Bewußtsein, und schlägt
seine Momente auseinander. Die *Handlung* trennt ihn in die Substanz
und das Bewußtsein derselben; und trennt ebensowohl die Substanz als

das Bewußtsein. Die Substanz tritt, als allgemeines *Wesen* und *Zweck*, sich als der *vereinzelnten* Wirklichkeit gegenüber« (S. 240). Einerseits ist für den Menschen der Antike die Idee des Gleichgewichts und der Gerechtigkeit eine lebendig wahrnehmbare geistige Realität. Andererseits liegt diesem Geist auf der physischen Seite der Gleichgewichtssinn zugrunde, dessen physiologisches Funktionsbild allerdings ein Defizit gegenüber der reinen Gleichgewichtsidee aufweist. Daraus, nämlich aus dem Blut als dem damaligen Sitz des Gleichgewichtsempfindens, steigt nun das Verhängnis auf: Durch die Blutskräfte wird in der Handlung auseinandergeworfen, was im Geist eine Einheit ist, aber eben nur für den Menschen, der sich aus den Blutskräften zum Geist erheben kann. Hegel stellt uns dies in drei Gedankengängen dar, worin er folgende Gegenstände behandelt: a. Die Idee der physisch-seelischen Konstitution des Menschen im Gleichgewicht ihrer männlich-weiblichen Faktoren, b. Die Störung dieses Gleichgewichts durch das Handeln des Individuums und c. die gesellschaftliche Sicherung des Gleichgewichts im System des römischen Rechtspositivismus.

## a. Das Gleichgewicht in den Blutskräften

Der Abschnitt VI. A. a. (»Die sittliche Welt, das menschliche und göttliche Gesetz, der Mann und das Weib«, S. 241–251) handelt davon, daß eine kosmische (Verhältnis von menschlichem und göttlichem Gesetz) und eine irdische Beziehung (Mann und Weib) in der Natur des einzelnen Menschen dort zusammentrifft, wo die physiologische Disposition für ein solches Zusammentreffen besteht. »Blut ist ein ganz besondrer Saft«, sagt Mephisto in Goethes Faust[273] und überläßt es uns, den Wahrheitsgehalt dieser These zu präzisieren und von ihrem Falschheitsgehalt abzugrenzen. Eben das tut Hegel in Kap. VI. A. a., indem er dort die Verschiedenheit in der seelisch-sozialen Disposition von Mann und Frau auf eine unterschiedliche physiologische Bindung zurückführt und zeigt, inwiefern die Sittlichkeit der Institutionen, nämlich der Familie in einem funktionierenden Gemeinwesen, diesen Unterschied ausgleichen kann. Die Liebe der Ehegatten ist dabei nur ein auslösender Faktor (sie spielte in der Antike in der Tat keine tragende Rolle):

Sittlich-objektiv gesehen werden Familien gegründet, um die Menschheit im Verhältnis der Blutsverwandtschaft fortzupflanzen, wobei sich
in der Blutmischung von Mann und Frau deren Wesensverschieden-
heiten ausgleichen.

Hegel spricht hier, wie gesagt, von einer Epoche der Menschheit, in
welcher die gattungsmäßige Bestimmtheit der Geschlechter noch bewußtlos, durch die Gleichgewichtskräfte des Blutes, ausgeglichen werden mußte, er denkt in Kap. VI. A. im Horizont der Empfindungsseele
und nicht in demjenigen der Bewußtseinsseele (Kap. VI. C.), der gegenüber ihren Gattungsmerkmalen souveränen Individualität.[274] Für
unser archaisches Seelenorgan ergibt sich (im ersten Abschnitt von
VI. A. a., S. 241–245, Z. 17) eine Polarisierung von Mann und Weib in
dem Sinne, daß jener die Außenrichtung in die Gesellschaft, die Arbeit
für das Allgemeine vertritt, während umgekehrt die Frau für die Innen-
richtung, das Behüten des Einzelnen als Einzelnen zuständig ist
(S. 243). Institutionell gesehen entspricht dem die Polarisierung von
Staat (männlich) und Familie (weiblich), wobei der erstere vom
»menschlichen« die letztere vom »göttlichen Gesetz« regiert wird. Damit stehen sich also gegenüber: Mann, Staat, menschliches Gesetz auf
der einen und Weib, Familie, göttliches Gesetz auf der anderen Seite.
Wenn man so will, liegt hierin sogar eine feministische Theologie, aber
als Element einer archaischen und deshalb zu überwindenden Sittlichkeit. In VI. A. a. erscheint diese Sittlichkeit zunächst noch im Gleichgewicht, indem Staat und Familie sich ihre Zuständigkeiten innerhalb
des sittlichen Ganzen teilen. Die Arbeit für das Allgemeinwohl entreißt
zwar den einzelnen der Familie, der Staat nimmt der Mutter den Sohn
weg, schickt ihn in den Krieg und in den Tod (S. 244), aber die Familie
behält ihr Recht, indem sie den Toten nach göttlichem Gesetz bestattet
und ihn dadurch als geistiges Wesen aus dem elementarischen Ver-
nichtungsprozeß heraushebt (S. 245).

In einem zweiten Abschnitt von VI. A. a. (S. 245–249, Z. 5) geht nun
das statische Gleichgewicht der Sittlichkeit in ein Fließgleichgewicht
über. Von der Familie aus macht sich nämlich ein Besitzstandsdenken
geltend, welches die sittliche Substanz zu zerstören droht, indem es sie
durch einfache Gewöhnung an die bestehenden Verhältnisse in eine

Summe von einzelnen Rechtspositionen auflöst. Hiergegen wendet sich der Staat, indem er die Grundlage dieser Mentalität von Zeit zu Zeit durch Kriege erschüttert (S. 246). Dies ist also Hegels berühmte These von der Notwendigkeit des Krieges: Sie gehört genauso wie seine feministische Theologie der archaischen Stufe der Sittlichkeit an, welche geistig zu überwinden ist. Übungsfeld für diese Überwindung ist wiederum die Familie, wo sie sich in der wechselseitigen Achtung der Ehegatten und in der »*Pietät* der *Eltern* und *Kinder* gegeneinander« (S. 247) ausdrückt. »Das unvermischte Verhältnis aber findet zwischen *Bruder* und *Schwester* statt. Sie sind dasselbe Blut, das aber in ihnen in seine *Ruhe* und *Gleichgewicht* gekommen ist; sie begehren daher einander nicht, noch haben sie dies Fürsichsein eins dem andern gegeben, noch empfangen, sondern sie sind freie Individualität gegeneinander.« Während die Frau als Gattin und Mutter im natürlichen Element verharrt und daher nicht zur Ausübung einer aktiveren gesellschaftlichen Funktion kommt, hat sie als Schwester sehr wohl eine solche Rolle zu spielen; »das Moment des anerkennenden und anerkannten *einzelnen Selbsts* darf hier sein Recht behaupten, weil es mit dem Gleichgewichte des Blutes und begierdeloser Beziehung verknüpft ist. Der Verlust des Bruders ist daher der Schwester unersetzlich, und ihre Pflicht gegen ihn die höchste« (S. 248), was Antigone[275] mit ihrem Auftreten gegen Kreon unter Beweis stellt.

Im dritten Abschnitt von VI. A. a. (S. 249–251) drückt Hegel das Erscheinen der sittlichen Substanz im Horizont der Empfindungsseele objektiv aus: »Das Ganze ist ein ruhiges Gleichgewicht aller Teile, und jeder Teil ein einheimischer Geist, der seine Befriedigung nicht jenseits seiner sucht, sondern sie in sich darum hat, weil er selbst in diesem Gleichgewichte mit dem Ganzen ist« (S. 249). Auch die archaische Form der Rechtsverwirklichung durch die Blutrache, die wiederum neue Blutrache nach sich zieht, vermag dieses Gleichgewicht nicht zu stören, weil darin nur die Natur der Familienbande überhaupt als des göttlichen Gesetzes zum Ausdruck kommt, welches dem Recht des Gemeinwesens als der Sphäre des menschlichen Gesetzes und des öffentlichen Lebens frei gegenübersteht. »Das sittliche Reich ist auf diese Weise in seinem *Bestehen* eine unbefleckte durch keinen Zwiespalt ver-

unreinigte Welt. Ebenso ist seine Bewegung ein ruhiges Werden der
einen Macht desselben zur andern, so daß jede die andere selbst erhält
und hervorbringt« (S. 250).[276] Diese Bewegung wird nun in zwei
Schlüssen zusammengefaßt. Erstens: Das menschlich-bewußte Gesetz
schließt sich durch die Individualität des Mannes mit der bewußtlos-
elementarischen Kraft zusammen. Zweitens: Das göttliche Gesetz wird
durch den unbewußten Geist des Weibes in der Familie realisiert und
verdichtet sich dort zu einem menschlichen Bewußtseinsfaktor. Was
Hegel hier ausspricht betrifft die Konstitution des männlichen und
weiblichen Wesens überhaupt. Die beiden Schlüsse sind der Animus-
Lehre C. G. Jungs verwandt, also der These, daß der Mann einen weiblichen (»anima«), die Frau einen männlichen Seelenteil (»animus«)
besitzt. Schon vor Jung hat R. Steiner von einer Gegengeschlechtlichkeit des Bildekräfteleibes (von der weiblichen Natur des letzteren beim
Manne, und umgekehrt) gesprochen,[277] was noch besser zu Hegels Position paßt. In dieser metaphilosophischen Deutung besagt der erste
Schluß: Das Ich des Mannes ist von der Ganzheit seines seelisch-leiblichen Daseins unabhängiger, es kann unmittelbarer-willenhaft in den
Bildekräfteleib eingreifen, der sich diesen Eingriff gefallen läßt. Und
der zweite Schluß besagt: Das Ich der Frau ist konstitutionell tiefer in
ihren ganzen Organismus versenkt, so daß sie von der Selbstproduktion
des letzteren als einem aktiven (»männlichen«) Faktor ausgeht und
daran zum Bewußtsein erwacht.

## b. Die Störung des Gleichgewichts durch das menschliche Handeln

In Abschnitt VI. A. b. (»Die sittliche Handlung, das menschliche und
göttliche Wissen, die Schuld und das Schicksal«, S. 251–260) werden
die beiden oben aufgezeigten Konstitutionsmerkmale von Mann und
Frau gewissermaßen aktiviert: Sie gehen in Handlung, Wissen, Schuld
über. Das diesen Übergang tragende Denken ist jetzt mehr vorstel-
lungsartig. Im Denken der Gedankengänge von VI. A. a. war der Wille
bestimmend, in der konstitutionellen Verschiedenheit von Mann und
Frau, im strukturellen Interessengegensatz von Staat und Familie, das

Gleichgewicht der Sittlichkeit zu halten. Dieser Wille tritt nun zurück, da die beiden Pole in ihrer substantiellen Verschiedenheit aktiv werden und sich als absolute Gegensätze ins Leben herausstellen. Sie beziehen sich also nicht mehr auf einen gemeinsamen sittlichen Boden, sie verlieren die sie tragende Wechselbezüglichkeit, indem jetzt jeder das Ganze der Sittlichkeit »in den Abgrund seiner *Einfachheit* verschlingt, – und für uns in das *absolute Fürsichsein* des rein einzelnen Selbstbewußtseins übergeht« (S. 251).

Beide Mächte, das göttliche und das menschliche Gesetz verlangen, daß ihnen gemäß gehandelt werde. Der Mensch verstrickt sich, weil er handeln muß, in den tragischen Widerspruch, den uns die klassische griechische Tragödie vorstellt. Hier, sagt Hegel, sehen wir »nicht das schlechte Schauspiel, sich in einer Kollision von Leidenschaft und Pflicht, noch das Komische, (sich) in einer Kollision von Pflicht und Pflicht zu befinden«, – womit Kants Antinomie von Pflicht und Neigung, bzw. die juristisch-moraltheologische Denkfigur einer »Pflichtenkollision« mit entsprechenden Rechtfertigungsgründen,[278] als moderne Kopfgedanken gekennzeichnet werden, welche an die leiblich-geistige Tiefe des tragischen Gegensatzes gar nicht heranreichen. Der handelnde Mensch der Antike verzichtet auf solche rationalisierenden Ausflüchte: »Das sittliche Bewußtsein ... weiß, was es zu tun hat; und ist entschieden, es sei dem göttlichen oder dem menschlichen Gesetze anzugehören. Diese Unmittelbarkeit seiner Entschiedenheit ist ein *Ansichsein* und hat daher zugleich die Bedeutung eines natürlichen Seins ...; die Natur, nicht das Zufällige der Umstände oder der Wahl, teilt das eine Geschlecht dem einen, das andere dem andern Gesetze zu, – oder umgekehrt, die beiden sittlichen Mächte selbst geben sich an den beiden Geschlechtern ihr individuelles Dasein und Verwirklichung« (S. 252).

Durch die Tat wird die Koexistenz der beiden sittlichen Mächte aufgehoben, wird das, was vorher nur ihr Unterschied war, zum Gegensatz. Das menschliche und das göttliche Gesetz bestreiten sich wechselseitig ihre Gültigkeit: Von der Seite des göttlichen aus gesehen erscheint die positive Gesetzgebung als »menschliche zufällige *Gewalttätigkeit*«, und umgekehrt sieht das dem Staatsdienst verpflichtete Be-

wußtsein in der Berufung auf ein Naturrecht nur »den Eigensinn und
den *Ungehorsam* des innerlichen Fürsichseins; denn die Befehle der
Regierung sind der allgemeine, am Tage liegende öffentliche Sinn; der
Willen des andern Gesetzes aber ist der unterirdische, ins Innre ver-
schlossne Sinn, der in seinem Dasein als Willen der Einzelheit erscheint, und im Widerspruche mit dem ersten der Frevel ist«. Hinter
diesem Gegensatz steht derjenige der natürlichen Konstitution von
Mann und Frau, den Hegel nun neu bestimmt, nämlich als Verschiedenheit in der Beziehung der Momente des Bewußtseins und Selbstbewußtseins.

Der Mann, so deuten wir den Text auf S. 252 f., geht typischerweise
vom dinglichen »Bewußtsein«, also von der rationalen Struktur (Kap.
II.) und Gesetzmäßigkeit (Kap. III.) des Dings aus, und erschließt sich
von dorther, im Durchstehen des beruflichen Duells (Kap. IV. A.) das
Selbstbewußtsein, aus welchem sich ihm die vernünftige Zuwendung
zum Weltgeschehen und der Zugang zum sittlichen Geist ergibt. In der
Krise der Sittlichkeit kann er sich dann auf dem gleichen Wege gewissermaßen zurückziehen und auf die konstitutive Kraft der Bewußt-
seinsstruktur, d. h. auf die Einhaltung des »menschlichen Gesetzes« als
eines positiven Dings pochen. Bei Kant ist diese Bewegung im Verhältnis des »konstitutiven« Gesetzes des verstandesmäßigen Erkennens
und der »regulativen« Ideen der Vernunft, als dem weicheren Teil des
Geistes, ausgedrückt. Dem setzt Hegel nun folgende These entgegen:
So wie Kant die Beziehung darstellt, und wie sie sich aus der bisherigen
Entwicklung der »Phänomenologie« ergeben hat, ist sie nur aus der
männlichen Natur heraus gedacht; aus der weiblichen Natur ergibt sich
dagegen die umgekehrte Entwicklung: Hier ist die sittliche Substanz
die Grundlage, aus der heraus sich das Dingbewußtsein an die Oberfläche arbeitet, ohne dort jedoch Positivität und Selbständigkeit zu gewinnen. Metaphilosophisch gesehen schreibt Hegel dem geistig-seelischen
Wesen der Frau die Fähigkeit zu, ein Moment jener oben angedeute-
ten[279] unmittelbaren Geisteswirkung des Kindesalters unreflektiert ins
Erwachsenenleben hinüberzutragen und aus ihrem Bildekräfteleib
heraus als geistige Gleichgewichtswirkung sprechen zu lassen. Dieser
Geist ist sie selbst, und das ist ihr Bewußtsein, auf welches sie sich im

Krisenfall der Sittlichkeit, also beim Handeln im tragischen Konflikt, zurückzieht: »Das absolute Recht des sittlichen Bewußtseins ist daher, daß die *Tat,* die *Gestalt* seiner *Wirklichkeit,* nichts anders sei, als es *weiß*« (S. 253).

In der Antigone des Sophokles ist die Tragödie dieser Tat dargestellt. Der im aufrührerischen Kampf gefallene Polyneikes soll nach des Königs Kreon Gebot (= dem menschlichen Gesetz) unbestattet bleiben; Antigone aber, die Schwester des Gefallenen, folgt dem göttlichen Gesetz, das ihr gebietet, den Leib des Bruders der Erde zu übergeben. Sie folgt der Stimme ihres sittlichen Selbstbewußtseins, aber dieses gibt »durch die Tat die Bestimmtheit der Sittlichkeit auf, die einfache Gewißheit der unmittelbaren Wahrheit zu sein, und setzt die Trennung seiner selbst, in sich als das Tätige und in die gegenüberstehende für es negative Wirklichkeit. Es wird also durch die Tat zur *Schuld*« (S. 254). Metaphilosophisch gesagt: Die Frau wird erwachsen, sie holt in der Tat die Verdinglichung des Bewußtseins nach, welche das männliche Wesen seiner geistig-seelischen Anlage nach schon vorher vollzogen hat. Dies ist Verschuldung gegenüber der ursprünglichen Einheit des Geistes, aber es ist unvermeidliche conditio humana. Theologisch gesehen ist es die Erbsünde, welche jenseits unserer Vorstellungen von Gut und Böse das menschliche Tun durchdringt und sogar die Unschuld des kleinen Kindes korrumpiert; »das Tun ist selbst diese Entzweiung, sich für sich, und diesem gegenüber eine fremde äußerliche Wirklichkeit zu setzen; daß eine solche ist, gehört dem Tun selbst an und ist durch dasselbe. Unschuldig ist daher nur das Nichttun wie das Sein eines Steines, nicht einmal eines Kindes.«

Besonders hart trifft die Erbsünde die sittliche Handlung des antiken Menschen, weil dieser »innerhalb der *natürlichen Unmittelbarkeit* bleibt«, die ihm durch die Rollenverteilung in der Gesellschaft, also durch das Gattungsmäßige vorgegeben ist: »Das Selbstbewußtsein steigt innerhalb des Volkes vom Allgemeinen nur bis zur Besonderheit, nicht bis zur einzelnen Individualität herab, welche ein ausschließendes Selbst, eine sich negative Wirklichkeit in seinem Tun setzt«. Es kann hier, wie wir oben sagten, der Zugang zur geistigen Seite des Gleichgewichtssinnes nur aus der Blutsubstanz gefunden werden, in der jedoch auch die Macht der unbewußten Gegengeschlechtlichkeit des Bildekräfteleibs lauert. Dies ist in der Tragödie des Ödipus dargestellt, der sein sittliches Selbstbewußtsein in seinem männlich-verdinglichten Bewußtseinshorizont zum Handeln bringt und eben darum nicht weiß, was er tut: »Die Wirklichkeit hält daher die andere, dem Wissen fremde Seite in sich verborgen und zeigt sich dem Bewußtsein nicht, wie sie an und für sich ist, – dem Sohne nicht den Vater in seinem Beleidiger, den er erschlägt, – nicht die Mutter in der Königin, die er zum Weibe nimmt. Dem sittlichen Selbstbewußtsein stellt auf diese Weise eine lichtscheue Macht nach, welche erst, wenn die Tat geschehen, hervorbricht und es bei ihr ergreift; denn die vollbrachte Tat ist der aufgehobne Gegensatz des wissenden Selbst, und der ihm gegenüberstehenden Wirklichkeit« (S. 255). Die Tat des Menschen, sagt Hegel, ist, »das nur erst in der Möglichkeit Verschlossene hervorzubringen, und hiemit das Unbewußte dem Bewußten, das Nichtseiende dem Sein zu verknüpfen.« Und die Tat der Antigone ist, weil sie das positive Gesetz, an dessen sittliche Verbindlichkeit sie nicht glaubt, vorsätzlich bricht, eben deshalb eine klarere Tat, als die des Ödipus, für den die Enthüllung seiner Verwandtschaftsbeziehungen nur eine böse Überraschung darstellt.

In der Tragödie erleben wir, daß das Gleichgewicht der Sittlichkeit durch das menschliche Handeln, die Verteilung der Substanz auf einen Protagonisten und dessen Antagonisten, so gestört wird, daß es nur durch den Untergang dieser beiden wiederhergestellt werden kann (S. 256 ff.) Was danach folgt, ist die »Komödie im Sittlichen«[280], in welcher sich das gleiche Spannungsverhältnis als Witz zwischen Unbewußtem und Bewußtem entladen kann. Das sittliche Bewußtsein der Frau, jetzt nicht als Geist, sondern als natürliche Vereinzelung, dringt über die soziale Institution der Familie in das Gemeinwesen ein (S. 259). Das Allgemeinwohl geht in Hausmachtbereiche und deren Bereicherung auseinander, Staatsämter werden »zum Putz der Familie« oder zum Ausleben krankhafter Charakterzüge gebraucht. Auch heute sprechen wir ja von »Vetternwirtschaft«, »Seilschaften«, »Klüngeln«, »Mafia« usw., womit wir zugleich konstatieren und kritisieren, daß die familiäre Beziehungsstruktur im staatlich-institutionellen Bereich immer wieder durchbricht. Eben dieser Widerspruch zwischen Konstatieren und Kritisieren ist es, der die Tragödie im Sittlichen zur Komödie werden läßt. Oder neuerdings zur Super-Komödie der geschlechtsbezogenen »Quotenregelung« bei der Aufstellung von Kandidatenlisten und bei der Besetzung von Posten: Man ernennt die Gesamtheit der Frauen zu einer Großfamilie, um deren Anteil an der bestehenden Vetternwirtschaft durch eine entsprechende Cousinenwirtschaft ergänzen zu können.

Für Hegel ist die Komödie ebenso wie die Tragödie im Sittlichen ein Zerstörungsprozeß, der den Sinn hat, uns in der Überwindung der natürlich-substantiellen Seite des Gleichgewichtssinnes für dessen wahrhaft geistigen Gehalt aufzuwecken. Warum ist die griechische Sittlichkeit überhaupt untergegangen, warum hat sich das Staatskunstwerk der Polis als endlicher Geist erwiesen? Weil das Bewußtsein der Griechen sich zu unmittelbar auf das sittliche Gesetz bezog; »in dieser Bestimmung der Unmittelbarkeit liegt, daß in die Handlung der Sittlichkeit die Natur überhaupt hereinkommt. Ihre Wirklichkeit offenbart nur den Widerspruch und den Keim des Verderbens, den die schöne Einmütigkeit und das ruhige Gleichgewicht des sittlichen Geistes eben an dieser Ruhe und Schönheit selbst hat; denn die Unmittelbarkeit hat die widersprechende Bedeutung, die bewußtlose Ruhe der Natur und die selbstbewußte unruhige Ruhe des Geistes zu sein« (S. 260).[281] Das gilt auch noch heute: Wenn man von der »sinnlich-sittlichen Wirkung des Gleichgewichts« spricht, so ist darin die dem Sinneswesen eigene Ambivalenz von Natur und Geist noch nicht aufgehoben. Und wenn *wir* diese Ambivalenz nicht aufheben, d. h. denkend begreifen, dann muß sie zerstörerisch werden, wie sie in der griechischen Sittlichkeit zerstörerisch wurde.

## c. Das Gleichgewichtssystem des positiven Rechts

Mit dem »Rechtszustand« des Abschnitts VI. A. c. (S. 260–264) ist die griechische Sittlichkeit in das System des positiven Römischen Rechts übergegangen. Hegels spätere Geschichtsphilosophie interpretiert dies als Ausdruck des weltgeschichtlichen Fortschritts: Rom hat Griechen-

land erobert, weil die römische Organisation, die zentralistisch-rechts-
förmig durchdrungene Staatsverfassung das modernere Prinzip verkörperte, dem die griechischen Städte, die mit ihren verstandesmäßig
nicht ausgehärteten Verfassungen nur ein Ensemble von »Staatskunst-
werken« darstellten, unterliegen mußten.[282] In der »Phänomenologie«
stellt sich derselbe Fortschritt als ein Entwicklungsschritt im Menschenwesen, in der Durchdringung und Bewußtwerdung der verborgenen Wesensgliederung des Menschen dar. So betrachtet handelt
Kap. VI. von der Vergeistigung des Bildekräfteleibs überhaupt, die in
Abschnitt A. vom Boden der Empfindungsseele aus in drei Gedankengängen unternommen wird. Dabei verbindet sich jetzt der Wille zum
sittlichen Gleichgewicht (a.) mit der Vorstellung, dieses Gleichgewicht
durch die Tat realisieren zu können (b.), d. h. es entsteht ein System der
Wechselbezüglichkeit solcher Taten, welches aus der Wechselbezüglichkeit des Fühlens der Seele heraus gedacht ist.

Genau genommen ist dieses aber nur in seinen rationalen Einzelheiten gedacht, während es als Ganzes, als Rechtssystem nur empfunden
wird. Erst in der Neuzeit kann man von einem »Geist des Römischen
Rechts« sprechen,[283] für die Römer dagegen ging diese Verallgemeinerung hinter ihrem Rücken vor. Der einzelne begnügte sich hier damit
zu wissen, daß seine Position als *Eigentum* habende Rechtsperson den
gleichen Schutz genießt, wie die jedes anderen: »Das Allgemeine in die
Atome der absolut vielen Individuen zersplittert, dieser gestorbene
Geist ist eine *Gleichheit*, worin *Alle* als *Jede*, als *Personen* gelten«
(S. 260). Mit der juristisch-normativen Ausformulierung dieses Bewußtseins wird zwar ein äußeres Gleichgewicht der Gesellschaft erreicht, aber das Wissen von diesem als der sittlichen Substanz geht verloren. Noch heute ist es ja eine ungeklärte Frage, ob der Richter bei
seinen Entscheidungen auch eine materielle Gerechtigkeit zu verwirklichen habe oder ob er sich als Jurist damit begnügen muß, die Einzel-
entscheidung in das normative Systemgleichgewicht einzuordnen, d. h.
die Gerechtigkeit nur in der Rechtsanwendungsgleichheit zu verwirklichen.[284] Was das letztere bedeutet, muß uns klar werden, wenn wir auf
die Geschichte des römischen Staates hinblicken, denn in dieser ist es
schon einmal geklärt worden.

In der späteren Geschichtsphilosophie spricht Hegel unmittelbar aus, wie er das Verhältnis des modernen Menschen zum Römischen Rechtssystem mit seinem formalen Gleichgewichtsideal sieht: Dieses System ist ein Mechanismus, dessen sich der Mensch bedienen muß, wie er sich anderer mechanischer Hilfsmittel zur Herstellung menschengemäßer Zustände in der Welt bedient. Daß das Instrument aus seelisch-sinnlicher Substanz (und nicht aus Holz oder Metall) geformt ist, ändert nichts an seinem mechanischen Charakter: »Die Römer haben ..., indem sie das Prinzip von dem feststellten, was juristisch rechtlich sei, diese große Trennung vollbracht, daß außer Rücksicht auf das Gemüt die abstrakte Persönlichkeit geltend gemacht werde ... Wir können uns dieses der Form nach großen Geschenkes bedienen und es genießen, ohne zum Opfer dieses dürren Verstandes zu werden. Die Römer sind das Opfer geworden für die Freiheit, die der Nachwelt zuteil geworden ist.« Sie suchten ihr Wesen in dem juristischen Gleichgewichtsideal zu veredeln, aber sie fanden nur die formale Freiheit eines rationalisierten Ich.[285]

Eben dieser Opfergang wird nun in der »Phänomenologie« nachgezeichnet, und zwar entsprechend den drei Stufen des Kap. IV. B., als Rechtsempfinden des »Stoizismus«, als Rechtsverwirklichung des »Skeptizismus« und als Rechtsaufhebung durch das »unglückliche Bewußtsein«. Die römische Rechtsverfassung entspricht also zunächst dem *stoischen* Bewußtsein. Ebenso wie dieses frei wird, indem es »sein Wesen nicht an irgendein Dasein knüpft, sondern jedes Dasein aufgeben (kann), und sein Wesen allein in die Einheit des reinen Denkens setzt« (S. 261) ist auch das Rechtsbewußtsein frei von dem Gedanken an den materiellen Wert, um den gestritten wird, und nur auf das Prinzip gerichtet, daß das geltende Recht vollzogen werde. Dieses prinzipiell-negative Moment verstärkt sich dann auf der nächsten Stufe, welche dem Skeptizismus des Kap. IV. B. entspricht. So wie der *Skeptiker* mit der Wahrheit umgeht, indem er nämlich keine gelten läßt, sondern in jeder Behauptung nur deren Falschheitsgehalt hervorhebt, so verfährt die Rechtsperson mit dem Eigentum (S. 262). Das letztere soll im Wirtschaftsleben den Menschen zum produktiven Zusammenwirken dienen, aber rechtlich steht es unter der negierenden Form des Aus-

schließens, Untersagens, Verbietens usw. Das Wort »Privateigentum«
kommt von lat. »privare« = berauben. Damit wird ausgedrückt, daß
der einzelne sich hier mit dem ihm gehörenden Ding vom sozialen
Ganzen isolieren, daß er den Gebrauch seines Eigentums seinem subjektiven Zweck unterstellen (§ 903 BGB: daß er »mit seiner Sache nach
Belieben verfahren und andere von jeder Einwirkung ausschließen«)
darf, auch wenn er damit dasjenige durchkreuzt, was eigentlich das
Allgemeinwohl ist.

Es ist klar, daß ein solcher Rechtsgedanke, wenn er ohne Einschränkung in die soziale Realität übertragen wird, eine schwere Verletzung
der Gerechtigkeit, und damit der Gleichgewichtsidee darstellt.
A. France hat das in ein eindrucksvolles Bild gekleidet: »Es ist die ma-
jestätische Gleichheit des Gesetzes, die es Armen und Reichen gleichermaßen verbietet, Brot zu stehlen und unter Brücken zu schla-
fen«.[286] Die Realisierung dieses Bildes in der römischen Gesellschaftsverfassung entspricht dem »*unglücklichen Bewußtsein*«, denn die politischen Institutionen können sich nicht dagegen wehren, daß durch die
hier offenbleibende Gerechtigkeitslücke das chaotische Moment der
Lebenssubstanz zerstörend eindringt. Hegel hat diesen Prozeß, die
schleichende Selbstzerstörung des Römischen Reiches, in den ge-
schichtsphilosophischen Vorlesungen mit dramatischer Kraft dargestellt.[287] In unserem Kap. VI. A. c. wird davon nur eine kurze Skizze gegeben (S. 263 f.), die jedoch im Prinzip dasselbe ausdrückt. Das System
des real existierenden Besitzindividualismus, welches außer seiner immanenten Rationalität keinen anderen legitimierenden Inhalt kennt,
ist sowohl ›nach unten‹ wie ›nach oben‹ grenzenlos unsicher und daher
der Zerstörung ausgesetzt. Nach unten: Bedenken wir, daß auch in der
Blütezeit der römischen Kolonialmacht ein Schuldner, der nicht zahlen
konnte, in die Sklaverei verkauft werden durfte, damit der Gläubiger
Befriedigung erlange. Nach oben: Die römischen Cäsaren begnügten
sich nicht mit der Stellung von Repräsentanten des Systems der priva-
ten Rechtspersonen, sie fühlten sich vielmehr als die wirklichen Ober-
eigentümer, die sich alle Macht über die weltlichen und geistigen
Dinge aneigneten. So kam es trotz insgesamt steigenden Reichtums zu
einer Zertrümmerung der römischen Sozialstruktur, zu den ungeheu-

ren Ausschweifungen der ›circenses‹, zum Cäsarenwahn, zur Diktatur von Einzelnen bzw. ihren Palastgarden, aus deren Reihen dann wieder neue Diktatoren hervorgingen.

Philosophisch gesehen bleibt die Sittlichkeit hier zwischen ihrem Bewußtsein und ihrem Selbstbewußtsein gespalten. Das Bewußtsein der Rechtsperson erfährt sich als substanzlos, da es das positive Rechtssystem als ein allgemein Geltendes sich gegenüber findet und seinen inneren, produktiven Anteil daran nicht erkennt. Das Selbstbewußtsein entsteht zwar innerhalb der Sphäre des Allgemeinen, indem diese vom Cäsar ergriffen wird, aber nicht um sich als Selbstbewußtsein zu institutionalisieren, sondern um dieses zu verwüsten und wegzuwerfen (S. 263). So muß der nächste Schritt darin bestehen, daß das Bewußtsein die cäsaristische Karikatur des allgemeinen Wesens und damit die Anknüpfung an eine metaphysische Wesenhaftigkeit überhaupt fallenläßt, um sich stattdessen in seinem Selbstsein in der entfremdeten Form des Personseins, oder in dem Persönlichkeitwerden als einer rein irdischen Produktion, zu finden.

## B. »Der sich entfremdete Geist. Die Bildung«

Wie der umfangreiche Abschnitt VI. B. (S. 264–323) weiter untergliedert und wie diese Untergliederung zu verstehen ist, ergibt sich aus unserem obigen Aufbauschema.[288] Danach betreten wir jetzt den Boden der Verstandesseele, die sich aus der geistigen Quelle der Gleichgewichtsidee bzw. des Gleichgewichtssinnes heraus zur Weltanschauung gestaltet. Hier tritt also wieder die aktive und realitätschaffende Macht der Entzweiung hervor, von der Hegel in der »Vorrede« so eindrucksvoll spricht,[289] und die er nun in der kurzen Einleitung zu VI. B. (S. 264–266) näher charakterisiert. Dazu dient zunächst ein Rückblick auf die Entwicklung in Abschnitt VI. A. Was war dort der Ausgangspunkt gewesen? »Die sittliche Substanz erhielt den Gegensatz in ihr einfaches Bewußtsein eingeschlossen, und dieses in unmittelbarer Einheit mit seinem Wesen« (S. 264). Die »sittliche Substanz«, so sagen wir metaphilosophisch, ist die Idee des Gleichgewichts, das »Wesen« des

auf sie gerichteten Bewußtseins aber ist das physiologische Funktionsbild des Gleichgewichtssinnes. Die Einheit beider war durch das Verhängnis der sittlichen Handlung gestört worden und dann in eine bleibende Handlungsstruktur, sozusagen in ein System der praktisch-sittli-
chen Selbstheit übergegangen, nämlich in den römischen Rechtspositivismus.

»Aber derjenige Geist dessen Selbst das absolut diskrete ist, hat seinen Inhalt sich als eine ebenso harte Wirklichkeit gegenüber, und die
Welt hat hier die Bestimmung, ein Äußerliches, das Negative des
Selbstbewußtseins zu sein. Aber diese Welt ist geistiges Wesen, sie ist an
sich die Durchdringung des Seins und der Individualität; dies ihr Dasein ist das *Werk* des Selbstbewußtseins, aber ebenso eine unmittelbar
vorhandne, ihm fremde Wirklichkeit«. In die Transformation der sittlichen Idee zum System des positiven Rechts greift der ahrimanische
Geist ein, »dessen Selbst das absolut diskrete«, nämlich der Isolierung
und Verhärtung ist, der nicht nur in der Natur Knochenbau und Panze-
rung der Lebewesen – mit einer überschießenden Tendenz zur Sklero-
tisierung – erzeugt, sondern der in der sozialen Welt ganz ebenso
wirkt.[290] Und zwar wirkt er hier über die menschlichen Denkgewohnheiten und -traditionen, in welchen er sich einnistet, in denen er sich als
Rechtswissenschaft und juristisch-bürokratische Praxis reproduziert,
um sich so ein Reich zu bauen, in welchem er als der ›Fürst dieser
Welt‹, oder wie Hegel sagt, als »der Herr der Welt des Rechts« residiert.
Und der Mensch kann dasjenige, was er darin erlebt, nämlich die fortwährend »Verwüstung, die in der Welt des Rechts herrscht«, nicht auf
eine »äußerliche Gewalt der losgebundnen Elemente« schieben, sondern er muß erkennen, daß es seine eigene Substanz ist, die er jenem
Geist zur Verfügung stellt. Andererseits kann nur auf diesem Wege der
»Entfremdung der Persönlichkeit« überhaupt die Substanz zu einer
stabilen Organisation kommen. Metaphilosophisch gesagt: Nur auf
dem Wege der objektivierenden Vergeistigung des Bildekräfteleibs
kann eine stabile Brücke zwischen Mensch und Welt entstehen, mag
dazu auch die Mitwirkung von Geistern notwendig sein, welche an sich
die Welt nach ihren eigenen menschenfeindlichen Zielen umbauen
wollen. Es bleibt hier dem Menschen gar nichts anderes übrig, als dar-

auf zu achten, daß er jedem Einseitigwerden einer geistigen Wirkung in sich eine andere, diese ausgleichende gegenüberstellt; »*seine* Substanz ist also seine Entäußerung selbst, und die Entäußerung ist die Substanz, oder die zu einer Welt sich ordnenden und sich dadurch erhaltenden geistigen Mächte« (S. 265).

Hiernach bestimmt Hegel zunächst den Begriff des Geistes als die aus der Substanz hervorgehende »selbstbewußte *Einheit* des Selbsts und des Wesens«. Indem ich z. B. Jurisprudenz studiere und praktiziere, vergeistige ich meinen Bildekräfteleib (und weiß, daß ich dies selbst tue) zur Gedankenorganisation desjenigen Wesens, welches »der Herr der Welt des Rechts« genannt wurde. Auf anderen Bildungswegen entstehen andere Objektwelten, aber doch immer solche, die funktionieren, die das Sein als Objektivität verfügbar machen und damit mein »*wirkliches Bewußtsein*« ausfüllen. Auf der anderen Seite weiß ich auch, daß die wirkliche Vergeistigung der Substanz einer in dieser schon angelegten Möglichkeit entspricht, eine Vergeistigungsbereitschaft voraussetzt. Indem ich diese Potenz aktualisiere, bleibe ich in einer und derselben geistigen Sphäre, und dies ist der Inhalt meines »*reinen Bewußtseins*«. Dem »wirklichen« steht somit das »reine Bewußtsein« gegenüber, und zwar so, daß jedes von beiden den Anspruch erhebt, den ganzen Horizont der Wirklichkeit auszufüllen oder Grundlage der Wirklichkeitsverfassung zu sein.

Das »wirkliche Bewußtsein« besteht darauf, daß der Weltgeist sein ganzes Sein in die Objektivität der realen Welt ausgegossen habe, die nunmehr das allein gültige Lesebuch für den erkennenden Menschengeist darstelle. Hier sind wir in der Welt der *Aufklärung*, die durchaus nicht geistlos ist, sondern vielmehr den Geist als Bildung begreift, bis hin zu der Einsicht in die physiologischen Grundlagen des Seelenlebens, wie sie bei aller Erziehung, Schulung, beim Lernen und Arbeiten überhaupt, mitgebildet werden. Demgegenüber besteht das »reine Bewußtsein« darauf, an der ursprünglichen Einheit des Weltgeistes mit sich selbst, also an einem Sein vor dem Ausgegossensein in der Objektwelt festzuhalten. Die letztere erscheint der Wahrnehmung zwar als in sich geschlossen, aber nur für unser wirkliches Bewußtsein, während das reine Bewußtsein an dem *Glauben* festhält, daß die irdische Sub-

jekt-Objekt-Beziehung als ganze eben auch ein Produkt der göttlichen
Schöpfermacht sei.

Beide, die Welt der Aufklärung und diejenige des Glaubens, leben in
Imaginationen der Gleichgewichtsidee, die sie allerdings zu unmittel-
bar auf die Wirklichkeit, auf die Regulierungen des gesellschaftlichen
Lebens beziehen. Deshalb vergessen sie das esoterische Ziel des
Kap. VI., die Ausbildung der höheren geistig-seelischen Organe im
Menschen, um stattdessen das Reich Gottes auf Erden zu errichten.
Man kann auch sagen: Sie verlassen die geistige Seite der Gleichgewichtsidee (mit welcher der Mensch sich nur durch ein individuelles
moralisches Urteil verbinden kann) und beschränken sich auf gedankliche Reproduktionen des physiologischen Funktionsbildes des Gleichgewichtssinnes. Daraus ergibt sich so etwas wie der Wettlauf zwischen
Hasen und Igel, bei welchem der Igel, weil er nämlich zu zweit antritt,
dem ankommenden Hasen jeweils sagen kann: Ich bin schon da. Das
Problem ist nur, daß sowohl der Glaube wie die Aufklärung sich hier in
der Rolle des Igels sehen. Das gläubige Bewußtsein sieht sich so, weil
für es alles, was in der Welt erscheint, in das Gleichgewicht von Jen-
seits- und Diesseitsprozeß, von Schöpfung und Gericht, Sünde und
Sündenvergebung eingeordnet werden kann, so daß auch alle aufklärerische Gottesleugnung, aller wissenschaftliche Materialismus hierin
ihren Platz finden. Umgekehrt versucht die Aufklärung alle Realität in
ihre Vorstellung eines Fließgleichgewichts von natürlicher und gesellschaftlicher Reproduktion einzuordnen, wobei sie auch den Glauben
mit seinen Lebensäußerungen in Kirche, Erziehung, Krankenpflege
usw. unter die treibenden Kräfte ihres nützlichkeitsorientierten Welt-
betriebs aufnimmt. Jedes der beiden Weltbilder nimmt das, was das
andere vertritt, in den Kreis seiner eigenen Funktionszusammenhänge
hinein, läßt es aber nicht als gleichberechtigte Weltanschauung sich
gegenüberstehen. In diesem Prozeß des wechselseitigen Sich-Verein-
nahmens, der als permanente Diskussion in den Salons, auf den Kanzeln und Kathedern abläuft, vollbringt die Verstandesseele ihre rationa-
lisierende »Bildungs«-Arbeit. Wie diese in Abschnitt B. aufgebaut ist,
haben wir schon oben, im Vorblick auf Kap. VI. dargelegt.

## (I.) »Die Welt des sich entfremdeten Geistes«

In VI. B. I. (S. 266–292) finden wir die beiden Bewußtseinsgestalten noch in friedlicher Koexistenz mit der »Bildung« ihrer jeweiligen Wirkungsfelder beschäftigt. Im Unterabschnitt I. a. handelt es sich um die Entstehung der Gesellschaftsverfassung des aufgeklärten Absolutismus, im Unterabschnitt I. b. um die gleichzeitige Entwicklung der neoaugustinischen Theologie (B. Pascal) und Erkenntnismetaphysik (N. Malebranche) in Frankreich. Die beiden letzteren Positionen, die in den theologischen Auseinandersetzungen des 17. Jhs. auf der Seite des »Jansenismus« gegen den »Jesuitismus« standen, haben für Hegel die Bedeutung idealtypischer Gedankenbewegungen in der inneren Entwicklung des Menschen. Das gilt vor allem von Pascals spiritueller Vertiefung des »Glaubens«, die Hegel hier in einer kurzen Vorbemerkung herausgreift, um sie als Weltanschauung mit dem entfremdenden Zeitgeist der Aufklärung zu konfrontieren (S. 266 f.). Indem das reine Bewußtsein sich der Realtendenz seiner Zeit gegenüberstellt, ist es selbst »nur die andre Form der Entfremdung, welche eben darin besteht, in zweierlei Welten das Bewußtsein zu haben, und beide umfaßt. Es ist also nicht das Selbstbewußtsein des absoluten Wesens, wie es *an* und *für sich* ist, nicht die Religion, welche hier betrachtet wird, sondern der *Glauben*, insofern er die *Flucht* aus der wirklichen Welt und also nicht *an* und *für sich* ist« (S. 266).

## a. Die Bildung der modernen Welt

Der lange Abschnitt VI. B. I. a. (»Die Bildung und ihr Reich der Wirklichkeit«, S. 267–286) beginnt mit der Herausarbeitung des Begriffs der »Bildung«. Damit wird der Vorgang des *Sich-Ausprägens der Substanz* (von Bildekräfteleib und Bildekräftesphäre) in der Wirklichkeit des Erdenlebens unmittelbar zum Thema. Wir waren diesem Vorgang schon in der »Sache selbst« des Kap. V. C. a. recht nahegekommen, aber nur so, daß wir die letztere als Kategorie unserer Weltanschauung mit demjenigen verglichen, was sich bei einer Realisierung dieser Weltanschauung in der gesellschaftlichen Wirklichkeit ergibt. Wir hatten

also dort nur die aus dem Wärmesinn aufsteigenden Vergleichsgedanken entwickelt. Jetzt dagegen, wo wir bis zur geistigen Seite des Gleichgewichtssinnes vorgedrungen sind, können wir die Sache selbst im
Selbstvollzug des Weltprozesses als Realität anschauen, nämlich eben
in der »Bildung«, in welcher sich die Substanz bei aller Veränderung
absolut gleichbleibt. Sie bildet durch Verdichtung und Steigerung in
sich lebendige Individuen aus, aber sie bringt in diesen nur sich selbst
zur Wirklichkeit, und da sie schlechterdings auf diese Verwirklichung
hin angelegt ist, besteht ihr primäres Sein in der Kraft, sie zu vollbringen, oder in dem »Geist der *Entfremdung* des *natürlichen* Seins. Diese
Entäußerung ist ... ebenso *Zweck* als *Dasein* desselben; sie ist zugleich
das *Mittel* oder der *Übergang* sowohl der *gedachten Substanz* in die
*Wirklichkeit*, als umgekehrt der *bestimmten Individualität* in die *Wesentlichkeit*. Diese Individualität *bildet* sich zu dem, was sie *an sich* ist,
und erst dadurch *ist* sie *an sich*, und hat wirkliches Dasein; soviel sie
Bildung hat, so viel Wirklichkeit und Macht« (S. 267).

Man kann dies nun wiederum naturalistisch-biographisch auffassen
und sagen: Jedes menschliche Wesen ist das, zu was es sich beim Heranwachsen, seiner Entelechie folgend, gemacht hat; die natürliche und
soziale Umwelt wirkt nicht primär von außen her, sondern das Individuum nimmt sich, was es davon brauchen kann, und stößt das für es
Unbrauchbare, soweit wie möglich, ab. So gesehen bildet sich jedes
Wesen nur zu der ihm entsprechenden Besonderheit aus und darf, weil
es damit einem allgemeinen Bildegesetz folgt, für sein je besonderes
Resultat eine allgemeine Anerkennung, oder zumindest Tolerierung
beanspruchen. Damit sind wir bereits bei einem der wichtigsten Postulate der Aufklärung, nämlich demjenigen der *Toleranz* (Leibniz, Lessing), dessen geistige Reichweite nicht leicht abzugrenzen ist.[291] Soviel
ist jedoch klar: Wenn man die Persönlichkeitsbildung darauf redu-
zierte, das Individuum sich gemäß seiner natürlichen Entelechie entwickeln zu lassen, so wäre dies nicht nur eine schlechte Pädagogik
(Kap. V. B. b.), sondern es führte auch zu einer Entwirklichung der Gesellschaft, zu einem Beharren des Einzelnen auf der Stufe der sinnlichen Gewißheit, auf welcher er sich nicht verobjektivieren kann. Daher
ist »jene vermeintliche Individualität ... eben nur das *gemeinte* Dasein,

welches in dieser Welt, worin nur das sich selbst Entäußernde und darum nur das Allgemeine Wirklichkeit erhält, kein Bleiben hat« (S. 268). Was sich nur durch seine natürliche Besonderheit auszeichnet, mag »in seiner Art gut« sein, aber schon in dieser Ausdrucksweise klingt mit, ebenso wie im französischen »Espèce«, daß vollgültige Prüfungsmaßstäbe hier gar nicht erst angelegt werden.[292]

Ernster zu nehmen ist die Bildungsphilosophie dort, wo sie zur Sozialtheorie, wo also die Bildung des Einzelwesens in ihrer Vermittlung mit der Gesellschaftsverfassung als ganzer angeschaut wird. Erst dort ist die Geistlosigkeit der gleichen Toleranz gegenüber Allem überwunden und geht in eine reale Gleichgewichtsproduktion über. Metaphilosophisch besteht dieser Schritt darin, daß die Voraussetzungen für eine Vergeistigung der Natur des Bildekräfteleibs zum »Lebensgeist« in der Seele geschaffen werden. Es reicht nicht aus, wenn in der letzteren nur ein *Bild* der Gerechtigkeit auftritt, vielmehr muß dieses Bild den Charakter einer real-idealen *Selbstgestaltung* der Seelentätigkeit haben, um diese zum geisttragenden Seelenleib, mit entsprechender Einwirkungsmöglichkeit auf den Bildekräfteleib, zu machen. Andererseits kann die Seele einen Abglanz dieser Idee gerade dort wahrnehmen, wohin ihre Wirkung geht, nämlich im Bildekräfteleib als Teil der Bildekräftesphäre, also in deren reiner Kontinuität, welche für die reine Anschauung wie ein See in der Abendstille erglänzt und ihr so im Stillen die ausgleichende Wirkung der Schwerkraft der Erde offenbart. Es entsteht dabei eine Wechselwirkung, die Hegel mit folgenden Worten beschreibt: »Was hier als die Gewalt des Individuums (sc. der Seele) erscheint, unter welche die Substanz komme, und hiemit aufgehoben werde, ist dasselbe, was die Verwirklichung der letztern ist. Denn die Macht des Individuums besteht darin, daß es sich ihr gemäß macht, d. h. daß es sich seines Selbsts entäußert, also sich als die gegenständliche seiende Substanz setzt. Seine Bildung und seine eigne Wirklichkeit ist daher die Verwirklichung der Substanz selbst.«

Dieser Prozeß geschieht nun freilich nicht auf dem Wasser, sondern auf der Erde, und auch wiederum nicht in der natürlichen Produktion des Erdenlebens, sondern in der *gesellschaftlichen* Wirklichkeit. Und weil der moderne Mensch dabei nicht mehr wie derjenige der Antike auf eine versittlichende Wirkung aus den Blutskräften·bauen kann, weil er in seiner moralischen Entwicklung selbständiger geworden ist, muß er auch die Institutionen selbst schaffen, in denen er die Idee der Gerechtigkeit in die gesellschaftliche Wirklichkeit überträgt. Er muß also das Beziehungsverhältnis von Seele und Bildekräfteleib, in welchem sich jene Idee esoterisch verwirklicht, auch als Beziehung innerhalb der Gesellschaftsverfassung aufbauen, nämlich als Unterscheidung von »Staatsmacht« und »Reichtum« oder einfach von *Staat und Gesellschaft*. Es wird also hier die Frage gestellt, wie weit die neuzeitliche Staatsidee reicht, welche Kräfte insbesondere der monarchische Staatsidealismus aufbringt, um das Ganze des gesellschaftlichen Lebens zu verfassen und damit indirekt die geistige Entwicklung des einzelnen zu fördern. Hegel stellt diese Frage auf drei Stufen, wobei er zunächst eine Elementarlehre des sozialen Organismus entwirft, um daraus dann den Standpunkt des Urteils über die gesellschaftlichen Verhältnisse zu entwickeln, der wiederum in die Sphäre der Schlüsse übergeht, mit welchen sich der Mensch in die Sozialverfassung einfügt.

### aa. Elementarlehre des sozialen Organismus

Die obige metaphilosophische Zielbestimmung der »Bildung« hat uns bedenklich nahe an das herangebracht, was Hegel bei Spinoza als »Akosmismus«, als Tendenz zum Verschwinden in der spiritualisierten Substanz bezeichnet.[293] Wie kommt man nun aus diesem weltflüchtigen Sog wieder heraus (S. 268–270, Z. 35)? In der Besinnung darauf, daß durch das menschliche Selbstbewußtsein der unmittelbare Zugang zur Welt der reinen Bildekräfte verbaut ist, weshalb alles irdische Dasein für unser Bewußtsein in Subjektivität und Objektivität gespalten erscheint. Das ist nicht eine Glaubenssache, sondern eine Tatsache unserer menschlichen Organisation, die sich auch in der religiösen Vorstellung des Sündenfalles ausdrückt. »Das Denken fixiert diesen Unterschied auf die allgemeinste Weise durch die absolute Entgegensetzung von *Gut* und *Schlecht*, die, sich fliehend, auf keine Weise dasselbe werden können« (S. 269). Deshalb ist es sinnlos, wenn die Aufklärung behauptet, die menschliche Natur sei ›eigentlich gut‹; man müßte viel-

mehr sagen, sie sei ursprünglich gut gewesen, aber durch den Sündenfall verdorben. Das menschliche Denken selbst ist in die Reflexion gefallen und deshalb außerstande, sich über diese Fundamentaltatsache
hinweg- und sich einfach in den Gedanken eines absolut sündlosen
Guten hineinzuversetzen. Anders gesagt: Der Gedanke eines Guten ist
nur dann wahr, wenn er eine Aufhebung des Schlechten einschließt,
oder: Wenn er als geistiges Wesen sein Anderssein in der Natur, seine
natürliche Grundlage im Organismus, ergreifen kann. Und weiter folgt
aus diesem Fundamentalismus des Sündenfalles, daß auch in der Natur selbst, in ihrer Differenzierung der Elemente, der Unterschied von
Gut und Schlecht gemacht werden muß, daß nicht alle Elemente gleichermaßen in das ›Anderssein‹ gegenüber dem Geist gebannt sein
können.

Hier setzt also jetzt die Elementarlehre des sozialen Organismus an,
die den Sinn hat, zwischen die Natur und die Gesellschaft *den Menschen* in seinen vier Wesensgliedern Ich – Seele – Bildekräfteleib – physischer Leib hineinzustellen. Dieser Gliederung nämlich entsprechen
die vier Elemente der Natur, welche Hegel folgendermaßen charakterisiert: Das Feuer ist das Element, in welchem sich der absolute Widerspruch der anderen Elementarqualitäten immer wieder auflöst (= das
in der Seele denkende Ich); die Luft ist »das *bleibende*, rein allgemeine
durchsichtige Wesen« (= Seele); das Wasser ist »das *Wesen*, das immer
*aufgeopfert* wird« (= Bildekräfteleib) und die Erde ist »der *feste Knoten*
dieser Gliederung und das *Subjekt* dieser Wesen wie ihres Prozesses«
(= physischer Leib als Ich-Organisation).[294] Wenn man dies nun in die
soziale Welt umsetzt, dann haben das erst- und das letztgenannte Element einen mehr formalen Charakter (man könnte hier an Kants Bestimmung von Zeit und Raum als »Formen der Anschauung« denken
und die Zeit als einfaches Tätigsein = Feuer, den Raum als entzweites
Dasein = Erde bestimmen). Dagegen sind die beiden mittleren Elemente Luft und Wasser diejenigen, deren Eigenschaften sich zueinander in Beziehung setzen, woraus zunächst der weitere Inhalt entsteht.

Was aus dem gesellschaftlichen Luft- (bzw. Licht-) und dem Wasserelement in die sittliche Welt einfließt, haben wir schon in der Antike,
nämlich in der Beziehung von Gemeinwesen und Familie, angetroffen.

Schon in diesen hat sich der Fundamentalgegensatz gespiegelt, welcher nun, nach dem Untergang jener Welt, in einer neuen, selbstbewußteren Stufe des Daseins hervortritt. Und zwar tritt er für das reine (gläubige) Bewußtsein, in welchem ja am Beginn der Neuzeit noch so gut wie alle leben, als Gegensatz von göttlichem und weltlichem Prinzip überhaupt hervor, »als *das sich selbst gleiche*, unmittelbare und unwandelbare *Wesen* aller Bewußtseine, das *Gute*« auf der einen, und als das »*passive* geistige Wesen, oder das Allgemeine, insofern es sich preisgibt und die Individuen das Bewußtsein ihrer Einzelheit sich an ihm nehmen läßt, ... das *Schlechte*« (S. 270), auf der anderen Seite.

Von diesen Prinzipien bildet sich nun aber das wirkliche (produktiv tätige) Bewußtsein, um das es im Abschnitt B. I. a. geht, eine gegenständliche Anschauung und unterscheidet hier zwischen der »Staatsmacht« und dem »Reichtum«. Die Staatsmacht ist das Gute, weil sie für das allgemeine Beste sorgt, sie »ist, wie die einfache *Substanz*, so das allgemeine *Werk*, – die absolute *Sache* selbst, worin den Individuen ihr *Wesen* ausgesprochen und ihre Einzelheit schlechthin nur Bewußtsein ihrer *Allgemeinheit* ist«. Aber sie ist zugleich mehr als nur Bewußtsein, sie ist Staatstätigkeit, die das gesellschaftliche Leben nach außen verteidigt und nach innen ordnet, und so das Ganze wirklich erhält und trägt. Dadurch sinkt die Staatsmacht in ihrer substantiellen Qualität sozusagen eine Stufe herunter, aus dem Luft- und Lichtartigen in das Wäßrige. »Diese *einfache* ätherische Substanz ihres Lebens ist durch diese Bestimmung ihrer unwandelbaren Sichselbstgleichheit Sein, und damit nur *Sein für anderes*. Sie ist also an sich unmittelbar das Entgegengesetzte ihrer selbst, *Reichtum*.« Der Staat ist nicht einfach der Gott auf Erden, sondern er wird durch seine Tätigkeit der Ordnung des gesellschaftlichen Lebens selbst verweltlicht und vergesellschaftet, d. h. er muß sein ideelles Prinzip hüten, wenn er es nicht verlieren will.

Hiervon hängt es in der Tat ab, ob der Staat die oben beschriebene Integrationsaufgabe wahrnehmen kann. Denn Integration ist nicht ein statisches, sondern ein lebendiges Gleichgewicht, also eine Bewegung, die des bewegenden Impulses bedarf. Der letztere, den Hegel in der allgemeinen Ideenlogik sehr plastisch als »übergreifende Subjektivität« bezeichnet (§ 215, Anm. Enz. 1830), kann auch im sozialen Leben nicht einfach aus dem physiologischen Funktionsbild des Gleichgewichtssinnes abgeleitet, sondern er muß als moralisches Urteil in Beziehung auf die geistige Seite des Gleichgewichts, als urteilende Realisierung der Idee der Gerechtigkeit, ergriffen werden. Der Idealismus der Staatsmacht versucht nun zwar diese Leistung von außen her anzuregen, indem er sich unter Berufung auf das Allgemeinwohl über das unbegrenzte Gewinnstreben der bürgerlichen Gesellschaft erhebt, aber diese Erhebung wird entkräftet, weil auch der Reichtum seinen Betrieb so darstellen kann, daß darin der Egoismus verschwindet und durch eine »übergreifende Subjektivität« ersetzt wird.

Dies geschieht in der Organisation des Wirtschaftslebens (der Warenproduktion und -verteilung) nach dem Prinzip des freien Spiels der Kräfte, d. h. des Markts. Im equilibristischen Marktmodell und den darauf aufbauenden Gesellschaftstheorien von *B. Mandeville* und *A. Smith*[295] wird das Moment der übergreifenden Subjektivität als ein dem Marktgeschehen immanentes gedeutet: Der im wirtschaftlichen Egoismus liegende wechselseitige Leistungsanreiz habe das Gute, eine Steigerung des allgemeinen Wohlstands zu bewirken. Es sei, sagt Smith, von der Tätigkeit einer ›unsichtbaren Hand‹ auszugehen, durch welche fortwährend die eigennützige Motivation des Handelns in eine Triebkraft des Allgemeinwohls verwandelt werde. Wenn demnach der Egoismus im Wirtschaftsleben nur eine subjektive Vorstellung der einzelnen ist, während er seiner objektiven Wirkung nach allen nützt, dann ist er auch schon an sich selbst geadelt und bedarf dazu nicht mehr des Staatsidealismus. Staatsmacht und Reichtum haben die gleiche geistige Reichweite und sind deshalb einander nicht über- bzw. untergeordnet.

### bb. Die Tragweite des politischen Urteils

Mit dem obigen Gedankengang hat das Selbstbewußtsein die Elementarsphäre des sozialen Lebens von zwei Seiten her ergriffen, und zwar so, daß es an beiden gleichermaßen sein Wesen hat: In der Staatsmacht hat es sein »*Ansichsein*«, im Reichtum sein »*Fürsichsein*«. Es kann aber die beiden Seiten nicht einfach nebeneinander stehenlassen, es muß

sie, da jede ein Ganzes zu sein beansprucht, zueinander in Beziehung
setzen (S. 270–274, Z. 11). Dieses Beziehen ist, metaphilosophisch gesehen, die Leistung des subjektiven Bewußtseins, das Funktionsbild
des Gleichgewichtssinnes (zu welchem sich das Selbstbewußtsein vor-
getastet hat) aus der geistigen Kraft der Gleichgewichtsidee heraus zu
ergänzen. Der logischen Form nach handelt es sich dabei um ein Urteil
des subjektiven Bewußtseins über das Gute und Schlechte in Staatsmacht und Reichtum.

Wir geben Hegels Gedankengang hier nur in abgekürzter Form wieder. Jeder Mensch steht mit seinem Handeln sowohl im wirtschaftlichen wie im politisch-rechtlichen Leben der Gesellschaft. Er steht aber
auf verschiedene Weise darin, nämlich so, daß er dem ersteren Bereich
mit seinem Fürsichsein (seinen Privatinteressen), dem letzteren mit
seinem Ansichsein (seinem Staatsidealismus) verpflichtet ist. Daraus
entsteht ein struktureller Widerspruch zwischen dem staatsautoritären
und dem liberalen Gesinnungspol in jedem einzelnen (S. 271 f.). Im
Wirtschaftsleben folgt jedermann dem liberalen Grundzug, seine eigene Interessenwahrnehmung »gut« und eine ihr entgegenstehende
staatliche Bevormundung »schlecht« zu finden. Andererseits kann
kein Mensch im Ernst darauf verzichten, das Wirken seines Staats am
Ideal des Allgemeinwohls zu messen, d. h. diese Wirklichkeitsidee als
»gut« und die Durchsetzung privater Interessen auf ihre Kosten als
»schlecht« zu bewerten. Dieser Widerspruch darf nun nicht oberfläch-
lich aufgelöst werden, wie z. B. in der Politikwissenschaft, wenn dort
das menschliche Verhalten auf die Unterscheidung zwischen einem au-
toritären und einem liberalen Charaktertyp zurückgeführt wird. In
Wahrheit handelt es sich hier um ein inneres Spannungsverhältnis in
der Menschenseele, das wir als inneres, d. h. geistig zu begreifen haben.

Jeder Mensch, so folgert Hegel (S. 272 f.), bezieht sich sowohl auf
den Staat wie auf das Wirtschaftsleben sowohl mit einer tendenziell
positiven wie mit einer tendenziell negativen Einstellung. Worauf es
ankommt, ist, wie dieses absolute Spannungsverhältnis jeweils verarbeitet wird. Hier gibt es zwei Möglichkeiten. Der Mensch kann die
Kraft aufbringen, das Spannungsverhältnis auszuhalten, d. h. innerlich
zu strukturieren und sich auf beide Bereiche des gesellschaftlichen Le-

bens in positiver Weise zu beziehen; er erwirbt sich das »edelmütige Bewußtsein«, welches sowohl im Staat sein ideales Wesen, wie auch in der Wirtschaft seinen ernährenden Boden erkennt und sich dafür dankbar zeigt. Wer das nicht vermag, macht sich in Beziehung auf beide Sphären das negative Urteil zu eigen, er erwirbt das »niederträchtige Bewußtsein«, welches sich dem Staat gegenüber renitent und dem Reichtum gegenüber genußsüchtig verhält (S. 273). Diese beiden Formen des Urteilens sind also nicht nur Äußerungen zweier verschiedener Charaktere, sondern auch zwei Momente eines zur inneren Einheit strebenden Menschentypus, der dieses Streben in bestimmten Gestaltungen der feudalistischen und frühabsolutistischen Verfassungsgeschichte realisiert. Metaphilosophisch handelt es sich darum, in den Beziehungen von Staatsmacht und Reichtum die Equilibristik der Seele in ihrem Zusammenspiel mit dem Bildekräfteleib so darzustellen, daß darin sowohl das edelmütige wie das niederträchtige Bewußtsein aufgehoben sind. Das kann nur durch die »übergreifende Subjektivität«, durch das in der Seele arbeitende Ich, nämlich in seiner Beziehung auf die Gerechtigkeitsidee als geistige, geleistet werden. Der logischen Form nach geschieht dies im Übergang vom »Urteil« zum »Schluß«, als der »vermittelnden Bewegung, worin die Notwendigkeit und Mitte der beiden Seiten des Urteils hervortritt« (S. 274).

### cc. Die Equilibristik des Feudalstaates und der Monarchie

In dem folgenden Abschnitt (S. 274–283, Z. 32) stellt Hegel eine ganze Reihe von Bildern aus der neueren Verfassungsgeschichte als »Schlüsse« vor uns hin, in welchen die inneren Entwicklungsschritte des Menschen bei der gesellschaftlichen Verwirklichung der Gerechtigkeit durchgeprüft werden. Wenn die wahre esoterische Dimension der letzteren erreicht werden soll, dann gehört dazu außer der inneren Wahrnehmung des Funktionsbildes des Gleichgewichtssinnes auch eine subjektive Beziehung auf die geistige Seite der Gleichgewichtsidee, ein individuelles moralisches Urteil. Wie kann dieses nun aber nach außen, d. h. institutionell in Erscheinung treten? Zunächst nur indirekt, nämlich in der Schönheit, mit welcher die staatliche Repräsen-

tanz sich umkleidet. Aber in dieser droht, wie Hegel zeigt, die Equilibristik des Staates sich zum Ästhetizismus der Staatssprache zu verdünnen
und schließlich zum allgemeinen leeren Gerede zu verkommen.

Der erste Versuch einer menschengemäßen Realisierung der Staatsidee geht vom edelmütigen Bewußtsein aus, denn in ihm lebt die
Selbstlosigkeit oder »der Heroismus des *Dienstes*, – die *Tugend*, welche
das einzelne Sein dem Allgemeinen aufopfert, und dies dadurch ins
Dasein bringt« (S. 274). Damit knüpft Hegel an *Montesquieu* an,[296]
dessen Darstellung des Feudalsystems er durch die philosophische
Perspektive ergänzt, daß hier noch nicht die einheitbildende Kraft des
Souveräns wirke, daß die Souveränität noch nicht als »besonderer
Wille« hervorgetreten sei, sondern zunächst nur ein leeres Zentrum des
Ganzen bestehe. Die Wirklichkeit des Staates liegt hier nur in dem traditionellen Zusammenhalten der Ritter und Stände, die ihm ihre Kräfte
und Fähigkeiten zur Verfügung stellen und sich damit ihres Seins, aber
nicht ihres Selbstbewußtseins entäußern. Es herrscht das Leitbild des
»*stolzen* Vasallen«, der um seiner Ehre willen für die Staatsmacht tätig
ist, und der sein Darinstehen im Ganzen sprachlich in dem »*Rat*, den er
zum allgemeinen Besten erteilt« (S. 275) ausspricht. Staatstheoretisch
gesehen beruht der Feudalstaat auf einer vertraglichen Grundlage, die
immer auch die Möglichkeit einer Aufkündigung der Verträge und
Loyalitäten enthält. Zumindest kann ein Treubruch und Verrat des Vasallen am Lehnsherrn jeweils als das Geltendmachen eines Widerstandsrechts im Namen höherer Pflichten dargestellt werden.[297] Diese
innere Schwäche des Feudalsystems entspricht metaphilosophisch der
Schwäche der Seele, die sich ihrer Rolle in der Selbstproduktion des
Organismus noch nicht gewiß ist, weil sie das in ihr tätige Ich noch nicht
als Subjekt ihrer Integrationsaufgabe erkannt hat.

Wie wäre das möglich, wie könnte diese über sich hinausgreifende
Subjektivität des Bewußtseins zum Gegenstand des letzteren werden?
Schon der Hauptmann von Kapernaum des Neuen Testaments wußte
davon, daß es des Wortes, der Sprache bedarf, um das Ich als die erwekkende Kraft des seelischen Lebens aufzurufen (Matth.. 8, 5 ff.). Nur in
dem Wort »Ich«, sagt auch Hegel, ist das menschliche Ich unabrufbar
anwesend, »in jeder andern Äußerung ist es in eine Wirklichkeit ver-

senkt, und in einer Gestalt, aus welcher es sich zurückziehen kann; es ist aus seiner Handlung wie aus seinem physiognomischen Ausdrucke in sich reflektiert, und läßt solches unvollständiges Dasein, worin immer ebensosehr zu viel als zu wenig ist, entseelt liegen.[298] Die Sprache aber enthält es in seiner Reinheit, sie allein spricht *Ich* aus, es selbst. Dies sein *Dasein* ist als *Dasein* eine Gegenständlichkeit, welche seine wahre Natur an ihr hat ... *Ich*, das sich ausspricht, ist *vernommen*; es ist eine Ansteckung, worin es unmittelbar in die Einheit mit denen, für welche es da ist, übergegangen und allgemeines Selbstbewußtsein ist« (S. 276).

Im Feudalstaat gab es keine eigene Sphäre des Aussprechens und Vernehmens des Ich, dort entstand das allgemeine Beste vielmehr als Vertragserfüllung durch die militärische Tat und den politischen Rat des Vasallen. Im absolutistischen Staat aber erhebt sich einer aus dem Kreis und spricht das »L'état c'est moi«, wodurch die Hilfskonstruktion einer Vertragsgrundlage des Staats verschwindet. Das edelmütige Bewußtsein läßt sich von der Idee der absoluten Monarchie anstecken: Es vollendet in ihr sein Opfer, indem es sich seines Fürsichseins (der zivilrechtlichen Reste seiner staatsrechtlichen Stellung) entäußert und sein Selbstbewußtsein nurmehr im Geist des Monarchen anschaut. Die absolute Monarchie ist philosophisch gesehen der Schluß, in welchem das Ich in seiner geistigen Natur zum selbständigen Dasein kommt, indem es die Seelenkräfte zum geisttragenden Seelenleib zusammenschließt (und dadurch zum Instrument der Vergeistigung des Bildekräfteleibes macht): »Die *geistige Substanz* tritt als solche in die Existenz, erst indem sie zu ihren Seiten solche Selbstbewußtseine gewonnen hat, welche dieses reine Selbst als *unmittelbar geltende* Wirklichkeit wissen und darin ebenso unmittelbar wissen, dies nur durch die entfremdende *Vermittlung* zu sein ... (Der Geist) ist so die Mitte, welche jene Extreme voraussetzt, und durch ihr Dasein erzeugt wird, – aber ebenso das zwischen ihnen hervorbrechende geistige Ganze, das sich in sie entzweit und jedes erst durch diese Berührung zum Ganzen in seinem Prinzipe erzeugt« (S. 276 f.).

Bei der weiteren Entwicklung des Gedankens stehen im Hintergrund die Bilder, denen Hegel in den »Memoiren« des *Grafen Saint Simon*

(1675–1755) begegnete. Schiller hatte von 1802–1806 in Jena Aus-
züge (anonym) aus dem Lebensbericht dieses Insiders des Hofs Lud-
wigs XIV veröffentlicht, in denen Macht und Ritual des Sonnenkönig-
tums mit einem wachen Sinn fürs Wesentliche, namentlich für die
selbstzerstörerischen Kräfte des absolutistischen Hofstaats dargestellt
werden.[299] Was Hegel davon aufgreift, ist metaphilosophisch so zu verstehen, daß der im Schluß des Absolutismus erreichte Geist jetzt von
dem hinter der Gleichgewichtssinnlichkeit lauernden Chaos angegriffen wird. Der absolutistische Hofstaat ist eben noch nicht der wirkliche
Vernunftstaat, denn außerhalb seines Etikettenkreises herrscht er mit
schierer Gewalt. Das wirkt sich am Hof so aus, daß auch dort das edelmütige Bewußtsein (die wirkliche Seelenkraft) dem Monarchen (dem
Ich) seine Souveränität nur zuspricht, daß die Vermittlung des Ganzen
in der Sprache geschieht, in welcher der »Heroismus des stummen
Dienstes« in den »Heroismus der Schmeichelei« (S. 278) umschlägt.
Wenn der Monarch auf seinem Thron von seinen Ministern, Generälen
und Kardinälen umgeben ist, wie die Sonne von Mond und Planeten
(und solche Symbole wurden damals in der architektonischen und the-
atralischen Selbstinszenierung des Hofstaats wirklich benutzt), dann
nennen jene ihn mit dem Titel »unumschränkter Monarch«, wohl wissend, daß sie es sind, die ihm diesen Namen zusprechen: »... – unum-
schränkt, die Sprache der Schmeichelei erhebt die Macht in ihre geläu-
terte Allgemeinheit; ... – Monarch, sie erhebt ebenso die Einzelheit auf
ihre Spitze«. Aber diese Sprache ist nicht nur Ausdruck einer Meinung,
sondern sie spricht im Namen die Individualität als solche wirklich aus.
»Er, dieser Einzelne, weiß umgekehrt dadurch sich, diesen Einzelnen,
als die allgemeine Macht, daß die Edeln, nicht nur als zum Dienst der
Staatsmacht bereit, sondern als Zieraten sich um den Thron stellen,
und daß sie dem, der darauf sitzt, es immer sagen, was er ist.«

So, nämlich mit der Hypothek der Schmeichelei belastet, geht der
absolute Hofstaat in den wirklichen, institutionellen Staat über: Das
edelmütige Bewußtsein wird für sein »Opfer des Tuns und Denkens«
belohnt, indem es ein Staatsamt erhält, sich vom Vasallen zum Beamten
entwickelt. Im aufgeklärten Absolutismus versteht sich schließlich sogar der Monarch als »der erste Diener seines Staats«.[300] Nicht zufällig

dringt hier eine sehr bürgerliche Kategorie in die Staatssprache ein: Ein Diener ist für die Zwecke Anderer brauchbar, er ist die personifizierte Brauchbarkeit der Substanz. Wenn also der König Diener des Staats ist, dann hat auch der letztere seinen Zweck nicht mehr in sich selbst, sondern ist Diener der gesamtgesellschaftlichen Ordnung und deren Substanzbildungsprozeß eingefügt. Ausdrücklich sagt Hegel daher: Die Staatsmacht »ist ... nun das Wesen als ein solches, dessen Geist es ist, aufgeopfert und preisgegeben zu sein, oder sie existiert als *Reichtum*« (S. 279). Sie bleibt zwar als Staat eine eigene Organisation gegenüber der bürgerlichen Gesellschaft, aber so, daß ihre Tätigkeit daran gemessen wird, ob sich durch sie die sozialen Bildekräfte langfristig im Sinne der gesamtgesellschaftlichen Vernunftwirklichkeit ausprägen, oder kürzer: Ob sie dem Allgemeinwohl wirklich *nützt*. Damit ist jedoch das Abgleiten des Staatsbegriffs überhaupt in die Sphäre der bürgerlichen Gesellschaft vorprogrammiert. Wenn der Staat sich erst einmal darauf eingelassen hat, mit seinen Hoheitsakten für das Allgemeinwohl »nützlich« sein zu müssen, dann gerät er damit unweigerlich ins Schlepptau der Wirtschaft, weil diese auf der Kategorie der Nützlichkeit unmittelbar aufbaut und sie daher unbefangener und effektiver handhabt. Metaphilosophisch gesagt: Die Benutzung der sozialen Bildekräfte im Sinne ihrer wirtschaftlichen Verarbeitung erhält den Vorrang vor ihrer spirituellen Umarbeitung, auf welche der Staatsidealismus letztlich abzielt.

Hegel entwickelt diesen Übergang vom absolutistischen zum bürgerlich-aufgeklärten Staat nicht als geschichtlichen, sondern in der begrifflichen Konstellation der darin auftretenden Momente. Die absolutistische Geste des Staats verschwindet ja nicht von heute auf morgen, sie wird vielmehr weiterhin ausgeführt und hat ihre substanzprägende Wirkung. Der Bürger lebt in dieser aus der Reflexion der sozialen Bildekräfte ins Allgemeinwohl entstehenden Wirklichkeit, aber er empfindet sie als fremdbestimmt gegenüber dem, was er selbst in seinem unmittelbar-wirtschaftlichen Umgang mit jenen Kräften an sozialer Wirklichkeit hervorbringt (S. 280). Das monarchische Ich erscheint von daher als eine hohle Form, deren Tun eine despotische Setzung gegenüber demjenigen darstellt, was jeder im gesellschaftlichen Leben

Aktive, sei er Gewerbetreibender, Bauer, Advokat oder Künstler, als
Inhalt seiner Welt selbst herstellt. Das ist im Hinblick auf die menschliche Selbstbestimmung noch schlimmer als der abstrakte Rechtszustand,
in welchem der Zufall des Lebens die leeren Formen des Eigentums-
rechts inhaltlich ausfüllt. Jetzt wird dieser Inhalt von der Staatspersönlichkeit als einem »wirklichen Selbst« gesetzt, aber für den einzelnen
bleibt er so fremd wie vorher. Er kann sich mit dem monarchischen Ich
nicht identifizieren, er sieht darin »das Wesenloseste, die reine Persönlichkeit absolute Unpersönlichkeit zu sein. Der Geist seines Dankes ist
daher das Gefühl wie dieser tiefsten Verworfenheit so auch der tiefsten
Empörung. Indem das reine Ich sich selbst außer sich und zerrissen
anschaut, ist in dieser Zerrissenheit zugleich alles, was Kontinuität und
Allgemeinheit hat, was Gesetz, gut und recht heißt, auseinander und zu
Grunde gegangen … Das reine Ich selbst ist absolut zersetzt.«

Hier tauchen nun wieder Vorzeichen der Revolution auf. Sie liegen
nicht nur in der Empörung der Untertanen gegen die als sinnlos empfundenen Staatshandlungen, sondern auch in der komplementären Erscheinung des Übermuts des »Reichtums«. Damit sind nicht ›die Reichen‹ gemeint, sondern vielmehr die Bonzen, also die Herren der gesellschaftlichen Produktion, die wissen, daß sie nicht nur Holz zu Mö-
beln und Fasern zu Stoffen ver-, sondern auch menschliche Lebenskraft in diese Produktion hineinarbeiten, und die gegenüber diesem Vorgang nicht die nötige Ehrfurcht zeigen. Der Bonze weiß so gut
wie sein Klient, »das *Fürsichsein* als ein zufälliges *Ding*; aber er selbst ist
diese Zufälligkeit, in deren Gewalt die Persönlichkeit steht. In diesem
Übermute, der durch eine Mahlzeit[301] ein fremdes Ichselbst erhalten,
und sich dadurch die Unterwerfung von dessen innerstem Wesen erworben zu haben meint, übersieht er die innere Empörung des Andern;
er übersieht die vollkommene Abwerfung aller Fessel, diese reine Zerrissenheit, welcher, indem ihr die *Sichselbstgleichheit* des Fürsichseins
schlechthin ungleich geworden, alles Gleiche, alles Bestehen zerrissen
ist, und die daher die Meinung und Ansicht des Wohltäters am meisten
zerreißt« (S. 281).

Das klingt wie der Schluß des Kommunistischen Manifests: »Die
Proletarier haben nichts … zu verlieren als ihre Ketten. Sie haben eine

Welt zu gewinnen.« Aber während Marx das Proletariat auffordert, die Ketten der bürgerlichen Wirklichkeitsverfassung abzuwerfen und sich als Glieder einer politisch-revolutionären Bewegung eine neue Identität aufzubauen,[302] hält Hegel den Gedankengang im Philosophischen, um ihn zu radikalisieren. Er zeigt, daß mit der institutionalisierten Verletzung der Gerechtigkeit eine Chaotisierung der Sozialverfassung verbunden ist, die aus der elementaren Sphäre des Lebens selbst aufsteigt und die einer politischen Realisierung weder bedarf noch fähig ist. Sie dringt durch die Lücke im Funktionsbild des Gleichgewichtssinnes (d. h. der jeweiligen Gesellschaftsideologie) unaufhaltsam an die Oberfläche, wenn dem nicht im praktischen Sozialverhalten entgegengesteuert wird. Allerdings geht dieser Prozeß sehr langsam, und ergreift zunächst nur die Sprache, in welcher die Schmeichelei des monarchischen Hofstaats, der Befehl des Beamtenstaats an den Untertanen sowie die Willfährigkeit und die darin eingeflochtene Empörung des letzteren ausgedrückt sind. Mehr geschieht hier nicht, und das ist den Beteiligten bewußt, d. h. sie wissen, daß die vermittelnde Sphäre des Ganzen nur darin besteht, die sprachliche Formulierung als Formierung des jeweiligen Selbsts zu gebrauchen. Dieser nominalistische Verfall alles inhaltlichen Zusammenhangs ist »die Sprache der Zerrissenheit ... der wahre existierende Geist dieser ganzen Welt der Bildung« (S. 282). Sie breitet sich als ein Fleckenteppich von Wissenselementen und ad-hoc-Urteilen aus, der zur Wirklichkeitsverfassung des feuilletonistischen Zeitalters wird. Und das sich hierauf stützende Selbstbewußtsein beschränkt sich auf »die Gleichheit des identischen Urteils, worin eine und dieselbe Persönlichkeit sowohl Subjekt als Prädikat ist«, d. h. Außen- und Innenseite ihrer Identität nicht unterscheidet. »Aber dies identische Urteil ist zugleich das unendliche;[303] denn diese Persönlichkeit ist absolut entzweit, und Subjekt und Prädikat schlechthin *gleichgültige Seiende*, die einander nichts angehen, ohne notwendige Einheit, sogar daß jedes die Macht einer eignen Persönlichkeit ist.«

Die Welt der Bildung besteht also darin, daß die Prägung der bildekräftigen Substanz zur sozialen Wirklichkeit nur noch im Aussprechen des Wortes gesucht, daß keine andere Existenzform der Substanz aner-

kannt wird;»dies preisgegebene selbstlose Wesen, oder das zum Dinge
gewordne Selbst ist ... die Rückkehr des Wesens in sich selbst; es ist das
*fürsichseiende Fürsichsein*, die Existenz des Geistes« (S. 283). In der öffentlichen Sprache der Neuzeit geht aus den drei Seelenkräften des
Wollens, Vorstellens und Fühlens die Form der professionellen Ge-
schwätzigkeit hervor, in welcher der Politiker stets die optimistisch-ak-
tive Rolle spielt, während der Experte die Alternativen bzw. Risiken
erwägt und der Journalist beides geistreich kommentiert. Dieses Dasein des Geistes, sagt Hegel,»ist das allgemeine *Sprechen* und zerrei-
ßende *Urteilen*, welchem alle jene Momente, die als Wesen und wirkliche Glieder des Ganzen gelten sollen, sich auflösen, und welches
ebenso dies sich auflösende Spiel mit sich selbst ist. Dies Urteilen und
Sprechen ist daher das Wahre und Unbezwingbare, während es alles
überwältigt; dasjenige, um welches es in dieser realen Welt *allein wahrhaft* zu tun ist. Jeder Teil dieser Welt kommt darin dazu, daß sein Geist
ausgesprochen, oder daß mit Geist von ihm gesprochen und von ihm
gesagt wird, was er ist.«[304]

### dd. Die Auflösung der Welt der Bildung

Hegels Analyse des Geisteszustands der Bildung (S. 283–286) ist philosophisch und metaphilosophisch klar. Während das »ehrliche Bewußtsein« des Kap. V. noch an seine positivistische Maske glaubt, ist
»das zerrissene Bewußtsein ... das Bewußtsein der Verkehrung, und
zwar der absoluten Verkehrung« (S. 283). Es weiß, daß es in der Orientierung seiner Gedanken an der Gleichgewichtssinnlichkeit die Realität der Gleichgewichtsidee verfehlt, und es weiß, daß mit dieser Verfeh-
lung das Moment des Chaos so in seine Sprache eindringt, daß es überhaupt niemandem mehr möglich ist, die Wahrheit zu sprechen. Diese
Sprache ist durchaus »geistreich«, aber angereichert mit dem Geist des
Chaos.[305] Was bedeutet es, eine Handlung als »niederträchtig« zu beurteilen, wenn der Handelnde selbst sagt, daß er seine Motivation bewußt in jene niederen Bereiche trägt, und gar keine andere Lebensein-
stellung will (S. 284)? Indem man zugibt, daß im Leben doch ›alles
seine zwei Seiten hat‹, gibt man auch die Möglichkeit zu, sich mit der

entzweiten Seite zu verbinden und von ihr auszugehen. Und wenn man, um diesem Dilemma auszuweichen, das Gute nicht mehr fundamentalistisch, sondern nur noch feuilletonistisch darstellt, nämlich als »Anekdote«, so verzichtet man schon durch die Wahl dieser Ausdrucksform auf eine tiefergehende Wirkung. Denn »das Dasein des Guten und Edeln als eine einzelne Anekdote, sie sei fingiert oder wahr, darstellen, ist das Bitterste, was von ihm gesagt werden kann« (S. 285). Hier nützt auch nicht mehr der rousseauistische Appell zur Umkehr als Rückkehr zur natürlichen Sittlichkeit des Herzens,[306] denn die Medien, in denen diese Herzensbotschaft verbreitet werden könnte, sind zersetzt, sie enthalten im »Wie?« ihrer Präsentation selbst eine Botschaft, die als geistige das »Was?«, den guten Willen des Herzens, mühelos vereinnahmt.

Daher, so folgert Hegel, kann die Forderung, dieses Chaos zu ordnen, »nur an den *Geist* der Bildung selbst gehen, daß er aus seiner Verwirrung als *Geist* zu sich zurückkehre, und ein noch höheres Bewußtsein gewinne.« Der innere Widerspruch der Bildung wird von der Philosophie (um des »höheren Bewußtseins« willen, welches zugleich einen weiteren Ausbau ihrer eigenen Systemgestalt darstellt) als coincidentia oppositorum festgehalten. Es hat keinen Sinn, einen unspezifischen ›Verlust der Mitte‹ zu beklagen, vielmehr kommt es darauf an, sich im eigenen Denken den Zugang zu diesem Problem zu verschaffen und es als Bindung eines unkräftigen Gedankenganges an das Funktionsbild des Gleichgewichtssinnes zu erkennen. Das letztere muß vom verstandesmäßig geschärften philosophischen Begriff nach allen Seiten hin ausgeschöpft werden, womit wir noch lange nicht am Ende sind. Zunächst bricht hier nur die aufs Diesseits beschränkte Welt der Bildung zusammen, um den Blick auf eine equilibristische Glaubenswelt freizugeben. Und damit dieser Zusammenbruch überhaupt produktiv werden kann, muß er gedacht werden.

An sich ist der Schlußgedanke von VI. B. I. a. einfach. Der Zusammenschluß von Staatsmacht und Reichtum in der Verfassung der absoluten Monarchie ist gescheitert, weil die diesen Schluß vermittelnde Staatssprache über die Heuchelei in die Zersetzung der »Bildung« übergegangen ist. In der letzteren weiß das Bewußtsein alles, und insbesondere auch die Verkehrtheit von Allem aufs Beste zu beurteilen. Damit verabsolutiert es die Subjekt-Objekt-Spaltung und negiert, daß in jedem richtigen Urteil eine Überwindung dieser Spaltung liegt, d. h. es negiert jede substantielle Wirksamkeit des Urteilens. Dennoch übt es auch damit eine Wirkung aus. In der fortwährenden Wiederholung der These, daß Alles eitel ist, in der Unfähigkeit, die Form des Urteilens als Produkt seiner eigenen den Geist nur spiegelnden Organisation zu erkennen, bekräftigt das Bewußtsein »seine *eigene Eitelkeit*, oder es *ist* eitel«. Und es muß auf die Leere dieser Eitelkeit stoßen, indem es sich nach seiner Verflechtung in den wirklichen Weltprozeß umsieht. Wenn alle Wirklichkeit (sei sie nun gesund oder krank) nur deshalb besteht, weil ich sie dafür gelten lassen, dann besteht in Wahrheit nur eines, »das *reine Ich selbst*« (S. 286). Nur dessen Isoliertheit ist es, die von der ganzen Zerrissenheit der Welt der Bildung am Ende übrig bleibt.

## b. Spirituelle Religiosität und Erkenntnismetaphysik

Im Abschnitt VI. B. I. b., »Der Glauben und die reine Einsicht« (S. 286–292), ordnet Hegel die Lehren von B. Pascal (1623–1662) und N. Malebranche (1639–1715) in seine Entwicklungsgeschichte des Geistes ein.[307] Pascal steht hier für die spirituelle Religiosität, den oder das »Glauben«, Malebranche vertritt die Erkenntnismetaphysik als »reine Einsicht«. Das Ziel der »Phänomenologie«, die Totalität der geistigen Bewegungen des sich entwickelnden Menschen philosophisch darzustellen, trifft hier auf den Widerstand der Religion. Vom metaphilosophischen Standpunkt aus handelt es sich dabei um jene im physiologischen Funktionsbild des Gleichgewichtssinnes offenbleibende Lücke, welche nur vom einzelnen Menschen, indem er sich urteilend mit dem Geist der Gerechtigkeit in Beziehung setzt, geschlossen werden kann. Dieses Urteil, das wir sonst ein »moralisches« nennen, tritt hier im religiösen Erleben auf, wodurch die gedankliche Qualität des Glaubensaktes verschleiert und das Denken zur Vorstellung herabgesetzt wird (S. 286). Bliebe es dabei, dann wäre hier zugleich für uns die gedankliche Weiterentwicklung bis zur Erkenntnis der Scheidelinie von Sinnlichkeit und Geist überhaupt blockiert, weshalb Hegel von Anfang an (schon auf S. 266 f.)[308] den Akzent darauf legt, die Weltanschauung des Glaubens in ihre Schranken zu verweisen.

*B. Pascal,*[309] der zunächst als cartesianisch orientierter Mathematiker und Physiker hervorgetreten war, vertiefte sich in der Mitte seines Lebens (seit 1646) in eine spirituelle Religiosität, aus der heraus er zu einem entschiedenen Anti-Rationalismus überging. Diese Position kommt schlaglichtartig in seinem bekannten Satz zum Ausdruck: »Le cœur a ses raisons, que la raison ne connaît pas« (»das Herz hat ein Verständnis, das der Verstand nicht kennt«).[310] Darauf antwortet nun Hegel: Weil das Herz hier den Gedanken der religiösen Beziehung nur »*hat*« und nicht »*denkt*«, muß es den zunächst richtig erfaßten Gedanken in der Lebenswirklichkeit wieder verlieren (S. 286). Die je schon ausgebildeten Denkgewohnheiten ergreifen auch diejenige Welt, in welche das religiöse Bewußtsein sich erheben will. Das letztere »ist also nur die *unmittelbare,* noch nicht in sich vollendete Erhebung, und hat sein entgegengesetztes Prinzip, wodurch es bedingt ist, noch in sich, ohne durch die vermittelte Beziehung darüber Meister geworden zu sein. Daher gilt ihm das Wesen seines Gedankens nicht als *Wesen* nur in der Form des abstrakten Ansich, sondern in der Form eines *Gemeinwirklichen,* einer Wirklichkeit, die nur in ein anderes Element erhoben worden, ohne in diesem die Bestimmtheit einer nicht gedachten Wirklichkeit verloren zu haben« (S. 287).

Wo Pascals Satz nur elegant mit dem Doppelsinn der »raison« spielt, fordert Hegel die Bemeisterung dieses Widerspruchs im Denken. Denn die religiöse Beziehung ist nicht ein im subjektiven Belieben stehender Akt, sondern sie ist aus der bisherigen Begriffsentwicklung hervorgegangen. Sie trat schon im »unglücklichen Bewußtsein« auf, nämlich als Empfindung der Notwendigkeit eines transzendenten Seins, das aber dort utopisch (ortlos) blieb, weil es sich noch nicht in der Substanz (als Organ) ausbilden konnte.[311] In Kap. VI. A. aber hat sich gezeigt, wie die Substanz sich prägen läßt und in B. I. a. sahen wir, daß das Selbstbewußtsein dabei als prägendes Subjekt wirkt, auch wenn es in der äußeren Geschichte zunächst scheiterte, weil es auf dem Boden der gesellschaftlichen Realität nicht die richtigen Gestaltbilder fand. Aus diesem

Scheitern hat sich das Subjekt als »das reine Ich selbst« gerettet (S. 286), welches nunmehr seinen Gestaltungswillen aus dem der Selbstzerstörung unterworfenen gesellschaftlichen Betrieb herauszieht und an einen Ort der reineren geistigen Wirkung verlagert. Seine Begriffsbildung hat dementsprechend hier »noch die Bestimmtheit des Gegensatzes gegen die Wirklichkeit als *diese* überhaupt, und gegen die des Selbstbewußtseins insbesondere; sie ist daher wesentlich nur ein *Glauben*« (S. 287 f.).

Der »Glauben« geht nun in eine Glaubenspraxis über, nach der er seine Weltanschauung einrichtet (S. 288). Das gläubige Bewußtsein versucht zwar, sich Gott als ein reines geistiges Wesen vorzustellen, aber es ist durch seine Denkgewohnheiten, durch die Entstehungsbedingungen von Bewußtsein überhaupt »an ihm selbst sich entfremdet«. Wir sahen in Kap. I. bis III., daß das »Bewußtsein« in der Welterfahrung zunächst auf der sinnlichen Gewißheit und der verstandesmäßigen Wahrnehmung aufbaut, und daß es die unruhige Bewegung der Gesetzlichkeit in sich enthält. Diese kann es nun von seiner Gottesvorstellung nicht abhalten: Weil der Glaube zunächst nur eine Flucht aus dem Diesseits ist, hat er den Gegensatz von Diesseits und Jenseits noch an sich und trägt gerade dadurch die Reflexion in jene göttliche Welt hinein. »In ihm ist also die Gewißheit, welche sich selbst unmittelbar als Wahrheit weiß, das reine Denken als der *absolute Begriff* in der Macht seiner *Negativität* vorhanden, die alles gegenständliche, dem Bewußtsein gegenüber sein sollende Wesen vertilgt und es zu einem Sein des Bewußtseins macht.« Weil dieses Bewußtsein die Entfremdung des Aufklärungszeitalters an sich trägt, muß es nun selbst in zwei Gestalten zerfallen, von denen die eine (das »einfache« Bewußtsein) an dem Pascal'schen Prinzip des Glaubens festhält, während die andere zur »reinen Einsicht« wird und damit gewissermaßen auch zur Philosophie zurückfindet.

Es handelt sich also jetzt um die Erkenntnismetaphysik *N. Malebranches*, die im Gegensatz zur Position Pascals ihren festen Standort in der Philosophiegeschichte hat. Nach Malebranche ist Gott der Ort, an welchem alle ideentragenden Geister versammelt sind, so daß im menschlichen Erkennen, wenn es die allgemeingültigen Ideen in den geson-

dert erscheinenden Dingen aufsucht, die Seele immer eine Richtung
auf Gott nimmt.[312] Diese »reine Einsicht« sagt Hegel, ist »der sich im
*Selbst*bewußtsein zusammenfassende geistige *Prozeß*, welcher das Bewußtsein des Positiven, die Form der Gegenständlichkeit oder des Vorstellens sich gegenüber hat und sich dagegen richtet; ihr eigner Gegenstand aber ist nur das *reine Ich*.« Damit ist zugleich auf eine Gefahr des
Spiritualismus hingewiesen, die ebenso auch bei Berkeley[313] besteht:
Die Wahrnehmungsfähigkeit für den Akt der geistigen Prägung der
Substanz überhaupt kann zur reinen Selbstwahrnehmung (physiologischer Prozesse) werden, in der sich der Bezug zur Gegenständlichkeit
der Welt verliert. »Die Gegenständlichkeit hat (hier) die Bedeutung
eines nur negativen, sich aufhebenden und in das Selbst zurückkehren-
den Inhalts, d. h. nur das Selbst ist sich eigentlich der Gegenstand, oder
der Gegenstand hat nur Wahrheit, insofern er die Form des Selbsts hat«
(S. 289). Solche Formen des Selbst entstehen in der Prägung des eigenen Bildekräfteleibs als Gedankenorganisation gemäß den Funktionsbildern unserer Sinne, also in demjenigen Denken, mit dem wir wiederum die äußere Wirklichkeit begrifflich durchdringen. Aber die
reine Einsicht in diesen Zusammenhang läßt eben ein Problem unge-
löst, nämlich das Existenzproblem als solches; dessen Lösung ergibt
sich erst in der Seelenstruktur des am Erdenleben hängenden (wenn
auch daran verzweifelnden) »Glaubens«.

Der Inhalt, den die reine Einsicht in der spirituellen Selbsterkenntnis
auflöst, kann vom Glauben deshalb als ein Gegenstand ergriffen werden, weil für ihn Gott überhaupt ein Gegenüber bleibt. Der Gläubige
bezieht sich auf dieses Gegenüber im Gebet, d. h. er richtet seine Gedanken auf das einfache Wesen Gottes (er »hat das innere *Wesen* als
Wesen zum Gegenstande«, S. 288). Auch das Wort »Andacht« zeigt
schon etymologisch, daß es vom »Denken« herkommt. Entsprechend
sagt Hegel nun vom Glauben, daß er seinen Inhalt im Element des
reinen Selbstbewußtseins habe, aber diesen nicht in Begriffen fasse,
sondern ihn nur im Denken des reinen Bewußtseins bewege: »Er ist
hiemit zwar reines Bewußtsein des *Wesens*, d. h. des *einfachen Innern*
und *ist* also Denken, – das Hauptmoment in der Natur des Glaubens,
das gewöhnlich übersehen wird. Die *Unmittelbarkeit*, mit der das We-

sen in ihm ist, liegt darin, daß sein Gegenstand *Wesen*, d. h. *reiner Gedanke* ist. Diese *Unmittelbarkeit* aber, insofern das *Denken* ins *Bewußtsein* ... eintritt, erhält die Bedeutung eines gegenständlichen *Seins*, das
jenseits des Bewußtseins des Selbsts liegt« (S. 289). Dadurch fällt das
Wesen des Glaubens aus dem Denken in die Vorstellung herab, d. h. es
ergibt sich eine räumlich-zeitliche Beziehung zwischen einer diesseiti-
gen Welt und einem fernen, das Sein des Selbstbewußtseins vom Menschen trennenden Jenseits.

Weder Malebranches Erkenntnismetaphysik noch Pascals Glaube
können diesen Gegensatz überwinden. Jede der beiden Gestalten leidet
an einem ungeklärten Verhältnis zur real existierenden Welt, und außerdem bleibt auch ihr Verhältnis zueinander unklar. Inwieweit ist hier
aber überhaupt schon eine Klärung möglich, da wir doch historisch
noch vor der eigentlichen Aufklärung und der Revolution, und systematisch noch vor dem Eintritt in den Kernbereich der Religion in Kap.
VII. stehen? In der Tat kann es sich zunächst nur um eine Überleitung
zu demjenigen handeln, was in die weitere geschichtlich-begriffliche
Entwicklung des »Geistes« noch eingreifen muß, damit der volle Umfang der Imaginationen aus dem Funktionsbild des Gleichgewichtssinnes ausgeschöpft, und so die spezifische Sinnlichkeit *dieses* Geistes geoffenbart wird. Andererseits sind es doch auch hier schon echte theologische Probleme, die in der vorrevolutionären Epoche den Untergrund
des Bewußtseins bearbeiten, und die Hegel nun an die Oberfläche zieht
und nach drei Seiten hin beleuchtet (S. 289–292), nämlich als die chri-
stologische, die moraltheologische und die ekklesiologische Dimension
des zwischen Diesseits und Jenseits schwankenden Bewußtseins.

Was zunächst die fromme Form des »*Glaubens*« betrifft, so ist dessen
Christologie eine Darstellung der göttlichen Welt nach den Bewußt-
seinsbedingungen der irdischen. Sie ist also ein quasi-dingliches Unterscheiden der göttlichen Wesen voneinander und eine Strukturierung
von deren Verhalten zueinander als Geschehensablauf in der Zeit
(S. 289). Anders gesagt: In dieser religiösen Vorstellung wird der trini-
tarische *Gottesbegriff*, der als solcher dialektisch zu denken wäre, zur
christlichen Heilsgeschichte, die wiederum in die irdisch-menschliche
Geschichte eingreift und so das religiöse Bewußtsein an die irdische

Welt bindet. Dadurch geht die Christologie gewissermaßen in *Moraltheologie* über (S. 290). Das gläubige Bewußtsein muß versuchen, in dieser Welt die weltliche Eitelkeit aufzuheben, und zwar nicht durch geistreiche Kommentare, sondern durch die Glaubenspraxis, den »Gehorsam des Dienstes und des Preises«. Diese, der regelmäßige Gottesdienst und das gemeinsame Gebet, bringen zwar das göttliche Wesen in der *Gemeinde* als dem gemeinsamen Selbstbewußtsein des Glaubens zum Dasein, aber nicht für den einzelnen, der vielmehr in seiner Gottesvorstellung an die vereinzelnde Macht des vorstellenden Denkens gebunden bleibt. Außerdem hat dieses ganze Geschehen noch einen ekklesiologischen Sinn, den Hegel mit folgenden Worten umreißt: »Der Begriff aber, die sich selbst gegenwärtige Wirklichkeit des Geistes, bleibt im glaubenden Bewußtsein das *Innre*, welches Alles ist und wirkt, aber nicht selbst hervortritt.«[314]

Parallel dazu verläuft die Entwicklung der »*reinen Einsicht*«. Sie geht darauf aus, »alle dem Selbstbewußtsein *andre* Selbständigkeit, es sei des Wirklichen oder *Ansich*seienden, aufzuheben, und sie zum *Begriffe* zu machen. Sie ist nicht nur die Gewißheit der selbstbewußten Vernunft, alle Wahrheit zu sein, sondern sie *weiß*, daß sie dies ist« (S. 291). Was ihr noch fehlt, ist die Realisierung dieses Vermögens, d. h. die Konkretisierung der Persönlichkeit zum handlungfähigen Charakter. Ein solcher könnte als Prägung des Bildekräfteleibs in der Auseinandersetzung mit der dinglichen und gesetzmäßig geordneten Welt entstehen, wenn nicht die reine Einsicht das Prinzip der Dingheit und der Gesetzmäßigkeit schon längst als Bestandteile der Selbsproduktion (aus dem physiologischen Funktionsbild der entsprechenden Sinne) begriffen hätte.

Und so ist es mit allen Strukturelementen der Außenwelt: Sie werden alle als Potenzen der Innenwelt, als mögliche Formen der Gedankenorganisation des Bildekräfteleibs durchschaut, wodurch dieser stets in der Form einer durchsichtigen Allgemeinheit bleibt. Daß ich gerade dies und nicht etwas anderes aus mir mache, ist nicht entscheidend, sondern vielmehr, daß ich durch meine Menschwerdung das allgemeine Gesetz der Selbstproduktion der Substanz verwirkliche. Anders gesagt: Weil in aller Produktion der Wirklichkeit als Verdichtung der Substanz in sich die letztere sich immer selbst gleichbleibt, darf das Individuum diese geistige Gleichgewichtsidee nicht durch irrationale seelische Glaubensakte stören, keine künstlichen Hindernisse aufbauen wollen, vielmehr muß es darüber aufgeklärt werden, daß es sich zu jenem ohnehin unvermeidlichen Geschehen freundlich einzustellen hat: »Diese reine Einsicht ist also der Geist, der *allem* Bewußtsein zuruft: *seid für euch selbst*, was ihr Alle *an euch selbst seid*, – vernünftig.«

## (II.) »Die Aufklärung«

Wie der Abschnitt VI. B. II. (S. 292–316) in den systematischen Gesamtaufbau einzuordnen ist, ergibt sich aus unserem obigen Schema.[315] Danach befinden wir uns hier noch immer auf dem Boden der Verstandesseele (B.) und haben auf diesem nach dem Abschluß eines willensbetonten Gedankenganges (VI. B. I.) nunmehr einen vorstellungsbetonten zu durchlaufen. Während das Willensmoment in VI. B. I. jeweils im Aufbau einer der Gleichgewichtsidee entsprechenden Weltanschauung lebte, äußert sich das Moment der Vorstellung jetzt in der Diskussion, im Kampf der Weltanschauungen miteinander.

Metaphilosophisch gesehen ist hier zunächst so etwas wie eine Pattsituation entstanden. Die Umarbeitung der Natur des *Bildekräfteleibs* zum »Lebensgeist« (als dem Element des »Reiches Gottes« auf Erden) muß vom *Ich* ausgehen, welches in der *Seele* die Vorarbeiten für die Spiritualisierung jenes verborgenen Wesensgliedes zu leisten hat. Das ist der Standpunkt des »Glaubens«, der jedoch sein Endziel aus den Augen verliert und sich stattdessen in der anthropomorphen Vorstellung der göttlichen Welt verfängt. Demgegenüber behält die »reine Einsicht« das Endziel im Auge, denn sie weiß um das Sichgleichbleiben der Bildekräftesphäre und darum, daß der einzelne mit seinem Bildekräfteleib dieser reinen Kontinuität angehört. Sie wird zur »Aufklärung«, die diesen Zusammenhang ins *allgemeine* Bewußtsein zu bringen versucht und dabei übersieht, daß das *subjektive* Bewußtsein des einzelnen seelisch verhakt ist und die nötige Selbstlosigkeit nur auf dem Wege erreicht, den ihm die Praxis des »Glaubens« gibt.

In der kurzen Einleitung (S. 292 f.) zu VI. B. II. unterstreicht Hegel
diese Pattsituation durch den Hinweis auf die literarische Waffengleich-
heit der Antagonisten. So wie für den Glauben eine Offenbarungsquelle
in der Bibel und im Lehrgut der Kirche, also in ihren Lehrbüchern
vorhanden ist, so schafft sich nun die Aufklärung eine Offenbarungsquelle in der 35bändigen, von *D. Diderot* herausgegebenen »Encyclopédie« (1751–1780),[316] in welcher der permanente Diskurs der vernunft-
gläubigen Verstandesseele in Salons, auf Kathedern und Kanzeln eine
solide wissenschaftliche Grundlage erhält: »Indem ... das ruhig auffassende Bewußtsein von diesem ganzen geistreichen Geschwätze der Eitelkeit die treffendsten und die Sache durchschneidenden Fassungen in
eine Sammlung bringt, geht zu der übrigen Eitelkeit des Daseins die das
Ganze noch erhaltende Seele, die Eitelkeit des geistreichen Beurteilens,
zu Grunde. Die Sammlung zeigt den Meisten einen bessern, oder allen
wenigstens einen vielfachern Witz, als der ihrige ist, und das Besserwis-
sen und Beurteilen überhaupt als etwas Allgemeines und nun allgemein
Bekanntes« (S. 293). Darin liegt schon die Richtung, in welche die Pattsituation sich auflösen wird: Die Aufklärung hat dafür zu sorgen, daß das
allgemein Bekannte und wissenschaftlich Anerkannte auch von jedem
einzelnen wirklich geglaubt wird.

## a. Die Aufklärungskampagne gegen die Religion

Der Abschnitt »a. Der Kampf der Aufklärung mit dem Aberglauben«
(S. 293–311) führt uns in die literarisch-wissenschaftliche Konfrontation der Weltanschauungen vor der Französischen Revolution, also
zunächst in die französische Aufklärung mit ihrer scharfen kirchen-
feindlichen Polemik. Darin macht Hegel jedoch zugleich das prinzipielle Moment, dasjenige der spirituellen Entwicklung des Menschen, geltend. Was hier äußerlich miteinander im Kampf steht, hat
eine innere Dimension, in welcher es zusammengehört und zur geistigen Selbstproduktion wird. Das erfahren wir nun in drei Gedankengängen, von denen der erste die Konfrontation unmittelbar in die
innere Natur des Menschen hineinlegt, der zweite sie auf die Ebene
des theologischen Disputs hebt, während der dritte die Widerlegung

des religiösen Dualismus durch die Philosophie des aufklärerischen
Monismus darstellt.

## aa. Die anthropologische Diskussion

Der erste Gedankengang (S. 293–299, Z. 15) beginnt mit der scharfen
Polemik der französischen Aufklärung gegen das despotische Bündnis
von Thron und Altar, gegen die Unterdrückung und Ausbeutung der
Gläubigen als einer naiv-geduldigen Masse von Menschen, die durch
die Kirche daran gehindert würden, zur geistigen Selbständigkeit zu
gelangen usw. (S. 293).[317] Aber, sagt Hegel, in dieser politisch-polemi-
schen Auseinandersetzung mit den Repräsentanten des Glaubens liegt
gar nicht das Wesentliche. Die Aufklärung kommt vielmehr überall
dort besser voran, wo sie sich mit einer mehr werbend-therapeutischen
Strategie unmittelbar an die Masse der unmündigen Religiösen wendet, weil sie sich ja mit dieser ihrer eigentlichen Klientel darin einig
weiß, daß der Geist aus einer Vergeistigung der Substanz des Bildekräfteleibes hervorgeht, und daß das gläubige Bewußtsein diesen Prozeß
ebenso, aber zunächst noch unbewußt vollzieht (S. 294 f.). Wenn der
Glaube also zunächst noch »sein *Fürsichsein* ... in diesem Ansichsein
verleugnet« (S. 295), so muß die Aufklärung sich in diese Abwehrhaltung von hinten her einschleichen, d. h. sie muß sich auf die Struktur-
gleichheit in der geistigen Selbstproduktion stützen und darf nicht den
unterschiedlichen Bewußtseinsgrad in der Beziehung auf diesen Vorgang polemisch-politisch in den Vordergrund schieben.

Weil beide Seiten, sagt Hegel, »wesentlich dasselbe sind«, weil sie
sich »durch und in demselben Elemente« (der Spiritualisierung des
Bildekräfteleibs) aufeinander beziehen, »ist ihre Mitteilung eine *unmittelbare* und ihr Geben und Empfangen ein ungestörtes Ineinander-
fließen.« Die Aufklärung ist »dem *Verbreiten* wie eines Duftes in der
widerstandslosen Atmosphäre zu vergleichen. Sie ist eine durchdringende Ansteckung, welche sich nicht vorher gegen das gleichgültige
Element, in das sie sich insinuiert, als Entgegengesetztes bemerkbar
macht, und daher nicht abgewehrt werden kann. Erst wenn die Anstek-
kung sich verbreitet hat, ist *sie für das Bewußtsein*, das sich ihr unbesorgt

überließ.« Jede Kampfmaßnahme gegen sie vergrößert das Interesse an ihrem Geist und muß ihre Wirkung verstärken; als »ein unsichtbarer und unbemerkter Geist durchschleicht sie die edeln Teile durch und durch, und hat sich bald aller Eingeweide und Glieder des bewußtlosen Götzen gründlich bemächtigt, und (hier wird Diderot zitiert)[318] ›*an einem schönen Morgen* gibt sie mit dem Ellbogen dem Kameraden einen Schub und bauz! baradauz! der Götze liegt am Boden‹« (S. 295 f.). »An *einem schönen Morgen*«, fährt Hegel fort, »dessen Mittag nicht blutig ist, wenn die Ansteckung alle Organe des geistigen Lebens durchdrungen hat; nur das Gedächtnis bewahrt dann noch als eine, man weiß nicht wie, vergangene Geschichte, die tote Weise der vorigen Gestalt des Geistes auf; und die neue für die Anbetung erhöhte Schlange der Weisheit hat auf diese Weise nur eine welke Haut schmerzlos abgestreift« (S. 296).[319]

Aber die Aufklärung kann sich nicht auf diese Wirkungsweise beschränken: »Ihre Verbreitung besteht nicht nur darin, daß Gleiches mit Gleichem zusammengeht; und ihre Verwirklichung ist nicht nur eine gegensatzlose Ausdehnung.« Denn sie hat es mit einem Glauben zu tun, der in der Kirche organisiert ist und der aus diesem Dasein im wirklichen gesellschaftlichen Leben die Kraft der Bodenständigkeit gewinnt. Metaphilosophisch gesagt: Die Entwicklung des »Lebensgeistes« im Menschen ist nicht nur ein Prozeß zwischen Ich, Seele und Bildekräfteleib, sondern er ist auch an einen physischen Leib gebunden und hat in diesem die Form der bestimmten Gegenständlichkeit. Das übersieht die Aufklärung, die alles ihr Entgegenstehende nur auf den Dogmatismus des Glaubens als eine seelische Sperre gegen den Geist der Vernunft zurückführt. Deshalb wirft sie dem Glauben »Irrtum und Vorurteil« vor, während umgekehrt der Glaube in der Haltung der Aufklärung ihm gegenüber nur »Lüge, Unvernunft und schlechte Absicht« sehen kann.

Auf diesem Niveau verliert die Aufklärung den Kampf gegen den Glauben. Sie geht aus von der These: »Was nicht vernünftig ist, hat keine *Wahrheit*, oder was nicht begriffen ist, *ist* nicht«.[320] Indem sie nun aus dieser Perspektive den Glauben betrachtet, kann sie seine Gegenständlichkeit zwar insoweit auflösen, als die letztere auf bloßem Dogmatismus beruht, für den Rest aber (nämlich soweit der Glaube seine Gegenständlichkeit als irdische Verkörperung eines an sich vernünfti-

gen geistigen Strebens findet) reicht ihr Begriffsvermögen nicht aus. Das
zeigt Hegel an den drei Hauptfragen des weltanschaulichen Disputs
(S. 297 ff.): Wenn die Aufklärung gegenüber dem Glauben geltend
macht, das *göttliche Wesen* sei nur sein eigener Gedanke, eine Hervorbringung seines Bewußtseins, so antwortet der Gläubige, diese Weisheit
sei ihm nichts Neues, sie müsse nur nicht so negativ, sondern vielmehr
positiver ausgedrückt werden. Mein religiöses Selbstbewußtsein, so sagt
er, besteht darin, daß ich mein Bewußtsein auf Gott beziehe und mich in
ihm finde, d. h. ihm vertraue: »Wem ich vertraue, dessen *Gewißheit
seiner* selbst ist mir die *Gewißheit meiner* selbst; ich erkenne mein Fürmichsein in ihm, daß er es anerkennt und es ihm Zweck und Wesen ist«
(S. 297). Zum zweiten hat der Glaube auch ein *Wissen* von dieser Beziehung, denn der Gläubige erkennt in seinem Vertrauen auf Gott auch das
Maß der eigenen Gottferne (S. 298), so wie der Philosoph in seinem
Namen ›Liebender der Weisheit‹ ausdrückt, daß er nicht mehr *in* der
Weisheit, und diese somit ihm gegenüber ein Anderes ist.

Ebenso steht es mit dem dritten Punkt des Disputs, der Frage nach der
Realisierung der Vernunft, welche die Aufklärung allein der Volkspäd-
agogik anvertrauen möchte, während der Glaube sie im lebensprakti-
schen Gehorsam gegenüber den religiösen Geboten und in der *gottes-
dienstlichen* Handlung sucht. »Der *Gehorsam und das Tun* ist ein notwendiges Moment, durch welches die Gewißheit des Seins in dem absoluten Wesen zustandekommt« (S. 298). Auch damit wird ein antireligiö-
ses Argument der Aufklärung entkräftet, die ja fordert, das Sein Gottes
als geistigen Selbstbildungsprozeß des Menschen zu erkennen. Zwar,
sagt Hegel, kann man die Messe nicht geradezu als eine Hervorbringung
Gottes ansehen, aber doch so, daß ohne das andächtige Bewußtsein der
sie feiernden Gemeinde das göttliche Wesen nicht in ihr anwesend wäre.
Damit ist die Polemik der Aufklärung gegen den Glauben in sich zusammengefallen. Wo angeblich »Volkstäuschung« und »Pfaffenbetrug«
herrschen, ist in Wahrheit ein volles Bewußtsein davon vorhanden, daß
der Glaube für den Erdenmenschen ein Streben zu Gott bleiben muß,
das sein endgültiges Ziel hier nicht erreichen kann; gerade deshalb kann
es hier aber auch keine Täuschung darüber geben, daß dieses Streben
die eigenste innerste Tätigkeit jedes einzelnen ist (S. 298 f.).

## bb. Die theologische Diskussion

Die Aufklärung muß also einsehen, daß auch aus ihrer eigenen Sicht der inneren Natur des Menschen Einwände gegen ein religiöses Leben nicht abgeleitet werden können. Daher geht sie jetzt von der Anthropologie zur Theologie über, d. h. sie formuliert die Kritik der tradierten Religion theologisch und entwirft selbst eine eigene vernünftige Religion (S. 299–305, Z. 35). Wiederum werden die drei obigen Sachfragen als Prüfsteine aufgestellt: 1. Welches ist der Grund des Seins des absoluten Wesens (onto-theologische Frage)? 2. Welches ist das subjektive Wissen von diesem Grund (religionspsychologische Frage)? 3. Welches religiöse Verhalten ergibt sich daraus (Frage nach der Opfergesinnung)? Hegel bezieht sich hier auf die Religionsdiskussion in der deutschen Aufklärung des 18. Jhs., aber ohne das philosophische Entwicklungsziel aus dem Auge zu lassen, d. h. er läßt der Verstandesseele ihren Lauf, damit sie ihr Werk, die Zerstörung der endlichen Erscheinungsformen des Unendlichen, vollbringen kann.

Die aufklärerische Religionskritik, welche das erste Wort hat, macht zunächst onto-theologisch geltend, die Formen in denen das gläubige Bewußtsein das Sein Gottes anschaue, seien diesem unangemessen (S. 300). Brot, Wein, Altar, Gewänder seien sinnliche Dinge, Gott dagegen müsse als übersinnliches Wesen aufgefaßt werden. Aber, sagt Hegel, das gläubige Bewußtsein sieht in diesen Dingen nichts anderes, als Bezugspunkte zum göttlichen Geist, und es ist vielmehr die Aufklärung, welche das nicht wahrhaben will, sondern es dem Glauben »rein anlügt«, sein ritueller Gegenstand sei ihm »ein *seiendes gemeines Ding* der *sinnlichen Gewißheit*«. Ähnlich ist es in religionspsychologischer Hinsicht, wo die Aufklärung vorbringt, das gläubige Bewußtsein baue seine Gewißheit auf einzelne historische Ereignisse, deren Ablauf mit Zufälligkeiten behaftet und deren Überlieferung zweifelhaft sei (S. 300 f.). Auch hier dichtet die Aufklärung dem Glauben etwas an, was dessen Selbstverständnis widerspricht. Nicht im einzelnen historischen Faktum und in dessen Aufgeschriebensein liegt der Glaubensinhalt, sondern in der Offenbarungswirksamkeit des Geschriebenen, oder wie Hegel sagt: »Es ist der Geist selbst, der das Zeugnis von sich ist, ebenso im

*Innern* des *einzelnen* Bewußtseins als durch die *allgemeine* Gegenwart des Glaubens Aller an ihn« (S. 301). Ähnlich verläuft die Argumentation in der dritten Frage, wo es um den Sinn des Opfers in einer auf Zweckrationalität gebauten Welt geht (S. 301 f.). In allen drei Gebieten erweisen sich die Einsichten der Aufklärung keineswegs als rein, sondern vielmehr als unrein, da sie den Gegenstand ihrer Kritik selbst verzerrt, um ihn als Zielscheibe für ihre Argumente gebrauchen zu können.

Wie steht es nun demgegenüber mit den eigenen religiösen Vorstellungen der Aufklärung? Das wird wiederum anhand der drei oben gestellten Fragen durchgeführt (S. 302 ff.), wobei sich zeigt, daß die Theologie der Vernunft die Entzweiung von Diesseits und Jenseits nicht etwa aufhebt, sondern vielmehr verabsolutiert. Auf die eine Seite stellt sie einen Gott, der als höchstes Wesen von allen Verbindungen und Vermischungen mit der endlichen Welt freier Geist sein soll (S. 303). Auf die andere Seite stellt sie das menschliche Bewußtsein so, daß es in der sinnlichen Wahrnehmung die absolute Gewißheit des Seins der Dinge und seiner selbst findet. Was folgt daraus nun für das Verhalten des Menschen zu Gott? Hier wäre zunächst umgekehrt zu fragen: Wie verhält sich der Gott der Aufklärung zum Menschen? Man kann nämlich das abstrakte être suprême sowohl als einen transzendenten wie als der Welt immanenten Geist ansehen. Entweder Gott ist der Uhrmacher, welcher das Uhrwerk der Welt- und Menschenentwicklung hergestellt und aufgezogen hat, um es nunmehr ohne weitere Eingriffe ablaufen zu lassen (»*Deismus*«), – oder der göttliche Geist ist in der Entwicklung seiner Welt und des Menschen weiter unmittelbar tätig, er »macht, hegt und pflegt sie« (»*Theismus*«, S. 304).[321] Das aufgeklärte Bewußtsein kann beide Standpunkte vertreten: Seine Tätigkeit in Beziehung auf sein Wesen besteht also darin, die göttliche Schöpferkraft entweder als innerhalb oder als außerhalb der Welt tätige zu setzen, zwischen der deistischen und der theistischen Denkform abzuwechseln, je nachdem wie es gerade paßt.

Was aber heißt das: »... es paßt«? So viel wie: »... es nützt«. Der Deismus und der Theismus, sagt Hegel, sind nichts anderes als zwei Denkformen, die beide Nutzungsbeziehungen ausdrücken, und das Abwechseln zwischen diesen »Theologien« hat keinen anderen Sinn, als der Kategorie der *Nützlichkeit* eine universelle Geltung zu verschaffen. »Alles gibt sich andern preis, läßt sich jetzt von andern gebrauchen und ist *für sie* (sc.: deistisch gedacht); und jetzt stellt es sich, es so zu sagen, wieder auf die Hinterbeine, tut spröde gegen anderes, ist für sich und gebraucht das andere seinerseits« (sc. theistisch gedacht). Für den Menschen heißt das: Er geht in der Welt als einem für seine Zwecke gepflanzten Garten umher, er genießt bewußt solange und so viel er kann und gebraucht sein Selbstbewußtsein nur, um sich dort einzuschränken, wo er sich sonst schädigen und seine weitere Genußfähigkeit zerstören würde.[322] Aber ebenso wie er alles für sich benutzt, ist es auch »seine Bestimmung ... sich zum gemeinnützlichen und allgemein brauchbaren Mitgliede des Trupps zu machen. So viel er für sich sorgt, gerade so viel muß er sich auch hergeben für die Andern, und soviel er sich hergibt, so viel sorgt er für sich selbst; eine Hand wäscht die andere. Wo er aber sich befindet, ist er recht daran, er nützt andern und wird genützt« (S. 305). Im Zentrum dieses absoluten Beziehungsgleichgewichts[323] steht das Wesen des Gleichgewichtssinnes, dessen moralische Dimension hier durch die Bewegung des fortwährenden Perspektivenwechsels der Nützlichkeit ersetzt ist, als leeres »être suprême«. Die »*Beziehung* auf ... (dieses) oder die Religion ist daher unter aller Nützlichkeit das Allernützlichste; denn sie ist der *reine Nutzen selbst*, sie ist dies Bestehen aller Dinge, oder ihr *Anundfürsichsein*, und das Fallen aller Dinge, oder ihr *Sein für anderes*.«

*cc. Die Auflösung des Glaubens durch die Aufklärung*

Den Hintergrund des dritten Gedankenganges von VI. B. II. a. (S. 305–311) bildet der berühmte Streit der Jahre 1778 ff. über die vernünftige Bibelauslegung zwischen *G. E. Lessing* und dem Hamburger Pastor *J. M. Goeze* als Vertreter der protestantischen Orthodoxie. In dieser sich lang hinziehenden Kontroverse hatte Lessing durch seine zügellose Polemik mehr und mehr den Wahrheitsgehalt der aufklärerischen Position verdunkelt;[324] Hegel macht nun den letzteren wiederum geltend, nämlich als Faktor der geistesgeschichtlichen Entwicklung, welche er in klaren systematischen Schritten in den wirklichen Pole-

mos der Französischen Revolution überführt. Auch wenn die Aufklärung, so sagt er hier, den Grund ihrer geistigen Wirkung nicht kennt, so
vermag sie doch dem Glauben seine substanzprägende Kraft zu nehmen und dadurch ein gefährliches Vakuum im gesellschaftlichen Organismus zu erzeugen. Metaphilosophisch gesagt: Indem hier die Lücke
im Funktionsbild des Gleichgewichtssinnes als Lücke fixiert und die
Beziehung auf die Idee der Gerechtigkeit durch das leere Vernunftwe-
sen abgeschnitten wird, fließt das chaotische Moment der Lebenskraft
in die Gesellschaft ein, wo es dann als revolutionärer Sprengstoff explo-
diert.

Den Ausgangspunkt des Gedankenganges haben wir oben schon
metaphilosophisch umrissen.[325] Der Glaube ist die Glaubenspraxis, die
sich im göttlichen Gegenüber verobjektivierende Arbeit des Ich in der
Seele, und zwar als Objektivierung der Gleichgewichtsidee, von der
eine vergeistigende Wirkung auf den Bildekräfteleib ausgeht. Diesen
letzteren (selbstbezogenen) Aspekt will der Glaube aber nicht wahrhaben. Die Aufklärung erscheint ihm als Lüge »weil sie das *Anderssein*
seiner Momente aufzeigt; sie scheint ihm damit unmittelbar etwas anderes aus ihnen zu machen, als sie in ihrer Einzelnheit sind; aber dies
*Andere* ist ebenso wesentlich, und es ist in Wahrheit in dem glaubenden
Bewußtsein selbst vorhanden, nur daß dieses daran nicht denkt, sondern es sonstwo hat« (S. 306).

Die Aufklärung durchschaut ihrerseits nicht, was sie mit ihrer Glau-
benskritik vollbringt. Indem sie geltendmacht, daß jede Art von Konkretisierung der Seele auf den Bildekräfteleib wirkt und fordert, daß
von diesem Bildungsprinzip ausgegangen werden müsse, übersieht sie,
daß der Glaube in der Tat genau dies tut, auch wenn er das Aussprechen des zugrundeliegenden Wirkungszusammenhangs als Ketzerei
ablehnt. Indem also die Aufklärung, wenn auch polemisch gegen den
Glauben, ausspricht, was der letztere wirklich tut, ist sie es, welche
beide Bewegungen (Konkretisierung der Seele in sich und Wirkung
derselben auf den Bildekräfteleib) zusammenbringt: »Sie bringt ...
nicht die Einheit beider als Einheit derselben, d. i. den Begriff hervor;
aber er *entsteht* ihr für sich« (S. 307), indem sie sich als Begriff betätigt,
d. h. sich im anderen unbewußt auf ihr Anders-(Entfremdet-)Sein be-

zieht. »Hierin liegt das absolute *Recht* der Gewalt, welche sie über ihn (sc. den Glauben) ausübt; die *Wirklichkeit* aber, zu der sie diese Gewalt bringt, (liegt) eben darin, daß das glaubende Bewußtsein selbst der Begriff ist, und also das Entgegengesetzte, das ihm die Einsicht herbeibringt (sc. das Prinzip des wirkenden Unbewußten), selbst anerkennt.«

Dies wird nun wieder an den drei religionskritischen Grundfragen durchgeprüft. In der onto-theologischen Diskussion verzerrt die Aufklärung zwar die gläubige Beziehung auf das Sein Gottes ins Subjektivistische, sie »isoliert .... das reine Moment des *Tuns* und spricht von dem *Ansich* des Glaubens aus, daß es *nur* ein *Hervorgebrachtes* des Bewußtseins« und deshalb »ein zufälliges Tun, ... ein vorstellendes Erzeugen von Fiktionen« sei. Der Glaube antwortet darauf, wie wir sahen, indem er das »nur« dieses Satzes durch ein »auch« ersetzt. Hier bohrt die Aufklärung nun weiter und fragt: »wie?« Auf welche Weise geschieht es, daß sich das Tun des gläubigen Bewußtseins mit dem göttlichen Wesen im substantiellen Selbstsein verbindet? Der Aufklärung ist alles Wahrnehmbare rational erklärlich, während dem Glauben sein Gott insoweit fremd bleibt: »wie er einerseits ihm vertraut, und darin die *Gewißheit seiner selbst* hat, (ist er ihm) andererseits in seinen Wegen unerforschlich, und in seinem Sein unerreichbar« (S. 308). Dasselbe gilt vom kultisch-sakramentalen Vollzug des Gottesdienstes: Wie inhäriert der Heilige Geist der Materie der sinnlichen Dinge? Die Aufklärung rüttelt hier an einer Frage, welche der Glaube mangels ontologischer Vertiefung seiner Begriffe nicht beantworten kann, und die er deshalb zu einem Mysterium erklärt.

Ebenso ist es mit der zweiten, der religionspsychologischen, und der dritten Prüfungsfrage, die die Opfergesinnung des Glaubens betrifft. Wie wirkt die asketische Lebensführung auf die menschliche Natur (S. 309)? Das Verzichten ohne ein Bewußtsein, worauf man verzichtet, d. h. ohne Bewußtsein von der substantiellen Wirkungsweise der Askese ist, sagt Hegel, keine vollmenschliche Handlung, sondern eine Naivität; »es ist zu naiv zu fasten, um von der Lust der Mahlzeit sich befreit, – zu naiv, sich, wie Origines, andere Lust *vom Leibe* wegzuschaffen, um sie abgetan zu erweisen. Die Handlung selbst erweist sich als ein *äußerliches* und *einzelnes* Tun; die Begierde ist aber innerlich

eingewurzelt und ein *Allgemeines*«. Die Verbindung dieser beiden Seiten, des seelischen Akts (des Willens zur Askese) und der Wirkung derselben in der substantiellen Natur, im Bildekräfteleib, müßte gefunden
werden, was aber weder die gläubige noch die aufgeklärte Weltanschauung, weil sie beide vom Rationalismus der Verstandesseele gefan-
gen sind, vermag.

Dies ist die geistige Situation Europas am Vorabend der Französischen Revolution. Der Glaube wird vom Rationalismus der Aufklärung
durchdrungen und gerät diesem gegenüber immer weiter in die Defen-
sive. Einerseits deshalb, weil die gläubige Weltanschauung selbst sich
in die Trennung zwischen den zwei Welten immer tiefer verstrickt, sich
in der Wissenschaft materialistisch, in Politik und Gesellschaft macht-
bewußt-juristisch verhält, und zugleich in Beziehung auf das Jenseits
die absolute Vereinigung des göttlichen Wesens mit der Welt, d. h. diese
als inneren Prozeß des Menschen produzieren will. »Das glaubende
Bewußtsein führt doppeltes Maß und Gewicht ... Der Glaube lebt in
zweierlei Wahrnehmungen, der einen, der Wahrnehmung des *schlafenden*, rein im begrifflosen Gedanken, der andern des *wachen*, rein in
der sinnlichen Wirklichkeit lebenden Bewußtseins, und in jeder führt
er eine eigene Haushaltung« (S. 310). Andererseits wird dem Glauben
von der Aufklärung zum Bewußtsein gebracht, daß die in seiner Weltanschauung getrennt bleibenden Momente dort zusammenfallen, wohin er als Glaubenspraxis strebt. Dies »kann der Glauben nicht verleugnen ..., weil er Selbstbewußtsein und hiemit die Einheit ist, welcher beide Vorstellungsweisen angehören, und worin sie nicht auseinanderfallen; denn sie gehören demselben untrennbaren *einfachen*
Selbst an, in welches er übergegangen ist.«

Daraus ergibt sich ein fortschreitender Substanzverlust der traditionellen Religiosität, deren Reich durch das tagwache Aufklärungsden-
ken Stück für Stück ausgeplündert wird. Der Glaube erlebt dies subjektiv als ein Zurückgeworfenwerden in ein »dumpfes Weben des Geistes
in ihm selbst«, ein »reines Sehnen«, das keinen Inhalt mehr findet.
Objektiv gesehen kommt der Glaube damit jedoch an den Wendepunkt
des Begriffs, wo er sich als dasselbe erweist, was die Aufklärung ist,
»nämlich das Bewußtsein der Beziehung des an sich seienden Endli-

chen auf das prädikatlose, unerkannte und unerkennbare Absolute; nur *daß sie* die *befriedigte, er* aber die *unbefriedigte* Aufklärung ist.« Der Kampf endet damit, daß die unbegriffenen Reste des Glaubens zum Aberglauben werden und die Welt in das Zeitalter der Säkularisation eintritt. Die Aufklärung ist jetzt die herrschende Weltanschauung, auf deren Boden alle anderen vermittelt sind, ob sie das wissen oder nicht. Daraus folgt, daß nun dieses geistige Wesen für sich, seinen eigenen Begriffsmomenten gemäß, zu entwickeln ist.

## b. Der Sinn des Nützlichkeitsdenkens

In Abschnitt VI. B. II. b. (»Die Wahrheit der Aufklärung«, S. 311–316) läßt Hegel also die Aufklärung ihre eigene Metaphysik darstellen. Sie hat den Glauben dadurch überwunden, daß sie ihm das Ziel zeigte, das er als Glaubenspraxis selbst verfolgt und das philosophisch »als absoluter Begriff (zu bestimmen ist, als) ein Unterscheiden von Unterschieden, die keine mehr sind, von Abstraktionen oder reinen Begriffen, die sich selbst nicht mehr tragen, sondern nur durch *das Ganze der Bewegung* Halt und Unterscheidung haben« (S. 311). Die Aufklärung hat gezeigt, daß das »Reich Gottes« eine weltimmanente Subjekt-Objekt-Beziehung ist, aber sie hat diese dem Glauben nur als Bewegung gezeigt. Wo ist nun das Wesen dieser Bewegung? Wie kann es für unser Bewußtsein gegenständlich werden? Weil das Prinzip der Aufklärung eben im Aufheben des Subjekt-Objekt-Gegensatzes besteht, kann auch ihre Wirklichkeit in nichts anderem bestehen, d. h. sie muß »das *reine Denken,* als *reines Ding*« begreifen. Das gleiche tut aber auch der Glaube, denn sein dumpfes Weben in dem sich auflösenden Inhalt bewirkt, daß er »in das reine *Fühlen* oder in die reine *Dingheit* zusammen(fällt)«, die der Boden dieses reinen Denkens ist.

Metaphilosophisch gesagt fällt hier der Blick auf den Akt der Reflexion der Bildekräfte als solchen, wohin unsere gewöhnliche Wahrnehmung, die vielmehr erst am physischen Produkt dieser Reflexion anstößt, nicht vordringen kann. Die Aufklärung hat mit ihrem esoterischen Streben auch einen echten esoterischen Erfolg, weil eben jedem, der hier ernsthaft und nachhaltig anklopft, letztlich auch aufgetan wird

(Matth. 7, 7 f.). Eine andere Frage ist, welche Gesinnung diesem Streben zugrunde liegt. Die Intentionen der Aufklärung bleiben an dem
hängen, was wir oben als Gefahrenquelle für die reine Einsicht charakterisierten, nämlich an der Selbstwahrnehmung im physiologischen
Funktionsbild des Gleichgewichtssinnes. Deshalb fand sie statt des
»Reiches Gottes« auf Erden vielmehr nur das Land des freien Goldes
(Eldorado ist ein in der Aufklärungsliteratur häufig auftretendes Bild),
das Land der unbegrenzten Möglichkeiten der Bildekräfte, als bildba-
rer und dienstbarer Substanz.

   aa. Hegel deckt diesen Zusammenhang in drei Gedankengängen
auf, von denen der erste (S. 312, Z. 13 – 313, Z. 31) an dem fortbestehenden Gegensatz von Glauben und Aufklärung, aber jetzt als Parteibildung innerhalb der Aufklärung, anknüpft. Beide Parteien, der uns
schon bekannte Theismus und der Deismus,[326] beziehen sich auf ein
höchstes Prinzip, aber sie fassen dieses jetzt prinzipieller auf. Die theistische Partei (diejenige des »reinen Bewußtseins« der ehemaligen
Glaubenskämpfer) beruft sich jetzt auf Gott als »das *reine Wesen* des
*Denkens*« (S. 312), während die deistische (das »wirkliche Bewußtsein« der Veteranen aus dem Kampf gegen den Glauben) ihrerseits an
die »*reine Materie*« glaubt.[327] Hegel aber bringt beide Positionen in Bewegung, indem er ihre Wechselbeziehung zeigt. Der Gedankengang
des Theismus *ist* der innere Weg vom Geist zur Materie, während umgekehrt der Deismus den inneren Weg von der Materie zum Geist geht,
– und zwar jeweils als *Nutzweg.*

Im Gedanken des »reinen Wesens«, sagt Hegel, erhebt sich das Subjekt in das reine Denken und macht dieses zu einer Gestalt außerhalb
seiner selbst, d. h. zu einem Seienden. Diesem begegnet es auch in der
Welt, aber im Bewußtsein der »*sinnliche(n)* Gewißheit und Wahrnehmung«. Damit nun die Seinsweise Gottes auch hierin wiedergefunden
werde, muß sie zur »reinen Materie« werden, d. h. zu demjenigen,
»was übrigbleibt, wenn wir vom Sehen, Fühlen, Schmecken usf. *abstrahieren*; es ist nicht die *Materie*, die gesehen, gefühlt, geschmeckt wird,
sondern die Farbe, ein Stein, ein Salz usf.« Indem die theistische Aufklärung ihrem Gott diesen Seinscharakter beilegt, bekräftigt sie die
Einheit von Denken und Sein. Aber sie will davon nichts wissen. Meta-

philosophisch gesagt: Sie will nicht wissen, daß die im Funktionsbild des Gleichgewichtssinnes leicht und beweglich[328] bleibenden Gedanken unmittelbar auch in die Gedankenverhärtung entsprechend dem Funktionsbild des Tast- und Geschmackssinnes übergehen, d. h. sich ebenso in der Konstitution des irdischen Bewußtseins bewähren müssen.

Eine umgekehrte Argumentation gilt für den als »Materie« auftretenden Gott: »Die andere Aufklärung geht von dem sinnlichen Sein aus, *abstrahiert* dann von der sinnlichen Beziehung des Schmeckens, Sehens usf., und macht es zum reinen *Ansich*, zur *absoluten Materie*, dem nicht Gefühlten noch Geschmeckten; dies Sein ist auf diese Weise das prädikatlose Einfache, Wesen des *reinen Bewußtseins* geworden; es ist der reine Begriff als *an sich* seiend, oder das *reine Denken in sich selbst*« (S. 313). Hier beginnt der Gedankengang also beim Dingbewußtsein, um aus diesem die Bewußtseinsreflexion als Verdinglichung so herauszupräparieren, daß sie als Aktualisierung einer Potenz, und als Gleichgewicht in der Akt-Potenzbeziehung gedacht wird (also in das Funktionsbild des Gleichgewichtssinnes übergeht). Indem beide Richtungen der Aufklärungsphilosophie diesen Zusammenhang von Denken und Sinnlichkeit verkennen, »sind sie nicht (bis) zum Begriffe der Cartesischen Metaphysik gekommen, daß *an sich Sein* und *Denken* dasselbe ist«. Cogito ergo sum:[329] In mein Denken, sei es dingbezogen (Kap. I., II.) oder metaphysisch (Kap. VI.), schlägt die Reflexion ein, durch welche ich meine Gedankenorganisation im Bildekräfteleib produziere, und diese Produktion hat immer ein dingliches Resultat: »das *Denken* ist *Dingheit*, oder *Dingheit* ist *Denken*.«

bb. Im zweiten Gedankengang (S. 313–315, Z. 11) zeigt Hegel nun, inwiefern die beiden Gottesbegriffe der Aufklärung sich im Leben bewähren. Metaphilosophisch handelt es sich hier um das Zusammenwirken der irdischen und der höheren Wesensglieder des Menschen, das in den beiden Aufklärungstheologien jeweils von der einen und von der anderen Seite her gedacht wird. Im Durchdenken dieses Zusammenhanges stoßen wir auf einen absoluten Grund, der zugleich als ein absoluter Stillstand erscheint. Es ist gleichgültig, ob das Bewußtsein zunächst mehr einseitig-dinglich oder mehr gleichgewichtig-metaphy-

sisch eingestellt ist, denn die Gedankenbewegung muß jeweils auch
das andere Moment hervor- und mit dem ersten ins Gleichgewicht
bringen: »Das gemeinschaftliche Allgemeine ist die Abstraktion des
reinen Erzitterns in sich selbst, oder des reinen sich selbst Denkens.
Diese einfache achsendrehende Bewegung muß sich auseinander werfen, weil sie selbst nur Bewegung ist, indem sie ihre Momente unterscheidet« (S. 313 f.). Welche Momente aber können hier noch unterschieden werden? Da aller Inhalt im Funktionsbild des Gleichgewichtssinnes aufgehoben ist, bleibt nur noch der Akt der Seele übrig,
welcher die Reflexion des Bildekräfteleibs zu einer jenem Bild entsprechenden Gedankenorganisation des Menschen bewirkt. Aber dieser ac-
tus purus ist zugleich rein individuell und daher allgemeingültigen Begriffen nicht zugänglich. Philosophisch begreifbar ist dagegen die Ak-
tualisierbarkeit der Substanz als solche, die Bereitschaft der Bildekräfte,
sich prägen zu lassen. Diese Potenz ist es, welche von der Aufklärungsphilosophie rein herausgearbeitet wird, so daß sie einen Namen und
damit Gegenstandsqualität erhält: »die *Nützlichkeit*« (S. 314).

So wie in der neueren Verfassungsgeschichte der Monarch sich als
erster Diener seines Staats definiert,[330] so entpuppt sich der Gott der
Aufklärungstheologie als das Wesen der Nützlichkeit schlechthin, als
Diener. In diesem Typus, insbesondere in seiner englischen Spielart,
dem Butler, sind die von Hegel aufgeführten Begriffsmomente lebendig.
Er ist der ›dienstbare Geist‹, d. h. er ist in den Augen der Herrschaft nur
existent als verkörperte Brauchbarkeit. »Sein *Ansichsein* ist ... nicht bleibendes *Sein*, sondern hört unmittelbar auf, in seinem Unterschiede etwas zu sein; ein solches Sein aber, das unmittelbar keinen Halt hat, ist
nicht *an sich*, sondern wesentlich *für ein anderes*, das die Macht ist, die es
absorbiert.« In dieser Form der universellen Brauchbarkeit ist der Butler
da. Ebenso ist auch das Prinzip der Nützlichkeit mehr als nur eine mögliche Verhaltensform, »als *Sein nur für anderes* ist es vielmehr das *Verschwinden* selbst, und es ist das in sich *Zurückgekehrt-*, das *Fürsichsein*
gesetzt. Dies einfache Fürsichsein ist aber als die Sichselbstgleichheit
vielmehr ein *Sein*, oder damit *für ein anderes*.« Der Butler als solcher, um
im Bild zu bleiben, ist nicht im vollen Sinne Persönlichkeit, sondern nur
die Vorstellung einer solchen. Er ist eine Person, die die Rolle einer

Unperson spielt, ohne in der Überwindung dieser Differenz selbständig zu werden: »Das Nützliche selbst ist nicht das negative Wesen, diese Momente in ihrer Entgegensetzung zugleich *ungetrennt* in *einer* und *derselben Rücksicht*, oder als ein *Denken* an sich zu haben ...; das Moment des *Fürsichseins* ist wohl an dem Nützlichen, aber nicht so, daß es über die andern Momente, das *Ansich* und das *Sein für anderes*, *übergreift*, und somit das *Selbst* wäre« (S. 314 f.).

cc. Der dritte Gedankengang in VI. B. II. b. (S. 315 f.) ist die Überleitung zu VI. B. III. Hegel zeigt hier, wie sich die Weltanschauung der Aufklärung in der Kategorie der Nützlichkeit vollendet. So wie in jeder einzelnen Handlung irgend etwas bewegt wird, weil immer ein Bewegbares vorhanden ist, so besteht die irdische Welt überhaupt darin, die in ihr überall veranlagten göttlichen Möglichkeiten zu benützen. In der Weltanschauung der verabsolutierten Zweckrationalität ist der Geist der Gleichgewichtsidee vollständig im physiologischen Funktionsbild des Gleichgewichtssinnes eingefangen und die in diesem auftretende Lücke gefüllt, – nicht durch ein moralisches Urteil des Subjekts, sondern durch die Reflexion des Geistes im einzelnen Bewußtsein, die nützliche Vereinzelung der Gedanken in der Dingheit der äußeren Welt. Weil Gott das absolute Wesen der Nützlichkeit ist, ist die irdische Welt ein immerwährender Gottesdienst, dessen metaphysische Dimension das tätige Bewußtsein vollkommen durchschaut: »Beide Welten sind versöhnt, und der Himmel auf die Erde herunter verpflanzt« (S. 316).

(III.) »Die absolute Freiheit und der Schrecken«

Im Abschnitt VI. B. III. (S. 316–323) verläuft der Gedankengang noch immer auf dem Boden der Verstandesseele, aber er geht jetzt von der seelischen Fühlenskraft aus, er zeigt, wie sich deren Prinzip der unmittelbaren Wechselwirkung realisiert. Denn die aus VI. B. II. b. überkommene Weltanschauung der Nützlichkeit ist als solche nur erst Theorie und noch nicht wirklich gelebt, »die Nützlichkeit ist noch Prädikat des Gegenstandes, nicht Subjekt selbst, oder seine unmittelbare und einzige *Wirklichkeit*« (S. 316). Das aber das wird sie, indem das Subjekt sie so ergreift, wie sie an und für sich ist, nämlich in reiner Wechselwirkung mit

sich. Hier gibt es nun nichts mehr, was dem Bewußtsein entfremdet und
daher hinderlich wäre: Es tritt die Gestalt der »absoluten Freiheit« hervor (S. 316–318, Z. 16). Diese ist nicht etwa deshalb frei, weil sie aus
Einsicht in die Unaufhebbarkeit ihrer materiellen Interessen es aufgegeben hätte, sich daraus Skrupel zu machen; sie hat nämlich gar keine
solchen Interessen, »sie ist vielmehr reine Metaphysik, reiner Begriff
oder Wissen des Selbstbewußtseins.« Sie identifiziert sich mit der
Selbstlosigkeit der Bildekräfte als der universell brauchbaren Substanz,
und sie weiß sich darin mit allen anderen einig, weil auch deren Tätigkeit
auf jenem Prinzip wirklich beruht, ein reales Universum des Substanz-
gebrauchs darstellt. »Hiemit ist der Geist als *absolute Freiheit* vorhanden; er ist das Selbstbewußtsein, welches sich erfaßt, daß seine Gewißheit seiner selbst das Wesen aller geistigen Massen der realen so wie der
übersinnlichen Welt, oder umgekehrt, daß Wesen und Wirklichkeit das
Wissen des Bewußtseins von *sich* ist« (S. 317).

Aus dieser Metaphysik entspringt die politische Theorie der Demokratie, nach der alle Herrschaft und Gesetzgebung sich als Ausdruck des
»allgemeinen Willens« zu legitimieren hat. »Und zwar ist er (sc. der der
Weltanschauung der Nützlichkeit entsprechende allgemeine Wille)
nicht der leere Gedanke des Willens, der in stillschweigende oder reprä-
sentierte Einwilligung gesetzt wird, sondern reell allgemeiner Willen,
Willen aller *einzelner* als solcher.« Hier ist Rousseaus volonté générale
gemeint, und nicht etwa die von E. Sieyès vertretene Gleichsetzung des
allgemeinen Willens mit der Summe der Einzelwillen (volonté de
tous).[331] Denn bei der letzteren, als Gleichsetzung von Qualität und
Qantität, tritt sofort das Verfahren zur Berechnung des Quantums in den
Vordergrund, d. h. der allgemeine Wille sinkt zum Mehrheitsbeschluß
herab. Für Rousseau dagegen ist entscheidend, daß es den Allgemeinwillen als soziale Substanz wirklich gibt, wie Hegel sagt, »als *selbst*bewußtes Wesen aller und jeder Persönlichkeit, so daß jeder immer unge-
teilt Alles tut, und was als Tun des Ganzen auftritt, das unmittelbare und
bewußte Tun eines *Jeden* ist.«

Die staatstheoretische Konsequenz (S. 318–320, Z. 33) hieraus, welche ja im revolutionären Frankreich auch wirklich gezogen wurde, ist,
daß alle zwischen dem einzelnen und dem gesellschaftlichen Ganzen

stehenden Verbände (»pouvoirs intermediaires«)[332] nur als Störfaktoren der volonté générale[333] erscheinen: »In dieser absoluten Freiheit
sind also alle Stände, welche die geistigen Wesen sind, worein sich das
Ganze gliedert, getilgt; das einzelne Bewußtsein, das einem solchen
Gliede angehörte, und in ihm wollte und vollbrachte, hat seine Schranke
aufgehoben: sein Zweck ist der allgemeine Zweck, seine Sprache das
allgemeine Gesetz, sein Werk das allgemeine Werk« (S. 318). Damit
gehen die gesellschaftlichen Institutionen, die selbst auf der Basis des
allgemeinen Nützlichkeitsdenkens noch eine gewisse Konkretisierung
der gesellschaftlichen Wirklichkeit hervorbrachten, nun vollends in der
Ideologie der volonté générale unter: »Der Gegensatz besteht ... (hier)
allein in dem Unterschiede des *einzelnen* und *allgemeinen* Bewußtseins;
aber das einzelne ist sich unmittelbar selbst dasjenige, was nur *den
Schein* des Gegensatzes hatte, es ist allgemeines Bewußtsein und Willen.« Darin liegt das Wesen des Ideologischen, daß es alles im gesellschaftlichen Leben sich konkret Gestaltende von dem sachlichen Grund
dieser Konkretheit ablöst und in die Form des politischen Wollens hineinstellt. Diese wird zur Gleichheit, zu der Form, in welcher das Gesetz
gilt. So wie die Staatsideologie sagt, daß der Einzelwille schlechthin mit
dem Allgemeinwillen identisch[334] sein muß, gibt es unter der Herrschaft
des ideologischen Staats auch »nichts (sc. für sich bestehendes) Einzelnes, sondern nur Gesetze, und Staatsaktionen«.

Insbesondere gibt es hier keinerlei Gewaltenteilung, weder der Staats-
gewalten unter sich, noch auch als Selbstverwaltung der Gesellschaft, in
Gemeinden, Kirchen usw. (S. 319). Denn jede Konkretisierung dieser
Art wäre sogleich eine Beschränkung des allgemeinen Willens, was dessen Natur widerspricht. Auch die Idee der Repräsentation ist unter solchen Umständen nicht mehr als eine Fiktion, um das Grundproblem zu
verdecken, daß die Staatstätigkeit hier keine sachlichen Grenzen ihrer
Reichweite mehr kennt. Ebenso wie für die Aufklärung alles nützlich, ist
für die volonté générale im Prinzip alles gesetzlich regelbar, obwohl sie
bei jeder einzelnen Regelung darauf stößt, daß Willenshandlungen nur
von einzelnen ausgehen, also nicht Taten des *»wirklichen allgemeinen*
Selbstbewußtseins« sein können. Indem sie diesem Widerspruch durch
immer neue Regelungen zu entfliehen sucht, entwirklicht sie ihre Welt:

»Kein positives Werk noch Tat kann also die allgemeine Freiheit hervorbringen; es bleibt ihr nur das *negative Tun*; sie ist nur die *Furie* des
Verschwindens.«

Diese Furie saugt alle Konkretheit aus dem gesellschaftlichen Leben
heraus, bis schließlich nur noch die beiden nackten Prinzipien übrig-
bleiben, »die einfache unbiegsame kalte Allgemeinheit, und ... die diskrete absolute harte Sprödigkeit und eigensinnige Punktualität des
wirklichen Selbstbewußtseins. Nachdem sie mit der Vertilgung der realen Organisation fertig geworden, und nun für sich besteht, ist dies ihr
einziger Gegenstand; – ein Gegenstand, der keinen andern Inhalt, Besitz, Dasein und äußerliche Ausdehnung mehr hat, sondern er ist nur
dies Wissen von sich als absolut reinem und freiem einzelnem Selbst«
(S. 319 f.). In dieser Situation, wo sich der einzelne und das Gemeinwesen ohne jede vermittelnde Substanz gegenüberstehen, kann alle weitere Bewegung nur noch ein Resultat haben: Die »ganz *unvermittelte*
reine Negation, und zwar die Negation des Einzelnen als *Seienden* in
dem Allgemeinen.« In der politischen Praxis des verabsolutierten
Gleichgewichtsmodells ist das, was im physiologischen Funktionsbild
des Gleichgewichtssinnes als Lücke erscheint, ein wirkliches Tor, durch
welches zunächst die Furie alle Konkretheit zum Verschwinden brachte,
während sie nun beiseitesteht, um das Wesen des Chaos selbst eintreten
zu lassen, welches noch eine andere Qualität besitzt.

Hegel charakterisiert es so: »Das einzige Werk und Tat der allgemeinen Freiheit ist daher der *Tod*, und zwar ein *Tod*, der keinen innern
Umfang und Erfüllung hat, denn was negiert wird, ist der unerfüllte
Punkt des absolutfreien Selbsts; er ist also der kälteste, platteste Tod,
ohne mehr Bedeutung, als das Durchhauen eines Kohlhaupts oder ein
Schluck Wassers« (S. 320). So wie H. Ahrendt in der Judenvernichtung
des NS-Reichs die »Banalität des Bösen« entdeckte,[335] sagt Hegel von
dem durch die Revolutionstribunale täglich verfügten und maschinell
vollstreckten Tod: »In der Plattheit dieser Silbe besteht die Weisheit der
Regierung, der Verstand des allgemeinen Willens, sich zu vollbringen.«
Dabei ist es nur folgerichtig, daß die Revolution dann auch ihre eigenen
Kinder frißt, indem sie jede Regierung zur Partei und jede Parteiung
zum Verstoß gegen die Unteilbarkeit des Allgemeinwillens erklärt. »*Ver-*

*dächtig werden* tritt ... an die Stelle oder hat die Bedeutung und Wirkung des *Schuldigseins,* und die äußerliche Reaktion gegen diese Wirklichkeit, die in dem einfachen Innern der Absicht liegt, besteht in dem trocknen Vertilgen dieses seienden Selbsts, an dem nichts sonst wegzunehmen ist, als nur sein Sein selbst.«[336]

In dem folgenden Gedankengang (S. 320–323) stellt Hegel dar, daß zwischen dem politischen Schrecken der Französischen Revolution und dem Kulturimpuls des Deutschen Idealismus eine polare Beziehung besteht. Er baut sozusagen die Brücke, auf welcher der Geist nach Deutschland übergeht. In Frankreich selbst, so sagt er, folgt auf die Revolution eine Restauration, und man könne unter der fortbestehenden Herrschaft des aufklärerischen Rationalismus damit rechnen, daß diese in eine neue Revolution umschlagen werden (S. 321). In der Geistesgeschichte der Menschheit aber ist hier noch etwas anderes geschehen, nämlich die Zusammenfassung der Welt der Bildung und ihr Untergang als eines nur diesseitsbezogenen Reiches Gottes (S. 322). In dieser Erfahrung ist der prinzipielle Irrtum bewußt geworden, das reine Wesen der Nützlichkeit in der politischen Sphäre des gesellschaftlichen Lebens aufzugreifen und es unmittelbar zum »allgemeinen Willen« zu machen. Und die Korrektur des Irrtums besteht darin, daß jene metaphysische Dimension nicht mehr in ihrer politischen Form verfolgt, sondern als »*aufgehobne Unmittelbarkeit*« gewußt wird. Sie ist in das höhere Wesen, konkret: In den »Lebensgeist« als das zweite höhere Wesensglied des Menschen eingearbeitet, und muß dort warten, bis sich andere von dieser Heiligkeit anregen lassen, d. h. ebenfalls in diesem ihrem geistig wesenhaften Sein wissend werden.

»Das Selbstbewußtsein ist also das reine Wissen von dem Wesen als reinem Wissen« (S. 323). Es ist vom einzelnen Subjekt erarbeitet, daher »von ihm als Form gewußt«, dagegen ist ihm »die *gegenständliche* Wirklichkeit, das *Sein,* schlechthin selbstlose Form«, oder, wie Fichte sagt, der Anlaß und das Material zu seiner Pflichterfüllung.[337] Der Gegensatz des allgemeinen und einzelnen Willens hat sich hierin ausgeglichen, und es sind nur noch »das reine Wollen und das rein Wollende« in ihrer durchsichtigen Unterscheidung vorhanden. »Wie das Reich der wirklichen Welt in das Reich des Glaubens und der Einsicht übergeht, so geht

die absolute Freiheit aus ihrer sich selbst zerstörenden Wirklichkeit in
ein anderes Land des selbstbewußten Geistes über, worin sie in dieser
(sc. geistigen) Unwirklichkeit als das Wahre gilt, an dessen Gedanken er
(sc. der Geist) sich labt, insofern *er Gedanke ist* und bleibt, und dieses in
das Selbstbewußtsein eingeschlossene Sein als das vollkommne und
vollständige Wesen weiß. Es ist die neue Gestalt des *moralischen Geistes*
entstanden.«

## C. »Der seiner selbst gewisse Geist. Die Moralität«

Das Kap. VI. erreicht in Abschnitt C. (S. 323–362) seinen Höhepunkt.
Hier setzt sich Hegel mit der esoterischen Seite der Philosophie Kants
und Fichtes sowie einer Reihe weiterer deutscher Denker auseinander,
deren Streben als geisteswissenschaftliche Vertiefung dessen betrachtet
werden kann, was sich in der französischen Aufklärung und Revolution
zu unmittelbar im gesellschaftlichen Lebenszusammenhang verfangen
hatte. In dieser Welt der »Bildung« (VI. B.) war, grob gesprochen, das
Denken von vornherein zu einseitig auf eine geistige Reproduktion der
physiologischen Seite des Gleichgewichtssinnes ausgerichtet gewesen
und das damit verbundene esoterische Ziel vernachlässigt worden. Das
letztere, das Herausarbeiten des der moralischen Seite der Gleichgewichtsidee entsprechenden geistig-seelischen Organs des Menschen ist
nun das Thema in VI. C. Hegel stellt also die Frage, ob es im Durcharbei-
ten der Gedankengänge Kants, Fichtes usw. gelingt, den geistigen Menschen von der sinnlichen Seite des Gleichgewichts und den damit verbundenen natürlichen Störfaktoren zu lösen.

Nach unserem Aufbauschema entspricht die Dreiteilung des Kap. VI.
den drei großen Stufen der Bewußtseinsentwicklung der Menschheit. In
VI. A. hatten wir uns auf dem Boden der Empfindungsseele, in VI. B. auf
demjenigen der Verstandesseele bewegt, während wir nun in VI. C. den
Boden der Bewußtseinsseele betreten. Allerdings ist hier nicht nur die
seelische Entwicklung maßgebend, sondern auch eine damit verbundene physiologische zu berücksichtigen, welche gewissermaßen den
Sitz des dem »Geist« des Kap. VI. zugrundeliegenden Gleichgewichts-

organs betrifft. Dieses hatte für die Menschen der Antike noch ganz elementar und verhängnisvoll aus dem Blut heraus gewirkt; dagegen ist es beim neuzeitlichen Menschen in den feineren Wechselwirkungen zwischen Atem, Lymphstrom und Innenohrlabyrinth zu finden, wo der geistige Einschlag in seine Natur stärker zum Bewußtsein kommt.[338] Deshalb geschah die Tat der antiken Sittlichkeit noch stumm und wurde erst hinterher gerechtfertigt, während sie in der Neuzeit von der atemgetragenen Sprache durchdrungen ist, also im Sich-Äußern und Vernommenwerden selbst besteht. Hier kommt es nun darauf an, ob die in dieser Sprache geäußerten Gedanken wirklich *lichtvoll* sind. Wenn sie sozusagen nur aus der Atembewegung der *Luft* abgetastet werden, wie im Yoga,[339] dann können sie zwar den Anspruch des Selbstbewußtseins auf das »Wissen« der Moralität befriedigen, aber sie sind als denkende Weltanschauung nicht haltbar.

Entsprechend sagt Hegel in seiner kurzen Einleitung zu VI. C. (S. 323 f.), daß in der sittlichen Welt der Antike die *Substanz* unmittelbar das menschliche Handeln bestimmt habe, während sie nun, nach dem Durchlaufen der Verstandesbildung und ihrer Fluchtbewegungen, in den sich als moralisches Selbstbewußtsein wissenden Geist übergegangen sei. »Das absolute Wesen ist ... nicht in der Bestimmung erschöpft, das einfache *Wesen* des *Denkens* zu sein, sondern es ist alle *Wirklichkeit*, und diese Wirklichkeit ist nur als Wissen; was das Bewußtsein nicht wüßte, hätte keinen Sinn und kann keine Macht für es sein; in seinen wissenden Willen hat sich alle Gegenständlichkeit und Welt zurückgezogen« (S. 324). Im »absoluten Wesen« liegt das esoterische Ziel des Kap. VI. überhaupt. Mit dem »einfachen Wesen des Denkens« ist das physiologische Funktionsbild des Gleichgewichtssinnes gemeint. Aus diesem, genauer gesagt, aus der Lücke, die es offenläßt, leuchtet jedoch für ein moralisch denkendes Bewußtsein die geistige Seite der Gleichgewichtsidee hervor, aus der heraus sich im Menschen der ›Lebensgeist‹ als höheres geistig-seelisches Organ bildet, welches als »Reich Gottes mitten unter uns«, d. h. als verborgene Wirklichkeit der Welt heranwächst. Derjenige, welcher in diese Verborgenheit eindringt, findet darin die höhere und folglich, wie Hegel sagt, »alle Wirklichkeit«. Und er kann nur in sie eindringen, indem er das Organ, mit welchem er ihr angehört, in sich schafft. Das geschieht aus dem »Wissen« heraus, daß auch schon die sinnliche Gleichgewichtswahrnehmung auf einer bewußten geistigen Aktivität, einem moralischen Urteil in Beziehung auf die Gleichgewichtsidee, beruht.

## a. Kants Wille zur Moralität

Die Überschrift des Abschnitts VI. C. a., »Die moralische Weltanschauung« (S. 324–332), deutet auf *Kants* »Kritik der praktischen Vernunft« hin. Das Ich baut hier das absolute Wesen denkend auf, so daß es sich zu ihm als wissendes Selbstbewußtsein verhalten kann. Dies ist ein Inhalt, der über die bloßen Vergleichsgedanken des Kap. V. über die formale Qualität der Kant'schen Pflichtenethik (»gesetzgebende« und »gesetzesprüfende Vernunft«)[340] hinausgeht. Vielmehr handelt es sich um die Wirkung dieser Ethik im Menschen als Ausbildung eines kommunikationsfähigen inneren Organs, in welchem die theoretischen Postulate der praktischen Vernunft wirklich eingelöst werden.

Um Hegels Gedankengang zu verstehen, geben wir hier zunächst die Grundlinien der »Kr. d. pr. V.« im Zusammenhang wieder. Kant geht in seinem Werk von der Frage aus, ob das menschliche Handeln frei sein, ob es aus einem freien Willen entspringend gedacht werden könne. Er stellt diese Frage auf dem Boden eines Menschenbildes, das durch den strikten Gegensatz von Pflicht und Neigung gekennzeichnet ist, so daß man auch sagen kann, der Mensch werde hier in zwei Teile, ein moralisch-geistiges Wesen (homo noumenon) und einen triebhaft-egoistischen Naturmenschen (homo phaenomenon) gespalten. Diese beiden gehen nach Kant prinzipiell getrennte Wege, der erstere folgt nur seiner Pflicht, der letztere ist an die Gesetzmäßigkeit seiner physischen Natur gebunden. Nun könnte aber jener erstere Mensch als moralisches Wesen überhaupt nicht ohne die Idee der Freiheit gedacht werden, er wäre ohne die freie Bestimmung seines Willens dazu verurteilt, in der Gesetzmäßigkeit seiner Natur zu verharren. Also folgt aus der Idee der Freiheit, daß der Pflichtenmensch sich zum Herrn über den Naturmenschen macht und damit die Harmonie der Moralität und der Natur herbeiführt.[341] Von hier aus entwickelt Kant den esoterischen Teil seiner Lehre, der durchaus tiefer greift, als jene etwas zwanghafte anthropologische Ableitung vermuten läßt. Er zeigt, daß die geforderte Harmonisierung nicht als eine rein irdische Angelegenheit, sondern nur dann möglich ist, wenn man von der Wirklichkeit einer jenseitigen Welt ausgeht, der der Mensch mit seiner unsterblichen Seele angehört (Postulat der »Unsterblichkeit der Seele«), und in der ein Gott Dasein hat, der die Verwirklichung der Moralität in seinen schöpferischen Willen aufnimmt (Postulat vom »Dasein Gottes«).³⁴² Diese Verwirklichung, die Harmonie von Moralität und Glückseligkeit, nennt Kant das »höchste Gut« und er setzt sie ausdrücklich mit dem christlichen »Reich Gottes« gleich.³⁴³

aa. Hegel stellt nun diesen ganzen Zusammenhang so dar (S. 324–328, Z. 26), daß er damit für die weiteren Operationen vorbereitet wird. Die Pflicht, der Dreh- und Angelpunkt des Gleichgewichts der Moralität, ist zugleich dasjenige, worin das moralische Selbstbewußtsein mit sich übereinstimmt. »So aber in sich selbst beschlossen ist das moralische Selbstbewußtsein noch nicht als *Bewußtsein* gesetzt und betrachtet. Der Gegenstand ist unmittelbares Wissen, und so rein von dem Selbst durchdrungen ist er nicht Gegenstand« (S. 324 f.). Die Gegenständlichkeit bleibt vielmehr als Natur auf der anderen Seite stehen. Indem ›homo noumenon‹ in seiner Welt das dem idealen Sollen entgegenstehende Sein für nichtig erklärt, vertreibt er es in eine geistlose Naturwelt, wo ›homo phaenomenon‹ als Naturwesen nicht nur selbständig, sondern auch seinem Idealwesen gegenüber gleichgültig besteht (S. 325).

Nun muß nach einer Überwindung dieser Entzweiung gesucht werden, also nach der Einheit von Moralität und Natur, die Kant als »Glückseligkeit« bezeichnet. Eine Pflichtenethik als theoretische Lebenshaltung genügt nicht, wenn man nicht die Pflicht auch wirklich erfüllen und die erfüllte Pflicht als gewordene Wirklichkeit anschauen kann (S. 326). Dies ist aber nur möglich, wenn sich das entsprechende höhere Wesensglied des Menschen als geistig-seelisches Organ in seiner spezifischen Verflechtung in Mitmenschlichkeit und Natur wirklich gebildet hat. Vorher kann sich auch die Philosophie nur so dazu einstellen, wie es im christlichen Gebet mit dem Satz »Dein Reich komme« ausgesprochen wird. Darin sehen wir den Kernsatz der Kant'schen Moralphilosophie,

und zwar auch in dem Sinne, daß er hier keine Fortsetzung findet, daß es
beim Kommensollen des Reiches Gottes bleibt. »Der Zweck als das
Ganze mit dem Bewußtsein seiner Momente ausgesprochen, ist also
dies, daß die erfüllte Pflicht ebensowohl reinmoralische Handlung, als
realisierte *Individualität* sei, und die *Natur*, als die Seite der *Einzelnheit*
gegen den abstrakten Zweck, *eins* sei mit diesem«, sagt Hegel zusammenfassend. Und daraus ergibt sich zunächst zweierlei: Daß das Ziel der
Kant'schen Glückseligkeit so lange nicht erreicht ist, wie ihm die äußere
Natur widerstrebt, und daß dieses Widerstreben in der Wirklichkeit der
geistig-seelischen Organbildung im Menschen überwunden werden
muß. Ebenso ergibt sich daraus aber auch wieder ein einheitliches theo-
retisches Prinzip der Kant'schen Moralphilosophie: »Jener ganze
*Zweck*, den die Harmonie ausmacht, enthält die Wirklichkeit selbst in
sich. Er ist zugleich der *Gedanke* der *Wirklichkeit*. Die Harmonie der
Moralität und der Natur ... ist *gedacht* als notwendig *seiend*, oder sie ist
*postuliert.*«

Im einzelnen stellt Hegel nun die Kant'schen Postulate etwas um, d. h.
er stellt sie in den Zusammenhang der dialektischen Begriffsbewegung,
worin sie folgendes Aussehen erhalten: »Das erste Postulat ... (ist) die
Harmonie der Moralität und der gegenständlichen Natur, der Endzweck der *Welt*; das andere die Harmonie der Moralität und des sinnlichen Willens, der Endzweck des *Selbstbewußtseins* als solchen; das erste
also die Harmonie in der Form des *Ansich*-, das andere in der Form des
*Fürsichseins*« (S. 328).[344] Jenes erste Postulat (S. 326) ist ontologisch zu
verstehen, es drückt die Seinsweise des inneren Organs aus, welches mit
dem Satz »Dein Reich komme« angesprochen wird, und das wir als
Produkt der geistigen Umarbeitung der Natur des Bildekräfteleibs begreifen. Diese Seinsweise erscheint nun freilich, sobald sie irgend in
Berührung mit der vorhandenen Welt gebracht wird, als angegriffen
durch die nach mehreren Seiten ihr entgegentretenden natürlichen
Triebe und Instinkte, so daß sie um dieses Seins willen selbst in eine
tätige Form übergeht und zur Triebunterdrückung wird.

Daraus ergibt sich dann das zweite Postulat, welches nicht mehr ontologisch zu verstehen ist, sondern die Subjektqualität des moralischen
Selbstbewußtseins ausdrückt (S. 327). Das letztere weiß sich in der Ein-

heit von Sollen und Sein, es ist das »reine Bewußtsein« von VI. B., welches die Nichtigkeit der unmoralischen Wirklichkeit ausspricht. Aber als »wirkliches Bewußtsein« hat es die Natur mit ihren selbständigen Trieben und Instinkten sich gegenüber. Es muß also diesen Gegensatz und damit zugleich den Gegensatz seiner selbst als des reinen und des wirklichen Bewußtseins aufheben. Diese Aufgabe, sagt Hegel, wird bei Kant nicht gelöst, sondern nur verschoben, nämlich auf dem Wege der Verdünnung der Begegnungsmöglichkeiten von Pflicht und Neigung. Da die letztere nie ganz verschwindet, kann man nur postulieren, »daß die Sinnlichkeit der Moralität *gemäß* sei«, oder daß der moralische Mensch ständig daran arbeite, seine Sinnlichkeit zu mäßigen. Das Bewußtsein kann die Harmonie also hier nicht mehr einfach voraussetzen, es hat sie vielmehr »selbst zustande zu bringen und in der Moralität immer Fortschritte zu machen. Die *Vollendung* derselben aber ist ins *Unendliche* hinauszuschieben; denn wenn sie wirklich einträte, so höbe sich das moralische Bewußtsein auf.« Sie bleibt die »*absolute Aufgabe* ...; wie es eigentlich damit zu halten, läßt sich in der dunkeln Ferne der Unendlichkeit, wohin eben deswegen die Erreichung des Ziels zu schieben ist, nicht mehr deutlich unterscheiden« (S. 328).[345]

bb. Hier beginnt nun ein zweiter Gedankengang (S. 328–330, Z. 16), in welchem Hegel das Kant'sche Postulat vom Dasein Gottes in die phänomenologische Entwicklung des Geistes einordnet. Man könnte auch sagen: Der Boden, auf welchem das Organ der moralischen Weltanschauung heranwachsen soll, ist durch jene beiden Harmoniepostulate so verdünnt, daß nunmehr das Wesen dieser Verdünnung mit seiner Seinsqualität einspringen muß, um ein moralisches Handeln überhaupt zu ermöglichen. Der Ausgangspunkt ist hier ähnlich wie bei *M. Weber* die Gegenüberstellung des reinen »Gesinnungsethikers« und des realistischen »Verantwortungsethikers« als zweier politischer Charaktere.[346] Aber während es Weber um eine Charakterisierung innerhalb der politisch-pragmatischen Realwelt überhaupt zu tun ist, betrachtet Kant die geistig-esoterische Wirklichkeit, aus welcher sich eine andere Rollenverteilung ergibt. Bei ihm stehen sich das handelnde und das reine Bewußtsein so gegenüber, daß das handelnde die moralische Zwiespältigkeit, in die es unter den mannigfachen Aspekten der Wirklichkeit immer

wieder geraten muß, in der Gewißheit seiner moralischen Weltanschauung aufhebt. Denn ein höheres Menschentum könnte sich nicht realisieren, wenn diese Weltanschauung nicht selbst real wäre, wenn es nicht in
der Mannigfaltigkeit der Pflichtanforderungen ein geistiges Wesen
gäbe, welches die Einheit des Pflichtseins als Realität verkörperte: »Dieses ist also nunmehr ein Herr und Beherrscher der Welt, der die Harmonie der Moralität und der Glückseligkeit hervorbringt, und zugleich die
Pflichten als *Viele* heiligt« (S. 329). [347] Das handelnde Bewußtsein hat zu
diesem heiligen Gesetzgeber keinen Zugang über seine Handlung,
denn die letztere ist unvollkommen, weil es selbst moralisch unvollkommen ist. Es kann aber ein Entgegenkommen jenes Wesens in der Wirklichkeit, die Herstellung der Glückseligkeit »aus Gnade erwarten« bzw.
danach streben, ihrer würdig zu werden (S. 330).

cc. Im Schluß des Abschnitts VI. C. a. (S. 330–332) bereitet Hegel die
Demontage der »moralischen Weltanschauung« vor: Er charakterisiert
sie als klassisches Produkt der vorstellenden Seelentätigkeit, als subjektive »Vorstellung«, um sie anschließend in dieser ihrer »Verstellung«
(VI. C. b.) sich selbst zerstören zu lassen. Dahinter steht die methodische
Frage nach der Reichweite des diskursiven Denkens in der Philosophie
überhaupt bzw. der Begrenzung des Diskurses im philosophischen System. Der letztere Schritt, den Kant nicht vollzieht, verdichtet sich bei
Hegel bis zur Methode der spekulativen Dialektik, auf deren Wirklichkeitshaltigkeit man nicht verzichten kann, wenn man Philosophie so
betreibt, wie sie im Deutschen Idealismus eben betrieben wurde, als
Entwicklung der Wesensglieder des Menschen in ihrem systematischen
Zusammenhang.

Kants moralisches Selbstbewußtsein, sagt Hegel, muß sich als in der
Welt handelndes und als sein Handeln rechtfertigendes jeweils verschieden einstellen. Aber es bringt sich diese Verschiedenheit nicht zum Bewußtsein, es wechselt vielmehr von einem Beziehungsverhältnis immer
zum nächsten über, es läuft durch die ganze Reihe dieser Beziehungen
hindurch (= lat. discurrere). Es hat kein Bewußtsein von dem darin
steckenden Gegensatz, »dessen Teile es nicht untereinander bezieht und
vergleicht, sondern in seiner Entwicklung sich, ohne der zusammenhaltende *Begriff* der Momente zu sein, fortwälzt … Es verhält sich also nur

denkend, nicht begreifend. Daher ist ihm der Gegenstand seines *wirklichen* Bewußtseins noch nicht durchsichtig ...« Kant kommt zwar zu der Idee, daß die Freiheit des Willens in der moralischen Weltanschauung die Qualität eines geistig-seelischen Organs des Menschen erhält, aber er hat dieses Sein, diese Organqualität in sein vorstellendes Bewußtsein eingeschlossen. »Weil beides auf gleiche Weise in ihm ist, die *Freiheit des Seins* und das Eingeschlossensein desselben in das Bewußtsein, so wird sein Gegenstand als ein *seiender*, der *zugleich* nur *gedacht*« ist (S. 331).

Damit wird im Grunde genommen der Fehler, den wir oben bei der Aufklärungstheologie als Entzweiung in zwei höchste Wesen kennenlernten, in der moralischen Weltanschauung wiederholt. »Das erste ... wovon ausgegangen wird, ist das *wirkliche* moralische Selbstbewußtsein, oder daß *es ein solches gibt*.« Mit dem »es gibt ...« erhält Kants »Glückseligkeit«, die Harmonie der Moralität und der Natur als Endzweck der Welt, die Qualität der Dingheit des Kap. II. Sie hat also Organcharakter, zumindest muß sie als Organbildungsmöglichkeit in der Substanz veranlagt sein, was man ja auch schon mit »es gibt ...« bezeichnen kann. Allerdings gehört zur vollen Verwirklichung dieser Möglichkeit das Ausreifen des moralischen Selbstbewußtseins zum reinen Wesen des Geistes (Kap. VI.). Da dieses nie ganz erreicht wird, bleibt das moralische Selbstbewußtsein immer im Werden, woraus wir hic et nunc schließen müssen: »*Es gibt kein moralisch vollendetes wirkliches* Selbstbewußtsein; – und da das Moralische überhaupt nur ist, insofern es vollendet ist ..., – so heißt der zweite Satz überhaupt so, daß es *kein moralisch wirkliches* gibt.«

Drittens aber ist es nur »Ein Selbst«, in welchem der Widerspruch zwischen dem ersten und dem daraus abgeleiteten zweiten Satz, d. h. es ist nur *ein* Mensch, in welchem der Widerspruch zwischen freiem Pflichtenmenschen und triebhaftem Naturmenschen auftritt. In dieser Einheit muß der Widerspruch ausgehalten, metaphilosophisch gesagt: Er muß im eigenen Organismus zur physiologischen Wirksamkeit gebracht werden, um die Erkenntnis vorzubereiten, daß sich hier die sinnliche Wurzel der Gleichgewichtsidee in dem geistigen Inhalt festgesetzt hat. Das gewöhnliche Bewußtsein flieht diesen Widerspruch, indem es ihn mit goldenen Worten umkleidet. Kants Moralphilosophie dagegen

stellt sich ihm, auch wenn sie ihn nicht auflösen kann. Sie hält die Einwirkung der Moralität auf die Natur des Menschen in der Vorstellung
fest, ohne ihre physiologisch-wirkliche Seite zu begreifen: »Es wird hiedurch der erste Satz, daß es ein moralisches Selbstbewußtsein *gibt*, hergestellt, aber verbunden mit dem zweiten, daß es keines *gibt*, nämlich es
*gibt* eines, aber nur in der Vorstellung; oder es gibt zwar keines, aber es
wird von einem andern doch dafür gelten gelassen« (S. 332).

### b. Der Unernst im moralphilosophischen Diskurs

In Abschnitt VI. C. b. (»Die Verstellung«, S. 332–340) wird die moralische Weltanschauung nun auf ihre Produktivität für die geistige Entwicklung des Menschen geprüft. Die Frage lautet also jetzt: Ist die oben
festgestellte Widersprüchlichkeit in der Theorie des verabsolutierten
Kommensollens des Reiches Gottes eine solche, die sich in der spekulativen Logik aufhebt, oder führt sie in eine geistige Sackgasse? Geht sie in
das philosophische Wissen über oder hält sie den Menschen im Glauben
fest? Metaphilosophisch lautet die Frage: Ist in der moralischen Weltanschauung das seelische Spannungsverhältnis so aufgebaut, daß seine
Wirkung, sein Gegenständlichwerden im Bildekräfteleib, mit jener als
Theorie übereinstimmt? Eben das beansprucht das moralische Bewußtsein, denn »es verfährt überall nach einem Grunde, aus welchem es das
*gegenständliche Wesen setzt;* es weiß dasselbe also als sich selbst, denn es
weiß sich als das tätige, das es erzeugt« (S. 332). Aber wird in dieser
Begründung etwas geistig Haltbares geschaffen?

Kant, und mehr noch Jacobi behaupten, daß es so sei, daß der Übergang aus der seelischen Aporie in das Dasein des geistigen Wesens unmittelbar geschehe, weshalb sich ihnen dieses Wesen denn auch schlicht
als »*Gott*« vorstellt. Hegel dagegen sieht hier einen unaufhebbaren Widerspruch: Einerseits soll der Gott der moralischen Weltanschauung der
eigene Gegenstand des Selbstbewußtseins sein, andererseits setzt das
Bewußtsein ihn »*außer sich* hinaus, als ein Jenseits seiner. Aber dies An-
und Fürsichseiende ist ebenso als ein solches gesetzt, das nicht frei vom
Selbstbewußtsein, sondern zum Behuf des letztern und durch dasselbe
sei.« Dies wird in drei Gedankengängen gezeigt, welche an die in

VI. C. a. entwickelten Postulate der moralischen Weltanschauung anknüpfen. Wir erleben aa. die Verstellung des ontologischen Ziels (der Harmonie von Moralität und Natur als Endzweck der Welt), bb. die Verstellung des anthropologischen Ziels (der Harmonie von Moralität und Sinnlichkeit als Endzweck des Selbstbewußtseins) und cc. die Verstellung der metaphysischen Zielsetzung der Moralität überhaupt (Postulat vom Dasein Gottes). Bei diesen Gedankengängen ist der Gesichtspunkt des »*Erlebens*« besonders wichtig, denn sie sind darauf angelegt, den inneren Vorgang der Verstellung wirklich ins Bewußtsein treten zu lassen und so eine im Menschen tief wirksame Quelle des metaphysischen Spintisierens auszutrocknen. Daß sich Hegels Angriff nicht gegen die moralische Weltanschauung als Motivationshilfe beim Handeln richtet, daß sie sich nicht auf die Moralität in der Lebenspraxis als solcher bezieht, ist selbstverständlich.[348]

aa. Im ersten Gedankengang (S. 333–335, Z. 8) wird also noch einmal Kants Postulat der Harmonie von *Moralität und Natur* als Endzweck der Welt betrachtet. Metaphilosophisch entsprechen sich das Hinausgeschobensein dieses Zwecks (die Ontologie der causa finalis des Aristoteles) und das Verborgensein der ihm entsprechenden Selbstproduktion (des Organs des Reiches Gottes im Bildekräfteleib). Die Frage ist nun, wie das Auftreten der moralischen Weltanschauung in der Seele auf diese Selbstproduktion wirkt, ob es sie fördert oder zurückstößt. Denn der Umgang mit dem Moment der Differenz in der Seele wirkt sich unmittelbar auf das Zusammenspiel zwischen Seele und Bildekräfteleib aus. Indem die Moralität von diesem Zusammenspiel nichts wissen will, zeigt sie ihre »Verstellung«, denn nur in ihrem Wissen läge der wirkliche Gegenstand ihres Selbstbewußtseins. Das vorstellende Denken hält (auf der seelischen Ebene) strikt an dem Gegensatz zwischen Moralität und Natur fest, es interpretiert die Unerreichtheit des Endzwecks bzw. der großen Glückseligkeit als Verbot der kleinen Glückseligkeit, nämlich der Befriedigung, welche der Mensch in seiner Handlungsweise, in der Übung und Geschicklichkeit des Körpers, in der moralischen Phantasie und Technik im Umgang mit anderen Menschen, findet.

Da nun der Mensch, sagt Hegel, diese Befriedigung als Motivationselement seiner Handlungen sucht und da die moralische Weltanschau-

ung als praktische Philosophie das wirkliche Handeln voraussetzt, kann
es ihr mit dem Postulieren jener Differenz nicht ernst sein.[349] Sie postuliert das *Prinzip*, um dann in jedem Einzelfall darauf zu verzichten
(S. 333). Ebenso ist auch die These von der Unerreichbarkeit der großen
Glückseligkeit nicht zu halten: Wenn es überhaupt eine moralische
Handlung geben sollte, dann muß durch ihre Ausführung jenes Endziel
ein Stück näher an die gegenwärtige Wirklichkeit heranrücken, dann
muß es die Möglichkeit einer Verwirklichung der Moralität in der Natur
geben.[350] – Hiernach scheint es also der moralischen Weltanschauung
hauptsächlich darauf anzukommen, *daß* gehandelt werde. Aber auch
dies ist wiederum verstellt. Da nicht irgendwie, sondern vielmehr moralisch gehandelt werden soll, ergibt sich die Forderung, zunächst einmal
die Prinzipienfrage zu klären. Denn was vollbracht werden soll, ist ja
nichts Geringeres »als der allgemeine, alles umfassende Zweck ...
nichts Geringeres als die ganze Welt; ein Endzweck, der weit über den
Inhalt dieser einzelnen Handlung hinausgeht, und daher überhaupt
über alles wirkliche Handeln hinauszustellen ist. Weil das allgemeine
Beste ausgeführt werden soll, wird nichts Gutes getan« (S. 334).[351] Für
diesen gesinnungsethischen Glauben ist das »höchste Gut« zugleich das
perfekte Alibi seines Immobilismus; »es ist ihm eigentlich mit dem *mo-*
*ralischen* Handeln nicht Ernst, sondern das Wünschenswerteste, Absolute ist, daß das höchste Gut ausgeführt und das moralische Handeln
überflüssig wäre« (S. 335).

   bb. Im zweiten Gedankengang (S. 335–337, Z. 21) prüft Hegel sodann das Postulat der Harmonie der *Moralität und der Sinnlichkeit*[352] als
Endziel des Selbstbewußtseins, oder die Lebensreifung des die moralische Weltanschauung bekennenden Bewußtseins. Was bedeutet es konkret, wenn gefordert wird, daß die natürlichen Triebe und Neigungen
der Vernunft gemäß ausgelebt werden sollen? Kann das, was sich hier
aus dem Leib heraus bewegen will, stattdessen durch einen moralischen
Entschluß bewegt und in eine andere Richtung gelenkt werden
(S. 335)? Hier müßte zunächst Klarheit über die anthropologische
Frage geschaffen werden, wo der Gegenspieler der Moralität im Menschen seinen Sitz hat. Die Verstellung beruht gerade darauf, daß Kant
diesen Gegenspieler als Sinnlichkeit in die unteren Wesensglieder des

Leibes, also dorthin versetzt, wo das Organ des moralischen Selbstbewußtseins wachsen soll, was dann natürlich unmöglich wird. In Wahrheit ist es so, daß zwar aus der Natur unseres physischen und Bildekräfteleibs die Triebe und Instinkte aufsteigen, aber doch nur soweit wir sie aufsteigen lassen, d. h. wie wir sie seelisch ausleben wollen. Die eigentliche Quelle der Disharmonie liegt in den Neigungen der Seele zur Sinnlichkeit, nicht in der leiblichen Natur als solcher, worauf uns das Matthäus-Evangelium nachdrücklich aufmerksam macht. Dort antwortet Jesus auf Vorwürfe wegen unterlassenen Händewaschens vor dem Essen: »Begreift ihr denn nicht, daß alles, was ihr durch den Mund aufnehmt, in den Bauch gelangt und von dort wieder ausgeschieden wird? Aber was aus dem Munde herauskommt, das kommt aus dem Herzen, und das verunreinigt den Menschen. Denn aus dem Herzen kommen böse Gedanken, Mord, Ehebruch, Unzucht, Diebstahl, falsches Zeugnis, Lästerung ...« (Matth. 15, 17 ff.).

Weil das so ist, muß die moralische Weltanschauung, je länger sie argumentiert, um so mehr in Tautologien abgleiten. Denn um die bösen Gedanken usw. aus dem Herzen fernzuhalten, braucht man keine weltanschauliche Theorie, sondern vielmehr nur einen guten Willen, der dann auch im Sinne des esoterischen Ziels des Kap. VI. wirkt. In einer Weltanschauung dagegen treten immer Vorstellungen auf, die von der fühlenden Seele sogleich als ambivalent gesetzt werden. Deshalb kann alles Fortschreiten und Reifen in der moralischen Lebensführung eben auch als Unvollendung und Ungereiftsein, und der Zustand der werdenden Moralität als aktuelle Nichtmoralität ausgesprochen werden (S. 336). Aus diesem Zirkel kommt man zuletzt nur noch auf dem Wege der Verdünnung der Begegnungsmöglichkeiten von Pflicht und Neigung überhaupt heraus, der im Grunde der »Furie des Verschwindens« der Französischen Revolution (S. 319) entspricht.

cc. Davon handelt nun der dritte Gedankengang (S. 337–340). Zunächst tritt der »*heilige Gesetzgeber*«[353] auf, um sozusagen persönlich in die Bresche zu springen, die sich zwischen Nochnichtmoralität und Nichtmehrunmoralität auftut. Aber eine solche Offenbarungsfigur widerspricht dem Ausgangspunkt des moralischen Selbstbewußtseins, das seiende Organ seiner Weltanschauung in sich zu wissen (S. 337 f.), und

zwar als ein durch es selbst hervorgebrachtes. Deshalb versagt hier auch
der andere Ausweg, nämlich die Vorstellung, daß jenes Organ (sc. der zu
heiligende Bildekräfteleib) getrennt von der mit der Sinnlichkeit ringen-
den Seele bestehen könnte, bildlich gesagt: Daß der heilige Gesetzgeber
»erhaben über den *Kampf* mit der Natur und Sinnlichkeit ist, ... nicht in
einer *negativen* Beziehung darauf« (S. 338) steht. Damit wäre das Zusammenspiel zwischen Seele und Bildekräfteleib aufgehoben, d. h. es
wäre überhaupt nicht mehr vom Menschen, sondern von Gespenstern
die Rede.

Die moralische Weltanschauung scheitert daran, daß sie die Seinsweise des inneren Werdens des Menschen verstellt. Kant sieht zwar das
Prinzip der geistig-seelischen Organbildung, aber er läßt diese in ihr
Sein und ihr Werden auseinanderfallen, so daß beide Seiten nicht sinnlichkeitsfrei gedacht sind. Vielmehr wird hier das Sein des inneren Organs zur reinen Dingheit (unseres Kap. II.) und das Werden zur reinen
Aufrichtung (im »Geist« unseres Kap. VI.). Hegel umreißt zunächst die
erstere Seite als die Situation des wirklichen Bewußtseins: »Jeder Fall
(des Handelns) ist die Konkretion vieler moralischen Beziehungen, wie
ein Gegenstand der Wahrnehmung überhaupt ein Ding von vielen Eigenschaften ist; und indem die *bestimmte* Pflicht Zweck ist, hat sie einen
Inhalt, und ihr *Inhalt* ist ein Teil des Zwecks, und die Moralität nicht
rein« (S. 339). Sie wird nur als Prinzip der Reinheit, als »*Ansich* im Sinne
eines *Gedankendinges*«, d. h. ohne Bewußtsein der inneren Selbstproduktion festgehalten. Aber auch die andere Seite, das reine Bewußtsein
der moralischen Selbstproduktion ist hier vorhanden, jedoch nur für
sich, ohne Beziehung auf das wirkliche Handeln.

Was das Bewußtsein hier erkennt (was sich im Fortschreiten der Moralphilosophie von Kant zu Fichte zeigt), ist die enge Verbindung des
vorstellenden Denkens mit der Verstandesseele überhaupt und deren
spezifischer Sinnlichkeit, dem Geschmackssinn. Durch diese Verbindung gerät die Moralität in die Verstellung des Dogmatismus, muß sie
ihrem Inhalt die Form eines beständigen »Du sollst ...« geben, welches
dem freien Wollen des Menschen widerspricht. Dies zu erkennen und
dennoch an einer moralischen Dogmatik festzuhalten, wäre eine »Heuchelei« (S. 340), deren das moralische Selbstbewußtsein nicht fähig ist.

Daher »flieht es aus dieser Ungleichheit seines *Vorstellens* mit dem was sein *Wesen* ist, aus dieser Unwahrheit, welche das für wahr aussagt, was ihm für unwahr gilt, mit Abscheu in sich zurück. Es ist *reines Gewissen*, welches eine solche moralische Weltvorstellung verschmäht; es ist *in sich selbst* der einfache, seiner gewisse Geist, der ohne die Vermittlung jener Vorstellungen unmittelbar gewissenhaft handelt und in dieser Unmittelbarkeit seine Wahrheit hat.«

## c. Der moralische Existenzialismus

In Abschnitt VI. C. c., »Das Gewissen, die schöne Seele, das Böse und seine Verzeihung« (S. 340–362), treffen wir auf verschiedene Bewußtseinsgestalten, in denen die Moralität nicht nur vorgestellt, sondern wirklich gelebt wird: aa. den gewissenhaft handelnden Fichteaner, bb. die in kontemplativer Reinheit kommunizierende Gemeinde »schöner Seelen« und cc. die »romantische Schule«, welche die Befreiung von allen Konventionen des Lebens als Erlösung von der Macht des Bösen versteht. Die Vielfalt der Beziehungen auf die zeitgenössische literarisch-philosophische Szene, die Hegel hier eingeflochten hat, ist schon von *E. Hirsch* (1924) herausgearbeitet worden,[354] so daß wir uns auf die esoterisch-metaphilosophische Seite des Gedankengangs beschränken können. Das Ziel liegt jetzt darin, den Wahrheitsgehalt der moralischen Weltanschauung ohne deren Falschheitsgehalt, die Vorstellung, zu realisieren. Dazu muß das Ich die Sperre des vorstellenden Denkens überwinden, es muß bis an die Quelle seines geistigen Wollens vordringen. Es geht daher »in sich zurück, und weiß dasjenige Wesen als sich selbst, worin das *Wirkliche* zugleich *reines Wissen* und *reine Pflicht* ist. Es selbst ist sich das in seiner Zufälligkeit Vollgültige, das seine unmittelbare Einzelheit als das reine Wissen und Handeln, als die wahre Wirklichkeit und Harmonie weiß« (S. 341).

*aa. Anatomie des Fichte'schen Gewissens*

Hegels phänomenologische Untersuchung des moralischen Existenzialismus beginnt mit der Fichte'schen Gewissensethik (S. 341–349,
Z. 30). Hier finden wir wiederum drei Unterabschnitte mit folgender
Thematik: (1.) Das Gewissen als Bewußtseinsform, (2.) Das Anerkanntsein des gewissenhaften Bewußtseins und (3.) Der Inhalt der Gewissenshandlung. Diese ganze Darstellung bezieht sich hauptsächlich
auf Fichtes 1800 erschienene Schrift »Die Bestimmung des Menschen«,
deren Inhalt wir zunächst kurz vorstellen.

Fichtes ›Bestimmung des Menschen‹ besteht aus drei Teilen, in denen
der Leser in der Art eines Schulungsweges (also ähnlich wie in der
»Phänomenologie«) durch drei Weltanschauungen hindurchgeführt
wird. Dabei handelt es sich im 1. Buch um den Spinozismus, im 2. Buch
um Kants Transzendentalphilosophie und im 3. Buch (mit dem Titel
»Glauben«) um Fichtes eigenen ethischen oder onto-theologischen Da-
seinsentwurf. Fichte begründet den letzteren aus der Aporie der Kantschen Bewußtseinstheorie, deren Wahrheitsgehalt er anerkennt, die er
aber bei Kant in eine zu enge Weltanschauung der Dingheit übergehen
sieht. In dieser Welt des reinen Vorstellens, so sagt er, wird auch das Ich
zu einer bloßen Vorstellung meines Bewußtseins, wenn es sich nicht
gegen den hier waltenden Automatismus behauptet. Wie aber kann es
sich dagegen behaupten? Indem es diejenige Seite seiner Tätigkeit ergreift, die noch nicht in die Welt der Vorstellung übergegangen ist, oder
subjektiv: Indem es seine Intentionalität zurückhält, um innerhalb ihrer
den Impuls der vorstellenden Seele von demjenigen des reinen geistigen
Wollens zu unterscheiden.[355]

Das Ich wird damit zum Subjekt einer spirituellen Weltanschauung,
zum Baumeister einer zukünftigen Welt wahrhafter geistgemäßer
Menschlichkeit. Offener als Kant spricht Fichte aus, wie die Gegenwart
dieser Zukunftsperspektive zu begreifen ist, nämlich als die im stillen
Heranwachsen des Reiches Gottes eingeschlossene geistig-seelische
Organbildung des Menschen, also die Ausbildung von dessen höheren
Wesensgliedern. Was Kant noch ganz abstrakt als ›Unsterblichkeit der
Seele‹ postuliert, muß nach Fichte als ein Sammlungsort der morali-

schen Willensimpulse des Menschen, die im jetzigen Leben oft scheinbar wirkungslos bleiben, in Zukunftszeiten im äußeren Dasein erscheinen, so wie uns jetzt die materielle Welt erscheint, und es soll dann als
Material noch höherer, weiterreichender Aufgaben des Menschen dienen.[356] Und was Kant in seinem ›Postulat vom Dasein Gottes‹ nur erst
abstrakt ausdrückt, erhält bei Fichte eine dynamische Perspektive, denn
das Verbundensein jenes moralischen Organs mit der göttlichen Welt
bedeutet ja auch, daß aus der letzteren eine Potenz zur höheren geistigen
Entwicklung des Menschen kommt, und daß dieser Impuls ein allgemeiner ist, daß die Menschen sich in ihm als im Geist verbunden erkennen.[357] Aus dieser Weltanschauung ergibt sich dann auch für die materielle Welt der Gegenwart, daß hier der Kant'schen Dingheit nur noch
eine ganz instrumentelle Bedeutung zukommt, weil aus der moralischen
Handlungsperspektive selbst eine andere, höhere Gegenständlichkeit
entspringt, die mit dem Satz umrissen werden kann: Der Inhalt dieser
Welt ist schlechthin nichts anders, als das Material meiner Pflichterfüllung.

(1.) Gewissen als Bewußtseinsform

Hier (S. 341–344, Z. 29) stellt Hegel zunächst das Resultat der beiden
vorhergehenden Abschnitte als Ausgangspunkt der Fichte'schen Weltanschauung dar. Das moralische Selbstbewußtsein hat die Entgegensetzung »der reinen Pflicht als des reinen *Zwecks*, und der *Wirklichkeit*
als einer dem reinen Zwecke entgegengesetzten Natur und Sinnlichkeit« (S. 342) aufgegeben, es hat diese »Verstellung« als seinen Falschheitsgehalt abgelegt. Aber es kann sich hinfort auch nicht mehr auf den
Diskurs des vorstellenden Denkens stützen, es kann sein Tun nicht mehr
aus einem moralischen oder religiösen Pflichtenkatalog ableiten, sondern es muß jetzt sein Dasein, die Gegenständlichkeit seiner Welt, unmittelbar begründen. Es ist »in unmittelbarer Einheit sich *verwirkli-
chendes moralisches* Wesen, und die Handlung unmittelbar *konkrete* moralische Gestalt.«

Hegel versetzt nun diese Bewußtseinsgestalt in Aktion: »Es ist ein Fall
des Handelns vorhanden; er ist eine gegenständliche Wirklichkeit für

das wissende Bewußtsein.« Aber darin liegt kein moralisches Problem, denn das Gewissen weiß unmittelbar, was es hier und jetzt zu tun, und wie es in einer gegebenen Situation seine Pflichten zu erfüllen hat: »Indem die Trennung des *Ansich* und des *Selbsts* aufgehoben ist, so ist der Fall unmittelbar in der sinnlichen *Gewißheit* des Wissens, wie er *an sich* ist, und er ist nur so *an sich*, wie er in diesem Wissen ist. – Das Handeln als die Verwirklichung ist hiedurch die reine Form des Willens; die bloße Umkehrung der Wirklichkeit als eines *seienden* Falles, in eine *getane* Wirklichkeit, der bloßen Weise des *gegenständlichen* Wissens in die Weise des Wissens von der *Wirklichkeit* als einem vom Bewußtsein hervorgebrachten.«[358] Die Anspielung auf den Sündenfall ist hier unüberhörbar und muß uns metaphilosophisch zur Frage werden: In welchen Horizont des Bewußtseins stellt Fichte die Gegenständlichkeit dieser Welt hinein? Wie kommt er zu einem gegenständlichen Inhalt überhaupt, wenn er die Dingheit Kants für den Standpunkt des Gewissens nicht gelten lassen will? Oder, nachdem wir wissen, daß das »Ding« als Gedanke das Funktionsbild des Geschmackssinnes reproduziert: In welchem Sinnesbild schließt sich demgegenüber der Bewußtseinshorizont des Gewissens zur Objektivität zusammen?

Wir sahen, daß Fichte die Bestimmung des Menschen zum moralischen Verhalten auch in eine Zukunft hinein weiterdenkt, in welcher aus diesem Verhalten andere, gegenwärtig noch unbekannte Seinsarten entstehen sollen. Bezieht man dies auf die gegenwärtige Seinsverfassung zurück, so kann man stattdessen sagen: Er nimmt in seinen Begriff des Willens ganz bewußt ein schicksalbildendes Moment auf, welches nicht dem irdischen Ich des Menschen angehört, und daher auch nicht von der sinnlichen Reflexion des Bewußtseins betroffen wird. Die Frage ist nur, ob Fichtes Begriff des Willens *als Begriff* diese Geistigkeit des Ich wirklich zu tragen vermag. Er betritt mit seinen Gedanken die Ebene, welche im christlichen Gebet mit dem Satz »Dein Wille geschehe, wie im Himmel so auf Erden« ausgedrückt wird. Aber ebenso, wie wir oben von Kants Moralphilosophie sagten, sie sei eine Verabsolutierung des Kommensollens des Reiches Gottes, müssen wir nun die Fichte'sche als eine Verabsolutierung des Geschehensollens des göttlichen Willens bezeichnen, nämlich wieder in dem bestimmten Sinne, daß sie *nur dies* sein will und daher einseitig werden muß. Dieses Einseitigwerden ist es, was Hegel als Fall in die Sinnlichkeit bezeichnet. Und er hat mit seinem Urteil recht, denn Fichtes gewissensethischer Gedankengang ist noch mehr als Kants moralphilosophischer im physiologischen Funktionsbild des Gleichgewichtssinnes verfangen. Während nämlich Kant immerhin versucht, dem selbstgesetzten metaphysischen Inhalt die Form eines soliden obrigkeitlichen Dogmatismus, und ihn in dieser Dinglichkeit als Gegenstand unserer Welt zu erhalten, läßt Fichtes Bewußtsein solche Erdenschwere fallen und denkt die Seinsart seiner Welt nur noch aus der Idee des zukünftigen Ausgleichs der schicksalsmäßigen Folgen des moralischen und unmoralischen Handelns des Menschen heraus. Er hebt also die Bindung des Bewußtseins an die Verfestigungskraft des Geschmackssinnes auf, um sich um so unmittelbarer mit der geistigen Substanz des Gleichgewichtssinnes zu verbinden.

Deshalb fährt Hegel nun in dem oben zitierten Text folgendermaßen fort:»Wie die sinnliche Gewißheit unmittelbar in das Ansich des Geistes aufgenommen oder vielmehr umgekehrt ist, so ist auch diese Umkehrung einfach und unvermittelt, ein Übergang durch den reinen Begriff ohne Änderung des Inhalts, der durch das Interesse des von ihm wissenden Bewußtseins bestimmt ist.« Das heißt: In der»sinnlichen Gewißheit« finden wir das geistige Prinzip der Sinneswahrnehmung, obwohl diese durch die Wirkung der tastenden Empfindungsseele verdunkelt ist, in unmittelbarer Einheit mit ihrer Dunkelheit leuchtend. Das gleiche zeigt sich in der philosophischen Durchdringung des Gleichgewichtssinnes, und es ist, wie Hegel sagt,»durch das Interesse des von ihm wissenden Bewußtseins bestimmt«. Andererseits ist Fichtes Weise, sich innerlich an das Funktionsbild des Gleichgewichtssinnes heranzutasten (das meint Hegel mit dem»Interesse«) so von Willensaktivität durchdrungen, daß darin eine hohe inspirative Qualität des Denkens entsteht. Dieser Spiritualismus, diese Betrachtung der gegenständlichen Welt als der Form, in welcher Geistiges zur Erscheinung kommt, hat einen eigenen Wahrheitsgehalt, den Hegel nun untersucht.

Vom Subjekt aus gesehen wäre der reine Spiritualismus ein reines Verschwindenlassen des Inhalts in der Form des Geistigen, wenn es nicht eben das Dasein dieses Subjekts gäbe. Allerdings verhält das letz-

tere »sich nicht als *positives allgemeines Medium*, worin die vielen Pflichten, jede für sich unverrückte Substantialität erhielten ... Das Gewissen
ist vielmehr das negative Eins oder absolute Selbst, welches diese verschiedenen moralischen Substanzen vertilgt« (S. 342 f.). Und zwar deshalb, weil mit einer begrifflichen Beziehung auf einen vorgegebenen
Inhalt, d. h. mit der vorlaufenden inhaltlichen Konkretisierung der
Pflichten, der Fall in die »Verstellung« des vorstellenden Denkens un-
ausweichlich wäre. Das Gewissen kann also wohl *nach* dem Vollbringen
der Handlung deren Pflichtmäßigkeit beurteilen bzw. sich deren Un-
vollkommenheit zum Bewußtsein bringen, aber *im Moment* des Handelns »sind die Pflichten so verschüttet, daß allen diesen einzelnen Wesen unmittelbar *Abbruch* getan wird, und das prüfende Rütteln an der
Pflicht in der unwankenden Gewißheit des Gewissens gar nicht stattfindet« (S. 343). Nur so ist es zu verhindern, daß die Ablenkungen, welche
in die Ausführung jeder Handlung von der Seite ihrer Realisierungsbe-
dingungen her eingreifen, bis auf die moralische Reinheit des Ent-
schlusses selbst durchschlagen und diesen mit einem pragmatischen
Kalkül verunreinigen.

Ist diese »Gesinnungsethik«, für die jede Berücksichtigung der län-
gerfristigen Folgen des Handelns im Wirkungszusammenhang der
Welt und jede daraus abgeleitete »Verantwortungsethik« (um noch einmal M. Webers Begriffe zu gebrauchen)[359] nur als Verunreinigung ihrer
eigenen Gewissenhaftigkeit erscheint, nicht eine ganz abstrakte und
lebensfremde Haltung? Nein, sagt Hegel, ihr Wahrheitsgehalt liegt
darin, daß sie das Problem der Willensfreiheit ins Bewußtsein rückt,
indem sie das Ich zur geistigen Instanz der Willensbildung überhaupt
macht. »Das Gewissen hat *für sich selbst* seine Wahrheit an der *unmittelbaren Gewißheit* seiner selbst. Diese ... ist (ihm) das Wesen; sie nach
dem Gegensatze des Bewußtseins betrachtet, so ist die eigne unmittelbare *Einzelnheit* der Inhalt des moralischen Tuns; und die *Form* desselben ist eben dieses Selbst als reine Bewegung, nämlich als das *Wissen*
oder die *eigne Überzeugung*.« Das meint Fichte, wenn er den »Glauben« als »Entschluß des Willens, das Wissen gelten zu lassen« bezeichnet:[360] Die Verengung des Bewußtseins zur Vorstellung eines ›Dings‹
oder zur ›Geltung‹ einer von wem auch immer gesetzten Norm, ist ein

sinnlicher Prozeß, den wir aus der Kraft des höheren Ich zu aktivieren haben. Zwar, sagt Hegel, liegt auch diesem Aktivieren wiederum ein sinnliches Bild (des Gleichgewichts) zugrunde, aber doch eines von höherer substantieller Qualität, das uns entsprechend größere geistige Freiheit läßt. Deshalb führt Fichtes Ich nicht seine Einzelheit gegen das Allgemeingültige ins Feld, sondern es läßt Dingheit und Gesetz, weil es sie als das inhaltlich Richtige erkennt, *für sich gelten*, und macht sie zum Motiv seines Handelns: »Es ist jetzt das Gesetz, das um des Selbsts willen, nicht um dessen willen das Selbst ist« (S. 344). Oder, wie es im Evangelium heißt: »Der Sabbat (sc. das Gebot der Sabbatruhe) ist um des Menschen willen da und nicht der Mensch um des Sabbats willen. Darum ist der Menschensohn Herr auch über den Sabbat« (Mark. 2, 27 f.). [361]

## (2.) Das Anerkanntsein des gewissenhaften Bewußtseins

Der »Menschensohn« ist der Ausdruck der Bibel für dasjenige, was wir als höheres Wesensglied des Menschen bezeichnen, und von dem Hegel nun sagt, daß in ihm das Ansichsein des Gewissens ein »*Sein für anderes*« wird (S. 344–345, Z. 36). Es ist das Organ, durch welches sich das Gewissen im sozialen Zusammenhang verständlich macht, durch das es von den anderen Anerkennung erfährt. Ausdrücklich wird betont, daß in Kants Pflichtenethik dieser Schritt von der Geltung zur Organqualität der Moralität nicht gemacht werde, weshalb in ihr das wirkliche Handeln (des homo phaenomenon) geistlos bleibe. Die Fichte'sche »*seiende Wirklichkeit* des Gewissens aber ist eine solche, welche *Selbst* ist, d. h. das seiner bewußte Dasein, das geistige Element des Anerkanntwerdens. Das Tun ist daher nur das Übersetzen seines *einzelnen* Inhalts in das *gegenständliche* Element, worin er allgemein und anerkannt ist, und eben dies, daß er anerkannt ist, macht die Handlung zur Wirklichkeit« (S. 345). So, wie wir in Kap. II. sagten: Es ist ein realer Weltinhalt für ein realistisch wahrnehmendes Bewußtsein vorhanden, können wir nun hier sagen: Für die innerlich reinen Geister ist das moralisch Richtige auch das Wirkliche, weil sie sich darin wechselseitig als das erkennen, was sie wirklich sind.

Indem hier das Erkennen durch das Aussprechen des Erkannten in
das Anerkennen übergeht, wiederholt sich inhaltlich, was der Form
nach schon in Kap. V. als die »Sache selbst« aufgetreten war, das reine
Sichübersetzen aus dem Inneren in das Äußere.[362] Metaphilosophisch
bedeutet dies: Dem Bewußtsein ist die Entwicklungsstufe, auf welcher
es selbst steht (in Kap. V.: das ›Geistselbst‹) zunächst nur der Form nach
einsichtig, während es von der nächsthöheren Stufe (dem ›Lebensgeist‹
des Kap. VI.) aus jene darunterliegende auch inhaltlich voll als sein eigenes Tun begreift. Entsprechend sagt Hegel, daß es in Kap. V. noch das
»ehrliche Bewußtsein« war, welches »sich mit der *abstrakten Sache
selbst* herumtrieb. Diese *Sache selbst* war dort *Prädikat*; im Gewissen
aber erst ist sie *Subjekt*, das alle Momente des Bewußtseins an ihm
gesetzt hat, und für welches alle diese Momente, Substantialität überhaupt,[363] äußeres Dasein und Wesen des Denkens, in dieser Gewißheit
seiner selbst enthalten sind.« Substantialität überhaupt: Nämlich im
Bildekräfteleib als Wärmeorganismus, wo die ideelle und die physiologische Seite des Gleichgewichts ursprünglich in sittlicher Einheit leben;
äußeres Dasein: In der Bildung als dem Geprägtsein des Bildekräfteleibs; Wesen des Denkens: Im Systemcharakter der Moralität als Reproduktion des physiologischen Bildes des Gleichgewichtssinnes; »und im
Gewissen ist sie das *Subjekt*, das diese Momente an ihm selbst weiß«,
also das Ich, welches durch seine moralische Lebensführung in sich die
Natur des Bildekräfteleibes zum Organ des Reiches Gottes umgebildet
hat. »Es ist diese Macht dadurch, daß es die Momente des Bewußtseins
als *Momente* weiß, und als ihr negatives Wesen, sie beherrscht.«


(3.) Der Inhalt der Gewissenshandlung

Wie kommt nun das gewissenhafte Bewußtsein zu einer wirklichen
Handlung (S. 346–349, Z. 30)? In Beziehung auf die äußere Welt
müßte es sich, um effektiv handeln zu können, die entsprechenden
Kenntnisse und Fähigkeiten aneignen. Aber solange es diese nicht hat,
muß es von dem Zustand ausgehen, in welchem es nun einmal ist »und
sein unvollständiges Wissen, weil es *sein* Wissen ist, gilt ihm als hinrei-
chendes vollkommenes Wissen« (S. 346). Ebenso ist es mit der Konkre-

tisierung der Pflichten. Der Gewissenhafte kann sich nicht auf ethische Diskussionen einlassen: »Der seiner selbst gewisse Geist ruht als Gewissen in sich, und seine *reale* Allgemeinheit oder seine Pflicht liegt in seiner reinen *Überzeugung* von der Pflicht.« Woher aber nimmt das Subjekt den Inhalt seiner Überzeugung? »Es bestimmt *aus sich selbst*; der Kreis des Selbsts aber, worein die Bestimmtheit als solche fällt, ist die sogenannte Sinnlichkeit; einen Inhalt aus der unmittelbaren Gewißheit seiner selbst zu haben, findet sich nichts bei der Hand als sie« (S. 347). In Fichtes Vision zukünftiger Welten lebt zwar die Idee, daß das Ich mit der moralischen Intuition seiner Handlung sein eigenes Schicksal in der bedeutungsvollsten Weise bestimmt, aber bei der *philosophischen Darstellung* dieses Zusammenhangs verschwindet der Gedanke in der Unmittelbarkeit der sinnlichen Gleichgewichtswahrnehmung, weil nämlich der philosophische Begriff überhaupt nicht bis zu der intuitiven Ebene des Geistes, auf der diese Form von ihrem Inhalt zu unterscheiden wäre, vordringen kann.

Die Frage, ob Hegel hier Fichte gerecht wird, ist deshalb so schwierig, weil beide Philosophen nicht Ethiker, sondern Ontologen sind, weil sie auf die durch das moralische Denken in Gang kommende Wirklichkeitsproduktion hinschauen. Das tut auch noch ein dritter hier zu berücksichtigender Philosoph, nämlich *R. Steiner*, in seiner »Philosophie der Freiheit«. Wenn man fragt, was die wahre Gestalt der Gewissensethik überhaupt ist, dann gilt die Antwort: Es ist der ethische Individualismus in der von Steiner im reinen Denken als Gedankengestalt entwickelten Form.[364] Fragt man aber nach dem bestimmten Falschheitsgehalt der Fichte'schen Ethik, dann gilt das in Kap. VI. C. c. der »Phänomenologie« Gesagte. Für Hegel geht es darum, die Sackgasse des Spiritualismus als der Verabsolutierung des Geschehensollens des Willens Gottes wieder zu öffnen, – um die Systemgestalt der Philosophie zu vollenden, die bei Fichte noch verkürzt erscheint. Nicht um der Wahrheit, sondern um der Philosophie willen verfolgt Hegel seine Strategie, den Falschheitsgehalt der anderen Weltanschauungen so weit herauszuarbeiten, bis klar wird, daß das Resultat mit ihren jeweiligen Ausgangsthesen nicht mehr vereinbar und deshalb ein weiterer Schritt in der Begriffsentwicklung zu machen ist.

Dieses dialektische Verfahren hat seine Berechtigung, so lange es nicht seinerseits die ihm gesetzten Grenzen überschreitet. Das ist jedenfalls hier noch nicht der Fall. Deshalb darf Hegel die Verstandesmacht dazu benutzen, die weichen Stellen im Fichte'schen Spiritualismus, obwohl sie inhaltlich ›gut gemeint‹ sind, als ›schlecht gedacht‹ zu brandmarken. Er darf geltendmachen, daß die spiritualistische Gewissensethik wegen der inhaltlichen Leere ihres Prinzips auch Willkürhandlungen abdecke und daß sie keinen Ausweg aus solchen Ambivalenzen wie ›Feigheit oder kluger Selbstschutz‹, ›Familienfürsorge oder rechtswidrige Bereicherung‹ usw. weise (S. 347 f.). Damit wird hier nicht etwa (wie bei der »gesetzgebenden« und »gesetzesprüfenden Vernunft« des Kap. V. C., wo die Argumentationslage ähnlich war) die Gewissensethik direkt angegriffen, sondern sie wird zum Rückzug aus allen Vermittlungen in der kalkulierenden, argumentierenden, abwägenden Wirklichkeit auf ihre abstrakteste Grundposition gezwungen. Sie wird auf eine Höhe getrieben, in welcher sie sich, sozusagen aus Sauerstoffmangel, nicht halten kann. Das »Gewissen (ist) von jedem Inhalt überhaupt frei; es absolviert sich von jeder bestimmten Pflicht, die als Gesetz gelten soll; in der Kraft der Gewißheit seiner selbst hat es die Majestät der absoluten Autarkie, zu binden und zu lösen« (S. 349). Diese »Selbstbestimmung« ist aber nicht nur Freiheit von allem Inhalt, sie ist vielmehr selbst der Inhalt, sie ist ein Sein, auf welches sich andere ebenso freie Geister unmittelbar als auf ihre Wirklichkeit beziehen.

### bb. Die Gemeinde der »schönen Seelen«

In einem zweiten Unterabschnitt (S. 349–355, Z. 6) von VI. C. c. wird nun der moralische Existenzialismus als soziale Erscheinung oder als Lebensform betrachtet. Damit erweitert Hegel das literarische Bezugsfeld erheblich: Fichtes Gewissensethik drückt auf der philosophischen Ebene das Prinzip einer geistigen Selbstbestimmung des Subjekts aus, welches schon in den Romanen Chr. M. Wielands (1733–1813) und Fr. H. Jacobis (1743–1819) im Typus des »moralischen Genies« lebt, das in Schillers philosophischen Schriften als Gemeinde ›schöner Seelen‹, in der religiösen Praxis der Herrnhutischen Brüdergemeine und in Novalis' poetischer Verklärung dieses Geistesstrebens durchscheint.[365] Aber Hegel setzt sich nicht direkt mit diesen Strömungen auseinander, er beansprucht insbesondere nicht, ihnen gerecht zu werden, sondern er baut sie in seinen philosophischen Gedankengang ein: Als Realisierungen des Kant-Fichte'schen Prinzips, um die Abstraktheit des letzteren zu erweisen. In dieser Perspektive ergeben sich folgende drei thematischen Schwerpunkte: (1.) Das Ungleichgewicht in der Gewissenshandlung, (2.) Die Versicherung als Bekräftigung der Gewissenhaftigkeit und (3.) Die Wirklichkeit der moralischen Gemeinde.

## (1.) Das Ungleichgewicht in der Gewissenshandlung

Je weiter die geistig-seelische Entwicklung des Menschen geht, umso mehr wird dabei zum Problem, wie dasjenige, was als höheres Wesensglied in ihm Organcharakter annimmt ohne wesensmäßige Veränderung in die Wirklichkeit übergehen, d. h. unmittelbar auch Außenwelt sein kann (S. 349–351, Z. 10). Schon in Kap. V. war von diesem Sich-Übersetzen des Inneren ins Äußere die Rede, und ebenso oben, bei der Betrachtung der Autonomie des Gewissens. Wir erkannten, daß hier ein Formproblem auftritt, das im Funktionsbild des Wärmesinnes wurzelt (wo das Ziel des Wärmevergleichs die entsprechenden Vergleichsgedanken hervorruft) und dann in dasjenige des Gleichgewichtssinnes übergeht, nämlich in der Frage nach dem Sichselbstgleichbleiben des Gewissens. Die Antwort liegt darin, daß das Einzelgewissen sich in der Sphäre des wechselseitigen Anerkanntseins realisiert: »Dies Sein ist das Element, wodurch das Gewissen unmittelbar mit allen Selbstbewußtseinen in der Beziehung der Gleichheit steht« (S. 349). Wo aber gehandelt wird, scheint die Gleichheit gestört, denn die Handlung ist real, d. h. sie ist nicht nur das innerlich Rechte, sondern auch das in der Realität Bestimmte. Die Nichthandelnden jedoch haben nur an dem ersteren Moment Anteil, und zwar so, daß jedes, da es seine Pflicht selbst bestimmt, auch nur seine Weise der Übersetzung in die Wirklichkeit für pflichtgemäß ansehen kann.

Schon durch die Handlung als solche wird also das schöne Vertrauensverhältnis gefährdet. »Im Praktischen ist doch kein Mensch tolerant!«

heißt es an einschlägiger Stelle in Goethes »Wilhelm Meister«.[366] Und
für die Situation einer nur erst von ihrem gemeinsamen Prinzip erfüllten
›Gemeinde‹, die noch keine wirkliche Lebenserfahrung hat, ist die Lage
noch prekärer: Hier müssen die Nichthandelnden, weil sie die Gewissenhaftigkeit des Handelnden nicht durchschauen, vielmehr von der
Nichtübereinstimmung mit ihrem eigenen Gewissen ausgehen. Was das
andere »ihnen hinstellt, wissen sie selbst zu verstellen; es ist ein solches,
wodurch nur das *Selbst* eines Andern ausgedrückt ist, nicht ihr eignes; sie
wissen sich nicht nur frei davon, sondern müssen es in ihrem eignen
Bewußtsein auflösen, durch Urteilen und Erklären zu nichte machen,
um ihr Selbst zu erhalten« (S. 350). Hier setzt nun zugleich der erste
Lernprozeß ein, in welchem sich die Gemeindemitglieder auf ihr Prinzip besinnen, welches ja nicht in den äußeren Wirkungen der Handlung
liegt (die allenfalls Anlaß zur Kritik geben könnten), sondern vielmehr in
der Gewißheit, daß das Gewissen das Rechte zu tun weiß und tut, ausgesprochen wird (S. 351).

## (2.) Die Versicherung als Bekräftigung der Gewissenhaftigkeit

Das Element, in welchem die Übereinstimmung von innerem Wissen
und wirklicher Handlung Dasein erhält, ist also die Sprache
(S. 351–352, Z. 34). Wie in der Welt der Bildung der Hofstaat dem
Monarchen als der Staatspersönlichkeit die Souveränität des absoluten
Ich zusprach,[367] so ist es hier, wenn der Kreis der Gewissenhaften sich
über das moralische Handeln des einzelnen ausspricht. Die Sprache
selbst, das ausgesprochene moralische Wort wird in diesem Kreis zum
»Dasein des Geistes. Sie ist das *für andre* seiende Selbstbewußtsein,
welches unmittelbar *als solches vorhanden* und als *dieses* allgemeines ist«
(S. 351). Im Aussprechen und Vernehmen des von moralischer Kraft
durchdrungenen Wortes als des gemeinsamen geistigen Selbstbewußtseins geht die (von Kant und Fichte nur postulierte) wechselseitige Anerkennung freier Menschen in die Wirklichkeit über.

Dabei fällt der Zwiespalt zwischen Mensch und gesellschaftlichem
Rollenträger, welcher die Welt der Bildung durchdringt, hier gänzlich
weg: »Der Inhalt der Sprache des Gewissens ist *das sich als Wesen wis-*

*sende Selbst.*« Allerdings prägt dieses Wesen, nämlich als Funktionsbild des Gleichgewichtssinnes, der Sprache doch auch wiederum einen formalen Charakter auf. Dieses Bewußtsein interessiert sich nicht dafür, was inhaltlich das Rechte ist, sondern für die Übereinstimmung zwischen dem innerlich Gewußten und dem Ausgesprochenen; die Sprachhandlung ist hier die Übersetzung »aus der Form der unmittelbaren *Gewißheit* seiner selbst, die ihr Wissen oder Fürsichsein als das Wesen weiß, in die Form der *Versicherung,* daß das Bewußtsein von der Pflicht überzeugt ist, und die Pflicht als Gewissen *aus sich selbst* weiß« (S. 352). Wie aber, wenn diese Versicherung nicht der Wahrheit entspricht? Das ist gar nicht möglich, weil wir uns hier nicht im Vorstellungsbereich der gewöhnlichen Faktizität (des »Dings« als Bewußtseinsmodell des Kap. II.), sondern in demjenigen der geistigen Selbstproduktion des Menschen befinden. Was ich »auf Ehre und Gewissen« ausspreche, das baue ich damit in die soziale Wirklichkeit ein, im Fall der Lüge also mit einer bleibenden Diskrepanz zur Faktizität, aber doch so, daß diese unmittelbar mein höheres Selbst trifft. »Wer also sagt, er handle so aus Gewissen, der spricht wahr, denn sein Gewissen ist das wissende und wollende Selbst. Er muß dies aber wesentlich *sagen,* denn dies Selbst muß zugleich *allgemeines* Selbst sein.«

(3.) Die Wirklichkeit der moralischen Gemeinde

Die »moralische Genialität«, sagt Hegel mit Blick auf Jacobi,[368] besteht somit darin, daß der Mensch seine innere Stimme unmittelbar als göttliche begreifen und in »göttliche Schöpferkraft« verwandeln kann: »Sie ist ebenso der Gottesdienst in sich selbst; denn ihr Handeln ist das Anschauen dieser ihrer eignen Göttlichkeit. – Dieser einsame Gottesdienst ist zugleich wesentlich der Gottesdienst einer *Gemeinde,* und das reine innere sich selbst *Wissen* und Vernehmen geht zum Momente *Bewußtseins* fort« (S. 353).

Hier wird also Schillers Idee der Gemeinschaft ›schöner Seelen‹ lebendig, und zwar in der konkreten Gestalt der von Goethe beschriebenen Herrenhutischen Brüdergemeinde,[369] der auch Novalis angehörte. An sie stellt Hegel nun die Frage, wie sie »zum Bewußtsein fort«-geht,

d. h. wie sie sich bewährt, wenn ihr geistiges Streben der Realitätsprü-
fung in der Dinglichkeit des Alltagslebens ausgesetzt wird. Kann nicht
auch der Alltag einer religiösen Gemeinde religiös geprägt sein? »Insofern dies Gewissen sein *abstraktes* Bewußtsein noch von seinem *Selbstbewußtsein* unterscheidet, hat es sein Leben nur *verborgen* in Gott«. So
wie hier theologisch die Geheimnisse des Glaubens vor der abstrahierenden logischen Durchdringung bewahrt werden sollen, so bleibt auch
die Realisierungsebene des Gemeindelebens von der abstrakten Seite
der dinglichen Außenwelt getrennt. Das Anderssein des Anderen ist im
Geiste aufgehoben, er ist › Bruder in Christo‹, und er wird es realiter im
Aussprechen des Geistes der Bruderschaft. Das Wissen des Gewissens
kann sich in dieser Religion halten, insofern sie lebendige Einheit des
Wesens und des Selbst, »als angeschautes oder daseiendes Wissen das
Sprechen der Gemeinde über ihren Geist ist.«

Damit ist der innerste Berührungspunkt zwischen Geist und Sinnlichkeit erreicht: Was die Gemeinde geistig, was sie an moralischem Inhalt in
ihrer Sprache bewegt, das wird zur gemeinsamen Atemluft und es geht
über den Atem des einzelnen unmittelbar in denjenigen Ausgleichspro-
zeß über, der in unserem physischen Gleichgewichtsorgan wirkt. Der
Anfang des ganzen Prozesses liegt also beim Individuum, welches in
seiner Sprache in der Gemeinde und für sie jene moralische Leistung
wirklich vollbringt. Von diesem spricht Hegel aber nicht. Er spricht vielmehr davon, daß der Übergang des geistig-moralischen Gehalts der
Sprache in den Rhythmus des Atems als Prozeß des Bildekräfteleibs (im
Funktionsbild des Gleichgewichtssinnes) innerlich tastend wahrgenommen werden und zur Grundlage des sinnlichen Selbsterlebens gemacht werden kann.[370] Gegen den hier drohenden religiösen Narzißmus wendet er sich, indem er ihn als Selbstauflösung der menschlichen
Existenz charakterisiert. Das Selbstbewußtsein ist hier »in sein Innerstes
zurückgegangen ... (und) auf die Spitze seiner Extreme getrieben«, wo
die Unterscheidung von Subjekt und Objekt »zu Abstraktionen ver-
flüchtigt (ist), die keinen Halt, keine Substanz mehr für dies Bewußtsein
selbst haben« (S. 353 f.). In der Reinheit dieser Bewußtseinsgestalt ist
zugleich ihr »Verschwinden«, nämlich als vorzeitige Auflösung statt der
Heiligung des Bildekräfteleibs, angelegt: »Diese absolute *Gewißheit*, in

welche sich die Substanz aufgelöst hat, ist die absolute *Unwahrheit*, die in sich zusammenfällt; es ist das absolute *Selbstbewußtsein*, in dem das *Bewußtsein* versinkt« (S. 354).

Daß Hegel hier von *Novalis* spricht, zeigt schon die parallele Wortwahl in den philosophiegeschichtlichen Vorlesungen (»schöne Seele«, deren »Subjektivität bleibt Sehnsucht, kommt nicht zum Substantiellen, verglimmt in sich und hält sich auf diesem Standpunkt fest«).[371] Auch der systematische Ort unseres Abschnitts im Gesamtaufbau der »Phänomenologie« ist dabei zu bedenken: Wir stehen in VI. C. auf dem Boden der Bewußtseinsseele (des »Wechsels des unglücklichen Bewußtseins mit sich«, S. 354) und näher in VI. C. c. in dem Teil, wo der Gedankengang aus dem Geist des Fühlens heraus strukturiert ist und nun an die Endlichkeit dieses Geistseins stößt. Die schöne Seele redet, aber ihre Worte tönen nur als Echo zu ihr zurück; sie handelt, aber dieses Handeln dreht sich ebenso nur im schöngeistigen Kreise und kommt nicht zum gegenständlichen Dasein. Es fehlt diesem Selbst »die Kraft der Entäußerung, die Kraft, sich zum Dinge zu machen, und das Sein zu ertragen. Es lebt in der Angst, die Herrlichkeit seines Innern durch Handlung und Dasein zu beflecken; und um die Reinheit seines Herzens zu bewahren, flieht es die Berührung der Wirklichkeit und beharrt in der eigensinnigen Kraftlosigkeit, seinem zur letzten Abstraktion zugespitzten Selbst zu entsagen, und sich Substantialität zu geben, oder sein Denken in Sein zu verwandeln, und sich dem absoluten Unterschiede anzuvertrauen.«

Bei dieser Darstellung ist auch der Gegensatz zu bedenken, in welchen sich die Romantiker durch ihre Kritik an Goethes physiologischem und ökonomischem Realismus, besonders der »Wahlverwandtschaften« und »Wilhelm Meisters Lehrjahre« gesetzt haben. Novalis z. B. bezeichnet den letzteren Roman als »Satire auf Poesie und Religion«.[372] Hier steht Hegel ganz auf Goethes Seite: »Sich zum Dinge machen« (= den Geist in die Dingstruktur des Geschmackssinnes herabfallen lassen) ist notwendig, um »das Sein zu ertragen«, und beim Hinausgehen über das gewöhnliche Dasein, beim Aufstieg in die Höhen der Poesie und Religion, einen festen Rückweg zu haben. Ohne solchen Rückweg droht die Gefahr, daß mit der Ausbildung der höheren Wesensglieder eine innere Entgrenzung einhergeht, bei der die anfängliche Vergeistigung des Bildekräfteleibs eine Sogwirkung entfaltet, welcher auch der noch nicht dafür gereifte Rest dieser Substanz anheimfällt. Der »hohle Gegenstand«, den hier das Bewußtsein »sich erzeugt«, füllt sich dann mit einem Sehnen, das nur ein Zerdehnen der eigenen Existenz in die Wesenlosigkeit ist, was physisch einer Erkrankung an der Schwindsucht entspricht (an der Novalis wirklich gestorben ist): »In dieser durchsichtigen Reinheit seiner Momente eine unglückliche sogenannte *schöne Seele*, verglimmt sie in sich, und schwindet als ein gestaltloser Dunst, der sich in Luft auflöst« (S. 355).

## cc. Das Böse und seine Verzeihung

Der Fichte'sche Ichimpuls, der als moralischer Existenzialismus zunächst überhaupt keinen Boden zu brauchen scheint, der dann in der Gemeinde der schönen Seelen zwar einen Boden findet, auf dem er jedoch in der Entdinglichung der Substanz verglimmt, bringt schließlich noch eine Gestalt der Selbstbehauptung gegen dieses Verglimmen hervor, womit das Wesen des Spiritualismus endgültig an seine Grenze stößt (S. 355–362). Als literarischer Hintergrund dient hier die »romantische Schule«, die mit ihren unkonventionellen Lebensauffassungen und ihrem bevorzugten Stilmittel der ›ironischen Reflexion‹ die höchste Stufe darstellt, auf die das Gewissensproblem von einem denkunwilligen Bewußtsein getrieben werden kann. Hegel selbst hat in der langen Anm. zu § 140 »Rechtsphilosophie« den stufenweisen Übergang von der berechtigten Gewissensethik zur romantischen Ironie, in welcher das Ich nur noch Anlässe sieht, sich selbst zu genießen (Occasionalismus), literargeschichtlich genauer belegt.[373] In VI. C. c. der »Phänomenologie« hat er sich diesbezüglich auf Anspielungen beschränkt, um dafür die innere Struktur seines Gedankenganges genauer auszubilden. Wir dürfen also hier nicht die Frage »who is who?« in den Vordergrund rücken, noch diejenige, ob er den verschiedenen »whos« inhaltlich gerecht geworden ist. Wir haben vielmehr den philosophisch-systematischen Zusammenhang herauszuarbeiten, der auch in diesem dritten Unterabschnitt von VI. C. c. wiederum in drei Gedankengängen aufgebaut ist, nämlich (1.) Die Schwierigkeit bei der Entlarvung der Heuchelei, (2.) Die Kurzsichtigkeit der Entlarver und (3.) Die Kraft des versöhnenden Geständnisses.

## (1.) Die Schwierigkeit bei der Entlarvung der Heuchelei

Das Grundproblem ist hier (S. 355–357, Z. 16) immer noch dasselbe: Das im Gewissen sprechende Ich sucht eine Realisierungsebene, auf der es sich als geistiges halten kann, ohne in die Schranken der Sinnlichkeit zu fallen. Solange das Ich nur das Wissen von sich als dem moralischen Selbst erstrebt, folgt es mit seinem Gedankengang nur dem physiologischen Funktionsbild des Gleichgewichtssinnes, d. h. es geht in dessen Lücke (die jeweils nur durch ein selbstlos-moralisches Urteil überwunden werden kann) unter. Wir sehen auch, wie dieses Untergehen sich realisiert: Statt der hier anzustrebenden Entwicklung des Bildekräfteleibes (dessen Heiligung zum ›Lebensgeist‹), kommt es nur zu einer partiellen Spiritualisierung desselben, nämlich in jenem physiologischen Sinnesbild, worin nun aber für das Bewußtsein alle Gegenständlichkeit des Daseins *eingeschlossen* bleibt. Wie kann eine solche geistige Gefangenschaft durch falsche Religiosität, die es in der Gegenwart viel mehr, als zu Hegels Zeiten gibt, wieder aufgelöst werden? Nur durch einen Rückgang in den Bereich, von welchem der Impuls zur Versinnlichung des Geistes, also das Böse, ausgeht, durch einen Rückgang in die seelische Aktivität.

Phänomenologisch befinden wir uns noch immer in der Gemeinde der ›schönen Seelen‹, wo nun allerdings das bloße ›Sprechen über ihren Geist‹ in ein realeres Handeln übergegangen ist. Schließlich braucht man ja z. B. auch ein Gemeindehaus, welches von irgend jemandem gebaut und finanziert werden muß. Dabei tendiert der eine mehr zum Handeln, der andere – oder vielmehr die anderen – mehr zum Beurteilen der Handlung. Und in dieser praktischen Rollenverteilung sind auch die beiden ideellen Momente der gewissenhaften Handlung, aber mit verschiedenem Stellenwert, enthalten. Dem Handelnden ist das Selbst des Gewissens das Wesentliche und das Ansichsein der reinen Pflicht dasjenige, was er als Moment, oder Ausdrucksform seiner selbst gelten läßt. Die Nichthandelnden dagegen sehen es umgekehrt: Der Inhalt der

Pflicht ist das allein Wesentliche, an ihm muß der Handelnde sich messen lassen. Mag also der letztere behaupten, er habe sein ganzes gutes
Gewissen in die Handlung gelegt, das nach allgemeinen Maßstäben
urteilende Bewußtsein wird immer zu einem anderen Resultat kommen,
weil es in der Vereinzelung der Handlung immer das Hinausgehen über
die Allgemeingültigkeit der Pflicht sieht. Diesem Bewußtsein gilt jenes
handelnde »als *das Böse*, weil es die Ungleichheit seines *Insichseins* mit
dem Allgemeinen ist, und indem dieses zugleich sein Tun als Gleichheit
mit sich selbst, als Pflicht und Gewissenhaftigkeit ausspricht, als *Heuchelei*« (S. 356).[374]

Da die Gemeinde nun nicht mehr so unerfahren ist, wie oben, als sie
nur das gemeinsame Sprechen kannte, läßt sie sich auch nicht mehr
einfach beschwichtigen, sondern fordert: »Die *Heuchelei* muß *entlarvt*
werden.« Daß der Handelnde sein Tun begründet, daß er die objektive
Pflichtmäßigkeit desselben darlegt, kann jetzt nur noch als Maskierung
der Untugend betrachtet werden. Aber bewiese nicht schon die Tatsache
eines solchen Maskierens, daß auch der Handelnde die objektive Gültigkeit der moralischen Pflichten anerkennt? Nein, sagt Hegel, in der
Maskierung einer Handlung als tugendhaft wird die Tugend zum Werkzeug für einen anderen Zweck, und damit die Verachtung für dasjenige
ausgesprochen, was sie im Menschen bewirken soll: »Denn was sich als
ein äußerliches Werkzeug gebrauchen läßt, zeigt sich als ein Ding, das
keine eigne Schwere in sich hat«, jedenfalls nicht in dem Sinne des
Kap. VI., wo es um die Verdichtung der Substanz des Bildekräfteleibs
zum ›Lebensgeist‹ als Organ des höheren Menschen geht.

Allerdings muß die Entlarvung *vollbracht* werden, sie ist nicht etwa
eine Selbstentlarvung des Handelnden. Denn wenn dieser sich auf sein
Gewissen beruft, so gibt er gerade das zu, was jene ihm vorwerfen, nämlich daß sie den ganzen Inhalt der Handlung nicht durchschauen können; er heuchelt also nicht. »Wer darum sagt, daß er nach *seinem* Gesetze
und Gewissen gegen die Andern handle, sagt in der Tat, daß er sie miß-
handle« (S. 357). Diese Haltung ist zwar zynisch, aber sie hält, da auch
die Gegenposition durch einen inneren Widerspruch gelähmt bleibt.
Wenn das pflichtgebundene Bewußtsein gegen die Handlung »schlecht,
niederträchtig usf. ausruft, beruft es sich in solchem Urteil auf *sein* Ge-

setz, wie das *böse* Bewußtsein auf das *seinige*.« Damit bestätigt es in der
Tat, daß die Pflicht, deren allgemeines Anerkanntsein es voraussetzen
muß, von jenem mißachtet, also gerade nicht anerkannt wird.

## (2.) Die Kurzsichtigkeit der Erlarver

Die obige Pattsituation zwischen pragmatischen Realisten und prinzi-
pientreuen Fundamentalisten kommt nun in Bewegung (S. 357–360,
Z. 30), zunächst dadurch, daß das prinzipientreu urteilende Bewußtsein
sich nach dem Handlungswert seines Tuns fragen lassen muß. Denn als
»Bewußtsein der Pflicht verhält (es) sich (nur) *auffassend, passiv*; es ist
aber hiedurch im Widerspruche mit sich als dem absoluten Willen der
Pflicht, mit sich, dem schlechthin aus sich selbst bestimmenden. Es hat
gut sich in der Reinheit bewahren, denn es *handelt nicht*; es ist die Heuchelei, die das Urteilen für *wirkliche* Tat genommen wissen will, und statt
durch Handlung, durch das Aussprechen vortrefflicher Gesinnungen
die Rechtschaffenheit beweist« (S. 357). Solches Sprechen von der
Pflicht bleibt ganz leer, weil die Pflicht ohne wirkliche Tat überhaupt
keine Bedeutung hat.

Noch mehr wird das prinzipientreue Bewußtsein zur Gegenheuchelei,
wenn es seine Passivität dadurch verteidigt, daß es vom negativen Urteil
über den Inhalt der Handlung zu deren *Hinterfragung*, d. h. zur Entlarvung der Motivation des Handelnden übergeht. Es bleibt nicht bei der
objektiven Seite »und bei dem Wissen des Handelnden davon, daß dies
seine Pflicht, das Verhältnis und der Stand seiner Wirklichkeit sei, stehen. Sondern es hält sich an die andre Seite, spielt die Handlung in das
Innre hinein, und erklärt sie aus ihrer von ihr selbst verschiednen *Absicht*
und eigennützigen *Triebfeder.* Wie jede Handlung der Betrachtung ihrer
Pflichtgemäßheit fähig ist, ebenso dieser andern Betrachtung der *Besonderheit*; denn als Handlung ist sie die Wirklichkeit des Individuums. –
Dieses Beurteilen setzt also die Handlung aus ihrem Dasein heraus und
reflektiert sie in das Innre oder in die Form der eignen Besonderheit«
(S. 358). Diese Hinterfragungskunst erklärt eine ruhmreiche Tat sogleich aus der Ruhmsucht des Täters, sie bezeichnet den Vollbringer
einer ungewöhnlichen Arbeitsleistung als ›workoholic‹ und sie weiß

auch die auffällige Hilfsbereitschaft eines Menschen auf seine subjektive Triebstruktur (›Helfer-Syndrom‹) zurückzuführen. »Es gibt«, sagt Hegel, in Fortführung eines französischen Sprichworts, »keinen Helden für den Kammerdiener; nicht aber weil jener nicht ein Held, sondern weil dieser – der Kammerdiener ist … So gibt es für das Beurteilen keine Handlung, in welcher es nicht die Seite der Einzelnheit der Individualität, der allgemeinen Seite der Handlungen entgegensetzen, und gegen den Handelnden den Kammerdiener der Moralität machen könnte« (S. 358 f.).[375]

Weil der Mensch in mehreren Wesensgliedern, als physisches, organisches, seelisches und geistiges Wesen zugleich lebt, muß sich die Motivation seiner Handlungen auf diese verschiedenen Ebenen zugleich beziehen. Auch jedes höhere geistige Streben kann nur Bestand haben, wenn es ihm gelingt, sich mit dem Dasein in den unteren Wesensgliedern zu verbinden. Die Frage ist nur, ob man eine solche Integration überhaupt für möglich hält, und ob man sie seinen Mitmenschen gönnt. Das hinterfragende Bewußtsein tut beides nicht; indem »es die Handlung teilt, und ihre Ungleichheit mit ihr selbst hervorbringt und festhält« (S. 359), ist es »*niederträchtig*«, d. h. es trägt die Motivation in die niedere Sphäre der dinglichen Vorstellungsart des Kap. II. Aber sein Urteil wird dadurch nicht etwa falsch, denn die Handlung ist ja wirklich auch von den praktisch-egoistischen Zwecken der Kammerdienerperspektive und keineswegs nur selbstlos-ideell motiviert. Hier ist es nun das handelnde Bewußtsein, welches den Widerspruch auflöst. Es hat die Geistesgegenwart, zu erkennen, daß die Handlungsqualität, welche zu dieser Pattsituation führt, auf beiden Seiten dieselbe, nämlich sowohl gewissenhaft wie heuchlerisch ist, und es *gesteht dies ein*. Damit ist keine Erniedrigung oder Demütigung verbunden, sondern vielmehr die Anerkennung der conditio humana, welche auch der fünften Bitte des Vaterunser: »Und vergib uns unsere Schuld, wie wir vergeben unsern Schuldigern«, zugrundeliegt. »Schuld« heißt hier: Unvermeidlichkeit, daß wir als Menschen mit unserer Seelentätigkeit reflektierend in den Bildekräfteleib eingreifen und dort Verhärtungen herbeiführen, die dann als die Besonderheit des jeweiligen Charakters (griech. »charattein« = prägen) die Motivation der weiteren Handlungen mitbestimmen.[376]

Deshalb bewirkt nicht nur das Eingeständnis der Schuld, sondern auch deren Vergebung eine tiefe innere Bewegung und setzt eine entsprechende Bewegungsfähigkeit voraus. Hierauf ist aber das prinzipientreue Bewußtsein nicht vorbereitet; »auf das Eingeständnis des Bösen: *Ich bins*, erfolgt nicht diese Erwiderung des gleichen Geständnisses. So war es mit jenem Urteilen nicht gemeint; im Gegenteil! Es stößt diese Gemeinschaft von sich und ist das harte Herz, das für sich ist und die Kontinuität mit dem andern verwirft.« Es ist wahrscheinlich richtig, hierin eine Anspielung auf die literarische Kontroverse um *Fr. Schlegels* (1772–1829) »Lucinde« zu sehen.[377] Schlegel hatte in seinem Roman nicht nur das Ideal der freien Liebe und einer sich diese Freiheit erhaltenden Lebensweise verherrlicht, sondern auch das Bekenntnis abgelegt, selbst so gelebt zu haben und zu leben. Unter den vielfältigen Reaktionen auf dieses Bekenntnis waren die zustimmenden meist niveauvoller, insofern sie sich (wie Schleiermachers »Vertraute Briefe über Lucinde«, 1800) auf das Prinzip der romantischen Subjektivität überhaupt bezogen. Dagegen lag die lautstarke Kritik an Schlegel z. T. unter dessen Niveau, nämlich dort, wo sie nur das Beharrungsvermögen der Orthodoxie und das obrigkeitsfromme Festhalten an überkommenen Lebensformen ausdrückte. Hegel seinerseits, weit entfernt davon, die Sozialtheorie der Lucinde zu billigen,[378] ist doch auch mit dem pharisäischen Grundton vieler ihrer Kritiker nicht einverstanden. Deshalb kehrt er hier »die Szene um. Dasjenige (Bewußtsein), das sich bekannte, sieht sich zurückgestoßen, und das andere im Unrecht, welches das Heraustreten seines Innern in das Dasein der Rede verweigert, und dem Bösen die Schönheit seiner Seele, dem Bekenntnisse aber den steifen Nacken des sich gleich bleibenden Charakters und die Stummheit, sich in sich zu behalten und sich nicht gegen einen andern wegzuwerfen, entgegensetzt.«

Damit, sagt Hegel, »ist hier die höchste Empörung des seiner selbst gewissen Geistes gesetzt; denn er schaut sich als dieses *einfache Wissen des Selbsts* im Andern an«, ohne von ihm eine Antwort zu erhalten. Der eine bekennt sich zur Sünde der Selbstheit, welche den Geist in die Sinnlichkeit treibt, und der andere weigert sich, darin das Moment der Erbsünde zu erkennen. Und zwar nicht, wie es in der Welt der Aufklä-

rung möglich wäre, aus ökonomischen oder ständischen, sondern aus
rein geistigen Gründen, oder vielmehr aus geistigem Narzißmus: »Es ist
der Gedanke, das Wissen selbst, was ihm (sc. dem Bekennenden) entge-
gengehalten (wird), es ist diese absolutflüssige Kontinuität des reinen
*Wissens*, die sich verweigert, ihre Mitteilung mit ihm zu setzen«
(S. 359 f.). Das eine Ich hat sich somit als sozial verbindender Geist, das
andere hat sich als ein sich von der Welt abtrennendes Wissen seiner
Selbstheit bestimmt. Wenn dieses letztere Wissen, wenn die schöne
Seele sich weigert, »sich zum Sein zu entäußern und in Wirklichkeit
umzuschlagen« (S. 360), wenn sie den Gegensatz zur Welt in seiner
Unmittelbarkeit festhält, dann ist sie eine kranke Seele, dann ist sie »zur
Verrücktheit zerrüttet«. Denn für ein gesundes Denken ist die Konsequenz des »auf seine reine Abstraktion gesteigerten Gegensatzes« nicht
diejenige, sich darin seelisch zerreißen zu lassen, sondern vielmehr der
Begriff der coincidentia oppositorum, in welchem sich die wahre Natur
des in der Moralität opponierenden Geistes erweist. Es ist wohl nicht
falsch, hierin einen Hinweis auf das Schicksal Hölderlins zu sehen, der
ebenso wie sein Held Empedokles die Einseitigkeit seiner Geistsehn-
sucht letztlich höher schätzte, als das Ziel eines Lebens unter irdischen
Bedingungen.[379]

(3.) Die Kraft des versöhnenden Geständnisses

Im Schlußabschnitt des Kap. VI. C. c. (S. 360–362) entwickelt Hegel die
philosophische Alternative zum Verrücktwerden des »Geist«-Bewußt-
seins (Hölderlins) als Übergang zu Kap. VII. Der Kernsatz, in welchem
die ganze logische Schwierigkeit dieses Überganges zunächst noch ein-
gehüllt erscheint, lautet: »Das Brechen des harten Herzens und seine
Erhebung zur Allgemeinheit ist dieselbe Bewegung, welche an dem
Bewußtsein ausgedrückt war, das sich selbst bekannte« (S. 360). Wer
das versteht, wird von jeder geistigen Einseitigkeit, in die er sich hin-
einmanövriert hat (von der Isolierung seines Geistbewußtseins im physiologischen Funktionsbild des Gleichgewichtssinnes) wieder geheilt:
»Die Wunden des Geistes heilen, ohne daß Narben bleiben; die Tat ist
nicht das Unvergängliche, sondern wird von dem Geiste in sich zurück-

genommen, und die Seite der Einzelnheit, die an ihr, es sei als Absicht oder als daseiende Negativität und Schranke derselben vorhanden ist, ist das unmittelbar Verschwindende« (S. 360 f.).

Für den Christen wirkt im Prozeß der Vergebung der Sünden das Wesen des Christus selbst mit. Der Philosoph nähert sich dieser Anschauung, aber ohne sein eigenes Ziel, die Vollendung der Systemgestalt der Philosophie, aus den Augen zu verlieren. Darum besteht für ihn die Sündenvergebung hier darin, daß die Pattsituation zwischen dem selbstbewußt handelnden und dem ebenso urteilenden Bewußtsein erkannt wird als eine falsche Verselbständigung der im Funktionsbild des Gleichgewichtssinnes zusammengehörenden Momente: »Das verwirklichende *Selbst*, die Form seiner Handlung, ist nur ein *Moment* des Ganzen, und ebenso das durch Urteil bestimmende und den Unterschied der einzelnen und allgemeinen Seite des Handelns festsetzende Wissen« (S. 361). Das erstere entspricht der Aufrichtekraft, die wir im Statolithenorgan als Beziehung auf die reale Schwerkraft der Erde wahrnehmen. Das letztere bezieht sich wahrnehmend auf die Regulierung der das Labyrinth des Innenohrs umfließenden Lymphe durch unseren Atemstrom. Und in der Verzeihung kann zwischen den Menschen dasjenige verbunden werden, was sich im einzelnen, in der Beziehung auf das eine oder andere Moment, vereinseitigt hat. Philosophisch ausgedrückt: Das handelnde Bewußtsein hat durch sein Bekenntnis der Einseitigkeit seines Standpunktes eine Bedingung jeden Handelns ausgedrückt und damit dem realen das allgemeine Moment des Gleichgewichts hinzugefügt. Das urteilende Bewußtsein muß nun den umgekehrten Schritt vollziehen und seinen ›frei schwebenden‹ Geist[380] als auf dem realen Boden der Gesellschaft stehend, von deren Handlungen es erhalten und ernährt wird, anerkennen.

Und so, wie jede sinnliche Gleichgewichtswahrnehmung ein moralisches Urteil über die Gleichgewichtsidee als individuelle Verbindung jener beiden abstrakten Momente erfordert, tritt nun auch in Hegels Versöhnungsszenerie diese dritte Seite selbständig hervor: »Das Wort der Versöhnung ist der *daseiende* Geist, der das reine Wissen seiner selbst als *allgemeinen* Wesens in seinem Gegenteile, in dem reinen Wissen seiner als der absolut in sich seienden *Einzelnheit* anschaut, – ein gegen-

seitiges Anerkennen, welches der *absolute Geist* ist.« Im Bekennen und
Vergeben der Schuld zwischen zwei Menschen liegt der individuellste
Ausdruck dessen, was in allgemeiner Form das physiologische Funktionsbild des Gleichgewichtssinnes als eine sich selbst tragende Beziehung (oder als »absoluter Geist«) ausmacht. In Kap. VI. wird das übergreifende Moment dieser Beziehung durch die Steigerung zum Versöh-
nungs-»Ja« in seiner geistigen Notwendigkeit erkannt, während in Kap.
VII. das geistige Wesen selbst erscheint, welches die Inspirationsquelle
jenes moralischen Urteils ist. Damit schiebt Hegel die eigentliche *Intuition* des Versöhnungs-»Ja« beiseite, um sie durch die inspirative Qualität
zu ersetzen, welche in dem Wesen »Religion« bzw. in dem diesem zugrundeliegenden Sinnesfunktionsbild gefunden werden kann.

Andererseits ergibt sich daraus die *allgemein*gültige Einsicht, daß ein
solcher Akt *als individueller* notwendig ist. Der absolute Geist, sagt Hegel
am Ende von Kap. VI., »tritt (zwar) ins Dasein nur auf der Spitze, auf
welcher sein reines Wissen von sich selbst der Gegensatz und Wechsel
mit sich selbst ist. Wissend, daß sein *reines Wissen* das abstrakte *Wesen* ist,
ist er diese wissende Pflicht im absoluten Gegensatze gegen das Wissen,
das sich als absolute *Einzelnheit* des Selbsts das Wesen zu sein weiß.«
Aber diese Ambivalenz von Geist und Selbst ist selbst ein Seiendes, weil
die Momente seines Wesens in sich vollkommen gereinigt, sich absolut
widersprechend und zugleich als innerlich zusammengehörig erwiesen
sind: »Jenes ist die reine Kontinuität des Allgemeinen, welches die sich
als Wesen wissende Einzelnheit, als das an sich Nichtige, als das *Böse*
weiß. Dies aber ist die absolute Diskretion, welche sich selbst in ihrem
reinen Eins absolut, und jenes Allgemeine als das Unwirkliche weiß, das
nur *für andre* ist.«

Beide Momente füllen »den ganzen Umfang des Selbsts aus«, d. h. ich
kann Ich als mein absolutes Fürmichsein und als die geistige Kontinuität
mit anderen Ich setzen (S. 362). Also muß, damit *ein* Ich oder vielmehr
damit dieses selbstbewußt werde, das Bewußtsein den Gegensatz der
beiden Selbstheitsformen in die Wirklichkeit tragen. »Diese Verwirklichung hat es in der Bewegung dieses Gegensatzes. Denn dieser Gegensatz ist vielmehr selbst die *indiskrete Kontinuität* und *Gleichheit* des Ich =
Ich.« Nur der ›unbewegte Beweger‹ des Aristoteles vermag das zu lei-

sten, und er leistet es in der Tat: »Das versöhnende *Ja,* worin beide Ich von ihrem entgegengesetzten *Dasein* ablassen, ist das *Dasein* des zur Zweiheit ausgedehnten Ichs, das darin sich gleich bleibt, und in seiner vollkommnen Entäußerung und Gegenteile die Gewißheit seiner selbst hat; – es ist der erscheinende Gott mitten unter ihnen, die sich als das reine Wissen wissen.«

# Kapitel VII.
## »Die Religion«

## 1. Metaphilosophischer Vorblick und Hegels Einleitung

### A. Der Aufbau des »Religion«-Kapitels

Es ist leicht zu erkennen, daß der Stoff des Kap. VII. (S. 363–421) und VIII. der »Phänomenologie« dem entspricht, was in der »Enzyklopädie« als »absoluter Geist« den Abschluß des ganzen Systems bildet. Hegel faßt diesen Geist wesenhaft auf, er sieht in Kunst, Religion und Philosophie geistige Wesen, die über den »objektiven Geist« der Staats- und Gesellschaftsverfassung (dessen Ideengehalt wir in Kap. VI. A. und B. betrachteten) hinaus sozialbildend wirken, d. h. an der Vermenschlichung der Welt mitwirken. In der »Enzyklopädie« wird gefragt, welche

Seinsweise diesen *Wesen an und für sich* zukommt. In der »Phänomenologie« dagegen erscheinen Kunst, Religion und Philosophie als Vermittler des höheren geistigen *Strebens* des Menschen, das zunächst im allgemeinen Sinne als religiöse Entwicklung (so auch § 554 Enz. 1830) begriffen werden kann. Deshalb ist in Kap. VII. die Kunst noch nicht in
ihrem Eigenwesen, sondern nur als Sonderform der Religion (VII. B.)
dargestellt. Erst in Kap. VIII. geht die Differenzierung der höheren Wesensglieder des Menschen einen Schritt weiter, so daß von dort aus die
philosophische Wissenschaft als Offenbarerin der physiologischen Gesetzmäßigkeiten des absoluten Geistes alle mystischen Elemente der
Religion hinter sich läßt.

Der Stoff des Kap. VII. ist wiederum nach dem Schema strukturiert,
das wir schon aus Kap. V. und VI. kennen.[381] Allerdings sind im Wesensbereich der »Religion« die Gedankengänge der Empfindungs-, Ver-
standes- und Bewußtseinsseele (VII. A., B. und C.) anderen geschichtlichen Epochen zugeordnet, als im Wesensbereich des »Geistes«. Der
letztere beginnt seine Entwicklung in der griechisch-römischen Sittlichkeit (Kap. VI. A.), durchläuft dann die neuzeitliche Bildung in Aufklärung und Revolution (VI. B.), um schließlich im Spiritualismus der Fich-
teschule seinen Höhepunkt zu erreichen. Diese Periodisierung (entsprechend der späteren Philosopie der »Weltgeschichte«) ändert sich
nun in der »Religion« bzw. der philosophischen Religionsgeschichte.
Hier bezieht sich die erste Stufe, nämlich der Gedankengang der *Empfindungsseele*, auf die ältere orientalische Menschheit (VII. A.: »Die natürliche Religion«). Demgegenüber wird die *Verstandesseele* zum Boden
der klassischen Kunst (VII. B.: »Die Kunst-Religion«), welche auch für
die Religion eine gewisse Verdinglichung brachte, indem sie das Göttliche im Götterbild als Kunstwerk erscheinen ließ. Erst in VII. C., im
Gedankengang der *Bewußtseinsseele* stimmen weltgeschichtliche und
religionsgeschichtliche Epochenbildung wieder überein: Die »offenbare Religon« ist das Christentum als durch den Protestantismus in die
Neuzeit versetzte und mit den Ansprüchen des Selbstbewußtseins
durchsetzte Geistgestalt.

Hegel hat diese unterschiedliche Periodisierung der Religionen einerseits und der allgemeinen Welt- bzw. Philosophiegeschichte ande-

rerseits stets beibehalten.[382] Auch die Religion, so sagt er, unterliegt zwar
einer geschichtlichen Entwicklung, aber diese ist von der Bildung des
irdischen Bewußtseins, in welcher mehr der Geist der Technik, der Wissenschaft und der sozialen Organisation mitarbeitet, zu unterscheiden.
Anthropologisch läßt sich dieser Unterschied so ausdrücken: Der
Mensch ist von Natur religiös, gerade das kleine Kind trägt in seiner
Empfindungsseele schon die ganze Religion, während sich sein weltbe-
zogenes Bewußtsein erst allmählich aufbaut, nämlich in der Herauslösung aus dieser Ganzheit, die dabei ihrerseits eine Reihe von Metamorphosen durchmacht. Dem Aufbau des weltbezogenen Bewußtseins entspricht nun die allgemeine Weltgeschichte, während die Religionsgeschichte in der Reihe der Metamorphosen des ganzheitlichen Bewußtseins zu sehen ist. Rückblickend haben deshalb die beiden Geschichten
auch verschiedene Anfänge: Es ist eine einfache Evolutionstatsache,
daß die Wurzeln desjenigen Erkenntnisstrebens, aus welchem unsere
Wissenschaft und Technik hervorgegangen sind, in der griechischen
Kultur liegen, während unsere Religion aus dem vorgriechischen Orient
stammt und auch Elemente dieser ihrer Herkunft durch ihre Entwicklungsstufen hindurch mitgenommen hat.

## B. Die »Religion« als Wissenschaft

Schon aus dem Aufbau der »Phänomenologie«, in dem nach Kap. VII.
noch das Kap. VIII., »Das absolute Wissen«, folgt, ergibt sich eine *Ein-
grenzung* der »Religion«. Vom Standpunkt des Kap. VIII. aus erscheinen
nämlich alle vorhergehenden Entwicklungsstufen des Geistes als begrenzte Geister, als Teilwissenschaften der einen philosophischen Wissenschaft. Hegel versucht also in VII. den Geist der Religion begrifflich-
spekulativ so auszuschöpfen, daß dabei die Philosophie, welche diese
Arbeit vollbringt, als das eigentlich schöpferische Wesen erscheint.

Um dies richtig zu verstehen, bedarf es der Anknüpfung an unseren
metaphilosophischen Ausgangspunkt. Danach (erste Interpretationshypothese) stellt die »Phänomenologie« einen Schulungsweg dar, auf
welchem wir in Kap. V., VI. und VII. in den Bereich der höheren Wesens-

glieder des Menschen gelangen, der sich eröffnet, wenn das Ich die
Naturelemente der niederen Wesensglieder, von Seele, Bildekräfte- und
physischem Leib, in Geist verwandelt. Daß dieses Streben in Bezug auf
die Objekte der Kap. V. und VI. letztlich erfolglos blieb, würde den Versuch, in Kap. VII. nunmehr mit der Umwandlung des physischen Leibes
zum »Geistesmenschen« (»Atman«) zu beginnen, an sich nicht hindern.
Aber Hegel will in Wahrheit nicht so weit gehen, weshalb er ja auch
keinen Begriff des physischen Leibes bildet. Wie die ganze Philosophie
des Deutschen Idealismus, so denkt auch er primär in der Spiritualisierung des Bildekräfteleibs. Er treibt die letztere zwar ein Stück weiter
voran als seine Vorgänger, aber er macht nicht zum Thema der Philosophie, daß diese Gedankenarbeit auch eine Rückwirkung auf den physischen Leib hat, daß in jeder energisch herbeigeführten Gedankenin-
tuition ein Schritt in die Zukunftsgestalt des Geistesmenschen hinein
getan wird.

Andererseits erstreckt sich der Inhalt der »Religion« sehr wohl auf das
Dasein des physischen Menschen. Denn im Gegensatz zum »Geist« des
Kap. VI., der nur vom menschlichen Verhalten und seinen sozialen Folgen redet, heißt »re-ligio« (lat.) »Rückbindung« der Existenz des Menschen auf allen Daseinsebenen. Damit ist auch schon die charakteristi-
sche Doppelbewegung ausgedrückt, mit welcher wir es hier zu tun haben: Das in das menschliche Leben eingeflochtene *Streben zu* Gott ist
zugleich ein *Zurückgehen* des subjektiven Geistes zu den Wurzeln seiner
Existenz. Und je mehr spirituelle Momente der Mensch seinem religiösen Leben einfügt, um so näher kommt er der Erkenntnis, daß die religiöse Bilderwelt und Symbolik in die Natur dieser Doppelbewegung
hineinführt. Die Anschauung des platonischen Mythos vom Abstieg der
menschlichen Geistseele aus der göttlichen Welt in die irdische Verkörperung ist nicht einfach da, sie kann vielmehr nur als Resultat eines
wirklichen religiösen Strebens begriffen werden, welches damit Bestandteil ihres Inhalts wird und mit ihr zusammen den »Begriff« der
Religion bildet. Dasselbe gilt von der Anschauung des christlichen
Weihnachtsfestes als des Mysteriums der irdischen Geburt des Ich.

Hier sind gewissermaßen die *Urbilder* der Religion überhaupt vor uns
hingestellt. Bedenken wir, daß Plato aus seiner Mysterienschulung her-

aus noch die Fähigkeit besaß, geistige Zusammenhänge unmittelbar wahrzunehmen, die für das gewöhnliche Menschenbewußtsein durch die physische Sinnesorganisation verborgen sind. Was er da wahrnahm, schildert er in »Politeia« als Auslosung der Lebensschicksale, wobei jede Geistseele die ihren Leib und ihr Leben bildenden Ideen mitnimmt, indem sie zur menschlichen Verkörperung auf die Erde herabsteigt.[383] Betrachtet man nun das Leben des Erdenmenschen als solches, d. h. vom irdischen Standpunkt aus, dann erscheint es als eine Entfaltung von Gestaltbildern und Ideen, über deren Herkunft freilich vielerlei Hypothesen aufgestellt werden können. Die spezifisch religiöse Haltung zu dieser Frage aber ist die, welche den Grund des im Erdenleben aktuell Geschehenden in der Rückbindung an das auf dem geistigen Plan Veranlagte, als ein sinngebendes Schicksal, zu begreifen sucht. Dabei wird dieses Begreifen um so philosophischer, je mehr man sich von dem Aspekt ›oben-unten‹ (Schicksal als göttliche Fügung) löst und in die zeitliche Dimension des Geschehens hineingeht, in welcher der zukunftsgerichtete Aspekt des Handelns gewissermaßen unterlaufen wird durch die rückwärtsgerichtete Bewegung des Erkennens, nämlich dessen, was an Möglichkeiten (aus der Vergangenheit stammenden Ideen) in einer Situation je schon vorhanden ist. Könnte es nun nicht sein, daß alles, was geschieht, nur eine Realisierung von aus der *Vergangenheit* stammenden Ideen ist? Hier stehen wir vor der großen Falle, die Hegel sieht, und der er zu entkommen versucht. Sie ist ausgesprochen im Buch Prediger des Alten Testaments: »Was gewesen, dasselbe wird wieder sein, und was geschehen, wird wieder geschehen: Nichts Neues gibt es unter der Sonne« (Pr. 1, 9). Das, sagt Hegel, kann nicht die höchste religiöse Wahrheit sein, denn sonst müßte ja die Philosophie mit der Religion aufhören.[384] Um des absoluten Ranges der Philosophie willen muß ein Moment des Neuen hereinkommen und auch in die Religion selbst einschlagen. So ergibt sich als kategorialer Grund-Satz, dem das Bewußtsein hier folgt: ›Mein Leben verwandelt im einzelnen, was im Allgemeinen schon verwandelt ist‹.

Damit sind wir beim zentralen Inhalt unseres Kap. VII.: Der Begriff der Religion muß als Geist im Modus des Sich-Erneuerns gefunden werden. An sich besagt re-ligio nur, daß alles, was auf Erden geboren wird, an den in ihm liegenden Ideengehalt als sein vorbestimmtes Sein zurückgebunden ist. Dem fügt nun die Religion des Neuen Testaments dasjenige hinzu, was im Johannesevangelium als ›Wiedergeburt aus dem Geiste‹ bezeichnet wird: »Wer nicht aus Wasser und Geist geboren wird, kann nicht in das Reich Gottes eingehen. Was aus dem Fleisch geboren ist, ist Fleisch, was aus dem Geist geboren ist, ist Geist« (Joh. 3, 5 f.). Hier ist die Rede vom höheren Selbst des Menschen, und zwar in dem präzisen Sinne des zweiten höheren Wesensgliedes, des »Lebensgeistes«, welchen die Bibel »Reich Gottes« nennt. Dessen reales *Vorhandensein* als Form der geistigen Selbstverwirklichung des Menschen war das Thema des Kap. VI. Die Realisierung dieser Möglichkeit in der religiösen *Bewegung* ist das Thema des Kap. VII. Und das erneuernde Moment liegt vor allem darin, daß die Frage, ob ein Mensch in seinem Erdenleben an der Ausbildung seiner höheren Wesensglieder arbeitet, eben nicht im ideellen Bereich schon vorentschieden ist, daß es vielmehr seiner Initiative überlassen bleibt, einen solchen Schöpfungsakt in sich selbst zu ermöglichen.

## C. Die spezifische Sinnlichkeit der »Religion«

In Kap. VI. sahen wir, wie die im »Gewissen« angelegte höhere Entwicklung des Menschen aus der geistigen Kraft der Gleichgewichtsidee impulsiert und dabei durch den Gleichgewichtssinn zurückgehalten, in die Sinnlichkeit überhaupt zurückgeworfen wird. Nach unserer zweiten Interpretationshypothese muß es eine solche Beziehung auch in demjenigen geben, was in Kap. VII. als philosophischer Begriff der »Religion« entwickelt ist. Welche der menschlichen Sinnestätigkeiten kommt dafür, ihrem physiologischen Funktionsbild nach, in Betracht? Welches ist die Form, die den hier entfalteten Inhalt umgibt, konkretisiert und letztlich so begrenzt, daß die Philosophie darüber hinausgehen kann?

Wenn der Prediger Salomo den Standpunkt der alten Religion darin ausdrückt, daß er sagt: »Was gewesen, dasselbe wird wieder sein ...«, dann muß man bedenken, daß dabei nicht nur jeweils zwei Aussagen

(Vergangenheit = Zunkunft) sich gegenüberstehen, sondern daß diese Beziehung erst in der *Versform* entsteht, daß der Hörer in sich selbst die Polarität erst nachschafft, welche der Künstler aus dem Material der Sprache heraus geschaffen hat. Es handelt sich hier gewissermaßen um eine dynamische Symmetrieform, also um eine solche, die je aktuell hergestellt werden muß, um zu bestehen. Als reine geometrische Form tritt diese Dynamik z. B. im »Siegel Salomonis«, in der Figur der zwei spiegelverkehrt ineinandergeschobenen gleichseitigen Dreiecke auf, bei deren Betrachtung man das Sich-Entgegenkommen der beiden Seiten nachschiebend erlebt. Wir wissen, daß Hegel sich in Jena, angeregt durch J. Böhme und Fr. v. Baader, mit solchen und ähnlichen Figuren beschäftigt und noch 1804 selbst ein »göttliches Dreieck« genanntes okkultes Symbol entworfen und metaphilosophisch zu durchdenken versucht hat.[385] Dies alles hat für uns eine Bedeutung nur unter sinnestheoretischen Aspekten, indem nämlich in solchen Formen in der Tat die Urgeste der Religion, die Rückbeziehung des neu Geschehenden auf das schicksalsmäßige Vorbestimmte als sinnliche Bewegung ausgedrückt wird. Und das ist, wie wir wissen, nicht eine Angelegenheit des Auges bzw. Ohrs selbst, sondern es kommt durch diese Organe in unser Bewußtsein, ist aber an sich die Tätigkeit unseres Eigenbewegungssinnes.

Etwas davon erfahren wir schon aus der bisherigen Entwicklung der »Phänomenologie«, in der die parallel zur Stufenleiter der menschlichen Wesensglieder entstandene Stufenleiter der Sinnestätigkeiten ja auch eine qualitativ aufsteigende Tendenz zeigt. In jedem Sinnesorgan ist, so sahen wir, die Anlage zu einer Überwindung der Subjekt-Objekt-Spaltung vorhanden, aber so, daß das Subjekt als Subjekt dabei um so intensiver mitwirken muß, je höher es auf der Stufenleiter geht. Schon der Wärmesinn (Kap. V.) funktioniert nur dann richtig, wenn der Mensch wirklich die Vernunft aufbringt, deren sinnliche Seite darin besteht, etwas von dem inneren Wärmeausgleichsprozeß des Organismus in die Außenwelt zu tragen. Noch deutlicher wird es beim Gleichgewichtssinn (Kap. VI.), daß wir eine Wahrnehmung des Gleichgewichts weder nur in der Aufrichtung gegen die reale Schwerkraft haben, noch allein durch eine Ausgleichsbewegung in uns zustandebringen, sondern daß diese Wahrnehmung eine schöpferische Verbindung der beiden

Momente, eine moralische Leistung als subjektive Beziehung auf die geistige Seite der Gleichgewichtsidee, voraussetzt. Ähnlich steht es nun auch mit der in Kap. VII. zugrundeliegenden Sinnestätigkeit.

Das Wesen des Eigenbewegungssinnes (auch »Sensomotorik«, »Muskel-« oder »Richtungssinn« genannt) ist in der physiologischen und psychologischen Forschung umstritten. Einigkeit besteht zwar darin, daß der Mensch während des ganzen Lebens neue Bewegungen lernen und gewohnte Bewegungsabläufe verändern kann, daß er hier also über eine sehr bildbare Nerventätigkeit verfügt, sowie darüber, daß die Grenze zwischen Eigen- und Außenwahrnehmung von Bewegungs- abläufen nicht scharf zu ziehen ist. Wo aber liegt das Primärphänomen? Beruht unsere Wahrnehmung der Form- und Bewegungsabläufe der Außenwelt auf einer Übertragung unseres eignen Bewegungsverhaltens nach außen? Oder ist etwa umgekehrt Bewegung ein Element der Welt, in das sich die Lebewesen intentional hineinstellen, wenn sie Eigenbe- wegungen ausführen, die sie dann auch als solche wahrnehmen? Das letztere ist der Standpunkt, den R. Steiner in seinem Buch »Von Seelen- rätseln« (1917) vertritt. Dort heißt es: »Indem die Seele das im Sinne vor sich gehende Geschehen umspannt, nimmt sie nicht an einem inneren organischen Geschehen teil, sondern an der Fortsetzung des äußeren Geschehens in den Organismus hinein ... Und in einem Bewegungsvor- gang hat man es physisch auch nicht mit etwas zu tun, dessen Wesenhaf- tes innerhalb des Organismus liegt, sondern mit einer Wirksamkeit des Organismus in den Gleichgewichts- und Kräfteverhältnissen, in die der Organismus gegenüber der Außenwelt hineingestellt ist. Innerhalb des Organismus ist dem Wollen nur ein Stoffwechselvorgang zuzueignen; aber das durch diesen Vorgang ausgelöste Geschehen ist zugleich ein Wesenhaftes innerhalb der Gleichgewichts- und Kräfteverhältnisse der Außenwelt; und die Seele übergreift, indem sie sich wollend betätigt, den Bereich des Organismus und lebt mit ihrem Tun das Geschehen der Außenwelt mit.«[386]

Von hier aus wird die überkommene physiologische Vorstellung unse- rer »Motorik« als eines einheitlichen, zentral gesteuerten Informations- und Mobilisierungssystems, und die darauf aufbauende Unterschei- dung von »motorischen« und »sensorischen« Nerven überhaupt höchst fragwürdig. Wie aber verhalten sich Wille, Nerven, Muskeln und Bewegungsziel wirklich zueinander? Wie sind sie im Funktionsbild des Eigenbewegungssinnes verbunden? Der Impuls des Willens, der die Bewegung verkörpert, ist zunächst ein dumpfer seelisch-geistiger Akt und als solcher keiner sinnlichen Wahrnehmung zugänglich, er bleibt »im Dunkeln des gelebten Augenblicks« (*E. Bloch*). Aber wir haben eine Wahrnehmung von dem mit der Muskelbewegung unmittelbar verbundenen Nerven-Stoffwechsel, was auch in dem Wort »Entschließung« anklingt. Diese Wahrnehmung beziehen wir in eine andere ein, welche den Bewegungsablauf als ganzen betrifft, mit dem sie synästhetisch verschmilzt. Man kann, wie besonders K. König gezeigt hat, die Tätigkeit des Eigenbewegungssinnes geradezu als Synthese zwischen einem subjektiv-realen und einem objektiv-idealen Moment begreifen: Ersteres ist der reine Willensakt, das kräftig-dumpfe Rucken als solches, letzteres ist der in der Umwelt vorhandene »Gestaltkreis« (*V. v. Weizsäcker*) der Formen- und Bewegungsabläufe, und die spezifische Leistung des Eigenbewegungssinnes besteht darin, die Übertragung jener dumpfen Kraft in diese klar-harmonische Form wahrzunehmen, und zugleich zu moderieren.[387]

Seelische Aktivität und sinnliche Objektivierung greifen hier also tief ineinander. Der Eigenbewegungssinn nimmt an dem mit dem Willensakt der Seele unmittelbar verbundenen Nervenstoffwechsel teil, aber er nimmt auch die Disharmonie von Eigenbewegung und äußerem Gestaltkreis wahr und weckt so den Willen zur Harmonisierung der Bewegung. Diese beiden Seiten der Bewegungswahrnehmung entsprechen dem, was die herrschende Physiologie in der Unterscheidung von »motorischen« und »sensorischen« Nerven sucht. Dabei handelt es sich nach K. König zwar durchaus um zwei verschiedene Nerventypen (nämlich um die »motorischen Endplatten« einerseits und die die »Muskelspindeln« umspinnenden Nerven andererseits),[388] die aber beide der Wahrnehmung dienen. Wir dürfen eben nur die letztere nicht als eine geistlos-passive Abbildung betrachten, sondern wir müssen sie einem Sinnesorgan zuschreiben, welches zugleich das subjektive Moment der Herstellung der Bewegungsharmonie mit aufruft. Störungen dieser Sinnestätigkeit ist es zuzuschreiben, wenn der Mensch nur ruckartige, unkoordinierte Bewegungen hervorbringt. Beim Gesunden dagegen ist der Eigenbewegungssinn das Medium einer Objektivierung des Willens, der sich in der Synästhesie aus dem Dunkel des subjektiven Inseins in die Objektivität des äußeren Gestaltkreises hinausstellt. Das Gefühl, welches dieser Übergang in der Seele erzeugt, ist dasjenige einer Befreiung und der Freude über solche Befreiung. »Der Eigenbewegungssinn«, sagt K. König, »ist die Mutter der Freude ... Ich kann Freude haben, ohne daß etwas in Erfüllung gegangen ist. Denn Freude ist eine Befreiung, eine Art von Entbindung«.[389]

Damit ist auch die Grundempfindung aller Religion und besonders der religiösen Feste ausgedrückt. So z. B. im jüdischen Laubhüttenfest, wo der Auszug des Volkes Israel aus Ägypten in eine ungewisse Zukunft gefeiert und das Wohnen und Tanzen im Provisorium der Laubhütten zugleich zum Symbol des Erdendaseins überhaupt wird (3. Mose 23, 33 ff., 39 ff.). Wie verhält sich nun diese Empfindung zum Geist der Religion? Der in die Welt ausgegossene Geist, sagt Hegel, bleibt nur insoweit, was er ist, wie er vom Menschen als Geist erkannt wird. Das gilt auch von der Religion: Wenn sie nicht, je länger je mehr, in spirituelle *Religionserkenntnis* übergeht, dann sinkt sie in die Sinnlichkeit hinab, und zwar in dem Sinne, daß dann ihr Gedankengehalt nur noch im abtastenden Reproduzieren des physiologischen Funktionsbildes des Eigenbewegungssinnes besteht. So richtig das ist, so muß doch davon die Frage unterschieden werden, welchen Spielraum das religiöse Leben hat, um diesem Dilemma zu entrinnen. Hier greift Hegel zu kurz. Da er ja noch zum »absoluten Wissen« der Philosophie als einer höchsten Stufe des Geistes vordringen will, betreibt er selbst die geistige Verkürzung der Religion, welche er dann kritisiert. Das gilt insbesondere für Kap. VII. C. Was dort als »offenbare Religion« dargestellt wird, ist zwar sehr weisheitsvoll, aber nur im Sinne einer Ausschöpfung des sinnlichen Reichtums des Laubhüttenfestes, es ist die Versinnlichung des Christentums zum höheren Ruhme der Philosophie.

## D. Hegels Einleitung in Kap. VII.

Die Einleitung in Kap. VII. (S. 363–368) beginnt mit einem Rückblick
auf die im bisherigen Gedankengang enthaltenen religiösen Elemente.
In den Gestaltungen des »Bewußtseins« (Kap. I. bis III.), des »Selbstbewußtseins« (Kap. IV.), der »Vernunft« (Kap. V.) und des »Geistes«
(Kap. VI.) ist die Subjekt-Objekt-Spaltung immer weiter überwunden
worden, bis zu dem Punkt, daß das religiöse Selbstbewußtsein ein klares Bewußtsein vom Dasein Gottes als des absoluten Wesens erlangt
hat. Aber der Gott blieb dabei stets in einem Jenseits,[390] als ein Gegenüber, mit dem der Mensch eine Beziehung eingeht, wie eine Ehe oder
eine Berufswahl, die zwar existentiell wird, aber dennoch nicht
schlechthin unlösbar ist. Er hat sich sozusagen auf den vorhergehenden
Stufen mit solchen Formen beschränkt, in denen er Gegenstand für
unser Bewußtsein wurde; »nicht aber ist (uns) das absolute Wesen *an
und für sich* selbst, nicht das Selbstbewußtsein des Geistes in jenen Formen erschienen« (S. 363).

Hiergegen stellt Hegel nun den Satz, der in Kap. VII. mit Inhalt gefüllt
werden soll: »Der sich selbst wissende Geist ist in der Religion unmittelbar sein eignes reines *Selbstbewußtsein*« (S. 364). In Fichtes »Gewissen« (VI. C. c.) hat der Geist diese Ebene zwar erreicht und die Welt in
dem höheren menschlichen Wesensglied zusammengefaßt, das dem
›Reich Gottes‹ angehört, und worin die Selbständigkeit aller äußeren
Gegenstände und Vorstellungen aufgehoben ist: »In diesem hat er für
sich, als *Gegenstand vorgestellt*, die Bedeutung, der allgemeine Geist zu
sein, der alles Wesen und alle Wirklichkeit in sich enthält; ist aber nicht
in der Form freier Wirklichkeit oder der selbständig erscheinenden Natur. Er hat zwar *Gestalt* oder die Form des Seins, indem er *Gegenstand*
seines Bewußtseins ist, aber weil dieses in der Religion in der wesentlichen Bestimmung *Selbst*bewußtsein zu sein, gesetzt ist, ist die Gestalt
sich vollkommen durchsichtig; und die Wirklichkeit, die er enthält, ist in
ihm eingeschlossen oder in ihm aufgehoben«. So wie man im Bernstein
manchmal Einschlüsse kleiner Lebewesen als Zeugen einer urfernen
Vergangenheit sehen kann, so stellt uns Hegel die Wirksamkeit des
Fichte'schen Gewissens als einer in der Gegenwart zwar durchscheinen-

den, aber in der Heiligkeit des Einzelnen noch eingeschlossenen Zukunftswirklichkeit vor. Dieses religiöse Selbstbewußtsein muß zum Dasein in der gegenwärtigen Welt gelangen, es muß in vollem Umfang Gegenstand seines Bewußtseins werden. Einen solchen Gegenstand hat der Geist bisher nur in der religiösen Vorstellung, »und die in ihr eingeschlossne Wirklichkeit ist die Gestalt und das Kleid seiner Vorstellung« (S. 365). Es ist hier wie bei dem Einschluß im Bernstein, den wir zum Schmuckstück machen und damit zwar auch als Gegenstand behandeln, aber nicht seinem natürlichen Wesen gemäß. In der Religion, sagt Hegel, müßte der selbstbewußte Geist sein Sein in seiner irdischen Gestalt ausdrücken, »und er sich so erscheinen oder wirklich sein, wie er in seinem Wesen ist. Dadurch allein würde auch das erreicht, was die Forderung des Gegenteils zu sein scheinen kann, nämlich daß der *Gegenstand* seines Bewußtseins die Form freier Wirklichkeit zugleich hat.«

Hiernach erläutert Hegel (S. 365–367), wie sich das »Religion«-Kapitel zum bisherigen Aufbau der »Phänomenologie« verhält. Wir deuteten oben schon an, daß der philosophische Begriff hier doch wieder eine Anleihe bei der menschlichen Biographie machen muß, weil eben die letztere von der Religion übergriffen wird. Wenn wir also die bisher betrachtete Entwicklungsreihe der Gestalten des »Bewußtseins«, des »Selbstbewußtseins«, der »Vernunft« und des »Geistes« noch einmal als Reifestufen des Menschenlebens nehmen, dann verhält sich die Religion zu diesen so, daß sie in ihnen jeweils das Ganze des Ablaufs geltendmacht (S. 365). Oder, wenn wir das Ganze jener Stufenfolge als den »Geist in seinem weltlichen Dasein überhaupt«, d. h. in seinem biographisch-zeitlichen Nacheinander betrachten, dann ist demgegenüber die Religion dasselbe Ganze in seiner Zeitlosigkeit.[391] Als Geschichte aber erscheint die Religionsgeschichte in der je zeitgebundenen Brechung dieses Ganzen. Hier ist der Geist von seinem weltlichen Dasein (als Epochengestalt des »Bewußtseins«, »Selbstbewußtseins« usw.) geprägt, d. h. er enthält als Zeitgeist überhaupt »zugleich die *Bestimmtheiten* der *Religion* selbst« (S. 366). In der Geschichte finden wir nie die Religion an sich, sondern nur die zeitgemäß »bestimmte Religion«, die sich aber immer so verhält, daß sie mit dem ›Bauzeug‹ ihrer Epoche die re-ligio dieses Bauzeugs ausdrückt: »Die *bestimmte* Gestalt der Religion greift für ihren wirklichen Geist aus den Gestalten eines jeden seiner Momente diejenige heraus, welche ihr entspricht. Die *Eine* Bestimmtheit (sc. der philosophische Begriff) der Religion greift durch alle Seiten ihres wirklichen Daseins hindurch und drückt ihnen dies gemeinschaftliche Gepräge auf.«

Da die »Phänomenologie« selbst die Darstellung des geschichtlich erscheinenden Geistes ist, folgt sie dem zuletzt genannten Gesichtspunkt. Sie wird also in Kap. VII. zur Religionsgeschichte, aber mit ihrer eigentümlichen Materialgrundlage. Sie stützt sich nicht auf Urkunden oder Tonscherben, die in Wüsten oder Höhlen gefunden werden, sondern sie stützt sich auf das in Kap. I. bis VI. erarbeitete Material, welches sie aus seinem bisherigen Aufbauschema löst, also gewissermaßen in Scherben schlägt, um daraus die spezifische Geistgestalt der Religion zu erbauen: »Wenn ... die bisherige Eine Reihe in ihrem Fortschreiten durch Knoten die Rückgänge in ihr bezeichnete, aber aus ihnen sich wieder in Eine Länge fortsetzte, so ist sie nunmehr gleichsam an diesen Knoten, den allgemeinen Momenten, gebrochen und in viele Linien zerfallen, welche in Einen Bund zusammengefaßt, sich zugleich symmetrisch vereinen, so daß die gleichen Unterschiede, in welche jede besondre innerhalb ihrer sich gestaltete, zusammentreffen« (S. 367). Bis in diese Konstruktion hinein geht das Moment der Symbolik, ›das Bewegende‹, welches im Anschauen religiöser Urbilder wirkt, und zwar in der Weise der Belebung der geistigen Kraft des Eigenbewegungssinnes. Aus ihm entstehen die Formen des religiösen Lebens überhaupt, die von Anfang an als Totalitäten, sich in sich bewegende Symmetriebilder, vorhanden sind.

Von hier aus fällt ein Licht auf Hegels viel kritisierten Versuch, in der Philosophie den Beweis vom Dasein Gottes anzutreten. Einen Ansatz dazu macht er schon auf S. 367, und dann wieder auf S. 404, wo wir die Sache im Zusammenhang näher betrachten werden.[392] Es läßt sich jedoch schon jetzt sagen, daß ein solcher Gottesbeweis nicht darauf ausgehen kann, das göttliche Wesen selbst gewissermaßen dingfest zu machen. Er betrifft vielmehr die sinnliche Seite des religiösen Lebens, in welchem Gott erscheint. Hier aber ist es durchaus berechtigt in einem bestimmten Sinne vom Gefäß auf den Inhalt zu schließen. Auf den Ei-

genbewegungssinn trifft die Kennzeichnung ganz besonders zu, welche
Goethe den ›Kabiren‹ im allgemeinen gibt, nämlich als »Sehnsuchtsvolle Hungerleider/Nach dem Unerreichlichen«.[393] Die spirituelle Potenz dieser Sinnestätigkeit erscheint auch in ihrer reflektierten gegenständlichen Form so, daß sie als sinnlos empfunden werden müßte,
wenn sich nicht ein ihr entsprechender Inhalt finden ließe. Nicht auf ein
diffuses »religiöses Bedürfnis« gründet Hegel seinen Beweis vom Dasein Gottes, sondern präzise auf den Umstand, daß der geistige Gehalt
des menschlichen Eigenbewegungssinnes verloren wäre, wenn nicht
eine diesem entsprechende gott-menschliche Beziehung im höheren
Selbst des Menschen entstehen könnte, was wiederum eine entsprechende Seinsweise Gottes voraussetzt.

## 2. Interpretation des Haupttextes

### A. »*Die natürliche Religion*«[394]

Diesem kurzen Abschnitt (S. 369–375) ist eine Einleitung (S. 369 f.) mit
allgemeinen Überlegungen zur Religionsphilosophie vorangestellt, die
noch durch die Überleitung von S. 368 ergänzt wird. Hier charakterisiert
Hegel die Religion zunächst als Bewußtseinsbildung innerhalb der
*Empfindungsseele* (sc. des orientalischen Menschen): »Die Gestaltung,
welche der Geist als Gegenstand seines Bewußtseins annimmt, bleibt
von der Gewißheit des Geistes, als von der Substanz erfüllt; durch diesen
Inhalt verschwindet dies, daß der Gegenstand zur reinen Gegenständlichkeit, zur Form der Negativität des Selbstbewußtseins herabsänke.
Die unmittelbare Einheit des Geistes mit sich selbst ist die Grundlage
oder reines Bewußtsein, *innerhalb* dessen das Bewußtsein auseinander
tritt« (S. 368). Das Bewußtsein dieser Menschheit erwachte nicht so sehr
an der Gegenständlichkeit der Natur, sondern fand vielmehr seinen
ersten Halt an dem Sich-Gegenübertreten der verschiedenen Momente
des Göttlichen innerhalb der geistigen Welt. Dementsprechend wurde
Gott hier nicht primär als Schöpfer der Natur verehrt, sondern vielmehr
als Geist aufgefaßt, aus dem eine Welt von Göttern hervorgeht.

Aus diesem einfachen Begriff ergibt sich nun auch die geschichtliche Entwicklung der Religion (S. 369 f.). In ihr muß, das ist das Hauptziel allen religiösen Lebens, der Gegensatz zwischen Gott und Welt, oder zwischen einem nur-religiösen und einem nur-irdischen Selbstbewußtsein des Menschen aufgehoben werden. Zunächst, sagt Hegel, besteht freilich die Trennung, daß Gott zwar Gegenstand des geistigen Sebstbewußtsein ist, daß aber aus diesem Bewußtsein die Verdinglichung der natürlichen Welt ausgeschlossen bleibt, daß also das Gotteswirken sozusagen auf die schöne und reine Seite der Wirklichkeit beschränkt wird. In der Weise dieser Beschränkung und in den Formen ihrer Überwindung liegen die Bestimmtheiten der Religionen und ihre Gegensätze und Kämpfe miteinander, in denen sie sich jedoch auf Nebenkriegsschauplätze begeben. Zugleich tritt hier aber auch wiederum das Hauptziel auf (S. 370), nämlich in der Art und Weise der religiösen Auseinandersetzung selbst. Diejenigen Religionen, die jenem Ziel innerlich näher stehen und demgemäß zu spirituelleren Ausdrucksformen kommen, müssen das in ihrem Auftreten gegenüber den anderen, dogmatischeren ausdrücken. Sie müssen auch die ihnen entgegengebrachte Intoleranz ertragen, um auf diese Weise eine religiöse Entwicklung anzuregen. Allerdings, sagt Hegel, gibt es in dieser Synergie der spirituellen Möglichkeiten eine Grenze, nämlich in der seelisch-leiblichen Konstitution der Völker, durch die gewährleistet ist, daß auch der religiöse Fortschritt nur schrittweise geschieht.[395]

## a. Die Gottheit in der Lichtreligion

Der Abschnitt VII. A. a., »Das Lichtwesen«, der nur knapp 2 Seiten (S. 370–372) umfaßt, handelt von einem Anfangspunkt der Menschheitsentwicklung, hinter den unsere Erinnerung nicht zurückgehen kann. Es ist das Auftreten des Ich überhaupt im Menschen, »das schöpferische Geheimnis seiner Geburt« (S. 370). Ein erstes Bewußtsein davon entsteht in der Menschheitsepoche der Empfindungsseele, in der ersten Verbindung von Sinneswahrnehmung und Gedankenhaben, wovon dem modernen Menschen noch das philosophisch ganz untergeordnet scheinende Streben nach »sinnlicher Gewißheit« (Kap. I.) geblieben ist. Blickt man aber zurück, dann zeigt sich eine reiche, lichtvolle Beziehung: Wie die Empfindungsseele der alten Orientalen, so auch ihr Gott. Sie, oder Er, »ist das reine Ich, das in seiner Entäußerung, in sich als *allgemeinem Gegenstande* die Gewißheit seiner selbst hat, oder dieser Gegenstand ist für es die Durchdringung alles Denkens und aller Wirklichkeit« (S. 370 f.). Nicht von Entzweiung im modernen Sinne kann hier die Rede sein, sondern nur von der Vielfalt des Seins, die in einem einzigen schöpferischen Lichtstrom erzeugt und getragen wird, der als Gott »das reine, alles enthaltende und erfüllende *Lichtwesen* des Aufgangs (ist), das sich in seiner formlosen Substantialität erhält« (S. 371).

Diese ursprüngliche Einheit der Geist-Sinnlichkeit ist jedoch nicht mit dem Paradieseszustand zu verwechseln; der Mensch hat hier vielmehr bereits »Ichselbst« zu sich gesagt und damit den Keim zur Sinnesverfinsterung gelegt, die er nur durch Geisterkenntnis wieder aufheben kann. Religionsgeschichtlich beschreibt Hegel diesen Übergangszustand der Menschheit mit bildlichen Anleihen bei *J. Böhme* (»Lichtgüsse«, »Feuerströme«) und *F. W. J. Schelling*.[395a] Kunstgeschichtlich kann er darauf hinweisen, daß in der Tat die aus jener Zeit erhaltenen Werke keine Form erkennen lassen, in welcher die überflutenden Bilderströme eingrenzbar wären. Das gleiche gilt für die Naturgeschichte, wo wir in der ferneren Vergangenheit wuchernde und ausschweifende Riesengewächse finden, die sich in der Entwicklung der Erde nicht halten konnten. Entsprechend erscheint der Gott dieser Zeit als das Wesen einer Substanz »die nur *aufgeht*, ohne in sich *niederzugehen*, Subjekt zu werden und durch das Selbst ihre Unterschiede zu befestigen. Ihre Bestimmungen sind nur Attribute, die nicht zur Selbständigkeit gedeihen, sondern nur Namen des vielnamigen Einen bleiben.« Solange das Denken des Menschen noch nicht ins Innere seiner physischen Organisation hineingenommen ist, sondern noch in dem durcheinanderflutenden Meer der Bildekräfte webt, muß auch der Gottesgedanke notwendigerweise pantheistisch bleiben.

# b. Blumen- und Tierreligion

In dem folgenden Abschnitt VII. A. b., »Die Pflanze und das Tier«
(S. 372 f.), wird die Entzweiung des pantheistischen Lichtwesens in sich
geschildert. Dieser Schritt ist methodisch begründet: Es erscheint notwendig, daß eine Religion auftritt, die den Einschlag der Kräfte der
Vergegenständlichung in die lebendige Substanz, entsprechend der Reflexion unseres vorstellenden Denkens, ausdrückt. Aber aus der Notwendigkeit der Dialektik geht hier kein klarer Inhalt, sondern vielmehr
ein Problem hervor, welches in der »Lichtreligion« noch verborgen war,
nämlich dasjenige der richtigen Unterscheidung der kosmischen von
der irdischen Evolution. Hegel weiß (durch Böhme und andere Mysti-
ker), daß die Entwicklungsgeschichte des Seins überhaupt auch eine
objektiv-kosmische Dimension hat, daß der Einschlag der Verdinglich-
ungskräfte in die lebendige Substanz nicht erst auf unserer jetzigen Erde
begonnen hat. Aber er kann diesen Zusammenhang nur aus den archaischen Formen der Blumen- und Tierreligion (der indischen und der
ägyptischen Menschheitsperiode) rekonstruieren, in denen gewissermaßen eine ›Erinnerung‹ der entsprechenden Gestaltbilder der kosmischen Evolution im irdischen Leben vollzogen wurde. Eine zuverlässige
und begrifflich exakte Darstellung dieser Zusammenhänge findet sich
heute in *R. Steiners* »Die Geheimwissenschaft im Umriß«,[396] deren Inhalte aus echter übersinnlicher Forschung gewonnen und nicht nur aus
der Notwendigkeit des philosophischen Begriffs rekonstruiert sind.

Aber auch Hegels Darstellung ist hier nicht wertlos, denn sie geht von
dem richtigen Gedanken aus, daß außer der ursprünglichen Einheit
auch ein eigenständiges Prinzip der Entzweiung in der Evolution wirkt.
Die kosmologische Seite dieser Entzweiung, der ›Streit im Himmel‹ der
Johannesapokalypse (Apk. 12, 7), setzt sich im Streit auf der Erde fort,
und zwar prinzipiell schon mit der Beseelung der Lebewesen, indem
diese sich in eine friedliche Pflanzen- und eine feindselige Tiernatur
spalten (S. 372). Diese Feindseligkeit der Tiergeister wiederum zieht in
die Volksgeister der frühen Menscheit ein, welche sich deshalb brutal
gegeneinander verhalten: »Das *wirkliche* Selbstbewußtsein dieses zer-
streuten Geistes ist eine Menge vereinzelter ungeselliger Völkergeister,

die in ihrem Haß sich auf den Tod bekämpfen, und bestimmter Tierge-
stalten als ihres Wesens sich bewußt werden, denn sie sind nichts anderes
als Tiergeister, sich absondernde ihrer ohne Allgemeinheit bewußte
Tierleben«. Die ›Krallentiere‹ in unseren Staatswappen sind noch eine
Erinnerung an diese polemische Natur, in welcher der Mensch nur eine
Rolle zu spielen hat und nicht zu seinem wahren Dasein gelangt.

## c. Der Demiurg und sein Bauwerk

Wenn Hegel den Abschnitt VII. A. c. (S. 373–375) »Der Werkmeister«
überschreibt, so läßt er wieder offen, ob hier der schaffende Gott selbst
(der »Demiurg« oder Weltenbaumeister, der in Platos »Timaios« die
göttlichen Weltideen ausführt)[397] oder etwa der irdische Baumeister gemeint ist, der jenem einen Tempel baut. Da jedoch alles irdische Bauen
nur eine Fortsetzung dessen ist, was aus der Form- und Gestaltungskraft
des Geistes hervorgeht, kann man auch sagen, es sei der Geist, der hier
»sich selbst als Gegenstand hervorbringt, (wobei er) aber den Gedanken
seiner noch nicht erfaßt hat« (S. 373). Deshalb gibt es hier zunächst nur
ein »instinktartiges Arbeiten, wie die Bienen ihre Zellen bauen« (übrigens in der Form des Sechsecks). Andererseits ist dieses Bauen eine
Überwindung der vorhergehenden Entzweiung, die ja nicht nur als
Feindseligkeit der Tiere untereinander, sondern auch als Gegensatz der
friedlichen Blumen- und der feindseligen Tiernatur aufgetreten war.
Dieser absolute Gegensatz ist nur praktisch zu überwinden, über ihn
»behält daher der Arbeitende die Oberhand, dessen Tun nicht nur negativ, sondern beruhigt und positiv ist« (S. 372). Das Werk des Demiurgen
ist also der Form nach Arbeit und dem Inhalt nach Beruhigung des
Antagonismus, der (wie wir in der Einleitung sagten)[398] »luziferischen«
und »ahrimanischen« Kräfte der Natur, die sich hier hinter dem Bild der
Blumen- und Tierreligion verbergen.

Wie stellt Hegel nun konkret die Tätigkeit des Werkmeisters dar? Er
zeigt uns skizzenhaft die Formen der baulichen Verkörperung des religiösen Strebens als Ausdruck des Eigenbewegungssinnes. »Die Kristalle der Pyramiden und Obelisken, einfache Verbindungen gerader
Linien mit ebnen Oberflächen und gleichen Verhältnissen der Teile, an

denen die Inkommensurabilität des Runden vertilgt ist, sind die Arbeiten dieses Werkmeisters der strengen Form« (S. 373), – oder des Eigenbewegungssinnes, der das Hinausstellen des Willensaktes in den harmonischen Gestaltkreis noch ganz abstrakt vollzieht. In dieser Abstraktion der sinnlichen Substanz unserer Beweglichkeit liegt der Geist der Mathematik. Die Pyramide als gebaute Mathematik stellt den letzteren in den Dienst der Verehrung des Gottes, oder zumindest des Grabes des Pharao. Dabei ist zunächst nur die abstrakte Sinnlichkeit als solche ergriffen, es wird noch nichts Belebtes, sondern nur von außen Beleuchtetes hervorgebracht. Anders ist es auf der nächsten Entwicklungsstufe, beim »Werkmeister der beseeltern Form«, der die Rundung und die Blattform als Bauelemente (zur Säulengestaltung) verwendet und dieses organische Element mit der strengen Geradlinigkeit und Proportionalität der Grund- und Aufrisse verbindet (S. 374). Der Tempel als Wohnung des Gottes löst die Pyramide als Grab des Pharao ab. Aber jener Tempel ist noch nicht der Seelenraum für ein ausgebildetes seiner selbst bewußtes Ich, sondern drückt erst das religiöse Streben dorthin aus. Er ist sozusagen noch leer, und dem entspricht es, daß sein Inhalt, die gestaltete Einzelheit, zunächst nur als ägyptische Tierskulptur erscheint. Auf weitere Zwischenformen werden wir hingewiesen: Die stummen, aber beim Auftreten des Morgenlichtes tönenden Erzsäulen der Ägypter, der dunkle Innenraum der islamischen Kaaba innerhalb dessen »das Unbewegte, der schwarze formlose Stein«, als Heiligtum verehrt wird (S. 375).

Den Übergang von der Natur- zur Kunst-Religion sieht Hegel in den Orakeln und Sphinxen:[399] »Diese zweideutigen sich selbst rätselhaften Wesen, das bewußte ringend mit dem bewußtlosen, das einfache Innre mit dem vielgestalteten Äußern, die Dunkelheit des Gedankens mit der Klarheit der Äußerung paarend, brechen in die Sprache tiefer schwerverständlicher Weisheit aus.« Sie heben sich sozusagen in den selbstgestellten Rätseln auf: Nach der Sage stürzt sich die Sphinx in den Abgrund, nachdem Ödipus ihr Rätsel gelöst hat. »In diesem Werke hört die instinktartige Arbeit auf« und eine geistige tritt an deren Stelle. Der Werkmeister hat »sich darin zu der Entzweiung seines Bewußtseins emporgearbeitet, worin der Geist dem Geiste begegnet.« Das ist der Ort, wo in der Substanz des Eigenbewegungssinnes die mit der physischen Sinnestätigkeit als solcher verbundene geistig-ideelle Potenz ihrer Harmonisierbarkeit bewußt wird. Die Sphinx verkörpert sozusagen die coincidentia oppositorum, und indem sie sich in den Abgrund stürzt, gibt sie den Weg zu der Erkenntnis frei, daß im Eigenbewegungssinn auch das geistige Potential der Kunst wurzelt: »Der Geist ist *Künstler.*«

## B. »Die Kunst-Religion«

In Abschnitt VII. B. (S. 376–399), im Gedankengang der *Verstandesseele*, hat Hegel das Material zusammengedrängt, welches er später in seinen kunstphilosophischen Vorlesungen breiter ausgestaltet.[400] Hier wie dort geht er davon aus, daß die Kunst der Sphäre des »absoluten Geistes« angehört oder, wie wir metaphilosophisch sagen, ihre begriffliche Grundlage in den sich selbst tragenden Funktionsbildern des Gleichgewichts-, Eigenbewegungs- und Lebens- bzw. Begriffssinnes hat. Deshalb tragen Kunst, Religion und Philosophie insgesamt einen religiösen Charakter: Ihre Realisierung kann nur, wie es in § 554 Enz. 1830 heißt, als ein Zusammenwirken des subjektiv-geistigen Strebens des Menschen mit den Impulsen der Wesen aus der Sphäre des absoluten Geistes begriffen werden.

In der Einleitung zu VII. B. (S. 376–378) wird dieser Zusammenhang noch etwas näher beleuchtet. Ganz grob kann man sagen, daß Hegel in der späteren »Enzyklopädie«, wo er zeigt, was die Wesen der Kunst, Religion und Philosophie an sich sind, deren Unterschiede begrifflich so bestimmt, daß die Kunst dem Gleichgewichts- und die Religion dem Eigenbewegungssinn zugeordnet erscheint. In der »Phänomenologie« dagegen, wo es sich um die geistig-seelische Entwicklung als solche, das Streben der Menschennatur zum künstlerischen Geist handelt, überwiegt das religiöse, mit dem Eigenbewegungssinn verbundene Moment. An sich ist der Inhalt der Kunst auch hier aus dem Gleichgewichtssinn zu gewinnen: »Fragen wir danach, welches der *wirkliche* Geist ist, der in der Kunstreligion das Bewußtsein seines absoluten Wesens hat, so ergibt sich, daß es der *sittliche* oder der *wahre* Geist ist« (S. 376), also genau der in der Überschrift von Kap. VI. A. genannte. Dieser Geist ist nun aber in dem Jahrtausend vor der Zeitenwende in Bewegung geraten und hat erst als Resultat seiner Bewegung die klassische griechische Kunst hervorgebracht. Auch vorher schon war er in Kleinasien und Griechenland heimisch, aber er ruhte in dem schönen Gleichgewicht der Sittlichkeit, in der Sozialverfassung der Polis (S. 376 f.). Durch den Eingriff der Sophisten und des Sokrates wurde die sinnliche Selbstverständlichkeit der Gleichgewichtsidee jedoch gestört und aus dem sozialen Feld vertrieben,[401] d. h. sie mußte sich nun ein neues Konkretisierungsfeld suchen. Dieses ist der gestaltete Stoff, die Individualisierung der Idee im Kunstwerk.

Sollte also die Schwere der von Sokrates aufgeworfenen metaphysischen Probleme in demjenigen aufgehoben sein, was uns in der Schönheit der marmornen Götterjünglinge der klassischen Kunst vor Augen tritt? Ist eine solche These nicht bodenloser Leichtsinn? Aber ist es nicht gerade das Wesen des Gleichgewichtssinnes, ein ›leichternder Sinn‹ zu sein, die Aufrichtekraft zu realisieren? Hegel scheint davon eine Ahnung gehabt zu haben, wenn er in dem folgenden Satz mit dem Doppelsinn des Wortes »Leichtsinn« spielt. »Die Vollendung der Sittlichkeit zum freien Selbstbewußtsein und das Schicksal der sittlichen Welt ist daher die in sich gegangene Individualität, der absolute Leichtsinn des sittlichen Geistes, der alle festen Unterschiede seines Bestehens und die Massen seiner organischen Gliederung in sich aufgelöst, und vollkommen seiner sicher zur schrankenlosen Freudigkeit und zum freisten Genusse seiner selbst gelangt ist« (S. 377).

In der Epoche der griechischen Klassik, sagt Hegel, »tritt die absolute Kunst hervor«; und er sagt uns nun auch, warum es für ihn nur hier absolute Kunst gibt. Früher handelte es sich um ein »instinktartiges Arbeiten« im Stoff.» Später ist der Geist über die Kunst hinaus, um seine höhere Darstellung zu gewinnen; – nämlich nicht nur die aus dem Selbst geborne *Substanz*, sondern in seiner Darstellung als Gegenstand *dieses Selbst* zu sein, nicht nur aus seinem Begriffe sich zu gebären, sondern seinen Begriff selbst zur Gestalt zu haben, so daß der Begriff und das erzeugte Kunstwerk sich gegenseitig als ein und dasselbe wissen.« Damit ist die Philosophie gemeint, welcher in der Neuzeit die Rolle zufällt,

Schwerpunkt des absoluten Geistes zu sein.[402] Sie ist »die aus dem Selbst geborene Substanz«, in der aber das eigentliche religiöse Moment des Gebärens des Göttlichen verschwindet. In der klassischen Kunst dagegen haben wir die Seite »der *Tätigkeit*, mit welcher der Geist sich als Gegenstand hervorbringt«, – oder metaphilosophisch gesagt: Den Schritt, in welchem der Eigenbewegungssinn den bloßen Willensakt der Bewegung in den Gestaltkreis der äußeren Bewegungswelt hinausstellt. Der Künstler hat das Recht, diesen Schritt zu tun, weil er in der Auseinandersetzung mit dem Material allen Subjektivismus abgelegt hat und in der Suche nach der materialgerechten Form so selbstlos geworden ist, wie die Substanz selbst. In der formenden Vergeistigung der Substanz des Gleichgewichtssinnes ist er zum Herausgehen aus sich selbst und damit zur Offenbarung des Zusammenhanges von Sinnlichkeit und Geist überhaupt fähig geworden: »Diese Form ist die Nacht, worin die Substanz verraten ward, und sich zum Subjekte machte; aus dieser Nacht der reinen Gewißheit seiner selbst ist es, daß der sittliche Geist als die von der Natur und seinem unmittelbaren Dasein befreite Gestalt aufersteht.«

Wir sahen oben, daß die Leistung des Eigenbewegungssinnes eine Synthese von quasi-begrifflichem Charakter ist: Das dumpfe Insein des Wollens und das Hinausstellen der Bewegung in den Gestaltkreis ist zweierlei, und daß jene Dumpfheit sich in dieser Gestalt aufheben lassen muß, ist das Leiden der sinnlichen Substanz überhaupt, zum Geist verwandelt zu werden. Im Künstler verläßt dieser Vorgang die körperliche Innensphäre und wird zum existentiellen Moment seines Lebens, zum künstlerischen Pathos: »Die *Existenz* des reinen Begriffs, in den der Geist aus seinem Körper geflohen, ist ein Individuum, das er sich zum Gefäße seines Schmerzes erwählt. Er ist an diesem, als sein Allgemeines und seine Macht, von welcher es Gewalt leidet, – als sein Pathos, dem hingegeben sein Selbstbewußtsein die Freiheit verliert.« Aber das Produkt dieser unfreien Tätigkeit ist freier, im geformten Stoff existierender individueller Geist.

## a. Kunst als Kult-Bild

Im Abschnitt VII. B. a. (»Das abstrakte Kunstwerk«, S. 378–385) ist von
der religiösen Aufgabe der Kunst die Rede, genauer gesagt vom Kunstwerk als Ausdruck der Bewegung des Menschen zur Gottheit, in welcher
diese wiederum dem Menschen entgegenkommt. Man kann darin freilich auch die sinnliche Seite, die Formkraft des Eigenbewegungssinnes
betonen, und so die Geisteswissenschaft aufrufen, die Essenz der Theologie von dieser Sinnlichkeit zu reinigen. Das zeigt Hegel in der Entwicklung der Formen der Kunst-Religion des Abschnitts a.; das Kunstwerk,
so sagt er, habe sich hier »aus der unmittelbaren und gegenständlichen
Weise dem Selbstbewußtsein entgegen zu bewegen, wie andererseits
dieses für sich im Kultus darauf geht, die Unterscheidung aufzuheben,
die es sich zuerst gegen seinen Geist gibt, und hiedurch das an ihm selbst
belebte Kunstwerk hervorzubringen« (S. 378). Damit wird auf die drei
Entwicklungsstufen des »abstrakten Kunstwerks« hingewiesen: Als
Bildsäule, als Hymnus und als Kultus. Methodisch gesehen drückt sich
darin aus, daß der Geist des Eigenbewegungssinnes (Kap. VII.) auch im
Horizont der Verstandesseele (VII. B.) sich als Geist *will* (VII. B. a.), d. h.
daß er sich im empirisch-gewordenen Ding als der Geist, der er ist,
geltendmacht.

aa. Die erste Weise, in der das geschieht, ist diejenige der Bildsäule
(S. 378–380, Z. 23), die klassische Marmorplastik.[403] In ihr hat der
Geist seine beiden Momente, sein Selbstsein (die schöne Idee) und sein
tätiges Bewußtsein (die Einarbeitung der Idee in das Material, als Herausarbeitung der Empfänglichkeit des Materials für die Idee) freilich
getrennt. Die Bewegung in der Gestalt des Götterbildes ist also zunächst
nur »die unmittelbare, daß jene als *Ding* überhaupt *da ist*« (S. 378). In
der gleichen Einfachheit, wie in der plastischen Kunst treten die Götter
auch als Volksgeister auf, als einzelne klare Gestalten, die sich aus dem
verworrenen Kampf der Naturelemente (der Titanenzeit) herausgerun-
gen haben. In jeder dieser Entwicklungsformen aber bleiben sie abstrakte Individualitäten, die sich im spontanen oder intuitiven Schöp-
fungsprozeß darstellen, und von denen man nicht weiß, was sie mit dem
Menschen zu tun haben.

Daraus entsteht nun eine innere Unruhe des Geistes. Das Selbstbewußtsein hat zwar in der Individualität der Bildsäule seine »Geburtsstätte«, aber es erfährt, daß es »für sich nichts übrig behielt, als *reine Tätigkeit* zu sein. Was der Substanz angehört, gab der Künstler ganz seinem Werke mit, sich selbst aber als einer bestimmten Individualität in seinem Werke keine Wirklichkeit; er konnte ihm die Vollendung nur dadurch erteilen, daß er seiner Besonderheit sich entäußerte, und zur Abstraktion des reinen Tuns sich entkörperte und steigerte« (S. 379). Produktion und Produkt dieser Kunst sind innerlich untrennbar verbunden, und müssen doch auseinanderfallen, wenn das Kunstwerk fertig ist. »Der Künstler erfährt also an seinem Werke, daß er *kein ihm gleiches* Wesen hervorbrachte« (S. 380), d. h. daß das Werk eben nicht die Selbstlosigkeit weiterzutragen vermag, die im künstlerischen Produktionsprozeß in es hineingelegt wurde. In der Reaktion des Publikums, als Bewunderung oder verehrende Unterordnung unter die bezwingende Kraft des Bildes, wird offenbar (und das ist für Hölderlins »Empedokles« schicksalhaft),[404] daß es ihm an einem tieferen Verständnis für das geistigkünstlerische Wesen der Religion noch fehlt.

bb. Hier bietet das Sprachkunstwerk weitergehende Möglichkeiten (S. 380–382, Z. 27). Im Hymnus vereinen sich Menschen als den Gott Verehrende und ihm zugleich in der Innerlichkeit ihres Spreches Dasein Gebende. »Der Geist hat als dieses allgemeine Selbstbewußtsein Aller seine reine Innerlichkeit ebensowohl als das Sein für Andre und das Fürsichsein der Einzelnen in Einer Einheit« (S. 381). Wenn dieser Geist in der Anwendung auf konkrete politische oder Lebensfragen hervortreten soll, dann geschieht das in der fremdartigen Sprache des Orakels, oder im verstandesmäßigen Berechnen, das nicht weniger zufallsbehaftet ist (S. 382). »Die allgemeinen Wahrheiten aber, weil sie als das *Ansichseiende* gewußt werden, vindiziert sich das *wissende Denken*, und die Sprache derselben ist ihm nicht mehr eine fremde, sondern die eigne« (S. 381). Aber gerade dort, wo es diese Wahrheiten auch in der allgemein verbindenden Form des Hymnus ausspricht, zeigt sich das Sprachkunstwerk als ein Verklingen in der Zeit. Es ist, da zu unmittelbar an die zeitliche Verlaufsform des Hörens gebunden, zu vergänglich, ebenso wie die Bildsäule, als zu unmittelbar an den räumlichen Modus des Sehens gebunden, zu gegenständlich erscheint (S. 382). So sind es die modalen Einseitigkeiten des Sehens und Hörens, die hier ein Gegenständlichwerden derjenigen Sinnessubstanz verhindern, die eigentlich in der Kunst-Religion zur Offenbarung drängt.

cc. Diese Offenbarung geschieht nun im Kultus (S. 382 – 383, Z. 12). Erinnern wir uns, daß durch den Eigenbewegungssinn zwei Momente, die Nur-Bewegung (Intention) des Willens und die Bewegungsgestalt (die Harmonie des Gestaltkreises) vereinigt, also in eine Bewegung zueinander gebracht werden. Genau in diesem Sinne greift Hegel nun die beiden obigen Modalitäten, die Nur-Bewegung des Hörens und die Nur-Ruhe des Sehens auf und bringt sie zueinander: »Die Bewegung beider Seiten, in der die im reinen empfindenden Elemente des Selbstbewußtseins *bewegte*, und die im Elemente der Dingheit *ruhende* göttliche Gestalt gegenseitig ihre verschiedne Bestimmung aufgeben, und die Einheit zum Dasein kommt, die der Begriff ihres Wesens ist, macht der *Kultus* aus. In ihm gibt sich das Selbst das Bewußtsein des Herabsteigens des göttlichen Wesens aus seiner Jenseitigkeit zu ihm, und dieses, das vorher das unwirkliche und nur gegenständliche ist, erhält dadurch die eigentliche Wirklichkeit des Selbstbewußtseins« (S. 382). Darin liegt eine Läuterung der Seele, die auch als solche bewußt ist, aber ihren Ausdruck nur in äußeren Ritualen, in Waschungen, im Antun weißer Kleidung usw. findet (S. 383). Die Seele, sagt Hegel, ist hier »noch nicht das Selbst, das in seine Tiefen hinabgestiegen, sich als das Böse weiß«, – der intellektuelle Sündenfall hatte in der Antike die Substanz der unteren Sinne noch nicht in vollem Umfange ergriffen.

In der folgenden Skizze des Mysterienkultus (S. 383–385) entwickelt Hegel wieder seine Theorie des Opfers, die wir schon aus dem »unglücklichen Bewußtsein« kennen.[405] War es dort um das Abarbeiten der Ich-Sinnlichkeit als eine besondere Vorbereitungsaufgabe des hebräischen Volkes gegangen, so geht es hier um eine allgemeine religiöse Tätigkeit, das Abarbeiten der Sinnlichkeit in der sich entgegenkommenden Bewegung des Hingebens von Tieren und Früchten, in die sich die Götter je schon hineingegeben haben (S. 383 f.). Aber im Gegensatz zum hebräischen Kultus, der die Verinnerlichung der Religion für das ganze Volk erstrebte, bleibt die Mysterienreligion gespalten, in einen esoterischen

Kultus und eine exoterische Darstellung des Tempels und seiner Schätze durch die Priesterschaft, die Festumzüge usw. Und da jenes esoterische Geschehen wiederum das vergänglichere ist, während diese exoterische Darstellung zur Verdinglichung in der Realwelt tendiert (der Tempelschatz als Währungsreserve, S. 384 f.), so fragte es sich, ob diese beiden Momente nicht noch unmittelbarer verbunden werden können, um ihre ansichseiende Einheit in der Substanz des Eigenbewegungssinnes herauszubringen.

## b. Das religiöse Fest

In dem kurzen Abschnitt VII. B. b., »Das lebendige Kunstwerk« (S. 385 bis 388), sucht Hegel nach Formen der Gegenständlichkeit, die eine Antwort auf die oben gestellte Frage geben. Dies ist vom Aufbau her nicht überraschend, denn wir stehen hier auf dem Boden der Verstandesseele (B.) und haben auf diesem den vorstellungsbetonten Gedankengang (b.) zu durchlaufen. Darin wird also nun die Synthese des religiösen Tuns des Menschen mit dem substantiellen Sein als das vor uns hingestellt, was sie an sich ist, nämlich ein lebendiges Geschehen in einfacher Schönheit. Verglichen mit den unerreichbaren Tiefen der Lichtreligion ist diese Kult-Kunst ein ›Leichtsinn‹ und ›Verrat‹[405a] (das Wort »verraten« kommt in unserem Abschnitt dreimal vor). Aber die letztere hat in ihrer Lebendigkeit den großen Vorzug der Erdennähe: »Weil das Wesen also hier das Selbst an ihm hat, so ist seine Erscheinung dem Bewußtsein freundlich, und im Kultus erhält dieses nicht nur die allgemeine Berechtigung seines Bestehens, sondern auch sein in ihm selbstbewußtes Dasein ...« (S. 385 f.). Im Genusse der Opferspeise offenbart sich diese Synthese und bleibt doch zugleich ein Mysterium: »Denn das Mystische ist nicht Verborgenheit eines Geheimnisses oder Unwissenheit, sondern besteht darin, daß das Selbst sich mit dem Wesen Eins weiß, und dieses also geoffenbart ist« (S. 386). Indem im Kult das Geopferte zwecklos vernichtet wird, geht es zugleich aus der Dingheit der oberen, bewußtseinsbildenden Sinne in die moralisch anspruchsvollere Sphäre der unteren, willensverwandten Sinne über; das Opfer, sagt Hegel, »hat als brauchbares Ding nicht nur das Dasein, das gesehen, gefühlt, gerochen, geschmeckt wird, sondern ist auch Gegenstand der Begierde, und wird durch den wirklichen Genuß eins mit dem Selbst und dadurch vollkommen an dieses verraten und ihm offenbar.« Diese geheimen Offenbarungen des Herzens sind für sich allein nicht ausreichend, »denn es fehlt noch die wirkliche Gewißheit des unmittelbaren Daseins, sowohl die gegenständliche als die genießende«, metaphilosophisch gesagt: Es fehlt noch das Bewußtsein, daß die Darstellung des Gottes im Kultus eine Form ist, in welcher das Wesen des Eigenbewegungssinnes selbst zur Erscheinung kommt.

Die griechische Kult-Religion hält den Weg hierfür offen, indem sie auch als »lebendiges Kunstwerk« in verschiedenen Formen auftritt. Diese stammen zunächst aus den schon in der sittlichen Welt betrachteten Wurzeln der weiblichen und der männlichen Natur, die dort zu der Rollenverteilung zwischen der Frau als dem nährenden Wesen des Familiengeistes und dem Mann als dem treibenden Geist des Gemeinwesens führten. Aus der ersteren Wurzel läßt Hegel jetzt das dionysische Element des lebendigen Kunstwerks so hervorgehen, wie es in den »Bakchen« des Euripides dargestellt ist,[406] als eine Religion der Ekstase, in welcher der Geist in jährlicher Wiederkehr »als ein Haufen schwärmender Weiber umherschweift, der ungebändigte Taumel der Natur in selbstbewußter Gestalt« (S. 387). Und auf der anderen Seite steht jetzt das männlich-apollinische Prinzip in Gestalt des Festes, »das der Mensch zu seiner eignen Ehre sich gibt«, indem er im Schmuck des Festzuges (= griech.: »pompé«) sein Gemeinwesen als den substantiellen Boden des Göttlichen feiert. Und schließlich entsteht auch ein Bild der Einheit dieser beiden Momente im Menschenwesen, nämlich im Athletenkult der olympischen Spiele, wo der Sieger sich als ein »beseeltes lebendiges Kunstwerk (darstellt), das mit seiner Schönheit die Stärke paart und dem der Schmuck, womit die Bildsäule geehrt wurde, als Preis seiner Kraft, und die Ehre unter seinem Volke, statt des steinernen Gottes, die höchste leibliche Darstellung ihres Wesens zu sein, zu Teil wird.«[407] Von einer Synthese kann hier freilich nicht die Rede sein, allenfalls von einem Zusammentreten der Momente (des gestaltlos-taumelnden Selbst der Bewegung, des ruhig-dinglichen Gestaltkreises des Festzuges und der körperlichen Einheit beider im Athletenkörper) auf einem und demselben sozialen Boden.

## c. Epos und Drama

Im Abschnitt VII. B. c. (»Das geistige Kunstwerk«, S. 388–399) ist wieder die Sprache das Medium, welches uns die Geheimnisse des Eigenbewegungssinnes verraten soll. Natürlich nicht, indem sie sie einfach ausspricht, – das wäre ohne innere Schulung nicht verständlich. Sondern so, daß sie vom Dichter ihren »klaren Inhalt« erhält, indem dieser »sich aus der ersten ganz substantiellen Begeisterung heraus zur Gestalt gearbeitet (hat), die eignes in allen seinen Regungen von der selbstbewußten Seele durchdrungenes und mitlebendes Dasein ist« (S. 388). Die eigentliche Lebendigkeit des Sprachkunstwerks aber sieht Hegel darin, daß es in seiner jeweiligen Gattung als Epos, Tragödie und Komödie durch diese Darstellungsformen bestimmte Bewegungen ausführt, so wie die künstlerische Qualität der Bildsäule an die Bewegungsmodalitäten des Sehraums und die des kultischen Hymnus an die Form des Hörens gebunden ist.

Die Kunst führt Menschen in ihrem geistigen Streben zusammen, sie ist absoluter Geist, »der als Geist in seiner Gemeinde ist« (§ 554, Enz. 1830). Diese gemeindebildende Kraft beruht, von seiten des Menschen aus gesehen, auf einem seelischen Sich-Zusammenfühlen, dessen geistige Qualität hier (wie stets unter c.) den Gedankengang lenkt. Beim Sprachkunstwerk spielt nun aber eine Rolle, daß die Sprache auch Träger des nationalen Zusammengehörigkeitsgefühls, d. h. daß sie auch eine zusammenführende Kraft auf der Ebene des objektiven Geistes ist. Im alten Griechenland, sagt Hegel, war diese Rolle der Sprache besonders wichtig, da die verschiedenen Stämme und Gemeinwesen nicht in einem Staat geeint waren, sondern sich nur zu gemeinsamen politischen Unternehmungen, erstmals: Zu dem Kriegszug gegen Troja, zusammenfanden und »für dieses Werk ein Gesamtvolk, und damit einen Gesamthimmel« bildeten (S. 389). Griechenland war, modern gesagt, keine Staats-, sondern eine Kulturnation, deren Substanz zunächst in den Sprachkunstwerken der Homerischen Epen, der Ilias und der Odys-

see lebte,[408] worin auf die reichste Weise die Situation des griechischen
Menschen im Übergang vom alten Geistbewußtsein (der Mysterien) zur
Selbständigkeit des Denkens der Verstandesseele (Odysseus), ausge-
drückt ist.

aa. Diese Dichtungen (S. 388–392, Z. 12) bilden nicht nur die Hier-
archie im Götterhimmel so ab, wie es dem politischen Einigungs-, bzw.
Uneinigungszustand Griechenlands entspricht, sondern das Epos ist
auch als Kunstform Ausdruck der erwachenden Verstandesseele, die das
kultische Tun »in die Vorstellung, in die synthetische Verknüpfung des
selbstbewußten und des äußern Daseins« erhebt (S. 389). Und wie das
vorstellende Denken im allgemeinen, so enthält auch die Sprache des
Epos »den allgemeinen Inhalt, wenigstens als *Vollständigkeit* der Welt,
ob zwar nicht als *Allgemeinheit* des *Gedankens*«, d. h. sie ist noch nicht als
geistige Bewegung des Begriffs erfaßt. Der Sänger zieht im Lande
herum, und wo er seine Vorstellung gibt, holt er den Gesang aus seiner
Erinnerung, erhält er ihn von seiner Muse, »Mnemosyne«, die nach der
Mythologie die Mutter der anderen Musen ist. Hegel schaut also das
Homerische Epos nicht bloß auf dem Papier, als gedrucktes Objekt an,
sondern er sieht es als Gesamtkunstwerk in seiner Zeit.

Die logische Struktur des letzteren kann auch als ein »Schluß (formuliert werden), worin das Extrem der Allgemeinheit, die Götterwelt,
durch die Mitte der Besonderheit mit der Einzelnheit, dem Sänger, verknüpft ist« (S. 390). Die Mitte dieser Bewegung sind die Menschen, als
Volk und als Helden, die einerseits aus eigener Initiative handeln, andererseits von den Göttern zum Handeln veranlaßt, bzw. wegen ihres falschen und verletzenden Handelns bestraft werden: »Das Verhältnis beider ist dadurch eine Vermischung, welche die Einheit des Tuns inkonse-
quent verteilt, und die Handlung überflüssigerweise von der einen Seite
zur andern herüberwirft ... Ein und dasselbe haben daher ebensowohl
die Götter als die Menschen getan.« Oder, aus der metaphilosophischen
Perspektive gesehen: Der epische Vortrag des Sängers, in dem eine gött-
lich-menschliche Handlungsverflechtung an die andere geknüpft wird,
ist keine Kunstform, in welcher die Momente des Eigenbewegungssinnes (das Rucken des subjektiven Willens, die objektive Harmonie des
Gestaltkreises und die Verbindung dieser beiden als innere Bewegung in

der Bewegung) in ihrer geistigen Qualität begriffen werden könnte. »Der Ernst jener Mächte ist ein lächerlicher Überfluß, da diese in der Tat die Kraft der handelnden Individualität sind; – und die Anstrengung und Arbeit dieser ist eine ebenso unnütze Bemühung, da jene vielmehr alles lenken.« Die Götter dieses Himmels sind gebrochene Wesen, denn sie sind auf zufällige Weise in die Menschenhändel verstrickt, von denen sie abhängig bleiben, weil sie dadurch überhaupt »erst etwas zu tun bekommen«. Umgekehrt sind die griechischen Helden ebenfalls gebrochen, denn sie empfinden über sich (von der Vorstellung ins Jenseits gehoben) das Götterhandeln als die »*begrifflose Leere* der *Notwendigkeit*« (S. 391) als die Bewegung des unbegreiflichen Schicksalsschlags.

bb. In der Tragödie (S. 392–397, Z. 27) wird dieses ganze Verhältnis auf eine höhere Bewußtseinsstufe gebracht. Wiederum betrachtet Hegel nicht die für uns auf bedrucktem Papier vorhandenen Werke, sondern die Form, in welcher sie für die Griechen zur Vorstellung kamen. Der Held wird hier nicht mehr von einem Sänger charakterisiert, sondern er »ist selbst der sprechende, und die Vorstellung zeigt dem Zuhörer, der zugleich Zuschauer ist,[409] *selbstbewußte* Menschen, die ihr Recht und ihren Zweck, die Macht und den Willen ihrer Bestimmtheit *wissen* und zu *sagen* wissen« (S. 392). Die Maske des Schauspielers zeigt an, daß die Identifikation mit dem Geschehen auf der Bühne nicht schrankenlos, daß diese Bühne nur ein Bild des Seelenraums ist, das sich im Zuhörer/ Zuschauer aufbaut, und daß die Rollen auf dieser Bühne Idealtypen der seelisch-geistigen Kräfte des Menschen darstellen. Das Wesentliche liegt in der zusammenfassenden Kraft der Bühnenform des Geschehens, durch die wir dem eigentlichen Erkenntnisziel der Kunst-Religion einen weiteren Schritt näher kommen: »Die *Substanz* des Göttlichen tritt (hier) *nach der Natur des Begriffes* in ihre Gestalten auseinander, und ihre *Bewegung* ist gleichfalls ihm gemäß.«

Eine vollkommene Synthese der substantiellen Momente des Eigenbewegungssinnes kommt freilich auch hier nicht zustande. Die Vereinigung des reinen Willensrucks und der Harmonie des äußeren Gestaltkreises, an sich eine Anregung des Sinnesorgans selbst, wird durch den Subjektivismus der Seele gestört, ohne daß dieser Zusammenhang voll durchschaubar wäre. Daher die Rolle des Chors in der griechischen

Tragödie, der das Geschehen von einem objektivierenden seelischen
Standpunkt (dem gesunden Volksempfinden) aus betrachtet, dabei aber
ins Schwanken kommt und geneigt ist, jedem der beiden Standpunkte,
wenn er mit prinzipiellem Nachdruck vertreten wird, eben deshalb auch
recht zu geben. Der Chor hat insbesondere zu verstärken, was nach
Aristoteles die Hauptmomente der dramatischen Kunst überhaupt sind,
nämlich Furcht, Mitleid und reinigende Erleichterung (S. 393).[410] Und
einer solchen seelischen Moderation bedarf es auch, denn der Gegenstand ist in seiner wahren geistigen Härte, dem Aufeinanderprallen der
beiden heterogenen Bewegungsmomente, schwer erträglich. Wir sahen
diese schon in den Mächten der »sittlichen Welt«, dem göttlichen und
menschlichen Gesetz, dem Prinzip der Familie und der Staatsmacht,
dem weiblichen und dem männlichen Charakter, die jeweils ganze
Kreise von schicksalhaft eingreifenden Mächten mit sich führen. Daraus
ergibt sich, daß für die Griechen, die keine das Schicksal übergreifende
göttliche Einheit kannten, das Gelingen der menschlichen Existenz an
dieser sinnlichen Wurzel des Geistes hing.

Umgekehrt: Wenn der Mensch in der griechischen Tragödie handelt,
muß er gewärtig sein, einer doppelbödigen Wirklichkeit gegenüberzu-
stehen, deren wahre Natur er erst kennenlernt, wenn er aus seinem
sicher geglaubten Daseinsfeld abstürzt (S. 394).[411] Die doppelsinnige
Ausdrucksweise des Orakels, das Recht der Erinnyen, die Bluttat als
solche (ohne Rechtfertigung und Entschuldigung) zu verfolgen, machen dem Handelnden das Leben schwer, zumal der Grieche noch nicht
den äußeren Offenbarungen des Geistes so mißtrauen kann, wie der
Mensch der Neuzeit (z. B. Hamlet gegenüber dem Geist seines Vaters,
S. 394 f.). Im Götterhimmel kommt diese Konstellation, die begriffsge-
mäße Ausformung der Substanz (des Eigenbewegungssinnes), folgendermaßen zur Erscheinung: Die ursprüngliche Einheit ist die Substanz
selbst, die alle Momente umfaßt, sich nicht personalisiert und nur vom
Chor, mühsam und unter Schwanken, repräsentiert wird. Diese spaltet
sich in die Lichtgestalt des Apollo (des delphischen Orakels) und die
lichtscheue Rachegottheit, die an der klaren Form der ausgeführten Tat
das Verbotene des Willenseingriffs in die Substanz geltend macht. Zeus
schließlich verkörpert die sich wiederherstellende absolute Einheit, in-

dem er beiden Seiten, jeweils auf Kosten des menschlichen Glücks, zu ihrem Recht verhilft.

»Das Bewußtsein schloß diesen Gegensatz durch das Handeln auf; nach dem offenbaren Wissen handelnd, erfährt es den Betrug desselben, und dem Inhalte nach dem Einen Attribute der Substanz ergeben, verletzte es das andre und gab diesem dadurch das Recht gegen sich« (S. 395). Hier bezieht sich Hegel auf die »Orestie« des Aischylos, auf die Tat des Orestes, der, einer Weisung Apollos folgend, den Mord an seinem Vater gerächt und die Mörderin, seine Mutter, erschlagen hat, weshalb er jetzt seinerseits von der Rache der Erinnyen verfolgt wird. Er hätte freilich die Umstände jener Orakelweisung, »die Raserei der Priesterin, die unmenschliche Gestalt der Hexen (sc. im »Hamlet«) ... (als) warnende Zeichen des Betrugs, der Nichtbesonnenheit, der Einzelnheit und Zufälligkeit des Wissens« verstehen können (S. 396). Die Tugend der »Besonnenheit« (sophrosyne), sagt Plato, hilft dem Menschen, den objektiven Widerstreit der in die Handlung eingreifenden Momente zu überbrücken, und – so fügen wir metaphilosophisch hinzu – die Bindung an die sinnliche Seite des Geistes der Bewegung zu lösen.[412] Die Tragödie des Orest aber nimmt einen anderen Verlauf, nämlich denjenigen einer sozialen Institutionalisierung der Besonnenheit, wie sie uns von Aischylos im dritten Teil der »Orestie«, im »Eumeniden«-Drama geschildert wird.[413]

Was ist ein gerichtlicher ›Prozeß‹ (= lat.: ›Fortschreiten‹) anderes, als ein Auseinanderlegen der antinomischen Momente des Handelns in der Zeit, in einer dialogischen Verlaufsform, welche Raum schafft für die friedensstiftende Besonnenheit?[414] Aischylos zeigt uns die Entstehung dieser Institution. Als die Erinnyen den fliehenden Orest am Areopag in Athen eingekreist haben, greift Athene selbst ein und hemmt die Unmittelbarkeit des Racheaktes, indem sie die Szene zum Tribunal macht. Die Erinnyen müssen ihr Racherecht einklagen, Apoll tritt als Verteidiger auf, und schließlich wird der Gerichtshof entscheiden. Athene stellt die Verfahrensregel auf, daß Stimmengleichheit nicht als Verurteilung zu betrachten sei, die dann auch sogleich angewendet werden muß. Orest ist freigesprochen, »nicht von der Schuld, denn diese kann das Bewußtsein, weil es handelte, nicht verleugnen, sondern vom Verbrechen«

(S. 396) als Verletzung der göttlichen Macht. Noch wichtiger aber ist, daß die Erinnyen ihr Schattendasein aufgeben und unter einem neuen Namen, als »Eumeniden« (= die Wohlgesonnenen), eine produktive Rolle im gerichtlichen Prozeß der Wiederherstellung des verletzten Rechts übernehmen. Damit ist das dunkle Willenselement des Eigenbewegungssinnes in einer sozialen Lebensform aufgegangen, indem es in der Rolle des Klägers oder Anklägers zum festen Bestandteil des gerichtlichen Verfahrens wird.

Hegel beschreibt hier nicht nur einen Fortschritt in der Rechtsgeschichte,[415] sondern auch auf der Ebene des »absoluten Geistes«, in der religiösen Entwicklung der Menschen. Die Synthese der antinomischen Momente der Bewegung ist bewußt geworden als ein Seiendes, als ein neuer, »die Einheit des Schicksals« repräsentierender Zeus, als Garant der irdischen Sozialordnung, dem gegenüber die anderen Götterwirksamkeiten zur Unwirklichkeit herabsinken. »Dieses Schicksal vollendet die Entvölkerung des Himmels, – der gedankenlosen Vermischung der Individualität und des Wesens«, nämlich des Eigenbewegungssinnes, der jetzt nicht mehr die Macht hat, die Individualität des Menschen an eines seiner beiden Momente zu binden und dadurch zu vernichten, sondern der sich vom Menschen als ein Seiendes ergreifen lassen muß. Auf der Bühne freilich tritt »das Selbst ... nur den *Charakteren* zugeteilt auf, nicht als die Mitte der Bewegung. Aber das Selbstbewußtsein (sc. des Zuschauers / Zuhörers), die einfache *Gewißheit* seiner, ist in der Tat die negative Macht, die Einheit des Zeus, des *substantiellen* Wesens, und der *abstrakten* Notwendigkeit, es ist die geistige Einheit, worein alles zurückgeht« (S. 397). Indem der Mensch die Bühnentragödie erlebt, erzeugt er in sich die Einheit des Selbstbewußtseins, die die Einheit der Sinnestätigkeit, des substantiellen Selbst, übergreift.

cc. Diese Spaltung zwischen der selbstbewußten Individualität und dem Selbst des Eigenbewegungssinnes wird in der Komödie ausgespielt (S. 397–399).[416] Hier tragen die Götter die Maske, sind sie »mit der Form der Individualität ausgestattet« (S. 397), wenn sie sich zu Repräsentanten der sittlichen Ideen aufspreizen, aber sie lassen die Maske fallen und zeigen sich in der dem Menschen »eignen Nacktheit und Gewöhnlichkeit«, wenn sie etwas Reelles in der Welt erreichen wollen. (S. 398). Lüge, Intrige, Verführung, Spott und Ironie als typische Handlungs- und Stilformen der Komödie entstammen der Ontologie der Dinglichkeit überhaupt, wo die Eigenschaften des Dings an sich selbst vertauscht sind und daher auch zu Mitteln der Vertauschung und Verwechselung gemacht werden können, um die hohen Sittensprüche von ihrem Podest zu stürzen. Metaphilosophisch gesagt: Solange der Geist der Religion nicht sinnlichkeitsfrei begriffen ist, muß dieser Mangel gegen ihn ins Feld geführt werden und zwar so, daß im Rückgriff auf die niedere Sinnlichkeit (des Geschmacks) die Maske der Sinnlichkeitsfreiheit jener anderen, zur Selbstüberhöhung tendierenden Sinnlichkeit abgerissen wird. Im Miterleben der Komödie verliert sich die Vorstellung des Bewußtseins, daß das Götterhandeln etwas anderes sei, als die Wirkungsweise des Selbsts des Menschen, denn »das eigentliche Selbst des Schauspielers fällt mit seiner Person zusammen, so wie der Zuschauer, der in dem, was ihm vorgestellt wird, vollkommen zu Hause ist und sich selbst spielen sieht« (S. 399). Die Befreiung von allen fremden Mächten, die Einheit des menschlichen Geistes mit seinem wahren Wesen, ist in der Freude und Schadenfreude der griechischen Komödie erlebbar geworden.

## C. »Die offenbare Religion«

In diesem dritten Abschnitt des »Religion«-Kapitels (S. 400–421) tritt der Gedankengang auf den Boden der *Bewußtseinsseele*.[417] Die offenbare Religion ist das Christentum, welches mit dem trinitarischen Gottesbegriff das Selbstbewußtsein des Menschen zur religiös begreifenden Aktivität herausfordert. Hegel gliedert seinen Text (ohne äußeren Gliederungsausweis) in drei Abschnitte: a. Der Übergang der Religion in ihre Offenbarungsform, b. Der Inhalt der offenbaren Religion, c. Die Erscheinungsformen des religiösen Lebens. In diesen Gedankengängen werden die Kernpunkte der christlichen Dogmatik und der entsprechenden Streitigkeiten in der Kirchengeschichte philosophisch umrissen. Metaphilosophischer Hintergrund ist dabei die Frage der sinnlichen Reflexion des Geistes, genauer gesagt: Der Unterscheidung der geistigen Natur Gottes von den geistigen Formen, in welchen er im religiösen Leben erscheint. Weil die letzteren, soweit sie Produkte des menschlichen Eigenbewegungssinnes sind, einen Falschheitsgehalt in das religiöse Bewußtsein hineintragen, sieht sich Hegel veranlaßt, auch hier wiederum weiterzugehen und einen Übergang von der Religion zur Philosophie als der höheren Wahrheit des Geistes zu suchen.

## a. Der Übergang der Religion in ihre Offenbarungsform

Der erste Abschnitt von VII. C. (S. 400–403, Z. 16) beginnt unmittelbar damit, daß der bisherige Gedankengang als eine Bewegung erscheint, die dann mit einer spiegelverkehrten Gegenbewegung in einer quasi-räumlichen Figur zusammengefaßt wird. Die Bewegung ist zunächst diejenige des Abstiegs der göttlichen Substanz in das menschliche Selbst: »Durch die Religion der Kunst ist der Geist aus der Form der *Substanz* in die des *Subjekts* getreten, denn sie *bringt* seine Gestalt *hervor*, und setzt also in ihr das *Tun* oder das *Selbstbewußtsein* … Diese Menschwerdung des göttlichen Wesens geht von der Bildsäule aus« (S. 400), verlebendigt sich im Mysterienkult und inszeniert sich schließlich auf der Bühne so, daß das Unvollendete dieses Götterwirkens für jedermann mit Augen sichtbar wird.

Damit ist der Abstieg aber noch nicht beendet. Auch wir sind ja meta-philosophisch schon weitergegangen, indem wir die Kunst-Religion mit der Geistnähe des menschlichen Gleichgewichts- und Eigenbewegungssinnes in Verbindung brachten, womit wir umgekehrt auch auf die sinnliche Eigendynamik der Formen des geistig-religiösen Lebens, und auf die Gefahr hinwiesen, daß das göttliche Wesen selbst darin verloren-gehen kann: »Der Satz, der diesen Leichtsinn ausspricht, lautet so: *das Selbst ist das absolute Wesen*; das Wesen, das Substanz und an dem das Selbst die Akzidentalität war, ist zum Prädikate heruntergesunken, und der Geist hat in *diesem Selbstbewußtsein*, dem nichts in der Form des Wesens gegenübertritt, sein *Bewußtsein* verloren.« Moderner gesagt: Im christlichen Prinzip der Subjektivität liegt die Gefahr, alle theologischen Aussagen über das Dasein Gottes in historische, biologische, psychologische usw. Aussagen über die Entstehung des Gottesbewußtseins im

Menschen zu verwandeln und dabei den absoluten Wahrheitsgehalt der Religion zu übersehen.

Also ist diese reduktionistische Tendenz umzukehren, in ihr die Tendenzwende zu suchen, »welche das Selbst zum Prädikate herunterstimmt, und die Substanz zum Subjekte erhebt.« Wir müssen das in der Sinnlichkeit des Menschen anfänglich aufleuchtende Gottesbewußtsein auch auf das wahre geistige Wesen Gottes beziehen. Und zwar nicht von außen, als dogmatische Setzung dieses Bezuges, sondern so, daß das religiöse Selbstbewußtsein aus eigener Kraft die Reinigung seines Gottesbegriffs vollzieht.[418] Es muß, sagt Hegel, die dinglichen Elemente seiner Gottesvorstellung »mit Bewußtsein« aufgeben und durch einen Begriff ersetzen, der dem geistigen Selbstbewußtsein angehört und als solcher Gegenstand des Bewußtseins wird. Auch wenn die ganze Bewegung zunächst von meiner sinnlichen Natur ausgeht, nämlich von denjenigen Sinnesorganen, deren Funktionsweise an sich einen Zug zur Vergeistigung hat, warum sollte ich nicht den Gott einladen können, in diesem Bereich meines Selbst gewissermaßen Platz zu nehmen und zum Gegenstand meines Bewußtseins zu werden?

Hegel gibt auf diese Frage eine differenzierende Antwort. Metaphilosophisch besagt sie folgendes: Der Gott, welcher in der beschriebenen Weise der Substanz des *Gleichgewichts*sinnes einwohnt, kann nur ein heidnischer Gott sein, der mit dem Untergang der ›sittlichen Welt‹ der Antike sterben mußte. Und in dieser Erkenntnis liegt die Bewegung, welche das religiöse Selbstbewußtsein zur Reinigung seines Geistbewußtseins, nämlich als Übergang zu einem in der Spiritualität des *Eigenbewegungs*sinnes urständenden Gottesbegriffs, vollzieht. Das wird an einem besonders klaren Fall von Göttersterblichkeit gezeigt, nämlich am römischen »Rechtszustand« (S. 401), der im Übergang vom materialen zum positivistisch-formalen Rechtsbegriff dem »Leichtsinn« verfällt, das Haben des Eigentums mit dem Sein der Rechtsperson gleichzusetzen, und der auf diese Formalbeziehung die Allgemeingültigkeit der Rechtsordnung überhaupt aufbaut;[419] fragt man nach dem geistigen Mittelpunkt dieser Ordnung, so findet man ihn »in dem Satze: *das Selbst als solches*, die *abstrakte Person ist absolutes Wesen*« (d. h. es ist ein Vakuum, was freilich von den Juristen bis heute aus Gedankenlosigkeit nicht zur Kenntnis genommen wird). Genauso leer sind aber auch die anderen Subjektivitäten der griechisch-römischen Welt geblieben, von den unerfüllten Gedankenformen des Kap. IV. B. (»Stoizismus«, »Skeptizismus« und »unglückliches Bewußtsein«) bis hin zur klassischen Komödie, wo die Form sich zwar als erfüllt zeigt, aber mit dem falschen Gott: »Es ist das Bewußtsein des Verlustes aller *Wesenheit* in *dieser Gewißheit* seiner und des Verlustes eben dieses Wissens von sich – der Substanz wie des Selbsts, es ist der Schmerz, der sich als das harte Wort ausspricht, *daß Gott gestorben ist.*«[420]

Dieser Gott, der sich in der griechischen Kunst zur absoluten Schönheit des Geistes steigerte, mußte sterben, weil er zu sehr an das äußere Material gebunden war. Ja, man kann sagen, daß die schon im Judentum angelegte und im Christentum gesteigerte Verinnerlichung des Gottesbewußtseins mit dem griechischen Kulturimpuls überhaupt in einem Widerspruch stand, aufgrund dessen von Juden wie von Christen gleichermaßen die Welt der Antike als »heidnisch« empfunden wurde. Aber sollte man deshalb deren Werke weniger hoch schätzen? Hegel beantwortet diese Frage mit einem poetischen Bild: »Sie sind nun das, was sie für uns sind, – vom Baume gebrochne schöne Früchte, ein freundliches Schicksal reichte sie uns dar, wie ein Mädchen jene Früchte präsentiert« (S. 402), ohne uns damit jedoch das Leben des Baumes selbst erhalten zu können. »Aber wie das Mädchen, das die gepflückten Früchte darreicht, mehr ist, als die in ihre Bedingungen und Elemente, den Baum, die Luft, Licht usf. ausgebreitete Natur derselben, welche sie unmittelbar darbot, indem es auf eine höhere Weise dies alles in den Strahl des selbstbewußten Auges und der darreichenden Gebärde zusammenfaßt, so ist der Geist des Schicksals, der uns jene Kunstwerke darbietet, mehr als das sittliche Leben und Wirklichkeit jenes Volkes, denn er ist die *Er-Innerung* des in ihnen noch *veräußerten* Geistes.«

Hieran schließt sich nun ein weiteres Bild, nämlich dasjenige der Geburt des neuen Gottes, um dessen Geburtsstätte sich die ihm vorhergehenden Gestalten versammelt haben. Es gilt sozusagen ein philosophisches Weihnachtsereignis zu feiern: Das Sichgebären des geistigen Seins im Inneren des religiösen Selbstbewußtseins. Hegel ordnet diese Versammlung als Regisseur so (S. 402 f.), daß auf der einen Seite die Gestalten der Kunst (Hymnus, Kultus, Sprachkunstwerk) stehen, in denen sich die Substanz zum Selbstbewußtsein gemacht hat, während ihnen gegenüber diejenigen versammelt werden, in denen ein gegenständlicher Inhalt des Geistes entstanden, d. h. die Substanz zum Geistesding (Rechtsperson, Stoizismus und Skeptizismus) für das Bewußtsein geworden ist. Sie alle »machen die Peripherie der Gestalten aus, welche erwartend und drängend um die Geburtsstätte des als Selbstbewußtsein werdenden Geistes umherstehen; der alle durchdringende Schmerz und Sehnsucht des (sc.: jüdischen) unglücklichen Selbstbewußtseins ist ihr Mittelpunkt und das gemeinschaftliche Geburtswehe seines Hervorgangs, – die Einfachheit des reinen Begriffs, der jene Gestalten als seine Momente enthält«.

### b. Der Inhalt der »offenbaren Religion«

Der Geist, dessen Geburt uns soeben geschildert wurde, erhält nunmehr im zweiten Abschnitt (S. 403–409, Z. 9) des Kap. VII. C. seine philosophische Gestalt, in der sich alsbald auch die Züge des christlichen Gottesbegriffs zeigen. Zunächst steht er aber nur als die abstrakte quasiräumliche Figur vor uns, deren beide Seiten den beiden oben[421] betrachteten Bewegungen von der Substanz zum Selbst, und umgekehrt, entsprechen: Die eine Seite »ist diese, daß die *Substanz* sich ihrer selbst entäußert und zum Selbstbewußtsein wird, die andre umgekehrt, daß das *Selbstbewußtsein* sich seiner entäußert und zur Dingheit oder zum allgemeinen Selbst macht. Beide Seiten sind sich auf diese Weise entgegen gekommen, und hiedurch (ist) ihre wahre Vereinigung entstanden« (S. 403).

Wir sagten schon, daß diese Figur als eine begriffliche Nachbildung des Siegels Salomonis aufgefaßt werden kann, dessen zwei ineinandergeschobene gleichseitige Dreiecke nicht nur ein absolutes Gleichgewicht ausdrücken (das wäre schon mit einem dieser Dreiecke gegeben), sondern darüber hinaus das bewegende Moment (das Sich-Entgegenkommen) enthalten, welches diese Absolutheit herstellt. Nun geht Hegel aber noch weiter und verlegt das bewegende Moment in die eine der beiden Seiten, indem er sagt: Die Entäußerung der Substanz zum Selbstbewußtsein ist eine bewußtlose Notwendigkeit, weil die Substanz »*an sich* Selbstbewußtsein ist«. Dagegen ist die umgekehrte, von dem letzteren Pol ausgehende Bewegung durchaus reicher: Das Selbstbewußtsein ist »*an sich* das allgemeine Wesen«, und dies Ansichsein ist zugleich auch »*für es*« (das Selbstbewußtsein), d. h. es hat in sein subjektives Wissen auch das ganze Schicksal des Wesens im Herabsteigen zum Selbstbewußtsein aufgenommen. Von hier ergibt sich eine scheinbar kühne Parallele zur Geburtsgeschichte Jesu: »Es kann daher von diesem Geiste, der die Form der Substanz verlassen und in der Gestalt des Selbstbewußtseins in das Dasein tritt, gesagt werden, – wenn man sich der aus der natürlichen Zeugung hergenommenen Verhältnisse bedienen will, – daß er eine *wirkliche* Mutter, aber einen *ansich*seienden Vater hat; denn die *Wirklichkeit* oder das Selbstbewußtsein, und das *Ansich* als die Substanz sind seine beiden Momente, durch deren gegenseitige Entäußerung, jedes zum andern werdend, er als diese ihre Einheit ins Dasein tritt.«

### aa. Der Beweis von der Menschwerdung Gottes

Bei genauerer Betrachtung zeigt sich Hegels obige Verbindung des philosophischen Begriffs mit der Geburtsgeschichte Jesu nicht so sehr als kühne, sondern vielmehr als eine genaue Bibelinterpretation, denn die zwei zunächst rein begrifflich erfaßten Bewegungen entsprechen inhaltlich zwei Bildern aus dem Neuen Testament. Das eine ist Matth. 1, 20 ff.: Joseph erhält im Traum (bewußtlos) die Ankündigung, daß das Kind, welches Maria trägt, aus dem Heiligen Geist (aus der an sich seienden Notwendigkeit der Weltenführung) gezeugt ist. Die andere ist Luk. 1, 28 ff.: Maria erhält die Ankündigung früher und im Wachzustand, so daß sie dem Engel selbständig zu antworten vermag: »Siehe, die Magd des Herrn (= Ansichsein), mir geschehe nach deinem Wort (= Fürsichsein des Ansichseins)«. Diese Antwort in Zusammenhang mit jenem Traumbild zu bringen, ist hier die eigentliche Leistung des philosophischen Begriffs. In ihm liegt die Kraft, das Bild der Menschwerdung Gottes in die Realität dessen zu verwandeln, was das Johannesevangelium die Wiedergeburt aus dem Geist, oder die Geburt des höheren Selbst des Menschen nennt.

Zunächst kann uns das Lukasevangelium noch einen weiteren Schritt auf diesem Wege führen. Maria, so ist das Bild der Geburtsverkündigung philosophisch zu deuten, hat ihr Selbstbewußtsein, indem sie dem Engel antwortet, bis auf die Stufe des letzteren erhoben und damit die Menschwerdung Gottes als geistige Tatsache in ihr Bewußtsein aufgenommen. Das aber ist noch nicht die Tat des Gottes selbst, weshalb sie im »Magnifikat« (Luk. 1, 46 ff.) auch singt: »*Meine Seele macht* groß den Herrn ...«.[422] Liegt darin nicht eine Rollenvertauschung? Nein, sagt Hegel, aber das Bild ist unvollständig, es zeigt nur die eine Seite der Entwicklung. Und das verbleibende Entwicklungsdefizit formuliert er so: »Der Geist ist auf diese Weise dem Dasein nur *eingebildet*« (S. 404). Damit meint er nicht, daß Maria sich die ganze Verkündigungsszene nur eingebildet habe. Sondern er wendet sich gegen die popularisierende Theologie, welche aus der Kraft jenes Bildes heraus in die »Schwärmerei« fällt, das Weihnachtsereignis mit »den mythischen Vorstellungen der vorhergehenden Religion« zu durchsetzen und so in der »trübe(n) Nacht und eigne(n) Verzückung des Bewußtseins« das Christentum um seine Zukunftsdimension zu betrügen.

Die Menschwerdung Gottes ist ein geistiges Ereignis, das als solches begriffen werden muß. Die seelisch-gemüthafte Empfindung des Weihnachtsfestes trägt dieses Begreifen nicht. »Daß diese Bedeutung des Gegenständlichen also nicht bloße Einbildung sei, muß sie *an sich* sein, d. h *einmal* dem Bewußtsein aus dem *Begriffe* entspringen und in ihrer Notwendigkeit hervorgehen.« Hier steht im Hintergrund die große Frage nach der Beziehung zwischen der göttlichen und menschlichen Natur in Jesus Christus. Schon die theologische Diskussion dieser Frage im 4. und 5. Jh.[423] hat gezeigt, daß die Antwort zunächst davon abhängt, wie man die Wesensglieder des Menschen überhaupt unterscheidet. Denn deren Zusammenwirken in der lebendigen Existenz des einzelnen ist die Grundlage allen menschlichen Begreifens, insbesondere auch in der zugespitzten Form des »philosophischen Begriffs«. Wenn also Hegel die göttliche Natur Jesu in ihrer begrifflichen Notwendigkeit rekonstruiert, läßt er sie aus der irdischen Lebensverfassung hervorgehen und nicht aus der geistigen Welt herabsteigen.[424] Das hat einen eigenen Wahrheitsgehalt gegenüber der dogmatischen Form, in welcher die Theologie jeweils ihre entgegensetzenden Thesen (als »Nestorianismus«, »Monophysitismus«, »Monotheletismus« usw.)[425] verkündet. Worin jener Wahrheitsgehalt liegt wird deutlicher, wenn man Hegels ontologischen Gedankengang statt als »Beweis vom Dasein Gottes«[426] vielmehr als ›Beweis von der Menschwerdung Gottes‹ bezeichnet, um den Bewegungsaspekt hervorzuheben, der mit dem »Entspringen« des göttlichen Wesens (des Eigenbewegungssinnes) aus dem philosophischen Begriff gemeint ist.

Schon in der Einleitung des Kap. VII. ist auf diesen entscheidenden Schritt im Gedankengang hingewiesen. Dort (S. 367) heißt es, daß zunächst von dem »gesetzten« Begriff der Religion auszugehen sei und daß dieser Begriff sich dann durch seine Bewegung in eine Reihe geistiger Gestaltbilder auseinanderlegen und sich dadurch mit Geist erfüllen werde. Bereits in jener ersten Setzung aber ist in dem Begriff der Religion »das Wesen das *Selbstbewußtsein*, das sich alle Wahrheit ist und in dieser alle Wirklichkeit enthält. Dieses Selbstbewußtsein hat als Bewußtsein sich zum Gegenstande; der erst sich *unmittelbar* wissende Geist ist sich also Geist in der *Form* der *Unmittelbarkeit*, und die Bestimmtheit der Gestalt, worin er sich erscheint, ist die des *Seins*.« Damit wird die Entstehung der höheren Wesensglieder des Menschen überhaupt, die Umarbeitung der leiblichen Natur durch die geistige Aktivität des Ich, begrifflich erfaßt. Ausgangspunkt ist das reine Sichselbst*wollen* des Ich als Geist; dieses muß jedoch zugleich auch zu einem *Wissen* von sich gelangen, d. h. es muß als Bedingung für die Entstehung des höheren *Bewußtseins* das Dasein des entsprechenden geistig-seelischen Organs als des Subjekts seines Wollens voraussetzen. Dieser absolute Widerspruch erscheint im Funktionsbild des Eigenbewegungssinnes aufgehoben, indem dort das Moment der reinen Intentionalität und dasjenige der Bewegungsgestalt an sich schon verbunden sind. Von dort leitet Hegel daher nun den eigentlichen Inhalt der Offenbarungsreligion ab.

Indem »die Gestalt des Selbstbewußtseins *an sich*« (Maria des »Magnifikat«) die Form des Seins annimmt, wird sie zum »Ich für das Bewußtsein« (S. 404), also zum höheren geistig-seelischen Organ des

Menschen. Sie verwandelt im einzelnen, was im Allgemeinen schon verwandelt ist. Die Einheit dieses Verhältnisses aber ist das Funktionsbild des Eigenbewegungssinnes als ein im Selbst Seiendes, das sich hier als Seiendes offenbart. Deshalb sagt Hegel, daß der Beweis der Menschwerdung Gottes nicht im reinen »*Erkennen* der *Notwendigkeit*« derselben liege, daß davon vielmehr »das *unmittelbare Ansich* oder die *seiende Notwendigkeit* selbst« zu unterscheiden sei, woraus dann folge, daß Gott auch für sich über seine bloße Modalform (reale Möglichkeit bzw. Notwendigkeit) hinausgehen und sich verwirklichen müsse. Und daraus wird nun ein wirklich kühner Schluß gezogen: Indem Gott hier der Menschheit in ihrem geschichtlichen Gang eine neue Möglichkeit der geistigen Selbstverwirklichung eröffnet, findet er zu sich selbst eine neue Einstellung, offenbart er, daß es auch in der göttlichen Welt als solcher eine Entwicklung gibt: »Das *unmittelbare Ansich* des Geistes, der sich die Gestalt des Selbstbewußtseins gibt, heißt nichts anderes, als daß der wirkliche Weltgeist zu diesem Wissen von sich gelangt ist; dann erst tritt dies Wissen auch in sein Bewußtsein, und als Wahrheit ein.« Jetzt ist es nicht mehr eine einseitige, sondern eine doppelseitige Bewegung, aus welcher der göttliche Geist in die irdische Realität übergeht.

## bb. Das Offenbarsein Gottes

Aus dem obigen Gedankengang folgen nun aber nicht irgendwelche Aussagen über die Natur des Gottessohnes. Hegel beschränkt sich vielmehr darauf, die Beziehung zwischen der hier erreichten Stufe der Evolution des göttlichen Wesens selbst und der ihr entsprechenden Form des Glaubens festzuhalten: »Dies, daß der absolute Geist sich die Gestalt des Selbstbewußtseins *an sich* und damit auch für sein *Bewußtsein* gegeben, erscheint nun so, daß es der *Glauben der Welt* ist, daß der Geist als ein Selbstbewußtsein d. h. als ein wirklicher Mensch *da ist*, daß er für die unmittelbare Gewißheit ist, daß das glaubende Bewußtsein diese Göttlichkeit *sieht* und *fühlt* und *hört*. So ist es nicht Einbildung, sondern es ist *wirklich an dem*« (S. 404 f.). In den Formen der jüdischen Religion wurde der Gott nur im Innern der Seele gesucht, in der Kunst-Religion war er zunächst für die Sinne da, aber als ein nur in Marmor Hervorgebrachtes. Jetzt dagegen erhält er »die Form der vollkommnen Unmittelbarkeit ... (und) wird unmittelbar als Selbst, als ein wirklicher einzelner Mensch, sinnlich angeschaut; nur so *ist* er Selbstbewußtsein« (S. 405). Was aber wird aus diesem »ist« noch werden?

Zunächst faßt Hegel noch einmal zusammen, was sich aus den oben geschilderten Adventsereignissen als religiöses Fundament ergibt: »Diese Menschwerdung des göttlichen Wesens, oder daß es wesentlich und unmittelbar die Gestalt des Selbstbewußtseins hat, ist der einfache Inhalt der absoluten Religion. In ihr wird das Wesen als Geist gewußt, oder sie ist sein Bewußtsein über sich, Geist zu sein. Denn der Geist ist das Wissen seiner selbst in seiner Entäußerung; das Wesen, das die Bewegung ist, in seinem Anderssein die Gleichheit mit sich selbst zu behalten.« Der »Geist« entspricht hier der Verkündigung an Josef, das »Wesen« drückt sich in der Antwort der Maria aus. Und die Einheit dieser beiden Bewegungen ist ein inhaltlich neuer Einschlag in der Menschheitsentwicklung, der aber doch der formalen Möglichkeit nach immer schon vorhanden war, denn er entspricht dem Verhalten der Substanz überhaupt, die sich selbst gleichbleibt, indem sie die Akzidentalität als ihre Verwirklichungsform annimmt, in der sie Subjekt wird. So hat sich schon in der Kunst-Region der Marmor verwandelt, indem er sich durch den Künstler zum Götterbild meißeln ließ und dabei doch derselbe Marmor blieb. Auch das kann man eine Offenbarung nennen. Nur ist der Unterschied, daß das göttliche Wesen jetzt nicht tot dasteht, sondern herumgeht, handelt, mit den Menschen spricht. Damit wird es in seiner Zuwendung zur Menschenwelt sinnlich wahrnehmbar und Gegenstand des denkenden Begreifens. »Sein Offenbarsein besteht offenbar darin, daß gewußt wird, was es ist. Es wird aber gewußt, eben indem es als Geist gewußt wird, als Wesen, das wesentlich *Selbstbewußtsein* ist.«

Mit seinem Begriff des Offenbarseins Gottes grenzt Hegel das Christentum auch gegen das ab, was in den ersten Jahrhunderten nach der Zeitenwende einen großen Einfluß auf das religiöse Leben ausübte, nämlich gegen die philosophische Spekulation der neuplatonischen und gnostischen Emanationslehre.[427] Diese Lehre vom Herabstieg des göttlichen Wesens aus seinem ursprünglich-geistigen Abgrund zur Schöpfung einer Götter-, Planeten-, Engel- und Erdenwelt, läßt ebenfalls einen Gott in der letzteren erscheinen, der die gefallene Menschheit zu retten unternimmt. Aber dieser Abstieg stellt sich als ein ganz einseitiger Prozeß dar, dessen Sinn dem Menschen ein Geheimnis bleiben muß. Hier ist die Ankunft Gottes auf der Erde nicht eine Offenbarung, sondern vielmehr bloß eine Überraschung. Entsprechend ist es mit den Namen, die das Gotteswesen auf den verschiedenen Stufen annimmt: »Das Gütige, Gerechte, Heilige, Schöpfer Himmels und der Erde usf. sind *Prädikate* eines Subjekts, – allgemeine Momente, die an diesem Punkte ihren Halt haben, und nur erst im Rückgehen des Bewußtseins ins Denken sind. – Indem *sie* gewußt werden, ist ihr Grund und Wesen, das *Subjekt* selbst, noch nicht offenbar, und ebenso sind die *Bestimmungen* des Allgemeinen nicht *dies Allgemeine* selbst« (S. 405 f.). *Offenbar* ist das göttliche Wesen erst dort, wo es im Menschen als dessen höheres Selbst geboren wird; und darin, in der Ausbildung eines das wahre göttliche Wesen aufnehmenden geistig-seelischen Organs des Menschen, liegt ein entscheidendes Ziel des Christentums.

Damit sagen wir nicht, daß Hegel selbst im Sinne von Paulus (1. Kor. 2, 10) alle Tiefen dieser Zielsetzung durchschaut hätte, daß der philosophische Begriff in der Lage sei, alle Dimensionen der christlichen Religion zu durchdringen. Aber die Grundthese ist richtig, daß die Menschwerdung Gottes auch vom Menschenwesen aus, als aus der menschlichen Natur heraus geborene Organschaft begriffen werden muß: »Diese Gestalt ist selbst ein Selbstbewußtsein; sie ist damit zugleich *seiender* Gegenstand, und dieses *Sein* hat ebenso unmittelbar die Bedeutung des *reinen Denkens*, des absoluten Wesens« (S. 406). In der Vorstellung der Emanationslehren, des stufenweisen Herabstiegs des göttlichen Wesens, hätte das letztere so auf der Erde erscheinen müssen, wie der Messias in der Tat von der religiösen Sehnsucht der damaligen Zeit erwartet wurde, in der triumphalen Entfaltung seines Königtums. Damit wäre, metaphilosophisch gesagt, der Ichsinn befriedigt, und das »unglückliche Bewußtsein« des Kap. IV. B. wäre eben »glücklich« geworden. Die Zielsetzung des Christentums aber ist eine andere; um ihrer willen beginnt daher auch die Menschwerdung Gottes ganz anders, nämlich in der Notfallsituation des Stalles von Bethlehem (Luk. 2, 1 ff.).

Schon in einem Manuskript von 1800 hatte Hegel einen Gesangbuch-
vers Luthers zitiert, in welchem die coincidentia oppositorum dieses
Bildes festgehalten ist: »Was aller Himmel Himmel nicht umschloß, /
Das liegt nun in Mariä Schoß«.[428] Alle höhere Entwicklung des Geistes,
so sagt er nun auch in der »Phänomenologie«, muß von der niedrigsten
Stufe desselben ausgehen, nämlich vom sinnlichen Bewußtsein, wo das
reine Denken durch die Reflexion der Sinnesorgane je schon in reines
Sein verwandelt ist. Das Höchste und das Tiefste fallen hier unmittelbar
zusammen, sowohl auf der tiefsten Stufe der Entwicklung, wie auch auf
allen höheren.

## cc. Die spekulative Durchdringung des Inhalts der Religion

Mit dem oben erreichten Standpunkt fällt alle bloß religionsgeschichtliche, -soziologische, -psychologische usw. Fragestellung hinweg. Wir
können hier nicht mehr einfach über das religiöse Selbstbewußtsein
anderer reden, sondern wir müssen mit diesem Selbstbewußtsein reden,
auf derjenigen Ebene, zu der es sich je schon erhoben hat. Daraus ergibt
sich sowohl die inhaltliche wie die methodische Grundlage der offenbaren Religion: »Gott ist also hier *offenbar*, wie *er ist*; *er ist* so *da*, wie er *an
sich* ist; er ist da, als Geist. Gott ist allein im reinen spekulativen Wissen
erreichbar, und ist nur in ihm und ist nur es selbst, denn er ist der Geist;
und dieses spekulative Wissen ist das Wissen der offenbaren Religion«
(S. 406 f.). Dieses spekulative Wissen, sagt Hegel, ist nichts anderes als
die begriffliche Vermittlung dessen, was jetzt Allgemeingut und Freude
der religiösen Welt wird, nämlich daß im Bewegen des reinen Gedankens des göttlichen Wesens das menschliche Selbst eine höhere Seinsqualität erhält, daß es »*dieses* und allgemeines Selbst« wird, als religiöse
Entwicklung dieses Individuums, in der Ausbildung eines typologisch
allgemein bestimmbaren geistig-seelischen Organs.

Von hierher werden nun die einfachen Grundlinien der christlichen
Dogmatik nachgezogen. Weil Hegel weiß, daß er mit der Bewegung des
philosophischen Begriffs den Dogmatismus dieser Dogmatik sogleich
wieder aufheben kann, läßt er ihm zunächst freien Lauf. Jede Theologie,
so sagt er, muß davon ausgehen, daß der Gottmensch gestorben ist;

»dadurch geht sein *Sein* in *Gewesensein* über« (S. 407). Das heißt, daß die sinnliche Gegenwart des Gottmenschen für unser Bewußtsein nicht mehr so unmittelbar gegeben ist, wie sie für die Zeitgenossen Jesu gegeben war. Für uns ist das Verhältnis von unmittelbarem Sein und Gewesensein von vornherein ein vermitteltes, ein geistiges Aufgehobensein, das theologisch als »Auferstehung« bezeichnet wird. Im Gottesdienst als der gemeinsamen Auferstehungsfeier der Gemeinde realisiert sich für uns, was für die Zeitgenossen unmittelbar gegenwärtig war und von ihnen als Menschwerdung, Tod und Auferstehung Gottes mit Augen geschaut werden konnte, was aber auch im philosophischen Begriff als Auferstehungskraft lebt, die Wiederherstellung des in das menschliche Sinneswesen gefallenen Geistes als Geist.

Hegels Haltung zur christlichen Dogmatik enthüllt sich hier als ein Produkt seiner im Stufenbau der »Phänomenologie« zugrundegelegten Sinneslehre: Die Grundfigur ist diejenige der begrifflichen Wiedergewinnung des geistigen Gehalts aus der sinnlichen Reflexion des Geistes, als philosophische Auferstehung. Das geschieht stufenweise, wie wir im Durchgang von Kap. I. bis Kap. VII. sahen. Und diese Stufenfolge muß auch dort eingehalten werden, wo der Geist sich als seiendes Selbstbewußtsein offenbart. Die Theologie darf nicht erwarten, daß sie nach dem Offenbarwerden dieser Bewegung auf der Stufe der »sinnlichen Gewißheit« (des unmittelbaren Daseins des Gottmenschen in der Zeitgenossenschaft) sogleich die ganze Wahrheit des Christentums, nämlich in der »Form des *Denkens* selbst, des *Begriffes als Begriffes*« erfassen könnte. Denn die nächstfolgende Bewußtseinsstufe ist hier diejenige der »Allgemeinheit der Wirklichkeit, die Allheit der Selbst, und die Erhebung des Daseins in die Vorstellung; wie überall, und um ein bestimmtes Beispiel auszuführen, das aufgehobne *sinnliche Dieses* erst das Ding der *Wahrnehmung*, noch nicht das *Allgemeine* des Verstandes ist«. Die theologische Dogmatik bleibt also von ihrer Denkart her an das geistige Niveau der englischen Sensualisten gebunden,[429] sie bringt zwar nicht irdische, sondern heilige Dinge zur Sprache, denen sie aber auf sehr irdische Weise Eigenschaften zuordnet, wodurch bekanntlich die ersten 2000 Jahre des Christentums das Gepräge eines fortlaufenden religiösen und konfessionellen Lehrdisputs erhielten.

Viel höher steht nach Hegel demgegenüber der Gottesdienst in der
Gemeinde. Und zwar einfach deshalb, weil dort – wie wir noch sehen
werden – die Auferstehung des in den Eigenbewegungssinn gefallenen
Geistes begriffsgemäß gepflegt wird. Wo dagegen nicht die innere Bewegung, sondern die »*Form des Vorstellens*« dominiert (S. 408), ist das
Selbstbewußtsein noch nicht zu seinem Begriffe gekommen und entsprechend »das geistige Wesen noch mit einer unversöhnten Entzweiung in ein Diesseits und Jenseits behaftet«. Wie Novalis in seiner kritischen Schrift »Die Christenheit oder Europa« (1799), sieht auch Hegel
von der theologisch-dogmatischen Vorstellungsart die Tendenz zur Ver-
wissenschaftlichung als Zerstörung der Religion ausgehen.[430] Die Le-
ben-Jesu-Forschung, die textkritische Untersuchung der Bibel, die Erforschung der Lebensbedingungen der Urgemeinde usw. sind zwar
scheinbar fundamentalistische Ansätze: »Dieser Zurückführung liegt
der Instinkt zu Grunde, auf den Begriff zu gehen; aber sie verwechselt
den *Ursprung* als das *unmittelbare Dasein* der ersten Erscheinung mit der
*Einfachheit des Begriffes*« (S. 409). Diese Theologie wirkt materialistisch, weil sie die innere Erhebung des Glaubens zum Geist durch ihre
empirische und rationalistische Denkart verhindert.

### c. Die Erscheinungsformen des religiösen Lebens

In diesem dritten Abschnitt der »offenbaren Religion« (S. 409–421)
zieht Hegel die Konsequenz aus der Erkenntnis, daß die gewöhnliche
wissenschaftliche Theologie vom Intellektualismus beherrscht ist und
deshalb das religiöse Leben in einen dem Zeitgeist der Moderne entsprechenden Materialismus treiben würde, wenn nicht die Philosophie
diesem Verfall Widerstand zu leisten vermöchte.[431] Und zwar dadurch,
daß sie die Essenz des religiösen Lebens in die Form des philosophischen Begriffs bringt und in der Weise festhält, wie im System der
»Enzyklopädie« alle Wirklichkeit dieser Welt festgehalten ist, also in der
Stufenfolge der reinen »Logik«, der »Natur« als des Herausgefallen-
seins aus jener, und des »Geistes« als der Wiedervereinigung beider im
Leben des Menschen. Diese drei begrifflichen Erscheinungsformen der
Wirklichkeit sind auch Erscheinungsformen des religiösen Lebens, de-

nen Hegel in den späteren religionsphilosophischen Vorlesungen Bezeichnungen gibt, die wir hier einfach übernehmen, nämlich als aa. »Reich des Vaters«, bb. »Reich des Sohnes« und cc. »Reich des Geistes«. Das Problem liegt nun darin, daß in dieser Weise des Begreifens alle Aussagen darüber, was das göttliche Wesen wirklich ist, an die Selbstentfaltung der Systemgestalt der Philosophie gebunden bleiben, d. h. von dem Wesen der letzteren verdeckt werden. Hegel stellt sich diese Frage mit einem eingeschobenen Gedankengang (S. 416 f.), den wir in einem Exkurs behandeln werden. Zunächst haben wir jedoch den Wahrheitsgehalt des begriffsphilosophischen Ansatzes zu betrachten, wonach sich die »drei Reiche« entsprechend den dialektischen Momenten der ursprünglichen Einheit, Entzweiung und absoluten Einheit verhalten. Diese Dialektik durchdringt nämlich nicht nur das Verhältnis der drei Reiche zueinander, sondern auch jedes Reich für sich; wir sehen eine gedankliche Figuration, in welcher die dynamische Symmetrie des religiösen Symbols als höchstmöglicher Ausdruck des geistigen Gehalts des Eigenbewegungssinnes erscheint, die aber nicht den Geist von der menschlichen Sinnlichkeit überhaupt zu lösen vermag.

Dieses Defizit der Religion wird von Hegel ganz bewußt festgehalten, denn aus ihm ergibt sich der Fortschritt zu Kap. VIII., die Höherrangigkeit der Philosophie. Und zwar wird es festgehalten als ein Einschlag der verstandesmäßigen Reflexion in die zugrundeliegende Substanz, ein Einschlag, der unvermeidbar ist, da er in der Sache selbst liegt. Unser Denken, das sich in der »offenbaren Religion« subjektiv auf dem Boden der Bewußtseinsseele bewegt, kann sich auf diesem Boden nicht halten, weil die zu betrachtenden Gegenstände, die drei Reiche des Vaters, des Sohnes und des Geistes, ihrem objektiven Gedankengehalt nach den drei spezifischen Denkarten der Empfindungs-, Verstandes- und Bewußtseinsseele angehören, die Hegel hier jetzt kurz als »reines Denken«, »Vorstellung« und »Selbstbewußtsein« bezeichnet. Während nun diese drei als Organe durchaus ruhig nebeneinander stehen könnten, verhalten sie sich als Denkarten nicht gleichgültig zueinander, sondern die mittlere, als Sitz des unmittelbaren Bewußtseins, wird zum Konzentrations- und Ausgangspunkt des Ganzen: »Die *Vorstellung* macht die Mitte zwischen dem reinen Denken und dem Selbstbewußtsein als sol-

chem aus, und ist nur *eine* der Bestimmtheiten; zugleich aber ... ist ihr
Charakter, die synthetische Verbindung zu sein, über alle diese Elemente ausgebreitet, und ihre gemeinschaftliche Bestimmtheit«
(S. 409). Im Reich des Sohnes tritt die Welt dem Geist gegenüber und
muß in dieser Gegenüberstellung gedacht werden, wodurch alles religiöse Leben, philosophisch gesehen, an das vorstellende Denken gebunden bleibt.

### aa. Das Reich des Vaters[432]

Der Inhalt der Religion »als Substanz im Elemente des reinen Denkens
vorgestellt«, ist das *ewige Wesen Gottes* (S. 409–411, Z. 33). Aber diese
Vorstellung bedarf, um nicht zu einem leeren Wort herabzusinken, der
geistigen Vertiefung im Begriff. Das begriffene Sein Gottes ist Geist,
welcher sich entäußert und in dieser seiner Negativität unmittelbar in
sich zurückkehrt. Dem entspricht die christliche Lehre von der göttlichen Trinität, die aber im herkömmlichen Glaubensbekenntnis keinen
angemessenen begrifflichen Ausdruck findet. Wenn man nämlich anfängt »Ich glaube an Gott Vater ... «, dann hat man die innere Beziehung
der drei Seiten der Gottheit bereits damit in die andächtige Denkweise
des Glaubens verlegt, die ihre Inhalte nur in die Form der Vorstellung
bringt, wo sie als besondere Wesen nebeneinander bestehen, d. h. in den
»natürlichen Verhältnisse(n) von Vater und Sohn in das Reich des reinen
Bewußtseins« eintreten (S. 410). Dieses Bewußtsein kann aber mit seinem Inhalt nicht im Reinen bleiben, »denn er ist ihm von einem Fremden geoffenbart, und in diesem Gedanken des Geistes erkennt es nicht
sich selbst, nicht die Natur des reinen Selbstbewußtseins« (S. 411); ja, es
ist hier in Gefahr, seinen Glauben »zu einer geschichtlichen Vorstellung
und einem Erbstücke der Tradition herab«-zusetzen, und ihn darin
schließlich vollends zu verlieren.

Daher ist es nicht nur berechtigt, sondern schlechthin notwendig, im
Glaubensbekenntnis mehr als nur ein Glauben auszusprechen, nämlich
einen Begriff des göttlichen Wesens zu bilden, dessen einfache Form die
Zumutung des begreifenden Denkens enthält.[433] Eine solche tritt auf,
wenn wir sagen, daß das »ewige Wesen sich ein Anderes *erzeugt*«

(S. 410), und zwar ›in Ewigkeit‹, also zunächst ohne die Endlichkeit unserer Welt in dieses Verhältnis aufzunehmen. Oder, mit den Worten des Prologs des Johannesevangeliums: »Im Urbeginne war das Wort, und das Wort war bei Gott, und ein Gott war das Wort. Dieses war im Urbeginne bei Gott« (Joh. 1, 1 f.).

Der Gedankenprozeß, welcher diesem Gottesbegriff zugrundeliegt, kann formal betrachtet werden, als ein aus der ursprünglichen Einheit hervorgehender Antagonismus zweier Tendenzen, einerseits zur Vertiefung des Andersseins (d. h. der Schöpfung der Erde und der Verselbständigung des Menschen in ihr), andererseits zur Aufhebung dieser Entzweiungstendenz in der geistigen Selbstanschauung Gottes. Theologisch-inhaltlich ergeben sich daraus drei Momente, nämlich dasjenige »des *Wesens*, (das) des *Fürsichseins*, welches das Anderssein des Wesens ist und für welches das Wesen ist, und (das) *des Fürsichseins* oder sich selbst Wissens *im Andern*. Das Wesen schaut nur sich selbst in seinem Fürsichsein an; es ist in dieser Entäußerung nur bei sich; das Fürsichsein, das sich von dem Wesen ausschließt, ist das *Wissen des Wesens seiner selbst*; es ist das Wort, das ausgesprochen den Aussprechenden entäußert und ausgeleert zurückläßt, aber ebenso unmittelbar vernommen ist, und nur dieses sich selbst Vernehmen ist das Dasein des Wortes.« Schon mehrfach sind wir im bisherigen Gedankengang darauf gestoßen, daß die Sprache das schöpferische Medium ist, in welchem der Geist »vernommen«, d. h. aus der geistigen Welt genommen und in unseren irdischen Entwicklungszusammenhang übertragen wird. Auch wenn das jeweils für uns nur als Möglichkeit erscheint, so entspricht dem doch in der geistigen Welt selbst eine Wirklichkeit, die theologisch als ein seiendes Gotteswesen, als der ›schöpferische Logos‹ angesprochen wird.

Dieser Logos wirkt nun in den drei Reichen in je verschiedener Weise. Im Reich des Sohnes realisiert er seine Entzweiungstendenz, bringt er die irdische Welt und in dieser sich selbst als Mensch hervor, um von dort aus in das Reich des Geistes überzugehen, d. h. die Aufhebung der Entzweiung dem menschlichen Geistesleben anzuvertrauen. Im Reich des Vaters dagegen, das im Hegel'schen System der »Wissenschaft der Logik« entspricht, ist diese Entzweiungstendenz noch ganz unentfaltet, hier dient sie der göttlichen Trinität in ihrem ewigen Dasein. Und als

solche besteht sie fort in der schöpferischen Kraft, die ihrer Natur nach
Wärme ist, aber diese Substanz ihrer geistigen Herkunft verdankt: »In
diesem *einfachen* Anschauen seiner selbst im Andern ist also das *Anderssein* nicht als solches gesetzt; es ist der Unterschied, wie er im reinen
Denken unmittelbar *kein Unterschied* ist; ein Anerkennen *der Liebe*,
worin die beiden nicht ihrem Wesen nach sich *entgegensetzten*« (S. 411).
Gott ist reiner Geist, weil er in sich eine Beziehung aufrechterhält, die
nicht in eine Reflexion der Substanz übergeht (als Anderssein »gesetzt«
ist), und diese Beziehung ist reine Liebe.[434]

### bb. Das Reich des Sohnes[435]

Die Wirksamkeit des Sohnesgottes in der Weltentwicklung, das Zentral-
stück der christlichen Theologie, ist auch für Hegels philosophische
Religionsdarstellung (S. 411–417, Z. 5) die größte Herausforderung.
Hier muß die Philosophie zeigen, daß die Religion überhaupt eine endliche Geistgestalt ist, deren Inhalt der Reflexion verfällt, während danach,
im Reich des Geistes, die spezifische Sinnlichkeit dieser Reflexion in
Gestalt des menschlichen Eigenbewegungssinnes enthüllt wird. Weil
die ganze Gedankenentwicklung des Kap. VII. in diesem Sinnesbereich
als einer qualitativ höchststehenden Substanz verläuft, kommt die Bewußtseinsseele in Kap. VII. C. dazu, eine durchaus qualitätvolle Christologie zu entwickeln. Aber die einfache Aussage, daß Christus Gott und
der Name Gottes *ist*, macht ihr Schwierigkeiten.

Hegel beginnt hier wieder ganz philosophisch. So wie das reine logische Denken das Moment des Vorstellens an ihm hat, und daher in seiner
begrifflichen Entwicklung auch in die Form der Vorstellung hinaustre-
ten muß, so muß die in der göttlichen Trinität zunächst nur latente
Entzweiung sich auch aktualisieren (S. 411), und zwar in einer Stufenfolge von immer größerer Intensität. Auf der Seite der Objektivität heißen diese Stufen (S. 412): Schöpfung der Welt, Erschaffung des Menschen als geistige Individualität, Fall in die dichte Materie als Spiegel der
Selbstheit. Dem entspricht eine Entwicklung des subjektiven Geistes
vom rein göttlichen Bewußtsein der Welt über das kosmische Bewußtsein des Menschen (Paradies) zum irdischen Bewußtsein des Gegensat-

zes von Gut und Böse, der nicht nur im Menschen das vorstellende Denken erzeugt, sondern auch den ganzen dahin führenden Prozeß in die Form der Vorstellung hineinbringt: »Der Mensch wird so vorgestellt, daß es *geschehen* ist, als etwas nicht Notwendiges, – daß er die Form der Sichselbstgleichheit durch das Pflücken vom Baum des Erkenntnisses des *Guten* und *Bösen* verlor, und aus dem Zustande des unschuldigen Bewußtseins, aus der arbeitlos sich darbietenden Natur und dem Paradiese, dem Garten der Tiere, vertrieben wurde.«

Demgegenüber versucht die Theosophie J. Böhmes die kosmische Dimension des Sündenfalles als solche, als von einem obersten Gotteswesen ausgehend festzuhalten, indem sie sagt, »daß schon der erstgeborne Lichtsohn, als in sich gehend es sei, der abgefallen, aber an dessen Stelle sogleich ein anderer erzeugt worden« (S. 413).[436] Hegels Einwand lautet hier schlicht: Ein solches Bild dient nicht dem geistigen Begreifen, sondern »trägt (nur) das Vorstellen in das Reich des Gedankens hinüber.« Ebenso urteilt er über die bei Paulus und Dionysos Areopagita entwickelte Hierarchienlehre, welche die unterhalb der Trinität stehenden Göttersöhne in das Geschehen einbezieht und in deren Hierarchien den Abfall vom göttlichen Wesen seinen Anfang nehmen läßt.[437] Dies könnte in der Bewegung des philosophischen Begriffs allenfalls noch erfaßt werden, nämlich als eine Entzweiung innerhalb der Welt des Logos, »so daß der eine Teil, der Sohn, das einfache sich selbst als Wesen wissende ist, der andre Teil aber die Entäußerung des Fürsichseins, die nur im Preise des Wesens lebt«, – was die Hierarchielehre z. B. von den Seraphim sagt. Aber, so meint Hegel, man komme mit solchen Vorstellungen in ein sinnloses Zählen, man fasse die »Dreieinigkeit« als »Viereinigkeit« (Vater, Seraphim als unselbständige Söhne, selbständige Söhne, Geist) »oder, weil die Menge wieder selbst in zwei Teile, nämlich in gut gebliebne und böse gewordne zerfällt, gar als Fünfeinigkeit« auf (nämlich als Vater, unselbständige, selbständige vatertreue, selbständige abgefallene Söhne, Geist). Letztlich seien solche Zahlenverhältnisse viel zu abstrakt, um als Grundlage einer geistgemäßen Begriffsentwicklung dienen zu können.

Damit schiebt er also die kosmisch-spirituelle Seite der Religion, insofern sie über die Trinität im Reich des Vaters hinausgeht, als philosophisch unbrauchbar beiseite. Solange über diesen Bereich keine zuverlässigen Mitteilungen vorhanden sind, und ein Gedankengang zu deren Beglaubigung nicht gefunden ist, kann der Geistbegriff nur aus dem philosophischen Selbstbewußtsein abgeleitet werden. In diesem geht die religiöse Vorstellungsweise, der Sieg des Guten über das Böse in der Welt durch die Menschwerdung und den freiwilligen Opfertod Gottes, in die begriffliche Anstrengung über, das Entfremdetsein des Göttlichen als das Eingebundensein des höheren Selbst in die sündhafte Natur des Menschen aufzuheben. Liegt darin aber nicht doch eine spirituelle Einseitigkeit, eine zu weit gehende Einschränkung des Wesens der Religion?

Vom Boden eines zeitgemäßen Christentums aus läßt sich die Reichweite der Hegel'schen Theologie relativ einfach bestimmen, indem man sie in den Kreis der christlichen Festeszeiten hineinstellt.[438] Danach entspricht ihr methodischer Standpunkt zunächst dem Impuls des Michaelifestes, also des Herbstmoments im Jahresverlauf, wo die Kräfte des Sommers mit denen des Winters eine Zeitlang im Gleichgewicht stehen, die ersteren mit der Tendenz, das natürliche Leben als äußeres zu erhalten, die letzteren mit der Tendenz, das Leben ins Innere der Erde hineinzuziehen und in Erkenntniskraft zu verwandeln. Dieser »michaelische« Ausgangspunkt durchzieht im philosophischen Begriff Hegels ganze Philosophie, aber so, daß der religiöse Gehalt dessen, was in den anderen christlichen Festen lebt, nicht voll zur Geltung kommt. Wohl kann man sagen, daß Hegel sich innerlich dem Weihnachts- und dem Pfingstfest annähert, indem er in jenem die Geburt des höheren Selbsts als Organ feiert, und indem er daran ein philosophisches Pfingsten anschließt, worin sich das Auferstandensein der niederen Natur des Menschen im höheren Selbst inhaltlich ausspricht.[439] Das eigentliche Osterereignis aber, der der Auferstehung vorangehende Tod Gottes im menschlichen Leib bleibt hier unbegriffen. Denn dieses Geschehen hängt mit dem physischen Leib als solchem zusammen, mit der Tauglichkeit des menschlichen Organschemas zur Geistträgerschaft, die durch die verhärtende Wirkung der Erdenkräfte gefährdet ist und durch den göttlichen Eingriff gerettet wurde. Hierzu findet die Philosophie keinen Zugang, weil sich die wahre Natur des physischen Leibes überhaupt dem philosophischen Begriff entzieht.

Dennoch ist die philosophische Deutung, die Hegel dem Ostergeschehen gibt (S. 414 f.), nicht einfach falsch. Sie darf nur nicht als theologische Aussage genommen, sondern muß vielmehr als gedankliche Durchdringung der Substanz des Eigenbewegungssinnes verstanden werden. Daß diese Sinnestätigkeit in der Gedankenwelt des herkömmlichen religiösen Lebens eine tragende Rolle spielt, kann Hegel aussprechen, obwohl er selbst den tiefsten Grund des Christentums nicht begreift. Entsprechend schwierig ist seine Darstellung, die zunächst wieder an den Gedanken anknüpft, daß die in dem Reich des Vaters noch latente Entzweiung sich im Reich des Sohnes verselbständigt und zum Kampf zwischen dem Guten und dem Bösen verstärkt (S. 414). Dem Guten entspricht in der religiösen Vorstellung die Tat des Gottes, in die Menschengestalt herabzusteigen und in dieser sein Leben zu opfern; das Böse dagegen wird als Teufel vorgestellt, obwohl es richtiger wäre, es als den in der abgefallenen Menschennatur fortwirkenden »Zorn« Gottes[440] aufzufassen. Aber dazu reicht die religiöse Vorstellungskraft nicht aus; sie vermag insbesondere nicht vorzustellen, wie in das Verhältnis von Gott und Mensch dasjenige von Gutem und Bösem hineinspielt, wie die Entwicklung des Göttlichen im Menschen begriffen werden kann.

Das ist jedoch dem philosophischen Begriff möglich, in welchem Hegel hier fortfährt: »Die Entfremdung des göttlichen Wesens ist also auf ihre gedoppelte Weise gesetzt; das Selbst des Geistes und sein einfacher Gedanke sind die beiden Momente, deren absolute Einheit der Geist selbst ist«. Metaphilosophisch gesehen stellt sich eine solche Einheit im zweiten höheren Wesensglied des Menschen, im »Lebensgeist« her. Soweit dieser jeweils schon zum Organ gebildet ist, lebt darin das »Selbst des Geistes«, welches sich die Leibesnatur unterworfen hat und weiter unterwirft. Das Entstehen (Hervorgehen) seiner als Organ aber hängt vom Streben des Menschen ab, also von der Tätigkeit des wirklichen Selbsts, seine Identität in den »einfachen Gedanken« des göttlichen Wesens zu setzen. Damit ist der Gegensatz jedoch noch nicht wirklich aufgehoben; er besteht vielmehr zwischen den beiden gezeigten Betrachtungsweisen fort: Das eine Mal setzt sich hier das göttliche Wesen gegenüber dem natürlichen Sein durch, das andere Mal ist das wirkliche Tun des Menschen das Wesentliche gegenüber dem ideellen Ziel. Nur aus dem philosophischen Begriff kann die Einheit beider hervorgehen und die Herrschaft des höheren Selbsts gesichert werden.

Das geschieht nun nicht durch einen Kampf der Gegensätze als selbständiger Kräfte gegeneinander, sondern dadurch, daß ihre innere Zusammengehörigkeit nachgewiesen und der Schein ihres Gegeneinanderstehens aufgehoben wird. Inwiefern aber gehören die beiden Momente, »das Selbst des Geistes und sein einfacher Gedanke« innerlich zusammen? Insofern, als sie im Funktionsbild des Eigenbewegungssinnes aufeinander bezogen sind, wenn man durch dieses die Geburt des höheren Selbsts, als Bewegung, begreift. Das »Selbst des Geistes« entspricht hier dem willenhaften Anrucken überhaupt, der »einfache Gedanke« des göttlichen Wesens dagegen dem objektiven Gestaltkreis, in den der Wille hinausgestellt werden muß. Dies, sagt Hegel, wird in der religiösen Bilderwelt als freiwilliges Opfer des Gottes vorgestellt. Hiermit erweist sich seine Deutung des christlichen Ostergeschehens als die begriffliche Fassung jener sinnlichen Dynamik, oder es ist die Vergeistigung des Funktionsbildes des Eigenbewegungssinnes als Auferstehung. Denn auch die Bewegung des göttlichen Wesens ist eben die, seine reine geistige Innerlichkeit zu verlassen, sich durch Inkarnation in der Menschennatur von sich selbst zu entfremden und die Sterblichkeit der letzteren durch das freie Aufsichnehmen des Todes zu negieren: »Dadurch ist das Wesen in ihr sich selbst geworden; das unmittelbare Dasein der Wirklichkeit hat aufgehört ein ihm fremdes oder äußerliches zu sein, indem es aufgehobnes, allgemeines ist; dieser Tod ist daher sein Erstehen als Geist« (S. 415).

Damit ist der Übergang aus dem Reich des Vaters und dem des Sohnes in das Reich des Geistes vollzogen, entsprechend den oben (S. 409) genannten drei religiösen Denkweisen des ›reinen Denkens‹, des ›Vorstellens‹ und des ›Selbstbewußtseins‹. Das Opfer des Sohnesgottes ist die Aufhebung des einzelnen Selbst zum allgemeinen Selbst. Dieser begriffliche Schritt, sagt Hegel, »drückt … unmittelbar die Konstituierung einer Gemeinde aus, die bisher im Vorstellen verweilend jetzt in sich als in das Selbst zurückkehrt; und der Geist geht somit aus dem zweiten

Elemente seiner Bestimmung, dem Vorstellen, in das *dritte*, das Selbstbewußtsein als solches über« (S. 415). Wir finden uns hier also plötzlich
mitten in ein religiöses Geschehen hineinversetzt, nämlich in die Messe,
wo soeben der Wortgottesdienst (Glaubensbekenntnis = ›Reich des Vaters‹ und Evangelienlesung = ›Reich des Sohnes‹ als Vorstellen der
religiösen Inhalte) beendet ist und nun mit der Opferung die eigentliche
kultische Handlung beginnt.

## Exkurs:
## Die Frage nach der Existenz Gottes

Bevor Hegel nun die Struktur der kultischen Handlung näher betrachtet, greift er die Auferstehungsfrage noch einmal auf (S. 415, Z. 16–417,
Z. 1). So wie er schon oben bei der Darstellung des Monotheismus zö-
gerte, daraus ohne weiteres eine spekulative Begriffsbewegung (der Spiritualisierung des Ichsinns) zu machen,[441] zögert er nun auch wiederum,
den religiösen Gehalt des Auferstehungsgedankens mit einer begrifflichen Aufhebung der sinnlichen Substanz der Religion einfach gleichzusetzen. Angesichts der deutlichen Hinweise der Evangelien auf die physische Leiblichkeit Christi, bedarf es hier zumindest noch einer ergän-
zenden Argumentation, die aber nach Lage der Dinge nur in einer Annäherung an die gnostische Lehre bestehen kann, wonach Christus in
einem »Scheinleib« gelebt haben und gestorben sein soll (»Doketismus«).[442] So entschieden Hegel als Bekenner der christlichen Religion
diese Lehre auch ablehnt, die philosophische Spekulation, welche keinen Begriff des physischen Leibes bilden kann, zwingt ihn, in ihre Richtung zu gehen.

Dabei ergibt sich zunächst eine Überlegenheit der Philosophie, die
den Reichtum ihrer begrifflichen Möglichkeiten gegen die Armut der
religiösen Vorstellung ausspielen kann. Da wir nicht von etwas anderem
als von der ursprünglichen Einheit Gottes ausgehen können, müssen wir
annehmen, daß auch alle Entzweiung, also auch die sterbliche Natur des
Menschen und die in ihr liegende »böse« Verselbständigungstendenz,
selbst ursprünglich aus Gott hervorgegangen ist. In Gottes Schöpferall-

macht ist enthalten, »daß *an sich* dies böse Dasein nicht ein ihm Fremdes ist; das absolute Wesen hätte nur diesen leeren Namen, wenn es in Wahrheit ein ihm *Anderes*, wenn es einen *Abfall* von ihm gäbe; – das Moment des *Insichseins* macht vielmehr das wesentliche Moment des *Selbsts* des Geistes aus« (S. 415). Dieser Begriff der Philosophie bleibt für die religiöse Vorstellung ein »unbegreifliches *Geschehen*«, das sie nur in einer Geschichtserzählung auseinanderlegen kann, worin ihr die göttliche Wesenheit, in verschiedenen Personen, und deshalb auch als Selbständigkeit dieser Verschiedenheit, als ein Wesen des Bösen erscheint, zu dessen Überwindung es wiederum einer selbständigen Versöhnungstat bedarf. Die philosophische Wahrheit dagegen ist das Begreifen der getrennten Momente in ihrer ursprünglichen Einheit und deren methodisch kontrollierte spekulative Fortentwicklung.

Konsequenter als jeder andere Philosoph hält Hegel diese Bewegung aufrecht. Deshalb stellt er sich gegen diejenigen, welche die Spekulation zu einseitig auffassen, indem sie sie zu weit in die ursprüngliche Einheit zurückschieben und, wie z. B. G. Bruno und dann wiederum Schelling, sagen, daß »*an sich* das *Böse dasselbe* sei, was das *Gute*, oder auch das göttliche Wesen *dasselbe*, was die Natur in ihrem ganzen Umfange, so wie die Natur getrennt vom göttlichen Wesen nur das *Nichts* …« (S. 416).[443] Eine solche einfache Polarisierung von Gut und Böse verkürzt den dialektischen Prozeß und führt zur Regression in eine vermeintlich heile Welt der Natur, wie Hegel mit einem messerscharfen Schluß nachweist. Nach Schelling ist »das Böse überhaupt das insichseiende Fürsichsein, und das Gute das selbstlose Einfache.« Jenes ist böse, weil es sich in seiner Selbstheit abschließt. Aber das hier auftretende »Gute« schließt sich ganz ebenso ab, indem es sich nämlich als das selbstlose Einfache, als heile Welt der Natur, vor der Reflexion des menschlichen Bewußtseins zurückzieht. Diese Reflexion, die durch die Verleiblichung des Geistes bedingte Subjekt-Objekt-Spaltung ist eine Tatsache unserer Welt, sie ist »das einfache Wissen«, wie Hegel sagt. Eine angeblich selbstlose Substanz, die sich der Wirkung dieser Tatsache entziehen und sich ihr gegenüber als heile Welt erhalten will, erweist sich gerade dadurch als selbstbezogen und der Reflexion verfallen.

Theologisch ausgedrückt ist es die Ebene der Erbsünde, auf welcher die Unterscheidung von Gut und Böse sich zu dem einfachen Wissen von den physiologischen Bedingungen der menschlichen Sinnesorganisation relativiert. Aber, so fährt Hegel fort, aus dieser Erbsünde geht immer wieder auch das aktuelle Böse als ein vom Guten schlechthin Verschiedenes hervor. Und zwar ist dieses Hervorgehen eine begriffliche Notwendigkeit insofern, als die Subjekt-Objekt-Spaltung des Bewußtseins durch unseren Willen zum Selbstsein immer wieder erneuert wird, solange wir nicht dem Geist in unserer Sinnesorganisation ganz selbstlos zu begegnen vermögen. Also ist nicht nur der Satz von der Ununterscheidbarkeit von Gut und Böse (= Schellings Perspektive auf der Ebene der Erbsünde) wahr, sondern auch der andere, der den Gegensatz der beiden Prinzipien im menschlichen Handeln (als Aktualsünde) ausspricht, und es kommt vielmehr darauf an, daß keiner einseitig fest-, sondern daß der Übergang zwischen ihnen begrifflich offengehalten wird. Indem beide Sätze »gleich Recht haben, haben beide gleich Unrecht, und ihr Unrecht besteht darin, solche abstrakte Formen, wie *dasselbe* und *nicht dasselbe*, die *Identität* und die *Nichtidentität* für etwas Wahres, Festes, Wirkliches zu nehmen, und auf ihnen zu beruhen. Nicht das eine oder das andere hat Wahrheit, sondern eben ihre Bewegung, daß das einfache Dasselbe die Abstraktion und damit der absolute Unterschied, dieser aber als Unterschied an sich, von sich selbst unterschieden, also die Sichselbstgleichheit ist.«

Damit ist wiederum die methodische Ebene des inspirativen Denkens erreicht. Das Ich, welches sich in der Seele denkend betätigt, welches sich mit dem Impuls zur Reflexion der Bildekräfte (»erste Unmittelbarkeit«) nach innen wendet, ist dasselbe, welches sich in den reflektierten Funktionsbildern der Sinne gegenständlich wird (»gesetzte Reflexion«), und es erkennt sich als dasselbe, d. h. es hebt den Unterschied der beiden Bewegungen auf (»Negation der Negation«). Daraus folgt: Soweit sich das menschliche Denken im Bereich der Sinnlichkeit bewegt, hat Hegels »philosophischer Begriff« den Vorzug, die Übergänge zwischen den verschiedenen Sinnesstrukturen offen, und damit den Prozeß der Auferstehung des in die Reflexion gefallenen Geistes in Gang zu halten. Umgekehrt folgt daraus aber auch, daß unter »Geist« hier immer

nur der aus der Sinnlichkeit herkommende Geist zu verstehen ist, daß
mit der spekulativen Methode diejenige Seite des Gedankens, die nicht
durch die Reflexion gegangen ist, die reine geistige Intuition, überhaupt
nicht gedacht werden kann.

In welcher logischen Form könnte denn das intuitive Moment des
Geistes zum Ausdruck kommen? Nur in dem einfachen Urteil »x ist A«,
weil nur in dieser Einfachheit der Ur-Teilung auf nichts anderes mehr
zurückgegriffen werden kann, um Subjekt und Prädikat (Substanz) zu
verbinden, als auf das erkennende Setzen des »ist«. Und wie müßte die
inhaltliche Aussage lauten, welche den geistigen Inhalt dieser Setzung
am unmittelbarsten ausdrückt? ›Das Ich ist reiner Geist auch insofern es
in der physischen Natur des Menschenleibes lebt, es macht sich auch
dieser gegenüber als Geist geltend.‹ Oder, religiös ausgedrückt: ›Der
Gott ist in den Menschenleib eingetreten, und hat dessen Natur (den
seelischen, den Bildkräfte- und den physischen Leib) durchdrungen.‹
Aber, so sagt Hegel nun, bei einer solchen Auffassung stünden zwei
»ist«-Aussagen unverbunden nebeneinander: *Vor* der Menschwerdung
Gottes ist das göttliche Wesen und die menschliche Natur (Jesu) jeweils
eine eigene Existenz, *mit* der Menschwerdung dagegen ist die menschliche Natur vergöttlicht. Diese »*Dieselbigkeit* des göttlichen Wesens und
der Natur überhaupt und der menschlichen insbesondre« muß daher
ebenso spekulativ aufgefaßt werden, wie die Dialektik von Gut und Böse,
denn »es ist der Geist, worin beide abstrakte Seiten wie sie in Wahrheit
sind, nämlich als *aufgehobene* gesetzt sind, – ein Setzen, das nicht durch
das Urteil, und das geistlose *ist*, die copula desselben, ausgedrückt werden kann. – Ebenso ist die Natur *Nichts außer* ihrem Wesen; aber dies
Nichts selbst *ist* ebensosehr; es ist die absolute Abstraktion, also das reine
Denken oder Insichsein, und mit dem Momente seiner Entgegensetzung gegen die geistige Einheit ist es das *Böse*. Die Schwierigkeit, die in
diesen Begriffen stattfindet, ist allein das Festhalten am: *ist*, und das
Vergessen des Denkens, worin die Momente ebenso *sind* als *nicht sind*, –
nur die Bewegung sind, die der Geist ist« (S. 416 f.).[444]

Hegel lehnt also die Aussage ›Christus ist‹ ab, weil er glaubt, damit in
einen anthropologischen Dogmatismus[445] zu geraten. Für die Philosophie ist das wesentliche Moment der Menschwerdung Gottes viel-

mehr sein Tod im Menschenleib, weil dieser das allgemeine Gesetz bestätigt, daß alles, was in der Natur geboren wird, auch sterben muß. Die Bildekräfte geben sich der Sterblichkeit der Lebewesen ausnahmslos hin, und nur dort, wo sie sich gegen dieses Prinzip zu erhalten versuchten, könnte es ein Böses in der Natur geben. Das entspräche dann einem Denken, welches sich der Fortentwicklung durch die verschiedenen Stufen des Begriffs von der »sinnlichen Gewißheit« zur »Dingheit«, »Gesetzlichkeit«, »Vernunft« usw. widersetzte, um sich stattdessen auf einer dieser Stufen endgültig festzusetzen. Indem die Logik des dialektischen Schlusses diese Widersetzlichkeit des Intellekts überwindet, dringt sie zugleich tief in den religiösen Inhalt ein, so tief, daß sie die Zeitdifferenz zwischen der Gott-Natur-Beziehung *vor* und derjenigen *nach* der Inkarnation Christi aufhebt. Aber ist damit auch die positive Seite, die Tatsache als solche erfaßt, *daß* Gott Mensch geworden ist? Wenn man dieses Geschehen als einmaliges Ereignis auffaßt, nämlich so, wie im denkenden Ich der Gedanke in je einmaliger Weise als geistige Intuition auftritt, dann gibt es hier von vornherein gar keine aufhebungsbedürftige Zeitdifferenz. Dann ist es auch nicht mehr das Echo des Gedankens im Bildekräfteleib, welches gehört wird, sondern dieser selbst schlägt als Intuition bis in den physischen Leib durch und wirkt dort vergeistigend.[446] Dieser Inhalt kann freilich nicht mehr in der Substanz des Bildekräfteleibs gefunden werden, er geht vielmehr aus dem reinen moralischen oder nicht moralischen Wollen hervor und ist zugleich dasjenige, was das Ich geistig aus sich macht. Deshalb kann diese Seite des Denkens nicht als *Schluß* im Hegel'schen Sinne, sondern nur als einfaches *Urteil* ausgesprochen werden. Dem entspricht es, wenn das Evangelium, entgegen der Versöhnungslogik der Systemphilosophie, das Wirken des Christus in der Menschheit nicht als allgemeine Erlösung von allem Bösen beschreibt, sondern deutlich auf eine bevorstehende Scheidung hinweist (Luk. 2, 34 f.; 12, 51 f.).

*– Ende des Exkurses –*

## cc. Das Reich des Geistes[447]

In diesem Schlußabschnitt des Kap. VII. (S. 417–421) wird die Synergie der Gemeinde im christlichen Gottesdienst begrifflich erfaßt. Darin liegt für Hegel die eigentliche Offenbarungskraft der Religion und die höchste Erscheinungsform des religiösen Lebens. Wir sahen,[448] daß diese Erscheinungsformen in ihrer systematischen Anordnung dem Bauprinzip der »Enzyklopädie«, der Abfolge von Logik-Naturphilosophie-Geistesphilosophie entsprechen, daß das ›Reich des Vaters‹ im ›reinen Denken‹ (Inhalt der Empfindungsseele) und das ›Reich des Sohnes‹ in der ›Vorstellung‹ (Inhalt der Verstandesseele) auftritt, während das ›Reich des Geistes‹ sich nunmehr im ›Selbstbewußtsein‹, also nicht nur auf dem Boden, sondern auch als Inhalt der Bewußtseinsseele entfalten wird. Und zwar als Bewußtseinsseele der Gemeinde, die freilich nicht zu einer vollen Übereinstimmung mit dem religiösen Bewußtsein des einzelnen kommt, worauf letztlich das Defizit der »Religion« überhaupt beruht. »Die Bewegung der Gemeinde als des Selbstbewußtseins, das sich von seiner Vorstellung unterscheidet, ist das *hervorzubringen*, was *an sich* geworden ist. Der gestorbne göttliche Mensch oder menschliche Gott ist *an sich* das allgemeine Selbstbewußtsein; er hat dies *für dies Selbstbewußtsein* zu werden« (S. 417).

Subjekt ist also das Selbstbewußtsein der Gemeinde, Medium der Bewegung ist die Vorstellung der Tat Christi, und herauskommen soll, daß diese Tat sich im gemeindlichen Selbstbewußtsein realisiert. Die ganze Bewegung wird nun zweimal durchlaufen, nämlich in einem *unmittelbaren Aufgreifen* jener Vorstellung und zum andern in der *Vermittlung* durch den Inhalt der letzteren. Hierin sehen wir das Wesen der »Religion« sich in seiner spezifischen Sinnlichkeit offenbaren: Das unmittelbare Aufgreifen der religiösen Vorstellung folgt jeweils einem der beiden Momente im Funktionsbild des Eigenbewegungssinnes, dem willenhaften Rucken überhaupt bzw. dem einseitig vollzogenen Hinausstellen der Bewegung in den objektiven Gestaltkreis; erst in der Verbindung beider liegt die inhaltliche Vermittlung, aber durch die Endlichkeit eines religiösen Lebens, das bei der Anschauung der spirituellen Wirkung seines Tuns stehenbleibt und sich nicht im philosophischen Denken aus jener sinnlichen Grundlage befreit.

Im unmittelbaren Aufgreifen der religiösen Vorstellung (S. 417–418, Z. 15) ist die Gemeinde »der *natürliche Geist*; das Selbst hat aus dieser Natürlichkeit sich zurückzuziehen und in sich zu gehen, das hieße, *böse* zu werden. Aber sie ist schon *an sich* böse; das Insichgehen besteht daher darin, *sich zu überzeugen*, daß das natürliche Dasein das Böse ist« (S. 417). Damit wird zugleich innerhalb des christlichen Kultus, in den wir im ›Reich des Geistes‹ hineinversetzt sind, der Schritt vom Wortgottesdienst (Glaubensbekenntnis und Evangelium) zur ›Opferung‹ (zweiter Teil der Messe) als dem praktizierten Sündenbekenntnis getan. Hegel charakterisiert dieses Geschehen freilich ganz abstrakt, indem er zwischen der religiösen Vorstellung als solcher und dem andächtigen Bewegen dieser Vorstellung, der Seite des Selbstbewußtseins, unterscheidet. In der Vorstellung werden das Dasein des Bösen in der Welt und die Versöhnung durch das göttliche Wesen als äußere festgehalten; das Selbstbewußtsein aber ist das Wissen, daß im Bewegen solcher Vorstellungen eine innere Wirkung eintritt. Und diese Wirkung ist auch wiederum in der Vorstellung ausgedrückt, nämlich so, daß der Sündenfall Adams, als von Gott zugelassenes Böses, unmittelbar auch das Gute enthält, die versöhnende Gottestat Christi hervorzurufen. In dieser zu unmittelbaren Heilsgewißheit der ›felix culpa‹ führt die religiöse Vorstellung hier also zu einem logischen Kurzschluß mit sinnesphysiologischem Hintergrund: Das Bewußtsein will das eine, unmittelbar willenhafte Moment im Funktionsbild des Eigenbewegungssinnes für sich allein festhalten und das andere, das Sich-Hinausstellen in den objektiven Gestaltkreis, vermeiden.

Ein entsprechender Kurzschluß erscheint nun auf der Seite des Selbstbewußtseins, wo die Vorstellung der Sünde mit dem Wissen von der Sündhaftigkeit des natürlichen Menschen überhaupt, d. h. von der Erbsünde zusammenfällt. Theologisch gesehen besteht das Problem darin, daß dieselbe Natur, welche im Pflanzen- und Tierreich als solchem unschuldig ist (und leidet), im Menschenwesen eine Verführung zur natürlichen (genießenden) Selbstbeziehung des Geistes darstellt,

die zum Abschneiden des Ich von der Welt führen kann. Diesem Ansich
stellt sich das Selbstbewußtsein nun so entgegen, daß es den Gedanken
des natürlichen Bösen durch die Verobjektivierung seiner Leibesnatur
mit der Disziplin der kirchlichen Ethik bekämpft: »Denn als ein Zurückgehen in sich aus der Unmittelbarkeit der Natur, die als das Böse bestimmt ist, ist es ein Verlassen derselben, und das Absterben der Sünde.
Nicht das natürliche Dasein als solches wird vom Bewußtsein verlassen,
sondern es zugleich als ein solches, das als Böses gewußt wird« (S. 418).
In dieser paulinischen[449] Wendung des Sündenproblems liegt eine sinnliche Verkürzung der religiösen Bewegung, die wiederum auf dem Hintergrund des Funktionsbildes des Eigenbewegungssinnes begriffen
werden kann. Das Verobjektivieren des Bewegenwollens im äußeren
Gestaltkreis wird hier nicht als eigene geistige Gestaltung bewußt, sondern begründet sich vielmehr darauf, daß der Übergang von der einen
auf die andere Seite, oder von der Sünde zur Kirche,[450] im Selbst veranlagt ist. Wenn das Insichgehen nur darin besteht, jenes Wollen mit dieser
Veranlagung zu verbinden, dann ist damit der Bereich der natürlichen
Subjektivität noch nicht verlassen: »Die unmittelbare Bewegung des
*Insichgehens* … setzt sich selbst voraus oder ist ihr eigner Grund; der
Grund des Insichgehens ist nämlich, weil die Natur schon an sich in sich
gegangen ist; um des Bösen willen muß der Mensch in sich gehen, aber
das *Böse* ist selbst das Insichgehen. – Diese erste Bewegung ist eben
darum selbst nur die unmittelbare, oder ihr *einfacher Begriff*, weil sie
dasselbe, was ihr Grund ist.«

»Außer dieser Unmittelbarkeit«, sagt Hegel, »ist also die *Vermittlung*
der Vorstellung notwendig.« Das Bewußtsein muß die religiöse Bewegung in einer Substanz außerhalb seiner selbst realisieren (S. 418–420,
Z. 8). Das geschieht im Ablauf der Messe bei der »Wandlung« und der
»Kommunion«, die auch theologisch als Realvollzug des Opfers Christi
in der opfernden Gemeinde aufgefaßt werden. »*An sich* ist das *Wissen*
von der Natur als dem unwahren Dasein des Geistes, und diese insich
gewordne Allgemeinheit des Selbsts die Versöhnung des Geistes mit sich
selbst« (S. 418). Dieses Wissen wird im Wortgottesdienst zum Inhalt der
religiösen Vorstellung und verliert seinen an sich schon bestehenden
Geistgehalt an die Äußerlichkeit des Geschehensablaufs, in welchem

sich die Menschwerdung Gottes, sein Tod und seine Auferstehung, als zeitliche Abfolge darstellen. Erst im weiteren kultischen Prozeß des einzelnen Selbst mit demjenigen der Gemeinde liegt die Verwandlung, das »geistige Auferstehen«, und zwar in dem Maße, wie die Synergie der Gemeinde den Tod des Gottmenschen über die bloße Naturtatsache, das Sterben seines natürlichen Leibes als solchen, hinauszuheben vermag: »Der Tod wird von dem, was er unmittelbar bedeutet, von dem Nichtsein *dieses Einzelnen* verklärt zur *Allgemeinheit* des Geistes, der in seiner Gemeinde lebt, in ihr täglich stirbt und aufersteht.«

Indem er nun aber in dieser Gemeinde lebt, stirbt und aufersteht, ist in der Allgemeinheit zugleich die Einzelheit Gottes enthalten, nämlich »in das Selbstbewußtsein selbst versetzt, in das in seinem *Anderssein* sich erhaltende Wissen; dies *stirbt* daher nicht wirklich, wie der *Besondere vorgestellt* wird, *wirklich* gestorben zu sein, sondern seine Besonderheit erstirbt in seiner Allgemeinheit, d. h. in seinem *Wissen*, welches das sich mit sich versöhnende Wesen ist« (S. 419). Damit sind alle drei Momente, von denen wir ausgegangen waren, das ›reine Denken‹, das ›Vorstellen‹ und das ›Selbstbewußtsein‹, bzw. die ihnen entsprechenden drei Reiche des Vaters, des Sohnes und des Geistes als aufgehobene Momente gesetzt. »Der Tod des Mittlers ist Tod nicht nur der *natürlichen Seite* desselben oder seines besondern Fürsichseins, es stirbt nicht nur die vom Wesen abgezogene schon tote Hülle, sondern auch die *Abstraktion* des göttlichen Wesens.« Worin besteht diese Abstraktion? Darin, daß der Vatergott als jenseitiges Wesen vorgestellt werden muß, solange in der Geschichte des Sohnes noch irgendwelche natürlichen Züge weiterleben, solange diese noch nicht im Geiste aufgehoben sind. »Der Tod dieser Vorstellung enthält also zugleich den Tod der *Abstraktion des göttlichen Wesens*, das nicht als Selbst gesetzt ist. Er ist das schmerzliche Gefühl des unglücklichen Bewußtseins, daß *Gott selbst gestorben* ist.«[451]

Der Gott des Philosophen stirbt hier auf besondere Weise, nämlich so, daß alle seine Momente, als in der Synergie des gemeindlichen Kultus gelebter religiöser Inhalt überhaupt, sich im Funktionsbild des Eigenbewegungssinnes aufheben. Das ›unglückliche Bewußtsein‹, das sich in Kap. IV. durch den Ichsinn in seinem Gottesgefühl verselbständigt hat,[452] kehrt jetzt in die »Nacht des Ich=Ich (zurück), die nichts außer ihr mehr unterscheidet und weiß. Dies Gefühl ist also in der Tat der Verlust der *Substanz* und ihres Gegenübertretens gegen das Bewußtsein; aber zugleich ist es die reine *Subjektivität* der Substanz, oder die reine Gewißheit seiner selbst«. Die geistige Kraft des Fühlens ist zum »Wissen« geworden, sie hat das im Bildekräfteleib tief verborgene Sinnesbild spiritualisiert und zum Bewußtsein gebracht: »Dies Wissen also ist die *Begeistung*, wodurch die Substanz Subjekt, ihre Abstraktion und Leblosigkeit gestorben, sie also *wirklich* und einfaches und allgemeines Selbstbewußtsein geworden ist.«

Hegel enthüllt hier, daß das kultisch-religiöse Leben Wirkungen im Bildekräfteleib hat, die bei ernsthaftem und energischem Streben Organcharakter annehmen, »sich selbst wissender Geist« werden. Dieser ist »nicht nur *Inhalt* des Selbstbewußtseins und nicht nur *für es* Gegenstand, sondern er ist auch *wirklicher* Geist. Er ist dies, indem er die drei Elemente seiner Natur durchläuft; diese Bewegung durch sich selbst hindurch macht seine Wirklichkeit aus; – was sich bewegt, ist er, er ist das Subjekt der Bewegung, und er ist ebenso *das Bewegen* selbst, oder die Substanz, durch welche das Subjekt hindurchgeht.« Im philosophischen Begriff der offenbaren Religion begegnet uns nicht der Gott des Christentums, sondern das im Bildekräfteleib liegende Funktionsbild des Eigenbewegungssinnes. »Was sich bewegt, ist er ...«, – nämlich im Gestaltkreis als äußerer Verlaufsform; »er ist das Subjekt der Bewegung«, – als deren reiner internationaler Anfang; »und er ist ebenso *das Bewegen* selbst« oder das Selbst der Bewegung, eben der Eigenbewegungssinn.

Schließlich wird der Schritt, in welchem sich diese geistige Selbstgewißheit vollendet, in die Nähe des christlichen Beichtsakraments gerückt (S. 420). In der Verzeihung des Bösen, im Aufheben der pharisäischen Verhärtung war ja schon der Übergang vom »Geist« des Kap. VI. zu dem der »Religion« gemacht worden, woran Hegel jetzt wieder anknüpft. Die coincidentia oppositorum am Ende des Kap. VII., so sagt er, ist die gleiche »Bewegung, daß das absolute *Entgegengesetzte* sich als *dasselbe* erkennt und dies Erkennen als das *Ja* zwischen diesen Extremen hervorbricht, – diesen Begriff *schaut* das religiöse Bewußtsein, dem das absolute Wesen offenbar (ist) *an*, und hebt die *Unterscheidung* seines *Selbsts* von seinem *Angeschauten* auf, ist wie es das Subjekt ist, so auch die Substanz, und *ist* also selbst der Geist, eben weil und insofern es diese Bewegung ist.« Damit wird nun freilich nicht nur das christliche Beichtsakrament, sondern die im menschlichen Verzeihen überhaupt liegende moralische Leistung herabgesetzt.[453] Denn diese Leistung beruht auf einer *Intuition*, sie ist ein Akt des geistigen Ich, bei welchem sich der Mensch mit dem anderen Menschen im Geist der Menschlichkeit verbindet, und dabei alle aus der Seelentätigkeit sonst noch hervorgegangenen substantiellen Strukturen (aus denen heraus an sich Verurteilungen und Strafen abzuleiten wären) aufgibt. Daß man dieses christliche Tun auch vollbringen könne, ohne sich eines Glaubens an Christus bewußt zu sein, war eine der wichtigsten Botschaften der neueren Kunst (Shakespeares »Kaufmann von Venedig«, Goethes »Iphigenie auf Tauris«, Mozarts »Entführung aus dem Serail«). Hegel aber degradiert gewissermaßen die Botschaft, indem er den Schritt zum Verzeihen seines individuellen Charakters entkleidet und als philosophische Notwendigkeit, aus der spirituellen Qualität des Eigenbewegungssinnes heraus begründet, also auf der *inspirativen* Ebene des Denkens festhält.

Das tut er, weil die Philosophie noch einen Schritt weiter, über den Geist der Religion hinausgeht. Als Religionsphilosophie spricht sie zwar aus, daß die Wirklichkeit des religiösen Bewußtseins eine höchste Form der geistigen Entwicklung des Menschen darstellt. Aber sie spricht es nicht für den religiösen Menschen aus, dessen andächtiges Bewußtsein vor der Erkenntnis der substantiellen Seite seiner geistigen Selbstproduktion zurückschreckt: »Es ergreift diese Seite, daß das reine Innerlichwerden des Wissens *an sich* die absolute Einfachheit oder die Substanz ist, als die Vorstellung von Etwas, das nicht dem *Begriffe* nach so ist, sondern als die Handlung einer *fremden* Genugtuung.« Das religiöse Bewußtsein hat nicht die volle Geistesgegenwart, es kann sich die Versöhnung nicht vergegenwärtigen; diese bleibt ihm daher ein Jenseits, »ein Fernes der *Zukunft*«, während die versöhnende Tat Christi ihm als »eine Ferne der *Vergangenheit*« erscheint (S. 421). »So wie der *einzelne* göttliche Mensch einen *ansich*seienden Vater und nur eine *wirkliche* Mutter hat, so hat auch der allgemeine göttliche Mensch, die Gemeinde, ihr *eignes Tun* und *Wissen* zu ihrem Vater, zu ihrer Mutter aber die *ewige Liebe*, die sie nur *fühlt*, nicht aber in ihrem Bewußtsein als wirklichen unmittelbaren *Gegenstand* anschaut. Ihre Versöhnung ist daher in ihrem Herzen, aber mit ihrem Bewußtsein noch entzweit, und ihre Wirklichkeit noch gebrochen.«

Das Fühlen ist eine Form des Wissens, so wie die Andacht eine Form des Denkens ist. Aber, sagt Hegel, erst im philosophischen Begriff werden beide wirklich frei, denn erst durch ihn offenbart sich dem denkenden und wissenden Menschen der Geist seiner Substanz als das eigentliche Subjekt seines geistigen Strebens. Das religiöse Bewußtsein weiß nicht, »daß diese Tiefe des reinen Selbsts die Gewalt ist, wodurch das *abstrakte Wesen* aus seiner Abstraktion herabgezogen und durch die Macht dieser reinen Andacht zum Selbst erhoben wird« (S. 420). Es bleibt in der Anbetung Gottes auf ein Du bezogen, wodurch es sich im Leben die Beziehung auf das Ich des anderen Menschen als das Feld der moralischen Intuition offenhält. [454] Die Philosophie aber sagt: Hier geht ein Stück Selbsterkenntnis verloren, hier wird die Kraft des inspirativen Denkens abgelähmt, bevor alle bewußtseinsbildenden Bereiche des Bildekräfteleibs begrifflich durchdrungen sind. Und zwar ist es dieses Durchdringen selbst, als Bereitschaft der Substanz, sich begreifen zu lassen, welches jetzt noch in seinem Eigenwesen oder als Subjektivität erkannt werden muß. In der Tat: Wenn wir auch diese Ebene der Subjektivität in ihrer spezifischen Sinnlichkeit erkennen, werden wir die Bindung an das substantielle Selbst der Sinne überwinden und uns zum freien Denken erheben können.

# Kapitel VIII.
## »Das absolute Wissen«

## 1. Metaphilosophischer Vorblick und Hegels Einleitung

### A. Der Aufbau des »absoluten Wissens«

Das relative kurze Kap. VIII. (S. 422−434) ist nicht ausdrücklich untergliedert; bei näherer Betrachtung zeigt sich jedoch auch hier ein Aufbau aus einer kurzen Einleitung und drei Abschnitten, die wir entsprechend der bisherigen Darstellung mit den Buchstaben A., B. und C. bezeichnen. Welche inhaltliche Unterscheidung liegt dieser Gliederung zugrunde? Das ist aus Hegels abstrakt-esoterischem Text allein nicht zu entnehmen, wird aber klarer, wenn man den Systemgedanken der »Phänomenologie« mitberücksichtigt. Offenbar geht es hier um den Zusammenschluß des Ganzen, die *Einsetzung des Schlußsteins* in das phänomenologische System, die in der Form dreier begrifflicher Bewegungen vollzogen wird. Eine ähnliche Abschlußform gibt Hegel später auch der »Wissenschaft der Logik«, wo die logische Idee überhaupt darin gipfelt, daß sie sich als »Idee des Lebens« und als »Idee des Erkennens« zur »absoluten Idee« zusammenfaßt (§§ 213−244 Enz. 1830). Und wiederum ein Ausdruck dieser logischen Struktur ist die abschließende Wendung des Gesamtsystems der »Enzyklopädie«, wo die Philosophie selbst als das den wissenden Geist verkörpernde Wesen in der Form dreier Schlüsse (§§ 575−577 Enz. 1830) ins Dasein tritt.

Insbesondere die zuletzt genannten drei »*Schlüsse der Philosophie*« können als Parallele zu unserem Kap. VIII. verstanden werden und dessen Aufbau erhellen. Ein Unterschied liegt freilich darin, daß die §§ 575−577 das philosophische System als ganzes abschließen, also auch die Aufhebung der natürlichen und gesellschaftlichen Welt mit ihrer realen geschichtlichen Entwicklung enthalten, während in unserem Kap. VIII. nur das geistesgeschichtlich erscheinende Wissen zusammengefaßt wird. Man kann sagen, daß der geistige Anspruch der Philo-

sophie hier noch nicht ganz so weit geht, wie dort, wo er übrigens auch
nicht bruchlos erfüllt wurde. Hegel ließ nämlich die drei »Schlüsse der
Philosophie«, die in der 1. Aufl. der »Enzyklopädie« (1817) schon voll
ausformuliert waren, in der 2. Aufl. (1827) kommentarlos weg und
setzte an ihre Stelle einen Text aus Aristoteles' »Metaphysik«.[455] Erst in
der 3. Aufl. (1830) nahm er seine eigenen Schlüsse wieder auf, ließ aber
das Aristoteleszitat, auf welches er sich 1827 gestützt hatte, als Epilog
stehen. Diese Turbulenz weist auf den tiefen Bruch hin, welcher in Hegels Auffassung vom Wesen der Philosophie besteht.[456]

Betrachten wir also zunächst die §§ 575–577 Enz. 1830 in ihrer strukturellen Analogie zu den drei Abschnitten unseres Kap. VIII. Der *Schluß
des § 575* geht von der systematischen Entwicklung der »Enzyklopädie«
selbst, als Erscheinung des geistigen Lebens, aus. In der Stufenfolge von
Logik, Natur- und Geistesphilosophie ist begrifflich zusammengefaßt,
was auch in der wirklichen Entwicklung der Geistesgeschichte geschieht: Der schöpferische *Logos* erschafft eine irdische Welt, aus deren
*natürlicher* Entwicklung heraus der Mensch zu einem diesen Zusammenhang begreifenden *Geistesleben* erwacht, aber so, daß das geistige
Erwachen zunächst nur als Produkt jener Entwicklung erscheint.
Ebenso ist es nun in unserem Kap. VIII. A.: Die von Kap. I. an herausge-
arbeiteten Gestalten stehen hier in einer Entwicklungsreihe, als Hervor-
bringungen einer geistigen Natur, welche im Verlauf ihres Produzierens
auch den Begriff dieses Produzierens produziert, um sich in ihm das volle
Bewußtsein davon, als von ihrem Selbstbewußtsein, zu verschaffen.

Anders sind wiederum in *§ 576 Enz. 1830* die Momente des Schlusses
angeordnet: Hier verbindet sich die *Natur* durch den *Geist* mit der *Logik*.
Entsprechend unserer Deutung des Schlusses des § 575 als der Wir-
kungsgeschichte des Geistes und als Selbsteinordnung der geistigen Tat
der »Enzyklopädie« in diese, können wir nun auch in § 576 einen Real-
bezug herstellen. Das Ziel des Logos, sich im Menschen selbst zu begreifen, ist in dem natürlichen Verlauf der Entwicklung, an dessen Ende es
erreicht wird, schon von Anfang an bestimmend. Es ist das trennende
Element in der Natur, oder das im menschlichen Bewußtsein arbeitende
Selbst, welches dem natürlichen Verlauf der Menschheitsgeschichte
Stufe für Stufe seinen Geistgehalt abgewinnt, um diesen jeweils in der

Gestalt logischer Kategorien »abzuspeichern«. Und so, wie in § 575 der letzte Akt der Geschichte im real-literarischen Vorliegen der »Enzyklopädie« selbst besteht, so wird in deren Gelesen- und Begriffenwerden der Schluß des § 576 in seiner realsten Form vollzogen: Ein Mensch nimmt sich Zeit zur Beschäftigung mit der Philosophie, er entzieht diese Zeit dem natürlichen Verlauf seines Daseins, um das letztere in die Form logischer Kategorien zu übersetzen.

Die gleiche Grundfigur finden wir wiederum in Kap. VIII. B. der »Phänomenologie«. Hier wird das von Anfang an in die Naturgeschichte des Geistes eingemischte menschliche *Begreifen* in seiner Eigenstruktur erfaßt, die darin besteht, die es hervorbringende Entwicklung zu übergreifen und das Moment der Zeit, in welchem das Nacheinander der Hervorbringung festgehalten ist, zu »tilgen«. Methodisch gesehen liegt darin der Schritt von der großräumigen zur logisch konzentrierten Form der Dialektik, oder von der imaginativen zur inspirativen Ebene des Denkens.[457] Auf jener ersteren (also in der Entwicklungsgeschichte entsprechend § 575 Enz. 1830) treten Imaginationen des Lebendigen im Zeitverlauf ihrer Entwicklung auf; auf der Ebene der Inspiration (entsprechend § 576 Enz. 1830) aber wird die Zeit und mit ihr der imaginative Inhalt des Lebendigen getilgt, so daß die diesem zugrundeliegenden geistigen Impulse als solche, als logische Inspirationen, wahrnehmbar werden.

Der dritte, das Ganze abschließende Schritt, besteht nun jeweils in der Vereinigung der beiden vorhergehenden. In *§ 577 Enz. 1830* ist dies der Schluß, in welchem sich der *Geist* durch die *Logik* mit der *Natur* verbindet. Erst hier tritt das eigentliche Subjekt hervor, welches bisher hinter seinem Instrument, dem Begriff, verborgen war. Es ist die *logische Idee*, als schöpferische Kraft, die ihr Wesen »ur-teilt«, dabei einerseits aus ihrer geistigen Substanz die Natur und in dieser den erkenntnisfähigen Menschen hervorbringt, andererseits im Menschen den Trieb zum Erkennen, das Licht des Begriffs entzündet, durch welches die natürliche Substanz ihre geistige Herkunft offenbart, d. h. sich wirklich vergeistigen, in eine Natur höherer Art verwandeln läßt. Die gleiche Rolle der höchsten geistigen Schöpferkraft spielt in Kap. VIII. C. der »Phänomenologie« *die Wissenschaft*, die ebenso wie jene Idee nur ein anderer Name für das Wesen Philosophie selbst ist. Dieses Wesen verleiht dem Menschen den Begriff als Schlüssel zu allen Quellen der Weisheit der Natur, zum »Reich der Mütter«, wie es in Faust II heißt,[458] aber es behält die höchste geistige Subjektivität sich selbst vor. Oder, in den abschließenden Worten des § 575 Enz. 1830: Die geistige Aufgabe des Menschen ist die Vereinigung mit dem Begriff, der sich einerseits fortbewegt und entwickelt, andererseits diese Bewegung erkennt, so daß in beidem »die ewige an und für sich seiende Idee sich ewig als absoluter Geist betätigt, erzeugt und genießt.« Die philosophische Interpretation kommt hier an eine Grenze, die von Hegel selbst mit dem Rückzug des Begriffs in den ideellen Selbstgenuß des Geistes gesetzt wird. Die metaphilosophische Interpretation ist damit freilich noch nicht erschöpft, wie wir im Folgenden zeigen werden.

## B. Das »absolute Wissen« als Wissenschaft

Wir meinen damit zunächst nicht Hegels eigenen, in Kap. VIII. entwickelten Begriff der »Wissenschaft«, sondern vielmehr die Wissensart, welche sich i. S. unserer ersten metaphilosophischen Interpretationshypothese aus dem hier zugrundeliegenden menschlichen Wesensglied ergibt. Aber läßt sich jene Hypothese überhaupt bis zum Schluß der »Phänomenologie« durchhalten, können wir hier noch mit einer inneren Bezugnahme Hegels auf die höheren Wesensglieder des Menschen rechnen? Wir sahen in Kap. VII., in der Gestalt der »offenbaren Religion«, daß dort nicht der nach dem Aufbauschema an sich fällige Schritt vom »Lebensgeist« zum »Geistesmenschen«, sondern stattdessen so etwas wie eine Sozialisierung des ersteren, nämlich des Fichteschen Spiritualismus, in der kultischen Synergie der christlichen Gemeinde vollzogen wurde. Die in Joh. 3, 5 ff. beschriebene »geistige Wiedergeburt«, die bei Fichte nur über die Einsicht des philosophischen Denkens vermittelt ist, erscheint bei Hegel als Wirkung einer allgemein zugänglichen, aus dem religiösen Fühlen und Wollen des Geistes erbauten Gestalt des sozialen Lebens. Aber dieser Schritt von der individuellen Spiritualität zum sozialen Boden des geistigen Lebens beansprucht in der

»Phänomenologie« ein ganzes Kapitel für sich, so daß die metaphilosophische Entwicklung, also diejenige der höheren Wesensglieder, erst in
Kap.VIII. in ihre nächste Station eintreten könnte.

Daß dies ein inneres Ziel des Kap. VIII. ist, kann nach dem oben (zu A.)
Gesagten nicht zweifelhaft sein. Die vollständige Aufhebung des Ge-
dankengehalts der Welt im »absoluten Wissen« der Philosophie ergreift
auch das höchststehende Wesen dieser Welt, den Menschen. Wir sahen,
wie in der »Phänomenologie« von Anfang an die Gegenstände des natürlichen, sozialen und geistigen Lebens als Vergegenständlichungen
der Selbstheit im menschlichen Denken begriffen wurden, und wir sehen uns jetzt am Ende dieses Weges angekommen. In den drei Gedankengängen des Kap. VIII. sind, ebenso wie in der abschließenden
Ideenkonstellation der »Wissenschaft der Logik« und in den drei
»Schlüssen der Philosophie«, jeweils der Lebens- und der Erkenntnis-
oder Begriffsprozeß einander so zugeordnet, daß sie das Feld des philosophisch Denkbaren überhaupt abschließen. Gedanken, die darüber
hinausgehen, gibt es für Hegel nicht, oder nur als logisch defizitäre
Formen, die eben deshalb keine eigenständige Kraft haben, weil sie an
ihrem formalen Defizit festgehalten und so in das inspirativ gedachte
System der Logik hineingezogen werden können. Das gleiche gilt auch
für die esoterische Selbstaufklärung des Menschen in der »Phänomenologie«: Über sie hinausgehende Gedanken können hier nach ihrem
sinnlichkeitsbedingten Aufklärungsdefizit bestimmt und so der entsprechenden Aufklärungsstufe eingeordnet werden. Auf dem höchsten Niveau denkt der Mensch nur noch *im Dienste der Philosophie:* Sein denkendes Ich ist nicht Subjekt seines geistigen Seins, sondern vielmehr
Empfänger aller im Leben der Welt verborgenen Weisheit.

Nun ist aber mit dem »Geistesmenschen« im *anthroposophischen*
Sinne noch etwas anderes gemeint, nämlich die allmähliche Verwandlung des physischen Leibes durch die qualitativ höchsten geistigen Impulse des Ich, also diejenigen, welche als »Intuition« den Gedanken
hervorrufen und teils in das Bewußtsein, teils in die rein individuelle und
deshalb unberechenbare Natur der Leibesprozesse hineintragen.[459]
Diese Seite der Wirklichkeit, die nur auf der Grundlage eines geistigen
Begriffs des physischen Leibes verstanden werden kann, entgeht dem

philosophischen Systemdenken, dessen Totalitätsanspruch dadurch zur Chimäre wird. Hegel selbst hat gelegentlich angedeutet, daß sich auch für ihn das Menschenwesen nicht in dem der Philosophie zugänglichen Geistbegriff erschöpft, daß er von einem darüber hinausgehenden, ewigen Ich des Menschen weiß.[460] Um so mehr haben wir zu fragen, warum die Philosophie, wenn sie nicht bis zu diesem Ich vordringt, dennoch ein »absolutes Wissen« für sich in Anspruch nehmen kann, oder: Welches die spezifische Sinnlichkeit ist, die dieses Wissen einhüllt und zur Täuschung über seine wahre Natur führt.

## C. Die spezifische Sinnlichkeit des »absoluten Wissens«

Die aus unserer zweiten Interpretationshypothese fließende Fragestellung verliert viel von ihrer Schwierigkeit, wenn man berücksichtigt, wie das Kap. VIII. aufgebaut ist: Aus drei ganzheitlichen Momenten, die einander in der Struktur des beruhigten Antagonismus zugeordnet sind. Der Geist entfaltet sich dabei einerseits in einem lebendigen geschichtlichen Entwicklungsstrom und andererseits, gegenläufig dazu, in einer abstrahierenden, begrifflich zusammenfassenden Bewegung, während ein drittes Moment diese Gegenläufigkeit immer wieder zur Ruhe bringt. Der Gedankengehalt, mit dem wir es hier zu tun haben, stammt dementsprechend nicht aus einem, sondern aus drei verschiedenen Sinnes-Funktionsbildern, nämlich einerseits aus dem Lebenssinn, andererseits aus dem Begriffssinn und drittens aus dem, was in allen Bewußtseinsgestalten der »Phänomenologie« die sinnliche Gewißheit gegen die Kraft des Gedankens festzuhalten versucht, aus dem Tastsinn.

Daß wir einen »*Lebenssinn*« als wahrnehmende Sinnestätigkeit, ein eigenes Wahrnehmungsorgan für unsere lebendige Gesamtkonstitution besitzen, ist dem gewöhnlichen Bewußtsein verborgen. Es wird erst erfahrbar, wenn wir unsere Aufmerksamkeit darauf lenken, aber auch dann bleiben schwierige Abgrenzungsfragen offen: Handelt es sich hier nicht doch nur um seelische Empfindungen, psychosomatische Reaktionen, für die man besser den offeneren Begriff des »Selbstgefühls« gebrauchen sollte? Das hängt letztlich davon ab, ob es gelingt, der spezifischeren Einordnung des Lebenssinnes unter die menschlichen Sinnesorgane eine geistige Bedeutung abzugewinnen. R. Steiner hat über die Wahrnehmungsart dieses Sinnes nur wenige Angaben gemacht, in denen er vor allem darauf hinweist, daß es sich hier nicht um die Polarität von Gesundheit und Krankheit, Wohlgefühl und Unbehagen handle, daß hier nicht Störungen im organischen Gleichgewicht signalisiert werden, daß vielmehr beim Vorliegen solcher Störungen der Lebenssinn überhaupt schweige. Was er dagegen wahrnimmt, ist das Durchströmtsein des Organismus von den Lebensprozessen und das harmonische Zusammenwirken dieser Prozesse, als innere Ordnung des Leibes, d. h. als ein positiver Inhalt in demjenigen Bereich, welcher durch den Tastsinn nur negativ abgegrenzt ist.[461] Diese Harmonie ist zugleich als *Bejahung* der übersubjektiven und damit geistigen Qualitäten der Lebensprozesse zu verstehen, d. h. wir finden hier, wie schon beim Gleichgewichts- und Eigenbewegungssinn, im Funktionsbild des Lebenssinnes eine Leerstelle, wo der gegebene Inhalt durch eine selbstlos-moralische Intention, die Lebensrichtung des Wahrnehmenden, ergänzt werden muß, um den Gegenstand der Wahrnehmung richtig herzustellen.

Mit dem Lebenssinn hängt der *»Begriffs- oder Gedankensinn«* eng zusammen. Nach R. Steiner ist es dieser, der uns wahrnehmungsfähig macht für den Gedankengehalt der uns begegnenden Welt, also für die Qualität der von einem anderen Menschen geäußerten Gedanken, die logische Gliederung eines Textes, die formenden und gestaltenden Kräfte im Lebensprozeß überhaupt, auch in der eigenen Organbildung.[462] Auch hier haben wir wieder zu fragen, ob es nicht besser wäre, das in jedem Menschen mehr oder weniger stark ausgebildete Gefühl für die logische Gestalt der Welt als Gefühl zu bezeichnen und die inhaltlichen Seite des »Geist(es), der stets *verneint*«[463] in der wissenschaftlichen Logik zu klären? Gibt es einen geistigen Grund für die Annahme eines den wirklichkeitsbildenden Logos wahrnehmenden Sinnesorgans? Um darüber Klarheit zu erhalten, ist eine genauere Abgrenzung zwischen Philosophie und Physiologie nötig. Diese ergibt sich, wenn wir von der letzteren ausgehen und zunächst fragen, worin die physischen Organe des Lebens- und des Begriffssinnes bestehen.

In der anthroposophischen Medizin haben besonders R. Treichler und
K. König die Ansicht vertreten, daß diese Organe im vegetativen Nervensystem zu finden seien.[464] Das Vegetativum ist ein in verschiedener
Dichte über den ganzen Organismus des Menschen verteiltes Nervenge-
flecht, dessen Fasern im Prinzip jede einzelne der Milliarden in uns
lebender Zellen berühren und durchdringen. Dabei unterscheidet man
eine sympathische und eine parasymphatische Wirkung, die gewöhnlich
als Steuerung unbewußter Organtätigkeit in dem Sinne aufgefaßt wird,
daß von der ersteren eine aktivierende, beschleunigende, erweiternde,
von der letzteren dagegen eine retardierende, zusammenziehende Wirkung (im Herzschlag, in der Durchblutung der Haut, in der Schweißse-
kretion, der Darm- und Magentätigkeit usw.) ausgehen soll. Gegen dieses Steuerungsdenken hat sich R. Steiner gewandt, der das Vorhandensein »motorischer Nerven« überhaupt bestreitet und alle Nervenfunktio-
nen als sensorische bestimmt.[465] Daraus ergibt sich hier eine bis in die
Philosophie ausstrahlende Wendung der Betrachtungsweise: Wo die
herrschende physiologische Anschauung den Aspekt der Einheit betont,
wo sie im Vegetativum ein einheitliches Steuerungsinstrument sieht,
geht die anthroposophische Physiologie vielmehr von zwei im Prinzip
getrennten Sinnesorganen aus, die nur so viel miteinander zu tun haben,
daß für beide die Notwendigkeit besteht, sie von dem Irrtum ihrer funktionellen Zusammengehörigkeit zu befreien. Damit tritt nun aber eine
schwierige Frage auf, in deren physiologischer Problematik sich die
ganze Tiefe des Abgrenzungsproblems von Philosophie und Physiologie
überhaupt spiegelt: Wenn es nicht das Vegetativum ist, welches die
Steuerung der menschlichen Organprozesse bewirkt, wodurch kommt
dann zustande, was als Aktivierung, Retardierung und als Moderation
zwischen beidem in unserem Organismus fortwährend geschieht?

König geht in seiner phänomenologisch gut untermauerten Antwort
auf diese Frage von einem anthropozentrischen Standpunkt aus. Er läßt
dahingestellt, wie die entsprechende Steuerung bei den Tieren funktioniert, und befreit sich damit von der Notwendigkeit, die physiologische
Seite der Menschennatur zu unmittelbar in den harmonistischen Horizont einer umfassenden Naturvernunft zu stellen.[466] Er betrachtet das
Geschehen überhaupt nicht als Antagonismus von aktivierenden und

retardierenden Momenten in *einem* Organ, sondern so, daß die ganze
Reihe der »sympathikotonen« und »parasympathikotonen« Erscheinungen jeweils in sich polarisiert ist (z. B. entspricht auf der »sympathikotonen« Seite der Beschleunigung der Herztätigkeit eine Hemmung
der Magen-Darmbewegung, während die »parasympathikotone« Er-
scheinungsreihe gerade umgekehrt verläuft). Damit fällt auf das Subjekt
dieser Erscheinungen ein neues Licht. Nach König handelt es sich hier
um die natürlichen Ausdrucksformen der Selbstentfremdung, welche
das *Ich im leiblichen Dasein* des Menschen zu bewältigen hat, nämlich in
der Überwindung von *Furcht* und *Scham*, von denen es in diesem Dasein
immer wieder befallen wird. Und zwar ruft das Ich (durch hormonelle
Regulation des Blutes) im Zustande der Furcht das sympathikotone
Erscheinungsbild hervor, während es in den Aufwallungen der Scham
den Leib in einen parasympathikotonen Zustand versetzt: »So daß wir
erkennen, daß nicht die sympathischen und parasympathischen Nerven
die Steuerung der vegetativen Funktionen vollbringen, sondern das von
Scham und Furcht durchwirkte Ich des Menschen. Diese beiden Ur-
Emotionen, mit denen jeder Mensch begabt und ausgerüstet ist, sind
jene Skylla und Charybdis, zwischen denen das Boot unserer Lebensvor-
gänge dauernd hindurchsteuern muß.«[467]

Damit ist der Weg frei für die *sinnesphysiologische Deutung* des vegetativen Nervensystems. Dessen sympathischer Anteil, welcher sich von
den mittleren Gebieten des Rückenmarks (Brust- und Lendenmark) her
ausbreitet, ist das Organ des Lebenssinnes. Beim parasympathischen
Anteil, welcher von zwei Quellorten ausgeht, nämlich vom Nervus Vagus
des Gehirns und von den untersten Gebieten des Rückenmarks, wird
dagegen unterschieden: Aus dem unteren Rückenmarksanteil, so sagen
Treichler und König, entwickelt sich die Geschlechtstätigkeit, während
der obere Teil des Parasympathikus, der Vagus-Nerv zum Träger des
Gedanken- oder Begriffssinnes des Menschen wird. Beide Sinnesorgane hängen zwar in ihrer *Entstehung* zusammen, die K. König folgendermaßen beschreibt: »Im Laufe des ersten Lebensjahres wird der Sympathikus zum Organ des Lebenssinnes; im zweiten Lebensjahr wird der
obere Parasympathikus vom erwachenden Strom der Sprache durchflossen, und dadurch kann er sich im dritten Lebensjahr zum Organ des

Gedankensinns ausgestalten.«[468] Das physische Organ des Lebenssinnes entsteht hiernach aus der seelisch-sozialen Hülle, die den Säugling
in seiner ersten Lebenszeit umgibt und die sich in der Vernetzung seiner
sympathischen Nerven (wie eine über den Leib gezogene Decke) ausdrückt. Auf der anderen Seite wirkt der Vagus-Nerv auf den Kehlkopf;
dessen Muskeln kommen dadurch »schrittweise unter die Herrschaft
der sprechenden Seele, und durch die dazugehörigen Nerven strömen
die Wortbilder in das gesamte autonome Nervensystem ein. Dort verschmelzen sie mit den Lebensregsamkeiten des gesamten Organismus
und prägen ihm die Eigenart seines Sprachkreises ein«.[469] Beim *Erwachsenen* aber haben sich diese Funktionen verselbständigt, so daß
hier »der parasympathische Anteil, der durch den Nervus Vagus repräsentiert wird, mehr der Wahrnehmung der Formzustände dient, woge-
gen vom sympathischen Anteil die Tätigkeiten der Organe wahrgenommen und vermittelt werden« (Treichler).[470]

Überträgt man nun diese Konstellation auf unser Kap. VIII., dann
stellt sich die Frage, wieviel von der wahren Natur des vegetativen Nervensystems in der philosophischen Darstellung des »*absoluten Wissen*«
zum Ausdruck kommt. Hegel geht zunächst einen Schritt in die richtige
Richtung, indem er hier nicht ein einheitliches Wesen des absoluten
Wissens voraussetzt, sondern vielmehr das Wesen des Lebens- und des
Begriffssinnes nach seiner jeweiligen begrifflichen Qualität unterscheidet und dann erst die Frage stellt, worin die Einheit der beiden Wahrnehmungsarten liegt. Was der *Lebenssinn* als Tätigkeit der Organe des Leibes wahrnimmt, erscheint philosophisch in der (§ 575 Enz. 1830 entsprechenden) geschichtlichen Entwicklung des Geistes als dessen lebendige Produktion. Und so, wie wir im Sinnlichen die Funktionen der
Organe nicht als diffuse Lebendigkeit, sondern als Funktionsbilder, als
geordnete Kraftwirkungen imaginativ wahrnehmen, so gibt es auch in
der philosophischen Erscheinungsform dieser Wahrnehmungsart eine
Gestaltbildung, d. h. ein begrenzendes Moment, das aber hier nicht als
solches hervortritt, das in der lebendigen Selbstproduktion des Geistes
noch nicht als Begriff gesetzt ist. Dies geschieht erst auf der nächsten
Stufe, derjenigen des *Begriffssinnes*. Die Formzustände, welche wir
durch den letzteren wahrnehmen, sind objektive Wirkungen der das

Leben hemmenden und eindämmenden Kraft, welche in das Fürsich-sein der lebendigen Gestalt den Todesprozeß des physischen Leibes hineinträgt. Aus dieser Kraft baut sich in der Philosophie die inspirative Ebene der Dialektik auf, in welcher (entsprechend § 576 Enz. 1830) die Zeit als Lebenselement der Geistesgeschichte getilgt und das hinter ihr stehende geistige Prinzip in seiner reinen Form begriffen wird.

Hegel kommt hier also zu einer Vergegenständlichung des substan-tiellen Gehalts der Funktionsbilder des Lebens- und des Begriffssinnes. Er geht nicht, wie der *Erkenntnistheoretiker*, von den Wahrnehmungen dieser Sinne aus, um dann den dazugehörigen Begriff zu finden, sondern er behandelt ihre Wahrnehmungsart selbst als Begriff, er zieht sie auf das Feld der *Ontologie*. Deshalb muß er nun die ontologische Fragestellung aber auch fortsetzen und sie auf die Beziehung der beiden letzten Dinge zueinander erstrecken, d. h. er muß auch diese Beziehung wiederum vergegenständlichen.

Wie wir sahen, sind an sich der Lebens- und der Begriffssinn nur der menschlichen Sinnesorganisation im allgemeinen einzugliedern, so daß ein besonders Verhältnis zwischen ihnen, jedenfalls beim Erwach-senen, nicht in Betracht kommt. Allerdings entsteht der *Schein einer Sonderbeziehung*, wenn man das physische Organ dieser beiden Sinne mißversteht, was die herrschende Anschauung tut, indem sie dem vege-tativen Nervensystem die Aufgabe der antagonistischen Steuerung der inneren Organprozesse zuweist. Damit wird einerseits die Sinneslehre verwirrt, andererseits dasjenige zu einem bloßen Naturvorgang herab-gesetzt, was in Wahrheit die äußere physiologische Reaktion auf eine moralische Herausforderung (des »von Furcht und Scham durchwirk-ten Ich«) ist. Hier berühren sich Physiologie und Philosophie unmittel-bar: Die falsche funktionelle Deutungen des Vegetativums entspricht auf der philosophischen Ebene der Tendenz der Ontologie, die erkennt-nistheoretische Herausforderung zu verdrängen, d. h. die moralische Spannung des Erkenntnisvorganges in der Harmonie des Begriffs als eines (organisch) Seienden aufzulösen. Das Ich, welches sich wirklich darauf einläßt, Wahrnehmung und Begriff aus seiner *eigenen geistigen Aktivität* heraus zu verbinden, hat nichts mehr, woran es sich halten kann. Es wird von Furcht vor der Leere, in der es sich bewegt, und von

Scham über das Unzureichende seines Begreifens befallen. Es kann sich
nur selbst einen Halt geben, indem es, wie R. Steiner in »Philosophie der
Freiheit« sagt, in der je gegebenen Situation seine Liebe zur Sache als
»moralische Intuition« zum Inhalt des Gedankens der Sache macht.

Für Hegel dagegen ist hier noch etwas vorhanden, woran er sich hält,
nämlich die in der ontologischen Perspektive überhaupt liegende *Gegenständlichkeit* der letzten Beziehung. Metaphilosophisch gesehen
handelt es sich darum, daß nun zwischen dem Funktionsbild des Lebenssinnes und demjenigen des Begriffssinnes eine Verbindung hergestellt wird, deren Inhalt selbst wiederum in der sinnlichen Unmittelbarkeit bleibt. Dieser Inhalt kann aber andererseits nur so gedacht werden,
daß er die geistigen Qualitäten der beiden zu vereinigenden Gegenstände in sich enthält, d. h. daß er die Gestaltungskraft des Lebens und
die Strukturierungskraft des Begriffs in sich vereinigt. Da nun die letztere auf der parasympathischen Nerventätigkeit als dem Wahrnehmungsorgan für die Formkräfte, d. h. die Todesprozesse *im* Leben, beruht, müßte es hier noch eine Steigerung geben, müßte ein Wahrnehmungsorgan für die Todesprozesse *ohne* Leben gefunden werden, das
sich in Begriffsform zum Sein erheben läßt.

Daß es im Menschenwesen *Todesprozesse ohne Leben* gibt, wird klar,
wenn wir uns fragen, wie sich das menschliche Denken überhaupt als
geistige Tätigkeit zur physischen Tätigkeit der Nerven-Sinnesorganisa-
tion verhält. Die gewöhnliche Vorstellung, daß der Mensch mit dem
Gehirn denke, ist schon deshalb unzureichend, weil sie dahingestellt
sein läßt, ob sich aus der physischen Tätigkeit der Gehirnzellen und
-nerven der *Inhalt* des Denkens, bzw. ein Einfluß auf diesen Inhalt,
ergibt.[471] R. Steiner trennt hier ganz radikal, indem er jede Wechselwirkung von Gehirntätigkeit und Denken verneint: Die physische Tätigkeit
des Nerven-Sinnessystems ist zwar eine notwendige Bedingung für unser Denken, aber nur insofern, als wir dieses jener Natur abringen müssen, indem wir in der Vernichtung von Nervensubstanz Platz schaffen für
den geistigen Einschlag des Gedankens. Das entspricht den Erkenntnis-
sen der neueren Hirnphysiologie, die in der Tat die Vernetzungen und
Verdichtungen der Nervenbahnen im Gehirn des energisch denkenden
Menschen als eine Art Rodung im vegetationsreichen Urwald der Ge-

hirnzellen auffaßt. Aber nicht die Herausbildung dieser Muster als solcher (wie die Systemtheorie bzw. der Strukturalismus behaupten)[472] ist hier entscheidend, sondern die Tatsache, daß unser Denken im Prinzip eine rein geistige Tätigkeit ist, die als Instrument der reinen Vernichtung von Nervenstoff (eines Todesprozesses ohne Auferstehung im lebendigen Organismus) bedarf.

Da für Hegel das Denken im Prinzip nicht eine rein geistige Tätigkeit ist, sondern aus dem organologisch gedachten Begriff entspringt, bleibt ihm die wahre Natur der menschlichen *Nerventätigkeit* verborgen. Andererseits kommt er aber im »absoluten Wissen« zu dem Punkt, wo er die Negativität des lebensimmanenten Todesprozesses überbieten und eine Negation ohne Leben als seienden Begriff annehmen muß. Diese findet er nun in der Sinneswahrnehmung, und zwar im inneren *Ertasten* des fortwährenden Vernichtungsprozesses in der Nervensubstanz[473] beim Denken, was ihm aber nicht als Tätigkeit des Tastsinnes zum Bewußtsein kommt. Obwohl er den ganzen Kampf der »Phänomenologie« gegen die vom Tasten ausgehende Gedankenlähmung führt, die er Stufe für Stufe von dem wahren geistigen Gehalt der Funktionsbilder der Sinne trennt, unterliegt er dem Gegner schließlich doch, weil er *als Ontologe* mit einem Seienden überhaupt enden muß und den Schluß nicht mit dem Nichts der Erkenntnistheorie (als der geistigen Aktivität des einzelnen Ich) machen kann. Im »absoluten Wissen« stellt sich der vielfach niedergeworfene Gegner in seiner reinsten Form zum Kampf, nämlich als Eigen-Ichsinn, der seit dem Sündenfall dafür sorgt, daß der Mensch den Geist nicht mehr unmittelbar geistig, sondern nur sinnlich reflektiert erleben kann, daß er ihn seiner physiologischen Natur erst abringen muß, indem er den Irrtum des dinglichen Selbstseins aufhebt. Da dies unter ontologischen Vorzeichen nicht vollständig gelingen kann, muß Hegel zum Schluß dem *Tastsinn* die Krone des »absoluten Wissens« aufsetzen.

## D. Hegels Einleitung in Kap. VIII.

Die Kürze des Kap. VIII. kündigt sich schon in der Knappheit seiner
Einleitung (S. 422, Z. 1 – Z. 28) an. Die offenbare Religion hat ihren
Gegenstand noch nicht voll im Bewußtsein, denn er fällt ihr in die Vorstellung, wodurch ihr die Mitwirkung des Selbstbewußtseins an seiner
Entstehung verborgen bleibt. Im »absoluten Wissen« wird nun auch
diese Seite bewußtgemacht, also ein weiterer Teil unserer metaphilosophischen Interpretation von der Philosophie eingeholt, was aber auf der
Grundlage der Religion geschehen muß. Nur *in religiöser Gesinnung*
gegenüber dem Geist darf gesagt werden »daß die Entäußerung des
Selbstbewußtseins es ist, welche die Dingheit setzt, und daß diese Entäußerung nicht nur negative, sondern positive Bedeutung, sie nicht nur für
uns oder an sich, sondern für es selbst hat.« Das dem Geist ergebene
Bewußtsein erfährt, was schon Meister Eckhart und Angelus Silesius
ausgesprochen haben, daß auch die höchste Wirklichkeit Gottes mit der
produktiven Erkenntniskraft des Menschen zusammenhängt, daß es
Gottes Wille ist, seinen Geist im denkenden Menschengeist wirklich
auferstehen und im menschlichen Bewußtsein die Erkenntnis dieser
Auferstehung entstehen zu lassen.

In Kap. VIII. soll dies nun so geschehen, daß die Form der Religion,
das religiöse Bewegungs-Symmetriesymbol aufgelöst und die darin enthaltene Totalität der Momente des Geistes linear, als fortlaufende Reihe
geistiger Selbstproduktionen, die jeweils auch wieder begrifflich aufgehoben sind, angeordnet wird. Das religiöse Bewußtsein ist also hier
nicht, wie bei Freud, eine kompensatorische Leistung des Unbewußten,
sondern gerade umgekehrt: Es ist bezüglich seines heiligsten Gegenstandes im selbstbewußten Erkennen am weitesten vorangeschritten,
bedarf aber noch der Aufklärung über dessen profane Vorstufen. Erst
wenn auch in diesen der Antagonismus der produzierenden und ihre
Produktion zurücknehmenden (gestaltbildenden) Momente aufgezeigt
ist, wird die darin wirkende Kraft des »absoluten Wissens« erkannt.

## 2. Interpretation des Haupttextes

### A. Die lebendige Selbstentfaltung des Geistes in der Zeit

Der erste Abschnitt des Kap. VIII. (S. 422–427, Z. 27) behandelt den Gegenstand, welchen wir metaphilosophisch als das Funktionsbild des *Lebenssinnes* bezeichnen. In diesem ist als Leerstelle die stille Aufforderung zu einem geistig lebensbejahenden Impuls enthalten, um die lebendige Ganzheit als Objekt der Wahrnehmung jeweils auch herzustellen. Während das Kind in seiner ersten Lebensphase überhaupt daran arbeitet, das Geflecht der sympathischen Nerven zu einer geschlossenen, über den ganzen Leib ausgebreiteten Decke zu machen, tritt dieses Schließen beim Erwachsenen hinter die Konturen des sinnlichen Bewußtseins zurück und wirkt an dessen Harmonisierung, die Harmonie zugleich wahrnehmbar machend, mit. Das wird nun von Hegel mit dem Material der Kap. I. bis VII., also im Zusammenstimmen des Sinnesorganismus als ganzen, ausgedrückt. Das Wesen Philosophie ergreift die bisher entwickelten Gestalten des Bewußtseins als seine unselbständigen Momente, es verwebt sie gewissermaßen zu einer Decke, in welcher sie ihr geistiges Eigensein verlieren, um es als Aufgehobensein im »absoluten Wissen« wiederzugewinnen. Betrachtet man diesen Prozeß wiederum als philosophische Gestalt, so ist er die *Substanzmetaphysik Spinozas.*[474]

Das Weben der lebenssinnlichen Decke beginnt schon mit dem *Zusammenspiel* der Momente der Empfindungs-, Verstandes- und Bewußtseinsseele in Kap. I. bis III., das aber erst jetzt sein volles ontologisches Gewicht erhält, d. h. zum raumbildenden Begriff gesteigert wird. Die Bewußtseinsstrukturen jener Kapitel, »sinnliche Gewißheit«, »Wahrnehmung« und »Verstand«, sagt Hegel (S. 422 f.), entsprechen drei Seinsarten, die den »Gegenstand«, also auch denjenigen des Kap. VIII. (A.) konstituieren, nämlich als »unmittelbares Sein«, als »Sein für anderes« und als »Wesen«.[475] Das entspricht logisch gesehen dem Schluß,[476] in welchem sich das Moment der Allgemeinheit durch die Besonderheit zur Einzelheit bestimmt (S. 423), also der begreifenden

Bewegung, welcher das denkende Bewußtsein ebenso folgt, wie das Leben der Welt in seiner Selbstgestaltung. Aber da jenes (das »Bewußtsein als solches«) erst auf dem Wege der Selbsterfahrung zum Wissen desjenigen kommt, was ihm in der Selbstgestaltung des Lebens geschieht, erscheint ihm der Gegenstand noch bruchstückhaft und nicht als die »geistige Wesenheit« in ihrer Totalität. Daher müssen *wir* dem Bewußtsein auch hier wieder auf die Sprünge helfen und ihm zeigen, in welchen seiner Gestalten sich der ganzheitliche Ansatz des Lebens schon weitergehend konkretisiert hat.

Die erste solche Gestalt, deren Bewegungsweise auch als ein bewußtes *Mitweben* an dem unbewußten Gewebe des Lebenssinnes gedeutet werden kann, ist die beobachtende Vernunft des Kap. V. A., die ihr Objekt freilich ganz aus sich heraus, in die Bildekräfteleiber der Lebewesen verlegte. Von dort kam sie aber auf sich zurück, und zwar in der Schädellehre (V. A. c.): »Wir sahen ... auf ihrer Spitze ihre Bestimmung in dem unendlichen Urteile aussprechen, daß das *Sein des Ich ein Ding ist.* – Und zwar ein sinnliches unmittelbares Ding: wenn Ich *Seele* genannt wird, so ist es zwar auch als Ding vorgestellt, aber als ein unsichtbares, unfühlbares usf., in der Tat also nicht als unmittelbares Sein, und nicht als das, was man unter einem Dinge meint.« Nicht das Ich in der Seele (als sich in der Seelentätigkeit zur Idee erhebendes), sondern das Ich als Reflexionswirkung im Sinneswesen ist es, was Hegel hier interessiert. Nun wird diese Wirkung aber in Kap. V. für das Ich noch nicht gegenständlich, weshalb jenes unendliche Urteil dort ganz geistlos erscheint. »Seinem *Begriffe* nach aber ist es in der Tat das Geistreichste ...«, wenn man nämlich die Gestalt der Aufklärung und des moralischen Selbstbewußtseins heranzieht, in denen der Geist des Gleichgewichtssinnes, welcher im Wärmesinn nur als unselbständiges Moment (Gleichgewichtsdynamik) enthalten ist, zur vollen Entfaltung kommt.[477]

In der Aufklärung (VI. B.) also breitet sich ein neues *ganzheitliches* Gewebe aus, das aus der Lebensempfindung hervorgeht, welche theoretisch in dem Satz zusammengefaßt werden kann: »Die Dinge sind schlechthin *nützlich*, und nur nach ihrer Nützlichkeit zu betrachten« (S. 423 f.). Aber was nach diesem Prinzip in der Wirklichkeit gewebt ist, löst sich ebenso unmittelbar wieder auf, denn die bloße Verdinglichungsbereitschaft als solche, die Nützlichkeit der Bildekräfte, kann nicht ihrerseits als Ding bestimmt werden. Das ist nur möglich, wenn der Ausgangspunkt der Verdinglichung im Ich, im moralischen Selbstbewußtsein (VI. C.) gesucht wird. Aber auch die Formalität der Kantschen Pflichtenethik kommt letztlich nicht zu einer stabilen Wirklichkeit, sondern vielmehr nur zum Aufstellen und Verstellen derselben. Hier ist es nun das Fichte'sche Gewissen, welches den Formalismus der Moralität durchbricht, und seinen Inhalt als geistig-seelisches Organ in Handlung verwandelt: »Das gegenständliche Element, in welches es als handelnd sich hinausstellt, ist nichts anderes, als das reine Wissen des Selbsts von sich« (S. 424), nämlich als des tätigen Subjekts seiner Welt.

Von hier aus war der Übergang in Kap. VII., in die »Religion« gemacht worden, der rückblickend als zwei Übergänge erscheint. Einerseits stand das Fichte'sche Gewissen selbst vor dem Problem, einen Rückweg aus der seinem geistigen Ansatz entsprechenden geistigen Welt (metaphilosophisch: Aus dem Spiritualismus des »Lebensgeistes«) auf die Erde zu finden, und es fand ihn in der subtilen Gruppendynamik der pietistischen Frömmigkeit und der dort ausgesprochenen wechselseitigen Verzeihung. Andererseits, sagt Hegel, ist darin ein geistiges Wesen aufgetreten, welches schon seit jeher im irdischen Leben des Menschen dasselbe bewirkt hat, nämlich die Religion.[478] Was bei der Gewissensgemeinde »Verzeihung« heißt, ist im religiösen Leben »Versöhnung« und »Erlösung«, und hat philosophisch noch eine eigene, über die geistige Reichweite des Kap. VI. hinausgehende Bedeutung. Metaphilosophisch erkannten wir diesen Unterschied als den zwischen dem Sein und dem Geborenwerden des zweiten höheren Wesensgliedes bzw. als den Übergang von der okkulten Grundlage des Gleichgewichts- zu derjenigen des Eigenbewegungssinnes. Diese beiden Versöhnungen, sagt Hegel, unterscheiden sich so, daß die gewissenhafte in der Form des Fürsichseins, die religiöse in derjenigen des Ansichseins erscheint. »Die Vereinigung beider Seiten ist noch nicht aufgezeigt; sie ist es, welche diese Reihe der Gestaltungen des Geistes beschließt; denn in ihr kommt der Geist dazu, sich zu wissen nicht nur wie er *an sich*, oder nach seinem absoluten *Inhalte*, noch nur wie er *für*

*sich* nach seiner inhaltslosen Form oder nach der Seite des Selbstbewußtseins, sondern wie er *an und für sich* ist« (S. 425).

Nun ist aber diese Vereinigung »an sich« schon geschehen, und wir
haben auch ihre Gestalt schon gesehen, nämlich als die im Gefolge
Fichtes auftretende »schöne Seele«. Sie erschien uns als »derjenige Teil
der Gestalt des seiner selbst gewissen Geistes, der in seinem Begriffe
stehen bleibt« oder metaphilosophisch: Der Gleichgewichtssinn, der
sich nur in der religiösen Eigenbewegung realisieren will. In dieser Lage
ist der Geist »sein Wissen von sich selbst, in seiner reinen durchsichtigen
Einheit, – das Selbstbewußtsein, das dieses reine Wissen von dem *reinen
Insichsein* als den Geist weiß, nicht nur die Anschauung des Göttlichen,
sondern die Selbstanschauung desselben« (S. 425 f.). Aber er ist so nicht
lebensfähig, d. h. die »schöne Seele« geht unter in dem Zwiespalt, in den
sie gegenüber dem »Begriff« gerät. Sie kann diesen nicht mehr unschuldig praktizieren, da sie sich von seiner reinen geistigen Substanz betroffen weiß, ohne dem in der moralischen Kraft ihrer Handlungen gerecht
zu werden, aber sie kann sich auch nicht von der Forderung nach wirkli-
chem Handeln lösen.[479]

So gesehen ist das Verschwinden der schönen Seele nichts anderes als
die heilsame Krise, in welcher die Einseitigkeit der Selbstwahrnehmung
überwunden wird: »Durch diese Realisierung hebt sich das Aufsichbe-
harren dieses gegenstandslosen Selbstbewußtseins, die *Bestimmtheit*
des Begriffs (sc. als Funktionsbild des Gleichgewichtssinnes) gegen
seine *Erfüllung* auf; sein Selbstbewußtsein gewinnt die Form der Allgemeinheit, und was ihm bleibt, ist sein wahrhafter Begriff, oder der Begriff, der seine Realisierung gewonnen; er ist in seiner Wahrheit, nämlich in der Einheit mit seiner Entäußerung« (S. 426). Wie aber kommt
diese Erfüllung des Begriffs zustande? Das wurde oben schon beschrieben, nämlich einerseits in dem versöhnenden Gespräch der Gewissensgemeinde, also in dem Geständnis des Verantwortungsethikers, wodurch die Härte des reinen Gewissensethikers sich brach, andererseits in
dem Bildgehalt der Religion, welcher den wahren Inhalt der Handlung
vorstellt. Philosophisch ist allerdings an jene erste Konstellation anzuknüpfen, in welcher »die Form das Selbst selber (ist), denn sie enthält
den *Handelnden* seiner selbst gewissen Geist; das Selbst führt das Leben

des absoluten Geistes durch.«[480] Das heißt: Die Kraft jenes versöhnenden Geständnisses entspringt nicht aus der Unmittelbarkeit der moralischen Intuition des einzelnen, sondern vielmehr aus der Unmittelbarkeit
der sinnlichen Selbsterfahrung, oder der im Funktionsbild des Lebenssinnes liegenden Notwendigkeit der Lebensbejahung, die hier als
realisierendes Moment zur Entstehung einer Sinneswahrnehmung
überhaupt hinzukommt.

Und dieses »Hinzukommen« wird nun genauer dargestellt, d. h. es
wird vom Boden des Lebenssinnes aus als *Erfüllung* dessen gesetzt, was
in Kap. VI. C. c. im »versöhnenden Geständnis« nur erst begriffsgemäß
(nach dem theoretischen Gleichgewichtsmodell) abgelaufen ist. Was ist
dort abgelaufen? Das Gewissen hat die Entzweiung des Wissens (von
Gut und Böse) zurückgedrängt und seiner Handlung aus der Unmittelbarkeit des Herzens heraus Dasein gegeben. Es hat aber jene Entzweiung nicht ganz überwunden, oder es hat sie nur so überwunden, daß es
sich als nichthandelndes prinzipientreues Gewissen dem prinzipienlo-
sen handelnden entgegenstellte. Dieses Auftreten im Gegensatz, sagt
Hegel, ist die »Negativität des Begriffs«, oder die ontologische Differenz
im Funktionsbild des Gleichgewichtssinnes, der auch als Modell nur im
Prozeß seiner Realisierung begreifbar wird. Die damit erreichte *Einsicht
in die Notwendigkeit* der Entzweiung ist an sich schon die Versöhnung
des Geistes mit sich selbst. Aber das Bewußtsein muß sie auch im Leben
vollziehen (und dieses »muß« entspricht dem gegenüber dem Gleichgewichtssinn höheren Realisierungsgrad im Funktionsbild des Lebenssinnes), d. h. sie als *sozialen Prozeß* der Entzweiung und Versöhnung durchmachen: »So wie es in Wahrheit ist, *setzt* es sich also jetzt, und
das *negative* (sc. Gewissen) ist als *Bestimmtheit* eines jeden für das andere und an sich das sich selbst aufhebende« (S. 427). Indem das prag-
matische Gewissen seinem Pragmatismus entsagt, nimmt es das moralische Moment der Substanz auch als inhaltliches in sich auf, wodurch
wiederum das prinzipielle Gewissen die Angst vor seiner Realisierung
im Weltprozeß verliert und seinerseits reales Selbst werden kann.
»Durch diese Bewegung des Handelns ist der Geist, – der so erst Geist ist,
daß er *da ist*, sein Dasein in den *Gedanken* und dadurch in die absolute
*Entgegensetzung* erhebt, und aus dieser eben durch sie und in ihr selbst

zurückkehrt, – als reine Allgemeinheit des Wissens, welches Selbstbewußtsein ist, – als Selbstbewußtsein, das einfache Einheit des Wissens
ist, hervorgetreten.«

In der Religion wird diese Versöhnung als äußeres Geschehen dargestellt und über die Vorstellung ins Innere aufgenommen. Im philosophischen Begriff aber vollzieht sie sich so, »daß der *Inhalt* eignes *Tun*
des *Selbsts* ist; – denn dieser Begriff ist, wie wir sehen, das Wissen des
Tuns des Selbsts in sich als aller Wesenheit und alles Daseins, das Wissen
von *diesem Subjekte* als *der Substanz*, und von der Substanz als diesem
Wissen seines Tuns.« Damit ist in der Tat der Ort gefunden, an welchem
Moralität und Natur unmittelbar ineinander übergehen, so daß nur
noch eine Frage übrig bleibt: Ist jene Selbsterkenntnis des Lebenssinnes
allein durch dessen Selbsttätigkeit zustandegekommen? Nein, sagt Hegel, es bedurfte ja auch des realisierenden Moments in dieser Erkenntnis
der Substanz, also unserer in der »Phänomenologie« absolvierten philosophischen Arbeit. Diese bestand einerseits in der »*Versammlung* der
einzelnen Momente, deren jedes in seinem Prinzip das Leben des ganzen Geistes darstellt«, andererseits im »*Festhalten* des Begriffes in der
Form des Begriffes, dessen Inhalt sich in jenen Momenten, und der sich
in der Form einer *Gestalt des Bewußtseins* schon selbst ergeben hätte.« –
Wenn, so haben wir zu ergänzen, er sich begrifflich so ausdrücken
*könnte*, wie die Philosophie es kann. Hier kommt also noch etwas hinzu,
das inhaltliche Moment des Begreifens, welches bisher noch nicht beachtet, sondern nur praktiziert worden ist, das aber nun als Gegenstand
für sich hervortritt.


*B. Die Überwindung der Zeitlichkeit des Geistes durch den Begriff*


Im zweiten Abschnitt (S. 427–431, Z. 35) des Kap. VIII. haben wir es mit
Gedanken zu tun, die metaphilosophisch aus dem Begriffssinn als dem
scheinbaren Antagonisten des Lebenssinnes, oder aus dem Eingreifen
des parasympathischen in das sympathische Nervensystem stammen.
Wir sahen oben, daß ein Antagonismus dieser beiden Systeme zunächst
in der Entwicklung des Kindes auftritt, daß daraus aber beim gereiften

Erwachsenen zwei getrennte Sinnesorgane hervorgehen, – es sei denn daß der Reifungsprozeß durch die Übermacht dessen verhindert wird, was das Ich in der geistigen Entfremdung durch die Leibesprozesse in Furcht und Scham erlebt. Im letzteren Falle bleibt die vegetative Nerventätigkeit konflikthaft-egoistisch geprägt, und es entsteht dasjenige, was die Bibel im Bild von Kain und Abel, also von der Tötung des Abel (Sympathikus) durch Kain (Parasympathikus) zum Ausdruck bringt (1. Mose 4, 1 ff.).[481] Das ist die Situation, von welcher Hegel ausgeht und sein Gedankengang zeigt die Auflösung dieses Konflikts. Schon im vorigen Abschnitt (VIII. A.) ist der erste Schritt dazu getan worden. Die beiden Gewissensgestalten sind, um im Bild der Bibel zu bleiben, zwar in die Kain-Abel-Situation geraten, aber sie haben sich daraus in dem versöhnenden Geständnis wieder befreit, und sie haben die Realität dieser Befreiung begriffen. Was sie jedoch noch nicht kennen, ist die Realität dieses Begreifens. Es fehlt also noch das Wesen, welches nicht nur (wie der Gleichgewichts-, der Eigenbewegungs- und der Lebenssinn) eine Verwandlung des Begriffs in die Realität *bewirkt*, sondern das diese Verwandlung selbst *ist*. Dieses Wesen, in welchem (philosophisch gesagt) die *ontologische Differenz Dasein* erhält, liegt im Funktionsbild des Begriffssinnes.

Mit dem *Begriffssinn* nehmen wir den logischen Gedankengehalt der Außen- und unserer Innenwelt wahr. Diese Wahrnehmung setzt aber voraus, daß ein solcher Gedankengehalt *für uns* da ist, daß wir ihn in unserem Denken entfaltet *haben*. Der Begriffssinn arbeitet sozusagen nur dort, wo das Denken schon einen systematischen Zug annimmt, und er wird als sinnliche Grundlage der Denktätigkeit nur demjenigen Menschen bewußt, welcher in seinem Denken einen solchen Organisationsgrad erreicht hat, daß er von einer Autonomie seines Gedankensystems, von seinem »absoluten Wissen« sprechen kann. Dieser Standpunkt, sagt Hegel, ist nun im Entwicklungsgang der »Phänomenologie« erreicht, so daß jetzt die letzte Gestalt des Geistes, der vollständige und wahre Inhalt in der selbstgegebenen »Form des Selbsts« hervorgehen kann; »es ist der sich in Geistgestalt wissende Geist oder das *begreifende Wissen*« (S. 427). Die Wahrheit ist zwar schon in der Religion »*an sich* vollkommen der *Gewißheit* gleich«, aber der Geist hat dort noch nicht

»die *Gestalt* der Gewißheit seiner selbst«. Diese Gestalt ergibt sich erst durch die Tätigkeit des Selbsts (die Realisierung der ontologischen Differenz auf ihren verschiedenen Stufen): »Dadurch ist dasjenige zum Elemente des Daseins, oder zur *Form der Gegenständlichkeit* für das Bewußtsein geworden, was das Wesen selbst ist, nämlich der *Begriff*. Der Geist in diesem Elemente dem Bewußtsein *erscheinend*, oder was hier dasselbe ist, darin von ihm hervorgebracht, *ist die Wissenschaft*« (S. 427 f.). Das Leben (als geschichtliche Produktion) und der Begriff (als Wissenschaft) des Geistes durchdringen sich so restlos wie der Lebenssinn und der Begriffssinn sich in ihrer physiologischen Natur, dem sympathischen und parasympathischen Nervensystem, durchdringen. Das Reifwerden des Menschen besteht aber darin, sich hier geistig zu differenzieren und den Unterschied zwischen dem Inhalt *seiner* Welt und seinem *Ichsein* zu begreifen (S. 428). Dies ist ein langer Prozeß, in welchem die sinnliche Konstitution des Weltbewußtseins auf immer höheren geistigen Stufen erkannt, und schließlich auf der Stufe des Lebenssinnes so zusammengefaßt wird, daß sich daraus der Begriffssinn als selbständiges geistig-sinnliches Organ herauslöst.

Den gleichen Prozeß, sagt Hegel, finden wir auch in der geistesgeschichtlichen Entwicklung der Menschheit, nämlich als das langsame Heranreifen des systematisch-übergreifenden Charakters der Wissenschaft innerhalb des allgemeinen Geisteslebens. »In der Wirklichkeit ist … die wissende Substanz (sc. die religiös-geistige Durchdringung der Welt) früher da, als die Form oder Begriffsgestalt derselben. Denn die Substanz ist das noch unentwickelte *Ansich*, oder der Grund und Begriff in seiner noch unbewegten Einfachheit, also die *Innerlichkeit* oder das Selbst des Geistes, das noch nicht *da ist*. Was *da ist*, ist als das noch unentwickelte Einfache und Unmittelbare, oder der Gegenstand des *vorstellenden* Bewußtseins überhaupt.« Daher leidet die Philosophie, welche das Denken systematisch aufbauen muß, in ihrer Frühzeit an dem Mangel, daß das seelische Organ für ein solches Denken (die Bewußtseinsseele) noch gar nicht begreifbar ist. Sie hat daher, zunächst »nur einen armen Gegenstand, gegen welchen die Substanz, und deren Bewußtsein reicher ist. … Zuerst gehören dem *Selbst*bewußtsein daher von der Substanz nur die *abstrakten Momente* an; aber indem diese als die reinen Bewegungen sich selbst weiter treiben, bereichert es sich, bis es die ganze Substanz dem Bewußtsein entrissen, den ganzen Bau ihrer Wesenheiten in sich gesogen, und indem dieses negative Verhalten zur Gegenständlichkeit ebensosehr positiv, Setzen ist, – sie aus sich erzeugt und damit für das Bewußtsein zugleich wieder hergestellt hat« (S. 428 f.).

In seiner Einleitung hat Hegel noch davon gesprochen, in der »Phänomenologie« werde der Weg der Seele durchlaufen, auf dem »sie sich zum Geiste läutere«. Jetzt zeigt sich, daß diese Läuterung darin besteht, die Seele vollkommen mit den Gedanken zu durchdringen, welche sich aus den physiologischen Funktionsbildern der Sinne ergeben. Dabei nimmt Hegel den geistesgeschichtlichen Entwicklungsgang von der östlichen zur westlichen Menschheit, von der kulturbildenden Kraft der oberen (bildhaften) Sinne zu derjenigen der unteren (willenhafteren)[482] als gegeben hin, ja er verabsolutiert ihn, wie der Schluß der »Phänomenologie« zeigt. Es gibt hier weder Welt- noch Geistesgeschichte, die über die westliche Menschheit hinausginge. Um das zu zeigen wird nun gewissermaßen die Leiter, mit welcher wir den geistigen Höhepunkt der westlichen Kultur erklommen haben, weggeworfen. Systematisch gesagt: Es wird im Wesen Wissenschaft die letzte Bindung an die sinnliche Außenseite der Wirklichkeit aufgehoben, das letzte Einfallstor des »Sein für anderes« geschlossen.

Dieses Einfallstor ist das *geschichtliche Gegebensein* des Prozesses, in welchem innerhalb der geistigen Substanz die Kraft des sie übergreifenden Begriffes ausreift. Wenn also die Wissenschaft ihre begriffliche Autonomie vollenden will, dann muß sie auch die Zeitstruktur der Geschichte, aus der ihre reale Existenz hervorgeht, tilgen.[483] In der alten Weisheit gibt es bedeutsame Vorbilder für diesen Gedanken, so in dem von Hegel oft erwähnten Bericht vom Vogel Phönix, der sich jeweils nach mehreren hundert Lebensjahren einen Scheiterhaufen zusammenträgt, um sich darauf selbst zu verbrennen und sich dann aus der Asche verjüngt wieder zu erheben. Oder im Buch Prediger des Alten Testaments, wo gesagt wird, es gebe »nichts Neues unter der Sonne« (Prediger 1, 9 ff.), weil das vermeintlich Neue jeweils durch eine spirituelle Vertiefung des schon Vorhandenen zu deuten sei. Und wie ist es mit der Prophezeiung der Apokalypse des Johannes, daß in einer fernen Zukunft die irdische Zeit aufgehoben werde und nur noch die göttliche Zeit, die Ewigkeit, fortbestehe (Apk. 10, 6 f.)? Zu einer solchen Aussage muß auch die »Phänomenologie« kommen, wenn sie ihr Ziel der Läuterung der Seele zum Geist auf dem Wege der Selbsterfahrung der sinnlich-geistigen Strukturen der Substanz erreichen will.

So lange die Entwicklung der Wissenschaft noch in der Geschichte verläuft, ist dem philosophischen Begriff die geschichtliche Zeitstruktur vorgegeben: »Die *Zeit* ist der *Begriff* selbst, der *da ist*, und als leere Anschauung sich dem Bewußtsein vorstellt; deswegen erscheint der Geist ... so lange in der Zeit, als er nicht seinen reinen Begriff *erfaßt*, d. h. nicht die Zeit tilgt. Sie ist das *äußere* angeschaute vom Selbst *nicht erfaßte* reine Selbst, der nur angeschaute Begriff; indem dieser sich selbst erfaßt, hebt er seine Zeitform auf, begreift das Anschauen, und ist begriffnes und begreifendes Anschauen« (S. 429). Im Horizont der Empfindungs-seele, so sagten wir metaphilosophisch,[484] ist die Zeitstruktur in die Weltanschauung des Menschen eingetreten, weil die Gedanken sich jetzt in den Funktionsbildern der Sinne verfangen, aus denen sie nur mit einem gewissen Zeitaufwand (bei der Überwindung der ontologischen Differenz) wieder befreit werden können. Dieser Schritt wird zwar in der Reihe der von Hegel entwickelten Bewußtseinsgestalten immer kürzer, aber er entfällt endgültig erst dort, wo das Wesen der ontologischen Differenz selbst ins Dasein tritt. Auf dem Wege zu diesem Ziel erhält die Zeit ihre westlich geformte Richtung, nämlich als Fortschritt in der Selbsterkenntnis des Menschen. Dieser Fortschritt des Geistes, sagt He-gel, kann nur darin bestehen, »den Anteil, den das Selbstbewußtsein an dem Bewußtsein hat, zu bereichern, die *Unmittelbarkeit des Ansich*, – die Form, in der die Substanz im Bewußtsein ist, – in Bewegung zu setzen, oder umgekehrt, ... das was erst *innerlich* ist, zu realisieren und zu offen-baren, – d. h. es der Gewißheit seiner selbst zu vindizieren.«

Hegel spricht hier von den Funktionsbildern der Sinne, deren geistige Potenz er als »Geist« schlechthin bezeichnet. »Nihil est in intellectu, quod non prius fuerit in sensu«, hatte die sensualistische Philosophie des Kap. II.[485] gesagt. Die entsprechende These auf transzendentalphiloso-phischer Grundlage lautet, »daß nichts *gewußt* wird, was nicht in der

*Erfahrung* ist, oder wie dasselbe auch ausgedrückt wird, was nicht als *gefühlte Wahrheit, als innerlich geoffenbartes* Ewiges, als *geglaubtes* Heiliges, oder welche Ausdrücke sonst gebraucht werden, – vorhanden ist. Denn die Erfahrung ist eben dies, daß der Inhalt – und er ist der Geist – *an sich*, Substanz und also *Gegenstand* des *Bewußtseins* ist.«[486] Wenn man den Geist derart mit der geistigen Selbsterfahrung gleichsetzt, dann hängt die Aufhebung der Zeit davon ab, daß man die innere Entwicklung bis zu derjenigen Sinnesstruktur vorantreibt durch welche sich die Ganzheit der Sinnesorganisation und damit die Seinsart des ihr zugrundeliegenden menschlichen Wesensbereichs enthüllt: »Die vollendete gegenständliche Darstellung ist erst zugleich die Reflexion derselben oder das Werden derselben zum Selbst. – Eh daher der Geist nicht *an sich*, nicht als Weltgeist sich vollendet, kann er nicht als *selbstbewußter* Geist seine Vollendung erreichen. Der Inhalt der Religion spricht darum früher in der Zeit, als die Wissenschaft, es aus, was der *Geist ist*, aber diese ist allein sein wahres Wissen von ihm selbst« (S. 429 f.).[487]

Der mittlere Satz dieses Textes lautet in metaphilosophischer Übersetzung: Ehe nicht das Ganze der geistig-sinnlichen Potenz des Bildekräfteleibs denkend entwickelt worden ist, kann nicht das Subjekt dieser Entwicklung, die auf den Bildekräfteleib übergreifende Seele, sich ihrer wahren geistigen Natur bewußt werden. Um ein solches Bewußtsein geht es in der Philosophie seit dem Beginn der Neuzeit, seit Descartes die »unmittelbare *Einheit* des Denkens und *Seins*« (S. 430) ausgesprochen hat. Danach, so fährt Hegel fort, habe sich »das erste Lichtwesen *reiner*, nämlich als Einheit der Ausdehnung und des Seins« bei *Spinoza* gezeigt,[488] womit »im Gedanken die *Substanz* des Aufgangs wieder erweckt« worden sei (S. 430); vor dieser »*selbstlosen* Substantialität« (der reinen Bildekräftesphäre) sei dann der erkennende Geist wieder zurückge-»schaudert«, und er habe, nämlich im Nützlichkeitsdenken der Aufklärung und in der »absoluten Freiheit« die Individualität gegen sie behauptet. Erst in Kants Transzendentalphilosophie ist die Totalität der Gegenstandswelt im Denken aufgehoben, so daß jetzt das Selbst als ein ganzes der räumlichen Welt gegenübersteht, d. h. den Geist als »Einheit des Denkens und der Zeit«[489] erfaßt. »Oder Ich ist nicht nur das Selbst, sondern es ist die *Gleichheit des Selbsts mit sich*; diese Gleichheit aber ist die vollkommne und unmittelbare Einheit mit sich selbst, oder *dies Subjekt* ist ebensosehr *die Substanz*« (S. 430 f.).

Auf einer subjektlosen Substanz (einer »Substanz für sich allein« = Bildekräftesphäre ohne Lebewesen und Mensch) zu beharren, wie Spinoza, hieße allen Inhalt letztlich »in den leeren Abgrund des Absoluten zu werfen«, oder, wenn man sich von diesem abwendet, bei einem begrifflosen Pragmatismus zu landen, der alle Dinge nur gebraucht, ohne sich je zu fragen, woher ihre Unterschiedlichkeit kommt. Die Substanz ist vielmehr von Subjektivität durchdrungen, und zwar vom Selbst des Menschen, das sich aus ihr als denkender Geist herausarbeitet (S. 431). Und der Prozeß, in welchem das geschieht, entspricht der dialektischen Methode in ihrer logisch konzentrierten Form, oder eben der *kopernikanischen Wendung Kants* als der philosophischen Gestalt des Begriffssinnes. Der Geist, sagt Hegel jetzt, ist die »*Bewegung* des Selbsts, das sich seiner selbst entäußert und sich in seine Substanz versenkt, und ebenso als Subjekt aus ihr in sich gegangen ist, und sie zum Gegenstande und Inhalte macht, als es diesen Unterschied der Gegenständlichkeit und des Inhalts aufhebt.«

Ebenso wie am Ende der »Logik« das Denken in den Momenten der dialektischen Methode zusammengefaßt wird, erscheint auch der Geist der »Phänomenologie« an deren Ende als Produkt einer *methodischen* Bewegung, die sich hier freilich noch mit ihrer physiologischen Grundlage berührt. Aber sie ist doch von dieser schon unabhängig geworden, denn das Selbst hat mit der Ausschöpfung seiner sinnlich-geistigen Substanz sein Dasein in das Seelenwesen verlagert, also in das höhere Wesensglied, von dem aus es die Herrschaft über jene Substanz ausübt. Hierdurch kehrt sich nun das in der »Phänomenologie« erschlossene Weltbild um, – und zwar unmittelbar auch im Gegenstand des Kap. VIII., im Verhältnis von Lebens- und Begriffssinn. Das historisch *Letze* ist für die philosophische Methode das *Erste* und seine physiologische Grundlage, die parasympathische Nerventätigkeit, die tiefste Quelle, aus welcher die Hegel'sche Ontologie entspringt.

Deshalb heißt es nun im Anschluß an das oben Zitierte: »Jene erste Reflexion aus der Unmittelbarkeit ist das sich Unterscheiden des Subjekts von seiner Substanz, oder der sich entzweiende Begriff, das Insichgehen und Werden des reinen Ich. Indem dieser Unterschied das reine Tun des Ich = Ich ist, ist der Begriff die Notwendigkeit und das Aufgehen des *Daseins*, das die Substanz zu seinem Wesen hat, und für sich besteht. Aber das Bestehen des Daseins für sich ist der in der Bestimmtheit gesetzte Begriff und dadurch ebenso seine Bewegung *an ihm selbst*, nieder in die einfache Substanz zu gehen, welche erst als diese Negativität und Bewegung Subjekt ist.« Metaphilosophisch lauten diese drei Sätze: Mit der Einhüllung des menschlichen Ich durch die Empfindungsseele entsteht das Selbst als Unterscheidung zwischen dem denkenden und dem gedachten Geist (= »erste Unmittelbarkeit«);[490] diese Unterscheidung erhält Dasein, indem sich zwischen den denkenden und den gedachten Geist die Funktionsbilder der Sinne einschieben, deren Unterschiede und innerer Zusammenhang sich als Selbständigkeit der Welt vor den Menschen hinstellt (= »gesetzter Begriff«). Aber diese Realisierungsweise der Substanz ist selbst Inhalt eines der Sinnesbilder, nämlich des Begriffssinnes, bei dem der aktuelle Inhalt der Wahrnehmung in vollem Umfang selbst denkend hergestellt sein muß, um ein sinnlich Gegebenes zu sein (= »in der Bestimmtheit gesetzter Begriff«). Damit haben wir hier eine geistige Selbsterfüllung der sinnlichen Natur, aus welcher sich das philosophierende Subjekt als solches ganz zurückziehen kann: Sein »Wissen besteht ... in dieser scheinbaren Untätigkeit, welche nur betrachtet, wie das Unterschiedne sich an ihm selbst bewegt, und in seine Einheit zurückkehrt«.

## C. Die Wissenschaft als Einheit von Leben und Begriff des Geistes

In der zuletzt beschriebenen Form des »Wissens« kommt das Wesen der phänomenologischen Methode, nicht nur Hegels, sondern auch Husserls, Schelers, Heideggers, und nicht nur dieser europäischen Philosophien, sondern auch der entsprechenden östlichen Schulungsmethoden (z. B. des Zen) deutlich zum Ausdruck. Das Problem besteht darin, die Selbstlosigkeit als Erkenntnishaltung nicht so weit zu treiben, daß der Selbstheitsimpuls des Denkens, d. h. das Übergreifen der ichhaft denkenden Seele auf den Bildekräfteleib, verschleiert wird. Dieser

Selbstheitsimpuls ist zunächst in der konstruktiven Philosophie Descartes' und in der Wissenschaft der Aufklärung durchaus resolut ergriffen und in der Folge technologisch übertrieben worden. Mit Kants Transzendentalphilosophie setzte dann eine Gegenbewegung ein, deren Ziel zunächst darin bestand, den seelischen Selbstheitsimpuls durch die Selbsttätigkeit der bewußtseinsbildenden Prozesse, durch eine der physiologischen Natur des Menschen abgewonnene Logik zu ersetzen. Kants Nachfolger gehen hier Schritt für Schritt weiter vor, bis schließlich Hegel glaubt, den Stein des Weisen gefunden zu haben (S. 431–434): Im logischen Durchdringen der Totalität der physiologischen Prozesse, die der menschlichen Sinnestätigkeit zugrundeliegen, erschließt er das Dasein des von diesen Prozessen durchdrungenen Bildekräfteleibs (den wir insoweit »Empfindungsleib« nennen) als Wesensglied des Menschen so, daß die denkende Seele in ihrem Eigenwesen, als jene Leiblichkeit übergreifende Subjektivität, wieder ins Blickfeld rückt.

Aber in diesem ausschöpfenden Verfahren, diesem negativen Seelen- bzw. Gottesbeweis[491] tritt nun ein Hindernis auf. Bevor die wahre Autonomie der Seele begreifbar wird, müßte diejenige Sinnesstruktur geistig überwunden sein, die selbst einen autonomen Charakter trägt, insofern sie aus dem Antagonismus des sympathischen und parasympathischen Nervensystems stammt. Die Wahrnehmungen des Lebens- und Begriffssinnes decken an sich nur einen Teil des Sinnesspektrums ab, sind also nicht das Ganze, aber da sie sich in der kindlichen Entwicklung zueinander komplementär verhalten, können sie, je weniger diese Entwicklung im Erwachsenendasein ausgereift ist, um so mehr auch als Hersteller der Ganzheit der inneren Organisation erscheinen, d. h. diejenige Rolle übernehmen, welche nach dem Ansatz der negativen Theologie eigentlich der Seele (bzw. Gott) zugedacht ist.

Weil Hegel diese Verwechslung nicht durchschaut, bemüht er sich, die ihr zugrundeliegende Nerventätigkeit in den Rang des Absoluten zu erheben. »Der Inhalt ist nach der *Freiheit* seines *Seins* das sich entäußernde Selbst oder die *unmittelbare* Einheit des sich selbst Wissens« (S. 432), d. h. der Inhalt der Kap. I. bis VII. hat sein Dasein als Gedankengehalt der Welt aus der fortschreitenden Entwicklung des Selbsts der Sinne erhalten, was nun in der Wahrnehmungsart des Lebenssinnes als

Ganzheit erscheint. »Die reine Bewegung dieser Entäußerung macht, sie am Inhalte betrachtet, die *Notwendigkeit* desselben aus«, d. h. als Gliederung des Inhalts in den Stufen I. bis VII., deren Gliederungsprinzip durch den Begriffssinn wahrgenommen wird. »Der verschiedne Inhalt ist als *bestimmter* im Verhältnisse, nicht an sich, und (ist) seine Unruhe, sich selbst aufzuheben, oder die *Negativität*; also ist die Notwendigkeit oder Verschiedenheit, wie das freie Sein, ebenso das Selbst, und in dieser selbstischen *Form*, worin das Dasein unmittelbar Gedanke ist, ist der Inhalt *Begriff*. Indem also der Geist den Begriff gewonnen, entfaltet er das Dasein und Bewegung in diesem Äther seines Lebens,[492] und ist *Wissenschaft*.«

Für Hegel ist damit der schon in der »Einleitung« anvisierte Punkt erreicht, an welchem der Schulungsweg der Mysterien in das Wissen des Eingeweihten übergeht. In der »Wissenschaft« stellen sich die Momente der Bewegung des Geistes »nicht mehr als bestimmte *Gestalten* des *Bewußtseins* dar, sondern indem der Unterschied desselben in das Selbst zurückgegangen, als *bestimmte Begriffe*, und als die organische in sich selbst gegründete Bewegung derselben.« Weil in der Wissenschaft »das Moment (sc. als dialektische Methode) die Form des Begriffs hat, vereinigt es die gegenständliche Form der Wahrheit (sc. den ontolgischen Gehalt der Funktionsbilder der Sinne) und des wissenden Selbsts in unmittelbarer Einheit.« Die inhaltliche Entwicklung dieser Wissenschaft ergibt sich daher nicht mehr aus den subjektiven Erfahrungen des Bewußtseins, sondern die Fortbewegung des Begriffs »hängt allein an seiner reinen *Bestimmtheit*«, also an der Erkenntnis der ontologischen Reichweite der jeweiligen Kategorie,[493] die aus ihrer objektiven Begrenztheit heraus zur begrifflichen Grenzüberschreitung nötigt. »Umgekehrt entspricht jedem abstrakten Momente der Wissenschaft eine Gestalt des erscheinenden Geistes überhaupt.« Diese letzte These enthält das Programm eines wissenschaftlichen Systems der »Logik«: Jedem Kapitel der »Phänomenologie« soll eine logische Kategorie entsprechen, ein Postulat aus der Systemperspektive des Jahres 1807, das sich, wie wir schon in unserer Einleitung sahen, vom Standpunkt des späteren Systems aus nicht mehr erfüllen läßt.[494]

Die Ausarbeitung der »Phänomenologie« war eben auch für Hegel selbst derjenige Entwicklungsprozeß, welcher in ihm die antagonistische Verflechtung des Vegetativums relativierte und den Begriffssinn als selbständiges Wesen aus der ganzheitlichen Wahrnehmungsweise des Lebenssinnes hervortreten ließ. Aber diese Differenzierung geht nicht weit genug. Sie bleibt an ihre historische Entstehung, an den Emanzipationsprozeß in der Reihe der Gestalten des Bewußtseins insofern gebunden, als der innere Rhythmus dieses Prozesses auch für die Bewegungsweise des Entstandenen, die Methode des reinen Begriffs, gelten soll. Hegel hält also *auch* am Antagonismus des Vegetativums fest, er sucht nach einer Kraft, um das Leben und den Begriff des Geistes in der sinnlichen Sphäre unmittelbar zu verbinden. Hier stößt er auf den Tastsinn, der in seiner Doppelnatur als Mitwahrnehmer aller anderen Sinneswahrnehmungen und als physisches Sinnesorgan für sich jene letzte Differenz auffangen kann. Dementsprechend ist der Krönungsakt des Ganzen der »*Phänomenologie*« als eine nostalgisch-makabre Szenerie aufgebaut, in welcher die innovative Kraft des seine Geschichte gestaltenden Geistes rückblickend entkräftet und in ein Feld toter Substanzformen, die »Schädelstätte des Geistes«, verwandelt wird. Die philosophische Gestalt, welche diese Entkräftung, dieses Verklingen des Geistes im kosmisch-künstlerischen Echo seiner selbst repräsentiert, ist *Schelling*.[495] Insofern jedoch im spekulativen Verklingen zugleich die klareren Töne des ding- und gesetzesorientierten Bewußtseins (Kap. I. bis III.) zum Erklingen[496] gebracht werden, heißt die Gestalt des »absoluten Wissens« *Hegel*.

Philosophisch gesehen geht es jetzt darum, auch den letzten dem Sichselbstbegreifen des Geistes noch anhaftenden Zwiespalt aufzuheben. Wenn wir sagen, daß im Funktionsbild des Begriffssinnes die ontologische Differenz als solche Realität erhält, dann ist damit in diesem Begriff die sinnliche Wahrnehmungsweise überhaupt verschwunden. Der Begriffssinn ist aber auch Sinnesorgan, d. h. er hat einen Wahrnehmungsinhalt, den er durch den synästhetischen Eingriff des Tastsinnes, welcher die Reflexion in der Empfindungsseelentätigkeit selbst ist, zur sinnlichen Anschauung bringt. Und während das denkende Ich sich mit jenem Begriff unmittelbar *geistig* vereint, kommt es in der Anschauung zur unmittelbaren *sinnlichen* Einheit mit seinem Objekt, worin sein Wis-

sen von sich selbst, sein Selbstbewußtsein, auflebt. Und dieses Herabsteigen des Geistes in die bloß sinnliche Gewißheit erscheint jetzt, nachdem wir den begrifflichen Aufstieg von dort bis zum seienden Begriff
kennen, als seine eigene freie geistige Tat: »Denn der sich selbst wissende Geist, eben darum daß er seinen Begriff erfaßt, ist er die unmittelbare Gleichheit mit sich selbst, welche in ihrem Unterschiede die *Gewißheit vom Unmittelbaren* ist, oder das *sinnliche Bewußtsein,* – der Anfang
von dem wir ausgegangen; dieses Entlassen seiner aus der Form seines
Selbsts ist die höchste Freiheit und Sicherheit seines Wissens von sich.«

Doch liegt auch in dieser Entäußerung noch nicht die volle Freiheit;
»sie drückt die *Beziehung* der Gewißheit seiner selbst auf den Gegenstand aus« (S. 433), der in dieser Beziehung unfrei bleibt, da er hier nur
unter der Bedingung seines geistigen Wiederaufstieges in die sinnliche
Welt entlassen wird. Auch darüber muß der Geist also noch hinausgehen: »Das Wissen kennt nicht nur sich, sondern auch das Negative seiner selbst, oder seiner Grenze. Seine Grenze wissen heißt, sich aufzuop-
fern wissen. Diese Aufopferung ist die Entäußerung, in welcher der
Geist sein Werden zum Geiste, in der Form des *freien zufälligen Geschehens* darstellt, sein reines *Selbst,* als die *Zeit* außer ihm, und ebenso sein
*Sein* als Raum anschauend.« Das absolute Wissen weiß, daß es in der
Form des Wissens nicht die ganze Wirklichkeit ist, aber es weiß auch,
daß die ganzheitliche Form, in der es sich Dasein gibt, die Seinsweise der
Wirklichkeit bestimmt.[497]

Aus der Selbsterkenntnis der Grenzen des absoluten Wissens geht also
die exoterische Seite der Selbstproduktion des Geistes überhaupt, das
reale raum-zeitliche Dasein der Welt hervor. Und zwar so, daß der Geist
diese frei spielende Seite seines Seins im Raum als *Natur* und in der Zeit
als *Geschichte* darstellt. Die Gründe der realen Existenz von Natur und
Geschichte gehören selbst nicht mehr zum Inhalt der phänomenologischen Entwicklung, sondern sind deren Voraussetzung, gewissermaßen
die beiden Säulen, welche den Bühnenraum des Dramas abgrenzen und
damit die Realisierung des letzteren ermöglichen. So gesehen ist die
Natur die reine spinozistische Substanz, natura naturans[498] als »lebendiges, unmittelbares Werden (des Geistes); sie, der entäußerte Geist,
ist in ihrem Dasein nichts, als diese ewige Entäußerung ihres *Bestehens*

und die Bewegung, die das *Subjekt* herstellt.« Was aber ist dann die
Geschichte? Wie verhält sie sich insbesondere zur gewordenen Natur,
natura naturata?

Vom Standpunkt der Selbstproduktion des Geistes aus gesehen ist die
Geschichte die »andere Seite ... seines Werdens, ... das *wissende* sich
*vermittelnde* Werden – der an die Zeit entäußerte Geist; aber diese Entäußerung ist ebenso die Entäußerung ihrer selbst; das Negative ist das
Negative seiner selbst.« Die Natur wird begriffen als das Bestehen ihres
Seins im Werden, die Geschichte als das Verschwinden dieses Werdens
im Gewordensein. Beide Gedanken erreichen die inspirative Ebene des
Denkens, denn sie entspringen der Unterdrückung ihres Bildgehalts
durch den reinen Begriff. Die Natur ist die ewige Wiederkehr des Gleichen (des Typus), die Geschichte ist ein ewiges Zurückkehren des Geistes in sich selbst als in die reine Form seiner Begrifflichkeit, wobei
Phasen der chaotischen Zerstreuung und des Verlusts des Prinzipiellen
an die Zufallsindividualität nur als ein wechselndes Oberflächenspiel
auf der sich selbst tragenden Gestalt des Ganzen erscheinen.

Dies bringt Hegel nun in der kurzen Skizze zum Ausdruck, die er vom
exoterischen Verlauf der Geistesgeschichte entwirft. Das Grundmuster
liegt in der Folge der Entwicklungsstufen, welche wir in Kap. I. bis VIII.
als esoterische durchgemacht und dabei gedanklich radikalisiert haben.
In der Zeit aber verläuft die Entwicklung so, daß das Selbstbewußtsein
jeweils von seiner historisch bestimmten Stufe aus den ganzen Inhalt des
Geistes zum Gegenstand seines Bewußtseins macht, daß es z. B. im Ver-
standesseelenzeitalter seine spezifische Vernunft, Moralität, Religion
usw. entwickelt, bzw. sich des Geistgehalts der entsprechenden sinnlichen Funktionsbilder bemächtigt. »Dies Werden stellt eine träge Bewegung und Aufeinanderfolge von Geistern dar, eine Galerie von Bildern,
deren jedes mit dem vollständigen Reichtume des Geistes ausgestattet,
ebendarum sich so träge bewegt, weil das Selbst diesen ganzen Reichtum
seiner Substanz zu durchdringen und zu verdauen hat. Indem seine
Vollendung darin besteht, das was *er ist,* seine Substanz, vollkommen zu
*wissen,* so ist dies Wissen sein *Insichgehen,* in welchem er sein Dasein
verläßt und seine Gestalt der Erinnerung übergibt. In seinem Insichgehen ist er in der Nacht seines Selbstbewußtseins versunken, sein ver-

schwundnes Dasein aber ist in ihr aufbewahrt; und dies aufgehobne Dasein, – das vorige aber aus dem Wissen neugeborne, – ist das neue Dasein, eine neue Welt und Geistgestalt« (S. 433).

Dadurch entsteht in der Geschichte der Schein, als fange jede Epoche ihr geistiges Leben »unbefangen von vorn bei ihrer Unmittelbarkeit an ...«, und habe alle vorher gemachte Erfahrung vergessen.[499] »Aber die *Er-Innerung* hat sie aufbewahrt und ist das Innre und die in der Tat höhere Form der Substanz. Wenn also dieser Geist seine Bildung, von sich nur auszugehen scheinend, wieder von vorn anfängt, so ist es zugleich auf einer höhern Stufe, daß er anfängt. Das Geisterreich, das auf diese Weise sich in dem Dasein gebildet hat, macht eine Aufeinanderfolge aus, worin einer den andern ablöste, und jeder das Reich der Welt von dem vorhergehenden übernahm.« Hegels Ausdrucksweise bewegt sich sicher nicht zufällig in der Nähe der in Luk. 4, 5 ff. geschilderten Szene, wo der Geist den fastenden Jesus versucht, indem er ihm »in einem Augenblick alle Reiche dieser Welt« zeigt, und sie ihm gegen eine entsprechende Huldigung zu übergeben verspricht. Dieses Angebot, vom spekulativen Geist wiederholt, wird hier von der philosophischen Wissenschaft angenommen, und zwar mit der Folge, daß es für sie nichts Neues unter der Sonne mehr geben kann. Jene Aufeinanderfolge der Gestalten des Geistes braucht keine Zukunft, weil sie ihre Weisheit aus dem seit dem Urbeginn wirkenden Geist der Welt schöpft und darin Genüge findet: »Ihr Ziel ist die Offenbarung der Tiefe, und diese ist *der absolute Begriff*; diese Offenbarung ist hiemit das Aufheben seiner Tiefe oder seine *Ausdehnung*, die Negativität dieses insichseienden Ich, welche seine Entäußerung oder Substanz ist, – und seine *Zeit*, daß diese Entäußerung sich an ihr selbst entäußert und so in ihrer Ausdehnung ebenso in ihrer Tiefe, dem Selbst ist.«

Und nachdem es Hegel mit der Dialektik der Selbstbegrenzung gelungen ist, auch das freie Hervorsprudeln der Geschichte dem Selbst einzuverleiben, also auch diese Quelle des Seins für Anderes – d. h. auch für Zukünftiges, jetzt noch Unbegreifliches, zu verstopfen, ist zum Schluß seine Huldigung an den Geist fällig, welcher eine solche Inspiration zu geben vermag: »*Das Ziel*, das absolute Wissen, oder der sich als Geist wissende Geist hat zu seinem Wege die Erinnerung der Geister,

wie sie an ihnen selbst sind und die Organisation ihres Reiches vollbringen. Ihre Aufbewahrung nach der Seite ihres freien in der Form der
Zufälligkeit erscheinenden Daseins, ist die Geschichte, nach der Seite
ihrer begriffnen Organisation aber die *Wissenschaft* des *erscheinenden
Wissens*; beide zusammen, die begriffne Geschichte, bilden die Erinnerung und die Schädelstätte[500] des absoluten Geistes, die Wirklichkeit,
Wahrheit und Gewißheit seines Throns, ohne den er das leblose Einsame wäre; nur –

> aus dem Kelche dieses Geisterreiches
> schäumt ihm seine Unendlichkeit« (S. 434 f.).

Die beiden abschließenden Zeilen stammen aus Schillers theosophi-
schem Gedicht »Freundschaft«,[501] in welchem die Kosmogonie als ein
Akt des Weltgeistes geschildert wird, der sich in seiner Selbstentäuße-
rung die Grundlage einer Höherentwicklung seines Wesens schafft und
dadurch gewissermaßen der kosmischen Freudlosigkeit und Langeweile zu entgehen sucht. Aber ist es berechtigt, die Idee einer Evolution
der göttlichen Welt selbst mit der Methodik der negativen Theologie zu
begründen? Das Resultat zeigt sich in der »Phänomenologie«, über die
wir nun mit unserer metaphilosophischen Fragestellung hinausgehen:
Welcher Art ist der Prägevorgang, der die Er-Innerung ihrer Zukunftsdimension beraubt, sie zur »Schädelstätte des absoluten Geistes«
macht? Darauf ist zunächst zu antworten, daß eine solche Lähmung
vermieden wird, wenn wir Philosophie nicht vom ontologischen, sondern vom erkenntnistheoretischen Standpunkt aus betreiben, also unser
Erkennen darauf einstellen, der je aktuellen Wahrnehmung den ihr
zugehörigen Begriff zuzudenken und dieses Denken in der Form des
Urteils »x ist A« auszudrücken.[502] Geht man dagegen von der Frage nach
dem Sein des Seienden aus (oder, wie Hegel in der »Phänomenologie«,
auf diese Frage zu), dann wendet man den Gedankengang auf die innere
Seite des Seins, auf das Verhältnis von Seele und Ich zu den Funktionsbildern der Sinne. Auch hier bleibt das Ich geistig lebendig, so lange es
den vorgefundenen Geistgehalt urteilend denkt und in Begriffen ausdrückt. Aber diese Tätigkeit hinterläßt immer auch ihre Spuren im Bildekräfteleib, sie ist als Denken zugleich reflektierende Ausfüllung der

Funktionsbilder der Sinne, die im Lauf der Zeit bis in die physischen Bahnungen des Zentralnervensystems hinein durchschlägt. Daraus entsteht, wie Hegel schon in seiner »Einleitung« zeigt,[503] das Selbstbewußtsein des Menschen als von der philosophischen Wissenschaft in der Stufenfolge seiner Entwicklung begriffenes. Wir sahen, daß sich diese Entwicklung aus einer ihr immanenten Logik, aus der Selbstbewegung des »Begriffs« ergibt, die in jedem der Sinnes-Funktionsbilder als Impuls zur Überwindung seiner je spezifischen ontologischen Differenz lebt. Aber wieviel von diesem geistigen Leben vermag der philosophische Begriff festzuhalten?

Hegels Bild am Ende der »Phänomenologie« gibt hier eine klare Antwort. Die Philosophie zeigt uns jene Gestalten des Geistes nur als erschlagene, d. h. in unserem Bildekräfteleib niedergeschlagene, weil wir ihnen in unserem wissenschaftlichen Erkenntnisdrang nur so begegnen, weil wir nur ihrer reflektierten Form gegenüber unser Ichbewußtsein aufrechterhalten können. So lange diese Grenze besteht, so lange das Ich sich nicht zu einem Denken bereit macht, das ein selbstloses Eintauchen in die rein geistige Gedankenwelt ist, so lange vermag es aber den inneren Zusammenhang jener von ihm reflektierten Geistgestalten nicht in seinem vollen Umfang zu erkennen. Kein noch so lebendiges Begreifen der Evolutionsreihe der Begriffsschädel kann in diese das Leben zurückbringen, welches sie auf der Schädelstätte des Geistes verloren haben. Deshalb verhält sich die begrifflich wiederbelebte zu der wahrhaft lebendigen Gestalt des Geistes gerade so wie die Systembildung der Hegel'schen Philosophie zum wahren Wesen des Menschen. Und wir haben zu fragen, was der Grund des Bestehens der Grenze zwischen beiden ist.

Diese Grenze besteht, wie wir sahen, in der Unkenntnis der wahren Natur unseres Sinneswesens. Also muß es einen Grund für diese Unkenntnis im Sinneswesen selbst, d. h. es muß eine spezifische Sinnlichkeit geben, deren einziger Inhalt die Negation des geistigen Moments in der Außenwahrnehmung, und dessen Verwandlung in Selbstwahrnehmung ist. Das vollbringt der Tastsinn, welcher die Wahrnehmungen aller anderen Sinne synästhetisch ergreift, um in ihnen das Bewußtsein des eigenen Leibseins zu aktualisieren. Die seelische Disposition dazu

kommt aus der Empfindungsseele, die als »sinnliche Gewißheit« alle
geistigen Inhalte erfaßt, aber damit eben nicht, wie Hegel meint, nur der
Verpflanzung jener Inhalte vom Himmel auf die Erde dient. Vielmehr
vollzieht sich zugleich mit dieser Verpflanzung eine Reflexion des lebendigen Geistes in die knöchernen Gedankenformen, in denen er unser Selbstbewußtsein stabilisiert. Und der Gott, welchen Hegel am Ende
der »Phänomenologie« auf den Thron erhebt, ist nicht derjenige, welcher den lebendigen Zusammenhang der Gedankenformen schafft,
sondern vielmehr derjenige, welcher ihr lebendiges Geistsein abtötet
und das Abgetötete wiederum in die Form autonomer Wissenschaftlichkeit bringt. Das entspricht der wahren Natur unseres Denkens mit dem
physischen Gehirn, das auf einer Vernichtung von Nervensubstanz beruht und von daher die verschiedenen Prägungen unserer Gedankenorganisation hervorbringt. Wenn der Tastsinn uns eine echte Sinneswahrnehmung vermittelte, dann wäre es diese stille Vernichtungsarbeit,
worin er sich selbst als das Wesen des Nichts zeigte, das er in Wahrheit
ist.[504]

# Nachwort:
## Die Bedeutung der »Phänomenologie des Geistes« für das wissenschaftliche Erkennen in Gegenwart und Zukunft

Aus unserer Darstellung ergibt sich, daß Hegel den Titel seines Werkes eigentlich noch ein weiteres Mal hätte ändern und es »Phänomenologie der Substanz« nennen müssen. Nicht der freie Mensch, sondern die Substanz soll Subjekt werden, wie er selbst sagt. Wir wissen nun etwas genauer, was das heißt. Philosophisch handelt es sich darum, den Geist der Natur (die spinozistische »Substanz«) auch im Geistesleben des Menschen geltendzumachen und den das letztere inspirierenden Wesen (den Musen der Wissenschaft, Kunst und Religion) eine aus jener Substanz fließende Lebenskraft zu verleihen. Hegel ist insofern stets mehr platonischer Weltanschauungsphilosoph als aristotelischer Erkenntnistheoretiker geblieben, und hat seine frühe These, die Philosophie müsse mit der Religion aufhören,[505] im Grunde nur dadurch modifiziert, daß er die Philosophie zur Religion machte. Jeder menschliche Gedanke überhaupt, so sagt er in der »Phänomenologie«, gehört durch die Art, wie er gedacht wird, einem bestimmten Geisteskreis an, der für den Menschen, welcher darin lebt, jeweils auch einen weltanschaulich-religiösen Charakter annehmen muß. Während nun in der einzelnen Biographie gewöhnlich nur *ein* solcher Kreis ausgelebt und ein Befreiungsakt bestenfalls darin gefunden wird, die Grenzlinie zu einem zweiten hin zu überschreiten, zielt die Philosophie darauf ab, den ganzen Kreis der möglichen Geisteskreise oder Weltanschauungen zu durchdringen. Sie legt die »Siebenmeilenstiefel« des Begriffs[506] an, d. h. sie dringt mit der begrifflichen Radikalisierung und Verdichtung der dialektischen Methode in die Substanz ein und findet in deren geistiger Tiefe den »Kreis der Kreise« vorgegeben. Geistige Freiheit erstrebt der Mensch hier nicht mehr in der Ablösung von den natürlichen Bedingungen des Denkens,

sondern dadurch, daß er die in dem letzteren verborgene spirituelle
Notwendigkeit erkennt und im philosophischen System zusammenfaßt.
Der Wahrheitsgehalt dieses Ansatzes tritt von unserem metaphilosophischen Standpunkt aus noch klarer hervor. Dazu bedarf es allerdings
des Mutes, den überkommenen Begriff der Substanz aus seiner spirituellen Distanz herauszuholen und ihn in das Menschenwesen selbst zu
verpflanzen, d. h. ihn als aus der allgemeinen Bildekräftesphäre heraus-
gegliederten Bildekräfteleib des Menschen zu begreifen. In dieser
Ebene des leiblichen Seins, so sagt die anthroposophische Menschenkunde, findet die Gedankenorganisation des Menschen überhaupt und
jedes einzelnen ihren Halt und ihre Kontinuität, d. h. es geschieht hier
dasjenige wirklich, was Hegels »Phänomenologie« als Eingliederung
des einzelnen Gedankens in die ihn tragende Weltanschauung philosophisch darstellt. Mit einer solchen Gegenüberstellung von »wirklich«
und »philosophisch« tritt nun aber ein schwieriges Problem auf, in dessen Lösung die Hauptaufgabe unserer Darstellung bestand. Wir mußten die Unterscheidungsmerkmale der verschiedenen hier in Betracht
kommenden Weltanschauungen auf derjenigen geistigen Ebene suchen, auf welcher sie zugleich philosophisch und metaphilosophisch
begreifbar sind, auf der sie sowohl als Prinzipien der verschiedenen
philosophischen Systeme, wie auch als Gestaltbilder der verschiedenen
Gedankenorganisationen im Bildekräfteleib des Menschen wirken.
Und wir fanden das Gesuchte im menschlichen Sinneswesen, das als
physiologische Potenz dem Bildekräfteleib angehört, aber dort auch in
seiner logischen Form ergriffen und als philosophischer Begriff gewissermaßen von innen her in den Horizont des Bewußtseins gebracht werden kann. Die von Hegel entwickelten Wesen der philosophischen Weltanschauungen sind nichts anderes als die begrifflich ausgefüllten Funktionsbilder der menschlichen Sinne, und damit nicht etwa Hirngespin-
ste, sondern geistige Realitäten, durch die wir vor schwierige, ja schick-
salhafte erkenntnistheoretische Fragen gestellt werden.

Führt der dialektische Weg durch die inneren Strukturen des Selbsts
auch aus diesem Bereich heraus oder ist er eine Sackgasse? In einem von
Hegel gebrauchten Bild: Gelingt es dem Maulwurf, der sich unter der
Erde von Höhle zu Höhle durchgräbt, schließlich doch, an die Oberflä-

che zu kommen und sein Werk im Licht der Sonne zu begreifen?[507] Und wenn dies nicht gelingt, wenn Hegels »Begriff« in eine Erlösungs-Illusion hineinführt, was folgt daraus für den Wahrheitsgehalt der übrigen in der »Phänomenologie« entwickelten Gedanken? Es folgt daraus, daß Methode und Inhalt um so mehr zusammenstimmen, je weiter der Gedankengang von der religiösen Dimension des »absoluten Wissens« entfernt bleibt. In den Kapiteln I. bis III., wo die Konstitution des Bewußtseins überhaupt dargestellt ist, wo sich auch in der entsprechenden Wissenschaft (der unorganischen Natur) nur andeutungsweise eine weltanschaulich-religiöse Dimension geltendmacht, sind die von Hegel entwickelten Begriffe (des Dings und seiner Eigenschaften, der Gesetzmäßigkeit usw.) voll gültig. Dasselbe gilt für die Beschreibung der Konflikte bei der Realisierung des Selbstbewußtseins in Kap. IV. Demgegenüber ist es schon problematischer, wie sich in Kap. V. A. die wissenschaftliche Begrifflichkeit der organischen Welt darstellt. Hier geht Hegel im Grunde nicht auf die Goethe'sche Methode der Naturwissenschaft ein, sondern entwickelt seine Begriffe des Organismus, der Evolution usw. einseitig unter dem Gesichtspunkt, daß daraus keine haltbare Weltanschauung entstehen kann (was er dann in Kap. V. B. und C. auch unmittelbar thematisiert). Dabei wird die Naturwissenschaft nicht als geistige Erkenntnisaufgabe, sondern nur von der substantiellen Seite her aufgefaßt, d. h. von der spezifischen Sinnlichkeit her, die hier allerdings in eine wirklichkeitsgemäße Begriffsbildung mit einfließen muß, aber eine ganz andere Bedeutung hat, wenn sie zum Hauptthema wird.

Noch stärker zeigt sich diese Spaltung im »Geist«-Kapitel (VI.), wo Hegel den Gedankengehalt des Gleichgewichtssinnes zum Gegenstand des Erdenlebens, nämlich der Gesellschaftsverfassung, macht. So tief er jenen Gedankengehalt auffaßt, so sehr verfälscht er ihn jedoch zugleich, indem er ihn in die Perspektive seiner These stellt, daß keine soziale Organisationsform denkbar sei, in welcher er sich als absolut *lebensfähig erweise*, das heißt (für Hegel), in welcher er absolute *Geltung habe*. Entsprechend wird in Kap. VII. mit dem Wesen der Religion verfahren, dessen höchste Entwicklungsstufe (VII. C.) hier als Versinnlichung des Christentums zum höheren Ruhm der Philosophie erscheint. Auch dabei ist der philosophische Begriff (des Eigenbewegungssinnes) zwar tief und weisheitsvoll, aber er hängt nur mit den irdischen Erscheinungsformen der Religion zusammen und hat nichts mit dem göttlichen Wesen zu tun, mit welchem die religiöse Individualität sich verbindet. Wie Hegel schließlich in Kap. VIII. das »absolute Wissen« begreift, hat für uns ebenfalls primär einen physiologisch-geistigen Erkenntniswert, während es die Fragestellung der philosophischen Ontologie in eine Sackgasse führt. »Gibt es« ein Sein des Seienden außerhalb des Wahrnehmung und Begriff verbindenden und sich auf diesem Erkenntnisweg immer weiter in seine Welt hineinarbeitenden Menschen? Wenn man philosophisch nach jenem Sein fragt, dann vertieft man sich nicht in die Welt, sondern in die Formen des Selbsts, und man wird diese schließlich vergöttlichen, von der Ontologie zur Ontotheologie übergehen. Eben das tut Hegel, indem er aus dem »*absoluten Wissen*« das philosophische System als Verkörperung des *absoluten Seins* hervorgehen läßt. Aber die Weise, in welcher das in der »Phänomenologie« geschieht, zeigt uns, was es mit der ontologischen Fragestellung überhaupt auf sich hat.

Metaphilosophisch betrachtet entspringt die letztere der dumpfen Selbstwahrnehmung, welche aus den Bereichen des Gleichgewichts-, Eigenbewegungs-, Lebens- und Tastsinnes stammend, die bildhafthelleren Wahrnehmungen der oberen Sinne begleitet und sich durch sie den Charakter einer selbständigen (primären) Qualität der Dinge erschleicht.[508] Wir sahen, daß Hegel diese bewußtseinlähmende Täuschung der Dingheit in den ersten Kapiteln der »Phänomenologie« gedanklich durchdringt, daß er sie als Selbstverdinglichung im Zusammenspiel mit der Weltbeziehung des Menschen begreift und sie so zunächst ihrer Tendenz zur ideologischen Selbstüberhöhung entkleidet. In den späteren Kapiteln wird dieses Verfahren jedoch problematischer, weil hier die behandelten Gegenstände geistiger sind, bzw. sich nur unter Inkaufnahme geistiger Defizite in den Rahmen des dinglichen Selbst spannen lassen. Aber Hegel hat auch dafür eine Lösung. Er sammelt sozusagen die im begrifflichen Stufengang von Kap. I. bis VII. zunehmend anfallenden Defizite des Geistes unter zwei kategorialen Gesichtspunkten, die er dann in Kap. VIII. als die zwei Säulen des absoluten Wissens aufrichtet, welche jede für sich noch als eine letzte sinnlich bedingte Einseitigkeit erscheinen, die aber in ihrer komplementären

Beziehung den absoluten Geist als höchsten Gegenstand hervorbringen. Die Ontotheologie erzeugt sich am Ende neu, indem sie alle Abweichungen von sich systematisch zusammenfaßt und sie in der zeitlosen Dimension des reinen Selbstseins begrifflich festhält. Unsere metaphilosophische Deutung schreckt aber auch vor dieser Apotheose nicht zurück: Für uns ist der Gegenstand des »absoluten Wissens« die inhaltlose Nervosität, die reine stoffvernichtende Nerventätigkeit als solche, die als reine Selbstwahrnehmung innerlich ertastet und im Genuß dieser Selbst-Sinnestätigkeit in den Rang des Göttlichen erhoben wird.

Was ergibt sich nun daraus für die Wissenschaftstheorie der Gegenwart und Zukunft? Die Gedanken der »Phänomenologie« sind den irdischen Wesensgliedern des Menschen entnommen und haben deshalb nur einen für die irdische Welt geltenden Inhalt. Immer wenn Hegel vom »Geist« redet, meint er die Formen, in denen sich der Geist im Leben ausdrückt und verfestigt, nicht dagegen dasjenige, was der Mensch in der geistigen Intuition seines Denkens ergreift und neu in die Welt hineinträgt. Jene Formen sind letztlich nur die Instrumente und Träger des Geistes, die als solche zu dem Naturkapital gehören, welches der Menschheit aus der Vergangenheit zukommt. Es hängt alles davon ab, daß wir lernen, diese Trennungslinie richtig zu ziehen. Auch die Natur ist zwar Geist, aber für den Menschen ist sie die zukunftlose Wiederkehr des Gleichen, die er in der Entwicklung seines individuellen Geistes überwinden muß. Und der Ort dieser Überwindung ist die menschliche Sinnesorganisation, in welcher der Geist der Natur die wirksamsten Anlagen zur Verteidigung seiner Reichsautonomie geschaffen hat. Dieser Macht, der Selbsterhebung in der intellektuellen Anschauung der »Reiche der Welt« (Luk. 4, 5 ff.), ist auch Hegel, wie die meisten Philosophen vor ihm, am Ende unterlegen.

Aber vor dieser Kapitulation hat er gekämpft und im Gedankengang der »Phänomenologie« dem Gegner den Schlüssel zu seinem Geheimnis entrissen. Stört es uns, daß Hegel schließlich nicht mehr dazukam, die Tür auch wirklich aufzuschließen? Eine solche Kritik ist nur demjenigen erlaubt, der sie auf eine gedankliche Grundlage zu stellen vermag. Sie setzt also voraus, daß wir dem folgenden Gedanken standhalten können: Die Tür, welche für Hegel verschlossen blieb, hätte sich von

selbst geöffnet, wenn er dasjenige, was er für den Schlüssel hielt (den im
»absoluten Wissen« gehärteten »Begriff«) vielmehr in die Peripherie
der Gestalten des Bewußtseins eingereiht hätte, um in dem so vervoll-
ständigten Kreis der menschlichen Sinne die leibliche von ihrer geistigen Qualität richtig zu unterscheiden. Dazu bedarf es einer doppelten
Entflechtung, nämlich des »absoluten Wissens«, um daraus die Qualitäten des Lebens- und des Begriffssinns zurückzugewinnen, sowie der
dialektischen Methode, um die in ihr eingeschlossenen spirituellen Potenzen des Hör- und des Lautsinnes freizusetzen. Gegen diese Entflechtung arbeitet der Tastsinn, der den Menschen zur intellektuellen Involu-
tion, zum Ertasten des Geistes in der Selbstheit (in den physiologischen
Funktionsbildern der Sinne) treibt. Diese Tendenz ist theoretisch so zu
überwinden, daß wir im *Tasten* das Prinzip der Versinnlichung des Geistes überhaupt erkennen und verselbständigen, d. h. *als Tastsinn* neben
die anderen Sinne stellen. In Wirklichkeit aber kann der Kreis der zwölf
Sinne in seiner Vollständigkeit nur dort erscheinen, wo sein Mittelpunkt
aus der Kraft der Menschenliebe erschlossen und als das Wesen dieser
Liebe praktisch erfahren wird.

Es ist jedoch nicht notwendig, dieses Ziel von Anfang an vollständig
vor Augen zu haben. Wir machen uns auf den Weg dazu, indem wir,
durch unsere jeweilige Wahrnehmung angeregt, denkend Begriffe bilden, welche den Anteil der leiblichen Natur an den Funktionsbildern
unserer Sinne ausschalten und deren geistige Seite festhalten. Das hat
Hegels Philosophie in viel höherem Maße geleistet als man gewöhnlich
glaubt. Aber diese Leistungen sind für uns nicht als wohlfeile »Ergeb-
nisse« oder gar als »Informationen« verfügbar, denn es dürfen immer
nur Früchte der eigenen Denkanstrengung auf diesem schwierigsten
Feld der Wissenschaft erwartet werden.

# Anmerkungen

*Hegels Werke* werden in folgender Weise zitiert:

»Phänomenologie des Geistes«: Gesammelte Werke, historisch-kritische Ausgabe, Bd.9, hrsg. von W.Bonsiepen und R.Heede, Hamburg 1980 (*Seitenangaben in unserem Text nach dieser Ausgabe*).

»Phäno«-Studienausgabe: (auf der Grundlage von GW Bd.9), hrsg. v.H.F.Wessels und H.Clairmont, PhilBibl. Bd.414, Hamburg 1988.

»Rechtsphilosophie«: Grundlinien der Philosophie des Rechts, oder Naturrecht und Staatswissenschaft im Grundrisse, Werkausgabe Bd.7, Frankfurt 1970.

»Philosophiegeschichte I« bzw. »II«, »III«: Vorlesungen über die Geschichte der Philosophie I, II und III, Werkausgabe Bd.18, 19, 20, Frankfurt 1971.

»Geschichtsphilosophie«: Vorlesungen über die Philosophie der Weltgeschichte, hrsg. v.Hoffmeister und Lasson, PhilBibl. Bd.171 a-d, Hamburg 1968.

»Ästhetik I« bzw. »II«, »III«: Vorlesungen über die Ästhetik I, II und III, Werkausgabe Bd.13, 14, 15, Frankfurt 1970.

»Enz. 1830«: Enzyklopädie der philosophischen Wissenschaften, 3.Aufl., Werkausgabe Bd.8, 9, 10, Frankfurt 1970.

1 Die genannten Werke sind seit 1956 in der Rudolf Steiner Gesamtausgabe (Dornach, ca. 350 Bd., hier zitiert mit der GA-Nr.) erschienen. Dazu drei voluminöse »Übersichtsbände« (1980 ff.) mit bibliographischen und Inhaltsangaben. Bibliographische Angaben über die ca. 6.000 Vorträge in H.Schmidt, Das Vortragswerk Rudolf Steiners, 2.Aufl., Dornach 1978.

2 Vgl. R.Steiner, Vom Menschenrätsel (1916, GA 20), S.23 ff., 46 ff.; ders., Die Rätsel der Philosophie (1914, GA 8), S.137 ff.

3 Vgl. R.Steiner Einleitungen (GA 1), Kap.IX.; Grundlinien (GA 2), Kap. 10; zur transzendentalen Reduktion des Bewustseins-Subjekts besonders Wahrheit und Wissenschaft (GA 3), Kap.IV.; Philosophie der Freiheit (GA 4), Kap.IV. und V.

4 E.Husserls Methode der schrittweisen Einklammerung (Epoche) des angeschauten Gegenstandes läßt die »Anschauung« als ontologische Grundkate-

gorie bestehen (Stegmüller, Hauptströmungen der Gegenwarts-Philosophie, Bd. 1, Stuttgart 1978, S. 70 ff.). Demgegenüber führt Steiners Rückgang auf die reine Wahrnehmung den Seinsbegriff durch einen erkenntnistheoretischen Nullpunkt hindurch, in welchem alle anschauende Ontologie aufgehoben wird und die verschiedenen Weisen der Vergegenständlichung nur als Produkte unserer denkenden Erkenntnis auferstehen (vgl. unten, Anm. 502).

5  R. Steiner, Philosophie der Freiheit (GA 4), Kap. VI.; ders. Goethes Geistesart, 1902 (GA 22), S. 9.

6  Vgl. unten, S. 98 ff.

7  Biographien: K. Rosenkranz, G. W. F. Hegels Leben, 1844/Darmstadt 1963; K. Fischer, Hegels Leben, Werke und Lehre, 2 Bde. 1911/Darmstadt 1976; F. Wiedmann, Hegel (Rowohlts Monographien), Reinbek 1965.

8  Folgende Hegel-Ausgaben liegen vor: 1. Werke, hrsg. vom Verein der Freunde des Verewigten, 1832–1845; 2. Jubiläumsausgabe von 1. (Nachdruck), hrsg. von H. Glockner, 1927–30; 3. Sämtliche Werke, in: Philosophische Bibliothek, verschiedene Hrsg., seit 1911 (seit 1979 Studienausgaben auf der Grundlage von 4.); 4. G. W. F. Hegel, Gesammelte Werke, historisch-kritische Ausgabe, versch. Hrsg. im Hegel-Archiv der Ruhr-Universität Bochum, Meiner-Verlag Hamburg, seit 1968, zit.: »GW«; 5. Werkausgabe in 20 Bänden, hrsg. von E. Moldenhauer und K. M. Michel (auf der Grundlage von 1.), 1970, zit.: »Werkausgabe«.

9  Hegels theologische Jugendschriften, hrsg. von H. Nohl, Tübingen 1907; Texte jetzt auch in: Werkausgabe, Bd. 1.

10  Insbesondere in den politischen Manuskripten über die württembergischen Verhältnisse 1798 (Werkausgabe Bd. 1, S. 368 ff.) und über die Verfassung Deutschlands (a. a. O., S. 451 ff.). Dazu G. Lukacs, Der junge Hegel (1948), 2Neuwied 1967, S. 114–133, 292 ff.

11  Fragment der Einleitung (1799/1800) zur Verfassungsschrift, Werkausgabe Bd. 1, S. 457 ff.; zur Frankfurter Krise vgl. »Phänomenologie«, Kap. IV. (unten, S. 217 ff.).

12  Eleusis (1796), in: Werkausgabe Bd. 1, S. 230 ff.; J. d'Hondt, Hegel secret, Paris 1968, sieht hier (S. 227 ff.) und auch sonst freimaurerische Quellen in Hegels Denken einfließen.

13  Werkausgabe Bd. 2, S. 9–138.

14  A. a. O., S. 114 f.; Philosophiegeschichte III, S. 427 f., 432 f., 459.

15  J. W. v. Goethes Werke, Hamburger Ausgabe, hrsg. von Trunz, Bd. 1 (1960), S. 215 und S. 521.

16 Verhältnis des Skeptizismus zur Philosophie, Werkausgabe Bd.2, S.213–272; Glauben und Wissen, a.a.O., S.287–433; Über die wissenschaftlichen Behandlungsarten des Naturrechts, S.434–581; weitere Aufsätze: Werkausgabe Bd.2, S.169ff.

17 Jenaer Systementwürfe I–III, GW Bd.6 (1975), 7 (1971), 8 (1976).

18 Hegels »Fragment vom göttlichen Dreieck« (K.Rosenkranz), in: Werkausgabe Bd.2, S.534ff.; Brief an Windischmann v.27.5.1810, vgl. unten S.219.

19 1. GW Bd.9, 1980; 2. Studienausgabe auf der Grundlage von 1., PhilBibl. Bd.414, 1988; 3. PhilBibl. Bd.114 (abgelöst durch 2.) hrsg. von J.Hoffmeister, [6]1952; 4. Werkausgabe Bd.3, 1970; 5. Jubiläumsausgabe Bd.2.

20 I.Band: Die objektive Logik; 1.Teil: Die Lehre vom Sein (1812), 2.Teil: Die Lehre vom Wesen (1813); II.Band: Wissenschaft der subjektiven Logik oder die Lehre vom Begriff (1816).

21 Aristoteles, Kategorien, übersetzt und erläutert von K.Oehler, [2]Darmstadt 1986. Vgl. unten, Anm.215; A.Graeser, in: Geschichte der Philosophie (hrsg. v.W.Röd) II, München 1983, S.202.

22 I.Kant, Kr. d. r. V., 1. Aufl. (= A), S.77ff.; 2.Aufl. (= B), S.102ff.

23 Einleitung zur Wiss. d. Logik I, Werkausgabe Bd.5, S.44.

24 Hegel, a.a.O., S.55.

25 Hegel, a.a.O., S.43.

26 Jubiläumsausgabe Bd.8, 9, 10; Werkausgabe Bd.8, 9, 10 (beide mit den Zusätzen, welche die Hrsg. aus den 1841 verfügbaren Vorlesungsmanuskripten hinzugefügt hatten). Wir zitieren durchgehend nach der Paragraphennummer in Enz. 1830.

27 Wiss. d. Logik II, Werkausgabe Bd.6, S.245ff.; §§ 163ff. Enz. 1830.

28 Werkausgabe Bd.7 und Jubiläumsausgabe Bd.7 (mit »Zusätzen«, vgl. Anm.26). Konzentrierte Fassung in: §§ 483–552 (»Der objektive Geist«) Enz. 1830.

29 A.a.O. (Anm.15), S.210.

30 K.Steinhauer, Hegel. Bibliographie, München 1980 (Redaktionsschluß: 1975). Die Auswahlbibliographie zur »Phänomenologie« in »Phäno«-Studienausg., S.LXXIff., umfaßt 307 Positionen.

31 H.Ottmann, Individuum und Gemeinschaft, Bd.1, Hegel im Spiegel der Interpretationen, Berlin 1977; dazu M.Kirn, Archiv des Öffentlichen Rechts 104, 1980, S.496ff.

32 H.Ottmann, a.a.O., S.15ff., 33ff., 124ff.

33 R.Haym, Hegel und seine Zeit, 1857/Darmstadt 1962, S.5.

34 Haym, a. a. O., S. 243.

35 W. Dilthey, Die Jugendgeschichte Hegels, 1905/Werke IV, Stuttgart 1959.

36 Dazu Ottmann, a. a. O. (Anm. 31), S. 152 ff.

37 Ottmann, a. a. O., S. 204 ff.

38 A. Kojeve, Introduction a la lecture de Hegel, 1947; auszugsweise dt.: Hegel, Kommentar zur PhdG, Stuttgart 1958/Frankfurt 1975; E. Bloch, Subjekt-Objekt, Erläuterungen zu Hegel, 1951/Frankfurt 1971; G. Lukacs, Der junge Hegel, a. a. O. (Anm. 10); zum Ganzen Ottmann, a. a. O. (Anm. 31), S. 33 ff.

39 H. F. Fulda und D. Henrich (Hrsg.), Materialien zu Hegels »Ph. d. G.«, Frankfurt 1973, Einleitung, S. 34.

40 D. Henrich, Hegel im Kontext, [2]Frankfurt 1975, S. 7.

41 Fulda und Henrich, a. a. O. (Anm. 39).

42 Eleusis, a. a. O. (Anm. 12), S. 232.

43 Vgl. Vorrede, S. 18 ff.

44 Ausführlicher (als zweite metaphilosophische Interpretationshypothese) dargestellt unten S. 124 ff.

45 Aristoteles, Über die Seele, übers. von W. Theiler, [4]Darmstadt 1973; übers. von O. Gigon, München (dtv) 1983; dazu Hegel, Philosophiegeschichte II, S. 199 ff.; W. Kern, Eine Übersetzung zu Hegels De Anima III, 4–5, in: Hegel-Studien Bd. 1, 1961, S. 49 ff.

46 Vgl. R. Steiner, Die Geheimwissenschaft im Umriß (GA 13), Abschn.: »Wesen der Menschheit«; ders., Theosophie (GA 9), Abschn.: «Das Wesen des Menschen«.

47 M. Heideggers Spätphilosophie versucht dieser Begrenzung im Rückgriff auf die Vorsokratiker zu entkommen.

48 Goethe, Metamorphose der Pflanzen (1790); dazu R. Steiner, Einleitungen zu Goethes naturwissenschaftlichen Schriften (GA 1), Kap. II. und IV.

49 Hier kommt Hegels dialektische Methode der goetheanistischen Betrachtungsweise der Natur am nächsten (§§ 350 ff. Enz. 1830).

50 Unten, S. 265 ff.; vgl. auch S. 77 ff.

51 Die Ontologie des Aristoteles und der Scholastiker steht dem beschriebenen Sachverhalt sehr viel näher, als man gewöhnlich glaubt.

52 Goethe, Faust I, Prolog im Himmel, V. 285 f.

53 Vgl. unten, S. 255, 269 f.

54 Nachweise in »Phäno«-Studienausg., S. 587. Beachtenswert ist, daß Hegel in der »Phänomenologie« die physiologische Dreigliederung verwirft (unten, S. 269 f.), während er sie in §§ 353 ff. Enz. 1830 bestätigt.

55 R. Steiner, Von Seelenrätseln (GA 21), Kap. IV/6, S. 150 ff.

56 R. Steiner, Theosophie (GA 9), Abschn.: »Leib, Seele, Geist«.

57 R. Steiner, Vortr. vom 16.6.1910, in: Die Mission einzelner Volksseelen (GA 121); ders., Die Geheimwissenschaft im Umriß (GA 13), Abschn.: »Die Weltentwickelung und der Mensch«. Hier charakterisiert Steiner sieben *geistige* (Kultur-)Epochen der geschichtlichen Menschheit (urindische, urpersische, chaldäisch-ägyptische, griechisch-römische, jetzige sowie zwei folgende), welche er durch die drei *bewußtseinsgeschichtlichen* (Empfindungs-, Verstandes- und Bewußtseinsseelenzeitalter) überlagert sieht. Die letztere, und nur diese Periodisierung ergibt sich für Hegel aus dem philosophischen Begriff, was aber bei ihm im Verhältnis Religionsgeschichte/Weltgeschichte zu systematischen Schwierigkeiten führt. Vgl. dazu unten, S. 423 f., 433 f.

58 Eckermann, Gespräche mit Goethe, 2. Teil (17.2.1829).

59 § 401, Zus., Enz. 1830, Werkausgabe Bd. 10, S. 105 f.

60 Eine gute Übersicht gibt das Taschenbuch: R. Steiner, Zur Sinneslehre, Vorträge hrsg. v. Chr. Lindenberg, Dornach 1980. Die esoterische Darstellung des Sinneswesens in R. Steiner, Anthroposophie, Ein Fragment (GA 45) ist vom Autor selbst (1910) nicht abgeschlossen worden. Eine Gesamtdarstellung der anthroposophischen Sinneslehre gibt H. E. Lauer, Die zwölf Sinne des Menschen, [2]Schaffhausen 1977; aus goetheanistischer Sicht wird die Sinneslehre aufgebaut von Th. Göbel, Die Quellen der Kunst, Dornach 1982; einem physiologisch-phänomenologischen Ansatz folgt H. J. Scheurle, Die Gesamtsinnesorganisation, [2]Stuttgart 1984.

61 Um eine begriffliche Form dieses Akts ringt schon J. G. Fichte, Die Bestimmung des Menschen (1800), 2. Buch; zu E. Husserls Begriff der »Intentionalität« vgl. Stegmüller, a. a. O. (Anm. 4), S. 63 ff.

62 Vgl. R. Steiner, Vortrag vom 26.10.1909 (GA 115). Der »Empfindungsleib« ist also die gestalthaft individualisierbare Potenz dessen, was physisch als das Nervensystem des Menschen erscheint (vgl. unten, zu Anm. 139).

63 R. Steiner, Vortrag vom 25.8.1918 (GA 183); vgl. auch die Charakterisierung der zwölf Grundtypen von Weltanschauungen in: Der menschliche und der kosmische Gedanke, Vortragszyklus 1914 (GA 151).

64 Steiner, Die zwölf Sinne des Menschen (in GA 206).

65 Dazu besonders der Vortrag vom 25.10.1909 (in GA 115).

66 Vgl. dazu unten, S. 153 ff.

67 R. Steiner, Von Seelenrätseln (GA 21), Kap. IV/5, S. 147 f.

68 Unten, S. 98 ff.

69 GA 206, S. 26, 33 ff.

70  Zum Folgenden: R. Steiner, Theosophie (GA 9), S. 51 ff.; ders., Die Geheim-
    wissenschaft im Umriß (GA 13), Abschn.: »Wesen der Menschheit«.

71  Zum wissenschaftlichen Gebrauch der Begriffe Imagination, Inspiration
    und Intuition vgl. R. Steiner, Vortrag vom 8. 4. 1911 (vor dem 4. Internationa-
    len Philosophie-Kongreß, Bologna), in: Philosophie und Anthroposophie
    (GA 35), S. 111 ff.; zur systematischen Schulung der übersinnlichen Er-
    kenntniskräfte ders., Die Stufen der höheren Erkenntnis (GA 12).

72  R. Steiner, Die Geheimwissenschaft im Umriß (GA 13), Abschn. »Die Er-
    kenntnis der höheren Welten«.

73  Vgl. unten, S. 265 ff.

74  Hegel, Jenaer Systementwürfe I, GW Bd. 6, Hamburg 1975, S. 189.

75  Hegel, a. a. O., S. 190.

76  Hegel, a. a. O., S. 191.

77  Hegel, a. a. O., S. 192.

78  Grundsätzlich: R. Steiner, Grenzen der Naturerkenntnis, 8 Vorträge 1920,
    (GA 322); Vortr. vom 17. und 18. 9. 1915 (GA 164), sowie Vorträge
    v. 19.–22. 3. 1921 (GA 324).

79  Oben, zu Anm. 23.

80  Hegel, S. 42 ff. Dazu unten, S. 98 ff.

81  R. Steiner, Philosophie der Freiheit (GA 4); zur intuitiven Erkenntnis vgl.
    auch die Vorträge vom 2. und 3. 10. 1920 (GA 322).

82  Ausdrücklicher Hinweis in: R. Steiner, Philosophie der Freiheit (GA 4),
    S. 58.

83  Unten, S. 477 ff.

84  Ausführlich: K. Kerenyi, Die Mythologie der Griechen I, [8]München 1985,
    S. 182 ff. Zum Wesen und zur Gestalt des eleusinischen Kultus: D. Lauen-
    stein, Die Mysterien von Eleusis, Stuttgart 1987.

85  Hegel, »Differenz«-Schrift, Werkausgabe Bd. 2, S. 22.

86  Hegel, a. a. O.

87  Hegel, Rechtsphilosophie, §§ 341 ff.; ders., §§ 548 ff. Enz. 1830.

88  Hegel, Werkausgabe Bd. 7, S. 56.

89  Goethe, Faust I, Studierzimmer, V. 1830 ff.

90  Vgl. oben, S. 77, 81.

91  Vgl. oben, S. 77 ff.

92  Entsprechend Wiss. d. Logik II, Werkausgabe Bd. 6, S. 553 ff. - Parallele in
    der »Phänomenologie«: S. 431 (dazu unten S. 513).

93  R. Steiner, Die Geheimwissenschaft im Umriß (GA 13), Abschn. »Die Welt-
    Entwickelung und der Mensch«.

94 Der Unterschied kann auch folgendermaßen ausgedrückt werden. In der »Phänomenologie« gibt es keine Naturphilosophie als thematisch abgeschlossenen Bereich, da hier die Formprinzipien, welche den Übergang von der Substanz zur geistigen Form des Subjekts (des Ich) tragen, von der Substanz selbst (den Funktionsbildern der Sinne) bestimmt sind. In der »Enzyklopädie« dagegen gibt es eine eigenständige »Naturphilosophie«, weil sich dort das Ich in der Bestimmungskraft des philosophischen Begriffs selbständig gemacht hat. Das Ich des »Begriffs« steht dort nicht mehr *in* der Natur, sondern es steht ihr nur *gegenüber*, es findet in ihr nur das Rohmaterial seiner Höherentwicklung zur »Philosophie des Geistes« (vgl. oben, S.88 f. und unten, S.517).

95 Dazu M.Theunissen, Schein und Sein, Frankfurt 1978, S.419 ff.

96 Vgl. dazu G.Wohlfahrt, Der spekulative Satz, Berlin 1981.

97 O. Pöggeler, Hegels Idee einer Ph. d. G., München 1973; Einleitung zur »Phäno«-Studienausgabe (W.Bonsiepen) 1988, S.IX ff.

98 GW Bd.9, S.446 f. Hegels eigentümlicher Sprachgebrauch, beim Komparativ das »e« zu eliminieren (»abstractern«) wird uns noch öfter begegnen.

99 Briefe von und an Hegel, Bd.1, Hamburg 1952, S.136 und 161. Zur zeitgenössischen Rezeption des Werkes: O.Pöggeler, a.a.O. (Anm.97), S.171 ff.; Bonsiepen, Hegel-Studien Bd.14, 1979, S.9ff; derselbe, Einleitung a.a.O. (Anm.97), S.LV ff.

100 Hegel, Brief an Schelling, a.a.O., S.161 f.

101 K.Rosenkranz, a.a.O. (Anm.7), S.206; W.Bonsiepen, a.a.O. (Anm.97), S.XVII.

102 Zu den Kontroversen um die Entstehungsgeschichte vgl. O. Pöggeler, a.a.O. (Anm.97), S.195 ff.; ders. in: Materialien, a.a.O. (Anm.39), S.329 ff.

103 Hegel, a.a.O. (Anm.99), S.161.

104 F.Nicolin, Hegel-Studien Bd.4, 1967, S.113 ff.; vgl. »Phäno«-Studienausg., S.547 f.

105 Verwirrung entstand auch dadurch, daß Hegels nachträgliche Anweisung an den Drucker, statt des Zwischentitels »I. Wissenschaft der Erfahrung des Bewußtseins« nunmehr den anderen einzusetzen, nicht in allen ausgelieferten Exemplaren korrekt vollzogen wurde, vgl. Nicolin, a.a.O.

106 Gezählt nach der Originalausgabe; vgl. O.Pöggeler, in: Materialien, a.a.O. (Anm.39), S.334.

107 W.Bonsiepen, a.a.O. (Anm.97), S.XXI ff.

108 GW Bd.9, S.5 ff.; Studienausgabe S.2a−2d; dieses Inhaltsverzeichnis ist

(leicht gekürzt) unten als Grundlage der Seitenkonkordanz abgedruckt (S. 579 ff.).

109  Z. B. bei O. Pöggeler, Die Komposition der Ph. d. G., in: Materialien, a. a. O. (Anm. 39), S. 329, 352 ff.

110  GW Bd. 9, S. 61; unten, S. 143.

111  GW Bd. 9, S. 448.

112  K. Marx, Nationalökonomie und Philosophie, in: Die Frühschriften, Stuttgart 1953, S. 225 ff.; G. Lukacs, Der junge Hegel, a. a. O. (Anm. 10), S. 552 ff.

113  H. F. Fulda, Das Problem einer Einleitung in Hegels Wissenschaft der Logik, Frankfurt 1965, S. 57 ff., 124 ff.

114  Hegel, Philosophiegeschichte I, S. 49, ebenso III, S. 457–461.

115  Zu dieser und weiterer Literatur vgl. die »Auswahlbibliographie« in: »Phäno«-Studienausg., S. LXXI (mit 307 Positionen).

116  H. Ehrhardt, Samothrake, Stuttgart 1986, S. 98 ff.

117  Goethe, Faust II, 2. Akt, V. 8186 ff.; Goethe folgt F. W. J. Schelling (Über die Gottheiten von Samothrake, Werke Abt. I/8, S. 345 ff.) insbesondere in der »aufsteigenden« Entwicklung der Achtheit, die unmittelbar auf den Mysterien-Schulungsweg hinweist (vgl. unsere 2. Interpretationshypothese, unten, S. 124 ff.).

118  StW »Kabeiroi« (H. Chantraine), in: Der kleine Pauly, Lexikon der Antike, 1979, Bd. 3, Sp. 34–38. Schelling (a. a. O., S. 351 f.) deutet den ersten Kabir als *Demeter*, als die Lebenskraft *vor* aller irdischen Verkörperung, als Reichtum an Potenz bei gleichzeitigem Mangel an Aktualität. Er beschreibt damit die Bildekräftesphäre als ein konstitutionell unvollständiges Wesen, dem auf der seelischen Ebene das unselbständige Bewußtsein der Empfindungsseele (in Hegels Kap. I., unten, S. 147 ff.) entspricht. Zur Deutung des »Vierten« vgl. unten, Anm. 195.

119  Oben, S. 72 ff.

120  Oben, S. 66 ff.

121  M. Heidegger, Was heißt Denken? (1957), in: Vorträge und Aufsätze, [4]Pfullingen 1978, S. 123, 127.

122  R. Steiner, Vortr. v. 8. 8. 1920 (GA 199), dort allerdings Zuordnung des Hör- *und* des Lautsinnes zur Inspiration; ders., Vorträge v. 25. und 26. 10. 1909 (GA 115).

123  Vgl. oben, S. 39 f.

124  Goethe, a. a. O. (Anm. 15), S. 212, 520.

125  2. Teil, Kap. VI., unten, S. 383 f.

126 Fr. Schiller, Über die ästhetische Erziehung des Menschen in einer Reihe von Briefen (1793–95), 8.Brief; dazu Kindlers Literaturlexikon, Zürich 1981, Bd.6, S.9674ff.

126a Der Gedanke, daß Philosophie darin bestehe, das »Gesetzgeben« (der Seele) zurückzudrängen und stattdessen der »natürlichen Reflexion« des Geistes zuzuschauen, stammt von J.G.Fichte (Grundlage der gesamten Wissenschaftslehre, 1794, Werke Bd. 1, Berlin 1845, § 4, S.221 f. = GW I/2, Stuttgart 1965, S.364 f.).

127 Oben, zu Anm. 117. M.Heidegger, Hegels Begriff der Erfahrung, 1942/3, in: Holzwege, ⁴Frankfurt 1963, S. 105, 172 ff., übersieht diese anthropologisch-produktive Seite, so daß für ihn der Wandel des Erscheinungsbildes zum quasi-sakralen »Versehgang« (S. 173) wird.

128 Vgl. oben, S. 108 f., zu Anm. 105.

129 Zur systematischen Deutung dieses »Punktes« vgl. O. Pöggeler, Zur Komposition der Ph. d. G., in: Materialien, a.a.O. (Anm.39), S.350 ff.

130 Oben, S. 110 ff.

131 Oben, S.22 ff.

132 Kant, Kr. d. r. V., A, S.95 ff., B, S.129 ff.

133 Ausdrücklich: Hegel, § 418, Anm., Enz. 1830.

134 Platon, Theaitetos, insb. 151e ff., 187b ff.; W.Bröker, Platos Gespräche, ³Frankfurt 1985, S.344 ff. Zur Parallele mit den »Kabiren« von Samothrake vgl. oben, Anm. 118.

135 R.Steiner, Vortrag vom 29.8.1919, in: Allgemeine Menschenkunde (GA 293); zur Entstehung der Tiefendimension beim Sehen vgl. Vortr. v. 17.3.1921 (GA 324).

136 H.J.Scheurle, Die Gesamtsinnesorganisation. Überwindung der Subjekt-Objekt-Spaltung und der Sinneslehre, ²Stuttgart 1984, S.95; zur Morphologie des Sehorgans vgl. J. W. Rohen, Funktionelle Anatomie des Nervensystems, ⁴Stuttgart 1985, S. 198 ff.

137 Scheurle, a.a.O., S.95 f.

138 Scheurle, a.a.O., S.91.

139 K.König, Sinnesentwicklung und Leiberfahrung. Heilpädagogische Gesichtspunkte zur Sinneslehre Rudolf Steiners, ²Stuttgart 1971, S.12 ff., 19 ff.; vgl. oben, zu Anm.62.

140 Wenn das Bewußtsein des Kap. I. sich in einem Satz zusammenfassen, wenn es seine »sinnliche Gewißheit« in einem kategorialen Grund-Satz ausdrücken wollte, dann müßte es sagen: ›*Dieses leuchtet*‹. Wie Hegel in Kap. I. zeigt, ist ein solcher Satz wegen seiner Unselbständigkeit nicht haltbar.

141 Diesen Begriff des N. Cusanus umschreibt Hegel vielfach, ohne sich ausdrücklich auf seinen Urheber zu berufen; vgl. J.Meffert, Die Philosophie
des Nikolaus von Kues, Stuttgart 1982, S.79 ff.

142 Mit dem »reinen Sein« als ontologischem Gehalt seiner Kategorien überhaupt beginnt Hegel in der »Wissenschaft der Logik« (§§ 84, 86 Enz. 1830).
Zur metaphilosophischen Deutung vgl. oben, Anm. 118.

143 Hegel, Rechtsphilosophie, Vorrede, S.26.

144 Hegel, in: Werkausgabe Bd.2, S.7, 21.

145 R.Descartes, Meditationen über die Grundlagen der Philosophie (1644),
2.Meditation. Vgl. W.Röd, Geschichte der Philosophie, Bd.VII, München
1978, S.44 ff., 223 ff.; Hegel, Philosophiegeschichte III, S.123 ff.

146 J.Locke, Essay über den menschlichen Verstand (1690). Vgl. W.Röd, Geschichte der Philosophie, Bd.VIII, München 1984, S.28 ff., 430 ff.; Hegel,
Philosophiegeschichte III, S.203 ff.

147 Vgl. oben, S.67 ff.

148 G.Berkeley, Eine Abhandlung über die Prinzipien der menschlichen Erkenntnis (1710). Vgl. W.Röd, a.a.O. (Anm.146), S.111, 443 ff.; Hegel,
Philosophiegeschichte III, S.270 ff.

149 D.Hume, Traktat über die menschliche Natur (1739); Untersuchung über
den menschlichen Verstand (1748). Vgl. W.Röd, a.a.O. (Anm.146),
S.310 ff., 469 ff.; Hegel, Philosophiegeschichte III, S.275 ff.

150 Aristoteles, De Anima, a.a.O. (Anm.45), 421a; Übersetzg. Gigon, S.308 f.
Der letzte Satz dieser Stelle ist oben als Leitwort unseres Buches zitiert.

151 H.J.Scheurle, a.a.O. (Anm.136), S.122 ff.; zur Morphologie des Geschmacksorgans vgl. J.W.Rohen, a.a.O. (Anm.136), S.190 ff.

152 Anders ist es in den Ontologien der »Vernunft« (Kap.V.), des »Geistes«
(Kap.VI.) usw., wo die höhere und niedere Natur (der moralische Ideen
ergreifende Wille und das gesetzmäßige Bestimmtsein seiner Verwirklichung) in einer und derselben Dingheit zusammentreffen.

153 Hegel, Philosophiegeschichte III, S.278 f.

154 Kant, Kr. d. r. V., A, S.158; B, S.197.

155 Kant, a.a.O., B, S.274 ff.

156 Kant, a.a.O., Einleitung zu B, S.XVI f.

157 Hegel, Philosophiegeschichte III, S.231.

158 In der »Differenz«-Schrift bezeichnet Hegel dieses als »subjektives Subjekt-Objekt«, a.a.O. (Anm.13), S.94 ff.

159 Die moderne, aber nach wie vor mehr berechnende als begreifende Physik
unterscheidet vier Arten von Kraft (Gravitations-, elektromagnetische

Kraft, starke und schwache Wechselwirkung, vgl. Stegmüller, Hauptströmungen der Gegenwartsphilosophie III, [7]Stuttgart 1986, S. 112 ff.).

160 Oben, S. 84 f.; zu Goethes Begriff des »Urphänomens« vgl. W. Bonsiepen,
Einleitung zur »Phäno«-Studienausg., S. XII.

161 Vgl. W. Röd, a. a. O. (Anm. 146) S. 15 ff., 22.

162 Kant, Metaphysische Anfangsgründe der Naturwissenschaft, A, S. 144 ff.

163 Kant, a. a. O., A, S. VIII; dazu R. Steiner, Vorträge v. 16.–23. 3. 1921
(GA 324).

164 Kant nennt diese »Phoronomie« (Bewegungslehre), »Dynamik« (Kraftar-
tenlehre), »Mechanik« (Kraftwirkungslehre) und »Phänomenologie«
(Krafterscheinungslehre); vgl. Anm. 168.

165 Aristoteles, De Anima, a. a. O. (Anm. 150).

166 H. J. Scheurle, a. a. O. (Anm. 136), S. 118 f.; das im Text zit. Beispiel ist von
Aristoteles.

167 Scheurle, a. a. O., S. 119. Zur Morphologie des Geruchsorgans vgl.
J. W. Rohen, a. a. O. (Anm. 136), S. 172 ff. »Im Riechsystem liegt ... der
einzigartige Fall vor, daß eine periphere Rezeptorzelle direkt ohne Zwi-
schenschaltung im Thalamus (sc.: Zwischenhirn) mit der Hirnrinde verbunden ist« (S. 184). Ebenso H. Hensel, Allgemeine Sinnesphysiologie,
1966, S. 271.

168 Die oben in Anm. 164 genannten Gegenstände entsprechen den vier
Gruppen von Kategorien (der »Quantität«, der »Qualität«, der »Relation«
und der »Modalität«), Metaphysische Anfangsgründe, A, S. XV ff.

169 Dazu Hegel, Über die wissenschaftlichen Behandlungsarten des Naturrechts (1802/3), in: Werkausgabe Bd. 2, S. 434, 440 ff., 453 ff. Zur modernen Fassung dieses Gegensatzes (der Dingheit unserer Kap. II. und III.)
vgl. F. Wieacker, Privatrechtsgeschichte der Neuzeit, [2]Göttingen 1967,
§ 23 (»praktischer« oder »Gesetzespositivismus« einerseits, »wissenschaftlicher Positivismus« oder »Formalismus« andererseits).

170 H. Vaihinger, Philosophie des Als Ob, 1911.

171 Kant, Kr. d. r. V., B, S. XXX; ders., Träume eines Geistersehers, Königsberg
1766 (gegen Swedenborg). Hegel, Glauben und Wissen (1802), Werkausgabe Bd. 2, S. 287–433.

172 Hegel, a. a. O. (Anm. 169), insbesondere S. 453 ff., 480 ff.

173 H. Kelsen, Reine Rechtslehre, [2]Wien 1960; dieser in der Rechtstheorie
sehr einflußreiche Autor hat die von Hegel in Kap. III. entwickelten Gedanken unmittelbar aus dem Stoff der Rechtswissenschaft herausdestilliert, die letztere aber damit in eine Sackgasse geführt.

174 Kant, a. a. O. (Anm. 162), A, S. 52 ff. Nach A. Einstein/M. Infeld liegt das Gravitationsgesetz »der ganzen mechanistischen Denkweise gleichsam als Muster zugrunde« (Die Evolution in der Physik, dt. Hamburg 1956, S. 158).

175 H. G. Gadamer, Die verkehrte Welt (1966), in: Materialien, a. a. O. (Anm. 39), S. 106 ff., weist in diesem Zusammenhang auf die Literaturgattung der Satire hin.

176 Vgl. Hegel, »Naturrechts«-Aufsatz, a. a. O. (Anm. 169), S. 479 f.; ders., Rechtsphilosophie, §§ 99 ff.

177 Dieser Gedanke wird in Kap. VII. wieder aufgegriffen (unten, S. 478).

178 G. A. Kelly, Bemerkungen zu Hegels › Herrschaft und Knechtschaft ‹ (1965), in: Materialien, a. a. O. (Anm. 39), S. 189 ff.; andeutungsweise auch H. G. Gadamer, Hegels Dialektik des Selbstbewußtseins, in: Materialien, S. 217 ff.

179 »Die Philosophen haben die Welt nur interpretiert. Es kommt darauf an, sie zu verändern.« K. Marx, Thesen über Feuerbach (11. These), a. a. O. (Anm. 112), S. 339 ff.

180 Vgl. oben, Anm. 11, sowie G. Lukacs, Der junge Hegel, a. a. O. (Anm. 10), S. 194 ff.

181 Briefe, a. a. O. (Anm. 99), S. 314. – Eine weitere literarische Parallele zu Hegels Kap. IV. steckt in H. Ibsens Peer Gynt, 2. Akt, wo »völlige Finsternis« den Kampf mit dem »großen Krummen« einhüllt; der wiederholte Rat des letzteren: »Geh außen rum, Peer!«, bedeutet auch: Schlage dich nicht mit den transzendentalphilosophischen Paradoxien der Selbstheit herum, sondern folge der Goethe'schen Erkenntnistheorie (vgl. oben zu Anm. 89)!

182 R. Steiner, Vortrag vom 29. 8. 1919, in: Allgemeine Menschenkunde (GA 293), TB-Ausgabe, S. 131; ders., Philosophie der Freiheit (GA 4), 1. Anhang zur Neuausgabe 1918, S. 261; ders., Vortrag vom 12. 12. 1918 (GA 186).

183 R. Steiner, Vortrag vom 2. 9. 1916 (GA 170), S. 242; ders., Vortrag vom 29. 8. 1919 (GA 293), a. a. O., S. 130.

184 K. König, Die ersten drei Jahre des Kindes, TB-Ausgabe, Frankfurt 1981, S. 118 ff., 125 f.

185 J. W. Rohen, a. a. O. (Anm. 136), S. 188–190.

186 J. G. Fichte, a. a. O. (Anm. 126a), § 1 (Werke 1845, Bd. 1, S. 91 ff.; GW I/2, S. 257).

187 Vgl. dazu oben, S. 77 ff.; zu Spinozas Naturbegriff vgl. Hegel, Philosophiegeschichte III, S. 177 ff.; K. Düsing, Hegel und die Geschichte der Philosophie, Darmstadt 1983, S. 160 ff.

188 Zum Universalienstreit R. Steiner, Die Philosophie des Thomas von Aquino (GA 74), Kap. II.; Zur Tierseele ders., Vortrag v. 23. 1. 1908 (GA 56).

189 H. G. Gadamer, a. a. O. (Anm. 178), S. 229 ff.

190 Hegel gebraucht den Begriff »Person« stets als Rechtsperson (Eigentümer), so in Kap. VI. A. c. (unten, S. 333 ff.), in: Rechtsphilosophie, §§ 40 ff., in: §§ 488 ff. Enz. 1830, und in: Geschichtsphilosophie, S. 716 ff.

191 Dazu Hegel, »Naturrechts«-Aufsatz, a. a. O. (Anm. 169), S. 480 ff.; K. Düsing, Politische Ethik bei Plato und Hegel, in: Hegel-Studien 19, 1984.

192 Oben, Anmerkungen 38 und 178; näher bei Hegel: E. Jünger, Der Arbeiter. Herrschaft und Gestalt (1932), $^2$Stuttgart 1964.

193 Hiob 28, 28; Psalm 110, 10.

194 Hegel, Geschichtsphilosophie, S. 828; ders., Rechtsphilosophie, §§ 196 ff. 207.

195 In Goethes Faust II heißt es vom vierten Kabir: »Er sagt, er sei der Rechte, / Der für sie alle dächte« (oben, zu Anm. 117). Für Andere denken kann nur der passive Geist (nous pathetikos, Aristoteles, De Anima, 428a ff. – oben, Anm. 45); der aktive (nous poietikos), den R. Steiners Erkenntnistheorie aufruft, ist und bleibt individuell (oben, S. 24). Bei Schelling erscheint der vierte Kabir dementsprechend als »Dienender« (a. a. O., Anm. 117, S. 357 ff.), in Hegels Kap. IV. B. wird aus dem Denken »in Begriffen« schließlich der »Mittler«, der ebenfalls ein »Diener« ist (unten, S. 250 f.).

196 Z. B. Marcus Aurelius, Wege zu sich selbst, übers. v. W. Theiler, Zürich 1951. Zum Stoizismus vgl. Hegel, Philosophiegeschichte II, S. 255 ff. Hegel faßt hier den Stoizismus und den Epikureismus unter dem Begriff des »Dogmatismus« (S. 249) zusammen; der Sinn eines *Dogmas* besteht also darin, daß wir durch das Festhalten oder Festgehaltenwerden daran die sinnliche Natur unseres Denkens (nous pathetikos, oben, Anm. 195) kennenlernen.

197 Unten, Kap. VI. C. c., S. 409 ff.

198 Zum antiken Skeptizismus vgl. Hegel, Philosophiegeschichte II, S. 358 ff. und ders., Skeptizismus – Aufsatz, a. a. O. (Anm. 16).

199 Hegel, Systemfragment von 1800, in: Werkausgabe Bd. 1, S. 419 ff.; ders., Die Positivität der christlichen Religion, a. a. O., S. 104 ff.

200 Hegel, Geschichtsphilosophie, S. 730.

201 Goethe, Faust I, Marthens Garten, V. 3432 ff. – F. D. E. Schleiermacher (1768–1834), Über die Religion. Reden an die Gebildeten unter ihren Verächtern (1799), 2. Rede (Werke I/2, Berlin 1984, S. 189, 206 ff.; zur Struktur des Ichsinnes vgl. insb. S. 238).

202 Hegel, Geschichtsphilosophie, S. 894; der Text enthält Anspielungen auf Novalis, Heinrich von Ofterdingen (Novalis Werke, hrsg. v. Schulz, ²München 1981, S. 129 ff.).

203 3. Mose 1 sowie 3 und 4.

204 Hegel, Geschichtsphilosophie, S. 876.

205 Hegel, Rechtsphilosophie, S. 24; ders., § 6, Anm., Enz. 1830; dazu H. F. Fulda, Das Recht der Philosophie in Hegels Philosophie des Rechts, Frankfurt 1968; vgl. auch unten, S. 367, zu Anm. 320.

206 Hegel, Geschichtsphilosophie, S. 31.

207 Zum Problem der Reihung der drei Momente im Menschenwesen und in der dialektischen Methode vgl. oben, S. 56 f.

208 H. J. Scheurle, a. a. O. (Anm. 136), S. 145; »Der Totalitätssinn kann nur so Wärmesinn heißen, wie der Gesichtssinn Lichtsinn heißen kann« (1806), in: Schelling, Gesammelte Werke Bd. III/IV (München 1927/28), S. 190. Vgl. auch ders., System der gesamten Philosophie und der Naturphilosophie insbesondere (1804), § 228.

209 Scheurle, a. a. O.

210 Vorträge von R. Steiner v. 1.–14. 3. 1920 (Zweiter naturwissenschaftlicher Kurs, GA 321), insb. v. 4. und 11. 3.

211 R. Steiner, Vortrag vom 20. 3. 1920 (GA 198), S. 11 ff.; ders., Vortrag vom 23. 7. 1921 (GA 206), vgl. oben, zu Anm. 69.

212 M. Stirner, Der Einzige und sein Eigentum, 1845. Bei F. Nietzsche tritt das charakterisierte Moment besonders stark auf in: »Der Wille der Macht«, jetzt als »nachgelassene Fragmente« in: Sämtliche Werke, kritische Studienausgabe (1980), Bd. 12 und 13, vgl. auch unten, Anm. 213.

213 K. Düsing, Das Problem der Subjektivität in Hegels Logik, Bonn 1976, S. 335 ff. – Im Gegenzug zu Hegel wollte Nietzsche die menschliche Individualität den Fesseln des Systemdenkens wieder entreißen, aber er vermochte sie nur in das Chaos hineinzureißen, welches in der geistigen Natur des Wärmesinnes lauert. Erst in R. Steiners »Philosophie der Freiheit« ist beides verbunden: Entwicklung der geistigen Individualität als solcher in einem systematisch aufgebauten Gedankengang (vgl. unten, Anm. 234).

214 M. Kirn, Der Computer und das Menschenbild der Philosophie. Leibniz' Monadologie und Hegels philosophisches System auf dem Prüfstand, Stuttgart 1985. Zur Systemtheorie vgl. unten, S. 296 ff. und Anm. 247.

215 Aristoteles hat folgende 10 Kategorien angegeben: Substanz, Quantität, Qualität, Verhältnis, Raum, Zeit, Lage, Haben, Tun, Leiden (oben, Anm. 21). Dabei hat die »Substanz« eine übergeordnete Stellung, weil sie

auch das Substrat ist, an welchem die anderen in Erscheinung treten; sie entspricht also insofern der von Hegel gesuchten »einfachen Kategorie« (Meta-Kategorie).

216 Kant, Kr. d. r. V., B, S. 129 ff. (»Transzendentale Deduktion der Kategorien«); vgl. die Anmerkungen in »Phäno«-Studienausg., S. 583.

217 In der Geschichte Israels wurde der jeweilige Abfall von Jahwe als »Altäre-Bauen auf den Höhen« charakterisiert, vgl. 1. Könige 3, 2 f.; 11, 7; 13, 2; 14, 23; 15, 14 usw.

218 G. Plinius d. Ä., Historia Naturalis (23−79 n. Chr.), dazu Kindlers Literaturlexikon, Zürich 1981, Bd. 5, S. 4527; zu Aristoteles und Linné: »Phäno«-Studienausg., S. 584.

219 Kant, Kr. d. Urteilskraft, A, S. 263 ff.; B, S. 267 ff.

220 Oben, S. 77 ff.; zur Naturphilosophie des Aristoteles vgl. Hegel, Philosophiegeschichte II, S. 173 ff.

221 R. Steiner, Einleitungen, a. a. O. (Anm. 48), Kap. IV.; ders., Grundlinien (GA 2), Kap. 16; Hegel, §§ 350 ff. Enz. 1830. Zur Selbstbehauptung des Bewußtseins *gegenüber* der Natur vgl. oben, S. 224 f.

222 Kant, Kr. d. U., Einleitung (A, S. LI ff.; B, S. LIII ff.) sowie § 65 (A, S. 284 ff.; B, S. 288 ff.).

223 Vgl. oben, S. 57 f. Nachweise in »Phäno«-Studienausg., S. 586 f.; Schelling, System, a. a. O. (Anm. 208), §§ 189 ff.

224 Dazu oben, S. 57 f.

225 Buch Weisheit des AT, Kap. 11, 15−20; dazu R. Steiner, Vortrag vom 23. 4. 1921 (GA 204).

226 Nachweise in »Phäno«-Studienausg., S. 589 f.

227 Hier zeigt sich der Gegensatz zwischen der dialektischen Methode Hegels (in welcher der Begriff des Organismus dazu dient, das Funktionsbild des Wärmesinnes zur intellektuellen Anschauung zu bringen) und der geisteswissenschaftlichen Forschung R. Steiners. Aus der letzteren (Vortrag v. 12. 8. 1916, GA 170) ergibt sich die Unterscheidung von sieben Lebensprozessen (Atmung, Erwärmung, Ernährung, Absonderung, Erhaltung, Wachstum, Reproduktion), die in innerem Zusammenhang mit den zwölf Sinnesbezirken stehen, vgl. auch ders., Der menschliche und der kosmische Gedanke, Vorträge vom 20.−23. 1. 1914 (GA 151).

228 Z. B. J. Prigogine/J. Stengers, Dialog mit der Natur, $^2$München 1981; H. Haken, Erfolgsgeheimnisse der Natur (Synergetik), Stuttgart 1981. Zur philosophischen Grundfrage vgl. M. Kirn, a. a. O. (Anm. 214), S. 63 ff.

229 R. Steiner, Philosophie der Freiheit (GA 4), Kap. IX, vgl. oben, S. 24.

230 Hegel meint, daß die im aristotelischen »Organon« (Schriften zur Wissenschaft der Logik, in: PhilBibl Bd. 8–13) dargestellten Gesetze nur die Inhalte des »wahrnehmenden Verstandes« (unseres Kap. II.) in ihrer logischen Formalität, aber ohne den Entwicklungsgang der Kap. I.-VIII., wiedergeben.

231 Dazu aus »Sinnsprüche (Tabulae Votivae)« von Fr. Schiller:
*»Sprache*
Warum kann der lebendige Geist dem Geist nicht erscheinen!
*Spricht* die Seele, so spricht ach! schon die *Seele* nicht mehr.«

232 Nachweise zum Folgenden in: »Phäno«-Studienausg., S. 591 ff.

233 Nach R. Steiner liegt in der Schädelform des Menschen ein Ausdruck seiner Lebenswirksamkeit in seiner vorigen Inkarnation (Vortrag v. 26. 3. 1911, GA 128), also ein *vorgeburtliches* Hineingetanhaben des individuellen Ich; vgl. dazu unten, Anm. 477. Eben dies ist auch in dem alchimistischen »caput mortuum« (dazu K. Figala, in: Stuttgarter Hegel-Tage 1970, Hegel-Studien Beiheft 11, Bonn 1974, S. 141 ff.) symbolisiert.

234 Dieser Widerspruch ergibt sich notwendigerweise, wenn man die in Anm. 233 angedeutete Beziehung ohne ihren metaphysischen Hintergrund auszudrücken versucht. Vgl. Goethe, Brief an Lavater v. 20. 9. 1780 (Goethes Briefe, Hamburger Ausgabe, ⁴München 1988, Nr. 245): »Habe ich dir das Wort ›Individuum est ineffabile‹, woraus ich eine Welt ableite schon geschrieben?« Da die geistige Individualität sich im Denken ihre Inhalte selbst gibt, ist sie insofern nicht logisch erschließbar, sondern nur beobachtbar; *daß* dies so ist, läßt sich aber logisch erschließen (R. Steiner, Philosophie der Freiheit – GA 4 –, Kap. IX, S. 165).

235 Hegel, Geschichtsphilosophie, S. 527 ff., 570 ff., 599 ff. Auf S. 609 wird das Wesen der demokratischen Volksversammlung mit geradezu thermodynamischen Begriffen geschildert.

236 Hegel, a. a. O., S. 642 ff. (auf S. 644 wird Sokrates sogar als der »Erfinder der Moral« bezeichnet).

237 Nietzsche, Also sprach Zarathustra, Sämtl. Werke (Anm. 212), Bd. 4, S. 285 f. (»Das andere Tanzlied«).

238 Goethe, Faust I, Wald und Höhle, V. 3249 f.

239 J. J. Rousseau (1712–1778), Emile. De l'Education (1762), übers. von L. Schmidts, Paderborn 1971; W. Ritzel, J. J. Rousseau, Stuttgart 1959, S. 113 ff. – Das »Glaubensbekenntnis« im IV. Buch des »Emile« mit seiner polemischen Gegenüberstellung von »natürlicher« und »Offenbarungs-Religion«, insb. der »intuitive« Gottesbegriff Rousseaus (ed. Schmidts,

S. 298 ff.) ist der Grund für Hegels Bemerkung, die Gestalten des Kap. V. hätten keine Religion (oben, S. 259). Zum »Gesetz des Herzens« in Rousseaus »Confessions« (1781 ff.) vgl. Ritzel, S. 36 ff., 67 f. Weitere Nachweise des Topos in: »Phäno«-Studienausg., S. 598.

240 Hegel, § 396, Zus., Enz. 1830 (Werkausgabe Bd. 10, S. 81); zur Erziehungstheorie auch ders., Rechtsphilosophie, §§ 173 ff., 239.

241 Anspielung auf Rousseaus seit 1757 aufgetretenen Verfolgungswahn, der sich seit 1762 (Beschlagnahme des »Emile« und Haftbefehl) mehr und mehr verstärkte (G. Holmsten, Jean-Jacques Rousseau, Reinbek 1972, S. 90 f., 126 f.). Auf verwandte Gestalten des Sturm und Drang (Goethes Werther, Schillers Räuber usw.) weist J. Hyppolite (Génèse et structure de la Phénomenologie de l'Esprit de Hegel, Paris 1946, Bd. 1, S. 274 ff.) hin.

242 Zu Th. Hobbes (1588–1679) vgl. die Hinweise in »Phäno«-Studienausg., S. 599 und C. B. McPherson, Die politische Theorie des Besitzindividualismus, dt. 1963, Kap. II.

243 Miguel de Cervantes (1547–1616), El ingenioso Hidalgo Don Quixote de la Mancha (1605/1615), dt. Der sinnreiche Junker ..., München 1965.

244 Vgl. oben, zu Anm. 235 und 236.

245 Hegel, a. a. O., Werkausgabe Bd. 7, S. 18 ff. Hegel spricht hier von der Architektur des sozialen Organismus und wendet sich dagegen, »diesen gebildeten Bau in den Brei des ›Herzens, der Freundschaft und Begeisterung‹ zusammenfließen zu lassen« (a. a. O., S. 19). Er spricht also nicht, wie man manchmal liest, vom »Brei des Herzens«, sondern er kritisiert den von J. F. Fries (1773–1843) angerührten Brei der Begriffe. Vgl. zum Ganzen W. Kaufmann, in: Hegels Political Philosophy (hrsg. v. Kaufmann, New York 1970), S. 137 ff.

246 H. Schmitz, Die Vorbereitung von Hegels »Ph. d. G.« in seiner »Jenenser Logik«, Z. f. philos. Forschung XIV (1960), S. 16 ff.; J. Heinrichs, a. a. O. (oben, S. 113), S. 221 ff., deutet die »Proportion« als kategoriale Grundlage des ganzen Kap. V., was jedoch für V. A. und V. B. zu Leerläufen führt. Wenn man hier statt an Hegels Logik anzuknüpfen den Kreis der aristotelischen Kategorien heranzieht (vgl. oben, Anm. 215), dann ist es die Kategorie der »Substanz«, die dem ganzen Kap. V. zugrundeliegt, und die das Funktionsbild des Wärmesinnes trägt, aus welchem die systemtheoretischen Vergleichsgedanken hervorgehen.

247 Die »Systemtheorie« entstand nicht aus einem Aufgreifen der Gedankengänge unseres Kap. V. C. a., sondern ist eine originäre Gründung durch T. Parsons (Beiträge zur soziologischen Theorie, ²Neuwied 1968; ders., So-

zialstruktur und Persönlichkeit, Frankfurt 1968), die von M. Luhmann weitergeführt wurde (Soziale Systeme, Grundriß einer allgemeinen Theorie, Frankfurt 1984; ders., Ökologische Kommunikation, Köln 1986). Methodisch geht es ihr darum, die Organisationen des Lebens als *Individualitäten*, d. h. je *besondere*, in ihren *einzelnen* Prozeßschritten nicht kausal determinierte Erfüllungen *allgemeingültiger* Gesetzmäßigkeiten zu denken (vgl. oben, Anm. 213).

248  J. G. Fichte, Die Bestimmung des Menschen (1800), 1. Buch. Vgl. dazu unten, S. 398.

249  Unsere Darstellung folgt hier derjenigen Fichtes, a. a. O., A, S. 9 ff.; moderne Version bei B. Rensch, Probleme genereller Determiniertheit allen Geschehens, Berlin 1988.

250  Aristoteles, Physik II und Metaphysik I, 3 (vgl. Hegel, Philosophiegeschichte II, S. 174 ff.). Dort ist die Rede von vier Ursachenarten: 1. Wesen oder Form (entspricht in unserem Text dem »Werk«), 2. Substrat, 3. bewegende Ursache (»Mittel«), 4. Zweck. Hegel zitiert diese Lehre hier nicht als Naturphilosophie, sondern als Versuch einer naturphilosophischen Auflösung des menschlichen Selbstbewußtseins. Dazu setzt er zweimal an: Beim Tätigsein als solchem (im Text unter aa.) und beim Getanhaben des Werks (unten, bb.). In dem ersten, *prinzipielleren* Ansatz entspricht das aristotelische »Wesen« dem Hegel'schen »Werk« als work in progress.

251  Vgl. dazu die Abgrenzung von Goethes und Darwins Evolutionstheorie, in: R. Steiner, Einleitungen, a. a. O. (Anm. 48), Kap. IV. Während für Darwin die Wechselwirkung von Anpassung und Kampf ums Dasein sich an einem unbenannten Substrat vollzieht, vollzieht sie sich für Goethe am *Typus* des Lebewesens (oben, S. 266 f.).

252  Zu Aristoteles' Vier-Ursachen-Lehre vgl. oben, Anm. 250; Graeser, a. a. O. (Anm. 21), S. 215 ff.; R. Spaemann/R. Löw, Die Frage wozu?, München 1981, S. 61 ff.

253  Zum Prinzip der Vernichtung (steresis, Privation) vgl. Graeser, a. a. O., S. 219 ff.

254  Goethe, Faust I, Studierzimmer, V. 1338 ff.

255  Trotz aller negativen Vorstellungen und Zwecksetzungen schlägt das menschliche Handeln aus seiner *Wirklichkeit* heraus immer wieder ins Positive um (Faust I, a. a. O., V. 1335 f.), ein Dilemma, welchem nicht einmal der marxistische Revolutionsbegriff entgeht. Deshalb liegt eine konsequente Negation nur im konsequenten Nichtstun (»Tunix«, »Null Bock«) als Selbstvernichtung.

256 Anders gesagt: Die »Sache selbst« ist der *Prozessor* in den sich selbst erfül-
lenden Systemen der Natur, mit welchen die Systemtheorie den Begriff des
»Zwecks« und der »Zweck*setzung*« aus der menschlichen Handlung ele-
miniert. Zur Kritik vgl. auch R. Steiner, Philosophie der Freiheit (GA 4)
Kap. XI.

257 Homer, Odyssee, 9. Gesang, V. 84–104.

258 In herkömmlicher Fassung lautet die »goldene Regel«: »Was du nicht
willst, daß man dir tu', das füg' auch keinem andern zu«; sie wird von
Hoffmeister, Wörterbuch der philosophischen Begriffe, Hamburg 1955,
Stw. »Goldene Regel«, als »einfachster Fall der Erhaltung der Energie«
bezeichnet. Zur Verdrängung der *individuellen* moralischen Intuition durch
die Form des *allgemeingültigen* Satzes vgl. R. Steiner, Philosophie der Freiheit (GA 4), Kap. IX, bes. S. 158 f.

259 Kant, Kritik der praktischen Vernunft, § 7 (A, S. 54). Zur statistisch-spiel-
theoretischen Begründung des Imperativs vgl. D. R. Hofstaedter, »Meta-
magikum: Kann sich in einer Welt voller Egoisten kooperatives Verhalten
entwickeln?« (Spektrum der Wissenschaft 8/1983, S. 8 ff.). Die (computer-
gestützte) Antwort: »Der wahre Egoist kooperiert« (S. 10) entspricht Kants
berühmter Teufel-Hypothese in: »Zum ewigen Frieden« (A, S. 60) und hat
ebensowenig wie diese etwas mit Moral zu tun. Sie ist eine Mathematisie-
rung der in der sinnlichen Wärmewahrnehmung liegenden Täuschung
(Ausblendung des *qualitativ*-chaotischen Moments der Wärme durch die
*Intensität* von deren Empfindung).

260 Kant, Metaphysik der Sitten, A, S. 83 ff. Weitere Nachweise in: »Phäno«-
Studienausg., S. 599. Das Bibelzitat ist aus 3. Mose 19, 18 und Matth. 22, 39.

261 Das zeigte die »Begriffsjurisprudenz« des 19. Jhs., die in Fortbildung von
römisch-rechtlichen Quellen ein modernes Warenverkehrsrecht schuf, vgl.
F. Wieacker, Privatrechtsgeschichte, a. a. O. (Anm. 169), § 23.

262 »Phänomenologie«, S. 236, Z. 19 ff.; Hegel bezieht sich hier auf Kant, Kr. d.
prakt. V., § 4, Anmerkung (A, S. 49 ff.); vgl. auch ders., M. d. S., Rechtslehre,
§ 39 (A, S. 146 ff.).

263 Hegel, Rechtsphilosophie, §§ 41 ff.

264 Vgl. oben, Anm. 242.

265 Hegel, Rechtsphilosophie, Vorrede, a. a. O., S. 14. Zur funktionellen Positivität des Rechts vgl. § 3 Rechtsphilosophie; zur Realität des rechtspositivisti-
schen Systems unten, Kap. VI. A. c. (S. 333 ff.).

266 Die ganze Strophe mit weiteren Angaben steht in »Phäno«-Studienausg.,
S. 600 f.

267 Oben, S. 282 f.

268 Briefe, a. a. O. (Anm. 218), S. 15, 18.

269 Vgl. Hegels Formulierung am Ende von Kap. VI., unten, S. 421.

270 R. Steiner, Die geistige Führung des Menschen und der Menschheit, 1911 (GA 15), I; ders., Vortrag vom 3. 10. 1920 (GA 322).

271 H. J. Scheurle, a. a. O. (Anm. 136), S. 116.

272 K. König, Sinnesentwicklung, a. a. O. (Anm. 139), S. 73 ff., 80.

273 Goethe, Faust I, Studierzimmer, V. 1749; dazu R. Steiner, Vortrag v. 25. 10. 1906 (GA 55).

274 Während das Tier an seine Gattungsmerkmale gebunden bleibt (z. B. als »Männchen« oder »Weibchen«), ist in jedem Menschen an sich die ganze Menschheit verkörpert. Je mehr der einzelne dieses Menschsein in sich entwickelt und je mehr die Gesellschaft auf eine solche Entwicklungsmöglichkeit hin organisiert ist, umso weniger wird man von einer »Frauenfrage« sprechen, vgl. R. Steiner, Philosophie der Freiheit (GA 4), S. 239; ders., Vortrag v. 17. 11. 1906 (GA 54).

275 Zu Hegels Rezeption der »Antigone« des Sophokles vgl. »Phäno«-Studienausg., S. 600 ff.

276 Vgl. Schiller, Briefe über die ästhetische Erziehung des Menschen, 6. Brief; G. Lukacs, a. a. O. (Anm. 10), S. 80 ff.

277 C. G. Jung, Die Beziehungen zwischen dem Ich und dem Unbewußten (1934), GW Bd. 7, Zürich 1964, S. 131, 207 ff.; D. Wyss, Die tiefenpsychologischen Schulen, Göttingen 1966, S. 241 ff.; R. Steiner, Vortrag vom 5. 10. 1905 (GA 93 a) und v. 29. 5. 1906 (GA 94).

278 Vgl. zu Kant unten, Kap. VI. C. a. und. b., sowie Metaphysik der Sitten, Rechtslehre, A, S. 23 ff.; zur strafrechtlichen »Pflichtenkollision« vgl. H. H. Jescheck, Lehrbuch des Strafrechts, Allg. Teil, ³Berlin 1978, § 47.

279 Oben, S. 320.

280 Diese Begriffe stammen aus Hegels »Naturrechts«-Aufsatz, a. a. O. (Anm. 169), S. 495 ff.

281 Wenn man das physiologische Funktionsbild des Gleichgewichtssinnes unmittelbar (= ohne irdisch-seelische Vermittlung) schaut, dann schaut man den reinen Widerspruch eines von Natur unvollständig (nur als Potenz) gegebenen, der Vervollständigung (Aktualisierung) durch das menschliche Urteil bedürftigen Wesens.

282 Hegel, Geschichtsphilosophie, S. 643 ff., 661 ff.

283 So der Titel eines Werks (1852 ff.) von R. v. Jhering; dazu F. Wieacker, a. a. O. (Anm. 169), § 22.

284 Das forderte im 19. Jh. die sogenannte »Begriffsjurisprudenz«, vgl. oben, Anm. 261.

285 Hegel, Geschichtsphilosophie, S. 675. Die Rechtspersönlichkeit, heißt es auf S. 662, sei »die Freiheit des Ich in sich, – die wohl von der Individualität unterschieden werden muß«. – Damit wird der Unterschied zur Normtheorie des Kap. V. C., b. und c. deutlich. Dort war es nur um das *Vergleichen* der Norminhalte (= Vorstellungen) gegangen, während der »Geist« des »Rechtszustandes« (des Kap. VI. A. c.) das rationale Ego in der Geschichte *wirklich* hervorbringt (vgl. oben. S. 324).

286 A. France, Le Lys rouge, Kap. VII., 1; ausführlich bei F. Wieacker, a. a. O. (Anm. 169), S. 457 f.

287 Geschichtsphilosophie, S. 711 ff., 724 f.

288 Oben, S. 317.

289 Oben, S. 84 f.

290 Oben, S. 89 f.

291 M. Kirn, a. a. O. (Anm. 214), S. 18 ff.

292 Hegels Zitat aus D. Diderot, Rameaus Neffe, ist als ganzes wiedergegeben in »Phäno«-Studienausg., S. 602.

293 Hegel, Philosophiegeschichte III, S. 162 ff.; § 50, Anm. Enz. 1830.

294 Hegel übernimmt und modifiziert hier Gedanken Schellings, vgl. dessen System, a. a. O. (Anm. 208), § 141. Schelling nennt die Elemente dort in umgekehrter Reihenfolge: »1) die Seele der Selbstheit, 2) die Nichtselbstheit, 3) das Gegenbildliche, 4) die alles verzehrende Feuerseele der Natur«. Zu den vier Ätherarten vgl. unten, Anm. 492.

295 B. de Mandeville, Die Bienenfabel (1714), dt. 1957; A. Smith, Inquiry into the Nature and Causes of the Wealth of Nations (1776); dazu Hegel, Rechtsphilosophie, § 189 und Zus.

296 Ch. de Montesquieu, De l'Esprit de Lois (1748), dt. Vom Geist der Gesetze, 1951. Darin wird die »Tugend« als Grundlage der Republik, die »Ehre« als diejenige der Monarchie charakterisiert; mit der letzteren kann jedoch nur die »Feudalmonarchie« gemeint sein (Hegel, Rechtsphilosophie, § 273, Anm., S. 438 f.).

297 Hegel, Geschichtsphilosophie, S. 802 ff., 806 f.; zum Widerstandsrecht vgl. A. Kaufmann/L. Backmann, Widerstandsrecht, Darmstadt 1972 (mit Bibliographie).

298 Vgl. oben, S. 278 und Anm. 231.

299 Nachweise (Quellen und Kommentare) in: Kindlers Literaturlexikon, Bd. 5, Zürich 1981, StW: »Memoires«, S. 6186 ff.

300 E. Forsthoff, Deutsche Verfassungsgeschichte der Neuzeit, [2]Stuttgart 1961, S. 53 ff.; A. Wandruszka, in: Propyläen – Weltgeschichte, Frankfurt 1960, Bd. 7, S. 433 ff.

301 Verkauf des Erstgeburtsrechts des Esau an Jakob für ein »Linsengericht« (1. Mose 25, 29 ff.) als Metapher der politischen Entmündigung der Lohnabhängigen.

302 K. Marx/F. Engels, Manifest der Kommunistischen Partei in: Die Frühschriften, a. a. O. (Anm. 112), S. 524, 560 (Schlußsatz: »Proletarier aller Länder vereinigt euch!«).

303 Vgl. oben, S. 281, wo sich aus der »Schädellehre« ergab, daß »das Selbst ein Ding ist«.

304 Nämlich absoluter Monarch (oben, S. 351 f.) seiner geistigen Welt.

305 Hegel zitiert hier ausführlich D. Diderot, Rameaus Neffe (Beschreibung des »verrückten Musikers«); Nachweise in: »Phäno«-Studienausg., S. 602 ff.

306 Zu Rousseaus Forderung »Revenons a la nature!« vgl. die Nachweise in: »Phäno«-Studienausg., S. 604.

307 Zum »Jansenismus« und »Gallikanismus« als einer christlichen Erneuerungsbewegung auf augustinischer Grundlage (17. Jh.) vgl. L. Cognet, in: Handbuch der Kirchengeschichte, hrsg. v. H. Jedin, Bd. 7 (Freiburg 1970), Kap. 3 und 6.

308 Dazu oben, S. 341.

309 W. Röd, in: Philosophiegeschichte, a. a. O. (Anm. 145), S. 98 ff.

310 B. Pascal, Pensées (hrsg. v. E. Wasmuth, 1954/1978), Fragment 277; vgl. Röd, a. a. O., S. 105 f. und 236, Anm. 31.

311 Oben, S. 239 ff.

312 W. Röd, Philosophiegeschichte, a. a. O. (Anm. 145), S. 130 ff.; Hegel sagt in Philosophiegeschichte III, S. 197 ff., es sei »in dieser edlen Seele ganz derselbe Inhalt wie bei Spinoza, nur in einer frömmeren Form« (S. 202).

313 W. Röd, a. a. O., S. 140; vgl. oben, S. 167, 178 ff.

314 Ausführlicher entwickelt in Kap. VII. C., unten, S. 455 ff.

315 Oben, S. 317.

316 Encyclopédie ou dictionnaire raisonné des sciences, des arts et des metiers, 1751–1780; die Gruppe der Herausgeber und Mitarbeiter wird als »die Enzyklopädisten« bezeichnet, vgl. Brockhaus Enzyklopädie, Bd. 5 (1968), Sp. 594.

317 Hegel, Philosophiegeschichte III, S. 294 ff.; zur »positiven« Kritik bei P. H. v. Holbach, vgl. S. 298 ff. und »Phäno«-Studienausg., S. 604 ff.

318 Aus »Rameaus Neffe«; näheres in »Phäno«-Studienausg., S. 605.

319 Zur »Erinnerung« als Chronik des geistigen Geschehens überhaupt vgl. Kap. VIII., unten, S. 520 ff. und Anm. 500. Erhöhung der Schlange: 4. Mose 21, 4 ff.; Abstreifen der Schlangenhaut: Traditioneller Ausdruck für das Durchmachen okkulter Einweihungsstufen.

320 Vgl. oben, S. 253, zu Anm. 205.

321 Zu »Deismus« und »Theismus« vgl. diese Stichworte in: Die Religion in Geschichte und Gegenwart, Bd. 2, ³Tübingen 1958, Sp. 57 ff.; Bd. 6, ³1962, Sp. 734 ff.

322 Die Anspielungen auf die französische Aufklärungsliteratur (v. Holbach, La Mettrie, Helvetius) sind im einzelnen nachgewiesen in: »Phäno«-Studienausg., S. 606 ff.; vgl. auch Hegel, Philosophiegeschichte III, S. 287 ff.

323 Das Uhrwerksmodell, worin jedes Rädchen jedem anderen nützt und von ihm benützt wird, ist nicht deshalb »materialistisch«, weil die wirkliche Uhr aus totem Material gebaut wird, sondern deshalb, weil es ein intellektualisiertes Bild des Wesens des Gleichgewichtssinnes ist.

324 Ausgangspunkt des Streits war eine platte rationalistische Abhandlung zur Auferstehungsfrage von H. S. Reimarus, die G. E. Lessing posthum und anonym herausgegeben und gegen die Goeze protestiert hat. Näheres bei K. Lazarowicz, Verkehrte Welt, Tübingen 1963, S. 118–184; Nachweis auch in »Phäno«-Studienausg., S. 606. Lessings eigentliches Resumé des Streits ist »Nathan der Weise« (1779) mit seinem Postulat religiöser Toleranz.

325 Oben, S. 364.

326 Oben, S. 370.

327 Vgl. Hegel, Philosophiegeschichte III, S. 487 ff.; Nachweise in »Phäno«-Studienausg., S. 608 f.

328 Hegel spricht diesbezüglich später von »Leichtsinn«, unten, S. 442, 456.

329 Nachweise in »Phäno«-Studienausg., S. 609.

330 Oben, S. 352 f. (Anm. 300).

331 Vgl. Hegel, Geschichtsphilosophie, S. 921 f.; Philosophiegeschichte III, S. 306 ff.; *für Sieyès* dagegen »Phäno«-Studienausg., S. 609 f.

332 Begriff von Montesquieu, vgl. C. Schmitt, Die Diktatur (1928), ³Berlin 1963, S. 102 ff.; Hegel, Rechtsphilosophie, § 250–256; ders., Geschichtsphilosophie, S. 716 f.

333 Abschaffung der Verbände durch das Dekret vom 14. 6. 1791 (Gesetz Le Chapelier), in: W. Grab (Hrsg.), Die Französische Revolution, München 1973, S. 49.

334 Zur »identitären« Demokratie vgl. C. Schmitt, Verfassungslehre (1928),

[3]Berlin 1954, §§ 17 ff. Dagegen M. Kriele, Einführung in die Staatslehre, Reinbek 1975, §§ 57 ff.

335 H. Arendt, Eichmann in Jerusalem, Ein Bericht von der Banalität des Bösen, München 1964; vgl. auch M. Kirn, a. a. O. (Anm. 214), S. 138 ff.

336 »Verdächtigsein« als Strafgrund: Gesetz vom 17.9.1793, in: W. Grab, a. a. O. (Anm. 333), S. 176; allgemein zur »Terreur« von 1793 R. Nürnberger, in: Propyläen-Weltgeschichte, Frankfurt 1960, Bd. 8, S. 105 ff.

337 J. G. Fichte, Die Bestimmung des Menschen, A, S. 210.

338 Vgl. oben, S. 320 ff.

339 R. Steiner, Vortrag vom 30. 11. 1919 (GA 194). Vgl. dazu Hegels sprachphysiologische Deutung des Denkens in der »Vorrede« (oben, S. 98 ff.).

340 Oben, S. 307 ff., 309 ff.

341 Kant, Kr. d. pr. V., § 6 mit Anm., sowie Grundlegung der M. d. S., A, S. 52.

342 Kant, Kr. d. pr. V., A, S. 198 ff., 223 ff.

343 Kant, a. a. O., S. 229 ff.; zum Ganzen »Phäno«-Studienausg., S. 610.

344 Nachweise in »Phäno«-Studienausg., S. 610; vgl. auch Hegel, Philosophiegeschichte III, S. 369 ff.

345 Kant, Kr. d. pr. V., A, S. 220; dazu »Phäno«-Studienausg., S. 610.

346 M. Weber, Politik als Beruf, in: Politische Schriften, Tübingen 1958, S. 493 ff.

347 Kant, Kr. d. pr. V., A, S. 236; »Phäno«-Studienausg., S. 611.

348 Auch R. Steiner unterscheidet seinen »ethischen Individualismus« (Handeln aus Liebe zu dem ideellen Grund meiner Handlung) von der moralischen Weltanschauung Kants (Handeln aus Pflicht gegenüber dem allgemeinen Normengleichgewicht) auf dem *theoretischen* Gebiet prinzipieller, als auf dem praktischen: Im *Leben* des Menschen ist das gesetzmäßige Pflichtbewußtsein eine notwendige Vorstufe zum Bewußtsein der freien moralischen Ideierung (Philosophie der Freiheit – GA 4 –, Kap. IX).

349 Dazu Schillers Xenien Nr. 93 (»*Gewissenskrupel*«) und 94 (»*Entscheidung*«, a. a. O. – Anm. 15 –, S. 221):
»Gerne dien' ich den Freunden, doch tu' ich es leider mit Neigung,
Und so wurmt es mir oft, daß ich nicht tugendhaft bin.«
»Da ist kein anderer Rat, du mußt suchen, sie zu verachten,
Und mit Abscheu alsdann tun, wie die Pflicht dir gebeut.«
Vgl. auch Schillers »Briefe«, a. a. O. (Anm. 276), 13. Brief.

350 Vgl. »Phäno«-Studienausg., S. 611.

351 Vgl. Hegel, Rechtsphilosophie, § 261 Anm. (›Der größte Feind des Guten ist das Bessere‹, zit. in Beziehung auf die von Savigny verschleppte Zivilrechts-

gesetzgebung für Deutschland; dazu F. Wieacker, a. a. O. – Anm. 169 –, § 21).

352 Oben, S. 388 f..

353 Oben, S. 389 f.

354 »Die Beisetzung der Romantiker in Hegels Phänomenologie«, jetzt in: Materialien, a. a. O. (Anm. 139), S. 245–275.

355 Fichte, Die Bestimmung des Menschen, A, S. 179 ff.

356 Fichte, a. a. O., S. 263 ff.

357 Fichte, a. a. O., S. 294 ff.; Schiller, a. a. O. (Anm. 276), 27. Brief.

358 Fichte, a. a. O. (Anm. 355), S. 204 ff.; vgl. R. Steiner, Philosophie der Freiheit (GA 4), Kap. IX., S. 159.

359 Oben, Anm. 346.

360 Fichte, a. a. O. (Anm. 355), S. 194.

361 Vgl. auch »Phäno«-Studienausg., S. 611 f.

362 Vgl. oben, S. 296 f.

363 Vgl. oben, S. 282 f. und Anm. 246.

364 Vgl. oben, Anm. 348.

365 E. Hirsch, a. a. O. (Anm. 354), S. 250 ff.; »Phäno«-Studienausg., S. 612; Hegel, Rechtsphilosophie, §§ 136 ff.

366 Goethe, Wilhelm Meisters Lehrjahre, 6. Buch (»Bekenntnisse einer schönen Seele«), a. E.

367 Oben, S. 350 f.

368 Fr. H. Jacobi, »Woldemar«; dazu E. Hirsch, a. a. O. (Anm. 354), S. 253 ff.

369 Goethe, a. a. O. (Anm. 366), 6. Buch.

370 Vgl. oben S. 322.

371 Hegel, Philosophiegeschichte III, S. 418.

372 Novalis, in: Werke, a. a. O. (Anm. 202), S. 545.

373 Rechtsphilosophie, a. a. O., S. 265–280, sowie Zusätze S. 280–286; E. Hirsch, a. a. O. (Anm. 354), S. 257 ff.; C. Schmitt, Politische Romantik, ²Berlin 1925.

374 Vgl. Hegel, Rechtsphilosophie, §§ 139 und 140.

375 Nachweise in »Phäno«-Studienausg., S. 612 f.; zu den »Triebfedern der Sittlichkeit« in der »charakterologischen Anlage« vgl. R. Steiner, Philosophie der Freiheit (GA 4), Kap. IX., S. 151 ff.

376 Steiner, Vortrag v. 28. 11. 1907 (GA 96), S. 212 ff.

377 Fr. Schlegel, Lucinde (1799); dazu Kindlers Literaturlexikon, a. a. O. (Anm. 299), Bd. 4, S. 5837 f.; E. Hirsch, a. a. O. (Anm. 354), S. 259 ff.

378 Hegel, Rechtsphilosophie, §§ 162 ff., 164, Zus.

379 E. Hirsch, a. a. O. (Anm. 354), S. 261 f.; zu Hölderlins »Tod des Empedokles« vgl. Kindlers Literaturlexikon, a. a. O. (Anm. 299), Bd. 7, S. 9415 ff.

380 Zur Soziologie der »frei schwebenden Intelligenz« (Begriff von A. Weber) vgl. K. Mannheim, Ideologie und Utopie, [4]Frankfurt 1965, S. 134 ff.

381 Vgl. oben, S. 255 und 317; zur Literatur vgl. W. Jaeschke, Die Vernunft in der Religion. Studien zur Grundlegung der Religionsphilosophie Hegels, Stuttgart 1986, S. 437 ff.

382 Auf der orientalischen Epoche bauen auf: Vorlesungen über die Philosophie der Religion (unten, Anm. 417) und Ästhetik I–III. Dagegen geht Hegel von der griechischen Epoche aus in der Geschichtsphilosophie und in der Philosophiegeschichte, vgl. Anm. 391; hier hat die »Weltgeschichte« jeweils nur eine orientalische »Vorgeschichte«. Zur Periodisierung der Geistesgeschichte vgl. auch R. Steiner, Die Rätsel der Philosophie (GA 18), S. 23 und Vorträge v. 9. und 10. 1. 1915 (GA 161).

383 Plato, Politeia, 614a ff.; ders., Phaidros, 249a ff.

384 So Hegel noch im Systemfragment vom 14. 9. 1800, Werkausgabe Bd. 1, S. 419, 423 ff.

385 Hegels »Fragment vom göttlichen Dreieck«, a. a. O. (Anm. 18); dazu H. Schneider, Zur Dreieckssymbolik bei Hegel, Hegel-Studien Bd. 8 (1973), S. 55 ff.; Jaeschke, a. a. O. (Anm. 381), S. 137.

386 R. Steiner, Von Seelenrätseln (GA 21), Kap. IV/6, S. 158 f.

387 K. König, Sinnesentwicklung, a. a. O. (Anm. 139), S. 50 ff.; V. v. Weizsäcker, Der Gestaltkreis, [4]Stuttgart 1950. V. Weizsäcker versteht hier unter »Kreis« auch die »Einheit von Wahrnehmung und Bewegung«, also das Ganze des physiologischen Funktionsbildes des Eigenbewegungssinnes, das er der materialistischen Vorstellung der durch »motorische Nerven« vermittelten Bewegung entgegenstellt.

388 König, a. a. O., S. 56 ff.; Scheurle, a. a. O. (Anm. 136), S. 106 ff.

389 König, a. a. O., S. 61 f.

390 Außer in Kap. V., wo mangels raumbildender Kraft des Wärmesinnes kein Jenseits entsteht (oben, S. 259).

391 Zum Verhältnis von Religions- und Weltgeschichte im späteren System vgl. oben, S. 423 f. Gegen die Annahme Hegels, »es gebe so etwas wie Eine Religionsgeschichte, und … er könne deren logische Grundlegung liefern«: W. Jaeschke, a. a. O. (Anm. 381), S. 274 ff.

392 Unten, S. 460 ff.

393 Faust II, V. 8204 f.; vgl. oben, S. 119 f.

394 Kap. VII. A. hat in Hegels Kunstgeschichte seine Parallele in der »symboli-

schen Kunstform« (Ästhetik I, S. 393 ff.), während unser Kap. VII. B. dort
der »klassischen Kunstform« (II, S. 13 ff.) und unser Kap. VII. C. der »romantischen Kunstform« (II, S. 127 ff.; zum christlichen Inhalt S. 142 ff.)
entspricht.

395 Beispiel (S. 370): Die Menschwerdung Gottes kommt in den orientalischen
Religionen zwar vor, hat dort aber »keine Wahrheit ..., weil ihr (sc. deren)
wirklicher Geist ohne diese Versöhnung ist.« Vgl. auch Systemfragment
a. a. O. (Anm. 384), S. 426 f.

395a Hegel, Philosophiegeschichte III, S. 99 ff. (Böhme). Das »Lichtwesen« gehört zur urpersischen Epoche der Religionsgeschichte (vgl. oben, Anm. 57);
a. A. W. Jaeschke, a. a. O. (Anm. 381), S. 209 f., der es der alttestamentarischen Religion zuordnet (die aber vielmehr wortfreundlich und lichtfeind-
lich – oben, S. 241 ff. ist).

396 R. Steiner, Die Geheimwissenschaft im Umriß (GA 13), Abschn. »Die
Weltentwickelung und der Mensch«; vgl. dazu oben, Anm. 57.

397 Plato, Timaios, 28 c ff. Dazu Hegel, Philosophiegeschichte II, S. 88 ff.

398 Oben, S. 89 f.

399 Zur ägyptischen Kunst (»Obeliske, Memnonen, Sphinxe«) vgl. Hegel, Ästhetik I, S. 461 ff.; zur Kunst-Regelmäßigkeit von Kristall, Pflanze und Tier,
a. a. O., S. 178 ff.

400 Nämlich als die »klassische Kunstform« (Anm. 394) mit ihrem Schwerpunkt in der Plastik. Zum Verhältnis von Kunst und Religion bei Hegel und
Schelling vgl. W. Jaeschke, a. a. O. (Anm. 381), S. 157 ff.

401 Oben, S. 282 f.

402 Hegel, Ästhetik I, S. 23 ff., 127 ff.

403 Hegel, Ästhetik II, S. 87, 351 ff., 372 ff.

404 Vgl. Anm. 379.

405 Oben, S. 246 ff.

405a Zum »Mysterienverrat« vgl. oben, S. 44.

406 Die Bakchen des Euripides, Kindlers Literaturlexikon, a. a. O. (Anm. 299),
Bd. 1, S. 1339 ff.

407 Zur religiösen Wurzel der Olympischen Spiele vgl. C. Diem, Weltgeschichte des Sports, Stuttgart 1960, S. 227 ff.

408 Zur Ilias vgl. Kindlers Literaturlexikon, a. a. O. (Anm. 299), Bd. 4,
S. 4749 ff.; Odyssee: Bd. 5, S. 6896 ff.

409 In Bildsäule und Hymnus waren die Modi des Gesehen- und Gehörtwer-
dens noch getrennt (oben, S. 445 f.).

410 Aristoteles, Poetik, 1452 a ff.; weiteres in: »Phäno«-Studienausg., S. 614.

411　In Kap. VI. A. b. (oben, S. 328) wird die Tragödie des Ödipus und der Sphinx als reales Geschehen behandelt; hier (in Kap. VII. B.) handelt es sich um die Darstellung auf der Bühne, als Kunst-Religion.

412　Plato, Politeia, 442c, d; Aristoteles, Nikomachische Ethik, III. Buch (1117b ff.), stellt die ungezügelte Sinnlichkeit der Besonnenheit gegenüber und beschreibt damit indirekt die Beziehung zwischen den beiden Polen des Eigenbewegungssinnes.

413　Aischylos, Die Orestie; Kindlers Literaturlexikon, a. a. O. (Anm. 299), Bd. 5, S. 7019 ff. Hegel bezieht sich auf die Verse 198 ff., 752 ff., 892 ff.

414　M. Kriele, Theorie der Rechtsgewinnung, ²Berlin 1976, 2. und 3. Teil.

415　Reform des Areopags unter Ephialtes und Perikles, 392 v. Chr.; Stw »Areios pagos« (A. Mannzmann), in: Der Kleine Pauly, a. a. O. (Anm. 118), Bd. 1, Sp. 524 f.; vgl. zu diesem Übergang auch unser Kap. III., oben, S. 211 f.

416　»Phäno«-Studienausg., S. 615.

417　Vgl. oben, Anm. 394; Hegel, Vorlesungen über die Philosophie der Religion, hrsg. von G. Lasson, Bd. II/2 (1927/1966); dasselbe hrsg. v. W. Jaeschke, Bd. 5 (»Die vollendete Religion«), Hamburg 1985.

418　Diese Verbindung von Religion und »Bekehrung« ist der Impuls Luthers und der Reformation; Hegel, Religionsphilosophie, a. a. O. (Anm. 417), ed. Lasson, Bd. I/1 (1925/1966), S. 161 f. Einen unmittelbaren Bezug zum Eigenbewegungssinn stellt Augustinus her: »Befehl gibt der Geist, daß die Hand sich bewege, und mit einer Leichtigkeit geschieht es, daß man Befehl und Vollzug kaum mehr unterscheiden kann: Und der Geist ist doch Geist, die Hand aber ist Körper. Befehl gibt der Geist, der Geist soll wollen; er ist ein und derselbe, und doch tut er's nicht. Woher dies Unfaßliche?« (Confessiones VIII, 9; übers. v. J. Bernhart). Wer mit seinem Bewußtsein einmal aus der ursprünglichen Liebe herausgefallen ist, kann die zum Glauben führende Vorstellung im Gedankengehalt des Eigenbewegungssinnes begründen, indem er *erkennt*, daß dessen Funktionsbild unvollständig bleibt, wenn er es nicht von sich aus, durch eine liebevolle Zuwendung zur Welt, ergänzt.

419　Vgl. Kap. VI. A. c., oben, S. 333 ff.

420　Ausdrucksweise Luthers; Nachweise in: »Phäno«-Studienausg., S. 616. Dazu W. Jaeschke, Die Religionsphilosophie Hegels, Darmstadt 1983, S. 64 ff.

421　Oben, S. 456 f.

422　Dazu M. Luther, Auslegung des Magnificat (1521), in: Ausg. Werke, hrsg.

v. Borcherdt und Merz, Bd. 6, München 1968, S. 186 ff. Zum Marienbild der Renaissance auch I. Stone, Michelangelo (1968), ³Hamburg 1983, III/7 (S. 126 ff.).

423 K. Baus, in: Kirchengeschichte, a. a. O. (Anm. 307), Bd. II/1, Freiburg 1973, 7. Kapitel; J. Lortz, Geschichte der Kirche, ²³Münster 1965, § 27.

424 Nach Matth. 3, 16 f. tritt der Christusgeist durch die Jordantaufe in den Menschen Jesus ein; so schon Apollinaris von Laodikea (Baus, a. a. O., S. 100 f.), dessen Lehre zwar vom Konzil von Konstantinopel (381) für häretisch erklärt wurde (R. Riemeck, Glaube, Dogma, Macht – Stuttgart 1985, S. 40 f.) jedoch Zweifel an Maria als »Gottesgebärerin« nach sich zog (»Nestorianismus«). Zu R. Steiners Christologie vgl. Vorträge v. 14. 8. 1908 (GA 105) und v. 3. 7. 1909 (GA 112); E. Bock, Die drei Jahre, Stuttgart 1981, S. 48 ff.

425 Vgl. J. Lortz, a. a. O. (Anm. 423), § 27.

426 Hegel, Beweise vom Dasein Gottes, hrsg. v. Lasson, ²Hamburg 1966; D. Henrich, Der ontologische Gottesbeweis, Tübingen 1960, S. 189 ff.

427 Vgl. Stw »Gnosis/Gnostizismus«, in: Theologische Realenzyklopädie, Bd. 13, Berlin 1984, S. 519 ff.; Stw »Gnosis«, in: Religion in Geschichte und Gegenwart, Bd. 2, ³Tübingen 1958, Sp. 1648 ff., 1652 ff., 1656 ff.

428 Systemfragment, a. a. O. (Anm. 199); frei nach »Gelobet seist du Jesus Christ ...« (M. Luther), Vers 3, der seinerseits auf Salomos Tempelhymnus (1. Könige 8, 27) zurückgeht.

429 Vgl. oben, S. 164 ff., 185 ff. und Anm. 196. Nach Schleiermacher, a. a. O. (Anm. 201) ist Religion »Sinn und Geschmack fürs Unendliche«, was genau auf das Gedankenniveau unserer Kap. I. und II. hinweist.

430 Novalis, Werke, a. a. O. (Anm. 202), S. 499–518.

431 Hegel, Religionsphilosophie, a. a. O. (Anm. 417), ed. Lasson, Bd. II, 2: Das Volk, das an dem Zwiespalt leidet, sein religiöses Grundbedürfnis nur in der Form der Vorstellung im Bewußtsein zu haben, ist in der Neuzeit »verlassen von seinen Lehrern. Diese haben sich durch Reflexion geholfen, in der Endlichkeit, Subjektivität und eben damit im Eitlen ihre Befriedigung gefunden, wo aber jener substantielle Kern des Volkes die seine nicht finden kann ...« Daher »muß die Religion in die Philosophie sich flüchten«, wo ihre Wahrheit im »Heiligtum« des spekulativen Begriffs gehütet wird (S. 231).

432 Hegel, Religionsphilosophie, a. a. O. (Anm. 417), ed. Lasson, S. 32 ff.; ed. Jaeschke, S. 5 ff., 108 ff., 119 ff.; J. Splett, Die Trinitätslehre G. W. F. Hegels, Freiburg 1965; W. Jaeschke, a. a. O. (Anm. 420), S. 83 ff. Auch bei Augusti-

nus (De Trinitate) sind es drei Seelenkräfte des Menschen (Erinnerung, Erkenntnis und Wille), in denen die Dreiheit des göttlichen Wesens sich ausdrückt: Der Vater als Urgrund allen Seins, der Sohn als der erkennende Welt-Entwickler und der Geist als die beide verbindende Kraft der Liebe. Es ist jedoch unklar, ob Hegel die Schriften des Augustinus genauer kannte.

433  W.Jaeschke, a.a.O. (Anm.381), S.319 f.; vom Standpunkt des zeitgemäßen Christentums aus: A. Müller/A. Suckau, Werdestufen des christlichen Bekenntnisses, Stuttgart 1974, S.26 ff., 117 ff.

434  Vgl. Religionsphilosophie, a.a.O. (Anm.417), ed. Lasson, S.61, 74 f. Zu Augustinus vgl. oben Anm.432.

435  Hegel, Religionsphilosophie, ed. Lasson, S.85 ff.; ed. Jaeschke, S.12 ff, 119 ff., 215 ff. Schon Augustinus sah den Widerspruch, aus drei seelischen Modi (vgl. oben Anm.432) die Urperson Gottes gewissermaßen rekonstruieren zu wollen (»Modalismus«). Schon er löste das Problem so, daß er eine gegenüber der Logoslehre eigenständige Christologie entwickelte (H.Eibel, Augustinus und die Patristik, München 1923, S.323 ff.). Hegel radikalisiert diesen Ansatz: Der Widerspruch im Reich des Vaters wird durch einen zweiten zerrissen, der zwischen jenem Reich und dem des Sohnes besteht.

436  Nachweise in »Phäno«-Studienausg., S.617.

437  Im AT: Hesekiel 28, 14 ff.; im NT: Paulus, Eph. 1, 20 f.; Kol. 2, 15. Zu Dionysius Areopagita vgl. dieses Stw in: Theologische Realenzykl., a.a.O. (Anm.427), Bd.8 (1981), S.772 ff.; E.Bock, Paulus, [2]Stuttgart 1981, S.167 ff.

438  E.Bock, Der Kreis der Jahresfeste, [4]Stuttgart 1985; R.Steiner, Vorträge vom 31.3.−8.4.1923 (GA 223).

439  Vgl. die Göschel-Rezension Hegels, a.a.O. (Anm.456), S.387.

440  Im NT: Joh. 3, 36; Rö. 1, 18; Akp. 6, 17; 14, 10; 16, 1. Zu J.Böhme vgl. »Phäno«-Studienausg., S.618.

441  Kap.IV.B.(c), oben, S.243.

442  Stichwort »Doketismus«, in: Lexikon für Theologie und Kirche, Bd.3, Freiburg 1959, Sp.470 f.

443  Nachweise in »Phäno«-Studienausg., S.618 f.

444  Parallele hierzu: Hegels Erörterung des »spekulativen Satzes« in der »Vorrede« (oben, S.98 ff.); vgl. auch unten, Anm.502.

445  Vgl. oben, S.467. Zum theologischen Streit um den Status der Hegel'schen Religionsphilosophie vgl. W.Jaeschke, a.a.O. (Anm.381), S.361 ff.

446 Vgl. oben, S. 81 f.

447 Hegel, Religionsphilosophie, a. a. O. (Anm. 417), ed. Lasson, S. 175 ff.; ed.
Jaeschke, S. 69 ff., 153 ff., 251 ff.; W. Jaeschke, a. a. O. (Anm. 420), S. 100 ff.

448 Oben, S. 468 f.

449 Vgl. Paulus, Römer 6, 8 ff.; zur abstrakten Askese (Origenes) vgl. oben,
S. 373 f.

450 Zu Hegels Kirchenbegriff vgl. Religionsphilosophie, a. a. O. (Anm. 417),
ed. Lasson, S. 200 ff., 207; ed. Jaeschke, S. 257 ff.; Rechtsphilosophie,
§ 270, Anm.; W. Jaeschke, a. a. O. (Anm. 420), S. 100 ff.

451 Vgl. oben, Anm. 420.

452 Vgl. oben, S. 242 f.

453 Vgl. oben, S. 418 ff.

454 Vgl. oben, S. 361 f. und unten, Anm. 502.

455 Aristoteles, Met. XII, 7 (1072b, 18–30); zum Problem dieses Textes vgl.
H. G. Gadamer, Hegels Dialektik, Tübingen 1971, S. 26 f.; K. Düsing, Sub-
jektivität, a. a. O. (Anm. 213), S. 310; zur Parallelstelle: Aristoteles, De
Anima III, 4–5 (429a ff.), vgl. W. Kern, a. a. O. (Anm. 45).

456 1828 war K. F. Göschels Darstellung und Kritik der Hegel'schen Philosophie (»Aphorismen über Nichtwissen und absolutes Wissen im Verhältnis
zur christlichen Glaubenserkenntnis«) erschienen, auf welche Hegel mit
einer ausführlichen und offenen Rezension antwortete (Werkausgabe
Bd. 11, S. 353–389). Die hier aufgedeckte Differenz im geistigen Wesen von
Philosophie und Christentum könnte ihn veranlaßt haben, die Souveränität
der Philosophie in der Enz. 1830 erneut klar zu betonen.

457 Vgl. oben, Einleitung, S. 76 ff.

458 Goethe, Faust II, V. 6262 ff.; dazu R. Steiner, Vorträge vom 16. 8. 1915
(GA 272) und 2. 11. 1917 (GA 273).

459 Vgl. dazu oben, S. 74, 81 f., 480.

460 Hegel, Geschichtsphilosophie, S. 109; dort ist, in scharfer Entgegensetzung
zu der Breitenwirkung der »welthistorischen Individuen«, auch von den
Stillen im Lande die Rede, von demjenigen, »worin Schuld und Wert des
Individuums, sein ewiges Gericht, eingeschlossen ist« und das dem lärmen-
den *weltgeschichtlichen* Prozeß, wie dem ruhig begreifenden *philosophischen* Systemdenken enthoben bleibt.

461 Zum Lebenssinn: K. König, Sinnesentwicklung, a. a. O. (Anm. 139),
S. 30 ff.; zum Tastsinn vgl. oben, S. 153 f.

462 H. J. Scheurle, a. a. O. (Anm. 136), S. 163 ff.; K. König, Die ersten drei Jahre
des Kindes, ²Frankfurt 1981, S. 114 ff.

463  Vgl. oben, S. 301 f.; da alles logische Begreifen formbestimmt ist, entsteht es wesentlich durch Verneinung der Unmittelbarkeit des Lebens.

464  König, a. a. O. (Anm. 139 und 461); R. Treichler, Von der Welt des Lebenssinnes, Beiträge zur Erweiterung der Heilkunst, 1952, Heft 7/8.

465  R. Steiner, Von Seelenrätseln (GA 21), IV/6, S. 150 ff., 158; ders., Vortr. v. 23. 1. 1914 (GA 151); K. König, Sinnesentwicklung, a. a. O. (Anm. 139), S. 56 ff. Vgl. auch oben, S. 429 f.

466  König, a. a. O., S. 35 ff.

467  König, a. a. O., S. 42.

468  König, a. a. O., S. 46.

469  König, Die ersten drei Jahre, a. a. O. (Anm. 462), S. 116 ff.

470  R. Treichler, a. a. O. (Anm. 464), zit. nach König, a. a. O. (Anm. 462), S. 115.

471  R. Steiner, Philosophie der Freiheit (GA 4), Kap. IX., S. 146 ff.; ders., Vortr. v. 14. 11. 1917 (GA 73). In »Von Seelenrätseln« (GA 21), Kap. IV/6, heißt es, die Nerventätigkeit könne schlechthin nicht »Gegenstand der physiologischen Sinnesbeobachtung sein. Anatomie und Physiologie müssen zu der Erkenntnis kommen, daß sie die Nerventätigkeit nur durch eine *Methode der Ausschließung* finden können« (S. 157).

472  Zum Ansatz der »Psychokybernetik« vgl. H. Benesch, Der Ursprung des Geistes, [2]München 1980, S. 108 ff.; wir sehen darin eine Variante der »Systemtheorie«, welche die aus dem Wärmesinn gewonnenen Gedanken absolut zu setzen versucht (vgl. oben, S. 258 ff., 296 ff.).

473  Benesch, a. a. O., S. 76 ff.

474  Vgl. oben, S. 223 ff. und unten, zu Anm. 488, 498.

475  In der »Wiss. d. Logik«: »Lehre vom Sein« (§§ 84 ff. Enz. 1830) und »Lehre vom Wesen« (§§ 112 ff.).

476  Der kategoriale Grund-Satz, in welchem sich das Bewußtsein des Kap. VIII. (A.) zusammenfassend ausdrücken läßt, lautet: ›*Der Geist bringt sein Leben in der Zeit hervor*‹.

477  Ähnliche Ausdrucksweise in dem Textfragment »C. Die Wissenschaft«, welches als eine frühere (Anfang 1806) Parallelstelle zu unserem Kap. VIII. gilt (abgedruckt in: GW 9, S. 438–447, 439 f.; »Phäno«-Studienausg., 538 ff., 541). Hegels Ziel ist, den Widerspruch der Individualität, der in der Schädellehre festgefahren war (oben, Anm. 231, 233, 234) im Geistreichtum der willenhaften Sinne aufzuheben.

478  Vgl. oben, S. 459 ff., 486 f.

479  Vgl. oben, S. 410 ff.

480  Metaphilosophisch: Der Selbstdenker *begreift* im Lebenssinn die Grund-

lage seines geistigen Seins (unten, S. 508 ff.), indem er dessen Hervorbringung mit der Kraft des Begriffssinnes wiederholt. Hegel meint, damit einen Zugang zur »noesis noeseos« des Aristoteles (Met. XII, 9) gefunden zu haben, was aber ein Irrtum ist (vgl. Anm. 502), denn er macht nicht den denkenden Geist, sondern ein sinnliches Sein zum Gegenstand des Denkens.

481 Vgl. R. Steiner, Vortrag v. 27. 3. 1913 (GA 145).

482 Vgl. oben, S. 71 f.

483 Daraus ergibt sich nun als kategorialer Grund-Satz des Bewußtseins des Kap. VIII. (B) – im Anschluß an den in Anm. 476 genannten –: ›*Der Geist begreift seine Hervorbringung als logische Selbstdarstellung*‹. – Vom »Vertilgen« der Zeitlichkeit des Seins durch die Form des Begriffs spricht auch schon Schiller, a. a. O. (Anm. 126), 11. Brief.

484 Vgl. oben, S. 59, 147 ff.

485 Vgl. oben, S. 164 ff.

486 Bezieht sich zunächst auf M. Luther, a. a. O. (Anm. 422), dann auch auf Kant und Fichte (Nachweise: »Phäno«-Studienausg., S. 619 f.).

487 Zur Entwicklung des Weltgeistes in sich vgl. oben, S. 463.

488 Hegel, Philosophiegeschichte III, S. 161 ff.

489 Erstmals im Gesetzesbegriff Newtons, vgl. oben, S. 191 ff., 206 ff., wo die Zeit zum Parameter der Bewegungsverläufe wird, also ganz in deren Räumlichkeit verschwindet.

490 Vgl. §§ 238 ff. Enz. 1830, dazu oben, S. 93 ff.

491 Der Grundgedanke der »negativen Theologie« (vgl. Hoffmeister, Wörterbuch, a. a. O. – Anm. 258 –, S. 428) wurde erstmals von Proclus und am klarsten von Thomas von Aquino ausgedrückt, der sagt: »Wir können nicht fassen, was Gott ist, wohl aber, was er nicht ist und auf welche Weise die anderen Wesen sich zu ihm verhalten« (Summa contra Gentiles I, Kap. 30 und 14). Zu der entsprechenden »negativen Physiologie« vgl. oben, S. 500 f. und Anm. 471.

492 Metaphilosophisch unterscheidet man die Bildekräfte in »Wärme-«, »Licht-«, »Klang-« und »Lebensäther« (E. Marti, Die vier Äther, Stuttgart 1974), entsprechend den Elementen Feuer, Luft, Wasser und Erde (vgl. Hegels soziale Elementarlehre in Kap. VI.B.I.a., oben, S. 344 ff.). Von hierher gelesen bedeutet der zit. Text: Die Funktionsbilder der Sinne werden dadurch unterschieden, daß der Begriffssinn selbst das Durchdenken ihrer Verschiedenheit *ist*; durch die begreifende Ausschöpfung dieser ihrer Potentialität werden sie als physiologisch seiende, dem physischen Leib ange-

hörende und darin vom *Lebensäther* getragene Gegenstände ebenso erkannt wie konkretisiert.

493 Vgl. oben, S. 33 f., 262 f. und Anm. 215. Zum Übergang des Schulungsweges in die »Wissenschaft« vgl. oben, S. 137, 143.

494 Vgl. oben, S. 115 f.

495 Hegel, Philosophiegeschichte III, S. 420 ff. Schellings philosophisches Prinzip, die »unmittelbare Anschauung ... (der) Identität von Subjekt und Objekt«, erscheint Hegel »als ein Kunsttalent, Genie, als ob nur Sonntagskinder sie hätten« (S. 428).

496 Schon in Hegels »Differenz«-Schrift von 1801, a. a. O. (Anm. 13 und oben, S. 28 ff.) heißt es: »Im System der Natur (sc. Schellings) wird vergessen, daß die Natur eine Gewußtes ist ...« (S. 100).

497 Dementsprechend lautet der kategoriale Grund-Satz des Bewußtseins des Kap. VIII (C) – vgl. Anm. 476 und 483 –: ›*Im Wissen des lebendigen Begriffs des Geistes liegt der Grund des Seins*‹.

498 Vgl. oben, S. 223 ff. und Anm. 187.

499 L. von Rankes (1795–1886) berühmter Satz: »Jede Epoche ist unmittelbar zu Gott« (Über die Epochen der neueren Geschichte, 1888; dazu Kindlers Literaturlexikon, a. a. O., Anm. 299, Bd. 8, S. 11023 f.) ist gegen Hegels Geschichtsphilosophie gerichtet, erhält aber hier in der »Phänomenologie« eine unerwartete Bestätigung.

500 Hegel verbindet hier das neutestamentliche Golgatha (vgl. Matth. 27, 33) mit dem alchimistischen »caput mortuum«; vgl. oben, S. 280 f. und Anm. 233. Sein Begriff der »Er-Innerung« ist verwandt mit Platos »Anamnesis« und Augustinus' These, Gott sei im Gedächtnis zu finden (Confessiones X, 24 ff.). Er deutet auf das Wesen der philosophischen Spekulation selbst hin, sich von der sinnlichen Außenwahrnehmung der Welt abzuwenden, um sich in der Erkenntnis der inneren Natur der Sinnes-Funktionsbilder zu bereichern (vgl. oben, Anm. 181).

501 Zu Schillers Gedicht vgl. »Phäno«-Studienausg., S. 620.

502 In dem Fragment »C. Die Wissenschaft« (oben, Anm. 477) bestimmt Hegel das »ist« des Urteilssatzes als Produkt unserer Reflexion des Geistes und folgert daraus, daß wir aus dieser »Unmittelbarkeit« in das reine Sein des Denkens, als des Aufgehobenseins aller seiner Bewegungen, zurückgehen müssen (GW 9, S. 442 f.; »Phäno«-Studienausg., S. 545 f.). Nach R. Steiner dagegen kann die Intuition des Gedankens im »ist« des Urteils unmittelbar lebendig bleiben, wenn wir das letztere nicht auf seinen formalen Gehalt (eines Sinnes-Funktionsbildes) reduzieren, sondern damit in die geistige

Wesenheit des Denkens selbst eintauchen: »*Intuition* ist das im rein Geistigen verlaufende bewußte Erleben eines rein geistigen Inhalts« (Philosophie der Freiheit, GA 4, Kap. IX, S. 146).

503 Vgl. oben, S. 136 ff.

504 Vgl. das Leitwort unseres Buches aus Aristoteles, De Anima, 421a und die
Klugheitsverheißung der Schlange in 1. Mose 3, 4 ff.

505 Hegel, Systemfragment, a. a. O. (Anm. 199), S. 419, 422 f.

506 Hegel, Philosophiegeschichte III, S. 456.

507 Hegel, a. a. O.; in dem Bild vom Maulwurf steckt ein philosophiekritisches
Moment, weil die Augen dieses Tieres in Wirklichkeit zu sehr an die Dunkelheit gewöhnt sind, als daß sie das volle Tageslicht aushalten könnten.
Auch eine Umgewöhnung, wie in Platos Höhlengleichnis (Politeia,
514a ff.), kommt für die Systemphilosophie nicht in Betracht.

508 Vgl. oben, S. 70 f., 176 ff.

509 Vgl. den Schluß von Ibsens Peer Gynt (Gespräch mit dem »Mageren« und
Wiederbegegnung mit Solveig).

# Personen- und Stichwortverzeichnis

# Seitenkonkordanz

auf der Grundlage des Inhaltsverzeichnisses (1. Gliederung)
der »Phänomenologie«

Folgende Ausgaben (vgl. oben, Anm. 8 und 19) sind berücksichtigt:
»Glock 1927«: Jubiläumsausgabe, hrsg. v. H. Glockner, Bd. 2, Stuttgart 1927
(Die Seite n bei Glockner entspricht n minus 8 der Seitenzahl der Ausgabe von
1832, vgl. oben, Anm. 8, Nr. 1)
»Hoffm 1952«: Ausgabe in der PhilBibl (Bd. 114), hrsg. v. J. Hoffmeister, Hamburg 1952
»WerkA 1970«: Werkausgabe, hrsg. v. E. Moldenhauer und M. Michel, Bd. 3,
Frankfurt 1970
»GW Bd 9 1980«: Gesammelte Werke Bd. 9, hrsg. v. W. Bonsiepen und R. Heede,
Hamburg 1980
»StAusg 1988«: Studienausgabe auf der Grundlage von GW Bd. 9, hrsg.
v. H. F. Wessels und H. Clairmont, Hamburg 1988

*Die Seitenangaben in unserem Text beziehen sich auf die Ausgabe GW Bd. 9, 1980*

| | Glock 1927 | Hoffm 1952 | WerkA 1970 | GW Bd 9 1980 | StAusg 1988 |
|---|---|---|---|---|---|
| Vorrede: Vom wissenschaftlichen Erkennen | 11 | 9 | 11 | 9 | 3 |
| Einleitung | 67 | 63 | 68 | 53 | 57 |
| I. Die sinnliche Gewißheit, das Dieses und das Meinen | 81 | 79 | 82 | 63 | 69 |
| II. Die Wahrnehmung, das Ding und die Täuschung | 92 | 89 | 93 | 71 | 79 |
| III. Kraft und Verstand, Erscheinung und übersinnliche Welt | 108 | 102 | 107 | 82 | 93 |
| IV. Die Wahrheit der Gewißheit seiner selbst | 139 | 133 | 137 | 103 | 120 |
| A. Selbständigkeit und Unselbständigkeit des Selbstbewußtseins; Herrschaft und Knechtschaft | 148 | 141 | 145 | 109 | 127 |
| B. Freiheit des Selbstbewußtseins; Stoizismus, Skeptizismus und das unglückliche Bewußtsein | 158 | 151 | 155 | 116 | 136 |

– Eingeklammerte Überschriften nicht original –

WOLFGANG KLINGLER

# Gestalt der Freiheit

Das Menschenbild Rudolf Steiners

*308 Seiten, kartoniert*

Trotz der wachsenden Aktualität der Anthroposophie und einer
überaus umfangreichen Sekundärliteratur fehlt bis heute eine
klare und entscheidende Darstellung über Rudolf Steiners Menschenbild. Zwar gibt es zahlreiche Untersuchungen zu Einzelaspekten, aber bislang noch keine zum zentralen Thema des
Menschenbildes in Steiners Werk – in seiner ganzen Spannweite
von der ersten philosophischen Ausformung über die theosopisch-okkultistische Darstellung bis schließlich zur eigentlichen,
beide Pole übergreifenden anthroposophischen Prägung. Letztere hat Steiner nur in wenigen fragmentarischen Ansätzen ausgeführt, doch kann aus dem Gesamtwerk seiner Schriften und
Vorträge auch diese letzte, die vorangegangenen Polaritäten steigernde Stufe herausgeschält werden.

Wolfgang Klingler zeigt in seinen sorgfältigen und kenntnisreichen Untersuchungen auf, daß Steiners Menschenbild trotz der
verschiedenen Metamorphosen im Lauf seines Lebens ein einheitliches ist. So ist dieses Buch zugleich auch eine ideengeschichtliche Biographie Steiners vor dem Hintergrund der zeitgenössischen wissenschaftlichen und weltanschaulichen Auseinandersetzungen.

Wolfgang Klinglers allgemein verständliche wie wissenschaftlich
fundierte Darstellung zeichnet mit dem Menschenbild Rudolf
Steiners die wesentliche gemeinsame Grundlage aller Arbeitsfelder der Anthroposophie, in die es zugleich unter philosophischen
Aspekten einführt.

## VERLAG URACHHAUS STUTTGART

WOLFGANG KLINGLER

# Gestalt der Freiheit

Das Menschenbild Rudolf Steiners

*308 Seiten, kartoniert*

Trotz der wachsenden Aktualität der Anthroposophie und einer überaus umfangreichen Sekundärliteratur fehlt bis heute eine klare und entscheidende Darstellung über Rudolf Steiners Menschenbild. Zwar gibt es zahlreiche Untersuchungen zu Einzelaspekten, aber bislang noch keine zum zentralen Thema des Menschenbildes in Steiners Werk – in seiner ganzen Spannweite von der ersten philosophischen Ausformung über die theosopisch-okkultistische Darstellung bis schließlich zur eigentlichen, beide Pole übergreifenden anthroposophischen Prägung. Letztere hat Steiner nur in wenigen fragmentarischen Ansätzen ausgeführt, doch kann aus dem Gesamtwerk seiner Schriften und Vorträge auch diese letzte, die vorangegangenen Polaritäten steigernde Stufe herausgeschält werden.

Wolfgang Klingler zeigt in seinen sorgfältigen und kenntnisreichen Untersuchungen auf, daß Steiners Menschenbild trotz der verschiedenen Metamorphosen im Lauf seines Lebens ein einheitliches ist. So ist dieses Buch zugleich auch eine ideengeschichtliche Biographie Steiners vor dem Hintergrund der zeitgenössischen wissenschaftlichen und weltanschaulichen Auseinandersetzungen.

Wolfgang Klinglers allgemein verständliche wie wissenschaftlich fundierte Darstellung zeichnet mit dem Menschenbild Rudolf Steiners die wesentliche gemeinsame Grundlage aller Arbeitsfelder der Anthroposophie, in die es zugleich unter philosophischen Aspekten einführt.

## VERLAG URACHHAUS STUTTGART

MICHAEL KIRN

# Der Computer und das Menschenbild der Philosophie

Leibniz' Monadologie und Hegels philosophisches System
auf dem Prüfstand

*148 Seiten, kartoniert*

In zwei Hauptkapiteln »Metaphysik und Mathematik der Steuerung« und »Das Ich und die Verrechnung der Substanz« werden in dieser Studie Wesen und Grenzen des Computers mit Scharfblick analysiert, seine Grundlagen im dyadischen Zahlensystem der Chinesen erkannt, das im Dualzahlsystem von Leibniz wieder auftauchte, und die Unzulänglichkeit von Hegels Metaphysikkritik an Leibniz wie auch die Grenzen des philosophischen Menschenbildes dargestellt.

HELMUT KIENE

# Grundlinien einer essentialen Wissenschaftstheorie

Die Erkenntnistheorie Rudolf Steiners im Spannungsfeld
moderner Wissenschaftstheorien. Perspektiven essentialer Wissenschaft.
Schriften der Universität Witten/Herdecke.

*240 Seiten, kartoniert*

In diesem Buch wird die Erkenntnistheorie Rudolf Steiners den Wissenschaftstheorien von Rudolf Carnap, Karl R. Popper, Thomas S. Kuhn, Helmut Spinner und Paul Feyerabend entgegengesetzt und zu einer modernen Wissenschaftstheorie ausgearbeitet.
Kiene entlarvt die Paradoxien im Denken der zeitgenössischen Wissenschaftstheoretiker. Sein Ansatz erlaubt eine klare Kritik des materialistischen Forschungsstils, der modernen Genetik und der darwinistischen Evolutionstheorie und kann Perspektiven für eine künftige Wissenschaft eröffnen.

## VERLAG URACHHAUS STUTTGART